本心 与 爱情

刘乐恒　陈晓旭　著

长江出版传媒｜崇文书局

序

陈晓旭

　　人都渴望爱，但是，如果不能把"渴望"化为诚实与勇气的自觉，就会由渴望爱变成转移爱，向他人索取爱，进而不断走向主体的沉沦。如何避免主体的沉沦，走向主体挺立，亦即如何由不自爱走向自爱，获得真爱并在婚姻中深化真爱，是我们这本书探讨的主题。我们在2021年自觉到主体、本心与意义的内在关联的同时，也自觉到自爱与爱情对于主体的关键意义，爱情与婚姻关系是我们两个真实的关系，我们探索本心首要的是为了直面我们自己的生命与生活。这一点需要多说几句。常有人说"懂得了所有的道理却依然过不好这一生"，这是因为难的不是搞懂理论，难的是直面自我。哲学家是系统地搞理论讲道理的人，但是有的人只把道理和理论讲给别人听，并以此获得名声，自己却置身道理之外，这是一种虚伪，而虚伪是主体的不自爱形式之一。对于虚伪的理论家，那些理论充其量是他们本心的"渴望"，与其真实的生命分裂，最终变成只是给他们带来名声与荣誉的东西。我们绝不想成为这种哲学家，成为理论与生命割裂的人，如果是这样，还不如不去著书立说，何况我们这本书是关于自爱与爱情的书，也就是关于本心诚实的书。我们这本书是对我们本心诚实印证的过程和收获的分享，我们也照这样去生活。当然，我们也不刻意拒斥荣誉——只要是我们配得的与应得的。

我们两个人都有不同的爱情失败经历，这些经历让我们困惑、怀疑，我们实感到这些经历对于主体的自信是一种沉重打击，如何从打击中重获并深化自信与自爱，并勇敢地去爱他人，是我们面对的真实问题，也是我们相遇相爱之后的真实难题。我们也有争吵，但是，最终发现争吵背后是自我信心的不足，是因为对自己信心不足而怀疑爱。于是，在彼此的支持下，我们越来越敦厚我们的自爱并深化相互间的交心与爱情。同时，我们看到了各种因不自爱与求真爱而不得发生的本心转移，"本心的转移"中最为核心的是父母因为不能自爱与互爱而发生的转移，母亲会把对爱的索取转移到孩子身上，体现为对孩子的索取与控制，却美化为"母爱"，这不是真实的爱。与之对比，父亲则因为不自爱转而追求权力或名利，在家庭中缺席。我们分别把这两种转移称作"维纳斯情结"与"宙斯情结"，前者体现为"妒媳囚子"，后者则以"尚权重力"为特征，这两种情结合起来导致了"俄狄浦斯情结"。这是我们在对真爱问题进行澄清的过程中做出的重要推进之一。

"爱情"绝不是童话，"婚姻"也绝不是坟墓，这是因为"童话"只是一种架空现实、无视主体脆弱性的设定，而真爱必然要求本心直面现实，在脆弱性中挺立自身，也就是说，真爱必定基于真实的自爱，而非虚幻的渴望。"婚姻"则提供了一个考验主体自爱的平台，因为婚姻生活本就是真实的生活而非架空的设定。只不过，这个考验对主体来说比较艰难，因为在婚姻中，主体全方位地向对方敞开，这其中既有不自爱的面向也有自爱的面向。若要经受住考验，婚姻中的双方就不仅要承担自己的不自爱还要承担对方的不自爱，而这太难了：自己的自爱尚且是个难题，还要承担别人的不自爱？！正因为这么难，所以我们看到婚姻中爱情的消磨与怨恨才是常态。可是，本心不会满足于消磨，仍然会诉求真爱，这就给了主体在婚姻中、在相互支持中深化自爱的机会，这也是主体最终救赎自己的机会。只要抓住了这个机会，婚姻不仅不是坟墓，而且是对真爱的敦厚和深化，这才是人类一直以来渴望的婚姻。我们在对婚姻的讨论中有对这一点的细致阐发。

我们在直面爱情与婚姻的难题过程中，也解决了自我的困惑，深化了自知。这些难题中非常重要的是女性主义与爱之间的张力、父权制与爱的张力。我们在写作中分享了我们对这些难题的理解和处理，我们借助讨论电影、小说、思想论著等各种方式来呈现这些难题的实质与出路所在。这些内容读者都可以在阅读中去感受是否有本心的真切共鸣，我想在这里专门交待的是本书的写作方面的事情，这些事情是不会被读者直接读到的。

我们在这本书中的"合著"不是通常的工作意义上的合作，而是两个处于爱情与婚姻关系中的人在生命意义上的合作，这种合作贯穿了我们生命与生活的点点滴滴和方方面面。这本书则是这种生命合作的集中的文字表达与呈现，我们基于本心的印证认真交流了所有义理细节，虽然我们对不同细节的印证方向与重视程度会有差异，但是，这里所有的观点最终都是"我们"的共识。另外，虽然我们都认真严肃地对待生活，但是写作对于我们两个人的意义不同，乐恒有非常充足的内在动力去写作，并把这个过程看作本心体证进而明定化的过程，而我与写作的关系还没有完全在本心上理顺，尤其是我看到了理论家的虚伪、知识分子的懦弱、学者对名利的孜孜以求之后，对自己作为一个搞哲学理论的学者身份有些警惕，很担心自己大言不惭。所以，我更重视本心印

本心与爱情

证清楚之后直接在生活中践行，不那么重视写作。因此，单纯就"写"这本书而言，乐恒才是主要的作者，这本书是他的心血之作，比起《主体与本心》这一部侧重在学理上澄清"本心"之哲学位置的书，在这部书中，乐恒真正开启了对本心自身的实质探索，所以，这部书是乐恒对自己的生活与生命的直接的本心呈现。

但是，因为我们是主体合作，这个合作是全方位的，不能仅仅看"写"本身。所以，一开始的时候，虽然乐恒写得多，但他出于交心性支持，仍然建议"必须"由我做第一作者时，我稍作犹豫，便坦然接受了，毕竟我也有实质的、不可或缺的贡献。除此之外，我还有一个考虑，想通过作者排序把一个点明示出来：女性主义从身边开始。我希望这本书从作者的署名排序到写作过程，都贯彻了女性主义的宗旨，并有意识地矫正历史上通常默认的情况。对于夫妻合著的著作署名，通常的做法是丈夫署名在前、妻子署名在后。如果我们有意与通常做法相反，采用妻子署名在前，丈夫署名在后，这本身就是一个女性主义的举动。我们知道，在历史上，由于性别不平等的结构，由于父权制的默许，有的女性的贡献直接没有在署名上体现出来，即便是密尔（J. S. Mill）这样一个写作《妇女的从属地位》、非常有性别平等意识的哲学家，最近都被批评指出并没有在《论自由》的署名上体现哈莉特（Harriet）的贡献。给定历史上的性别结构状况，我们相信这种情况大概还有不少。所以，一开始我们确定的署名排序是由我做第一作者，乐恒做第二作者，即便他是主要的"写"者。

但是，随着写作的推进，以及我自己对此事印证的推进，心中着实不安。我不希望因为女性主义的考虑掩盖乐恒的心血与努力，也不想受制于出一本自己作为第一作者的大部头著作的诱惑，并且，我与写作的关系还没完全理顺，所以，由我做第一作者过不了我的本心诚实这一关。正如本书所指出的，女性主义议题在本质上是主体之自爱的问题，女性主义看似高扬主体性，但一样可以作为铠甲构建出虚假的自我，背后是深度的不自爱。对任何一个具体的人，主体的根子都在本心能否诚实与自爱上。对于我来说，这本书作为第一作者出现反而是不够自爱的，所以，我跟乐恒又对此继续沟通交流，我坦承了自己的受到的诱惑与不安，但是，基于我们的主体合作关系，基于我确实对本书有实质贡献，认为必须署我的名，但也只能作为第二作者署名。更重要的是，女性主义已经贯穿在我们的生活中了，比起署名第一作者带来的虚荣，以及用署名来彰显我的女性主义立场，我与乐恒之间真实的交心性支持，尤其是我们对自己脆弱性的彼此坦诚、对各自命运的共同承担、对婚姻与家庭中交心关系的敦厚，才是真正有意义的。况且，这本书里面已经包含了我们对父权制与女性主义的反省与印证。

我很清楚，女性在性别不平等的大背景下，在父权制之下，有可能会对"爱情"生出愤世嫉俗、玩世不恭的态度，以此来对抗性别文化。但是，本心自会渴望实现，渴望与另一主体有投身性的全身心的交心共鸣，性别议题的凸显通常是爱情受挫和自爱不足引起的。事实上，对本心的直面与诚实本身才是主体意义之所在，这种署名选择看似没有与已有的文化和文明直接对抗，但通过坦然于本心地活着，已经超出了任何文化与文明所设定的隐性或显性的规范。相反，如果心中渴望爱或真实有爱，却囿于女性主义的考虑、出于对性别不平等文化的担忧，将"反抗性别文化"作为自我的铠甲，不直面本心，不敢自爱，进而不敢投身于爱，则多少都是遗憾的；铠甲与担忧本身对主体有一定的压制性，对女性主义的坚持至多流于"教条式女性主义"。我们在书中反复强调性别问题最终是主体问题，女性主体要顺畅坦然地承担起女性的身体之痛、情感之伤、理性之伪，而这需要的是本心充实到身体、情感与理性之中，一旦充实就会"自爱"，"自爱"之人不会自欺也不会自弃，不会有铠甲也不会因担忧而被恐惧笼罩。任何性别问题在个人层面的面对和处理，都在于以主体的方式承担起性与性别，充实本心、实现自爱、挺立主体。本心是逃不过的，所以自爱是躲不过的。

此外，我想简略分享一下我们对于男性如何面对性别平等问题与父权制问题的思考。我认识不少自称女性主义者的男性，但大都经不起深究，往深处看，这只是他们赢得一些女性好感的一个标签和定位而已。这不是说他们完全只是把"女性主义"的标签作为工具来使用；更准确的说法是，他们的确"渴望"是这样的人，并且也在理论上认同性别平等的提法，甚至同情女性的遭遇；但是，这里的本心事实，也就是最底部的真实情况，是他们通过关心女性主义来回避自我要面对的真正问题，即他们作为父权制的表面受益者，而实质却是更隐蔽的受害者的问题。如果直面的话，他们首当其冲要处理的是父权制对自己的本心带来的扭曲，对功成名就、有权有钱作为一个成功男人标准的内化或者反抗这种标准给自我带来的压力。"支持女性主义运动"固然可贵，但多少带有一定的转移，这种正义之姿可以掩盖一些人更为根深蒂固的父权与男权的本质，也可以作为另一些人遮掩虚弱自我的避风港。人终究要回到本心才能变成真正自主、独立的人，而这一点男性面临的挑战比女性更大。因为父权制结构带来的利益与权力诱惑，男性一直回避自己的主体所需要的解放，就对本心的扭曲来说，就对自爱的自觉来说，男性的自我解放还没有真正开始。

最后，我想有必要说明一下本书的主旨与内容安排。读者看完这本书，就很容易发现它有一条一以贯之的线索，这就是：爱情的基础在于自爱，自爱是我们论述所有与爱情相关的议题的中心线索。而围绕"自爱"这个线索，我们展开了全书各部分的论述。第一卷是本书立论的基础，也是本书最为理论化的部分，在这一卷中我们阐明了"爱的本性"，以及"爱"对于自我或主体的核心意义：一个人能否自爱决定了她作为主体是挺立抑或是沉堕。我们具体给出了自尊、自重、自爱、爱人的自爱增进序列，以及相应的自私、自卑、虚伪、无耻的主体沉堕序列，并对各种本心状态给出了严格的界定。自爱的议题贯穿了整个主体的成长过程，而"初恋"是主体成长的枢纽时期，也就是，这是一个人由童年时期自然的自爱发展到成年时期自觉的自爱的过渡期。第二卷探讨并分析了一个主体的"初恋状态"，亦即"自怜"状态，并借助对具体案例的本心分析呈现了"自怜"如何分化为"自觉的自爱"与"主体的沉堕"两种本心状态与方向的。第三卷则集中探明了"真爱"的议题，区分了亲爱、友爱与爱情三种不同的"爱"的关系，明确指出爱情关系是对一个主体最重要的爱的关系，这是因为爱情是一个主体第一次自觉并自主地全幅投身的、与另一个平等主体的爱的关系，内在于一个主体作为主体的本义。而能否拥有真爱则取决于一个主体能否真实地自爱，能否真实地敞开自己与另一个主体交心，自爱有深浅之别，爱情也有深浅之别。此外，我们呈现了真爱的难题之所在，这也就是"宙斯情结"与"维纳斯情结"作用下的"爱的转移"难题。克服这一难题的唯一方式，是敦厚自爱，也惟其如此才能收获真爱。那么，我们如何知道自己收获的是不是真爱呢？婚姻是关键的试炼。第四卷论婚姻，指出了"婚姻"为何是主体的难题，探讨了婚姻既作为父权制的体现，又作为爱的见证的二重性本质，分析了二重性有同一根源，即本心。也正因为二重性同源于本心，婚姻也给了主体看清楚自己的机会，也就是有了最终的救赎机会，为什么这么说呢，我想还是请读者亲自打开我们写的这本书吧！

为了生动地呈现并充实我们的观点，我们在书中给出了很多具体案例的本心分析，这些案例与理论之间不是本心的一般性原则对于具体事例的统摄关系，而是一种启发性关系，我们借助这些案例的本心分析启发出对本心的体证，也反过来用本心的体证来启发我们看清楚具体的案例。这些案例有一些是我们真实的经历，有一些是经典小说中的故事，它们对于本心的启发作用并不因此而有差异，但是，有一个我们真实经历的故事过于重要，它向我们逼显了"诚实于本心"之事对于主体的关键意义，也显示了阉割本心会带来怎样隐蔽的主体性沉堕，所以我们把这个故事完整地讲述出来，作为本书的附录。这个独特的故事能够佐证我们在第一卷中关于爱与自爱的主要观点，我们并以此自警、警世。

2024 年 2 月于珞珈山麓·宜君子居

目　录

第一卷
爱的本性

我们对人的了解，真是太少了。

迄今为止，就连自己对自己有了解的人，我们也举不出一个。

——卢梭《〈忏悔录〉草稿》

第一章
爱情问题与主体问题的同步性

一、爱之朴素与艰难：根源在主体之自爱

这个世上，从来没有人逃得过爱，就算是那些声称自己不需要爱的人，也只是用另一种方式表达了对爱的渴望。爱，朴素而直接，每个人都有爱的感受、表达与渴望；但爱又很难，难到就算是东西方的圣贤，也往往难以直面爱情这个领域，绕道而走，硬要待在别的领域上，去曲折表达他们对于爱的期待。

爱的问题如此之简易而又丰富，朴素而又艰难，切身而又玄远，这使得人们对它愈发困惑与茫然。人们甚至试图期待诸神来解决这个问题。不过，如果只让一个神来将这个问题全部给解决了，人们明显是不太放心的。例如，在古希腊的神话中，维纳斯是美神和爱神，但人们对于只让维纳斯去管爱情，似乎并不完全放心，于是有了维纳斯的儿子丘比特，他也是爱神，隐喻爱欲，将爱之诸箭随意射向人间；而跟随维纳斯的还有美惠三女神；丘比特的妻子卜茜凯（Psyke，又译赛姬）则是蝴蝶仙子，隐喻人的灵魂；赛姬与丘比特所生的孩子则是伏露姐（Hedone），隐喻性感的快乐。读者且看！人们要通过这么多的神，去处理关于爱情的不同问题，而对于真正的爱神究竟是什么情况的神，人们也不太搞得明白。柏拉图的《会饮篇》甚至通过苏格拉底之口，认为爱神压根儿就不是真正的神，他是一个介于神和凡人

之间的精灵，他的整个状态是介于智慧和无知之间的，也即处在"正确的意见"的状态。①

不特如此，就算是在诸爱神的生活中，我们也并没有看到他们对于爱，有着明确而笃定的态度与理解。这些爱神啊，大多是期待爱而不得，渴望爱而不能的天神。古罗马的小说《金驴记》就详细讲了爱神丘比特和他在凡尘中的恋人卜茜凯的故事。丘比特的母亲是维纳斯，她是爱神，也是美的化身，可惜当她知道了在凡间，还有卜茜凯这样的女子比她还美，不禁妒火中烧，命其爱子丘比特想办法让卜茜凯嫁给一个低贱之人。谁叫她长得比我美呢？"我别无所求，只要你能满足我这一点就行：让这处女狂热地恋爱上一个条件最卑微的男人吧，他在社会地位、家庭财产以及个人品行方面，都受到命运女神的打击，沦落为一个如此低贱的人，以至整个世上再也找不到一个比他更不幸的人了。"②卜茜凯的两位姐姐嫉妒她，我们在这里就不说了，毕竟她们是凡俗之人，但连爱神、美神维纳斯也对卜茜凯争风吃醋，那就更耐人寻味了。而当维纳斯知道丘比特不但没有按照她的意思去做，而且还爱上了卜茜凯，与她仙凡沟通的时候，维纳斯的醋意就立即升级为难以掩抑的妒火，她不仅妒媳，而且因子。最后，卜茜凯经过与丘比特在爱情上曲折的磨合，加之经受住维纳斯的重重考验与诅咒，才终于在宙斯的见证下，脱俗而成仙，并与丘比特喜结连理。而在他们的婚宴上，丘比特的母亲、卜茜凯的婆婆维纳斯，也助兴一把，"美女神维纳斯随着一种袅袅仙乐的节拍，情不自禁地表演了一个婀娜多姿的舞蹈。"③此时此景，维纳斯对于丘比特与卜茜凯的爱

① 参见柏拉图著，王太庆译：《会饮篇》，商务印书馆 2014 年版，202A-B，第49—50 页。

② 阿普列乌斯著，刘黎亭译：《金驴记》，上海译文出版社 1988 年版，第106 页。

③ 阿普列乌斯著，刘黎亭译：《金驴记》，上海译文出版社 1988 年版，第

情，是不是真心祝福的呢？书中没有写，我们不可得而知。但我们可以肯定的是，维纳斯的"妒媳囚子"的情结，是根植于她的本心的一个大问题，这个问题如果得不到根源上的理清，它就会如影随形地伴随着她的一生。人们只看见这两位年轻的爱神之浪漫婚姻，却忘记去深究：维纳斯的情结到底已经随风消逝，还是继续被她掩藏起来，并最终在这两位年轻夫妻的生活中出其不意地爆发了呢？

对于《金驴记》里面的这个爱情故事，特别是其中维纳斯自己的爱情，我们在本书的第三卷将会和读者们不断切磋、讨论。而在这里，我们只想表明，在爱情的议题上，神犹如此，人何以堪？人类感到自己对于这个难题，有些无能为力了，在茫然之际，乞灵于爱神的启示，可惜就算是维纳斯自己也深陷爱情的困局之中，而难以自知自觉！可见，爱情的问题，真是困扰人类的大问题！正因为如此，所以请读者允许我们将关于爱与爱情的一些基础性的道理，先给梳理清楚。相信下文的这些梳理，对我们理解爱情的意义，会有一些实质性的帮助。

诚然，爱情的问题是人类的一个难题。爱情这个难题，甚至比人类的哲学、宗教、科学、艺术的难题还要难一些。或者说，人类的哲学、宗教、科学、艺术等文明形态，只要是触及爱情的问题，就会进入一个难题的难题之中。而东西古今圣贤一流的人物，也往往是因为爱情的失意与失败，而转移到别的人生追求中去的。弗洛伊德认为，人类文明是"原欲"或"力比多"（libido）的转移与升华。在他看来，如果人们都顺着自己的原欲而不加节制，那么人类会陷入各种乱伦与争夺的境况之中，最终导致人类自身的毁灭。而在我们看来，其实人类的各种文明形态乃是爱情的转移与升华。我们每个人，都是渴望爱的；随着我们的生命的成长，我们进一步渴望爱情。为人不易，爱情实难，因此人类往往在投身爱情的过程中，有所遗憾，于是转而献身于各种文

158 页。

明的活动，如哲学、宗教、科学、艺术等等。"投身"与"献身"这两个词语是接近的，但意味略殊。如果我们投身而不得，往往会转而献身某事业。例如，一位演员投身于爱情而不得，就往往献身给舞台上的挥洒；一个画家投身于爱情而不得，就往往献身给艺术的表达；一个科学家投身于爱情而不得，就往往献身给数字的王国。[①]于是，人类的各种文明形态，其背后往往蕴含着爱情的力量。只不过，这是爱情转移过来的力量罢了。这样的转移与升华，当然是有其积极的意义，但我们不能不说这当中也有某种遗憾度。

这种遗憾度，是与人生的意义关联在一起的。爱情的实现与推进，与一个人的人生意义的安顿是息息相关的。甚至我们可以极端地说，爱情就是人生的意义。这绝不是危言耸听！君不见爱情之事，能让人生死相随，甚至以死明志！少年维特通过自决的方式以结束他的烦恼，梁山伯与祝英台双双飞离尘世，还有罗密欧与朱丽叶的殉情故事……为何爱情能够让人竟置生死而不顾？这肯定和人的本心有关，和人生的意义有关。在许多人看来，如果失去了他们所渴望的爱情，那么自己活在人世间也就没有什么意义了。只有爱情才有最终的人生意义，只有爱情才能拯救自己的人生。现在爱情已经不在了，人生的意义便旋即消散。这个议题，是东西方各种文学作品所要展现和表达的议题。不过，各种文学作品，对于爱情这个议题，侧重在展现和表达，而我们这本书，则是要将这当中的道理给理清楚的，所以我们这本书偏重在哲学，而非文学。

对于许多人来说，真正的爱情甚至是可以超越生死的。历来的哲

---

① 这里需要提醒读者的是，很多我们看作天才画家、天才科学家、天才哲学家以及文学才子的"献身"并不是真正的"献身"，他们往往借助自己在各个领域所取得的成就或才华作为幌子和掩饰，为自己扭曲爱情、践踏爱人的主体尊严进行合理化，声名显赫的人如毕加索、萨特、加布里埃尔·马茨涅夫等，这个清单其实很长，每个人都可以在身边找到这种人，只是他们还没那么声名显赫罢了。

学家与宗教家往往未能充分阐发好这当中的道理。儒家重视的是"仁义"这一德性原则能够超越生死。孔子曾经说过："志士仁人，无求生以害仁，有杀身以成仁。"（《论语·卫灵公》）孟子则曰："鱼，我所欲也，熊掌，亦我所欲也；二者不可得兼，舍鱼而取熊掌者也。生，亦我所欲也；义，亦我所欲也；二者不可得兼，舍生而取义者也。"（《孟子·告子上》）基督宗教则有"以身殉道"之说，《创世纪》也有亚伯拉罕接受上帝对他的信仰的试炼，而愿意让他的爱子以撒献祭的故事。①这些精神，都是人类伟大的精神，伟大的灵魂。不过，我们似乎忽略了一种更为日常而普遍的伟大精神与灵魂，那就是很多人在爱情与生死不可得兼的情况下，宁愿舍弃生死，而不惜保住爱情的意义。这当中肯定是有一种永恒性与不朽性，但我们甚少对这种永恒性与不朽性作出过系统的讨论。

当然，我们不是要期待人们都要去为了爱情而舍弃生死。这是一种误解。我们只是想指出，在爱情与生死不可兼得的情况下，爱情之超越生死的意义就会以一种尖锐的方式突显出来，从而让我们更直接地印证到爱情的永恒性与不朽性。而在日常生活中，爱情的意义则伴随着我们的生活与生命的始终。因为我们生而为人，都是有本心的；而人的本心是自然地要实现自身的，本心的实现就是爱，而爱情则是本心的最为充分的实现。我们稍微对比一下爱情、友情、亲情三者，就可以直接感受到爱情在这些爱的表现与关系中，是最为深挚的爱。友情是随缘的，而朋友之间，就算是非常知心，也及不上两个恋人之间的卿卿我我、缠绵反侧。而亲情固然很深，人在幼年、童年、少年时期的成长，离不开家庭的支持与来自父母的温暖，这使得子女与父母的情感联结既深且久；不过，我们有没有去思考过，为什么孩子长大了之后，就要去寻找自己的伴侣，而不再和父母生活在一起呢？为何独立

---

①《圣经》中所记亚伯拉罕献祭以撒的故事，参见《圣经·旧约·创世纪22: 1-19》，引自思高圣经学会：《圣经》，2012年版，第39页。

后的孩子要成立属于自己的一个家庭，而不再和原始家庭绑定在一起呢？这当然有生物学、人类学意义上的考虑，而更为内在的原因，则是子女长大后，形成了本心上的自觉，并渴望有另外一个梦中人，能够与自己深度交心，并引发本心与本心的共鸣。而子女的这种渴望，是父母无法给予的。为什么呢？这是因为，父母之间，以及父母与子女之间，这两种爱的关系是不同的，父母之间的关系是爱情的关系，而父母与子女之间的关系则是亲情的关系。父母之间是要实现最为充分的交心与共鸣的，而父母与子女之间的交心与共鸣虽然也可以很有深度，但他们之间毕竟在一开始就是不对等的，父母需要养育子女，而子女则被父母所养育。父母之间的爱情关系，以及父母与子女之间的不对等关系，天然地就注定了子女与父母的亲情关系，在交心度、共鸣度上是及不上子女在长大后，与他人所建立的爱情关系的。对于这个道理，未曾经历过爱情的年轻人，可能体会得不是特别真切，他们甚至认为亲情比爱情重要。但是，一旦他们经历过爱情，他们就肯定能够实感到此处所言不虚。[1]总而言之，爱情是本心最为充分的实现，是最深挚的爱。据此，我们如果对爱情及其意义作一深度的考察与讨论，就有机会窥得爱与本心自身的意义。可惜的是，我们对于爱情这个迫切而重要的问题的哲学考察，尚显薄弱，甚至在一片茫然之中。因此，我们便有了动力去写出这本书来。

对于爱情这个议题，有人或许会说：“我可以轻松绕过爱情这个议题啊！这个议题对我来说并不重要。”如果我们问他们，为什么爱情这个议题不重要呢？他们或许说自己愿意单身，希望一个人独自生活；或许说，自己早已经历爱情的曲折与失意，现在对爱情已经没有什么信心了；或者说，自己已经将毕生的精力与心志，献身于爱情之外的领域了。而对于诸如此类的感受与想法，我们的回应是，人们在这里所说的“爱情”，其实都是指爱情的具体关系或具体表现，而不

---

① 本书的第三卷第一章，将友情、亲情、爱情做出了系统的对比。

觉，康德喊出了"勇于运思"（Sapere aude！）这个启蒙口号。[1]勇于运思、独立思考，不受自我所身处的各种环境、所遭遇的各种条件以及所接触的各种人的牵引与左右，通过自己独立运用理性的能力，以应对所有的环境、条件、他人，而不是无所省思地依赖他人、跟随环境、接受条件，这就是康德所理解的人的启蒙要义之所在。在他关于启蒙的思想中，"理解""运思"是人之所以为人的关键所在。换句话说，独立运用理性，而不去依赖别人、盲从条件，是人的天职所在。不过由于懒惰与怯懦，人在现实生活中是很难真正去落实勇于运思、独立运用理性这一主体状态的。而康德他自己之所以敢于喊出"勇于运思"这个启蒙的口号，他的根据在哪里呢？康德认为，人作为一个主体，本就是自由的，而人的自由体现在人有自由意志上，而自由意志的本性则是"实践理性"，自由意志就是实践理性之自身。正是作为实践理性的自由意志，是我作为一个主体的根据所在，它促使我要去勇于运思、独立运用我的理性。因此，在康德这里，启蒙就是人之能够且应该独立运用理性这一意义的启蒙。这是康德对于人之为人、主体之为

---

[1] 现引康德的具体表述："启蒙就是人类从他的咎由自取（self-incurred）的受监护状态中走出来。受监护状态是指离开了别人的指导，就没有能力去运用自己的理解。当这一受监护状态的形成的原因，不在于理解的缺乏，而在于无需他人指导即有决心和勇气去运用理解的缺乏，那么它就是咎由自取的。Sapere aude! 要有勇气去运用你自己的理解！这就是启蒙的格言。……由于懒惰与怯懦，好大一部分的人，在自然早就将他们从被他人指导的状态中（naturaliter maiorennes）解放出来之后，却仍然情愿一生保持着受监护的状态，而这又使得他人很容易将自己视作他们的监管人。做一个受监护人实在是太舒服了！如果我有一本书能够替我运用理解，有一位牧师替我具有良知，有一位医生替我规划饮食起居，诸如此类，那么我就用不着自己操心自己了。如果我只需要给钱，我就不需要去想什么；其他人会乐意替我承担让人心烦的事的。"见 Immanuel Kant, "An Answer to the Question: What is Enlightenment?", translated and edited by Mary J. Gregor, in *The Cambridge Edition of the Works of Immanuel Kant: Practical Philosophy*, New York: Cambridge University Press, 1996, p.17.

主体的意义的理解。尽管康德并没有在他的主体观的基础上，系统地表达他的爱情观，但我们其实可以从他的这个主体观中推出来。

除了通过身体（如弗洛伊德）、情感（如卢梭）或理性（如康德）的角度，去看主体与爱情的问题，人类还有另一个角度，这就是信仰。人之所以有信仰，是因为人感到自己的身体、情感、理性等内在的力量，并不足以支撑自己实现自己的人生意义。人心难以承受自己所遭受的脆弱与痛苦，以及自己又不甘于自己所承受的这种脆弱与痛苦，这就促使人们心中渴求一种能够帮助自己走出脆弱与痛苦的外在力量，这种外在力量能够在我虔诚呼告它的时候，它就与我的心发生关联，并以我自己所不能达到的力量撑起我虚弱的主体。而一旦我感受并获得了来自它的这股力量，我就对它更有信心，同时也更愿意依靠在它的身边，做它的仆人了，因此它能够给予我自己也给予不了自己的力量。这就是人们走向信仰的原因。[①]人们靠着这种信仰状态，也是可以挺立主体性的，这是说，信仰对于信仰者来说，就是她的一支手杖，凭着这支手杖，她可以站立起来了，她的生活与生命便有了希望和方向了。这是人类的各种信仰有益于人类自身的地方。不过，亦正因为信仰是主体用来给自己撑一把的手杖，而不是主体内部的东西，因此，信仰者如果心中丧失了他们之所以走向信仰的初衷，那么他们就很容易对他们所信仰的力量形成依赖性，并将整个自己匍匐在它之下，这又反而走向了反主体的方向去了。因此，信仰方向的主体观是一个具有二重性、矛盾性的主体观。这导致信仰传统在爱与爱情的问题上，形成一个思想张力。如果我们将信仰者所信仰的力量称作上帝的话，那么信仰者必会走向"爱上帝"与"爱情"这两种爱的张

---

① 奥古斯丁的这段话是我们这里的观点的最好诠释："我的天主，我们希望常在你的羽翼之下，请你保护我们，扶持我们；你将怀抱我们，我们从孩提到白发将受你的怀抱，因为我们的力量和你在一起时才是力量，如果靠我们自身，便只是脆弱。"奥古斯丁著，周士良译：《忏悔录》，商务印书馆1996年版，第70页。

力之中。这种张力在某些情况下是可以调和的，但它却不能达到完全的一致。虔诚的信仰者，必定会让爱情从属于爱上帝，将它视作对于上帝之爱的阶梯。

这样一来，我们就大体上疏导出了四种主体观，以及由这些主体观所推出来的爱情观。并且，主体即是人之自身，因此，如果我们愿意用"人的启蒙"这样的视角去看这四种主体观或爱情观的话，我们可以得出四个不同的启蒙口号。第一个口号是弗洛伊德提出的，他站在身体与性的领域，提出了"调适爱欲"的启蒙口号。第二个口号则是卢梭提出的，他站在自然情感的领域，提出了"回归自然"或"回归自然情感"的启蒙口号。第三个口号是康德提出的，他站在纯粹理性的领域，提出了"勇于运思"的启蒙口号。第四个口号则是信仰者的普遍诉求，我们可以将这种诉求总结为一个口号，即"信爱上帝"或"以爱救赎"。

面对这四种主体观或爱情观，我们就肯定会去问：到底哪一种主体观或爱情观更为合理？抑或，它们都不甚合理，我们应有更为合理的主体观或爱情观。这个问题是个关键问题，这涉及我们能否充分把握到爱的本性与爱情的意义。因此，我们必须直面这个问题，才能将我们对于爱情的思考更到位地展示出来。

我们且来辨析一下这四种主体观或爱情观。首先，这四种主体观或爱情观其实都是有道理的，因为它们各自都抓住了主体的其中一个面向，弗洛伊德抓住了主体中的身体或性的面向，卢梭抓住了主体的情感面向，柏拉图、康德等人则抓住了主体中的理性面向，而奥古斯丁等人则抓住了主体的信仰面向。① 这些面向或者是主体内部所固有

---

① 信仰在主体领域中的位置较为特别。身体或性的面向，情感的面向以及理性的面向，都是主体的内在面向，也就是说，这些面向都是在主体自身之内的。而信仰的面向则是一头连着主体，另一头连着主体所信仰的力量的。因此，信仰并不完全是内在于主体的，如果它完全内在于主体，则主体就不需要渴求一个

的，或者是与主体自身有着内在的关联性的，因此，当这些哲学家、宗教家们抓住了这些面向，并各有侧重时，我们就不能说，他们根本就没有抓住主体性的意义。他们至少是抓住了主体性中的其中一个面向的，因此他们也是从不同的侧面触及了爱与爱情的本性的。所以，他们的上述各种观点并不是错误的，他们的探索有益于我们人类对人之为人的意义的理解。

不过，我们也当然并不满足于只是这样去理解上述四种立场。一来，这有相对主义之嫌。如果我们只是承认这些立场与观点都有道理，而不去作出比较与评断，就会让我们在主体与爱情的问题上保持模糊的立场；二来，这会丧失更深入地理解主体与爱情问题的可能。这促使我们必须要进一步去探索主体的问题，只有这样，我们的这本书才是有意义的。不然，我们就只不过是沿袭这些哲学家、宗教家的观点，而只是泛泛地作调停之论，或者就是申论其中的一家之言。这并不是我们想要的。我们想要的，是要看清楚上述这些不同的立场与观点，是否因为各自之有所侧重，而忽略了更具关键性的内容。

（二）论弗洛伊德的"调适爱欲"

在我们看来，这四个启蒙的口号，都与"心"或"本心"有关，但同时都多少忽略了本心自身的意义，或者换句话说，这些哲学家、宗教家之所以能够敏感地抓住主体的这些面向，并提出明确的观点，其背后都有本心的作用，但他们都没有当下体会并自觉到本心的作用，亦即，他们对本心问题缺乏自觉。我们看，无论是"调适爱欲"，还是"回归自然情感"，抑或是"勇于运思"，以及"信爱上帝"，都有某种"心"的意义蕴涵在其中，只不过提出这些观点的思想家并没有

外在的力量来撑自己一把了。而在这里，我们为了讨论的方便，将信仰与身体、情感、理性这些面向并列起来。

自觉到这当中是有本心的运作罢了。而之所以他们不能充分自觉到这一点，是因为本心是虚灵的。所谓"虚"，是指它没有什么具体的内容，因此它不可见，难把握；所谓"灵"，则是指它是十分灵动的，本心一有所感，便会形成一个直接而灵敏的回应。不过，也正因为它是虚空通畅、没有什么具体的内容的，因此它往往会通过主体的各种具体内容来表达自己。例如，主体的身体、情感、理性的表达是有具体的内容的，所以，本心往往会透过身体、情感、理性这些有具体的内容的层面，去表达自己的感受、诉求和判断。

　　因此，我们可以说，弗洛伊德抓住了身体与性的领域去看主体性的问题，实质上是抓住了本心之透过身体与性的层面而表达自己，于是形成了身体性的爱欲。而如果没有本心在身体"背后"形成作用，那么身体就只是一团刺激作用与反应作用相互交叠的肉体而已，而性的作用与活动就只过是一种生物性、生殖性的表现而已。但弗洛伊德以及梅洛—庞蒂所说的身体，明明是主体性的身体；而他们所说的性，明明不仅仅是生物学、生殖学意义上的性，而更是具有主体性意味的具有爱欲、爱情意义的性。这从弗洛伊德主义所提倡的"精神分析"（Psychoanalysis）这个词就可以看得较为清楚。为什么弗洛伊德将身体的分析、性的分析，视作"精神"的分析，而不只是生物学上的身体分析和性的分析呢？这一定是因为弗洛伊德很直接地就感受到了主体的身体与性，是连着主体的"精神"的；换句话说，他一定是直接体会到了身体的表达与性的表达，当下就是"精神"的表达，才会将身体与性层面上的原欲的作用，当下便视作精神性的作用。那么，既然如此，我们就要去想一想，为何主体的身体与性的层面，会连着主体的精神？这是如何做到的？很多哲学家试图从神经科学、脑科学的研究去寻找这个问题的答案，往往无所进展，因为科学重视的观察证据开放于各种解释，而且总会把优先性给予生物—物理解释或生物—化学解释，这种解决问题的思路只会陷入无尽的解释争论中，而远离了我们朴素的主体实感，是有误导性的，无异于缘木求鱼。[①]

其实，我们如果有了本心的自觉，这个问题就很容易得到疏导。主体的本心是虚灵的，因此它一开始就会与主体的身体、情感、理性等层面混融在一起，这就使得主体的身体性的表达不仅仅是肉体性的刺激与反应的机制，而同时是一种主体性的表达；它也使得主体的性的表达不仅仅是生物学、生殖学的作用，而同时是一种爱的作用。这就是弗洛伊德为什么会将对身体与性的分析，视作"精神分析"的原因所在。只不过，弗洛伊德肯定是直接感受到了这个关联，但他自己并不能自觉到这个关联。换言之，他自己并不能自觉到，是本心将身体或性的领域，与"精神"的世界关联起来，从而使得身体或性的表达，就是主体性的表达。

（三）论卢梭的"回归自然"

同样的道理，卢梭也并不清楚，他心目中的"自然"或"自然情

---

① 实际上，形而上学争论都有这个问题，比如，关于"自由意志"的形而上学争论最终演变成了"人有自由意志"与"人是被决定的"两种解释之间的对立还是调和的问题，而这几乎是"无休止的战争"（康德语）。这种提出问题以及回答问题的方式，本质上是对问题的回避，之所以说这是"回避"，是因为这是对主体实感的抽离与偏离。以"自由意志"问题为例，我们是因为实感到自己有自由意志从而想搞清楚自己能自主地做什么，到底如何深化人的自主，但是，形而上学式的提问借鉴了科学研究的提问方式，这就是当下把"自由意志"变成一个所对性问题进行抽离提问，把"自由意志"变成了像"石头"一样的所对物：自由意志真的存在吗？它跟其他存在的物质如此不同，而且整个物理世界大都是因果律在起决定作用的，等等。问题一经提出，哲学学者就陷入了寻找最佳解释的论辩中，论辩中的论证也越来越精细，但是离问题本身却越来越远，最终越来越迷茫。这就是为什么形而上学式的研究本质上是对主体问题进行回避的根本原因。关于这一点，还可参见下文对"主体科学"的说明。

感"，之所以是自然而纯良、美好的，是因为这种原初的情感流露，实际上就是本心自然而充分地充实到情感上的体现，因此，卢梭所体会到的自然情感，肯定不仅仅只是情感。因为，如果我们泛泛地说情感，则情感往往是盲目的，它可以是没有方向的，阴晴不定，左右漂流。而这样的情感，就肯定不是卢梭所需要的纯良、美好的自然情感。那么，泛泛而谈的情感，与卢梭所重视的自然情感，究竟区别在哪里呢？回答这个问题依然要求我们以本心的作用为依据。实际上，我们可以据此将主体的情感区分出两种状态，也即区分出两种情感。第一种情感可称作"情绪"。情绪多半是盲目的，不由自主的，烦人的，所以我们往往会说"人被情绪带着"。而情绪的本性，则是主体的本心尚未充分充实到情感上去的情感状态。本心是主体之所以为主体的关键所在，而现在本心不能充实到情感上去，情感便缺乏一个根本，于是它就像浮萍一样，跟随着水流的方向而左右荡漾、摇摆，而当自己的情感的这种荡漾、摇摆，与自己的本心的自然的方向（这里需要说明的是，人在情绪中、被情绪带着的时候，自己对于自己的本心的自然方向何在，是有感受的，但却是迷茫而不明确的），形成一个张力甚至冲突的时候，情绪就成为一种烦扰自己，甚至牵扯自己的情感。所以，我们便将情绪理解为本心尚未充分地充实到情感上去的一种情感状态。而第二种情感则可称作"性情"。所谓性情，就是本心能够自然地充实到情感中去的情感状态。这样的一种情感，就是有一个比较稳定而深入的根底的情感，于是，这样的情感流露，就肯定会比情绪的流露要深入和本源一些；而且，这样的情感状态，是不会像情绪那样摇摆不定，并且牵动主体的状态，使得主体难以自由自主的，因为它往往是从本心中直接而自然地流露出来的。

而卢梭所说的"自然情感"，其实就是一种性情状态上的情感。人们在童年时代、少年时代，本心的自然状态往往没有受到太多的遮蔽与扭曲，于是人们在那个时期的情感表达往往就是本心的自然表达，也就是本心自然而顺畅地在情感的层面上流露出来。因此，卢梭所强调的"自然情感"，接近于我们这里所说的"性情"。而无论是"自然情感"也好，"性情"也好，我们不管怎样去界定像卢梭所重视的情感，我们都不能否认，这样的一种情感，一定是一种从本心中自然流露出来的、并被本心之所充实的情感。而这种情感之所以是"自然"的，而不是"不自然"的，就是因为这种情感是本心的自然的流露。因此，卢梭之所以将"回归自然"或"回归自然情感"视作人自身之启蒙的方向，是因为他实感到人的自然情感蕴含着本心的自然状态，而本心的自然状态则促使人的自然情感具有一种主体性的力量，让人自身挺立在各种条件与环境的牵引之中，而仍然不会丧失人自身的纯良与美好。不过，与弗洛伊德对于身体或性的态度一样，卢梭虽然能够从自然情感中体会到一种主体性的力量，但他却同样没能自觉到自然情感之所以有这样的力量，则是因为本心的自然状态充实到情感上去，而使得情感成为自然情感了。而正因为卢梭缺乏这样的自觉，所以他对于自然情感的意义的把握，往往是不稳定和不明确的，这让他有时候难以区分出何种情感确实是自然而且有真实的主体性力量的，何种情感则是盲目无方、随波逐流的。

（四）论康德的"勇于运思"

康德的"勇于运思"的启蒙口号则强调主体独立而自由地运用理性之思，对于主体性挺立的关键性意义。虽然康德受到卢梭思想的深远启发，但他的哲学取向和卢梭有一个显著的差异，这就是，卢梭彰显自然情感背后的主体性力量，而康德则强调纯粹理性背后的主体性力量。康德对于人的情感状态并不那么信任，因为它在很多时候是盲目的，随缘的，而情感的盲目、随缘性，让我们难以从中找到一个人之所以为人的坚实的根据。这是康德的理解，同时也是康德因为缺乏本心自觉，而难以自觉到自然情感背后有着明确的本心导向的体现。不过，我们现在姑且不去理会康德对于情感的态度，而只去看他对于理性的探索。前面已经提到，在康德看来，人最可贵的是自由意志，而自由意志则体现为纯粹的实践理性，或者说，自由意志自身就是理性的本性。主体本着自己的自由意志，而能独立不惧、不受影响地运用自己的理性，去作出判断，则是主体之所以为主体、人之所以为人的真实根据所在。据此，康德的"勇于运思"其实可以分为两部分去看。第一部分是"勇于"，这是主体承担起自己的自由意志的体现；而第二部分则是"运思"，这是主体在承担起自己的自由意志的基础上，通过理性、理解的作用，而促使主体进一步明确并挺立自身。不过，因为康德与弗洛伊德、卢梭一样，也缺乏本心的自觉，因此，他虽然特别重视自由意志，但自由意志对于他来说，其实是一个谜一样的东西。他不能自觉到他所能够直接实感得到的自由意志的本性，其实就只不过是本心而已，或者更具体地说，只不过是本心所体现出来的主体的"心意"而已。不然，康德就不会大费周章、缭绕曲折地去探寻自由意志之谜了。而因为康德不能自觉地明确到"勇于运思"的"勇于"是本心的作用，因此在一来二去之中，康德更偏向于"勇于运思"的"运思"的作用，也即偏向于对纯粹理性的探索上去了。

但事实上，在"勇于运思"这个启蒙口号中，"勇于"的意义要较"运思"更具根本性的意义，同时，如果我们的运思的作用，并不基于本心的"勇于"，则我们的理性作用往往会脱离我们的本心，而变成了遮掩、回避、扭曲我们的本心的诚实度的一套组织化、系统化的说辞而已。我们不要以为只有情感是盲目、变动、荡漾无定的，不要以为只有情感才会遮蔽和扭曲人的主体性，理性也同样可以，只不过理性的表达和情感的表达方式有所不同罢了。情感阴晴无定，理性则言之凿凿；情感迷惑变乱，理性则文过饰非。若本心不诚，则一切的判断，一切的理由，一切的说理，都成为自我掩饰、自欺欺人的不诚之力。这样的理性，是否比盲目迷乱的情感，要稍微好一些，尚是疑问。因此，理性自身其实并不一定给人带来主体性的力量，而康德之所以重视理性的意义，其实是源于他直接实感到主体如果本于自由意志而诚

21

实地承担起自己，并据此而作出理性的审思与决断，则这样的理性，本就是本心的诚实而内在的诉求；换句话说，这样的理性，就成为了本心的自诚其意的一个重要环节。因此，这样的理性，其实就是本心的内在的一面，它是被本心之所充实的理性，对于这种理性，笔者称之为"主体理性"，它是内在于主体性、并成为主体的真实力量的理性。康德对于人自身的主体理性是有实感的，但因为他缺乏本心的自觉，所以并不能够把握到这种主体理性之所以能够让主体自身自诚其意，勇于运思，挺立自我，其关键则在于本心的作用。

（五）论克尔凯郭尔的"以爱救赎"

信仰是本心或主体的手杖，它是主体不安于自己被自己的脆弱性所吞噬，而从本心中生出来的，渴望有一种超越性力量来撑自己一把的诉求。而这种信仰性的诉求一定是本心上的真实诉求，才会形成一种撑起主体性的真实力量。否则，这种信仰就是不真实的，它只不过是自我的一个避风港而已，或者是自己所构想出来的一个虚假的自我的逃避之所。这是和信仰的二重性本性息息相关的。这是说，信仰者的本心渴求自己从脆弱中挺立，于是诉求一个超越性的力量来撑自己一把，这是信仰所蕴含的主体性意义；但另一方面，信仰者有了信仰之后，往往将自己的整个本心或主体，交付给自己所信的超越性力量，甚至匍匐在这个力量之下，于是便走向"认手杖为主体"的路上去了，这则是信仰所可能导致的反主体性的意义。因此，信仰性的主体性，从何种意义上体现为对人之所以为人、主体之所以为主体的启蒙性探索，就是十分重要的事。实际上，一种信仰如果具有某种启蒙性的意义，它就必定是根植于本心与爱的，而本心与爱则是一体两面的关系。缺乏本心与爱的信仰，并不具有主体性、启蒙性的力量。克尔凯郭尔就很清楚这一点，例如克尔凯郭尔说："基督教乃是精神（spirit）；精神乃是内心（inwardness）；内心乃是主体性（subjectivity）；主体性从根本上说乃是深爱（Lidenskab/passion），而极致之深爱，乃是对于自身永恒之幸福的个体化之投身。"[1]可以说，没有本心与爱，就没有真正的信仰。对于信仰的这一意义，克尔凯郭尔是有实感的，可惜他们都又确实缺乏本心上的真正的自觉，这使得他们尚不能充分看清楚信仰的本性所在，所以很难完全理清楚"主体"与"信仰"的真正关系，最终也就很难完全避免信仰吞噬主体的可能性。[2]

从这样的角度看过去，我们就会清楚，信仰其实是为主体的挺立而服务的，而不能反过来，让主体屈从乃至匍匐在自己所信仰的超越性力量的脚下，这样的信仰，就反过来是反制和压抑主体的挺立的力量了。如果一种信仰从挺立主体性为出发点，而最终以反制、压抑主体性为结局，那么这种信仰就会失去它的主体性、启蒙性的意义。这就是我们刚才所提及的信仰的二重性张力所在。如果我们要疏导和超越信仰的二重性张力，并且保证信仰成为挺立主体性的真实力量，那么就必定需要信仰者回到本心与爱这个意义上来，不然的话，信仰就很难具有主体性、启蒙性的意义，它剩下的就只有主体对本心的回避，甚至包含了宗教权威对主体的操控与压制。

（六）"回到本心"作为人之启蒙的核心

在前面，我们已经简略地总结了人类的四个启蒙口号，其各自之

---

① Søren Kierkegaard, *Concluding Unscientific Postscript to Philosophical Fragments*, translated by Howard V. Hong and Edna H. Hong , Princeton: Princeton University Press, 1992, Volume I, pp.33, 204. 此处汉译为本书作者刘乐恒翻译。

② 这就是为什么基督宗教的重要思想家都特别强调"爱"，除了克尔凯郭尔之外，对于"信爱上帝"及其意义，奥古斯丁说得较为系统，参见奥古斯丁著，周士良译：《忏悔录》，商务印书馆，1997 年；奥古斯丁著，王晓朝译：《上帝之城》，人民出版社，2006 年；奥古斯丁著，许新一译：《论信望爱》，三联出版社，2009 年；奥古斯丁著，成官泯译：《论自由意志：奥古斯丁对话录二篇》，上海人民出版社，2010 年；等等。

所以能够具有"启蒙"的意义，是因为它们从表面上，抓住了身体、情感、理性、信仰是促进主体的挺立的重要乃至关键的力量。但如果我们从更内在的角度看过去，就会印证到，在这些口号中，其具有主体性力量的"身体"，其实是"被本心之所充实的身体"；其具有主体性力量的"情感"，其实是"被本心之所充实的情感"；其具有主体性力量的"理性"，其实是"被本心之所充实的理性"；其具有主体性力量的"信仰"，其实是"被本心之所充实的信仰"。因此，如果我们要严肃地进一步去思考人之所以为人、主体之所以为主体这个人类的根本问题的话，我们就需要明确到，是人的本心，而并不是人的身体、情感、理性、信仰等，让人得以成为一个挺立的人，让主体得以成为一个挺立的主体。身体有力量，是因为本心充实到身体上，让身体有力量；情感有力量，是因为本心充实到情感上，让情感有力量；理性有力量，是因为本心充实到理性上，让理性有力量；信仰有力量，是因为本心充实到信仰上，让信仰有力量。而西方的哲学家与宗教家们，虽然多有本心的实感，却缺乏本心的自觉，于是他们在对人的问题上有了一个抓手之后，往往会抱住这个抓手不放，进而在心中突显出了这个抓手，同时忽略了这个抓手"背后"的本心的作用和意义，最终，他们各自的各种关于人自身的意义的启蒙立场，就会因为缺乏本心上的疏导与沟通，而走向矛盾与冲突。从笛卡尔确立出纯粹理性的主体以来，人类便在"理性主体"与"反理性主体"的对抗中不断撕裂，并逐渐磨耗人类对于自身的理解与信心。我们现在对于一切刺激到人自身的意义的事情，都会变得很敏感，而敏感过后，就走向迷惑与茫然。例如最近几年兴起的人工智能的浪潮，让我们进一步感到人自身的危机。若要论"智能"，现在人工智能的更新迭代，在智能上往往超过了人类；若要论"力量"，那就更不在话下了，人类的身体能力早已不及机械了，更不用说人工智能与机械的结合了；若要论"情感"，人工智能也可以研究和总结出人类的不同的情感表达和情感模式，并习得在不同情景下有其各自的情感性互动，这一点，甚至人类

其次，随着自我的各种情感的酝酿与深化，自我便会由情而入心，也即自我通过本心的体贴与印证性作用，去整理和沟通各种情感，并感受这些情感是否从本心中自然而流淌出来，而这一过程，就是本心从自然而走向自觉的过程，也即情出而心印其情的过程，因此，继情感而后有本心。最后，因为本心从自然而走向了自觉，因此本心的自我明确性逐渐增强，于是便形成了判断性以及对于自我的判断的审思，这时候，理性的意义便从本心中呈现了出来。对于上述的身—情—心—理的过程，想必读者稍作自我体会，就能基本上看得清楚。主体性的意义从身体而走向情感，又从情感而走向本心，再从本心而走向理性，这意味着主体性或本心的不断深化的过程；而在这个过程中，本心是全方位覆盖或全域通达的，也即本心伴随着这些主体的不同层面的内容之始终。

（一）身体：本心之通道

除了需要理清楚身—情—心—理这一由外而内的序列之外，我们还应该把握到这些不同的层面，其在主体或本心中的具体位置。[①]若

---

① 在笔者看来，主体、本心与意义这三者是相通的。我们往往将本心所充实的主体的各个具体层面（如身、情、理等）视作主体性的关键，而不能自觉到主体性的关键其实是蕴含在这些具体层面中的本心。我们有理由认为，主体之所以为主体，是因为主体有本心；主体性的成长，是本心的成长；主体性的挺立，是本心的挺立；主体性的确立，是本心的笃定；而主体与主体之间的关系，则体现为交心性的关系。这样一来，主体、主体性与本心，乃是相通的，或构成一体两面的关系。若简略言之，主体即是本心。另外，本心的问题，究其实乃是一意义的问题，也即主体的人生与存在之意义的问题。主体只要有本心，就会有一种切身、当身的存在的实感，这种存在之实感，兼而为主体自己对于自己的意义感。而当一主体有其本心，而同时其本心自身尚未达到自明、自觉的状态时，主体往往会形成一种意义上的朦胧、迷茫、困惑之感，但同时因此而又获得了意义探寻之动力。而当主体的本心，获得自我明证性，并达至清明、笃定之境时，主体的人生

不然，我们对于主体性的理解，会流于笼统模糊。既然主体即本心，那么本心相对于主体的身体、情感、理性来说，必定具有某种本源性的意义。用一个不一定贴切的比喻来说，在主体的领域中，我们大抵可以将本心视作"母"，将身、情、理视作"子"。而这些不同的子女，他们各自的特点，以及他们与其母亲的关系是不一样的。根据我们的印证，身体是主体或本心的通道。根据前文的论述，我们知道，身体确实具有某种主体性的意义，身体确实也是主体，主体不可能没有身体，没有了身体，主体与本心就缺乏一个承载。就此而言，身体对于主体与本心有着某种承载性的作用，它既是主体的一个面向，但同时并非主体的核心。据此，我们可以用一个更为体贴的比喻来形容身体与主体、本心的关系，这就是，身体对于主体、本心具有"通道性"的意义。身体的最大的特点，就是它的通道性。人们往往是通过身体上的互动（比如见面、握手、拥抱乃至情人间的接吻与性关系），而促进彼此的交心性关系的；人们也是通过体贴自己的身体（比如通过练身、舞蹈等运动与艺术表达），从而体贴自己的本心的，本心是否自然而自由，在身体之是否自然而自由中体现出来。身体之于本心，确实有如通孔与管道。养护身体，让身体舒畅，更能让主体自身体证出自己的本心的意蕴与意义。而主体与主体之间在身体上的接触越深入，彼此的交心性就越明显、全面。我们这些在生活中的朴素而直接的身体性体验，都多少能够证明身体对于主体、本心的通道性意义。不过，我们同时也能够体贴到，如果我们并未自觉到本心自身的意义，及其与主体的关系，那么我们就不太容易看得出身体之作为主体、本心的通道这一位置。理性中心主义的主体性哲学往往无视或者压制身体性的

意义、存在意义便得到了确认与安顿，其自身的主体性因之而得以挺立、确立。从这个意义上说，意义问题，其实就是主体问题，就是本心问题，意义与主体、本心是相通的。意义、本心、主体乃是"三位一体"的关系。这是本书论爱情的背后所隐含的一个重要义理线索。

感受，并将身体视作理性的工具而不是主体的通道，所以这些思想导向往往是会操控身体，而不是体贴身体的；而另一方面，那些反理性中心主义的思潮则又太过于抬高身体的意义，并将身体等同于主体，身体性等同于主体性，而不自觉到身体其实只是主体的通道。弗洛伊德的原欲与性本能之说，以及梅洛—庞蒂的身体现象学，就是"身体即主体"这个观点的两个典型。不可否认，这两个学说看到了身体层面在主体性问题上的重要意义，并撼动了理性中心主义，这在近代的哲学与思想中，确实具有革命性的意义；但是，它们未免矫枉过正，因看到身体对于主体的通道性作用，就直接将身体等同于主体，这无疑是将主体、本心的意义，全部还原为身体的意义，这就引起反对"主体即身体"的各种思想立场之不满与批评。

（二）情感：本心之浪花

我们之前说过，情感是由身体性的感、感受而来的，但情感自身又可以逐渐形成一种独立性的意义，就是说，我们可以看到主体的情感和主体的身体，其实是主体的两个方面，而并不是一个方面——虽然这两个方面在事实上是相融在一起的，也即情感的表达并不能脱离身体性的内容，从"眉目传情""暗送秋波"，到牵手、拥抱，再到更深入的性接触，都是带有身体性内容的情感表达。对于情感，我们往往会凭着直觉说，情感是本心的流露。这其实是很到位的感受和判断。我们当自己的情感流露出来的时候，稍微体贴一下这情感流露中所蕴涵的本心感受，就很容易体认出这一事实。同时，我们也多少能够体会到，我们自己的情感流露的"背后"，多少有一种本心或内心的作用。有时候，我们也说不清楚自己的情感"背后"（或者说是蕴涵在情感中）的本心或内心自身的确切的意义所在，但我们确实有这样的印证。而我们之所以有这样的印证，是因为偏内在一些的本心是虚灵而无内容的，而偏外在一些的情感的流露与表达则是有具体的内容的，主体既有本心，亦有情感，而本心与情感则都内在于主体之中，因此，主体在其流露出情感的过程中，就会自然地感受、体会到自己的情感的"背后"，确实有一种来自本心的力量，甚至能感受、体会到自己的情感的表达，本就是本心的流露。但与此同时，因为本心本是虚灵而无具体内容的，因此，主体在其流露出情感的时候，若并不自觉地顺着自己的情感而去体贴、印证自己的本心，那么自己也是很难体证清楚情感与本心的差异的，因为当主体在表达其情感的时候，虚灵的本心就已经化入情感之中去了。这就可以解释清楚我们为何在流露情感的时候，自己确实感到自己的情感背后有着本心的力量，但却不一定能够明证出本心自身的意义，以及本心与情感的区别所在。

可以说，情感最初也是本心之所发出的。如果我们将本心比作大海，那么情感就是大海所涌动出来的浪花。佛家的海与沤的比喻，其实也是喻指本心与情感的关系，只不过佛家所说的本心，是本心的某种特定形态，而我们这里所说的本心，则是更为朴素、自然、日常，而不界定为任何特定的本心形态的本心，而特定的本心形态的本心，就并不完全是本心的初始、自然的状态。而对于情感作为本心的浪花这一情感的意义，我们应该有两个方面的理解。首先，情感可以说是由本心所发出的，但本心在流露为情感的同时，若本心对于情感的体贴与印证力度不够，那么情感就有可能"脱离"本心的涵摄，并成为缺乏方向的、盲目的情感之流，而这情感之流就可能会遮蔽自己的本心的方向与力量，最终使得主体或本心反过来被盲目的情感之所左右与牵引。固然，本心较之情感更为内在，本心的体贴与印证作用能够涵摄情感，并使得情感的流露，全部都是本心的流露；但是，我们知道，本心是虚灵的，而虚灵的本心自身，若不本着其虚灵的作用而走向自我体贴、自我印证，那么它的虚灵的状态反而会被它所流露出来的情感所牵引着走。换句话说，所谓"成也萧何，败也萧何"，本心的虚灵作用，可以体贴、印证情感与本心自身，使得情感的流露都是本心的流露；但这作用也可以使得本心被自己所流露出来的情感所牵引，从而让本心得不到充实，使情感走向盲目。后面的一种情况，会引致情与心的"不一致"，也就是本心如此，但情感表达出来的情况并不如此。当然，我们可以体贴到，情感的流露在开始的时候确实即是本心的流露，但等到情感逐渐牵引本心、本心被情感带着走的时候，则情感的表达往往并不是本心的表达。这时候，我们需要倾听自己最内在的声音，让自己的本心自然而直接地流露出来，并体证到情感虽然也是本心的流露，虽然是本心的浪花，但因为情感偏向外在一些，而本心则偏向内在一些，因此本心仍然有可能、有力量，体贴从它当中所流淌出来的情感，并涵摄之，印证之，最终消除情感表达的盲目性状态，而本心自身也不会被自己所流露出来的情感所反过来牵引着。

我们之前曾经区分过情感的两种状态，一种是性情，也即情感的流露就是本心的自然流露；而另一种则是情绪，也即本心并未完全充实到情感上去，反而被情感所遮蔽与牵引的状态。当然，无论是性情还是情绪，它们都是本心的流露，都是本心的浪花。

另外，主体的情感层面与主体的理性层面，往往被视作主体的两极。情与理的张力与冲突，往往是我们可以直观感受得到，但同时又难以理顺的问题，这个问题甚至被我们称作人类的永恒的难题。事实上，如果我们印证清楚了本心的意义与位置，那么情与理的张力就有机会得到化解。从主体性的角度看过去，虚灵的本心处在本源性的位置上，它往往融入并化在身体、情感、理性的层面中，而成为身体、情感、理性自身的内容与力量，我们往往难以察及、体证出这些内容与力量，其背后蕴含着本心的意义；但同时，虚灵的本心又可以返回自身，体会到本心自身的本源性意义，因为无论身体，还是情感，抑或理性，都不能从根源上成为主体、自我的人生与存在的核心意义之所在，只有自己的本心才有这样的"资格"。这是因为，无论如何，自己的身体、情感、理性这些面向，都是"斗不过"自己的本心的。一旦我们想到要去做这样的"斗争"，其实也是我们的本心所驱动的。主体的任何活动，例如身体性、情感性、理性的活动，如果它们是以压制本心为代价的，那么本心最终肯定会对整个主体状态形成一个反弹性的作用；换句话说，在这种情况下，我们自己的本心是不会放过自己的。我们稍微体贴、体察一下自己的本心，大抵上也不会否认这一点。

（三）理性：本心之纹理；信仰：本心之手杖

本心的本源性意义如果被我们所确认出来，我们就有机会真正疏导好情感与理性的关系问题。既然本心是虚灵的，那么本心就一定既与情感相通，也与理性相连。因此，本心就具有"左印情右印理"或"体情印理"①的作用。在主体的情感与理性之间，尚有本心的印证性作用这一环节。本心的印证性作用，可以疏导、充实情感的表达，并使得情感的表达成为本心的真实流露，或者说，使得情感所表达的内容涵摄、融合在虚灵的本心当中，而当情感的内容融化在本心之中的时候，主体的情感自身一方面得到了疏导、体贴、印证，另一方面则汇入了本心当中，成为处于虚、实之间的主体性、本心性内容。实不碍虚，故实亦虚也；虚可涵实，故虚亦实也。而这处于虚实之间并通于虚实的情感性内容，经过了本心的印证性作用，便成为主体自身作出判断并审思此判断的重要依据。而主体基于理由作出判断并审思判断的过程，就是主体的理性之突显并运作的过程，这个过程最终落实为主体的肯断与本心的明定。从这个角度来看，主体的理性作用，从根源上说，也是本心的印证性作用的体现。本心的印证性作用的深化，会促使本心自身，从自然的状态而进至自觉的状态；而在它的自觉的状

---

① "体情印理"的"体"，指的是本心的"体贴性"作用；而"体情印理"的"印"，则指本心的"印证性"作用。而本心的体贴性作用和本心的印证性作用，分别是本心的印证性作用（广义的印证包含体贴与印证两者，因此这个广义的印证性作用又称"体证性"）的外与内两个特征。本心的体贴性作用与情感相通，本心的印证性作用与理性相通。我们在下文将详细说明这个观点。

态中,本心的印证性作用最终体现为本心的自明性与自证性,也就是本心的明证性。而这本心的印证性作用是主体不偏离本心去作出判断并审思其判断的保证,否则理性的判断与审思容易偏离出去,变成逻辑的计算与理性的算计。从这个意义上说,理性如果要与主体性关联起来,就必须根源于主体的本心而作出,不能根植于本心并被本心之所充实的理性,就不是主体意义上的理性,即不是主体理性。因此,我们可以看到,与身体、情感一样,理性之成为主体理性,甚至理性之为真正意义上的理性,也离不开本心的作用。本心使得身体成为身体,而非肉体;本心使得情感成为主体的情感,也即性情,而非情绪;本心也使得理性成为主体理性,而非浮泛无根的辩解与说辞。另外,主体理性审思的过程,乃是一个主体、本心、意义之不断显朗以至确立的过程。这一过程,也即本心从主体自然而至主体自觉,再到主体当然的过程,可以说是本心之"自我整理"的过程,而这个自我整理的过程,只不过将自己本有的内在脉络与肌理,从其隐藏或模糊的状态中,显朗与明确出来而已。因此,我们可以将理性界定为本心之纹理。

而正因为本心具有"左印情右印理""体情印理"的作用,因此,情感与理性的张力以至冲突,就有机会从根源上得到疏导。如果缺乏本心的意义与作用,那么情感与理性诚然是冲突、相背的;但本心一旦扩充其体情印理的作用,则情与理都汇聚在本心的作用中,而成为本心所出的"性情"与"性理"。在这个意义上看,我们方才明白情感与理性本无冲突,但若本心缺席,则两者乃成对峙之势矣。

关于主体中的身体、情感、理性,这三个层面在主体或本心中的位置,想必我们已经说得比较清楚了。总括来说,身体是"本心之通道",情感是"本心之浪花",理性是"本心之纹理"。而我们此前也稍微说明了对信仰的理解,认为信仰是"本心之手杖"。我们将主体或本心的这四个层面理清楚,就有机会在前人的基础上,将爱与爱情的问题疏导得更好。比如,弗洛伊德论爱情,侧重在身体与性的意义上;卢梭论爱情,则侧重在情感的意义上;柏拉图论爱情,则侧重在理性的意义上；神学家、基督徒论爱情，则侧重在信仰的意义上。正如我们之前曾经说过的，这些取向和观点其实都并不是错，它们都抓住了主体或者本心的其中的一个表现，但是都没有完全把握得住主体自身的关键意义，乃在本心，而非身体，非情感，非理性，亦非信仰。我们可以用一个图表来表示本心与这些层面的关系：

本心	身体：本心之通道
	情感：本心之浪花
	理性：本心之纹理
	信仰：本心之手杖

关于本心与主体，以及主体的这些层面各自的意义，兼及它们与本心的关系，笔者在另外一本专论《主体与本心》中，有过更为系统、详尽的讨论，读者如果想对这些问题有进一步的印证，可以再看看我们的那本专论。①而在这本书中，我们仅仅就着爱情的议题，而将与本心相关的基本问题与脉络，再给理顺一遍而已。

四、本心的虚灵性：其印证性作用及其变异性状态

（一）本心的虚灵性特征与印证性作用；体贴与印证

这样，我们就完全立足于"本心"去看待主体问题；而因为爱情问题与主体问题是同步的，因此我们理所当然地也会立足于"本心"去看爱情问题。而关于本心，我们再次强调，它是虚灵的。它是虚的，亦即它没有什么具体的内容；但它又是灵的，亦即它能够以主体中的具体的内容为内容。本心的这种虚灵性的特点，使得它具有我们在上文说过的"印证性"的特征。印证既是本心的特征，也是本心的方法。本心的印证性作用，使得本心具有"左印情右印理""体情印理""通情

---

① 具体内容参见刘乐恒：《主体与本心》，商务印书馆 2023 年版。

达理"的能耐，或者说，这个作用使得本心既有情感的意义，又有理性的意义。在我们这里，所谓"印证"，就是本心因为自己的虚灵性状态，而形成了一个对于自己，以及对于自己与自己所身处的情景之关系的实感性状态。这种实感性状态是一种切身的主体性的状态，而不只是所对性、对象性地去对相关的内容作出旁观的态度。例如，我们经历一个官府强行抓取年老的百姓（青年壮丁都被抓光了）当兵打仗的情景，就像杜甫的《石壕吏》："暮投石壕村，有吏夜捉人。老翁逾墙走，老妇出门看。吏呼一何怒！妇啼一何苦！"我们身处这个情景，可以有两种态度，一种是主体性的态度，也就是对这个情景自然地生出一种同情心、怜悯心，面对这对年老夫妇的遭遇，感同身受。杜甫在这首诗里面，没有去表达自己的感受，但读者在这首诗的字里行间，能够直接感受到诗人的孤愤之情。诗歌的末句谈到在这件事中，老太太为了保护家人，自己答应跟随军队并给军队做饭："夜久语声绝，如闻泣幽咽；天明登前途，独与老翁别！"一千四百多年过去了，老妪的哽咽，却仿如昨日的事。如果诗人没有一种本心上的同情之实感、深感，是写不出这样的诗句的。这是第一种态度。而第二种态度，则是事不关己，自己的本心并没有打开、流淌出来，在这种态度下，面对这样的情景，只是一个抽离的旁观者，或者只是看一眼就冷漠地走了，或者只是通过所对性的描述、事不关己地将这个情景和事件记录下来。而这样一种态度就不是真正的主体性态度。

这两种态度的区别，是主体态度与非主体态度之别，是有实感和没有实感之别，而人们之所以可以有这两种态度，就视乎本心的虚灵状态是否被遮蔽和扭曲了。如果我们处在一个自然的主体状态中，我们的本心的虚灵状态就会自然地启动，于是它自然而直接地形成对于自己，以及对于自己所身处或有所关联的情景的真实的感受与感觉，这就是本心的实感。这种实感的形成是很自然的，因为本心天然地自带虚灵性，实感就是本心的虚灵性特征的体现。因此，有本心，就会有实感，这是很自然的事，而不需要我们对这个问题着意太多。①而我们所需要去琢磨的事，反倒是在现实生活中，我们为什么不能保持这种自然、日常的实感？这其实也和本心的虚灵性有关。自然地具有实感，与本心的虚灵性有关；而遮蔽和扭曲实感，也和本心的虚灵性有关。如果一个人尊重自己的本心的话，她的本心的虚灵性作用就会让自己自然而充盈地保持它自己的虚灵状态，让自己不受到遮蔽和扭曲；如果她并不尊重自己的本心，那么她的本心的虚灵性作用就不能保持其"自尊"与"自重"的状态，于是它在一转念之间，它的虚灵

---

① 在这里我们可以再举两个经典的例子。一个是孟子的"见孺子将入井"的例子。孟子说："所以谓人皆有不忍人之心者，今人乍见孺子将入于井，皆有怵惕恻隐之心——非所以内交于孺子之父母也，非所以要誉于乡党朋友也，非恶其声而然也。由是观之，无恻隐之心，非人也；无羞恶之心，非人也；无辞让之心，非人也；无是非之心，非人也。"第二个例子是卢梭所引述的例子，他用这个例子揭示出人们在日常生活中所自带的同情心、怜悯心："我认为怜悯心是我们这样柔弱和最容易遭受苦难折磨的人最应具备的禀性，是最普遍和最有用的美德；人类在开始运用头脑思考以前就有怜悯心了；它是那样的合乎自然，甚至动物有时候也有明显的怜悯之心的表现。且不说母兽对幼兽的温情和在危险时刻不惜牺牲生命保护它们，我们经常看到，就连马也是不愿意踩着一个活着的生物的身体跑过去的。一个动物在它的同类的尸体旁边走过时，总是感到不安的；有些动物甚至还以某种方式掩埋它们死去的同类。走进屠宰场的动物发出的哀鸣，表明它们对所看到的恐怖情景是感同身受的。我们很欣慰地看到《蜜蜂的寓言》的作者已不得不承认人是一个有感情和同情心的生物。他以平淡和细致的笔调描述了一个动人的事例：一个被囚禁的人看见一头猛兽从一个母亲的怀抱里抢走了她的孩子，用尖锐的牙齿咬孩子的肢体，用爪子掏取他还在跳动的内脏。他看到的这件事情虽与他个人无关，但他心中的感受是何等悲伤啊；目睹这种情景，而自己却不能对晕过去的母亲和垂死的孩子一伸援手，他难道不难过吗？"（参见卢梭著，李平沤译：《论人与人之间不平等的起因和基础》，商务印书馆2019年版，第75—77页）

性作用就和与它互动的条件、情景、人事相纠缠、相牵扯,并在纠缠与牵扯中,将外在的各种条件看得太重,而同时又将自己的"自尊""自重""自然""自觉"的本然状态看得太轻,于是,它自己的虚灵性作用实足以成为自我遮蔽和自我扭曲的源头。据此,我们便有理由认为,人之所以自然地形成实感,人之所以又自然地遮蔽和扭曲自己的实感,都来源于本心的虚灵性状态。

而由本心的虚灵性状态所形成的本心的实感,即是本心印证的基础和起点。或者说,本心的虚灵性是本心之所能有印证性作用的根源与根据。正因为主体的本心是虚灵的,所以,印证性是本心的基本状态与作用。"印"是本心之自印,"证"是本心之自证,也即虚灵的本心自身将与自己形成关联的内容不断地内在化、切己化,从而去体会本心自己是否与这些内容有着内在而顺畅的沟通性。同时,同样是因为本心是虚灵而开放的,因此本心的印证性作用,可以指向自我与他人、自我与世界的关系,也可以指向自身,但无论是何种情况,本心的印证性作用,都是从自身出发,而最终回到自身,从而促进了自己的主体性的充实与挺立的。而当本心指向自我与他人、自我与世界的关系时,本心也是基于自身的印证性作用,而与他人交心,与世界互动的。因此,本心的印证,是出自本心,而又归于本心的。这对于我们理解爱与爱情的问题,有重要的意义。这也就是为什么我们从本书一开始就指出,爱与爱情的表现虽然是关系性的,但爱的核心与根源则是自爱。而爱之所以最终是自爱,是因为爱是本心的自我实现。

因为虚灵本心的实感状态,既可以指向关系而作出印证,又可以指向自身而作出印证,既可印证主体与主体间表层的内容,又可印证主体与主体间内层、深层的内容,因此我们也可以将本心的印证性作用,分为表与里两层。本心的表层的印证性作用,又可称作体贴性作用。所谓"体贴",就是虚灵的本心,通过它的虚通的状态("虚"),去接纳和承受本心自己之所触及的一切内容,并且同时又通过它的灵活的状态("灵"),对本心自己所触及的内容,形成一种自然而灵动的互动性；而本心保持着自己的这种虚通之承受性与灵活之互动性的状态，就称作本心的体贴性作用。这种作用也是本心的一种印证性作用，只不过它是印证作用的初步、表层的环节。而本心本着其虚灵性作用，会自然地在其体贴性的作用的基础上，进一步形成一种深层性的印证性作用，这种深层性的印证作用就是狭义意义上的印证。因此，广义的本心的印证性作用，分为表层的体贴与深层的印证。所谓深层的印证，指的是虚灵的本心在体贴的作用的基础上，自然地将自身的体贴作用或体贴之所得，进一步将之向内凝聚并使之收摄到本心自身上去，以此促进本心形成自明性与自觉性，从而增进本心或主体的力量。本心之自明性，来源于本心的印证之印；本心之自觉性，则来源于本心的印证之证。

（二）情感的荡漾与理性的诡辩

本心的体贴性作用，是本心基于实感而启动的自然而初始的作用。本心去体贴自己以及体贴人事，就会形成一种灵动或流动的互动性作用，这种互动性作用，就称作情感。情感是本心印证的表层、外层。我们是先有情感然后才会有理性的，而不是先有理性而后有情感的。这当中的道理，就是本心的表层、外层有着本心的体贴性作用。[①]当然，我们知道，虚灵的本心是有可能遮蔽和扭曲自己的，本心的体贴性作用是本心的作用，自然地充实到自己的实感之表层、外层，而所形成的表现和流露，这个表现和流露就是情感的体贴性作用。但是，如果本心不能自然地充实到自己的情感上去呢？我们之前曾经说过，情感可以分为被本心之所充实的性情，以及不被本心之所完全充实的情绪，自然的情感流露就是性情的流露，而不自然的情感流露便

---

① 卢梭也说过："我先有感觉后有思考，这本是人类共同的命运。但这一点我比别人体会得更深。"（见卢梭著，黎星译：《忏悔录》，商务印书馆 1986 年版，第5 页）至于为什么先有感觉然后有思考，不能说卢梭真正说清楚了这个问题。

是情绪的宣泄。据此，本心的体贴性作用其实是性情的作用，那么情绪的作用体现了本心的体贴性作用的变异状态，这个变异状态叫什么呢？这叫作"荡漾性"。情感的荡漾性是情感的体贴性的变种。处在体贴中的人，是会尊重自己，能够自作主宰的。但处在荡漾中的人，则是很难尊重自己的，因为他们总是被情感、情绪所牵引着，而自己则浑然不觉，他们之所以会对此浑然不觉，是因为他们的本心的实感完全跟随着情感的荡漾去了。当然，处在情感荡漾中的人，也不是绝对没有机会回到自己的本心，因为任何的荡漾都处在有意和无意之间。说是无意，是因为本心完全被情感牵带着；说是有意，是因为本心毕竟是本心，本心可以受到遮蔽和扭曲，但本心不可能完全处在遮蔽和扭曲状态中，而没有一丝一毫的自然流露。只不过，在现实生活中，此重则彼轻，此起则彼伏，荡漾越多，则体贴越少，习于无意，则难以有觉，这是人之常情；除非经历本心与存在上的震动，那么一直荡漾的人，就往往在无意之中浮浮沉沉，并让情感的荡漾成为了自己的本性。在爱情的领域上，这样的状态的人就称作"浪子"。浪子一般是很难回头的，如果浪子真的回头了，肯定是自己在本心上经历了什么触动。

　　说完本心的体贴性作用，现在我们可以说说本心的印证性作用。本心的初始作用表现为情感的作用，但本心自身并不只是情感，它凭着它的虚灵性特征，可以流露为情感，但也可以体贴自己所流露出来的情感，自体其情，自证其感，让自己的虚灵的本心去充分体贴自己的各种情感作用，并让各种情感作用收摄到自己的本心上去，去体贴清楚自己的情感是否是从自己的本心中所顺畅、充盈地流淌出来的。这就是本心作用和情感作用之不一样的地方。而本心的这个体贴自己的情感的过程，会让情感与本心逐渐走向自我明确的方向上去，也就是让主体从自然状态而走向自觉状态。本心越体贴自己的情感，本心自身的力量就越强，就越有自明性、明确度，越有主体的自觉性，于是，本心就从体贴性作用而深化为印证性作用。这种印证性作用的一个特点就是理性。所谓理性，就是本心在印证明确后作出判断，并对自己所作出的判断基于理由进行反思的能力。我们之所以能够作出判断，则是因为我们的本心经由印证性作用而变得明确与明证。因此，本心的体贴性作用与情感相通，而本心的印证性作用就和理性相通。而无论体贴性还是印证性，都是本心基于它的实感状态而形成的广义的印证性作用的外与内、表与里的两个侧面而已，这两个侧面当然是各有侧重的，但它们并不是分割开来的，它们是内在地相通融贯的。而它们之所以是相通融贯的，就是因为我们之前曾经说到的，本心的"左印情右印理""体情印理""通情达理"的作用。

当然，我们在许多情况下，是情理相冲突的。这并不是什么奇怪的事。如果情感得不到本心的充实，或者理性得不到本心的确证的情况下，或者两者都缺乏本心的支持的情况下，情和理的纠结和对抗就会拉开序幕。如果你不想让你心中的情感与理性陷入这样的一个状态，那么回到本心，印证本心就是唯一可行的做法。

刚才我们讨论过本心的体贴性作用的变种是情感的荡漾性，那么本心的印证性作用也肯定有自己的一个变种。如果本心所形成的理性，是来源于本心的明证性的话，那么这样的理性就是主体理性，它就是一种真实的主体性力量，能够真正促进主体的顺畅成长与挺立；但如果一个人不能直面自己的本心，也就是不能本心诚实，或者诚实无能，她的本心就会有意地，或者更严格地说是有意无意地，想去掩盖和扭曲自己所明证到的东西——因为她自己对于自己是没有信心的，于是也就对自己的本心状态并没有那么自然、坦然和诚实。本心的不诚实、不坦然，会导致在情感上，将情感的体贴性变异为情感的荡漾性，而在理性上，则会将理性的印证性变异为理性的诡辩性。情感的变异是荡漾，而理性的变异则是诡辩。理性的作用主要是做判断和给理由，而判断和理由的表达是需要通过语言的。理性的语言具有组织性，能将判断和理由组织起来，然后编织成文。理性的"辩"本身是中性的，它只不过是一种理性的能力而已；但如果本心不能诚实直面自己所明证出来的东西，那么本心就会利用理性的辩解的能力，去强化自己的自我不诚与自我回避，试图达到自欺欺人的目的。这时候，这种理性的辩解作用，就成为一种诡辩性作用。主体理性具有促进主体性的力量，而理性的诡辩则有扭曲主体性的作用，它是反主体性的。

在爱情和婚姻的关系中，许多人会习得这样的一种理性的诡辩术。例如，其中一方对另一方丧失本心上的爱，但又不想和另一方分手，于是总是约异性朋友到外面喝酒作乐，另一方知道了之后，感到彼此之间在爱情上的信任不断被消耗，也感到自己缺乏安全感，于是将自己的本心状态分享给对方，并期待对方能够多与自己在一起，而不要经常跑到外面去和异性卿卿我我。殊不知，对方听了之后，厉声厉色地说道："我这是正常的社交，人都要有正常的社交的，你怀疑我，其实就意味着你不信任我，你不信任我，意味着你对我的爱就不是什么真爱！"听对方这么一说，另一方真的给整懵了，不过另一方并没有完全相信对方的话，而只是处在情迷意乱之中，不知孰是孰非。我们从这个例子中，可以清晰地看到，经常约异性朋友出外饮酒作乐的一方，其实是运用了理性的诡辩术，并试图用这个诡辩术，去遮掩、回避自己本心中的真实意向。这个人心中的真实意向，是对对方逐渐丧失了爱意，而同时自己的爱意转移到别人那儿去了，而这个意向其实是需要自己去诚实面对，并通过诚实面对，再据此而作出理性的决断的——比如自己重新检验和对方的爱，感到只有对方值得自己去真爱，于是不再约会其他异性朋友，以免走向移情别恋；或者，自己真的感到对对方不会再有什么真爱了，于是向对方坦言这个状态，彼此交心，沟通和商量好彼此之后的决断；或者，通过其他基于本心之诚实的方式去应对这个问题。但是，这个人并没有这样做，这个人之所以没有这样做，其实就是本心的不诚所造成的，本心的不诚让自己很"自然"而顺当地拿理性的辩解能力，去达到自欺欺人、迷惑对方的意图。这个意图有可能会达到目的，但因为在这个过程中，彼此的交心关系受到了阻碍和扭曲，因此，这最终必定会损害彼此的爱情的，让彼此的爱情陷入不断销蚀的过程中。

情感的体贴性变异为情感的荡漾性，理性的印证性变异为理性的诡辩性，这都是主体不能自我诚实、回避本心的结果。情感的荡漾作用导致本心的遮蔽，而理性的诡辩性则导致本心的扭曲。这都是本心的自我异化所致。

本心的遮蔽和本心的扭曲，哪个状态对于本心或主体的损害要深一些？应该是本心的扭曲要深一些。其实情感对本心的遮蔽也是一种扭曲，理性对本心的扭曲也是一种遮蔽，但这当中仍然有深浅之别。情感对本心的遮蔽来源于情感的荡漾性，荡漾的情感将本心左右牵引，最终本心的自然声音不能充分流露出来，于是本心就受到了遮蔽。这种遮蔽当然也是一种本心的异化，但因为情感处于本心的表层、外层，因此我们也可以认为这种异化也是表层、外层的异化。相对之下，因为理性自身处于本心的里层、内层，因此理性的诡辩不但会将本心牵引、遮蔽，而且还在本心的深层状态，也即它的印证性的层面上去用力，使得本心得不到它的自然而自主的判断与反思，而作出一个扭曲自己的本心状态的判断。因此，理性的这种扭曲力度相对地要比情感的遮蔽力度要深一些。例如，在爱情关系中，张三对于李四喜怒无常，李四自己是会感受到对方的这种喜怒无常的，但因为张三没有进一步对李四实施理性的诡辩，因此李四还是容易感受到张三的喜怒无常的情感状态的，于是也就容易而且自然地作出一个明确的判断，去判断自己究竟该如何面对张三的喜怒无常。但是，如果张三不但在情感上喜怒无常，而且还在李四面前将自己的喜怒无常合理化，并作出理性的诡辩，比如说："亲爱的，是你让我这样的。"或者说："亲爱的，我是爱你才会这样的，请相信我。"或者说："我这样的情感流露并不是喜怒无常，而是一种爱你的方式。"或者说："你不喜欢我喜怒无常，这说明你已经不怎么爱我了。"诸如此类。这样的诡辩，无疑是在情感遮蔽的基础上，给两人的爱情关系再补上一刀。情感的遮蔽是伤皮，而理性的诡辩则是伤筋动骨。

　　当然，在爱情的关系中，无论是情感上的遮蔽，还是理性上的诡辩，如果这些做法能够实施，也是基于爱情关系中的双方尚有交心度，也即双方各自的本心都是有感受和意愿去维持和推进双方的爱情的。在这样的交心性脉络下，遮蔽和诡辩才得以推行，精神控制才得以落实。如果其中一方对对方没有心或者收心了，或者双方都缺乏交心的基础了，那么无论是情感的遮蔽还是理性的诡辩，最终都不会再有用武之地。

　　我们可以将由本心的虚灵性特征与印证性作用，及其表现出来的状态，用如下的图表来表示，以方便读者理解：

五、本心的挺立性与脆弱性，
兼谈"性善""性恶"与"原罪"

　　关于本心的问题，我们已经说明出一个大概的脉络了。在这一章，我们还要在本心的虚灵性特征的基础上，交代一个重要的内容，这就是本心的挺立性与脆弱性及二者之间关系的问题，这对于我们去探索和理解爱情的意义，以及爱情关系中的伤害，有很大的帮助。并且，这个问题，比起人性的善恶问题来，要更为基础，更具有本源性。如果我们不先从这个问题着眼，而首先去讨论人性本善还是人性本恶的问题，就会遮蔽我们对于主体性问题的把握。反过来，如果我们将这个问题弄清楚，那么我们对于人性的善恶问题就会有更为明晰的看法。如果致力于首先琢磨这个"性善""性恶"问题，反倒会让我们对人性的意义越来越茫昧。下面我们会详细展开论述。

　　所谓本心的"挺立性"，就是本心能够回到自己，自己自然而自主地去体贴，去印证，而这体贴与印证之所得，成为了本心的内在的力量，而本心通过这些内在的力量的作用，让自己的主体性得到成长、挺立，最终明确并立定自己的人生意义。这就是本心或者主体的挺立性作用。本心的挺立性，即是本心的自然性、自主性和自觉性。

　　本心的挺立性植根于本心的虚灵性特征。主体之所以能够不断成长、充实、挺立，根源就在于主体之本心的虚灵状态所带来的主体的切身、当身之实感。我们常说的"善"，其实就是主体的切身、当身之实感不断得到本心的充实与滋养，而所带来的主体性之挺立的一个说明。而与此同时，主体之所以会在其成长、充实、挺立的过程中，也会有所遮蔽、阻碍乃至扭曲、异化，这就是本心的"脆弱性"面向，脆弱性也源于主体之本心的虚灵性。因其虚灵性，本心在其成长、挺立的过程中，随时随地保持着受到各种条件、环境、人事所牵引与遮蔽的可能性。正因为本心是虚灵的，所以本心或主体永远都不可能避免挺立的可能，也不可能避免脆弱的可能。即便是圣人，如孔子、佛陀、耶稣，都不可能完全摆脱自己的脆弱性，因为他们即便是圣人，也总是人；而他们是人，就总会有本心；他们有本心，就总不可能完全摆脱脆弱性。在日常生活中，我们其实很容易体会到这个道理。例如，钱财是生活之所需，而我们的虚灵的本心如果很看重它，就很容易被它带着走。又比如，在某个体制内生存的人们，他们心志往往不敢越雷池半步，甘于按照这个体制内的游戏规则亦步亦趋，最终自己的生命状态就成为体制化的生存状态，有如笼子里面的鸟，每天都等着被主人投喂，自己不敢也不愿挣脱出笼子的牢笼，飞向蓝天，因为飞出笼子是需要自己承担代价的。

　　因此总而言之，本心的挺立性与本心的脆弱性有着相同的根源，它们都来源于本心的虚灵性。本心能虚能灵，因此本心在面对条件与环境时，可以本着自己的印证性作用，而对其所处的条件与环境，作出自主的应对，并充实、推进自己。脆弱性体现为条件对主体的制约性，挺立性则体现为主体对条件的超越性。借此来看人性善恶的问题，我们可以说：脆弱性是广义的"恶"，挺立性则是广义的"善"。当主体承受不了其自身的脆弱性状态，得不到自己本心的充实，而反倒被本心的脆弱性状态所牵引，最终在有意与无意之间、自主与不自主之间，主体沿着反主体性的方向而趋。我们所常说的人之"恶"，其实就是本心的挺立性不能涵摄并超越主体的脆弱性，最终被脆弱性所牵引而所导致的结果的说明。从这个意义上说，人与人心之恶，其底子并不全是恶的，因为形成恶的本心之脆弱性自身，也是本心自身的虚灵性状态所造成的，而本心的虚灵状态，既可为善，亦可为恶，既可挺立自身，又可遮蔽自身。因此，是善是恶，是挺立是脆弱，端在本心自身所发出的一念之间。这就可以看到，苏格拉底所说的"无人有意作恶"以及亚里士多德所指出的"为善与作恶是有意为之（voluntarily）"都是很深刻的洞察。[①]不过，我们如果要说清楚这两个观点背后的真实意义，则非要看到本心的意义与作用不可。之所以可以说"无人有意作恶"，也可以说"作恶是有意的"，这都是因为人是有本心的，而本心的虚灵的特质，使得本心处于时时脆弱、时时挺立的状态之中，因此最终来说，主体并没有只有挺立而没有脆弱的状态，也没有只有脆弱而没有挺立的状态。所以，作恶的人总是在有意无意之间去作恶的。我们可以说，苏格拉底更多地看到了本心诉求挺立的面向，而亚里士多德则看到了作恶只要是来自主体内部的动因——比如出自欲望和怒气——就都是有意的，只不过这是本心的脆弱性面向。概而言之，主体的挺立性，是在它的脆弱状态中挺立；主体的脆弱性，是在它的挺立状态中脆弱。脆弱性与挺立性是本心的一

---

① 柏拉图著作中的苏格拉底在很多地方表达过这个命题，其中《普罗泰戈拉篇》(Protagoras) 358D 中的表述比较清晰明确。关于亚里士多德对"自愿／有意"的讨论，主要出现在《尼各马可伦理学》第三卷第一章到第五章。

体之两面。主体是时时脆弱、时时挺立的主体。①主体的挺立性的光辉，是在其脆弱性中展示出来的。善是在恶中善。套用佛家天台宗"佛不断性恶"的话头，我们可以说，善人不断性恶。脆弱与挺立同根，善与恶同门。我们从这个角度看，就确实可以看到，没有人会全然有意、刻意地作恶的，因为全然有意作恶，是与本心的虚灵性特征相悖的。人的所有作恶，其实都是在有意与无意之间，在自主与不自主之间所作出的，也即是在一念之间所作出的。这是我们在本心的议题上的一个观察与推进。

我们有了上述的取向，就可以有真正的基础去疏导人们关于人性善恶的讨论。儒家传统中有孟子的"性善论"和荀子的"性恶论"的争论。其实，性善论说的只不过是本心的挺立性。孟子强调有人见孺子将入于井，此人当下心中生起恻隐不忍之心，他还指出，这人并不是因为和孺子之父母相识，所谓"非所以内交于孺子之父母也，非所以要誉于乡党朋友也，非恶其声而然也"（《孟子·公孙丑上》)，这个人不是因为照顾到这些现实条件，才生出这恻隐之心的。这无疑是

---

① 卢梭在《爱弥儿》中有几段话，其实也支持了我们在这里的观点，卢梭说："当我思索人的天性的时候，我认为我在人的天性中发现了两个截然不同的本原，其中一个本原促使人去研究永恒的真理，去爱正义和美德，进入智者怡然沉思的知识的领域；而另一个本原则使人故步自封，受自己的感官的奴役，受欲念的奴役；而欲念是感官的指使者，正是由于它们才妨碍着他接受第一个本原对他的种种启示。当我觉得我受着两种矛盾的运动的牵制与冲击的时候，我便对自己说：'不，人的感受不是单独一方面的；我有意志，我又可以不行使我的意志，我既觉得我受到奴役，同时又觉得我很自由；我知道什么是善，并且喜欢善，然而我又在做恶事；当我听从理智的时候，我便能够积极有为，当我受到欲念的支配的时候，我的行为便消极被动；当我屈服的时候，我最感到痛苦的是，我明知我有抵抗的能力，但是我没有抵抗。'"（卢梭著，李平沤译：《爱弥儿》，商务印书馆2019年版，第437—438页）如果我们通过本心的脆弱性与本心的挺立性之为一体两面这个角度去看卢梭的这段话，就会比他本人还要清楚他这段话的意义。

说，恻隐之心的生出，是超越条件的。孟子这里所揭示出来的，其实就是本心的挺立性。而相对之下，荀子则认为，人的本心，有吃的还不够，还想吃更好的；有睡的还不够，还想睡更舒服的；已经饱暖了，还想思淫欲。他说："今人之性，生而有好利焉，顺是，故争夺生而辞让亡焉；生而有疾恶焉，顺是，故残贼生而忠信亡焉；生而有耳目之欲，有好声色焉，顺是，故淫乱生而礼义文理亡焉。然则从人之性，顺人之情，必出于争夺，合于犯分乱理而归于暴。"(《荀子·性恶》)荀子在这里所说的"性恶"，无疑是要揭示出本心的脆弱性，也即本心容易攀缘在条件、环境中并被牵扯着，本心于是与之纠缠不已，并将这些纠缠滚动下去。因此，孟、荀关于人性善恶的讨论，究其实乃是关于本心的挺立性与脆弱性的讨论。但是他们的"善恶"之判，说得有点强了。儒者对于这个话题争论了两千年，直到近时还有人用生物学、医学的研究成果去讨论这个问题，这些讨论和研究都没那么相应，难以看清楚问题的实质，而从本心的挺立性和脆弱性看过去则可以很好地疏导这一争论。

此外，犹太—基督教传统特别注重人的"罪性"的问题，这个问题和人性到底是善还是恶的问题虽然有侧重点上的不同，但这个问题之所以提出，同样基于人们对本心的挺立性与脆弱性状态的体验。实际上，人有罪性的判断，必定来源于人对于自己有罪感；而人之有罪感，必定是要从本心中生出来的，特别是本心的脆弱性中生出来的。人们往往会将自己对自己的本心的脆弱性的体验，称之为"恶"。而当人们对于本心的脆弱性的感受越来越强，以至于实感到自己在其现实生存中总是难以摆脱这种脆弱性状态，那么人们便实感到自己由"恶"而"罪"。这就是人的"罪性"的来源。①

_____

① 基督教思想中有一种"善恶二元论"的观点，它把"恶"看作一种与"善"对立的实质存在，但是，这给上帝的全善说和全能说造成了困难：上帝没有阻止恶也没能阻止恶，甚至创造了恶本身，祂还是全善全能的吗？为回应这一问题，奥

六、爱的本性与主体本性的同步性

关于本心的议题，我们大体上将我们的基本观点及其根据交代清楚了。我们只有透过本心的视角，才能将爱与爱情的意义真正看清楚，因此我们愿意向读者首先理清与本心相关的这些脉络。而有了这样一个背景，我们就可以去讨论爱的本性这个问题。爱究竟是什么？这是一个我们人人对之有切身的实感，但却是每个人都很难回答清楚的问题。这个问题太直接，太朴素了，它直接、朴素到我们竟然不知如何去处理它！实际上，和何为主体性的问题一样，爱的问题也同样是人类的难题。而我们如果将这两个问题互动起来，也就是说，通过主体性的问题去看爱的本性的问题，同时又通过爱的本性的问题去看主体性的问题，就会发觉，一个人对于爱的理解，和她对于主体性的理解是息息相关的。换句话说，有什么样的主体观，就会有什么样的对于爱的本性的观点。如果我们特别强调主体中的身体或性的层面，那么爱最终就是一种身体的欲望，或者性的欲望；简言之，爱就是爱欲。弗洛伊德本人就是将爱的本性视作从人的生命本能（即性欲）所升华而来的爱欲的。[1]爱欲就是一种爱本能。作为本能的爱欲，乃是"使生命体进入更大的统一体，从而延长生命并使之进入更高的发展阶段"的一种努力。[2]爱欲激发了性欲、原欲中所蕴含的快乐原则；而

古斯丁提出了"恶是善的缺乏"的观点，否认了恶是另一种实质的存在，他在《忏悔录》《上帝之城》以及《论自由意志》等著作中对此都有论述。抛开其信仰背景不谈，这个观点也甚有见地，不过他的观点仍然及不上我们这里所说的罪感是本心实感其脆弱性之难以摆脱的结果，更为到位。

① 马尔库塞曾分析过在弗洛伊德的思想中，性欲是如何转化并升华成为爱欲的。参见赫伯特·马尔库塞著，黄勇、薛民译：《爱欲与文明——对弗洛伊德思想的哲学探讨》，上海译文出版社1987年版，第144—163页。而在笔者看来，由于弗洛伊德缺乏本心的自觉，因此他并没真正说清楚性欲是如何进至爱欲的。

② 转引自赫伯特·马尔库塞著，黄勇、薛民译：《爱欲与文明——对弗洛伊

快乐的流露，则是爱欲的实现。

从这里我们就可以看到，人们有什么样的主体观，就会有什么样的对于爱的本性的理解。刚才我们说到弗洛伊德将爱的本性与人的原欲、爱欲结合起来，那么我们一定能够推出在卢梭那里，爱的本性一定被理解为人的自然情感流露。例如，在教育的领域上，卢梭认为教育者不要首先对儿童、少年进行理性的引导，人在开始的阶段，需要让理性睡眠，[①]而要夯实体格和培养自然的情感，并通过培养自然的情感而增进人自身的爱心与美德。在他看来，人最初的自然情感，就是对自己的生命存在的一种保存与爱惜。他说："人的最原始的感情就是对自己生存的感情；最原始的关怀就是对自我保存的关怀。"[②]而这种最初的自然情感，则是一种"自爱"。卢梭说："自爱心是一种自然的感情，它使各种动物都注意保护自己。就人类来说，通过理性的引导和怜悯心的节制，它将产生仁慈和美德。"[③]而人们在自爱的基础上，就自然地去"爱人"，也就是自然地对他人的痛苦形成一种同情、怜悯的感情。"自爱"与"爱人"是人的自然情感之中所蕴含的基本原则，也是人之所以为人、主体之所以为主体的根据所在。我们还是用卢梭自己的话来说吧："只要我们把所有那些对我们只讲述已经变成现今这个样子的人的论著都束之高阁，并仔细思考人的心灵的最初的和最朴实的活动，我敢断定，我们就会发现两个先于理性的原动力；其中一个将极力推动我们关心我们的幸福和保存我们自身，另一

德思想的哲学探讨》，上海译文出版社 1987 年版，第 155、15、26 页。

　①《爱弥儿》："……要了解到儿童时期就是理性的睡眠。"卢梭著，李平沤译：《爱弥儿》，商务印书馆 2019 年版，第 132 页。

　② 卢梭著，李常山译、东林校：《论人类不平等的起源和基础》，商务印书馆 1982 年版，第 112 页。

　③ 卢梭著，李平沤译：《论人与人之间不平等的起因和基础》，商务印书馆 2019 年版，第 160 页。

个将使我们在看见有知觉的生物尤其是我们的同类死亡或遭受痛苦时产生一种天然的厌恶之心。"①他在这里所说的人的第一个原动力是自爱心，第二个原动力则是怜悯心或者同情心，我们可以将它总结为爱人心。在卢梭那儿，无论自爱还是爱人，都来源于人的自然情感。

我们也可以想见，如果一个人将主体性的关键意义放在理性那里，那么她肯定会将人类的爱，视作人类对于理性的追求，对于智慧的爱慕。这在柏拉图的《会饮篇》《斐德若篇》那里就可以看得很清楚。这两个对话录笔下的苏格拉底，将爱智慧视作爱的本性，爱智慧就是要探寻理念自身，以净化自己的灵魂；而人的爱情则是要探寻美的理念自身，获得关于美之自身的知识，以让自己的灵魂通于永恒不朽。柏拉图笔下的苏格拉底之所以有这样的人生追求，大抵来源于积极和消极两个方面的原因。积极的原因，是他的本心实感到本心自身内层的印证性的力度，但因为他缺乏本心的自觉，所以他会紧紧抱住由自己的本心的印证作用而印证出来的理性、智慧不放，也即将理性、智慧孤悬出来，将之托举、隆起，而不能自觉到理性、智慧之所以有明证性，有力量性，实来源于本心自身的明证性。而消极的原因，则是他感到自己的身体欲望是生灭无常的，自己的情感流露是盲目无方的，只有自己的理性是确定不变的，于是，他就会竭力排斥掉身体的欲望与情感的流露，也即摆脱欲爱与情爱对于自己的主体性的干扰乃至拖累，而追求通过理性的确定性去指导自己的人生。这样一来，爱的本性就完全是本心对于理性自身的爱念，也即爱智慧。爱智慧是人生的真正而且唯一的意义所在。在《会饮篇》中，柏拉图笔下的苏格拉底借助迪欧蒂玛的口说道："他（引者按：指专心于爱智慧的人）不复卑微琐屑，而是放眼美的汪洋大海，高瞻远瞩，孕育着各种华美的言辞和庄严的思想，在爱智的事业上大获丰收，大大加强，大大完

① 卢梭著，李平沤译：《论人与人之间不平等的起因和基础》，商务印书馆2019年版，第40页。

善，发现了这样一种唯一的知识，以美为对象的知识。""如果一个人有幸看到了那个纯粹的、地道的、不折不扣的美本身，不是人的肌肤颜色之美，也不是其他各种世俗玩艺之美，而是那神圣的、纯一的美本身，我们能说这人活得窝囊吗？"①而《斐德若篇》在探讨爱与爱情的本性时，用了一个著名的"御马"的隐喻。此篇记道："在这故事的开始，我把每个灵魂划分为三部分，两部分像两匹马，第三部分像一个御车人。"②这两匹马当中，一匹是良马，一匹则是劣马。良马是意志的隐喻，它懂事、谦逊、节制；劣马则是欲望的隐喻，它鲁莽、丑陋、盲目。而御车人则是理智的隐喻。理智之能够平衡、协调好这两匹马，乃隐喻灵魂之能让主体不断接近美之自身。人之驾驭马车，是爱的体现；驭术蹩脚，是修为浅薄的爱情；驭术娴熟，则是真正的爱情。由于柏拉图笔下的苏格拉底也缺乏本心的自觉，所以他会将理性、欲望和意志一分为三，并在这个基础上竭力作出统一、糅合，但无论如何去统一、糅合，只要本心的体情印理的作用被忽视，那么这个主体的内在的张力就永远伴随着苏格拉底。

我们也同样可以想见，信仰者对于爱的本性的理解，肯定是与信仰关联在一起的。古典的神学家如奥古斯丁、阿奎那如此，近现代的神学哲学家如帕斯卡尔、舍勒如此，现代的基督教哲学家克尔凯郭尔、舍斯托夫也同样如此。对于他们来说，信仰本身就是爱。正如《新约·哥林多前书》所言："我若有先知之恩，又明白一切奥秘和各种知识；我若有全备的信心，甚至能移山；但我若没有爱，我什么也不算。……爱永存不朽。而先知之恩，终必消失；语言之恩，终必停止；知识之恩，终必消逝。因为我们现在所知道的，只是局部的；我们作先知所讲的，也只是局部的；及至那圆满的一来到，局部的就必要消

---

① 柏拉图著，王太庆译：《会饮篇》，商务印书馆 2014 年版，第 64、66 页。

② 柏拉图著，朱光潜译：《斐德若篇》，商务印书馆 2018 年版，第 39 页。

逝。……现今存在的，有信、望、爱这三样，但其中最大的是爱。"[①]而在信仰者看来，作为信仰的爱，一定是爱信仰，也就是说，真正的爱应是信仰性的爱。这在奥古斯丁的哲学中体现得很明显。在奥古斯丁的思想世界里，我们可以将爱比作一棵大树，这棵树的不同部分，代表不同的爱，而这棵树的主根，则必定是天主的爱，也就是天主对于世人的爱，以及世人对于天主的爱。这就形成了爱的秩序。他说："如果你喜欢肉体，你该因肉体而赞颂天主，把你的爱上升到肉体的创造者，不要因欢喜肉体而失欢于天主。如果你喜欢灵魂，你应在天主之中爱灵魂，因为灵魂也变易不定，惟有固着于天主之中，才能安稳，否则将走向毁灭。因此你该在天主之中爱灵魂，尽量争取灵魂，拉它们和你一起归向天主；你该对它们说：爱天主，是天主创造了一切，天主并不遥远。"[②]信仰者体验到自己难以完全摆脱和超越自己的脆弱性，但心中又不甘于被自己的脆弱所牵引乃至吞噬，于是诚心向着自己心目中的超越者而投身，愿意将自己的整个本心、整个生命，投向这个超越者，并由此而永远得到这个超越者的呵护与引导，与之形成本心上的共鸣。而这一本心上的共鸣，就是信仰者与超越者之间的爱的连结与感应。而由于信仰者的人生意义的安顿，以及其主体性的力量的生出与实现，都是建立在她的信仰上的，因此，信仰者会将人类的所有的形态的爱，都汇聚在信仰之爱上，或者将人类的所有的爱视作信仰之爱的不同方面的体现，这是毫不奇怪的。

通过我们在前文的简述，我们就可以更清楚地看到，我们有怎样的主体观，就肯定有怎样的关于爱的本性的观点和我们的主体观相对应。如果我们将主体性的核心放在身体或性的层面上，我们就会将爱的本性视肉欲、性欲，以及从性欲所升华而来的爱欲；如果我们将主体性的核心放在自然情感的层面上，我们就会将爱的本性视作人的自

---

① 思高圣经学会：《圣经》，2012年版，第2136页。

② 奥古斯丁著，周士良译：《忏悔录》，商务印书馆1996年版，第62—63页。

然而没有受到遮蔽与扭曲的情感的流露；如果我们将主体性的核心放在理性的层面上，我们则会将爱的本性视作人对于理性或智慧的爱念与追慕；如果我们将主体性的核心放在信仰的层面上，我们则肯定会将爱的本性视作人对于他们所信仰的超越者的爱，或者人与超越者之间的爱的互动与连结。在这里，我们便很清楚地看到，一个人对于爱的理解，与她自己对于主体性的意义何在的理解，本来就是同步的。

我们在之前曾经正面讨论过主体性的问题。我们的观点是，无论是身体，还是情感，抑或是理性，甚至是信仰，都可以体现出主体性的意义，但它们本身都不能够成为主体性的核心意义。主体性的核心意义只能是本心。我们如果看到了身体具有主体性的意义，是因为本心充实到身体的层面上去，使得身体成为主体性的身体了；我们如果看到了情感具有主体性的意义，是因为本心充实到情感的层面上去，使得情感成为主体性的情感了；而理性与信仰层面亦复如是。人之所以为人，自我之所以为自我，主体之所以为主体，就在于主体是有本心的。本心、主体、意义这三个方面的内容是相通的。

而既然爱的本性和主体的意义本来就是息息相关的，有什么样的主体观，就有什么样的对于爱的本性的理解，那么，我们这就很清楚，我们在这里所总结出来的几种关于爱的本性的观点，它们都并不是错误的观点，只不过它们各自也都抓住了爱的其中一个实现方式，但它们都没有弄清楚爱的本性的核心的意义所在。据此，我们认为，爱的本性的核心意义，就在本心这个问题上。而刚才我们所胪列出来的这些观点，它们各自其实也体会到了本心在主体的不同层面上的自我实现，但它们都缺乏本心的自觉。如果我们不自觉地体会到本心在身体的层面上实现自身，使得性欲充实为具有爱的意义的爱欲，我们就很容易将身体性的爱欲直接视作爱的本性；如果我们不自觉地体会到本心在情感的层面上实现自身，使得情感的表达就是性情的自然流淌，是人的心声的倾诉，我们也就很容易将人的自然情感直接视作爱的本性；如果我们不自觉体会到本心在理性的层面上实现自身，使得人对于理性与智慧的慕念、探寻，是一种爱智慧的人生境界，我们也就很容易将人的运用理性的作用直接视作爱的本性；同样地，如果我们不自觉体会到本心在信仰的意义上实现自身，使得人对于超越者的信仰，既稳固且持久，那么我们也就很容易将人对于超越者的信任、爱慕、期待，也直接视作爱的本性。

七、爱的本性：本心的实现

主体性的问题，是我们人类的一个难题。而既然我们对于爱的本性的理解，又是和主体性的问题关联在一起的，同时，我们在前文已经确认出主体性的核心意义在于本心，主体、本心与意义这三者是相通的，那么，我们肯定会通过本心的视角，去探寻爱的本性。爱不只是身体或性，也不只是情感，亦不只是理性，同时亦非完全在信仰，爱的关键意义就在本心。像弗洛伊德、卢梭、柏拉图和奥古斯丁等思想家，他们在事实上已经体会到本心自身的作用了。不过，他们的体会，都是不自觉的体会，而不是自觉的体会，因此他们各自只是抓住了本心之所充实出来的主体之中的某个层面的内容，并将这个内容直接视作爱的本性。弗洛伊德抓住了性欲和爱欲，卢梭抓住了自然情感，柏拉图抓住了理性的智慧，奥古斯丁则抓住了信仰。其实他们所抓住的，是本心借以表达自身的不同平台而已；但如果这些平台缺乏本心的充实和支持，那么它们都会缺乏主体性的意义，这时候，身体只不过是生物学意义上的肉体，情感只不过是盲目滚动的情绪，理性只不过是各种说辞、各种概念作用，信仰也只不过是愚昧的盲从而已。没有心的主体，其实算不上什么主体；没有心的人，还算是什么人呢？

其实，无论是在东方还是西方，我们在日常生活中，其实都很容易感受到爱与本心的这种直接而朴素的关联性。粗略地说，爱其实就是本心。我们对"爱"这个词做一些分析，就能够确认出这一点。中文的"爱"字的繁体字（"愛"）中，是有"心"字的，"爱"字从"心"。孔子将儒家的核心精神——"仁"——的意义与爱关联在一起。《论语》记载弟子问何为仁，孔子回答说："爱人。"（《论语·颜渊》）而儒家所说的"仁"，是儒者所体会出来的人的本心的某些作用，儒者将本心的这些作用视作人之所以为人的根据所在。这正如孟子所说："仁，人心也。"（《孟子·告子上》）"仁也者，人也。"（《孟子·尽心下》）仁作为本心的作用，主要指的是人的本心中所蕴含的自己与他人、自己与天地万物的一种浑然亲切性，人心中的这种浑然亲切性，使得人们在遇到他人的痛苦和不幸的时候，生出一种恻隐、不忍的情感或心意，儒家将这概括为"不忍之心"或者"恻隐之心"。

在东方文化语境中，爱也往往和执着、执念关联在一起，日常的中文词就有"溺爱""贪爱"之类的说法。这样的"爱"则是负面的。将这样的爱提升为一种哲学思想去处理，是佛家最为擅长的事。佛家多将爱视作人心的污染、贪恋、执著，十二因缘当中有"爱"之因缘，意谓贪著，于是孳生了"爱执""爱欲""爱缚"之类的词。其实，"爱"这个字之所以能用在负面的情况中，也是和本心自身相关的。既然爱与本心是相通的，那么本心的充实与挺立是爱，本心的缺乏与脆弱又何尝不是爱呢？只不过，这不是真实的爱，只是以爱为名的其他情况，是自爱有所缺乏的情况。[①]正如我们之前所说的，本心的脆弱性和本心的挺立性是一体两面的，因此，爱也就是一体两面的，它有积极的那一面，也有消极的那一面。[②]

在西方语境中，爱（love）也同样是和本心（heart）直接相关的，这和东方传统完全是一样的。萨福诗云："爱之动我心，若山风之摇橡

---

① 关于这一点的讨论，可见本卷第二章"自爱的序列：自尊、自重、自爱、爱人"。

② 相关的梳理参见詹海云：《东西方哲学、宗教与文化对"爱"的诠释》，《中国人民大学学报》，2019年第3期。

树。"（Love shook my heart, Like the wind on the mountain Troubling the oak-trees.）在古罗马，人们在日常生活中，往往将爱与心合起来表达，这样的表达可谓司空见惯。另外，我们发现我们在本书开头谈到的《金驴记》里面的主角：丘比特、卜茜凯和伏露妲三个神的名字，也揭示出了爱与心的关系。"卜茜凯"（或译"赛姬"）一词有"精神""灵魂""心理"的意思，这和"心""本心"的意义是接近的。而丘比特则对应于古希腊的神厄洛斯（Eros），"厄洛斯"乃表爱欲。因此，丘比特之与卜茜凯的结合，其实就是本心与爱欲的内在相融。

不过，虽然东西方的人们都自然而直接地体会到本心与爱的内在关系，但因为本心是虚灵而没有具体的内容的，因此，本心和爱的这个内在关系并没有成为东西方的哲学家、思想家去自觉阐发的内容，于是他们往往错失了对于爱的关键意义的把握。其实，爱就是本心，没有本心就没有爱，这是我们很朴素、自然和直接的感受；但由于本心的虚灵性、切身性状态，我们往往是处在"骑驴觅驴"的状态之中，而不能自觉到爱就是本心。现在，有了之前的讨论，我们应该可以给爱的意义做一个明确的界定了——爱是本心的实现。如果用具有动态性的表述，爱就是本心的实现性运动，因为爱也是动态性的，它是一个过程。

人只要有本心，本心就会自然地去实现自己，于是就有了爱的表达。为什么本心是会自然地要去实现自己呢？这也和本心的特征，也即它的虚灵性有关。本心是虚的，因此它是没有具体内容的，是不可见的；但本心在它的清虚之中，也蕴涵着灵动性，就是说，它并不是完全寂静在那里的。如果它是完全寂静在那里，只是一片茫昧与愚钝的话，那么它就对自己，以及对自己所身处的环境与人事，一无所感，有如枯木顽石。但事实上，只要有本心，我们的心就永远不会一片死寂，因为它是虚且灵的，或者说，因为它是虚的，所以它同时也是灵的。它的灵，是它的虚的状态的自然而内在的呼唤；而它的灵，就是它的虚的自我实现。本心其实是时时虚，时时灵的，它是即虚即灵的。因此，本心的自我实现，也即本心之实现为爱，是很自然的事。人只要有本心，本心就会自我实现、自我表达。本心是藏不住的，爱也是捂不住的。人不能没有本心，因此人不能没有爱，爱是自我栽培与成长的源泉。

对于这一点，我们可以说得更具体一些。可以说，本心本来就是虚空而纯直的，因此它在一开始，就形成了与自己、与世界以及与他人的浑然的亲切性关系。心一开始是直接而自然地去感受这个世界的。而虚空的心一旦与自己、世界、他人形成了直接、浑然、亲切的互动，虚空的心就会形成灵动性的作用。我们常说的"感受""感情"，就是这样的一种灵动性作用。而本心之由虚而灵的过程，其实就是本心的自我实现的运动。而这一运动，就是爱的生发。我们可以借用庄子"虚室生白"一语，来形容这种本心之自我实现而生发出爱的过程。爱是本心的实现，是虚灵的本心所发出的光彩。庄子说："瞻彼阒者，虚室生白，吉祥止止。"（《庄子·人间世》）庄子这里所说的"阒者""虚室"，其实都是本心的隐喻，本心是空虚的，故以"阒者""虚室"为喻。"瞻"指的是"看"，看自己的本心，其实是自己去体贴和印证自己的本心的状态。在安静而自然的状态下，自己的本心，就有如空虚而幽静的一室，逐渐生出了光明和生机来。而每当读到"虚室生白"这句话，笔者的心中便呈现出一个情景——自己在黎明之前，身处一个幽暗的伸手不见五指的空间之中，慢慢地，黎明渐近，而清晨的阳光之微熹，便从这个空间的窗户外透了进来；而逐渐地，这个空间明亮了起来，我在里面可以看到它的样子了，而它与外面世界的互动，也因为光亮的生发，而变得灵动而又充盈生机。这样的一种状态，就是"吉祥止止"的境界，也即生命的充实与吉祥，就凝聚在这本心当中，止于其所止之处，随着生命的自然延展、本心的自由流淌，而吉祥之善亦随之而生，且越聚越多，充盈于自己的本心与生命之中，而永不消散。就笔者的体会，庄子说的"吉祥止止"，其实就是本心由虚而灵、由潜藏而实现自身所形成的自我充实的状态，而这种自我充实状态，就是自爱的状态。本心自身所蕴含并实现出来的光彩，就是爱。而本心的爱，则又反过来充实本心，这本就是本心自然而充分地展开并实现自己所带来的自我受用的福报。[①]

对于爱是本心的实现这个道理，我们可以在我们的日常生活中体会得到，这其实是很朴素、自然的道理。例如，我们打开窗户，看到窗外郁郁葱葱、宁静清新的林木的时候，我们心中所进入的第一个状态，也即我们心中的初始状态，并不首先是认知性的态度。认知性的态度是后来的、后起的，是基于我们心中的初始状态，然后才形成的。我们心中的第一个状态，其实是首先感受到自己与窗外这片林木，自然地有着浑然的亲切性。亲爱的读者们，你们在自己安静下来，心中感到自然而舒畅的时候，打开自己的住处的窗户，感受一下窗外的景致，以及扑面而来的柔和的风，甚至闻一闻空气中的青草或者野花的清香，我可以保证你们心中感到，自己肯定会自然地首先去感受这个氛围和情景，也就是首先不要去想，去分辨，这些都是后起之事，自己首先是要去感受！自己身处这个情境下，就算是发呆也行。其实有时候发呆也是一种自己放松自己，让自己处在本心的自然状态下的倾向；因此有时候发呆也是有"治愈性"的，因为它有可能是要通过"不去想"，而尊重了自己的本心，让本心的自然状态、自然声音有机会不受干扰地冒出来。总而言之，无论如何，我们的本心在与我们所身处的环境，所接触的人事形成关联的时候，所形成的初始性反馈，就是与这些环境与人事，形成一种浑然的亲切性。

而我们之所以有这个感受，则是因为我们的虚空的本心，直接与林木浑然互动，并在浑然的互动中，我们心中形成了一种灵动、活动的感。这种感，就是原初的爱。因此，这种感其实就是本心最原初的

①当然，庄子在《人间世》这篇文章中，并没有像我们这里说的那样，就本心的虚灵状态与爱的意义关联起来。我们这里的观点，其实是借着庄子的这一句话文字，而作出了哲学义理上的引申。

自我实现。而在这原初的爱中，世界就被我的爱所打开了。我的本心的实现越充分，那么我的爱就越丰富、深入、充分，最终我所身处的这个世界就变得越来越明朗起来了。于是，世界便与爱关联在一起了。反过来说，如果我们心中无爱，或者缺乏爱的动力，那么我们对于这个世界，肯定是提不起什么兴趣来的。我们的本心如果百无聊赖，那么世界对于我们来说，就是灰色的，是充斥着各种烦心事的生活场。活在这个生活场中，我们甚至感到自己生不如死，感到我们的生活和生命，以及我们所身处的世界，我们与他人的互动与交往，毫无意义。这样一来，世界、他人的意义因之而隐蔽了起来。因此可以说，世界有意义，是我们自作自受的；世界没有意义，也是我们自作自受的。这端赖我们每个人的本心中所本来就有的"自由意志"。而我们的爱愈加充分满盈，则世界便愈加明亮多彩。因此，我们就可以说，爱与世界同步。①

　　人类的各种思想与文明的推进，其实都是基于爱的；或者更准确地说，人类各种思想的原初动力，都来源于本心之爱。就算是科学研究，亦是如此。人们之所以会有兴趣对自己之所对的世界中的内容、范围，有研究的兴趣，其实是因为我们爱这个世界。我们爱这个世界，才会对这个世界有兴趣，形成好奇心与探索心，我们才有动力去研究它。我们曾经将这个观点在课堂上分享出来，有同学就立即问，如果有科学家确实是想要毁灭这个世界，才去做科学研究，这又如何解释呢？我们的回应是，有科学家若想毁灭这个世界，这其实是因为这

---

　　① 我们的这个取向和观点，可以调整海德格尔在《存在与时间》一书中的"在世界之中"（being-in-the-world）的基本取向。在我们看来，此在（Dasein）之所以在世界之中，是因为此在有爱，于是此在与它所身处的世界的脉络，形成了一种内在的关联性。不然，"世界"对于此在来说其实是没有意义的。因为海氏缺乏本心与爱的自觉，所以他的"在世"之说并未完全抓住此在之所以为此在、主体之所以为主体的关键所在，而陷入"用世界来规定此在"的颠倒之见中。

位科学家怨恨这个世界。而所谓"怨恨"云云，其实是爱而不得之故。世上其实没有无缘无故的怨恨，换言之，人的怨恨其实都不是凭空而生的。人之有怨恨，是因为这个人想去爱，但自己的爱没有得到回应，或者自己的爱的表达受到了阻碍、遮蔽甚至扭曲，而在这种情况下，自己又不能自尊自爱，自我承担，而要将自己的爱的受阻与扭曲的情况，委过于人，推卸给这个世界，于是自己最终生出了对这个世界的怨恨，并在怨恨的推动下，自己想要通过科学研究而去毁灭这个世界。这其实是本心的悲剧，是爱的悲剧。

爱作为本心的实现，这在儿童的本心状态中可以直接体会到，因为儿童的本心，在开始时是纯直朴素而无所遮蔽，无所扭曲的。这是儿童的天性。人之初生，本心的作用是直接的。因此儿童对于世界的爱，是最无私、最没有保留的。他们不会多想多虑，他们最信任这个世界，也最信任大人。这个世上，没有谁比儿童更爱这个世界了。你看儿童喜欢玩，而且玩得没日没夜，这是为什么呢？这是因为儿童的玩，其实是对于他们所身处世界的爱。儿童越喜欢玩，说明他越喜爱这个世界。他们玩泥巴可以玩上一天，捉泥鳅可以捉上一天。从树上掉下来的叶子，每一面都是不同的，他们也可以研究上一天。我们大人认为是无聊的事，孩子们却能够乐此不疲。但大人们却往往因为自己对于这个世界失去了直接而充分的爱，因为自己对于生活中的许多人事感到无聊与厌倦，就将自己从中总结出来的一套标准，加诸孩子身上，认为儿童专注在玩他们喜欢的事儿，是幼稚的，不成熟的，于是就贸然地用这套标准，去扭曲孩子们的自然成长之路。愚蠢无知的大人啊！我们真的需要向儿童道歉。我们大人就是用一套遮蔽本心之自然流淌的世俗规则，去规训儿童，堵塞他们的生机，窒息他们的爱；我们的做法成功了之后，我们就说孩子终于长大了，懂事了。每想至此，我不禁为无辜的儿童而伤心欲泪。

孩子们是天然地爱这个世界的，因为他们的本心是天然的。大人保持自己的本心则不易。而一个人，从孩子而成为大人的过程，一方面是自己的本心不断经受磨合、主体不断挺立的过程，另一方面则是本心受自己所身处的各种条件、环境所牵引的过程，也即主体的脆弱性不断受到考验乃至拷问的过程。而这两方面往往是交织在一起的，而之所以它们会交织在一起，也是和本心的虚灵性特征有关，想必读者肯定能够体会和理解得到这一点，而毋庸笔者赘言。对于成年人来说，自觉地保持本心，充实本心，增进本心的力量，是一生的课题，也是自我的立身之本。而对于孩子来说，孩子的本心是天然地就在那里的，孩子们对于自己的本心，是自然的，也即他们会自然地流露他们的本心，他们的本心浑然而不自知地化在他们的身体的表达、情感的流露上面去了。他们的身体动作，他们的情感流露，本就是他们的本心的自然展示；他们的身体就是他们的本心，他们的情感就是他们的本心。因此，他们的身体动作和情感流露很少有什么作伪的成分，这使得大人们一看到孩子们的体态和神情，就能够直接知道他们心中之所想。特别是关爱自己孩子的父母，对此肯定体会得更深更切。小孩生病了，身体不舒服了，他们就自然地不思饮食，精神疲顿，没有任何玩的乐趣和兴致；当他们的身体一旦有好转的迹象，就立即要去玩弄自己心爱的玩具，嚷着要吃自己平时喜欢吃的食物。小孩的这种身体的表达是很直接的。相比之下，如果我们成年人生病了，我们的身体感受，和我们的情感表达以及我们的言辞说明之间，不一定是相通的，甚至是可以分离的。这主要是因为比起孩子们，我们成年人"心里想得太多了"。身体如此，情感也是如此。儿童的情感流露，天然地就是他们的本心流露。孩子们的喜怒哀乐，都是自然而直接的，甚至他们发脾气，也是有直接的原因的。他们往往生气得直跺脚，甚至气得说不出话来，因为他们的生气就是本心受到压制之后，本心的直接反抗，因此这种生气是自然的。孩子生气的时候，大人们最好不要首先去评价他们，而是弄清楚他们发脾气的原因，然后再求疏导之方。我敢保证，他们发脾气的原因，其实并不难找到，而大人们发脾气的原因，则往往曲折而幽深。我没说错吧！我们之所以不难找到孩子们发脾气的原因，也是因为他们的情感表达，往往就是本心的自然表达。

上面的情况，说明孩子们的本心是天然的，直接的，因此，他们对于自己，以及对于这个世界的爱，也是天然的，直接的。不过在这里我们或许要问，既然儿童的本心是这样的天然直接，为什么我们还是认为儿童仍然需要成长。的确，儿童的本心的这种天然、直接的状态，确实是很好的，但这却是不够的，不充分的。儿童的本心，以及儿童对于世界的爱，像一株青青的小草。这株青草在初生的萌动中，天然可爱，但是它可以被风左右摇动。东风摇动它，它就摇向东边；西风摇动它，它就摇向西边。它固然是天然可爱的，但这种天然可爱，是可以被摇动的。人的本心在开始时，就是这样的一株天然可爱的青草，但这株青草要顺着它自己的天然可爱的质地，继续敦厚自己，让自己生长得越来越顺直、粗壮，最终才会成为挺直、厚重的大树，这棵大树的繁茂的枝叶可以被风左右吹拂，但它因为根深而干直，所以自己最终不会被各种风力所根本撼动。由此可见，人光有天然而直接的本心状态，仍然是不足够的，这种天然的状态有可能被外在的各种条件所牵引，并随着环境之跌宕、条件之有无，自己也随之而浮沉、缠绕，于是逐渐遮蔽、扭曲自身，造成本心的自我异化。而人如果要维护与敦厚自己本心的自然状态，那么就必得从本心的自然状态而走向本心的自觉状态，从爱的自然性而走向爱的自觉性。我们的教育，最关键的就是要维护本心，启发本心，使得本心形成一种自觉性，凭着自身的自觉性，本心能够一方面经受各种条件的牵引，另一方面其自己又有所自觉，在各种条件的牵引中，在与各种条件的互动中，保持自己的自然状态，同时又能在这个互动中，敦厚自己的自然状态，并使得本心的自觉性在自己的自然性中生长出来。

在这个过程中，虚灵的本心既有可能走向自觉，同时也有可能走向自我遮蔽与自我扭曲。本心之所以有这两种可能，当然也是本心的虚灵性所造成的。而这里我们同样会问一个问题：为什么有些人，他们的本心能够从自然而走向自觉，而另外一些人，他们的本心会走向遮蔽与扭曲？这当中到底有怎样的本心机制在起作用？这可以从我们每个人的本心的状态说起。具体地说，就是有些人能够自我保持本心的自然性，而不受各种条件的牵引，于是自己的本心能够充分而顺畅地流露和实现自己；而有些人则不能够保持本心的自然性，被各种条件所牵引，于是自己的本心不能充分而顺畅地流露和实现自己。不过在这里我们依然会问：为什么是这样的？为什么有人能这样，有人又不能这样？你给出的这个解读，似乎不能真正弄明白这当中的机制。为了对这个问题有更为深入的探明，我们可以继续深化一下讨论。

前面提到，我们每个人一生出来的时候，我们的本心大抵都是自然而纯直的，因为我们的本心伴随着我们的生命刚来到这个世上的时候，我们的本心并没有受到什么遮蔽和污染。这是本心的天然状态乃至自然的状态，这是人之所以为人、主体之所以为主体的根源和意义所在。我们可以在这个状态的基础上，将自然推进至自觉，而挺立我们的主体性，因此这个状态乃是我们身而为人的立身之本，是我们之能够自由、自主、自立的源泉。不过，这是我们后来走向主体的自觉之后，再反过来去看我们那时候的状态，而所形成的观点。而事实上，在我们初生的那个当下，我们的本心既可以说是天然、自然的，也可以说是茫昧、茫然的。我们那时候的本心是处在"可爱"与"懵懂"之间的。我们的可爱就是我们的懵懂，我们的懵懂就是我们的可爱。我们的这种本心状态，意味着我们的本心既蕴含着自主的可能，同时又蕴含着自我遮蔽与扭曲的可能。如果在我们初生之后，我们的本心得到了来自父母或者其他重要的人的关爱，并形成了本心与本心的交心性关系，也即形成了爱与被爱的相互爱的关系，那么我们的茫昧与懵懂的本心状态，将会逐渐成为明亮与充实的本心状态。这种交心或互爱的作用，促使我们的本心不断明亮、自主、自信起来，我们就会很自然地顺着我们的本心的自然方向而行。但是，如果我们在初生之后，我们的本心得不到父母或其他重要的人的关爱，甚至于父母或其他人将他们自身的本心扭曲的状态，转移到我们身上，而被我们的本心所感受到，那么我们的本心就处于自然与不自然、充实与缺乏、顺畅与扭曲的张力之中，并形成自我纠缠。这种张力与纠缠的发生，是可以早早地发生在人的婴儿时期的，甚至它往往是发生在婴儿时期。正因为它发生在婴儿时期，所以我们才能够到位地看清楚，为何有些人的本心"生来"就是自然而顺畅的，有些人的本心"生来"并不如此。我们对于这个"生来"，就需要细看。我们如果将有人的本心是自然的，有人的本心不是自然的这个事实，视作人生来就如此的，那么这就陷入人性的决定论了。

这样的梳理，让我们一方面不会陷入以条件、环境来规定主体这个导向，另一方面也不忽视条件、环境在主体的成长过程中的作用。精神分析学派往往将主体的当下的状态，溯源到其早年所身处的某种条件、环境，并将这种条件、环境解释为导致主体的当下状态的原因所在。这当然能够说明一部分的问题，但这又忽视了第一方面的意义，也就是人是可以自主的，因为人的本心在人之初生时，就已经具有了自然、自由的本性。而与精神分析学派相反，有一些特别强调主体性之挺立的学派，例如康德学派，就又过于强调人自身的独立、自由、自主性意义，而不能充分体贴和印证到人在其早年，本心的茫昧性往往使得自己容易被自己所身处的各种条件、环境所牵引，而不容易超越出来。总而言之，精神分析学派过分强调了生存的脉络对于主体的作用，而康德学派则又过于突显主体自身对于条件、脉络的超越性作用；前者抓住了本心的脆弱性，而后者则抓住了本心的挺立性。事实上，如果我们以本心的视角去看这个问题，就可以体会到本心的脆弱性与本心的挺立性是本心中所同时具有的。当我们侧重在其中的一面的时候，我们就需要顾念到这一面的背后，是本心的另一面。

通过上面所说的角度，我们就可以讲清楚为什么有的人的本心能够从自然而走向自觉，为什么有的人的本心会从自然而走向遮蔽与扭曲。可以说，这都是本心的自然或茫昧状态，与本心所关联的条件、环境等的脉络性内容不断互动的结果。因为每个人的本心状态，以及其本心与其所关联的脉络性内容的互动情况，是独特的，具体的，这就导致了每个人的主体性的走向各有不同。不过，虽然每个人的情况都是独特而不可取代的，但是凭着本心的视角，我们可以清晰地理解到，人的主体性的真正成长与挺立，是因为人的本心能够自然而自觉地实现自己；而人的主体性若被遮蔽与扭曲，缺乏内在的力量，则一定是因为人的本心受阻了，它不能自然而自觉地实现自己。我们知道，本心的实现性运动即是爱，因此我们可以将前一种情况称作主体之自爱，后一种情况称作主体之缺乏自爱。自爱是一个人的立身之本。我们研究爱情的问题，是决不能脱离自爱这个根本去理解爱情的意义的；换句话说，如果一个爱情关系，并不是基于爱情的双方之自爱而形成的话，那么这个关系并不是真正的爱情关系。对于这一点，我们在讨论爱情的问题的时候，会详细展开，而现在我们要进一步理清楚自爱的问题。

第二章
自爱的序列：自尊、自重、自爱、爱人

一、论自尊与无耻；兼谈"精神控制"的本质

根据本心的自我实现状态的不同，主体的自爱其实是有一个序列的，也就是说，根据本心的自我实现的程度的不同，我们可以区分出程度不同的自爱。而自爱的序列应该是：一、自尊；二、自重；三、自爱；四、爱人。我们首先说自尊。在我们这里，所谓自尊，就是自我的本心具有直面自己并承担起自己的态度，本着这个态度，自己不自我逃避，不自我掩饰，不自我欺骗。而人之所以会形成自己要直面和承担起自己的态度，则是来源于自己的本心所自然地就具有的一种切己性作用；更具体地说，主体的本心如果自然地去体贴自己，印证自己，实现自己，本心就会对主体的整个自我，形成了一个真正的接纳性，也即本心愿意接纳自己。而本心之所以愿意接纳自己，是因为本心在它的自然状态下，会有一种自我实现的意欲，而这种自我实现的意欲能让主体自然地自我关爱以至自我承担。反之，主体则会讨厌自己，不接纳自己，最后将原本的自己甩到另一个地方去了，这样，这个原本的自己和"我"就没有什么关系了，"我"就可以舒舒服服地过我的日子了。事实上，我们都知道，这是不可能的，因为那个原本的自己是怎么甩也甩不掉的。

这就是自尊的来源。自尊源于自己本心中确实愿意接纳自己，于

是，现实的自己就是原本的自己，原本的自己就是现实的自己，这种状态造成了主体的本心会一直保持着一种在生活与生存上的切己性、切身性之实感。而这种切己性的自我感受，会成为自己在生活、生存上的灯塔，保障自己不至于在生活中自我迷失，这是最原始的自爱，同时也是最朴素的良心。如果这个最朴素的良心给丢了，我们就有如丢了我们的双眼一样，遇到光明，不知道这是光明，遇到黑暗，也不知道这是黑暗，总之自己的生命，便是一片的茫昧与凌乱。

因此，人的这种切己性的自我实感，也即人的自尊心，是人之为人、主体之为主体的底线。之所以说自尊是人的底线，是因为我们若有了自尊，我们就不会放弃自己，不会瞧不起自己，不会欺骗自己。这是上天给予人类的护身符，甚至可以说是唯一的护身符。我们如果丢掉了这个护身符，我们就好像丢掉了我们的房子大门的锁，任何恶人和猛兽，都可以乘虚而入，在我们的领地中肆意糟蹋，而我们却再也没有任何的抵御力，可以将这些恶人和猛兽抵挡在我们的大门之外。我们丢失了这把锁，就是我们的自作自受，因为上天本来就曾经给了我这把锁，让我揣在自己的怀里的。因此，我们身而为人，决不能丢了我们的自尊。金钱、权力、地位、荣誉，这些都是可以舍弃的，唯独自尊不能舍弃。

在我们的本心没有受到扭曲的情况下，如果我们的自尊，也即我们身而为人的底线给伤害了，我们的自爱心、自尊心会毫不犹豫地促使我们去反击伤害我们的人和事。我们决不会让他们得逞的，因为他们一旦成功了，我们就会丧失掉我们的命根子。而我们一旦被拖到这个领域，我们的自尊心就成为自己对于自己的尊严心。我们的自然的尊严心，促使我们理解到自己是有尊严的，而自己的尊严是任何人，任何事，任何神佛鬼怪，都没有权利去剥夺的。我的本心促使我印证到我是有尊严的，而同时，我凭我的本心去与他人互动的时候，我们会形成"以心比心"的交心性作用，这一交心性作用则促使我印证到他人也是有尊严的。于是，我们每一个人都是有基本尊严的，我们每一个人的基本尊严都是不可被任何人、任何事所侵犯的——无论他们有怎样冠冕堂皇的理由，这就是我们所常说的"人人生而平等"的源泉所在。

孟子著名的"不食嗟来之食"的典故，可以帮助我们更直接地印证到每个人的内在尊严性，是任何人都不应剥夺的。孟子所提到的这个故事，应是有来历的。《礼记·檀弓下》曾记载道："齐大饥，黔敖为食于路，以待饿者而食之。有饿者蒙袂辑屦，贸贸然来。黔敖左奉食，右执饮，曰：'嗟！来食。'扬其目而视之曰：'予唯不食嗟来之食，以至于斯也！'从而谢焉，终不食而死。"孟子所谈到的故事，与这个故事相近，但更为泛化一些。《孟子·告子上》云：

> 一箪食，一豆羹，得之则生，弗得则死。呼尔而与之，行道之人弗受；蹴尔而与之，乞人不屑也。万钟则不辩礼义而受之，万钟于我何加焉！为宫室之美，妻妾之奉，所识穷乏者得我与？乡为身死而不受，今为宫室之美为之；乡为身死而不受，今为妻妾之奉为之；乡为身死而不受，今为所识穷乏者得我而为之；是亦不可以已乎？此之谓失其本心。

因为在这段话中，孟子提到了"本心"这个词，所以我们顺便将全文引述出来。我们曾经将包括孟子的思想在内的儒学传统，视作东方的"本心未发传统"的一环，而从这里，我们也可以看到我们这一观点的合理性。①孟子在这段话里面，展示出了他对本心的深刻洞见，同时也首次提出了"本心"这个词。不过，由于孟子不能将本心自身的意义充分展开，也不能系统地讨论本心对于主体性的意义，以及本心与主体的身、情、理的关系，因此，他在本心上的洞见，也就仅仅是个洞见而已，它尚需我们对之做出发明与引申，从而让我们对本

---

① 这个观点是我们在 2022—2023 年秋季学期于武汉大学讲授"全球化与文明对话"以及"哲学导论"两门课程时明确提出的，是对《主体与本心》一书中所论述观点的推进。

心的意义，有一个普遍而广泛的理解。

好了，我们再说回来。孟子在讨论"嗟来之食"的时候，将生死问题与自尊问题对勘，看到了人就算是在"一箪食，一豆羹，得之则生，弗得则死"的情况下，也即很快就会饿死的情况下，别人的施舍，如果是带着"羞辱与贬损自己的人之为人的基础"这个条件的话，例如孟子所说的"呼尔而与之""蹴尔而与之"，那么这个人的自尊心就会被自然地触动并激发起来。这个人宁愿饿死，也不愿自己的人之为人的基础受到羞辱与贬损，因为如果自己的最基本的良心被践踏了，那么自己身而为人的基础就丧失了。如果自己因为接受这种羞辱与贬损，而保住了自己的生命，自己也只不过是一个行尸走肉，是一个丧失基本的良心与尊严的生物体而已，失去了任何人生与生命的意义；如果自己严拒这种羞辱与贬损，自己的生命虽然保不住了（这肯定是一个重大的遗憾与悲剧），但是自己最起码能够保住自己身而为人的基础——本心的尊严。而对于不食嗟来之食的人来说，本心的尊严之所以会超过生死的问题，是因为，自己的自然身体的消亡，只不过自己是生物学意义上有所遗憾与损害而已，但自己的本心尊严的丧失，则是自己丧失了"身而为人"的基本意义，这个基本意义丧失了，自己就算活下来了，也就没有意义了。

另外，在"不食嗟来之食"这个故事中，不食嗟来之食的人，是有羞耻心的。这个羞耻心是怎样来的呢？这其实也是从自尊心中生出来的。羞耻心和自尊心其实是一体两面的。从积极的意义上看，羞耻心就是一种自尊心；从消极的意义上看，自尊心就是一种羞耻心。这都是人的原始的自爱之心的表达。人之所以会有羞耻，是因为人感到自己的自尊受到损害了。自尊受到损害，为什么会有羞耻呢？这是因为，在这种情况下，我们感到自己的"命根子"被别人动了，而这个"命根子"则是上天给我，让我好好守护下去的。我们的良心被别人动了，我们的良心就"过意不去"；我们的自尊被别人损害了，我们的本心就感到自己丧失人的尊严和意义了。对自尊的触动与"我的奶酪被别人动了""我的权位被别人夺取了""我的名誉被别人侵犯了"
这类触动，并不是同一个性质的触动：在前一类触动下，人会生出羞
耻心，而在后一类触动下，人不太会生出羞耻心。人的自尊受到触动
后之所以会生出羞耻心，是因为我们感到自己的自尊，是自己本可以
完全自主的，也即自己的自尊自爱之心，是无论什么人，无论什么情
况，都剥夺不了的。如果自己的自尊受到触动，我自己本可以而且本
应该自由、自主、自爱、自我接纳的状态，就被打破了。我以之为羞，以
之为耻，一来是因为我感到有可能丧失自爱的力量了，二来是因为我
心中对自己有可能丧失自爱的力量这种状态，感到非常的不情愿与不
安。只有这两方面结合起来，我才会形成羞耻心；换言之，羞耻心来
源于"我心中感到自己有可能丧失我的自爱"与"我心中不情愿这种
自爱有所丧失"之间的张力。如果在这个张力中，我的不情愿逐渐减
损，而我对于我的自爱之丧失又逐渐无感，那么这个张力就会逐渐解
除，羞耻就会逐渐转为无耻。

在爱情关系中，关系中的双方有自尊心或羞耻心，是很重要的。如
果一个爱情关系是以损害一方或双方的自尊或羞耻为代价的话，那么
这个爱情关系必定是名存实亡的，这种爱情是不值得继续拥有的。在
以爱情为名义的精神控制中，损害对方的自尊心或羞耻心，是精神控
制者所惯用的方法。精神控制者之所以要损害对方的自尊心或羞耻
心，是因为精神控制者自己一方面不能自爱、缺乏自尊，而另一方面
她是有本心的人，因此她也肯定是期待和渴望爱的——只不过她自己
不能自然而顺畅地表达自己的爱而已，这又是因为她自己缺乏自尊、
自爱所致。精神控制者处在这个本心状态下，往往会对对方的自爱、
自尊、羞耻的能力是不放心的，因为如果对方能够自爱、自尊，对方就
不能满足自己对于对方的"爱的索取"。精神控制者是不懂得如何平
等地相互交心、相互爱的，这是因为她自己对于爱的渴望，是建立在
自己的不能自尊、自爱的状态下的渴望，而这种爱的渴望就会成为爱
的索取，也即以爱的名义，让别人能够顺从自己，自己能够控制别

人，从而满足自己对于爱的需求。但这种需求永远是饮鸩止渴的，因为精神控制者对于爱的索取，是无止境的，她所索取得来的爱，并不能真正填满她心中对爱的渴望。于是，这个索取的过程，就像饿鬼吞食，越吞越饿。而从另一方来看，如果精神控制者对于另一方的控制成功，这意味着另一方逐渐丧失了自己的自尊心、自爱心，也就是自己变得越来越不爱自己了，越来越不去尊重自己自然的本心感受了。自己不能自尊，就会甘心被对方摆布；自己不能自爱，就会服从对方的指令。于是，一个存心向对方进行爱的索取，一个甘心给对方爱的满足。而自己之所以甘心给对方爱的满足，服从对方的各种指令，主要是因为自己对自己没有信心，自己对自己不满意，自己不能真正爱自己，总之是自己因为缺乏自尊、自爱的本心状态，对方才会成功控制住自己的。而要打破这个局面，走出精神控制的困境，则非要培养与敦厚自己的自尊、自爱不可；否则，自己虽然或许在某一天，因为各种原因而摆脱了自己所深陷的精神控制关系，但是自己的自尊、自爱的状态已经被扰乱，甚至丧失，因此自己很容易再次陷入之前的控制性关系之中，或者陷入另一个控制性关系，或者自己在"丧失自尊"与"想有自尊"的冲突中不能自拔，走向深一层的危困。我们在本书附录将讲述一位化名为何人斯的哲学家的故事，从他的故事中，我们也看到了一个以爱为名义的精神控制关系。何人斯自己缺乏自尊、自爱，但又渴望爱，于是移情别恋，并以爱情的名义，性骚扰与性控制想向他学习以便寻求自己的人生意义的女学生。他的妻子知道此事后，心中难受，向他表达心中的疑惑与难受，但何人斯跟她说："我是一位多元爱者，不是一元爱者，无论多元爱还是一元爱，都是人的自然的爱取向，无需比较与评价。而且，我是诚实的多元爱者，我会向你坦诚我的每一份爱。"同时他又向妻子补充说："我与每个人的爱情关系，都是单独而完整的，彼此不受干扰与影响。我对他人的爱，是单独而完整的；而我对你的爱，也是单独而完整的。在我与你的爱情关系中，我对你的爱是全心全意、无所保留的！"通过这样的"单线联系，杜绝交叉"的做法，以及相应的说辞，何人斯进一步伤害了他的妻子所剩不多的自尊与自爱状态，让他的妻子不仅对他无所怀疑，而且还帮助何人斯说话，帮助何人斯稳固他的"多元爱"的诉求。而从这个故事当中，我们也可以清晰地看到，何人斯因为缺乏自尊，遮蔽和扭曲了自我，但又渴望爱，于是通过性骚扰、性控制的方式，向多个与他亲近的女性索取爱，同时又用理性的诡辩，以扭曲他的妻子的本心，从而从缺乏自尊而走向无耻。而他的妻子，也同样是因为缺乏自尊、自爱，也即不喜欢自己，所以在遭遇他的控制与诡辩的时候，就再也不会本着自己的自尊心，而表达她的本心的声音，坚持自己的本心的自然意向，而是转过头来，为她的丈夫辩护。何人斯与他的妻子的关系，其实是一个以爱情为名义，但内里却是爱的消耗与丧失的情感悲剧，而自尊的缺乏则是造成这个悲剧的根源所在。待我们将相关的道理梳理清楚后，读者将会读到这个故事的详细内容。

根据本心的视角，我们坚信精神控制的本质，其实就是"无耻索取爱"与"迁就爱的索取"之间的相互消耗的关系。精神控制的双方，特别是精神控制者本人，其实也是渴望爱的，可惜由于缺乏自尊、自爱，她渴望爱的表达方式，转成了向对方索取爱。这就是爱的消耗。而伴随着爱的消耗的过程，则是自尊心与羞耻心或被遮蔽、扰乱与扭曲，或被损害乃至自身丧失殆尽的过程。我们有太多的个案与故事，可以支持我们的这个观点了！除了何人斯的故事外，我们也可以引述近年来的一个事例，这就是北京大学的两位学生包丽（化名）和牟林翰之间的精神控制关系。包丽是牟林翰的女朋友。牟林翰耿耿于怀包丽和他谈恋爱的时候，她并不是处女这个事实，认为她将自己的第一次性关系给了她的前男友，是"当成给了他（指前男友）的认可和奖励"，于是跟她说"你把最美好的东西奉献给了另一个人"，从而生出了某种被欺骗的感觉；而另外，可能兼及其他的原因，他开始对包丽进行精神控制，也即向她索取爱，他暗示她要"用尽一切气力"，为他"放下一切尊严"，并向他"给出全部的爱"。例如，他称呼包丽为

"妈妈"，但又要求包丽在其他人面前称他为"主人"；要求包丽纹身并纹上"牟林翰的狗"这几个字；威胁包丽如果和他分手，她就要孤独终老，不能再找其他的男朋友；他要求包丽拍下裸照作为对她的"惩罚"；他还强迫包丽，先为他怀一个孩子，然后去将孩子打掉，并将病历单留给他。牟林翰虽然嫌弃包丽不是处女，但他又不肯和她分手；而到了包丽提出和他分手的时候，他却要求她去做绝育手术，将切除下来的输卵管带回来给他，作为分手的礼物。这些都是牟林翰对包丽的期待与要求。尔后牟林翰复又通过自杀来威胁包丽，使得两人重又复合。但复合后，他又故技重施，再次对包丽进行情感与本心上的折磨。这些折磨往往是身心双折磨，他经常虐打包丽，有时候打手臂，有时候用力拧，有时候则是扇耳光，这使得她身上不时留下淤青。最终，包丽经受不了这样的控制与折磨，数次自杀，前三次未果，最后一次自杀让她彻底离开这个世界。而在包丽自杀后，她母亲赶到医院，他还抓住她母亲的肩膀，一边摇晃一边吼道："你女儿是一个骗子，她连第一次都没有了。"

这里最要强调的一点是，牟林翰对包丽的精神控制，关键在于逐渐消磨掉包丽本心中的自尊与自爱，从而让包丽越来越不爱自己，越来越对自己没有信心。只有这样做，包丽才会丧失自由、自主、自爱的能力与状态，因为这种能力与状态会使得包丽与他形成平等的爱情关系，而这是他决不想要的。他心中想要的，是包丽对他的绝对服从，只有不平等的奴役—服从关系，牟林翰才能从中达到他向她索取爱的意图。①他之所以有这样的意图，之所以要这样做，肯定也是不能自尊、自爱所导致的。他自己缺乏自尊，不能自爱，但他自己又渴望爱，因

---

① 据他们的微信互动文字，牟林翰向包丽表达他的希望，他希望在自己发脾气的时候，包丽能够"懂得服软"，而不是和他"陈述事实"，而是要"用尽办法让我不要生气或难过，在我对你说分手的时候用尽方法求我不要分手，让我真的相信你不能离开我，真的相信你是爱我的……"

此就很容易通过控制他人、向他人索取爱的方式，来满足自己已经扭曲的爱的需求。牟林翰对于包丽是否有"爱"呢？在我们看来，是有的。但是他的这种爱，其实是一种扭曲的爱的表达，而这种扭曲的爱的表达，最终导致了对于爱情关系的伤害。因此，我们也可以说，这是一种因爱之扭曲而所造成的爱的伤害。试想，如果牟林翰对于包丽并没有什么爱，而只是机械地想控制对方，那么包丽是不会受到这么大的伤害的。例如，牟林翰称女友为"妈妈"，同时又怪责包丽"把最美好的东西奉献给了另一个人"，而不是奉献给了他，我们不怀疑牟林翰的这种表达里面有"情"有"爱"，但他的爱，是扭曲的爱。两个平等主体之间的交心性互爱的关系，能够给双方的主体状态带来力量；而两个不平等主体之间的爱的扭曲性关系，则会给其中一方（其实是双方）带来深度的消耗与毁灭，也即蚕食掉主体性的根基。因此，这样的爱，肯定不是真正的爱，而是一种扭曲的、自我毁灭的本心之恶力。

说完牟林翰那一边，我们再来说说包丽这一边。在两人感情互动的过程中，包丽的自尊心、自爱心其实是被一步步地摧残的。因为在这个过程中，她越来越不喜欢自己，越来越怀疑自己，越来越对自己没有什么信心，越来越自我困惑。这体现在很多地方，其中一个地方是她心中的愧疚感不断增长。在开始的时候，由于心与心的纠缠，以及精神控制并没有那么深入，因此包丽并不完全认同牟林翰的一套，牟林翰对她的精神控制并不是无孔不入的，例如他向她强调"女孩的第一次是最美好的东西"的时候，她曾经委婉地表达她的不同意见："我最美好的东西是我的将来。"不过，在一个月内，牟林翰就强势地将包丽本心中的自然朴素的感受和判断给掰弯了。他指责包丽说："我觉得对一个女孩来说，所有的第二次都没意义。"他自己缺乏爱，而又不能通过自爱以超越自己缺爱的状态，于是一想到他所喜欢的女生，她的第一次竟然给了别的男生，她最开始爱的人竟然不是他，而是另有其人，于是因喜而生怨，因爱而成恨，终而通过话术，表达他的扭曲的怨与恨，同时通过这种扭曲的怨恨，加倍地向包丽索取爱。他向她说："我不想有人动我的女孩，过去、未来、现在。"事实上，别人确实"动了"他的女孩，于是他怨自己，也怨对方，说："我凭什么命这么差，连一个完整的女孩子都不曾得到。"当这种"怨"积聚得比较深的时候，他便对包丽过往的恋爱史、性生活史耿耿于怀，要求包丽向他完整而精确地交代她与她前男友的所有性爱细节。他列举出不同的性爱方式，迫使包丽回答哪些做过，哪些没做过，并且要她以"妈妈的健康发誓"，没有骗他。

　　总之，牟林翰一直拿她不是处女这个情况来说事，跟她说："我就像个可怜鬼，是个接盘侠。"又说："……所以你对自己的身体，不会珍惜，不会顾忌，不会保护。""你真的恶心，真的太脏了。"同时，他又一直强调他之所以介怀这个事，是基于他对她的真爱。他跟她说，男生都会介意这样的事，男生越爱一位女生，就越介意这样的事。他竭力证明他对她的极端介意，是他对她的极致真爱。而面对这一番咄咄逼人的情感指责与情感索取，对牟林翰尚有爱意的包丽来说，其实是致命的。她因为一方面还爱着他，另一方面她自己尚处在自我成长的过程中，对于自己本心的方向并没有那么明确与笃定，容易受到她所爱的人的扰动与扭曲，这两方面结合起来，就直接促使她从害怕自己迷失，①而走向否定自己的过往。她后悔自己曾经与别的男生发生性关系，她心中感到她自己本就是一个不干净的人，不配和牟林翰谈恋爱，是牟林翰为人宽容大度，对她有真正的感情，让她反省，才将她从污秽中救赎出来。她于是感到自己就是一个罪人。她心里真的去想，自己就是一个罪人，自己确实配不上牟林翰，于是想到要自己离开牟林翰，不再给他难堪，于是跟他说："我想让你远离我这种垃圾，我

---

　　① 包丽曾经这样评价自己的状态："我自己都害怕了，我已经不是我了，我已经不为自己活着了。"处在这一状态中的包丽，其实还是有机会摆脱控制的，只可惜后来她连这个状态也丧失了。

是一个毫无价值的女孩！"当然，我们相信，虽然包丽在这个时候，自己的自尊心与自爱心已经逐渐丧失，但她的自尊其实尚未消磨殆尽，如果真的是消磨殆尽了，她其实也就不会在后来多次选择自杀了。凭着她仅有的一丝自尊和自信，她心中一方面认同与服从牟林翰对自己的判决，另一方面却又有隐隐然的怀疑与困扰，因为牟林翰对她的判决是违反她的自然的尊严心、自爱心、良知心所形成的直接感受的。这种困扰导致她向她的朋友诉苦："我总不能乖乖回去继续被他打吧！""他的思想……我真的服了。"但她总是经受不住牟林翰对她的本心的扰动与扭曲。牟林翰承认他打她是不对的，但却又用理性的诡辩与情感的荡漾，试图牢牢地控制住包丽。他说："你是挺可恶的，但是，你是我的女孩！""我今天打你了，我不对；但是你今天不理我，你不对，我原谅你了！"经过诸如此类的三番五次的本心上的搬弄与扭曲，包丽的自尊心已经基本上垮下来了。①牟林翰让她怎样做，她就怎样服从，形成了明确的主奴关系。他要她做节育手术，然后将病历单留给他的时候，她的回答是"可以"。但是，由于这种主奴关系终究是违背人与人之间自然的交心关系的，同时包丽的自尊心虽然已经被击溃与扰乱，但她还有某种自由、自主性，这促使她有分手的意向。于是，牟林翰祭出了欲"挽回"关系的最后手段——自杀。当然，因为他的自杀是有别的意图的，因此他的自杀其实是一个表演（他给自己伪造了过量服用安眠药的诊断证明书），但就是这个表演，成为压倒骆驼的最后一根稻草，也即彻底击溃了包丽的本心状态。包丽

---

① 这当中应该还有更多具体的事实，理清楚这些事实可以将这个过程呈现得更为具体，我们在这里只不过是描画出一个大概而已。另外，据报道，包丽之所以最终对牟林翰言听计从，失去反抗能力，是包丽之前似乎对牟林翰说她与前男友每两周出外同住一次，而后来牟林翰通过一些技术操作，知道包丽是与其前男友每周出外同住一次，他由此而认定包丽骗他，而包丽心中的愧疚感因此而增强。

以为他真要殉情，于是将她的自我愧疚逼到一个死胡同上去了，她决心通过死，而与自己所经历的这段孽缘，一同埋葬，她跟牟林翰说："遇到了熠熠闪光的你，而我却是一块垃圾。妈妈今天给你谢罪了！"就这样，包丽永远离开了这个她本可以快乐而蓬勃地生长的世界。这无疑是一个爱情的悲剧！[①]行文至此，笔者亦感叹唏嘘，惟愿包丽的在天之灵，得以安息；同时亦愿人们能够从这个悲剧故事中，有深切的体会与省思。

我们想再次强调，经过我们的讲述，大家可以体会到，包丽之死，与她的自尊不断被腐蚀与损害有关。这是导致她惟愿终结自己生命的真正原因。我们之前也说过，自尊是最原始而朴素的自爱，是人之所以为人的命根子。如果一个人的自尊丧失了，她之生而为人的根本意义，就不复存在了。这是我们在这里一直强调自尊之重要性的原因。不过，事实上，一个人若丧失自尊，其后果不一定要像包丽这样，宁愿去死，也不愿再留恋自己曾经活过、经历过的这个世界了。一个人丧失了自尊，其实是有三种可能性的。第一种可能性是重新恢复自尊。这种可能性是一直存在的，因为自尊之丧失，意味着人的本心受到了严重的遮蔽与扭曲。但这其实意味着本心受到遮蔽与扭曲而已，而并不意味着人没有了本心。因此，自尊、本心之丧失的真正涵义是自尊、本心被遮蔽与扭曲了。而当人们实感到自己正在丧失自己的自尊时，自己的自尊心是有机会在受到遮蔽与扭曲的同时，猛然醒

---

① 关于包丽与牟林翰的更为具体的形成感情纠结的过程，以及后续的相关法律裁定，可参见：1. 柴会群：《"不寒而栗"的爱情：北大自杀女生的聊天记录》，载《南方周末》，2019 年 12 月 12 日；2. 柴会群：《北大女生自杀事件续：女方生前曾被打，男方向警方谎称女友未自杀》，载《南方周末》，2021 年 1 月 30 日；3. 王海燕：《北大女生自杀案：她曾遭受无人知晓的暴力》，载《三联生活周刊》，2020 年第 21 期，2020 年 5 月 19 日出版；4.《包丽案一审宣判：牟林翰虐待罪被判 3 年 2 个月》，《新京报》，2023 年 6 月 15 日。本书所引用的事实性内容来源于上述文献。

悟过来，并本着自尊、自爱之力，保住自己正在被蚕食的自尊，并让自尊恢复过来，最终作出明确的决断以维护自己的尊严的。这种情况其实并不罕见。在一个精神控制的关系中，被控制者其实是有机会醒悟过来，并据此而坚决捍卫自己的尊严的。第二种可能性则是一个人自尊的丧失使得这个人进一步去承认自己就是一个需要被摆布的人。我自己既然没有了自尊，那我就破罐子破摔，于是我彻底不再爱我自己了，我也从此不用再有动力和意愿去直面和承担起我自己了。自此以后，我就将一切应该自我承担之事，全部委之于人，我自己就可以"逍遥快活"了。这种情况，就是从丧失自尊而走向丧失羞耻了。在精神控制关系中，人们也是可能走向无耻的，也就是说，别人无耻地控制自己，使自己丧失自尊，而自己在丧失自尊后，也变得和控制自己的人一样那么无耻。这是"成功"逃避自我的情况。第三种可能性则是进退失据，无所适从。这是说，一个人感到自己的自尊不断丧失，陷入困惑之中，而自己的本心的力量虽然不是没有，但自己却无能为力。于是，主体便处在"自尊丧失"与"不想自尊丧失"的张力之中而难以自拔。同时，因为自己的本心的力量不足够，也即不能通过自爱的作用形成像第一种情况那样对于自尊的维护与捍卫，于是自己在有心而无力中，眼睁睁看着自己陷入泥泞之中，而自己却不能自拔。这种情况，就是包丽所遭遇的情况。人身处精神控制的关系中，往往只能与其所遭受的控制，一同消磨，甚至最终在自我恐惧中一死了之，与之一同埋葬。

处在不同的本心状态之中的人，在面对同一性质和程度的精神控制关系时，他们会走向不同的可能性。而人之所以有不同的本心状态，就在于自己的自尊、自爱的程度与力度有所不同。而这之所以会有所不同，则视乎人在成长的过程中，本心的自然的实现过程，是否受阻，以及受阻的情况与程度如何。有的人往往是在婴儿、幼儿的茫昧时期，因为父母或其他重要的人，缺乏与自己形成爱的连结，或者父母等人自己因为缺乏自爱而将问题转移到自己身上，因而在其成长的过程中，早已不知道何为自尊、自爱了。而如果这个人要摆脱这样的状态，就要比别人付出更多的自觉与努力。但无论如何，其实上天对于每个人都是公平的，因为正如我们之前所说的，就算是在幼儿时期，也即人的本心尚处于明亮与茫昧相交织的时候，人的本心仍然有自由、自主的一面，这就更不用说是在人的成年时期了。而正因为人自然地有本心之自由、自主性，所以，人在任何时候，都是有机会充实出自己的本心的自由、自主的作用的——只不过人在幼儿时期，更需要父母或其他重要的人的爱的支持与呵护而已。这样一来，上述的三种可能性，就不是完全固化的，也即一个人必然会走向这一种可能性，而另外一个人必然会走向那一种可能性。即便是同一个人，她的本心状态，也是有机会转变的，虽然我们在另一方面，也能够体会与理解到在现实生活中，每个人的本心状态，也确实有其相对的稳定性。

人从一出生，就会有本心。虽然人在其初生之时，其本心的状态尚不是自觉的状态，但它肯定有一定的自然性。因此，人在这时候，是有自然而朴素的良心的，虽然人们在这个时候尚不知道自己的这种本心状态是好的，是应该的，是正面而积极。孩子是不会反思自己的这个状态的，只有到了少年时代或者之后，人们的本心才会从自然而走向自觉，因此才会反省自我，印证、理解到自己之前的本心状态，就应该是这样的，而不应该是那样的。但在儿童的阶段，人对于自己的本心的自然性，是说不出来什么道道的，但她会顺着自己的本心的自然朝向、自然脉络而展现自己和参与生活。因此，在儿童时期，人往往是本着自己的天然的良心而日用而不知地生活的。这就有如鱼在水中的生活，但它自己却不知道自己是在水中生活一样。鱼不知有水，鸟不知有天空，儿童不知有良心。而鸢飞戾天，鱼跃于渊，鱼之能自在畅游，或潜或跃，是因为有水；鸟之能自由展翅，生机满盈，是因为有天空；儿童之能一任天趣，玩这玩那，是因为有良心。这是天然的良心，这良心是明亮的，同时也是茫昧的。

而儿童的这种茫然而明亮的本心状态，让儿童自然地就具有自尊心。自尊心是我们天然地就具有的，我们不需要怎样学习，就有了朴素的自尊心。自尊心从来不是从外面习得的，从来不是父母说的，老师教的，它是本来就有的。我们如果知道一个人没有什么自尊了，那么这个人肯定是后来丧失自尊的，而不是一生出来就没有自尊的。我们如果认定一个人天生就没有自尊，我们其实就认定了这个人生来就没有本心，但每个人一出生，就会自带自然的本心的啊！你们看刚出生的婴儿，就会嚎啕大哭，他们想哭就哭了，他们的啼哭也没有什么造作感、遮蔽感、扭曲感。婴儿长大一些了，他们也自然地哭，如果在他们哭的时候，我们大人将一颗糖放在他们的面前，他们立即不哭了，马上笑逐颜开。这就是婴儿！这就是儿童！如果换成我们大人，别人给我们一颗糖，我们心中不知道要拐多少道弯呢！但婴儿、儿童的本心是不拐弯的，他们的本心茫昧而明亮，混沌而自然。他们有自然的本心，就会有天然的自爱能力。他们喜欢自己，喜欢这个世界。年幼的儿童是不会厌恶自己，遮掩自己，扭曲自己的，他们喜欢玩，他们对于玩是乐在其中的。他们能够自主地为玩而乐在其中，专心不二，这是因为他们的本心是顺畅的，因为他们对自己、对这个世界的爱是充实的。我们不要刻意而阻止甚至强行打断孩子们的各种乐趣！你们放心好了，他们长大后，再也很难回到他们儿童那时候的那种跟着自己的乐趣自由奔跑的自然状态了。我们不也是这样吗？我们到了中年，往往不是一脸油腻，就是一肚子怨尤。这油腻和怨尤都写在我们脸上呢！你们看一看，那些幼小的孩子们，哪一个是油腻的？哪一个是怨怼满满的？他们都忙着玩儿去了，哪会管你们这些大人的破事啊！这其实非常值得我们大人去反思的。

孩子们的天然的自爱，使得他们形成天然的自尊心以及天然的害羞心。他们的自尊和他们的害羞是一体两面的。他们尚没有从自尊心而形成尊严心，因为自尊心是自然的，而尊严心的形成则需要由自然而走向自觉；他们也尚没有从害羞心而形成羞耻心甚至耻辱心，这也同时是因为羞耻心、耻辱心是需要本心的自觉度的。因此，儿童有自尊感而尚未有尊严感，有害羞感而尚未有羞耻、耻辱感。我们只需要让儿童保存着他们自然地就有的自尊心和害羞心（自尊心是就积极的一面说的，害羞心则是就消极的一面说的，这两面其实是一体之两面）就可以了，我们不需要同时也决不应该揠苗助长，去教他们尊严与耻辱之事，这不但是徒劳的，而且会压制他们的本心的自然流露。作为父母，作为教师，需要自觉到不去扰动和压制孩子的本心的自然状态。

我们看一个孩子是不是自然而充实地成长着，就要看这个孩子是否保持饱满的自尊心和害羞心。自尊心体现为孩子们的自主性；害羞心则体现为孩子们感到自己的自主性被别人察觉（或有可能被别人察觉），而别人同时又用他们想当然的一套想法（或有可能用自己的一套想法）介入本来自己可以自主的世界中去，并以此去指点自己，于是，孩子们心中天然的自爱、自尊、自主作用，就会促使自己对这种情况形成一种本心上的排斥感，这种排斥感让孩子有"心中的秘密让别人察觉并指点"的感受，而这种感受就是害羞感。而当我们知道孩子的自尊心和害羞心都是他们的天然的自爱的体现的话，我们就不会有意去戳破他们的心思。基于我们对孩子的爱，我们不要过多地用我们大人认为理所当然（就算是它确实是理所当然的）的一套观点，去对孩子们的各个方面进行指导。这种指导往往是徒劳的，无益的，甚至是有害的。我们需要活聪明一些，我们不要去破坏孩子的自然的秘密世界，他们其实是默默地在这个秘密世界中自主耕耘着，自主成长着。

我们家的孩子小木就是这样。小木现在五岁了。他现在特别喜欢用平板电脑玩儿童游戏，他为自己能够在游戏中搭建出精致的房子，而有满足感和自豪感。当他因为自己完成一个搭建，而感到得意，并主动和我们分享他的喜悦的时候，我们如果也和他一样高兴，去肯定他，赞赏他，他就更满意了。我们知道，在这种情况下，我们对他的肯定和赞赏，因为是他心中自主地期待我们这样做的，因此我们如果顺着他的期待，而去肯定、赞赏他，他就会感到一种真实的支持性的力量。但是，如果不是他主动的，而是他在平板电脑上专心搭建房子的时候，我们凑过去，有意地肯定、赞赏他和他的作品，他就会变得特别排斥，叫我们走开，说："你们走开！我不想你说！"他会变得害羞，他不想他在自主而专心地耕耘着的秘密小世界，被任何人评头品足。我们对他肯定、赞赏都不行，更不用说否定或者肆意评点他和他的作品了。有时候，就算不是我们，就算是和他同龄的小朋友，凑近他的平板电脑，他都有可能因为害羞，而不让他们凑近。

有一次，我（刘乐恒）坐在家里的沙发上和我母亲打电话，小木也在沙发上翻跟斗，一不留神，他的额头撞到沙发旁边的茶几的边缘上去了，左眼上面立马划出了一道口子，鲜血直流，我吓坏了，立即放下电话，将晓旭叫来，晓旭给他用碘伏涂了伤口，我之后骑车带他到医院，让医生包一下伤口。打从这件事之后，我每次因为外出，而要小木一个人短时间留在家里的时候，我往往和他说："你在家里不要做危险动作啊！记住啊！"开始的一两次，他都答应了。后来从第三次开始，每当我说这句话，他就非常敏感，很是排斥和生气，跟我说："爸爸，你不要再说这样的话了！"我当时心中明白，这是他的自尊和害羞的表达。我于是就相信他这时候在家是肯定不会做他认为是危险的动作的，我从此就不再和他这样说了。

我们回想起自己的童年，也何尝没有类似的经历呢！我（陈晓旭）妈在我长大后对我小时候的几件事津津乐道，以前听她讲述，只觉得好玩，有时也有点烦，而现在想来，这都是我在幼儿时期的天然的自尊心与害羞心使然的事例。在这里，我就讲关于我自己的两件事。第一件事，是在我四五岁的时候，我妈有时候会让我到我奶奶家去借生活用品，而在我到奶奶家去借东西之前，我妈肯定会事先和我奶奶打声招呼，叫她一定要借给我，不要拒绝我。因为我妈很了解我，她知道如果我被我奶奶拒绝了，肯定就不会去借第二次了。还有另外一件事，有一次邻居家的一个哥哥当兵回来了，他很热情地跑到我们家来，要给我糖吃。我当时正在忙着自己的事，也许是因为他带着热情，特别是他带着热情在众目睽睽之下要给我糖吃这个动作，让我感到我的"小世界""小秘密"在无意中被暴露出来了，我不能再有什么自由、自主性了，于是我不仅没有大方地接过他手中的糖果并说"谢谢"，反而背对着人家。而我的这个蹩脚的动作，又反过来给他的热情火上浇油，他硬要给我糖，最后我竟然嚎啕大哭了一场。

　　从我们分享的这些事例，我们就可以体会到，儿童是有天然的自尊心和害羞心的，这就是他们的自然的良心，他们会带着他们的良心而成长，他们在他们的这一自主的秘密小花园中得到自我灌溉，从而不断地自我成长。他们在他们的秘密小花园中默默的增进自爱。聪明的家长是不会打扰孩子的这个秘密小花园的，即便是家长认为他们在花园里净弄些错误的事，家长都不会走进去指指点点，更不会刻意将它暴露出来，让其他人都能够随意走进这个小花园中，折断这朵花，评点那棵树，这让孩子们情何以堪！因此，真正有爱、能体贴的家长、大人，是会在孩子没有觉察到大人在有意地去保护他们的小花园的过程中，大人们已经在不知不觉间，保护了他们的秘密小花园不受任何的打扰。[①]

---

　　① 关于"秘密"对孩子成长的重要性，日本精神分析学家河合隼雄也有相应的心理学论述，我们的论述是在从主体与本心视角回应了"何以秘密对孩子重要"这一问题。参见河合隼雄著，王俊译：《孩子的宇宙》：东方出版社，2014年。另外，能一直保持住自己小时候以来的天然的害羞心与自尊心的成年人，往往是良善之人。列夫·托尔斯泰的《安娜·卡列宁娜》中列文的形象就是如此，列文喜欢上基蒂，在溜冰场上找到了她，他想向她求婚，但欲言又止，而当基蒂发现了他，并请他与她一道溜冰的时候，小说这样写道："他羞怯地走近她，但是她的微笑又使他镇定下来。她把手伸给他，他们并肩前进，越溜越快了，他们溜得越快，她把他的手也握得越紧。'和您一道，我很快就学会了；不知为什么，我总相信您。'他说，'您靠着我的时候，我也就有自信了。'他立刻因为自己所说的话吃了一惊，脸都涨红了。"列夫·托尔斯泰著，周杨、谢素台译：《安娜·卡列宁娜》，人民文学出版社1989年版，第35页。

　　不过，有心去琢磨这个问题的读者也许会问：你这么重视孩子的自尊和害羞的作用，说得好像任何的自尊和害羞都是没有毛病一样，那么你怎么解释"过度自尊"或者"过度害羞"这个问题呢？事实上，"过度自尊"和"过度害羞"这样的表达是似是而非的。所谓的"过度自尊"，其实是指自己的自尊机制被自己或他人所触犯甚至损害了，而自己的本心又因为缺乏自爱，于是对自己的自尊的受触犯与受损害，感到吃亏了，于是顺带将"自尊"作为自己可以利用的招牌，并用这个招牌表达自己对于自己与他人的怨恨。因此，"过度自尊"其实并不是一种自尊的状态，而是一种不自尊的状态。同样的道理，"过度害羞"也并不是一种天然的害羞状态，而是一种由自尊、自爱的缺乏，而导致的自我贬损。"过度害羞"的人其实是会"过度自尊"的，反之亦然。这是我们需要细细辨析的地方。总而言之，"过度害羞"非真害羞，"过度自尊"非真自尊。我们看，儿童一般是很少有"过度害羞"或者"过度自尊"这个情况的，因为儿童是天然就会有朴素的自爱心的，他们的本心表达直接而自然，所以他们不会接二连三地怨恨他人、自我贬损。他们会直接表达对一个人的好恶，就算不说，他们都会喜怒形之于色；他们会对自己做不好一件事而生气，但他们不会对整个的自己生气，更不会对自己发生怀疑，纠缠在这里，他们生完气、发完脾气，就又高高兴兴地玩去了。所以，如果有年幼的儿童有"过度自尊"或"过度害羞"的情况，这必定是他们很早就被大人和社会所扭曲了。不过，我自己确实没有见过这样的一种情况，试想，"过度自尊"或"过度害羞"是需要一定的理性反思的能力的，而人们只有到了一定的年龄，心智才会成形，并由此而形成理性反思能力。在生活中，我们遇到有小孩子似乎有"过度自尊"或"过度害羞"的情况，那其实都只不过是孩子们的自尊和害羞的自然流露而已，因为本心状态的不同，有些孩子的表现比较明显，有些孩子的表现没那么明显，这都不是关键。

　　孩子的本心总是明亮而又茫昧、茫昧而复明亮的，因此他们的本心流露确实是自然而直接的。他们只要顺着他们的自然天性而生活，他们自己就会自我成长起来的。他们由天然的自爱所滋润起来的自尊心与害羞心，是他们顺畅成长的保证。而等到他们逐渐长大，成为少年，步入青春期之后，他们的天然的自尊心会深化为尊严心，他们的天然的害羞心会敦厚为羞耻心。儿童只会有自尊心，而不会有尊严心；他们也只会有害羞心，而不会有羞耻和耻辱这样的感觉。这是因为，尊严和羞耻这样的感受，是要本心从自然的状态而走向自觉的状态，才有机会形成的。当然，没有自尊，就不会有尊严；缺乏害羞，就难以有羞耻。这就给我们为什么一定要保护好儿童自己的秘密小花园提供进一步的根据。大人们如果不能做好这一点，孩子们将来是很难形成自然的尊严心和羞耻感的。一个人如果其本心从小时候就被忽视、扰动和扭曲，那么这个人就很难明白什么是尊严和羞耻，因为她的小时候的经历，让自己逐渐丧失了自爱的感受和能力了。一个丧失了自爱的人，就会同步地丧失尊严和羞耻。这个人心中对于别人超过了人与人之间的基本界线，并损害了自己的人格这样的情况，是不明确的，甚至于自己觉得别人侵犯自己的做人的底线，是应该的。为什么是应该的呢？因为不自爱的人，任别人怎样扭曲自己，践踏自己，自己硬是觉得别人扭曲得对，践踏得对——我连自己都不爱我自己，那别人就更不用说了！一个人缺乏自爱而丧失尊严感与羞耻感，其实是非常麻烦的情况，因为这样的人见耻而不以为耻，受辱而不以为辱。[1]这样一来，自己的人生就成为一件垃圾一样的东西，自己视自己为垃圾，自己又凭何自信、充实、顺畅地成长自己呢？这会让自己成为他人的奴隶，对他人言听计从。在包丽事件中，牟林翰最恶劣的地方，是

---

[1] 卢梭在其文章《〈梦〉的草稿》中说："知道羞耻，就知道如何保持自己的纯真，而存心作恶，那是早就抛弃了害羞之心的。"（引自卢梭著，李平沤译：《一个孤独的散步者的梦》，商务印书馆2012年版，第150页）卢梭的这句话与我们这里的观点是相通的。

将本来有一点自尊心与羞耻感的包丽，活生生折腾成为丧失了尊严感与耻辱感的人，她甘于成为牟林翰的"狗"，并且称他为"主人"。

而缺乏尊严心与羞耻心的人，久而久之，自己也容易成为一个无耻的人。无耻来源于不自爱，极度的无耻来源于极度的不自爱。一个人自己无耻，就会不断去羞辱他人；而这个人面对他人羞辱的时候，自己也同样对自己的受辱而一无感觉。无耻之人往往不知道什么叫作"羞"，何者方称"辱"。他们是不知道还有做人的底线这回事，于是他们一而再、再而三践踏别人做人的底线而不以为意。他们对"尊严""自爱""侮辱"统统无感，因此他们才会做出昧着良心的事来。他们之所以能够"昧着良心"，是因为他们的良心真的是被自己遮蔽和扭曲了。他们的本心已经不良了，已经坏死了，所以他们凭心而做的任何事情，都是败坏的。即便他们有意地掩饰自己的败坏的本心，向别人摆出一副颇有良心的样子，他们的这个"良心"也只是他们自己剪出来的纸花而已，但他们偏要去证明这是真的鲜花。他们会蒙蔽一些傻里傻气或者疏于观察的人，但时间长了，他们终究蒙蔽不了这些人。因为他们给别人的花是假的花，它是没有温度的，是虚假的，是冷酷无情的。不过，说到这里，我们也许会问：既然他们最终瞒不过别人，那为何他们还要去这样做呢？其实，这一方面是他们的本心状态使然，他们极端不自尊、不自爱，于是他们很"自然"地会顺势践踏别人的尊严与良心，他们对自己践踏他人这种情况是控制不住的；而另一方面，他们对别人的本心的扰动与蒙蔽，其实也有可能会得逞的，当然，他们得逞的前提是，这些傻里傻气或疏于观察的人自己本来也是不能自尊自爱的人，于是这样一来二去，这些人缺乏自尊自爱的本心状态，就与由无耻之人所施加出来的对人的良心的羞辱与践踏，天衣无缝地一拍即合，于是，这些人最终也会走向无耻，并与他们的施害者臭味相投。在家庭关系中，朋友关系中，爱情关系中，我们都往往会或直接遇到，或间接听到这样的情况。例如在爱情关系中，双方在开始的阶段，彼此因为本心状态的不同，还会有些龃龉与冲突。一个人无耻，另一个人尚稍有耻，状态不同，肯定是会冲突的。但随着关系的深化，如果无耻之人已经成功地扭曲和征服另一个人了，那么这个尚稍有耻的人就会进一步丧失自己的良心，从而与无耻之人的本心状态相协同了，于是成为了臭味相投的无耻夫妻。这当然是主体领域与交互主体领域的悲剧！

　　无耻之人是不会将"无耻"这两个字写在他们的脸上的，别人如果对他们形成好感，和他们交往互动，他们会在不知不觉间，扭曲与践踏别人的尊严，并让别人最终依附自己。如果你缺乏自爱，而同时又遇到这样的无耻之人，你一定要远离这样的人，你不要以为自己比他们多一点爱心，就要去拯救他们，这其实是不自量力的事，你最终不但没有达到目的，反而会被反噬一口；而如果你自己本人就是一个无耻之人，那就没有什么好说的，请你不要先走到人群中去，扰动并扭曲那些难以自爱但肯定比你的状态好一些的人，更不要好为人师，自己做一个教父，教你的不能自爱的学生们如何进一步不自爱，如何进一步回避自我，①你需要做的，只有一件事，就是关起门来，让自己的本心自然、直接而不扭曲地呈现在你的面前，安静而认真地倾听它的声音，这时候，你会感到难受，感到痛苦，但你不要尝试用你惯用的一套，去遮掩它，去逃避它，去给自己一个自欺欺人的冠冕堂皇的理由，你只需要安静地自我煎熬，以此一点一点地弥补你的罪孽，不然的话，你即便是进入了坟墓，甚至是轮回转世成为异物，你的无耻都会跟随你，与你形影不离。亲爱的读者，你们不要以为我的这些话，只不过是感情上的宣泄，其实这是严格的本心分析。我们只有这样去分析，去印证，才会看到无耻这个问题的严重性。当然，无论一个人的无耻究竟发展到何种荒唐的地步，她之所以无耻的源

---

　　① 对于一些不能自爱的年轻人来说，这种好为人师的无耻之人往往是有吸引力的。原因很简单，自我逃避、自我掩饰是要比自我直面更困难的事，无耻之人能够很快地教会别人如何自我逃避和自我掩饰。

头，其实最终都是不能自尊自爱。

我们届时会和你们平情而细致地讲述何人斯的个案。我们会看到，一个从小缺乏爱，渴望爱，但又不能自爱的人，如何一步步发展成为无耻之人的。何人斯自己无耻，同时又教他的妻子无耻，最终他的妻子也从自我怀疑、缺乏自爱而走向丧失羞耻与尊严，与他一样成为无耻之人。何人斯的无耻有典型性，他的无耻是很明显的。例如，有一次别人被他的无耻气着了，为了解气，跟他说想要打他五百个巴掌。何人斯听到后，不假思索地表示想过去跪下并被打五百个巴掌，以求换来别人的原谅。实际上，别人之所以这样说，是要触碰他的良心，期待他的良心能够从被遮蔽、被扭曲状态中解放出来；而他的无耻却使他完全不能反省到这一点，而以为别人确实是想打完他五百巴掌，就会原谅他的！

二、论自重与虚伪；兼谈"杠精"的本质

我们上面的内容，主要是围绕自尊这个问题来说的，现在我们由自尊而谈到自重。我们知道，中文的"自尊"和"自重"往往是合起来说的，而且"尊"这个字和"重"这个字也是相近的，"尊"和"重"合而为"尊重"一词。而在义理上，"自尊"与"自重"，"尊"与"重"也确实是相近甚至是相通的。不过，既然我们有"自尊"与"自重"这两个词，有"尊"和"重"这两个字，那么这意味着我们仍然有机会区分出自尊与自重。可以说，自尊和自重都是自爱的体现，但两者所体现的自爱的程度是不一样的。在自爱的意义上，自重明显要较自尊更深厚一些。自尊是人之所以为人、主体之所以为主体的底线所在。一个人的自尊被伤害了，这是很严重的事。自己的自尊被别人伤害了，这叫羞耻；而自己的自尊被自己伤害了，则叫无耻。"羞耻"和"无耻"这两个词都提示出问题的严重性，这是因为自尊涉及人的自然良心是否埋没的问题。而相比之下，人如果不够自重，这不一定

会从根本上撼动人的良心是否埋没这个问题。简单地说，一个不自重的人，不一定是不自尊的人；但一个不自尊的人，就一定是不自重的人。自重是自尊的深化。自尊而不自重者有之矣，未有自重而不自尊者也！如果人的本心的自我实现作用不断敦厚，也即自爱不断增进的话，人就会自然地从自尊而走向自重。我们可以用一棵树来比喻：自尊是这棵树的树根，而自重则是这棵树的树干。自重是从自尊中孕育出来的，正如树干是从树根中长出来一样。我们砍下了树干，而树根仍在，树根的生机可能没有完全杜绝，它在合适的环境下，接受阳光的照耀，雨露的滋润，它仍然可以长成一棵树；但是，如果没有了树根，而光有树干和枝叶，这棵树是存活不了的，无论是阳光的照耀，还是雨露的滋润，都无可奈何。自尊为根，自重为干；自尊是源，自重是流。

如果我们再细致辨析一下，就会印证到，缺乏自尊，意味着本心被埋没了，本心不能自我实现出来；而缺乏自重，则意味着本心的自我实现并不稳固，它的自我实现作用既轻且浅。我们可以再用一个比喻来说明这个对比。不自尊的情况，就有如一根草，它经不起风的摇动，于是被风连根拔起；而不自重的情况，则有如一根草，它的根尚且可能经受住风的摇动，不至于被连根拔起，但是，它的身段却经受不住风的作用，于是或左或右，或前或后，摇摆不定。是的！就是不能定住！只有定得住，自己的身段才能厚重，经受得住各种诱惑、困难与风浪。人不能定得住，不能厚重自持，是因为本心虽然有所实现，但其实现得远不充分所致。而本心的实现能否稳固，则和自己能否有明确而自觉的自爱是同步的；或者说，这两者本就是一回事。

自爱的人不但会自然地形成自尊心，而且也自然地进一步形成自重心，以及自重的自觉。人在儿童的时期，就已经有自尊心或者害羞心了，但尚不一定形成明显的自重心；或者说，儿童的自重心是隐而不发的。自尊心是自然就有的，而自重心则往往在人的本心有了一定的自觉度的时候，才会发育出来。因此，我们能够看得出儿童是有自尊的，但如果我们说儿童是自重的，这就比较可笑。按照我们的日常的体会，"自重"这个词，往往是用在成年人的身上，而不太会用在儿童身上，这其实就是因为自重是要与本心的自觉性相关的，也就是说，本心要能作充分的自我实现，是需要本心的自觉作为动力的，而本心之自觉性，则需要人们长大了一些，本心的体贴和印证作用深化一些，才能够形成的，而儿童的本心，是自然的，但往往是尚未形成自觉的。

换个说法，自重其实就是自尊的深化与敦厚，本心的自重让自尊得以延伸到生活中的每个具体的领域中去。自尊是最原初、最朴素的自爱，而自重则是进一步的自爱。自重之人因为有着较为充分的自爱性，所以他们不会被自己所身处的环境、条件、人事所牵动，以至于自己丧失人之所以为人的基本意义，也即丧失基本的良心。[①]自重就是自觉地巩固自己的自然的良心，而不使得自己的良心左摇右晃，游移不定。自重之人是不会轻视自己的，自重与自轻是相反的。他们自觉到自己既然是有良心的，而自己的良心则又是自己的做人的底线所在，那么，他们在生活的各个领域中，都理应保住自己良心不受到动摇。于是，他们便会自觉地在生活中的各个方面，都要去充实自己的良心与自尊。而自爱度不充分的人，其本心的内在力量就不足够，但同时他们尚未丧失基本的自尊心与羞耻心，最终，他们就很容易在生活中的一些方面，有意地去遮掩住自己的本心的真实状态，而改以自

---

① 我们继"自重"的问题之后，会讨论狭义的"自爱"（广义的自爱则包括自尊、自重、自爱、爱人四者）的问题。自爱之人也是不受自己所身处的环境、条件、人事所牵动的，这与自尊之人的表现是一样的。只不过自重的作用是不让环境等内容影响到了自己的自尊的稳固，而自爱的作用则是不但不让环境等内容所牵动，所左右，而且还发展出了一种积极的自主性作用，让自我能够更为自主地应对自我所身处的环境。这是我们所印证到的自重与自爱的微细区别。在我们详细讨论自爱的时候，读者会更清楚地看得出这个微细差异来。

己所认为的可以保住自己的"体面"甚至让自己的"体面"凌驾别人的虚假状态，呈现在别人的面前，达到心中所期待的自欺欺人的目的。这种虚假的主体状态，就是我们常说的"虚伪"。自尊的反面是无耻，自重的反面则是虚伪。无耻的人必定是虚伪的人，而虚伪的人不一定就是无耻的人；不过如果一个人虚伪久了，也会伤到根本，最终由虚伪而走向无耻，从尚可补救而走向几乎无药可救了。

所有的虚伪的情况，都是不能自重的情况。能够自重的人，会自然地流露出自己的本心。他们对于自己与别人的关系，并不需要想太多，也不觉得自己有没有什么好掩饰的，他们只不过将本心的自然的那一面展示出来就可以了。这是因为他们对自己是自信的，他们的自尊也是充分的。本着自信和自尊，他们会自然地去做自重的事，而不去做虚伪的事。如果一旦他们做了虚伪的事，或者心中生出一个虚伪的念头，他们就感到一种害羞或羞耻感，他们下次就不会再去做这样的事，动这样的念头了。这是因为他们自然的自爱心和自重心，让他们觉得这种事、这种念头是一点儿也不舒服的，他们对自己这样做是很不安的，他们不喜欢这样的自己。于是他们就自然地要去消除这样的情况，他们感到自己实实在在地、不自我扭曲地和别人互动是自然的、应该的，否则他们就会难受。所以，自重的人心中是会自然地带有一种自我持重感的。但是，虚伪的人因为缺乏自重感，所以总是想在一个接一个的事情上，都要通过自欺欺人的方式，让人接受并不真实的自己，从中自己获得一种饮鸩止渴式的承认。不过，这其实是蛮纠结和痛苦的事，因为人的本心总会在人们不知不觉之中冒出来的，特别是自己不再和别人周旋互动的时候，例如回到家一个人安静地待着的时候，自己总需要卸下自己的虚假而不自重的面具，让自己的本来面目冒出来，在这样的状态中，自己就可以歇一歇。不过，这种主体状态就会让自己变得扭捏而弯曲，人的本心本来是纯素而顺直的，自己不顺着自己的本心的自然状态而生活，而要走向扭曲，这又何苦呢！子曰："君子坦荡荡，小人长戚戚。"（《论语·述而》）孔子的话其实可以概括出自重者与虚伪者的对比。

我们的虚伪的表现是多种多样的，而无论怎样的虚伪，都是不自重的表现，自重的人就不会虚伪。其实自重的人和虚伪的人都是有本心的，他们都是渴望爱的。只不过自重的人对于爱的渴望，是建立在自尊自爱的基础上的，他们自觉到如果自己不能自尊自爱，就不要强求自己与别人有怎样的爱的关系了；但是，对于虚伪的人，那可不一样了，由于缺乏自爱甚至自尊，他们就不会对自己有自我持重的实感，同时他们也会带着这种不自重的状态，与别人形成一种遮掩性甚至扭曲性的交心关系、爱的关系。因此，虚伪的人是不能深交的，因为深交是需要自然而坦诚的交心度的，只有自重自爱的人，才有机会与他人形成深度的友谊与爱情。

在日常生活中，我们的不自重或虚伪的情况实在是太多了，相信用不着我们举很多例子，读者们就会有直接的感受。我们在这里就举一个例子，就是文人与文人之间，或者文人在与非文人交往的过程中，文人往往会"掉书袋"。我们知道，引经据典这样的做法，在学术性写作（例如写论文）的时候，或许是恰当的，但是在日常生活中，我们如果有意去滔滔不绝地引经据典，就没有那么得体，这往往是不自重或虚伪的情况。因为现实生活中的道理，如果可以说清楚的话，那么我们其实用大白话就肯定可以说清楚的。道理本身不需要依靠经典里面的文字，就可以自我证明的。我们只需要凭着我们朴素而自然的本心，就可以对这些生活中的道理作出明确的判断和评论。如果不是这样的话，那么，那些没有接受过什么教育的人，就不要活在这个世上了。但事实上恰恰相反，老百姓在生活上的实感往往要比知识分子要深厚得多，老百姓在生活上的判断往往要比知识分子要准确得多，这是因为他们并未完全丧失朴素的良心和自爱心，这就保证了他们理解道理和运用判断，有了一个正确合理的方向。[1]知识分子可就

---

① 笛卡尔在他的《谈谈方法》一书里面有一段自述很有意思，我们现在引

不一样了，特别是接受了某种体制性的运作规则而同时为此而沾沾自喜的知识分子，对于自己的身份很是看重。商人重利，政客弄权，学者爱名。学者往往活在对自己的身份与名誉的迷恋之中，因为他们往往要用这些东西来证明自己，他们的用心都放在这里了，于是逐渐丧失了他们在生活中的朴素的良心和实感；而他们的良心和实感越发丧失，他们就越发抱住身份和名誉。那么，他们要怎样证明自己的这些身份和名誉呢？在别人面前引经据典，装出一副博学而地位崇高的样子，就成为他们在情理之中的选择。在讨论生活中的问题和道理的时候，他们之所以要掉书袋，是因为他们想在别人面前强调自己的身份的高贵，突出他们是社会的精英，有权威，有地位，除此之外，他们就没有别的意图了。人类的话，本来是可以好好说的，但有人却故意说得这么别扭，这么不自然，这就意味着这个人并没有意愿去将话给说好，将道理给弄清，他们无心于此，他们心心念念的，只不过是如何让别人知道他们是上流人物、社会精英而已。这肯定是虚伪而不自重的。

用出来，作为我们的观点的佐证："我下定决心，除了那种可以在自己心里或者在世界这本大书里找到的学问以外，不再研究别的学问。于是趁年纪还轻的时候就去游历，访问各国的宫廷和军队，与气质不同、身份不同的人交往，搜集各种经验，在碰到的各种局面里考验自己，随时随地用心思考面前的事物，以便从中取得教益。因为在我看来，普通人的推理所包含的真理要比读书人的推理所包含的多得多；普通人是对切身的事情进行推理，如果判断错了，它的结果马上就会来惩罚他；读书人是关在书房里对思辨的道理进行推理，思辨是不产生任何实效的，仅仅在他身上造成一种后果，就是思辨离常识越远，他由此产生的虚荣心大概就越大，因为一定要花费比较多的心思，想出比较多的门道，才能设法把那些道理弄得好像是真理。我总是如饥似渴地要求学会分清真假，以便在行动中心明眼亮，一辈子满怀信心地前进。"（笛卡尔著，王太庆译：《谈谈方法》，商务印书馆2001年版，第9页）笛卡尔后来给出的"我思故我在"的观点，可以再议，但他在这里分享的自述，则能一针见血地看清楚问题。

对于朴素、纯直、充实的主体状态，我们往往很快就给讲清楚了，而对于遮掩的、扭曲的主体状态，我们就会花费很多的笔墨去说明它们。这想必也是无可奈何的事情！在这里，有请读者恕笔者啰嗦，我还想谈一谈另外的一种不自重的情况，以便更充分地让我们体会到自重和自爱、不自重和不自爱的内在关联性。这种不自重的情况，称作"杠精"。"杠精"是我们在近些年经常使用的一个网络用语。"杠精"这个词是指通过和别人抬杠获取快感的人，他们总是和别人唱反调，总是在争辩的时候故意持反对的意见，不论别人分享什么样的观点，他们总是唱反调，这肯定是让别人既生气又无可奈何的。我们在网络讨论的过程中，往往会遇到杠精和我们抬杠；不过在生活中，杠精往往会将自己的抬杠精神给掩藏起来，因为人生在世，毕竟是要糊口的，没事动辄和上司、同事抬杠，得罪别人，而自己落得下风，就算是杠精，也不会轻易去干这种活儿的。不过，杠精的不自重之心，往往会在生活中的某些角落中透露出来。我（刘乐恒）自己就遇到过这样的一个情况。有一次，我要坐火车去探望我们的一位朋友，我坐在靠近车窗的座位上。我有时看看风景，有时看看书，有时在发呆。坐我旁边的是一位小伙子，我看到他带着一把古琴，就和他攀谈了起来。他是个刚毕业的法律系的研究生，准备到一个国企做法律顾问。他开始的时候，对我也有点儿兴趣。后来，我们聊着聊着，他就有点儿火气，这个火气似乎是有点儿冲着我的，或者说，至少我也在他的火气的范围内。他有火气的原因是现在的社会，中老年人是既得利益者，年轻人是受损害者。他表达了这个观点后，我是赞同的，我向他表明现在社会提供给年轻人发展的机会越来越少了，我自己作为比他年纪大一辈的人，其实也算是某种既得利益者了。不过，我同时表明，每一个人其实可以尊重自己内心的声音，按照自己的本心的自然方向而自由生活的，就看每个人自己的取舍了。不过，没有等我说完，他就更有火气了。他向我表明人首先要适应社会，生存下来，然后才去追求自己的理想，没有实践的理想是空的。他又通过他读研究生的经验，气呼呼地向我灌输一套他的经验之谈："你做研究生，你就一定得发表数量可观的核心期刊论文，一定得打入学术圈，遵循学术圈的江湖规则，稳固了你的地位后，你才可以按照你的内心所想的去生活啊！"我听了他的分享后，回答说："这是你的真实想法，我的真实想法和你的不一样，我们可以彼此对照一下。"然后，我就分享我的想法。我的想法是，一个人也可以自始至终都尊重自己的内心的声音，并且根据这个声音而去生活，去做各种自然而自由的判断和决定，而不一定先去按照社会和别人的要求而努力；而且，按照自己的本心的声音而生活，也不见得要处处和社会的方向作对，有时候两者是可以重叠的，我们也可以在不损害我们的人生原则的基础上，做一些妥协的。

不过，因为他心中的火气越来越大了，而他的火气被激发，又是与我有些许关联的，因此，无论我说什么，他都不以为然；无论我说什么，他都和我唱反调。他的语气越来越强烈，他的反驳越来越全面。我和他闲聊的所有话题，他都要和我唱反调，而且他的语气因为不断强化，而流露出讽刺与嘚瑟的意味。不过，他在反驳我的同时，也不断强调每个人都有自己的立场，各自表达出来就可以了。我当然是赞同他的这个观点的，但一当我要表达我的观点的时候，他就特别的不耐烦，而且一定要在气势上盖过我才肯罢休，大有一副唯我独尊的架势。他说我的各种观点逻辑不清，并用教训式的口吻和我说："逻辑是基础，逻辑都搞不清，观点就会靠不住！"同时，他在反驳中也夹带着各种引经据典，不过我心里知道他的许多引用都是歪曲性的引用，我只是因为觉得他还年轻，所以不便和他掰扯这些内容；况且，如果我一旦和他掰扯，他总会有一堆理由去驳斥我的。于是，出于某种习惯，我对他越来越客气了，并且对于他对我的批评，我首先陷入自我反省去了。我不知道这习惯是自然的还是不那么自然的，对于我自己的这种习惯，我称之为"反求诸己"。我当时确实被他的架势所逼迫了一下，我觉得他的反驳也不无道理，特别是他说我逻辑不清，我心中是不认的，因为我将自己的观点表达成文字的时候，逻辑还是清晰的，但我很清楚，我在和别人交谈的过程中，我感到自己确实不特别照顾到什么"逻辑"。这样一想，我就被他给压住了。

不过，我的心终究不服。我一方面没有想到要和他辩论，虽然他想和我辩。这是因为我觉得在这种情景下，人与人之间不至于弄成这样；另一方面我感到他其实并不真想和我辩论，因为我明明感到他并没有集中去关注他和我的观点是否是合理的，而只是想用带有论辩色彩的话，去盖过我、压住我，让我的心服他而已。我哪肯被他压住？因为我明明感受到他是处处刁难我，而不是要和我严肃而诚实地讨论问题。我心中对于他人的刁难，肯定是不服的，这是本心的自然的反应。于是，在我想结束和他的难受的闲聊之前，我想给他来一个小小的反击，让他没那么好受。我说："我不是和你谈辈分，我只是想和你说，我比你多活十五年，我应该也是有某些见识的，凭着这个，我觉得，你是不是可以再经历多一些，经历多一些，也许就不会像现在这样说话了？"我万万也没有料到的是，他气冲冲地说："我不承认你比我活多十五年。"我说："这是事实啊！"他说："事实也是需要从多个角度去看的，从不同的角度看，我们对事实的理解和侧重是不一样的，你凭什么说这是必然的事实呢？总之，我就不认这个事实。"他这样说，我真的是无语了。不过，我当时确实是感谢他的，因为他提供了一个让我琢磨这到底是什么意义的事情的机会，于是我和他说："我不再说话了，谢谢你给我的启发。"他也给我做出最后的回应："我的话给你启发，但你的话对我一点儿启发都没有。"听了后，我心里当然是难受的，但我肯定不会再说什么了。我就重新拿起书来读，他在一个站下了车，我则继续坐车到下一站。在后来的旅途中，我就琢磨这个小伙子的状态到底是什么样的主体状态。我就开始分析起来。

首先，我心中冒出了两个字，这就是"戾气"。我感到这个小伙子在对我进行各种驳斥的过程中，他的语气中充满着一种戾气。他的话，他的意气，让我感到他一定要压住我，而如果我的心没那么服气，并通过我的话，我的语气透露出我的不服气，那么他想要压住我的架势就越来越明显。他其实是要我完全服气的，但我表达出来的观点又确实有明确性，而不会轻易改变。这其实激发了他心中的戾气。但他又不能自然而坦率地表达他的心里的感受和想法，而要用一个理由，将自己的感受和想法包装起来，于是就用一套重视"逻辑性论辩"的方式，去谋求让我服气。但他的"逻辑性论辩"缺乏本心的真诚度，所以我可以比较直接地感受到，这些论辩只不过是表面的东西，他其实是要通过论辩这个方式，去宣泄他的戾气的流溢。

其次，我就想，为什么他会有这样的戾气呢？我其实又很明显地感受到，"戾气"的说法，只不过是我的总结而已；而戾气的实质，则是本心所发出的一种深度的怨恨。怨恨才是关键。我能够很清晰地把握到，他对于我，是怨恨的；而且在怨与恨之中，他对我更多的是恨。他为什么对我有这么大的恨意呢？我只不过是和他萍水相逢的一个路人甲啊！我一定是在不经意之中，刺激了他的心中之前已经存在的怨恨了。这是我唯一的解释。这样一来，我就开始去印证他为什么会有这么深的怨恨。我对于本心问题的探索，促使我往往从爱的角度去看问题。我在承受他对我的怨恨之意的过程中，我感受到了他的两方面的本心状态。第一个方面是消极的，第二个方面则是积极的。第一个方面是爱的缺乏。爱的缺乏，使得他心中形成怨念；而爱的极度缺乏，则使得他心中的怨念，深化为恨意。第二个方面则是爱的索取。他之所以会有怨念与恨意，是因为他自己感受到自己缺乏爱的支持，自己受到忽视，甚至被别人伤害与扭曲，但同时又不甘于自己缺乏爱，被忽视，被扭曲，他的本心是呼唤自我实现的，也即他的本心是呼唤爱的，但他又很难自然而直接地表达爱，于是便想通过论辩而让别人对他心服的方式，去向别人索取爱。而当他要向一个路人索取爱的时候，就意味着他已经极度缺乏爱的支持了。他是一个可怜的人。

最后，我由此断定，我所遇到的这个小伙子，其实是一个杠精。我之前在网络上遇到过杠精，但在具体生活中，我比较少遇到这么典型的杠精。①我现在能够体会到杠精的本心状态。一个人如果缺乏爱，并对别人以及对自己的生存环境形成深度的怨恨，这个人就会觉得自己在生活中，事事、处处都是亏的。但她自己的本心并不甘于这种亏待，于是就自然地要和别人处处唱反调，以求弥补自己心中的亏损。只要有一个人轻轻地触碰了她心中的怨恨，她就要逮住这个人不放，但凡这个人分享出一个观点来，她必定要驳斥这个观点。别人有一个观点，就驳斥一个观点；有两个观点，就驳斥两个观点；有一万个观点，就驳斥一万个观点。这样没完没了，直到自己将对方的心气完全耗尽为止。杠精是不怕和别人耗的，因为在消耗别人的过程中，她有一种扭曲的自我弥补感，但这肯定不能给她带来真实的爱的弥补（因为真正的爱的弥补，是建立在自爱也即本心的自我充实的基础上的），而只能给她带来饮鸩止渴式的快感，而快感的背后，则是本心的空虚与痛苦。其实，杠精是一群索取爱的饿鬼，他们越索取爱，他们心中的怨恨就越强烈，但他们已经没有办法再回心转意过来，去直面他们自己的本心状态了——除非他们经历了深度的存在与本心上的震动。

因此，对于杠精，我们也只能爱莫能助了，只有远离与断绝交心，才能在相互消耗中止损。而从我们的分析中，我们也可以清楚地看到人之所以会成为杠精，来源于爱与自爱的缺乏。更为严格地说，他们缺乏爱，但却难以自爱，特别是难以自重，于是他们要通过虚伪的、不自重的方式（也即在交谈中刻意和别人抬杠的方式）去索取别人的爱，并以此来证明自己。所以，我们从杠精们身上，也可以看到一种本心虚伪的情况。不过，在这里我们需要明确一点，这就是杠精虽然是虚伪的，不自重的，但他们往往还没有陷入无耻、不自尊的境地，因为他们还试图通过某种"逻辑""讲理"的方式，不自重地向别人索

---

① 这当然是我孤陋寡闻的表现。实际上，在现实生活中，杠精还是很多的。心理学研究往往将杠精界定为所谓"偏执型人格障碍"。

取爱。如果你不顺着他们的所谓逻辑，而去倒过来触动他们的脆弱的心，想必他们的抬杠工夫多半是会"破功"的。他们其实是想求得爱的，只不过他们渴望爱的方式是不自重的方式而已。他们的本心或许尚未完全丧失自尊与羞耻，所以他们更愿意通过抬杠的方式而不是别的无耻的方式，来表达他们的心声。当然，如果你没有破除他们的抬杠的根源，并与他们形成深度的本心上的互动的功力，我劝你还是远离他们为好。而且，杠精顺着他们的不自重、不自爱的本心状态去捣鼓，久而久之，也有机会走向不自尊的无耻状态。

三、论自爱与自卑；兼谈"第三者"的难题

说完自重，我们就来谈谈自爱的问题。我们在这里说的"自爱"，不是广义的自爱，而是狭义的自爱。狭义的自爱是顺承自重而来的。一个人若能够自我持重，那么久而久之，她就会形成一种稳定的自爱状态，这种状态就是狭义的自爱。一个人能自爱，意味着这个人的本心的自我实现运动，是大体上自然、顺畅、充实而不遮蔽、不虚假、不扭曲的。自爱之人对于自己身而为人这件事，有着基本的信心。这个基本的信心，来源于他们的自尊、自重的底子。他们不相信自己一无是处，这是因为他们实感到自我尊严、自我持重，是有实质性的意义的。他们实感到自己就像一棵树，树枝和树叶或许经常被风吹得左摇右摆，但由于树根较深较稳，所以这棵树最终是不会被风吹倒的。他们知道他们的良心的底子并没有被伤害，他们也自觉地不去伤害自己的这个良心的底子。他们实感到这个良心的底子是他们身而为人、立身行事的基本的保障，是他们探索人生之路的永不熄灭的明灯，因此，他们就很自然地并主动地去珍惜和爱护自己的良心的底子，于是他们的心中便形成了一种朴素的自爱心。其实，如果我们在生活中并不丧失我们本心的自然而不扭曲的状态，我们就已经具有了这样的朴素的自爱心了。我们是不需要刻意地寻找和强调我们的自爱心的，我

们往往是本着自爱心而投入生活中去的。鱼游在水中而不自知，鸟飞在天空中而不自明，人则活在自爱中而不自觉。鱼只有离开了水，才知道水对于它来说是活命的东西；鸟只有失去天空，才明白天空对它来说是让它自由高飞的环境；人只有在自己的基本的自爱心被动摇与扭曲后，才恍然自觉到自爱是人之所以为人的立身之本。

我们形成了朴素的自爱心之后，我们就会自然地去保护和爱惜我们的整个自己，这首先表现在我们对于自己的身体，也即我们的自然生命的爱护上。对于这一点，卢梭有着深刻的洞察力。他与我们一样强调自爱的意义，而且他也看到自爱的原初表现是自己对于保存自己的自然生命的关心。我们可以引述他的一些说法，他说："我们的种种欲念的发源，所有一切欲念的本源，唯一同人一起产生而且终生不离的根本欲念，是自爱。它是原始的、内在的、先于其他一切欲念的欲念，而且从一种意义上说，一切其他的欲念只不过是它的演变。"又说："自爱始终是很好的，始终是符合自然的秩序的。由于每一个人对保存自己负有特殊的责任，因此，我们第一个最重要的责任就是而且应当是不断地关心我们的生命。如果他对生命没有最大的兴趣，他怎么去关心它呢？因此，为了保持我们的生存，我们必须要爱自己，我们爱自己要胜过爱其他一切的东西；从这种情感中将直接产生这样一个结果：我们也同时爱保持我们生存的人。"①依照我们对于本心的问题的印证，我们知道，卢梭在这里所说的人的原初的"欲念"，其实就是人的本心的自然而朴素的自我实现作用，也即人的原初的爱欲与爱意。而人的原初的爱欲与爱意，因为是人的本心的自我实现作用，所以它肯定体现为一种朴素而自然的自我关爱。因此，自爱是自然的，也即卢梭所说的是"符合自然的秩序"的，卢梭洞察到了原初的自爱是人之所以为人的立身之本，他很清楚人们后来的纷纭复杂的善与恶、爱与恨的各种本心状态，都是从原初的自爱中，或顺畅地或扭曲地引

---

① 卢梭著，李平沤译：《爱弥儿》，商务印书馆 2019 年版，第 318—319 页。

申出来的，所以他说"一切其他的欲念只不过是它的演变"。这些都是卢梭的卓越的洞见所在，也是我们所认同与赞赏的。不过，在一个比较重要的点上，卢梭却看得不甚清楚，导致判断的错误。这就是，他认为"为了保存我们的生存，我们必须要爱自己"，其实他是说反了。事实上，我们之所以要爱我们自己，并不是为了要保存自己的自然的生存与生命；而应该是，我们之所以要保存我们的自然的生存与生命，是因为我们爱我们自己。因为我们爱我们自己，所以我们才会自然地关心起我们自己的生存处境，而让自己活得充实、自在、快乐，不让自己的生存和生命的基本尊严受到什么侵犯和损害。而由于卢梭缺乏对于本心的自觉，因此他将我们保存我们的生存看作我们爱我们自己的根源，而不是将我们爱我们自己看作我们保存我们的生存的根源。而且，在实际上，为了保存我们的生存，我们其实并不一定必须要爱自己，我们大可以本于心之自私，而去保存我们的生存的，而自私心则是卢梭之所不以为然的。①

　　总之，无论如何，我们一定需要明确，我们之所以会爱我们自己，是因为我们有本心，而同时我们的本心在顺畅而充实地自我实现，我们的本心不遮蔽自己，不扭曲自己。就这样，我们就自然地形成自爱心。而自私心则相反，自私心其实是由人的自爱心不足而形成的，也就是说，人的本心如果不能充分自我实现，而是有所保留地实现，也即本心被自己所身处的条件与环境的脉络所引诱，而去纠缠、计较这些东西，那么人的自爱心就会当下转化为某种自私心。我们知道，卢梭对于自爱心与自私心的区别，其实是有所自觉的——虽然他

① 卢梭说："自爱心涉及的只是我们自己，所以当我们真正的需要得到满足的时候，我们就会感到满意；然而自私心则促使我们同他人进行比较，所以从来没有而且永远也不会有满意的时候，因为当它使我们顾自己而不顾别人的时候，还硬要别人先关心我们然后才关心他们自身，这是办不到的。"（卢梭著，李平沤译：《爱弥儿》，商务印书馆 2019 年版，第 320 页）

因为缺乏本心的自觉，而不能够完全把握住自爱心与自私心的真正区别所在。而与卢梭一样强调自然情感的首出性意义的休谟，则连自爱心与自私心的基本区别，也给模糊掉了。在休谟看来，自爱与自私其实是差不多的，他比卢梭更强调自爱与自利的关联性。休谟并不能诚实地直面自己的本心，这是他不自觉地将自爱与自利、自爱与自私等同一味的原因。我们且看看他自己是怎样说的："通过想象力的倾向，通过反思的提炼，通过激情的热忱，我们似乎加入了他人的利益、并想象我们自己排除了一切自私的考虑；但实际上，最慷慨的爱国者和最悭吝的守财奴，最勇敢的英雄和最怯弱的懦夫，在每一个行动中都是同等地关注他自己的幸福和福利。"[1] "正义只是起源于人的自私和有限的慷慨，以及自然为满足人类需要所准备的稀少的供应。"[2]休谟由于模糊和混淆了自爱与自私的实质性差别，因此他一方面将自爱或自私与道德的来源关联起来，但另一方面又并不满足于道德的来源只有自爱或自私，他认为我们还得有同情与理性的作用，才能引发道德行为。不过，这样一来，他就要搞清楚这些道德的来源因素之间，究竟是怎样一个关系，它们又是如何内在地融通在一起的。这其实是一个很复杂甚至是无解的问题。但如果我们将自爱与自私区分出来，将自私视作自爱之缺乏的一个体现，[3]那么我们不但能够看清楚自爱自身的意义，而没有什么模糊性，而且还看到道德的根源与自爱是有直接的关联性的，而没有什么纠缠性。

虽然卢梭与休谟关于自爱的观点是可以商榷的，但是，无疑他们都是对于人性的问题有深度的洞察力与观察力的哲学家，他们从各自的哲学立场出发，而同样都重视自爱的意义与作用，这并不是偶然的，这是我们一旦深入地反观与印证我们身而为人的意义的时候，都

---

[1] 休谟著，曾晓平译：《道德原则研究》，商务印书馆 2015 年版，第 148 页。

[2] 休谟著，关文运译：《人性论》，商务印书馆 2012 年版，第 536 页。

[3] 在下文我们会看到，爱人的反面的自私。

会触碰到的问题。试想，一个人连自己都不爱，连对自己都没有什么信心，连对自己都缺乏关心，那么这个人又怎样会有兴趣和动力，去思考人之所以为人、主体之所以为主体这样的问题呢？这是显而易见的事。我们之所以活在这个世上，同时也愿意活在这个世上，是因为我们对于存在于这个世上的自己，还是有信心的，是喜欢自己的；而我们对于自己的这种信心与喜欢，可以是不自觉的，可以是我们日用而不知地自带着的。即便我们不是特别喜欢自己，对自己也没有多少信心，但我们往往还是愿意一边活在这个世上，一边去寻找我们的人生意义，让我们在这个世上尽量活得有意义一些——无论我们的寻找过程是否带着迷惘、犹豫、彷徨和挣扎。

自爱与自信是一体的，自爱者必自信，自信者必自爱。我们现在从自信的角度去验证自爱。显而易见的是，我们对于自己，信心充分，就自然有着充分的自爱；信心不足，就自然会对自己有所怀疑乃至否定。反过来说，自爱的人是自信的，而不够自爱的人则是自卑的。自爱的反面是自卑。事实上，只要我们有本心，就会有意义的诉求，因此严格地说，这个世上是没有人绝对自卑的，我们只要有迷惘、犹豫、彷徨和挣扎，就意味着我们的本心并不安于绝对的自卑，因此，只要我们并不陷入无耻以及深度的自欺欺人的虚伪状态，那么我们是有很多机会超越我们的自卑，并转自卑为自信与自爱的，而这些机会则来自我们本心中所尚存的自尊与自重。而如果我们连自尊与自重都丧失了，我们就很难消除自卑对我们的主导，因为我们连自己的本心都完全遮蔽和扭曲了，也即我们连自我都丧失了，那么我们又到哪里去获得真正的自信呢？因此，只要你并不丧失自尊与自重，你就一定有超越自卑的可能性。

自卑是自爱的缺乏，也就是本心之自我实现的不充分作用。更具体地说，本心是自然地会做自我实现的运动的，而在现实生活中，我们的本心谋求自我实现，但事实上我们本心的自我实现作用不充分，而我们又不安于我们本心的自我实现的不充分状态，而同时，面对我们本心中的不安，我们又缺乏一种自信的力量，让自己的这种不安化为主体的动力，于是，在一来二去的过程中，就形成了自卑。所以，自卑是自爱而不能的状态。自卑的人，其本心其实是想超越自卑的，但因为本心的自爱之力不够，因此她就缺乏一股原始的劲儿，去挺立自己。自卑久了，人会变得越来越自卑，难以从自卑的蜘蛛网中摆脱出来而顺着本心的自由振翅高飞，甚至最后放弃自己的本心的力量，并退堕到虚伪乃至无耻的状态中去，以为将自己的这个状态掩盖，并锁上一把锁，自己就可以高枕无忧，为所欲为。殊不知，这只不过是掩耳盗铃而已，由于这是不能自爱的体现，因此这种做法最终会加深自我的自卑感。

阿德勒说，每个人多多少少都是带有自卑感的。[①]从本心的角度看过去，我们也会同意他的这个观点，因为本心是虚灵的，它的挺立性与它的脆弱性本就是一体两面的，因此，本心的自我实现作用，是不会止息的，也就是说，我们永远也找不到一种"完美的充分之自我实现"的状态。主体的挺立，是在脆弱中挺立；主体的自爱，则可以说是在自卑中自爱。不过，我们在这里还需要补充上另外一点，这就是虽然每个人都不可避免地带着自卑或自卑的可能性，虽然人不会有所谓完美的自我实现状态，但是，我们确实可以能够印证到，有的人本心中有一种真实的呼唤自我之充分实现的力量，凭着这种力量，他们能够以自爱超越自卑；而另外有的人，其本心中虽然有这样的一种呼唤，但他们自己并不能完全尊重自己本心中的这种呼唤，并顺着本心的呼唤而不断明确自己，于是自己的本心的自我实现的力量不足够、不充分，也即本心自爱而不能，于是自己的自卑盖过了自己的自爱。

我们成年人的自卑感往往可以溯源到我们自己的童年时期甚至

---

① 参见阿尔弗雷德·阿德勒著，马晓娜译：《自卑与超越》，北京联合出版公司 2016 年版。

婴幼儿时期。正如我们曾经说过的，婴幼儿与儿童的本心状态，往往是明亮与茫昧相交织的状态。许多人的小时候的生长过程，往往是在不知不觉中承受了从父母那里所转移过来的许多爱的关系的问题，因此他们的童年生活从表面上似乎是开心的，没有什么异常的情况，但实际上，他们的本心的自爱性作用已经被一步步地腐蚀、遮蔽与扭曲了。随着他们从童年而进入青春期、成年，随着他们要独立生活、步入社会，随着他们的主体状态从自然而走向自觉，他们受到阻碍与受到腐蚀的本心，就会因为自我实现而不能，而形成明显的自卑感。正如儿童只有害羞心而尚未有明确的羞耻心，只有自尊心而尚未有明确的尊严心，儿童其实也只有受挫感而尚未有明确的自卑感。只有到了从儿童时期而过渡到青春期的时候，也即只有从本心自然而走向本心自觉的阶段，我们才会有明确的自卑感的出现；在此之前，即便是有某种与自卑感相接近的本心状态，我们都不应该将之称作明确的自卑，而只能说是本心的自然机制受到阻碍乃至挫败了。

　　正如在生活中人们的虚伪的情况比比皆是一样，人们的自卑的表现也同样复杂而多样。就我们自己来说，我们在自己的成长过程中也伴随着不少自我挫败感与自卑感。在这里，我们先分享自己所遇到的一位青年人的故事。我们从这个青年人身上，感受到了她有一种如影随形的自卑感，当然我们也同时看到了她有一种不安于自己的自卑状态的动力，她有挣扎，想凭着勇气走出自卑，但同时也有一种无力感与茫然感。她告诉我，在小时候，她父母曾经动过将她送给她亲戚家里做别人的孩子的念头，这让她很早就有挫败感、不安感。在她童年的时候，她父亲酗酒，母亲操持、烦恼家里的事情较多，于是逐渐地她母亲在家里变得很强势。她的父母经常在家里吵架，这让她感到无力，但这让她形成了一种协调、讨好父母之间的矛盾的性格。在她心里，只要家庭气氛安静，不让她担惊受怕，她就什么都依了。但是，她的协调以及对她父母的讨好，并不能疏导她父母的矛盾，这使得她逐渐缺乏反驳别人或表达对别人的观点的不同意的意向，同时她认为自己的心里面的感受并不重要。后来她长大了，她最想去实现的事，就是赚钱。她父母虽然给她带来无形的压力，但她觉得她的父母辛辛苦苦一辈子，真的很不容易，因此想尽快读完书，出来工作赚钱，赡养她的父母。这构成了她在某一段时间中最大的焦虑点和压力点。另外，她父母等人转移到她身上的压力是多方面的，除了父母两人的矛盾外，她自己从小就被她父母与她家乡的人所评价，于是形成了对自己的相貌和身材的焦虑。别人评价她，她就再给自己补一刀，自己也评价起自己来。直到成年之后，她仍然担心自己的相貌、身材，怕这个"问题"让她找工作不顺。这使得她觉得自己是真的不行了！这样一来，她越来越缺乏自我挺立的勇气，她害怕在生活中做错事，说错话，她希望别人能够将一套规则先给她，并将这套规则中的各种标准告诉她，她这样就可以按照这些标准去做，而不受别人的指责。而她的自信心的不足，以及她在生活中逐渐形成的自卑的心态，带到了她与别人互动的过程中去。在和他人交往的过程中，她感到自己缺乏安全感。她与别人一有互动，她就很快将别人视作自己的朋友，但当她感受到别人对她的反应较为平淡的时候，她心中就生出失落感。在这样的心境下，她对和别人交往、做朋友这件事，自己变得有点"冷漠"，但与此同时，她又担心自己最终真的变成一个冷漠的人，她不安于自己是这样的人。与这相关的是，她感到自己对别人其实有非常高的道德期待与道德要求，她非常惊讶自己竟然是这样的人，于是心中又自责了起来。当她跟我说到她的这个情况的时候，我就跟她表明，其实她的这种感受，并不一定意味着她确实对别人有非常高的道德要求，这其实是她自己的主体性在受压制、受评价之后，自己的一种高敏感的自我防御。这表面上是针对别人的，而内心则是自己之敏感于别人的各种评价与暗示。在我看来，人们对他人的"高道德要求"，其实是一种"高道德期待"，也即十分期待别人能够关注、关心自己——这当然源于自卑与爱的缺乏。

这位青年人将她的自卑感带到了她的爱情关系中。她渴望自己能有真正的爱，但她又往往怀疑自己能否得到这样的爱。她小时候有一个玩伴。她长大之后有点儿喜欢这个玩伴。玩伴先考上某城市的一所大学，她知道此事后，自己主动考到这个城市的另一所大学读书。她幻想既然自己和他都在同一城市读书，他们就有机会相爱并一起生活。不过，这只是她自己的幻想而已，她并没有将她的想法付诸行动。而她后来倒是喜欢上了她当时所在的大学里面的另一个青年人G，而当她知道G已经结婚成家之后，心中形成自责之感，并用道德感压制自己。她参加了G的婚礼，在参加婚礼的过程中，她感到纠结。而此后，她感到自己确实喜欢G，她不能放下他，一想到他，她就心跳加速。她自己也知道，面对这样的情况，她与他的关系最好限定在友情的关系上，但她做不到，她也做不到与G处在一种介于友情与爱情的关系中。她期待与G能有真正的爱情关系。G知道她的心意后，则有意和她形成一种若即若离的情感关系。G跟她说："我将你当作自己的妹妹。"这句暧昧的话，让她感受到了希望。而在一来二去之间，G说要跟她谈一场百分之五十的恋爱。她心动了，不过，当她看到与此同时，G与另外一些女孩子打得火热的时候，她感到困扰，感觉G再也不愿意找她了，于是心中对这份纠结的感情关系生出放弃之意。而正在她将要放弃这段关系的时候，这位将情感荡漾到别的女生那里去的浪子，又将情感荡漾回她的身上去了，她的心于是又死灰复燃了。她问G，他们究竟是怎样的一个关系，G的回答是："共同学习，共同进步。"这种模糊的回答，当然是不能让她满意的，她要的是在爱情意义上的明确的回答。她耿耿于怀在某个场合，G对她说过："我对你是真心的。"但她很怀疑他的这种"真心"，究竟是什么心。她明明看到他对于他们两人之间的交往，非常的谨慎，G不想留下他们交往的任何痕迹。她感到他对她充满怀疑和防备，但凡她靠近G多一点，G都要立一个边界。G不断跟她说，自己与他妻子的感情是多么的好，但同时G又和她维持暧昧与纠缠的情感关系。不过，这种平衡是很难维持住的，他们两人的情感牵缠，后来越发深人，并且发展到两人发生了性关系。但他们的这种情感关系注定是扭曲的，而这位青年人也一度患上了抑郁症。而他们两人后来的情感互动，也是按照扭曲的方向而滚动下去。这又是另外的一个故事了，我想我的讲述就到此为止，他们后来的事情，我就打住不表了。

这位青年人在患抑郁症的时候，曾经问过我们她究竟该如何面对他们的情感关系。我们的回应是断绝这种关系。我们当时想：如果换成我，我是不能容忍别人一脚踏两船的，更何况别人将自己的妻子看作是最重要的，而将我则作为他在外面的一道甜品而已。在我看来，他其实就是个偷情的骗子，我能够明确感受到他的用情不专，因此，我即便是渴望爱情，但我是不会和这样的男性形成爱情的关系的。绝不！这是关系到我爱不爱我自己的问题，我是决不会发展一段委屈我自己的爱情关系的。这一点我心中是很明确的，我宁愿自己一个人生活而终老，而不愿接受一个向我不断重申自己仍然深爱着他妻子的男人对我的爱。这不是明摆着来占我便宜的吗？我如果不爱我自己，甚至是贬低、作贱我自己，我或者有可能接受他的这个诱惑。但我是一个自尊自爱的人啊！我就算是一个乞丐，就算是一个社会与家庭的弃儿，我都不会放弃我自己。我之所以做一个乞丐，只不过是因为我缺乏生存的条件而已；我之所以成为社会与家庭的弃儿，只不过是因为我不符合社会与家庭对我的基本的期待而已。这虽然让我伤心，但这些情况都没有打击到我对于自己的信心与自爱。我即便处在这样的情景之下，我都没有出卖我的良心和灵魂；而我若接受这位浪子甚至无耻之徒的诱惑，我的良心和灵魂就瞬间被他降服和控制住了！

不过，我们也很清楚，上面的这些心里话，只不过是我们自己的心里话而已，并不是那位青年人的心里话。每个人的本心状态其实是很不一样的。我们知道有时候，我们在面对这件事的时候，我们的本心是明定的；但在面对那件事的时候，我们的本心又会陷入模糊乃至迷茫之中去了。同样的道理，在爱情的问题上，我们的本心有明定性，但别人的本心则可能是模糊乃至迷茫的。我们认为那位青年人在她遭遇的这个情感经历中，心中并不能形成明定的判断。而同时，我们也知道她为什么在这问题上不能明定。这其实并不只是一个理智上的问题，而是一个深度的本心的问题。她之所以不能明定，是因为她对自己是没有什么信心的，她一直以来的自卑感，促使她不那么爱她自己。不过，一个人其实是很难做到（甚至绝无可能）完全不爱自己的，完全对自己丧失信心的，这是因为每个人都是有本心的，而人的本心总是要实现自身的。所以，她虽然对自己缺乏信心，虽然不那么爱她自己，但她却是期待和渴望爱的。只不过，因为自信与自爱的缺乏，她对于爱的期待与渴望，乃是一种"将就"的期待，"将就"的渴望。她固然期待与渴望一个完全的爱情关系，但她因为对自己缺乏信心，所以即便知道他们俩不会有什么好结果，她却仍然或主动或被动地卷进一个情感的麻团当中而难以自拔，她在喝着爱情的露水，而不真正知道她其实是在饮鸩止渴，不真正知道她这样做，其实最终会加深她的自卑与不自爱。因此，对于我当时给她的建议，她在当下是同意的，但她的本心状态则促使她最终还是和那位男青年纠缠在一起。

读者别以为我们上面讲述的这个故事，只不过是一个平常的感情纠纷。我们可以想到心理咨询师肯定会遇到过不少这样的个案，他们也会很认真地聆听来访者的讲述，并给出一些操作性的建议，甚至是分享一些有深度的并具有主体性意义的观点。但是，如果心理咨询师不能从本心的角度，将自卑的意义以及本心之形成自卑的机制，给印证清楚，那么来访者在何种意义上真正得到了他们的帮助，就值得我们重审了。这个问题并不是通过给出一些建议性的操作程序，就可以完全疏导和解决了，虽然这些建议或许有一定的帮助性。[①]其实，这

---

① 这里涉及我们对精神分析方法的一个反思。弗洛伊德对于自我分析（self-analysis）的态度并不是坚决支持的，他在《精神分析运动的历史》中对自我分析很支持和乐观，但是又在别的地方表示犹豫，因为他看到自我分析不容易

当中最关键的地方，是我们该如何重获自爱与自信。关于这一点，我想在后文中，基于本心的分析，而作出系统的分享。

四、论自卑的形成；
自卑分为自恋与自弃；
兼谈"怨天尤人"的本心原因

关于自爱与自卑的问题，我们想进一步做一些梳理。实际上，我们每一个人都是有本心的，而本心是会自然地带着实现自我的作用和动力的，因此，我们也可以说，我们每一个人都会自然地渴望自己能够自爱、自信的。而自卑的形成，只不过是自爱而不能而已，而并不是没有任何的自爱。因此，自卑是从自爱受阻、自爱缺乏而来的，自卑的底子仍然是自爱。虽然自卑是自爱的反面，但是从本心的角度看，自卑与自爱并不是截然分割开来的。我们不会陷入完全没有自爱的自卑，当然我们也不会实现完全没有自卑的自爱。自卑是自爱而不能，这意味着自卑是一种扭曲的自爱状态；换言之，如果我们没有本心，如果我们没有自爱，我们就不会有什么自卑感了。我们的自卑感其实是在提示我们，我们自爱的力量已经后继乏力了，我们需要敦厚我们的自爱、自信。这正如我们所使用的银行信用卡已经透支了，我们需要给我们的信用卡充值了。

对于我们如何因为自爱的缺乏而引发自卑，我们固然可以从儿童时代分析这个机制。不过，为了将这个机制看得更清楚，我们从人的青春期而开始梳理，因为这个时期是主体由本心自然沉淀为本心自觉

完备和彻底，分析者很容易满足一个片面解释，而会保持阻抗，妨碍对更为重要的事实的发现。而在精神分析的训练中，他指出，由另一个人来分析是必要的。我们认为，弗洛伊德看到了"自我分析"会遇到的阻抗难题，但这恰恰是主体诚实直面所必须克服的难题，也是本心分析的关键所在，相比之下，心理学家的精神分析总是隔岸观火的所对性分析。

的时期。更具体地说，我们将人的青春期（或者粗略地说是少年时代）的主体状态，视作主体之"由情人心"的状态。婴幼儿的成长，身体的成长至为重要；儿童的成长，情感的敦厚至为重要；青少年的成长，本心的自觉至为重要。从身体而到情感，从情感而到本心，这是主体性不断深化的过程，也是人的本心不断自我明证的过程。所谓本心的自觉，指的是人生意义的自觉。人在青少年时代开始，就会自然地形成对于人生意义的实感，以及探寻人生意义的自觉。而人在婴幼儿时代、童年时代（特别是童年时代的早期），这样的实感与自觉如果不是没有，那么至少是不明显的。这其实是很自然的事，因为婴幼儿与儿童的本心是首先充实到身体与情感的层面中去，而作出直接的身体性表达与情感性表达的，他们的本心的表达是自然而直接的，但尚未进至自觉的状态。他们是本心自然，而尚未到本心自觉。他们有自然的意义感，例如他们对这个世界充满着好奇和兴趣，愿意去探索这个世界；但是他们尚没有明显的自觉的意义感，也就是对于自己的人生意义之所在，尚没有自觉地去作自我感受、自我探寻。但到了青春期，我们的本心状态就不一样了。在青春期的时候，我们自然地需要将我们在少年时代，心中所流露出来、积累下来的各种不一样的情感内容，融会贯通起来。我们之所以要这样做，是因为我们逐渐感受乃至自觉到，我们需要有一个清楚的自我，让我能够沿着这个清楚的自我，而继续有意义地生活下来。这样一来，我们就需要去感受，我们自己的哪一种情感，是我的本心的自然而直接的流露；哪一种情感，是我的本心受到遮蔽乃至扭曲的结果。而这就需要我们沿着我们不同的情感表达，而循流溯源，追溯到我们的本心中去，从而以心体情、以心印情。如果要用一个比喻来说明这个机制，我们可以说，在童年时代，我们的主体或本心状态，就是天空中的朵朵白云，时而向东而飘，时而向西而飘；而在少年时代，我们的主体或本心状态，就是飘着朵朵白云的天空，是明净的天空在容纳朵朵白云在它的世界中飘移。这里的朵朵白云，就是各种情感的流露；这里的明净天空，则是流露出各种情感的本心。

少年的以心体情、以心印情，直接促使他们形成了初始性的主体的自觉，这让他们主动地去感受和理解我之所以为我、人之所以为人的意义，到底在什么地方。这是由情入心、以心体情的自然结果。而以心体情的作用，就是体现为一种具有初步的自觉性的自爱作用，也即有所自觉地喜欢上自己了，正如古希腊神话中，因顾影自怜而最后化为水仙花的少年一样。没错！这就叫"顾影自怜"！处于花季中的少年，是心绪、心愫经常被触动的人，这是因为他们开始通过他们的虚灵的本心，而去体贴自己的各种情感流露了；而反过来说，他们的各种情感的流露，都会触动他们的本心。而这种由情入心、以心体情的触动，就是一种自然而具有诗艺性的自我怜爱。"自怜"是少年时期特别是青春期的人们的自然而普遍的本心状态，自怜是自觉的自爱的开始。花季的少年，看见阳光下的花树，被风吹得左右摇摆的青草，月色映照的河流，心中都会生出一种悸动感。他们身边的景致很容易触动他们敏感的心，因为他们的心刚刚萌发出自我怜爱的情愫和心绪。他们伤春而悲秋，他们的伤悲是淡淡的，朦胧的，这是难以说得清楚、道得明白的情不自禁的心境。这种淡淡的悲伤从表面看是消极的，但从内里也即从本心看过去，则有着积极的意义，因为这意味着少年们已经开始在有意和无意之间、自然和自觉之间，去体贴和怜爱自己了；如果不是这样的话，他们的心中也就不会在面对这些景物时生出悸动感了。

对身边的景物他们尚且有这样微妙的触动，更遑论触动他们的是另一个与他们一样的少年，特别是他们心中所喜欢的另一个花季少年。无论他们所喜欢的人，其心中是不是喜欢他们，至少他们是期待与渴望他们所喜欢的人，与他们有一种本心与本心之间的同频共振的。这其实是自我怜爱的自然的表达。试想，他们若不自我怜爱，怎么会自然地去怜爱和喜欢另一个少年，并盼望另一个少年能够直接感受到他们自己的自我怜爱，他们自己的美好，并且由此而像他们怜爱自己一样怜爱他们呢？自我怜爱的人，会自然地期盼有一个人能真正怜爱自己，懂自己，同时更期盼这个怜爱自己的人，是自己心中所喜欢的人。我们说的初恋，就是这样发生的。[①]

　　我们的自怜状态，是一个初步自觉的自爱状态。在我们看来，这个状态是积极的，因为它确实是自爱的表达。不过，又因为这是初步的自爱，而并非本心之完全充分、完全充实的自爱，因此，我们从我们的自怜状态出发，可以走向不同的主体方向。如果我们的本心的自我实现作用是顺畅、充实而不受阻碍的话，那么我们的自怜就会进一步深化为充实而真实的自爱；但如果我们的本心不能保持自身的朴素、诚实而自然的状态，本心的自我实现作用就会变得不顺畅、不自然、不充分，于是便在"渴望自我实现"和"怀疑自我实现"，或者"渴望自爱"和"怀疑自爱"之间来回摆荡。这种摆荡，是因为本心实现作用的不充分、不顺畅的结果，这就使得人们从自怜而走向自卑。

　　因此，自卑的表现是有两方面的，而这两方面则又是一体的。第一个方面，就是"渴望自我实现""渴望自爱"的自卑。人只要有本心，其本心就肯定会渴望自我实现的，只不过不同的人，或同一个人在不同的主体状态下，其本心的实现有充实有不充实，有顺畅有受阻而已。本心自然而充实地渴望自我实现，这是自爱自立的体现。但如果本心不自然不充实，它对自我实现的渴望也会变得不自然不充实，而本心的这个渴望越是不自然不充实，本心就越想抓牢这个渴望，而且自己也攀缘在这个渴望上，但自己对于自己的渴望的攀缘，并不能给自己带来真正的自爱自立，而只会是一种饮鸩止渴，因为它所攀缘的这个渴望，本来是需要自己去自我充实并实现出来的，但现在却成为镜花水月。于是，本心越想去抓住它，它就越是镜花水月；它

　　[①]　关于自怜问题的论述与分析，还可参见刘乐恒：《主体与本心》，商务印书馆 2023 年版，第 354—371 页。另外，我们在本书第二卷中，也会通过另外的角度，对自怜的问题作出更为系统的呈现。

越是镜花水月，本心就越要抓紧它，攀缘它，不想错过它，要不然自己再也没有什么可以抓得住的了。这样一来，本心就攀缘在它所渴望的难以顺畅充分地自我实现的那个自我当中，与之相互纠缠，这就形成了自恋的状态。自恋就是"渴望自我实现"的自卑。自恋的人渴望顺畅的自我实现，但自己的自我实现又总是不顺畅，于是他们越自恋，就越难以超越自恋。

第二个方面，则是"怀疑自我实现""怀疑自爱"的自卑。人只要有本心，其本心就会谋求实现自身，但如果本心的自我实现不充实、不自然、不顺畅，本心就会怀疑自己的自我实现的能力和意义。同时，在这个状态下，本心如果很难回到自身，诚实地自我直面，那么它就会因为自我实现的一直不充实、不自然、不顺畅，而一直怀疑自己的能力和意义。本心在这样的状态下持续久了，就会流露出自暴自弃之感。它既不想将自己的整个状态承担起来，直面自身，以充实内在的力量，因为这样做是要付出勇气和某些代价的，同时它又持续地滞留在自我实现之不顺畅的状态中，这就势必让本心在左右不是、前后为难、进退失据的过程中，索性自我放弃，破罐子破摔，于是便走向自我放弃。但本心所自带的自我实现作用，又不容许本心全然自弃，于是本心在自我放弃的当下，它又攀缘在自我实现的渴望中，转而走向自恋。

据此，我们就有理由认为，自卑的人，会在自怜的基础上分化为自弃与自恋两种形态，这两种形态其实是殊途而同归、两面而一体的，它们都是本心难以诚实地自我直面而所造成的自爱之缺乏。自卑就像一个不断摇动的钟摆，自恋和自弃就是这个钟摆的两面。钟摆若不能定住，就肯定会左摇右晃。它时而自怨自艾，时而怨天尤人。自怨自艾是自弃的体现，这是本心既不愿诚实直面，又不断自我怀疑的结果；怨天尤人则是自恋的体现，这也是本心既不能回到自身，又不断攀缘于自己的自我实现的渴望中的结果，因此如果自己有什么不顺遂的事情，它便倾向于认定这肯定是别人的问题，而不是自己的问题，于是生出怨尤之气，并将这些心气向他人而释放，以缓解自我攀缘所带来的"障碍"。自怨自艾的人，肯定会怨天尤人的；而怨天尤人的人，则肯定会自怨自艾。对于"怨"的意义，孔子的体会比较深入。例如他的人生志向是"不怨天，不尤人"（《论语·宪问》），这表明他体会到了自恋与自弃是本心不能充实的结果，而要通过自爱来实现自己。他又说："躬自厚而薄责于人，则远怨矣。"（《论语·卫灵公》）"求仁而得仁，又何怨？"（《论语·述而》）他强调"自厚""求仁"，这意味着他能够从他自己的角度而体会到自恋与自弃，实无益于人生意义的充实，主体性的挺立。

我们所持续着自卑中的自弃与自恋的状态，是会将自己不断拉向本心的沉堕的。因为这些状态本就是本心沉堕无力的结果，若我们顺着这些结果而继续深化之，就肯定会让我们的本心进一步消耗下去。因此可以说，如果缺乏本心的自爱力量，那么自恋的人会更自恋，自弃的人会更自弃。本来自卑、自恋、自弃的人，不一定会走向虚伪也即自欺欺人的心态，更不一定会走向无所羞耻的地步，但是如果我们被自己的自恋与自弃所牵扯，而沿着这些牵扯而攀缘、流转不已，就会进一步走向虚伪乃至无耻。到了这时候，我们除非经历本心的震荡，以促使自己不得不诚实直面自我，否则世间的一切言语、情感、理性，都会成为助长我们的自弃与自恋的工具。

在这里，我们想简略讲一讲另一位青年人的故事，以充实我们在这里所表达的观点。这个青年人在她的童年时代，比较少得到父母对她的爱。她的父母经常在她与她妹妹面前斗气，两人都以孩子为由头而不愿离婚，于是便在相互消耗中，也消磨了亲子之间的自然的爱。她的父母也许是现代中国的父母的某种典型状态。父亲常年沉默不言，除了间歇性地如火山爆发一样将他的恼怒发泄在家人面前。她父亲之所以是这样的状态，肯定是自己承受了一些压力，有一些困扰的，例如有一段时间，他与他的亲兄弟一起经营生意，但生意失利赔了本，他要自己一个人将债务还清。同时，她的母亲也与她的亲人间也有利益和感情上的牵扯，心里受到伤害而感到疲累，也许是自己很难去承受和理清生活中的各种纠缠，她母亲沉浸在麻将当中，而造成亲子关系的淡漠，她渴望她母亲能给她爱，可惜她感到自己没有得到多少回应。她在五岁的时候，不想上学，怕离开家庭，她父母找来一位陌生的女性，硬要将她粗暴地拽进幼儿园，这给她带来心灵的创伤。经历了这样的家庭生活，她自小就有疏离感，让她时时感到她是错入这人世间的局外人。不过，她毕竟是渴望爱的，但她的这种渴望由于得不到落实，而促成了一种极度的自卑感，于是她就在自恋与自弃之间摆荡不已。她自己也表达过童年时的家庭生活经历曾令她时时思考着如何结束自己残破而不值得的生命，它们也曾令她感到自我亏欠着周遭一切的同时，也觉得周遭一切也亏欠着她。很明显，她的"自我亏欠着周遭一切"的感受，就是明显的自弃感，这让她觉得自己的生命毫无价值；而她的"周遭一切也亏欠着我"的感受，则是明显的自恋感；她的自恋感与她的自弃感是一体的，都是自卑所造成的本心之摆荡的表现。

当然，自卑的人也是渴望爱的，只不过其本心的爱不足以使得自己有一个充分的自爱状态而已。这位青年也表达了类似的心声，她认为自己的心中还是存在着爱的种子的，她不甘心自己被自己的自恋与自弃所牵扯，她要活得明白，她要寻找到人生的意义。不过，她的强烈的自恋与自弃心态，使得她的生活处在一种逼促的存在状态当中——要么是她的生活和工作环境严重亏欠她的，要么是她严重怀疑自己。她渴望有人能够主动走进她的心，给她以温暖，融化她坚实的心墙，但她没有意识到，她从心底里并不信任，同时也拒绝他人的温暖与善意。她的这种本心的导向让她在读书、工作以及人际交往之中，都是磕磕碰碰的。她考上了一所大学，却由于自己的状态而辍学离校了；进入社会，她被一个工作氛围相对自由的单位所接纳，但没过多久，这个单位因为她的长期的怨而不立的主体状态，而将她解雇；后来经人介绍，她去了一个环境很不错的地方工作，她一方面舍不得里面的环境，而另一方面又无休无止地怨怼主理人没有善待她。实际上，如果一个人忠实于自己的本心，也是有机会和自己所身处的环境、条件格格不入的，这时候，她要么凭心离开，要么凭心去努力争取自己的合理权益就是了；但这位青年人不是这样的状态的人，她对于她所身处的各个环境，都交织着由自卑所扩散出来的各种爱恋与怨怼，这有如蜘蛛不断地形成缠绕难解的网，既套住了自己，同时也缠住了别人。她对她所离开的地方，对她所正在待着的地方，都有着甚深微细的爱恋与怨尤交生交织的情感表达。这些情感表达既明确又不明确，既是自我肯定又是自我否定，既可以又不可以。这使得她在极度的自恋与自弃的摆荡当中，消耗自己，也消耗别人。

由于自卑的情结得不到自爱的疏导，她的自恋与自弃感不断地加深和强化。她向我们倾诉她的各种怨尤，我们认真听了之后，就给她我认为切实可行的意见。她一开始按照我们给出的建议去做了。但没过多久，她就因为自己在生活、工作中的不顺适感，而委过于我们，埋怨我们没给她更好的建议。这其实已经将我们惹生气了，但我们还是忍了下来。没想到这种事三番四次地上演，反反复复，粘连不断，近之则不逊，远之则怨，最终我们真的是忍无可忍了，决定与她断交，彼此不再联系。我们在和她断交之前，将她批评了一顿。没想到，这个她所始料不及的批评，给她带来了某种存在的震动。这个震动似乎是将她"唤醒"了。她自我感受了一段时间，托人将她写给我们的一封信转给我们。在信中，她表达了相对恳切的自我省思，指出我们对她的批评切中了她的问题，并且向我们致以感谢。她在信中表达了自己感受到"止怨"对于自己成长的意义，还说要真正开始独立思考自己的需求，亲自做出判断并为之承担。从她的言辞之间，我们确实感到了她有真实的诚恳度，也感到她有某种从自己的自恋与自弃状态中超越出来的希望，于是便接受了她要恢复与我们联系的期待。而在我们恢复交往之后，我们确实看到了她有所改变，她不再絮絮叨叨地表达对于他人的怨尤之情了，转而为一种力度过猛的自我激励。这种自我激励最终伴随着夸张的自我膨胀，这让她觉得自己是这个世上无可挑剔、无与伦比的天纵之才。她觉得别人认识她，是别人的莫大的荣幸；她甚至表达过，如果有男士娶了她，那是这男士十八辈子修来的福分。但是，转瞬之间，她的这种夸张的自我膨胀感又突然转为同样夸张的自我怨诉。在我们看来，她的深度的自恋与自弃不断地促使她走向虚伪乃至无耻的领地中去了；在与她互动的过程中，我们发现我们跟她说的任何话，都有机会成为她转而怨怼我们、并与我们形成心的纠缠的把柄。这样一来，我们感到后来与她的交往，比起我们与她在断交之前的交往，更要糟糕一些。我们对她的怨尤状态的批评，大概是失败的，因为这似乎又逼迫她走向更为极端的自恋。同时，我们与她的互动，不断消耗掉了我们与她的真正的交心关系，于是我们再也没有什么动力和她有什么交心性关系了；最终，我们和她有了第二次的断交。这次的断交也多少重演着第一次断交前后的剧本。我们向她表达我作为一个可以分享自己的人生经验给她的人，对她的用心，以及花在她身上的精力已经够多了，但效果却是适得其反，我们再也不想承受一个只会将自己的问题转嫁给别人，而自己却毫无承担感的人与我们的纠缠了，因此为了彼此不打扰，就此互相告别吧！在开始的时候，她认为我们的建议可行，并且信誓旦旦地说，感谢我们向她直言我们与她绝交的原因，还说此后不会再打扰我们，也不会再提及曾经认识我们。我们最后祝福了她。不过，没过多久，她又立即推翻了她的承诺，也即"此后不会再打扰"。她再次托人转达对我们的感谢之情，认为我们曾经赠给她"一片光明和希望"，然后随即表达自己做不到不去打扰我们，因为她本是一棵生长和开花都很慢的参天大树，说不定我们在离开这棵树的下一秒，它就开始开花了，因此，她跟我们说："你耗费心力浇了很久的水，施了很久的肥，不看开花和结果有点亏！"她托人转给我们上面的话之后，又继续和她所托的那个人表达了对我们的各种怨念。这也就罢了，但没过两天，她就又迫不及待地让她所托的人再次转达她做不到不去打扰我们，并期待我们与她再恢复联系。我们没有答应她的请求，过了一段时间，她再托人转达她想要送礼物给我们的孩子……估计写至此，读者诸君已经没有什么耐心再了解这个故事后来的发展，不过，我们可以告诉大家，这事儿已经到此为止了，因为我们再也不理她了，久而久之，她就没有什么动力再找我们了。我们非常清楚，我们只有切断和她的互动与关联，才有更多的可能性，帮助她直面自己，回到自己的本心，实感到是自己的本心（而非依赖别人与怨尤别人）才是自己之自强自立的根基。

人心啊！确实非常简单，简单到心如清水，望过去没有任何杂质，透明，自然，纯净；但它又确实非常复杂而纠结，心之曲折编织出了一个罗网，这个罗网反过来又缠绕住本心自身，没完没了，缠绵难解。这两种状态都是本心的虚灵性所造成的，而这两种状态的差异之所以这么大，则是与本心之是否能够自我充实也即自爱有关。自爱则本心顺畅，故充盈而纯厚；不自爱则本心缴绕，故摆荡而难安。至于要问，我们应该怎样做，才能做到自爱，而超越自卑、不自爱呢？我们在下文讨论"诚实作为自爱的根源性动力"这个观点的时候，再详细梳理这个问题。

好了！说完这位青年人的故事，以及讲完了自爱的意义之后，我们觉得有必要插入一段话，来提醒一下自己，也提醒一下我们亲爱的读者。在前面的文字中，我们已经梳理了一些个案与故事，我们将这些个案与故事讲述出来，用意其实是很自然而明显的，这就是，通过对这些故事的讲述和本心分析，一方面可以充实我们印证出的有关自尊、自重、自爱及无耻、虚伪、自卑的关键义理，另一方面，这些故事和案例让我们得以严肃地体贴和印证自己，看清楚自己的本心状态（这是别人替代不了的事），并由此而在自己的本心中生出一种主体性的挺立之力。相信细心的读者诸君，肯定能够从我们的这些讲述当中，感受到我们的这个用意。我们对我们的讲述是有信心的，也就是有信心本着我们的坦诚的主体状态、本心状态，而去写这些文字的；我们也有信心，让我们的读者在读到这些故事的时候，能够由此而反过来印证自己，而不是将用心放在评价他人、臧否人物上面。不过，我们不可能杜绝读者往"用心在评价他人"这个方向走，这是因为每个读者的主体状态、本心状态并不是一样的。如果读者的主体状态、本心状态并不允许他们能够体会得到我们的这个用意，而不免往"评价他人而不印证自己"的方向走，那么我们也是没有什么办法的。这正如康德的道德学说，核心本在于呈现人如何能够自主自律地行为的，但是康德的读者甚至是研究者，却往往将他的道德学说拿来作为评价他人的行为对错的标准。[①]康德对这样的情况，也是无可奈何的。而我们在这里的提示，也肯定不可能让所有的读者心知其意，从而将之化为印证自我的力量；但是，我们还是觉得有必要做这样的提示，因为我们讲述这些故事的用意，进一步得到了我们的说明和澄清。

另外，除了我们所讲述的故事之外，我们在这本书里面所总结出来的各种观点，也不可能杜绝读者将它们用作评价别人的标准。例如，我们大可以将用心放在某某人能自爱，某某人自卑，某某人无耻，某某人自私这样的评价上，去给一个人贴上道德标签。这样的情况我们杜绝不了，但这也肯定不是我们的本意。

五、论爱人与自私；兼谈"自私者与爱人者"之差别

我们再说回来。刚才我们梳理了自爱的意义，现在我们再讨论一下爱人的问题。自爱的人，其实是会自然地去爱人的。我们并不需要

---

① 这里提出的这个问题牵扯到对"伦理学"本身的理解，伦理学的核心不在于提供评价他人行为对错的标准，而在于进行切于本心的思考，于是可以形成对自己要成为什么人、要如何行动的判断。康德伦理学的本意在于行动者的主体思考——"我该做什么"以及"我要做什么"，而非告诉读者作为一个旁观者拿着绝对命令作为标尺去评价他人的行为。虽然他的伦理学可以延伸出来这个功用，但这绝非其伦理学的首要任务。

被教导去爱别人，我们就自然会去爱别人，这是人的自然天性。我们有自然的本心，就会自然地对其他人有一种交心性；换句话说，人有心，因此遇到别人，就会自然地以心比心，以心体心，以心印心。本心是自然的，交心也是自然的。在现实生活中，我们也往往是通过以心比心这样的交心性原则，去彼此互动的，社会的自然而良性的运作，就是建立在这样的交心的基础上的。而人与人之间的交心，便是一种爱人和互爱的作用，因为交心就意味着本心与本心之间的坦诚。

　　不同的人与人之间的关系，有不同的交心关系。交心的程度和意义的不同，便形成不同的伦理关系。我们之所以能够很容易就区别出爱情、亲情、友情以及其他的情感关系，是因为我们实感到这些不同的关系体现为不同的交心程度或者不同的交心意义。社会的关系千差万别，但我们很少会弄不清楚这些关系，例如，我们不太可能将我们与一个路人的关系，视作我们与家人的关系。同时，我们遇到不同的人，会有不同的本心态度，例如，我们遇到一个路人，我们的态度是平淡的，但如果我们从路人当中偶遇一个暌违多年的好友，我们的态度就会转平淡为惊喜。活在这个世上，我们对于不同的人与人之间的关系，之所以很少会弄乱，之所以能够形成不同的互动态度，正是因为我们有着自然的本心，同时我们能够自然地本着以心比心的机制而去生活。因为我们有本心，因为我们有自然的以心比心的本心机制与本心态度，所以，我们身而为人，能够自然地去爱人，能够自然地生出对于他人的同情心与互爱心。当然，根据交心程度与交心意义的不同，我们对于不同的人的爱与同情，自然是不一样的。不过，无论人与人之间有如何不同的关系，无论不同的关系中蕴含着如何不同的深度和意义的爱与同情，人与人之间也肯定应该有基本的爱，应该有基本的同情。如果一个人在其安全得到保障的情况下仍然见死不救，那么这个人就会损害人与人之间的基本的爱与同情之道的。

　　刚才我们说的是自然的情况，而在我们的本心受到遮蔽乃至扭曲的情况下，我们的本心的实现性作用就会受阻，我们本心中的自然的以心比心的能力就会受到影响，于是，这同时也肯定影响到我们的朴素而纯直的爱人之心。因此，爱人与自爱其实是关联在一起的，爱人的底子在自爱。唯有自爱的人才能充实爱人之心，不能自爱的人，他们在与别人互动的时候，也会扭捏缭绕，边界难明。孔子、孟子都认为唯有仁者才能爱人。[①]我们先不去搞清楚孔子、孟子心目中的"仁"的具体意义何在，我们如果将他们所说的"仁"，理解为本心的自然和充实的状态，那么孔子、孟子的观点是有道理的，他们提示出爱人者必定是自爱者，不能爱人则意味着自爱而不能。

儿童的本心的流露与实现是自然而直接的，因此儿童有着天然的自爱，他们喜欢自己，同时因为他们喜欢自己，因此也会喜欢别人，这可以称作自然的爱人。儿童的本心是自然的，但往往是不自觉的，因此儿童的爱人并不是自觉的爱人，只有到了青春期或少年时代，我们才能将自己的自然的爱人能力，进一步深化为自觉的爱人能力。诸如"尊敬他人""设身处地从他人的角度看问题"这样的爱人的体现，往往并不出现在童年时期，而是出现在童年之后，这是有道理的，因为这些爱人的体现多少有一定的自觉性。当然，我们肯定能够印证得到，自觉的爱人一定同时也是自然的爱人，遮蔽与违背自然性的爱之表达，并不是真正的爱，而是给人压力的情绪流露，是以"爱"为名义的规训、扭曲与控制的力量。

我们在上面所说的内容，主要梳理了自然而充实的爱人的情况，而现在我们就要问，我们的本心究竟发生了什么，使得我们不能保持我们的爱人之心，甚至将我们的爱人之心扭曲为各种占有、计较与控制？在我们看来，如果我们的爱人之心不充分，我们的爱人之心就有可能转化成为一种自私之心。爱人与自私，爱人之心与自私之心是相反的，而从爱人而到自私，从自私而到爱人，则往往是一念之间

[①]《论语·颜渊》："樊迟问仁。子曰：'爱人。'"《孟子·离娄下》："仁者爱人……爱人者，人恒爱之。"

的事。而对于爱人之心是如何转为自私之心的，我们需要将这当中的机制说明清楚。在我们看来，自私来源于我们在爱人或与人互爱的过程中，我们的本心怀疑自己对别人的爱。简言之，自私就是对爱人的怀疑。因为我们怀疑我们对别人的爱，所以我的本心就会对顺畅而充实地实现自身，并由此而惠及他人、爱他人这个导向，有所保留，于是我便有意地、并不本心自然地不让我的自爱状态溢出来，而将它围住，限定在自己的领地上，而不让它流溢到自己与他人的关系的领地上。这是我们对于自私的描述。

　　既然自私就是对爱人的怀疑，那么我们就肯定会问，我们为什么会对我们的爱人之心有所怀疑呢？就我们所理解，这样的怀疑其实是很普遍的，有的浅，有的深，而无论浅的怀疑还是深的怀疑，都肯定是与本心的虚灵的特性有关的。现在先说浅的怀疑。在生活中，你往往会碰到一些有意占别人便宜的人，或者是有意在你面前炫耀自己的人，或者是暗自和你较劲并想在地位、风头、利益等方面盖过你的人，这些人已经与你发生了实质性的关联了。你在一开始，往往是凭着自然的爱人之心而去和他们互动的，但后来你感到自己的淳朴的爱人之心被利用或者损害了，于是生出怀疑心，而要去维护自己。这样的一个过程，其实也是很自然的，因为别人对我自己不好，我心中自然能够感受得到，于是就要怀疑别人，维护自己。这其实是交心的关系所带来的自然结果，也就是说，我心中感到别人要占我便宜，我本着以心比心的自然机制，而不想让别人占我便宜。而这样的一种维护自己的情况，在儿童的身上表现得直接而明显。孩子有了自己的玩具，而不愿与别的孩子一起玩这个玩具，这本是自然而正常的事。而人的这个怀疑别人、维护自己的过程，在开始的时候，尚不是一种自私，它是自然而正当的。那么人在什么时候会形成自私呢？就是在维护自己的当下，自己的本心滞留在怀疑别人的状态中，并由此而进一步形成执念与计较，于是，之前的自然的怀疑，就会转化成为不自然的怀疑，之前的可以称得上自爱的状态，就转化为自私的状态了。而

125

从自爱或爱人而到自私这样的过程，别人往往是很难看得出来的，因为这个过程是内在于每个人自己的本心的，而每个人的本心则是不可替代的，因此，自己的本心究竟是自爱还是自私，这其实是如人饮水冷暖自知的事，自己可感，别人难识。

本心自私状态的形成，是人的不自爱的开始。人的不自爱就是从自私开始的。如果是浅的怀疑或浅的自私，也就是我们刚才所说的刚刚从自爱而转化过来的自私，那么我们是有很多机会将它超越的。我们举儿童的自私为例。如果有一个儿童，她从不想分享自己的玩具，而由此生出自私之念，这意味着这个儿童心中生出一种初步的不自爱了，这同时也意味着这个儿童略有一点儿不那么自信，因为她怀疑自己对别人的爱，久而久之，她就会怀疑自己对自己的爱。不过，如果这个儿童的父母能够与她顺畅而充实地交心、互爱，那么她的本心就获得了支持性的力量，她很快就重燃自信自爱之心，从而不会再滞留在怀疑别人的状态中并深化自己的执念与计较。这正如一棵小树苗，有一天没有得到浇灌，而枝叶略显枯萎，但第二天它又得到浇灌，于是它又重新唤起勃勃的生机了！如果一个家庭里面，父母是自私甚至自卑的，那么他们的孩子很有可能因为得不到爱的支持与滋润，而逐渐成为她父母那样自私甚至自卑的人。当然，这并不是孩子本身的问题，同时这个孩子在自己的成长过程中，也肯定是有机会超越自己父母所传递给自己的问题的，但是，考虑到儿童的本心有很长的时间处在明亮与茫昧交织的状态中，为人父母的人，就更需要敦厚自己的自信、自爱、自我充实，而给自己的孩子以真正的爱；不然的话，自己的不自爱会与孩子心中的疑惑纠缠在一起，使得自己的孩子无法从疑惑当中跳出来，并恢复和增进自己的自爱心。

上面所说的情况，多是浅的怀疑、浅的自私的情况。这种自私的形成之前，是有一个自我维护的状态的，这个状态大概是一种天然的自尊心；只不过主体的本心滞留在这种状态中，形成了执念与计较，同时在这个过程中，本心的自信度有所减弱，自我怀疑度有所增强，那么这种执念与计较就会走向不自然的自私心。这是我们对刚才所讲述的内容的一个总结。而无论是自我维护或是自尊心，还是自私心，主要是指自我与他人的互动关系中自我对于自己的一面；而在自我与他人的互动关系中，自我之对于他人，则有对应的情况，这就是，与自我维护或自尊心对应的是羡慕他人，而与自私心对应的则是嫉妒他人。正如儿童的自我维护往往是自然而并不是自私的，儿童对于别人的羡慕也往往是自然而并不是嫉妒的。自私与嫉妒是一体两面的，未有自私而不嫉妒者，未有嫉妒而不自私者，嫉妒对人，自私对己。因此，嫉妒的形成机制和自私其实是一样的，这就是，本心滞留在对别人的羡慕状态之中，而形成执念与计较，更加上自己持续地不能自爱，也即不能增进自己的自信度，而形成自我之怀疑，于是，自己对别人的自然的羡慕心就会被自己的所执著和放大，并导向没那么自然的嫉妒心。因此，我们也可以将嫉妒心视作自私心之对于他人的一个体现。

　　深度的自私会生恋，深度的嫉妒则生恨。恋是自恋，恨是恨人。近年来中文世界的网络用语"羡慕嫉妒恨"，简单直接地就能够将自私的生成与深化机制给勾勒出来了。所谓深度的自私，是与深度的自我怀疑关联在一起的；也就是说，在深度的自私中，主体对于自己缺乏信心，缺乏自爱，但主体只要有本心，它焉能就没有爱的诉求呢？于是，自己之渴望爱，与自己之缺乏爱，便会走向自卑，于是肯定要死死抱住一个不自信、不自爱的自己，以作为自己对自己的交代。但自己越抱住这样的自己，自己就越空虚与自我不满；自己越自我不满，就越要抱住这样的自己。于是，人的自私之心便不断将自己的本心状态、主体状态往沉堕的方向拽，并最终走向自恋、自弃、自卑的状态当中去了。因此，浅层的自私尚不会完全走向自卑，而深度的自私则往往会汇入自卑之中，或者说促进了自卑的主体状态的形成；而同样的道理，浅层的嫉妒也尚不会完全走向对别人的怨恨心甚至仇恨心，而深度的嫉妒则会令人的本心在渴望爱与缺乏爱之间强烈摆荡、缠绕，最终陷入怨天尤人的心态而难以自拔。而当一个人走向自恋与怨恨，她就很难对别人形成自然而坦率的爱了。

自私与嫉妒是人心的常态，它很容易从人的自我维护心与羡慕心中滋长出来，这是因为人的本心往往是很难完全自我充实的，换句话说，人往往是很难完全自爱的。人与人之间的关系就是本心与本心的交互性关系，而人心则是虚灵的，虚灵的本心既有挺立性也有脆弱性，因此本心一有所触动，往往会对触动自己的内容有所滞留、固执、缠绕与计较，于是自私与嫉妒就是在所难免的。只要我们有基本的自爱度，我们的自私与嫉妒就是我们本心中的表层的波浪，它们来也匆匆，去也无形。但是，有挺立主体性的诉求的人，也得留意到，如果我们顺着自己心中的滞留与执念而滚动下去，并被这微细的滞执之所牵扯而不自知，让自己的本心在滞执之中不断沉堕，那么本心的自私便在不知不觉之间，腐蚀自己的自爱性与主体性。商人往往会被钱财之所异化，官员往往会被权力之所异化，学者往往会被名誉和地位之所异化，正是由于自己不能稳固地自爱，自己的本心不能自我充实出来并把握自己身边的这些条件与环境，于是对这些条件与环境生出一种自私心，而这种自私心复又与这些条件与环境相互缠绕，最终本心的自然的充实性作用的机制受到了损耗，人就这样变质了，而且自己变质了也不自知，自己变质了还沾沾自喜于自己能够高人一等。

另外，我们讨论自私问题，往往会触及一个很麻烦但又很关键的问题，这就是现代社会的运作"规则"，常常与个人的自私关联在一起。底层的人挣扎在生存的边缘，和生存作斗争，他们日夜所追求的利益，是为了自己能够活下来，所以底层的人的生存状态往往谈不上自私不自私。但是，当人们不再挣扎在生存的边缘，当利益和资本成为人可以自主地追逐、积累与滚动的东西的时候，当资本与权力相互媾和、勾兑并建立一个游戏规则以诱惑人们的虚荣心与自我优越感的时候，我们往往要寻找一个人性的自然状态，作为现代社会得以顺畅运作的原则，于是哲学家与经济学家们往往就要强调人性的自私性或自利性倾向，并将这个倾向视作人性的自然倾向。他们认为，正是因为人性有这样一个自然倾向，因此现代社会的运作便有了一个合法性的意义。不过，按照我们的本心分析，人性中的自私状态（特别是浅层的自私状态）虽然是大家都不应苛责的，是大家可以彼此理解的，但却并不是真正自然的，因为它多少体现为人的某种不自爱性，或本心之不能完全自我充实的状态。因此，对于将人的自私与现代社会的运作规则关联起来这样的导向，如果我们不能说是错误的话，则至少是有模糊性的。这样的导向往往会导致在现代社会中，人们对于自己之身而为人的意义的迷惘。实际上，如果人们之前认为人性的自然基础状态是自私，或者如休谟所主张的自爱与自私的杂糅，那么我们则明确主张人性的自然基础在于自爱，而并不是自私。①我们如果以自爱

---

① 哲学史上，古代的亚里士多德在论及友爱的过程中明确地区分了两种自爱：一种自爱，是无德之人的自爱，他们做事都是为了获得更多的金钱、效用等个人利益。这种"自爱"是被人们谴责的，也就是本书中"自私"的情况。而另一种自爱，是有德之人的自爱，他们总是做合乎逻各斯（按：这里的"逻各斯"究其实乃是本心的"内在法则"，只不过亚里士多德和古希腊的哲人缺乏本心上的自觉罢了）的事，做使得自己变得更高贵的事。亚里士多德认为后一种自爱才是真正的自爱，每个人都要做这个意义上的自爱者。虽然亚氏推崇的自爱有非常明显的理性根基，但是他看到了自爱与爱人（友爱）以及自爱与主体挺立的密切关联。不过，近现代以来的哲学家，较少在自私与自爱之间做出区分。比如，康德与休谟在使用"自爱"时都是与"自私"混淆的，不同的是康德力图超越休谟式的自私式自爱，将道德行为与主体的自律、自由等关联在一起，变成一个理性的事业，这其实是朝向主体视角的重要推进，只不过康德没能自觉到本心，从而也无法看到他的理性自律的主体唯有是真正自爱的主体才能真正的自律、自由，也才能真正从主体内部解决"德福一致"的问题。

对于自爱与自私的区分，还可以疏导和推进当代伦理学中一个问题，即所谓"利己主义的挑战"这一问题，这个挑战的版本有不止一个，但是核心主张就是人的行为归根结底都是利己的，即便是特蕾莎修女这种人也都是为了自己的心安才去牺牲个人的利益地帮助别人。这一主张之所以对伦理学构成挑战，是因为伦

作为人性的基本的自然导向，就能够真正重审现代社会的意义与方向所在。对于这个问题，我们在这里仅做出一个勾勒，而不过多地展开。

　　总之，在我们看来，人的自私，特别是浅层的自私，是可以理解的，可以体谅的，但却不能堂而皇之地视作最为自然的，理所当然的。社会的福祉的增进，是建立在自爱的基础上的，而不是建立在自私的基础上的。唯有自爱，才能爱人；唯有自爱，才能利人。自私往往会导致爱人与互爱的萎缩与封闭。在这里我想简略分享一下，我们所认识的一位学者的主体状态，以充实我们相关的观点。我们所认识的这位学者是大学教师，她向别人分享自己的家庭的情况，往往只提及她的母亲，而从未提及她的父亲，她以女权主义者、单身主义者自居，不过，我们逐渐感受到，她对女权主义的关注，往往是与她的个人利益关联在一起的，女权主义在她那里，就多少有点"女利主义"的味道，我们感到她并不真正关心女性自身的地位是否改善，并不真正关心性别平等的议题，我们感到女性主义似乎是她的一个幌子，一个虚假的自我，因为她对于我们这样严肃地思考女性主义问题的中青年学者略有所避忌，但对于在生活中愿意搭理她并跟她说一些夹杂暧昧与色情味道的话的中年男性，却有天然的好感。她很重视自己每个月的工资多少，她在饭局上和我们谈的话题，往往是彼此的工资有多少，她在谈论这个话题的时候，也往往会抱怨自己很穷，到手的工资和福利实在太少了；在饭局上，她除了谈论这个话题外，剩下的就是

理学似乎要预设"利他主义是可能的"，否则所有伦理上有价值的行为，比如慈善、助人，无非都是假利他而真利己而已。而，区分了"自爱"与"自私"之后，我们可以说清楚表面上都"利己"的行为背后有自爱与自私之分，自爱者自然会爱人，这样就疏导了"利己"与"利他"的对立，让"利己"与"利他"这一区分本身变得不重要。这是因为，如果我们自觉到自己的本心，那么伦理学的首要问题是主体的挺立与自爱的问题，而非站在旁观者视角去对"利己主义的挑战"进行形而上学追问的问题。

她所租的房子多贵，自己多不值之类的。实际上，在饭局上讨论这样的话题，本也可以是"正常"的，别人不觉得有多别扭，但我们所认识的这位女学者谈论这个话题，却让我们直接地感受到一种自私性、扭捏性、怨尤性。我们肯定不是说我们不能够关心这些话题，我们注重的是我们怎样去关心这些话题，从什么意义上去讨论这些话题。我们认为，她确实是本于自私而谈论和计较她的工资、租金的。而她的自私状态，使得她不能真正将自己的本心坦然地打开出来，与他人形成顺畅而充实的交心性关系，以增进互爱，她只有兴趣躲在网络的平台中，一个人发泄与排解自己的恋与怨。现实生活中的公共事件，以及她所交往的人，所接触的事，只要与她没有什么直接的关联性，她就会表现得相当冷漠。有一次，有一个同事因为难以摆脱自己的家庭的一个困境，于是将自己的痛苦向身边的人倾诉，他们都表现出关心的态度，有些人则主动给他出一些主意。这位女学者当时也在其中，只有她对此完全冷漠，她的态度是完全不关心的态度。她愿意和这位同事互动，参加由他组织的饭局，但却对这位同事所分享的自我困境和遭遇，毫不在乎。

　　因为我们体贴和印证到本心的实现作用与自爱的不易，因此对于这位学者所表现出来的状态和态度，我们并不会苛责什么，如果我们对这样的状态和态度都要苛责，这就强人所难了。同时，她也没有将自己的问题，过多地转移到别人身上，她只不过是自己表达怨尤之情而已。不过，我们多少可以将这位学者和推动、关怀女性主义的日本学者上野千鹤子做出一个对比。上野千鹤子的女权主义是与批评父权制和批评资本主义关联在一起的，而且她会强调说，面对这样的父权制与资本主义的背景，人最重要的是要诚实地做自己，因此，上野千鹤子所强调的是人的自爱性。因为上野千鹤子能够自爱（当然，她因为献身于女权主义运动，献身于对父权制的批判，因此未能与男性形成稳固的爱情与婚姻关系，但她的这样的主体状态并不足以构成对她的自爱性的实质伤害，而且她将自己对于爱情的投身，较为坦然而顺畅地转移到对公共性议题的关怀上去），所以，她将自己献身给推动女性主义在日本落地生根的公共行动中去了，她对社会的弱者有深度的关怀，不仅关怀弱势的女性，而且关怀日本的老年人的处境。我们不太会说她的这些关怀是基于自私的，我们会更自然而直白地倾向于认为她是自爱而爱人的人。有人问上野千鹤子，如果别人消费女性主义，例如蹭女性主义的热度，出售有女性主义名头的商品给大众以获利，那么你是怎样看待这样的情况？她说，这没什么问题，就让大众消费去吧！但我们自己就需要保持我们在女性主义问题上的清醒度。她说，资本是不管你是不是女性主义的，它没有利益可图，就会走的；而女性被压制这么久，现在好不容易有资本去消费女性主义，博人眼球，博了就博了，这其实也是个好事，因为我们可以通过这个渠道发出声音啊！而对照之下，我们刚才提到的那位女学者，她对于女权主义的"关注"与"提倡"，就并不是上野千鹤子这样的味道的，当中确实有微妙但明显的自私与自爱、自私与爱人的区别。

　　我们对于自爱的序列（自尊、自重、自爱、爱人）的梳理和讲述基本上到此为止了，我们可以用一个图表简单表示一下。从自尊而到自重，从自重而到自爱，从自爱而到爱人，这是自爱不断增进、本心不断充实、主体性不断挺立的过程；而从自私而到自卑，从自卑而到虚伪，从虚伪而到无耻，这是自爱不断损伤、本心不断受到遮蔽与扭曲、主体性不断下堕的过程。

自爱的序列	
正面	反面
自尊	无耻
自重	虚伪
自爱	自卑
爱人	自私

　　另外，从这个序列中我们也可以看到，爱人者必自爱，自爱者不必能爱人；自爱者必自重，自重者不必能自爱；自重者必自尊，自尊

者不必能自重。无耻者必虚伪，虚伪者不必无耻；虚伪者必自卑，自卑者不必虚伪；自卑者必自私，自私者不必自卑。而能爱人者，必能自尊、自重、自爱；无耻者，也必虚伪、自卑、自私。我们以心体之，肯定能够大体上印证到这些不同的本心状态的差异与关联。

第三章
如何自爱：论诚实与愤悱

一、论诚实与诚实无能

　　梳理完自爱的系列，我们就肯定会进一步要去思考和讨论一个问题，就是我们应该怎样做，才能增进自爱，而避免走向不自爱，进而走向无耻？在我们分析自爱问题的过程中，这个问题肯定是伴随着我们整个分析的过程的。我们应该怎样做？我们需要明确，我们问这个问题，首先只能是自问，而不能是问人。我不能逼你去问你应该怎样做，然后你就发现："是啊！我确实需要问这个问题，那么我该如何做呢？你能给我说一说吗？"这样的表达，意味着你缺乏真正的自爱的实感与动力，这只不过是你的本心偶有触动，但旋即将这个问题当作一个外在的，可有可无的问题了。这样的表达，也表明你尚不能完全诚实地直面你自己，你尚不能真正去爱你自己，珍惜你自己。如果一个人真正去爱自己，珍惜自己，就会对自己认真；这个人对自己认真，心中就会愿意去看看自己现在的状态是怎样的，就会愿意将整个自己承担起来，直面自己。这样一来，她就不会浮泛轻飘地去问别人自己应该怎样做，漫不经心地叫别人给自己一块药片，以及一份吃药的说明书。真正有自爱的实感和动力的人不是这样的，他们首先并不是向别人要药方，他们首先会形成一种切身的实感，他们对于自己之不能完全自爱有一种切身感；同时，伴随着这种切身感的生出，他们从心中也会形成一种呼求自己能够自爱的切身感。于是，他们便有动力先将自己承担起来，先去直面自己，并在直面自己的过程中，感受到这当中的艰难度，但因为愿意承担自己，因此不会被自己本心中的各种艰难所阻止，认为这些艰难是他们应该直面并超越的，他们深知，自己越去直面自己的这些艰难，自己的自主、自由状态就越得到增强，就越能自爱。就这样，他们就投身在自我承担、自我探索、自我充实的自主自由的过程中去了，知道这是自己的事情，是自己的人生的大事，这只能是自己去做的，无论是什么人，无论是什么神佛，都不能代替自己去完成本就只能由自己去完成的"义务"。因此，他们是绝不会去漫不经心地向别人要一份人生说明书的，因为愿意去爱自己，愿意承担自己，而深知严肃的人生由自己来过。他们也肯定会热切探索人生的道理，对别人分享出来的各种人生的道理，肯定也会形成不同程度的兴趣，但他们的兴趣是与强度的自我承担感关联在一起的，而不会漫不经心、可有可无地向别人要一块药片，要一份说明书，然后又将它们锁在抽屉里。

所以，如果我们要避免不自爱，而走向自爱，那么就应该有真正的自爱。这当中似乎是一个闭环，似乎是没有什么意义的话——如果我们要自爱，那么就应该自爱。但是，正如我们刚才所讨论的，"是否应该自爱"这个问题是内在于每个人的本心之中的。任何人都不能替代我自己，去替我回答是否应该自爱，去替我寻找人生的意义与答案。因此，当我说"如果我们要避免不自爱，而走向自爱，那么我们就应该有真正的自爱"，我的用意其实是要提示自爱由己，不自爱亦由己，自己究竟是自爱还是不自爱，都是自己可以决定、可以做主的事，而别人是代劳、代替不了，也影响不了的。而人之所以能自我决定、自我做主，则是由于人是有本心的，而人的自由最终皆是本心自由。人之所以天生是自由的，是因为人天生就有本心，人是凭着本心而生活的。一切自由，皆是本心自由。

因此，如果我们不甘愿我们在这个世上沉堕下去，如果我们仍然想严肃认真地生活，如果我们确实愿意去明确自己的人生意义，那么就不妨体会一下自己的本心。关于如何体会自己的本心，东方心性传统中有一个很好的建议，名曰"静观"，不同的心性修为方向会引导人去静观的内容不同，比如，佛家引导人去观空。但是，在我们这里，"静观"的意思很朴素，即让自己的本心得以自然而不受扰动地呈现出来。换言之，静观其实就是本心的自我印证。我们曾经在《主体与本心》一书中，梳理了静观的四个环节——自我坦诚、自我呈现、自我体贴或自我接纳、自我印证。①由于我们在那本书中已经较为详细地讲述这四个步骤了，因此我们在这里就不多赘述了。在这里我们要强调的是，如果我们不刻意去暗示、扰动、评价、遮蔽、扭曲我们的本心，而是顺着我们的本心的自然状态，让它的自然的声音流淌出来的话，我们就有了自爱的源泉。我们越顺着自己的本心的声音与方向而生活，我们就越有自爱的力量，就越能挺立自己的主体性。不过，实际上，能够顺着本心的声音与方向，不去遮蔽它、掩饰它、扭曲它，这对于人来说，并不是那么简单的一件事，它需要我们的本心形成一种直面自我的真实态度，而这一直面自我的真实态度，称作诚实的态度。

诚实与自爱是一体两面的。自爱者必诚实，诚实者必能自爱。诚实首先不是对别人诚实，而是首先对自己诚实。能够对自己诚实，愿意去直面自己的本心状态，不去回避它，不去掩饰和扭曲它；如果本心的状态是不自然、受扭曲的，自己能够直接实感得到，并有切身的动力而让自己更为本源的本心状态、方向、声音流露出来，自己据此而直面不自然的本心状态与自然的本心状态的交织、张力和冲突，这样的张力和冲突对于自己来说，肯定是不舒服甚至有艰困性的，但是，由于自己能够自爱，自己的自爱心殷切，因此自己便能够且愿意承受自己心中真实的张力与冲突，愿意将它们承担起来。只有自爱的人，才能真正自主，才能承担自己，直面自己。康德深知自主的意义，但他

---

① 参见刘乐恒：《主体与本心》，商务印书馆 2023 年版，第 126—133 页。

因为缺乏充分的本心的自觉，把"自爱"仅作为一种经验情感，看作主体应该克服与超越的经验动机，所以，他并未能充分指出人之所以能够自主自立，是因为他们能够自爱，是因为他们的本心能够顺畅而充分地自我实现（或者说他们的本心能够勇于自我实现，因此他们的本心的实现作用能够顺畅而充分），而只停留在了纯粹善良意志之自由、纯粹理性之自主原则与决断。殊不知，意志之自由、纯粹理性之自主皆来自本心之自由、自主。

在这里，我们要补充上这一点，强调自爱的关键性意义。君不见，我们芸芸众生，往往是知道自己应该自主，却难以自主；知道自己应该自立，却委过于人。我们之所以自主不起来，自立不起来，从根本上说是因为我们并不真正爱我们自己，于是我们缺乏了源源不断的动力，去实质性地支持起我们本心中的挺立性的力量。那么，我们该如何做到自爱呢？最终我们还是要自我诚实。每个人都有本心，而自我诚实则是本心或主体性自身所本来就蕴含着的本心或主体性的本性或性向（即本性的自然方向）。我们由诚实这一本心的本性或自然方向，可以形成刚才我们所说的诚实的态度，也可以形成如何回到自我诚实的工夫。我的朋友们！你们不要再犹豫了，不要再捣鼓什么"自爱与诚实是同意反复，因为要能自爱就要诚实，要能诚实就要自爱，这不是同义反复吗"这样的没有意义的话头，我且问你，你去捣鼓这样的问题只是为了在别人面前抖机灵吗？上天给了你本心，你的本心本来就有诚实的本性，本来就有诚实的可能，你只需要回到你的本心，扩充你的本心就可以了，这时候你既能自爱，亦能诚实，你自己已经自我充实了，就不再需要思考这些外在的问题了；而如果你辜负了上天给你的本心，也就是说你自己遮蔽和扭曲自己的本心，而要去为你昧着本心所做的事情而掩饰辩护，你就会很有兴趣去钻研这些问题，你心中其实很清楚，你之所以要辨析这样的问题，是因为你想掩饰你不能诚实直面你的本心的状态而已——但我知道，对于你的这个本心的秘密，你是不会向我们说出来的。我的朋友啊！无论你有多少雄辩，无论你有多少法力，只要你遮蔽和扭曲你的本心，只要你不扩充你的本心中的自然诚实，你的雄辩，你的法力，就不但是毫无意义的，而且还会成为你之作茧自缚的工具而已！

关于诚实的问题，我们在这里不嫌词费，想作出更为详细的说明，因为诚实的问题确实是爱与人生的议题中，特别关键和切身的问题。诚实的问题疏导好了，爱与人生的问题就可谓思过半矣！我们在上文说明了自爱与诚实的一体两面性，而在这里，我们要指出诚实问题的第二个要点，这就是，真正的诚实是本心的诚实，如果一种诚实并不是本心上的诚实，这个所谓的诚实就必定是以诚实为幌子的虚假与不诚。现在我们要深入去讨论这个问题。

有一位男青年，他已经结婚了，但因为某种原因，他与妻子分居两个城市。一来二去之间，他与妻子的感情关系逐渐减弱；而在这个过程中，他又喜欢上了他所居住的那个城市的另一个女青年，并和她同居。但他心中并不安于自己的这种状态，他一方面害怕自己的情况会被妻子知道，另外一方面还要"安抚"他的女友，跟她不断表达对她的爱，但他的表达又是那样的闪烁其词，导致他的女友对他幽怨不断。他对此感到"烦恼"与"迷惘"，于是找到了我，跟我说："老师，您可否给我说说爱情的意义？"我心知其意，建议他简略分享他的相关情况，于是他说出了实情。我之前对这位男青年有一定的好感度，以为他的为人处世有一定的坦诚度，于是问他："你觉不觉得现在你其实是给自己埋了一个定时炸弹，而你又不知道它什么时候爆炸？""老师，您说得太对了！我现在就是这个状态。""你害不害怕这个状态，心里面是不是感到非常的不安？""老师，我当然害怕，当然不安。""那你打算怎么办？""老师，我真的不知道怎么办！"我因为之前和他有一定的交心度，同时觉得他心中尚留有一点坦诚，于是建议他诚实于自己，并诚实于与他有感情关联的人，特别是他的妻子和他的女友。我跟他表达，无论你如何去处理这个问题，只有诚实才是你的出路。他觉得我的这番话对他深有启发，于是二话不说，带着她的女友去了他的妻子所在的城市，找到了他的妻子，他跟他妻子袒露："我想诚实地将我的心声跟你说，我舍不得你，也舍不得她。"他并向妻子表达能否维持这样的关系的请求。他认为他已经向他妻子"诚实"地袒露了自己的情况了，这是我给他的"鼓励"，因为他自认为这样做，确实是他的唯一的出路，他由此而自认为自己减轻了缠绕多时的"烦恼"与"迷惘"。这就是他的"诚实"的"心声"！他的妻子听了他的说明，又看了一看他带过来的女友，怨怒之火，如火山岩浆之突然喷涌。而此后的各种不堪，在此不表也罢！这位男青年最后通过某种方式，"安抚"了他的妻子，但回来就向我们诉苦，怪我们给他的"诚实于自己以及诚实于你所爱的人"这样的建议，给他造成了"更大的困境"。

我这才恍然大悟！我原以为他多少有点诚实度，但他的这个经历让我们突然反省到，其实他已经是一个"诚实无能"的人了，而他的诚实无能之深，也已经到了本心无耻的状态了。他的诚实无能与本心无耻，让他觉得，他只要将他的情况和想法向对方全部说出来，他就是诚实之人了，他就一定会获得体谅的！他错了！他的所谓"诚实"，只不过是一种"告知""指出""坦白"而已，而"告知""指出""坦白"是可以不经过本心的，可以不从本心中袒露出来的。这样的"诚实"，就肯定不是真正的诚实，因为它不是本心诚实。而这位青年在向我诉苦之际，跟我说："老师，现在我感到自己在炼狱之中。"我说："你现在感到自己在炼狱之中，比起你之前的一无感觉，其实是要积极一些的，我希望你在你的本心的炼狱待久一些时间，不要这么快走出来，这才是你的自我救赎的开始。"当然！如果我当时知道他并不是真正的自我诚实之人，而是一种相反的情况，我也不会这么轻易地给他那些建议的，因为我现在知道，当我跟他说"诚实"这一话题的时候，他的主体状态、本心状态只允许他将我所说的"诚实"，只理解为一种"告知""指出"与"坦白"。

再次重申！真正的诚实，必定是本心、良心上的诚实，也就是自己诚实地直面自己的本心。除此之外的所谓"诚实"，就不是真正的诚实，而往往只是掩盖了本心的真实内容的"告知""指出""坦白"而已。特别是人的本心如果是扭曲的，以至败坏的，那么她的所谓"告知""指出""坦白"，就是其刻意掩饰自己本心的幌子而已。这时候的"诚实"，恰恰是与真正直面本心的诚实背道而驰，因为这样的"诚实"，其实就是欺骗。①

因此，"说出来"未必就是本心的表达，而可以只是幌子。语言（例如："我很愤怒"）可以作为或取代自然的本心表达（例如：愤怒的自然反应）是有条件的，这个条件不是外部的，而只是本心诚实。而对具备这个条件的发现及判断都是很微妙的，绝非理性标准，因为理性标准又容易成为幌子，只能是本心的印证性发现和判断。对于这个问题，当大家读完我们附录中所讲述的何人斯的故事的时候，就会有更清晰和深刻的体会。而在这里，我们借着对于诚实问题的印证，而简略地讲一讲何人斯是如何以诚实作为幌子，去为自己的虚伪与不诚

① 在这里我们愿意再举出一个思想界的例子，这就是萨特向波伏娃的坦白，萨特的坦白是他的本心不诚的遮羞布。两位研究哲学家的爱情体验的记者在一本书中写道："关系从一开始，萨特和波伏娃之间就形成了著名的性爱自由和情感自由的契约，这种契约关系曾在五十年代激起了《费加罗报》读者的强烈愤怒。正如波伏娃在书中所写，那位来自巴黎高师的心高气傲的小伙子的原话如下：'我们之间，'他对我解释道，'是必要的爱情；但我们也需要去体验偶然的爱情。'人们或许会恍然大悟，原来一切症结来自于萨特。……好，但嫉妒心呢？嫉妒是无法想象的，但除非互相坦白一切，年轻的萨特肯定道。双方都不会感觉自己被排斥在了对方的生活外，也无需忍耐超过范围外的痛苦。可固执地相信透明化的力量，终究是一种奇怪的信仰。是否可以这么理解，当面坦白了的冒犯行为就不应该被视为冒犯，好比是一次披着基督教残余光辉的忏悔？这也有些布尔乔亚式道德观的影子。哪怕去放荡也要诚实。不撒谎，就不会有任何的猜忌。总而言之，他们的爱情是一次前所未闻的道德混乱。它介于绝对的天真和彻底的厌女主义之间的存在。"见奥德·朗瑟兰、玛丽·勒莫尼耶著，郑万玲、陈雪乔译：《哲学家与爱——从苏格拉底到波伏娃》，华东师范大学出版社 2021 年版，第300—302 页。

实作出诡辩，以达到他的掩人耳目的目的。

何人斯是一位喜欢做别人的人生导师、心灵导师的中年男人。他的样子长得不是很顺适，脸面有点儿油腻，如果不是他嘴边挂着许多别人望而却步、却有着不明所以的仰慕感的西方思想家的名字，估计许多人是不会搭理他的。当然，他有他的"生存之道"。他挂在嘴边的一个短语是"自我诚实"。他劝导别人如果要挺立自己的主体性，就要自我诚实；他自己也认为自己应该诚实，而且也认为自己已经很诚实地面对他自己了。总之，他认为人生的成长，不能没有诚实，诚实是主体与人生成长的基石。读者诸君！如果你们看到他对自我诚实这么重视，往往会对他心生好感，觉得这是一个很纯粹的人物！不过，当你们发现，他在利用他的导师的权力，以及利用别人对他的"诚实意向"的好感，而对慕名而来的女学生实施性骚扰、性控制的时候，读者是不会想到，何人斯这个诚实的人，为什么会与下流、欺骗、堕落联系在一起的呢？特别是他的女学生们，对他的"诚实态度"是深信不疑的，她们被骚扰，被控制，虽然当时感到有什么不对劲的地方，但当何人斯和她们说："我就是这样的人，我诚实于我自己，我面对你的时候，我的内心就是这样的，这是我的人性中自然的一面，自然的爱，这是美好的，而不应该被评价的。"面对他的这一套貌似诚实的坦白，她们就信以为真了，并且原谅了他的行为，甚至合理化了他的行为。不过，她们自己也不知为何，自己的心中对于何人斯对她们所做的事，隐隐然有一种说不清楚的难受感与伤害感；但因为她们自己说不出个所以然，所以这种难受感与伤害感被自己压进了本心的深处，用弗洛伊德的话说，就是压抑进潜意识了。而当其中一位女学生后来仍然感到难受，向他表达她心中的感受的时候，他说他是要和她探索一种"新类型的情感关系"。他说，他看到了这种特殊的情感关系，这是至今人类所没有的关系，因为它既不是师生关系，也不是爱情关系，它是需要他去探究和明确的一种新型情感关系。他说看到它了，他同时想诚实地和她探索好这一种关系。他的女学生们信以真，认为他真的是很诚实的人，于是一步步被这种以诚实为名的毒液所麻痹，最终自己的本心被扰乱了。

何人斯的"诚实"还有非常高级的包装，这种包装就是理性。他就是将理性和"如实说出"关联起来的一个典型，他并且很"诚实"地向别人，乃至向自己，表达出他是在诚实而纯粹地运用理性的作用。例如，他妻子对他与女学生形成了"爱情"的关系，心中感到难受。为了逃脱妻子的指责，甚至为了扭曲她的观感，以便控制她，他就"诚实"地向妻子坦白，他就是这样的一种类型的人。他是多元爱者，而不是一元爱者。他向她坦白说，当他知道自己是多元爱者之后，他就坦然了，他不会评价自己这样的爱取向，因为这是他的人性自然。他还说，他是"诚实的多元爱者"，他要如实面对自己，如实坦白自己。而在他看来，每一份爱都是独一无二的，他自己对人的每一份爱，都是真挚而纯粹的；因此，虽然他爱上了其他的人，但他对他妻子的爱，则是全身心的。于是，妻子信了他的似乎是很诚实的话，对他更加信任了。不过，当他得知妻子对别人有一些情感上的关系的时候，他心中隐隐难受，不能自已，于是难免对妻子有所怨恼，乃至大发脾气。[1]

---

[1] 有读者读了我们在这里所讲述的何人斯的故事，问了一个问题：如果何人斯面对他的妻子与他人发生了情感关系之后，他不是难受和发脾气，而是很坦然呢？这是不是就可以确认他确实是诚实的呢？我们的回应是：我们单从他的这个表现来看，这其实并不能肯定什么，也不能否定什么。而基于何人斯这个人的整个情况，我们其实更会倾向于这样想，也就是，他之所以没有什么反应，也可以是他自己有意去抑制住他的本心的感受的，他可以在身体面貌上，在情感表现上，以及在理性的语言上，表达或表现出他的"不在乎"，他可以有意地压住了他的心。但他的本心总是压不住的，谁能逃得过自己的本心呢？他不是在此时此地爆发，就会在彼时彼地爆发。又有的读者就着本心这个议题发问：那么我们如何才能够观照到别人的本心呢？其实，我们不应该先去问这个问题，如果我们对于自己的本心都不能观照好，那么我们又如何真能观照到别人的心呢？我们不能

　　何人斯的这个故事，其实是我们的本心的一面镜子，这是本心受遮蔽与扭曲之后所形成的一个极端案例。而本心之所以受到遮蔽与扭曲，则是因为本心本来就是具有脆弱性的，它有时候难以承受起直面自己所带来的状态。但本心自身其实又是很渴望这样的状态的，于是，本心往往要通过似乎是诚实的面貌、表达，来掩盖本心中的不诚。这个状态，现实的人往往都会有，但有深有浅。而经过我们的体验，我们理解到身体面貌、情感流露、理性运用意义上的貌似诚实的表达，其实可以是掩盖本心之不诚的幌子。社会上有许多人是以"老实人"的面目行走于江湖的。我们之前对所有的"老实人"都有好感，在受到损害后，就颇有些迷惑。现在我们就知道了，一个人表面老实，不一定就是真老实。有些"老实人"，他们的老实的面积有多大，就说明他们心中的猥琐与扭曲的面积有多大。真正的诚实的人，是本心上的诚实。孔子说："始吾于人也，听其言而信其行；今吾于人也，听其言而观其行。"（《论语·公冶长》）听言观行是合理的做法，不过我们之听言观行，最终是要"知其心"的。知其心，才能真正知人。因此，请恕我再重申一遍，诚实乃是本心的诚实，是本心的自我直面。

　　当然，我们知道，诚实的自我直面这件事对许多人来说其实又往往是很难的。诚实直面之所以这么难，其实也是因为本心虚灵，由此往往会被条件所牵扯着，于是纠缠、沾滞在各种条件中，而难以回到自身上来。在这个过程中，人就会逐渐地不那么自爱了，不那么珍惜

本末倒置了。我们只有先让自己的本心明朗，然后才能与别人的心形成明朗的互动。不然，就是两个盲人相互撕扯而已。只有自己本心的光亮照射出来了，别人的本心才会真的与自己的本心交汇。自己的本心就像夜行人的手电筒，夜行的人，如果想要看清楚眼前的景色、人物，就需要打开手中的手电筒。而手电筒里面的电量越多，手电筒的光就越明亮，我们对于眼前的景色、人物就会看得更清楚。当然，人往往是很难充分自观其心的，这其实也是本心自身的虚灵性特征所带来的。

自己了。而本心与条件纠缠得深了之后，"诚实直面自身"就需要勇气，以及需要经受一些存在上的"疼痛感"。而人的本心与条件纠缠得多了之后，本心往往不敢离开自己的舒适窝。但其实这个舒适窝是没有根的，最终会越来越蚕食、腐蚀自己的本心，并导致自爱的缺失、主体性的衰败。而自我的身体、情感、理性，乃至自我所信仰的内容，其实都可以作为本心所攀缘与纠缠的条件，从而成为逃避本心的舒适窝。但这些地盘并不是自我可栖居的真正家园，死死抱住这些内容，就如水中捞月、饮鸩止渴、饿鬼吃沙。因此，当有人试图用理性化的方式，跳出她自己的本心，而去问一些理性论辩上的问题，以此质疑我们在这里所分享的关于本心的观点，我们往往会提示她应该回到"诚实直面本心"这个状态上来。固然，我们关于本心的观点，肯定是要开放于各种质疑的，不然，我们的本心就变成不准别人有什么质疑的封闭的本心了。但是，我们也能够印证到，许多试图通过理性论辩的方式去质疑我们关于本心的观点的人，其实也是有自我逃避的，也即逃避自己诚实直面自己的本心这一意向，而想抱住理性等内容作为他们的"救命稻草"，给自己逃避本心而寻找一个理由，而最终走向不自爱。因此，许多问题与其说是质疑我们的，倒不如说是他们的自我斗争。我们对于这种问题的回应，往往是：如果自己能够诚实直面自己的本心，这样的问题其实是不会问出来的；如果问出了这样的问题，其实是尚不能诚实直面自己的本心所导致的。本心的问题，只能是在本心的语境下，才能得到真正的疏导，理性的论辩只不过是个外围的东西。试想，如果爱情中两个人已经缺乏交心的关系了，其中一个人再怎么理性周延地去辩解自己如何爱对方，这两个人都不会从根本上恢复交心的关系的。只有自我在本心上的诚实与坦然，才能与对方形成真实的交心。因此，我们并不是要反对理性论辩，而是说，在本心语境下，本心上的问题，首先是需要本心去诚实直面的。

另外，有的人或许会问：诚实直面自己的本心，真的是太难太难了！人生如此之难，难道我们一定要直面本心吗？我们的回应是，我们每一个人，只要有本心，就一定逃不过本心。诚实直面本心确实是难，但不去直面本心，或者遮掩、扭曲本心，我们自己的本心就会在某些情况下，如火山爆发一般，激烈地爆发出来；或者如酸性的水不知不觉地腐蚀铁器一样，本心的自我遮蔽与逃避作用，也会不知不觉地使得自己的主体性被蚕食，成为一个诚实无能、自爱无能的人。总之，我们摆脱不了自己的本心。上帝让人生活在这个世界上，是让人带着自己的本心而生活在这个世界上的。[①]人类的各种文艺表达、哲学思考以及科学研究，虽然呈现出不同的样态，每个门类内部对于何谓"好的表达""经典哲学思考""重要科学结论"也有自己的"规则"和"标准"，但这些最终都与疏导清楚本心问题相关。[②]如果本心问题很容易就解决了，那么人类就不需要不断地去探索和研究这些问题了。啊！人生最难的问题，是本心问题！而人生最明亮的色彩，则是本心的光辉！而本心的诚实直面，则孕育与引发出了生命的明亮色彩！

二、论愤悱与愤悱失败

在前文当中，我们呈现出了本心的诚实直面自我之难，以及我们又不得不去诚实直面自我的道理所在。在这里，我们还想对这个问题

---

① 本书作者出于表达的需要和习惯，有时会用"上帝""上天"这种说法，但这并不预设任何宗教观。

② 当然，这个观点是需要我们做详细的说明和澄清的，但由于这个问题与我们这里所讨论的问题并不直接相关，因此在这里我们不拟展开，只做简略的说明。我们认为，人类所追求的"真理"，究其根本，是主体本着自我诚实去发现和印证到的事实。以科学真理为例，科学家的发现具有真理性，是因为这是科学家本着自我诚实的发现，而科学家的造假在两个层次上损害了真理：物理世界的发现层次和主体的诚实这一层次。后一个层次更为深层和根本，因为它支撑了前一个层次的发现。而人类各个领域的规则与标准最终能成立离不开对本心的深度诚实直面，这些我们将来会撰写专论予以澄清。

作出更为详细的疏导，以便让大家进一步明确真正的诚实乃是本心的诚实，同时让大家心中真正愿意本心诚实地生活。

事实上，如果我们要严格地去辨析，那么我们应该说，本心诚实的自我直面，说难，确实非常之难；说易，也确实非常之易。本心本来就是自然而纯直的，我们如果尊重自己的本心，不去遮蔽和扭曲它，它就像种子之顺畅萌芽、江河之顺畅流淌一样，很朴素地表达和流露出来。这正如儿童心中喜欢什么，不喜欢什么，就会直接表达，而从不掩饰。只有大人用他们那一套世俗上的别扭的规则去"提点"儿童之后，儿童的本心才会被遮蔽和扭曲。因此，本心上的自我诚实，是本来就蕴含在人的本心当中的，这是本心之所自带的纯直性与简易性。即便是很多后来成为坏人、恶人，只要他们还有本心（他们怎么会没有本心的呢？肯定是有的！），他们就永远有机会回复到他们的单纯、自然、美好的本心状态中去。我们试看，几乎没有坏人、恶人，会在任何的时候，都流露出坏和恶，而没有流露出好的、善的一面的。他们在人世间行走，肯定会有本心、良心上的流露和表达；他们和别人互动，也会装出诚实的样子来。他们这样去装，其实也并非完完全全的刻意，他们心中多少也想去这样表达，只不过他们在诚实表达自我的过程中，由于本心上的遮蔽与扭曲，由于不自爱，他们就会在诚实表达和流露出他们的心意的那个当下，他们的心意也同时生起了别的主意，于是他们便形成了面善而心坏的状态。而根据这样的观察与印证，我们便有理由说，本心的诚实的自我直面与自我表达，其实是很简易的，这是人人都会具有的能力。

不过，从另一方面说，我们当然也看到了本心诚实地自我直面的难度。我们说诚实之难，并不是说本心的诚实流露、诚实表达之难，而是说长久保持本心的诚实流露、诚实表达之难。一念诚实不难，难就难在念念诚实。诚实之人，是需要念念诚实的。但在生活中，我们的本心被太多的外在条件所牵引与诱惑了。如果我们没有什么机会，将自己从各种本心与条件之间的纠缠当中摆脱开来，而回到自己的本心自然的状态，那么我们的本心的不诚，便会越滚越大，越来越遮蔽自己，最终会将条件性的东西（如金钱、地位、权力等等），误以为是自己的东西，是真实的自己。到了这样的状态的人，其实往往没有能力去分辨出，自己的哪种状态是诚实的状态，哪种状态不是诚实的状态。甚至于，他们的本心压根儿就没有能力去诚实，他们的本心已经散在了各种条件当中了。他们的心是游荡的，浮沉的，随缘摇摆，难有定见。这样的情况，其实是诚实无能，本心无能，自爱无能，最终活成一个失败、无能的主体。从这个角度来说，我们也可以说，本心的诚实的自我直面，其实也是很难的。当然，在生活中，我们可以通过一些方法去扭转诚实无能的状态，即便是在闲散地散步，无目的地欣赏书画这些事，都可以帮助人们回到本心的自然状态，回到诚实的自我。

另外，我们再深一层看，就可以看到，无论是诚实还是不诚实，无论是诚实之难还是诚实之易，其实都是本心所造成的。换言之，诚实来源于本心，不诚也来源于本心，正所谓成也萧何，败也萧何。这是因为，本心的本然状态是虚灵的状态，它没有具体的内容，它只不过是一片空虚而灵动的"天机"而已。而本心的这种状态，使得本心可以随时顺畅地体贴与印证自己，以及随时可以在自己应对生活中的各种人和事的过程中，自主地本着自己的自然而诚实的体贴与印证之所得，而直面这些人和事，并表达自己本心中的自然而诚实的意向。这就是本心的诚实直面的表现，这种本心的诚实直面，带来了主体的挺立性。而与此同时，也正因为本心是虚灵的，因此本心在体贴与印证自己以及与自己相关的外在的条件的时候，自己的虚灵状态，往往与各种条件相互纠缠，于是粘滞在条件之中，认条件为自己，以为自己之被条件所左右，就是一种诚实直面。这其实是本心不能诚实地自我直面的表现，而这种本心的不诚，是与主体或本心的脆弱性关联在一起的。这里值得再次强调：虚灵的本心其实是兼具挺立性与脆弱性的，挺立性与脆弱性是本心的一体之两面；甚至我们可以说，本心的脆弱性就是本心的挺立性，而本心的挺立性就是本心的脆弱性。因此，我们也可以说，诚与不诚，善与恶，可谓同根而异趣。

这样一来，我们就可以更好地解释诚实之难的问题了，而弗洛伊德的本我、自我、超我的"三我"之说，也可以被我们的本心研究所疏导清楚，并避免了其晦涩与偏颇之处。事实上，所谓"超我"，其实是与本心的脆弱性关联在一起的。虚灵的本心被各种现实条件所牵扯着，于是沉溺在这些条件当中，并由此而构造出了一个虚假的主体，虚假的本心。同时，由于本心所自具的脆弱性作用，本心往往在各种条件当中流连忘返，最终与条件性的内容血肉难分，于是，本心就会将这个虚假的主体，直接体验为真实的主体、诚实的主体。这就可以解释为什么有些人觉得自己诚实，而实际上自己并不诚实。另外，由于这样的主体本就是虚假的主体，而虚假的主体本来就不是真实的主体，真实的本心，因此，在现实生活中，这样的人最终是会分裂的，他们的本心，会在他们所不经意的情况下，对他们所攀缘出来的虚假主体作出反击，自己与自己过不去，于是纠缠不休，这也就是"本我"。如果一个人不能够诚实直面本心，就会处于所谓"超我"与"本我"的永恒斗争中，而无法形成一个稳固的"自我"。

而随着对本心的研究的推进，我们认为，主体、本心与意义这三者是相通的。如果没有本心，则主体之所以为主体的意义，是落实不出来的。主体中的身体、情感、理性，甚至信仰，其自身都不能带来主体性的真实挺立，只有本心充实到身体、情感、理性、信仰当中去，身体、情感、理性、信仰等内容，才能够成为主体的挺立性力量。而在这里，我们也可以反过来说，如果我们自己的本心不能充实到主体的这些层面当中去，那么这些层面其实都会成为本心所攀缘（"充实"体现为本心的挺立性，"攀缘"则体现为本心的脆弱性）的条件与对象。因此，在主体之外的条件固然是条件，而我们的主体当中的内容，也是可以被我们所条件化的。

我们本心中的信仰可以被我们条件化，这样我们的本心便会构造出一个虚假的以信仰为名的主体，但这个主体由于并未诚实直面本心，所以人们越去攀缘这样的主体，主体便越不诚。例如，有的人因为本心的痛苦，而构造出了一个"佛家的主体"。他们可以很虔诚地去念佛，并将佛祖的教导视为一个外在的准则而去遵循它。但是，如果让他们直面生活，诚实直面自己的本心，这比登天还难！因为他们死死地抱住了一个条件去信仰，而不是通过诚实直面自己的本心，而看到信仰的真实意义的。这样的信仰，便是虚假而不诚的信仰，这是不能带来生活与人生的真实意义的信仰。在现实生活中，这样的信仰其实是一戳就破的。我在生活中所遇到的诸如"国学的自我""儒家的自我""道家的自我""基督徒的自我"等等，有很多主体都是虚假的自我、主体。这些人心中确实也是喜欢国学、儒家之类的传统的，因为这些传统会触动他们的本心，但是，他们的本心的脆弱性，使得他们在喜欢这些传统的同时，对这些传统生出一种攀缘心，而不是反过来，借助这些传统对他们的启发，去充实自己的本心，而这样的一种攀缘心，就是虚假的信仰主体的来源。

除了信仰之外，在这里我们还可以分析一种虚假的理性主体。理性本来是本心之所蕴含的明证性与判断性作用。换言之，本心的内层的印证性、明证性作用，会促使本心作出理性的判断与审思，而这理性的判断与审思则又促使本心充实自身、挺立自身。但是，一旦本心不能诚实直面自我，本心的脆弱性状态，就往往会促使本心攀缘在理性的内容上，并将理性自身条件化，最终形成了一个虚假的理性主体。而本心一旦攀缘在这个虚假的理性主体中，与之血肉难分，那么这个虚假的理性主体便成为不能诚实直面自身的自我避风港。自我于是便像鸵鸟一样，将头埋在理性的怀抱中，而不能直面生活，直面自己。何人斯的故事，就是我们遇到的这样的主体。我们想写好何人斯的故事，并用这个故事来揭示出虚假的理性自我的问题与危害。何人斯因为自己的本心的脆弱性作用，导致了他想遮掩本心的不诚、猥琐与暗黑，于是找到了理性这样的条件，并攀缘进去。他一看到理性就特别欢喜，因为理性可以遮掩自己的本心中的不诚。于是，他制造出一套理性的人生规则，自我信服，并让人信服。同时，他也活出一个非常理性的样子，以展示他的"诚实直面自己"的状态。他的这样的面貌，获得了人们对他的信任，也使得自己得意忘形。他之所以得意忘形，是因为他心中感受到，自己只要攀缘在理性上面，自己的本心的猥琐与暗黑的东西，便立即得到了遮掩与洗白。本心真实承受自己的猥琐与暗黑，是会痛的；而一旦自己攀缘在理性当中，自己的猥琐与暗黑便成为他的"研究对象"。他之所以这么"大胆"地"接受"自己，是因为他完成了一个"自我颠倒"的过程，这就是说，他自己先构造出了一个虚假的理性主体，并以这个虚假的理性主体作为真实的主体；同时，他颠倒地以这个虚假的主体作为出发点，去看他的真实的主体，于是，他的真实的猥琐的主体，就成为他要研究的"对象"。而通过这样的颠倒，他完成了一个自我逃避的过程。换句话说，自己将虚假的理性主体，视作真实的主体；而真实的主体，则反倒被自己视作有待于被自己的虚假理性主体所处理的一个外在对象而已。在何人斯那里，这种虚假的理性主体的自欺欺人的作用是很大的。他可以跟自己以及跟别人说，人要自我诚实，但在他那里，所谓的自我诚实，只不过是自我"认定了虚假的理性主体"作为真实的自己而已。这其实是一种相当隐蔽的不诚与自欺。他作为一位哲学家，还喜欢教人进行"理性审思""批判性思考"。但他的所谓"理性审思""批判性思考"，只不过是教人如何回避自己的本心，而走向一个虚假的主体构造。同时，何人斯本人既然将虚假的理性主体视为真实的主体，那么他对于自己的事实上真实的主体，就会采取放任的态度——也就是放任他本心中的猥琐与暗黑。他于是可以对他的女学生动手动脚，可以通过猥琐的、控制性的方式向她们索取爱，他感到自己这样做，是不会有良心上的自我谴责的，这是因为，对他来说，那个猥琐与暗黑的主体不是真实的主体，而那个虚假的理性主体才是。他认为他自己是很"诚实"的，而其实这里的"诚实"，则只不过是死死抱住他的那个虚假的理性主体，然后怎样"认真地"将他的真实的主体及其表现，吸纳在他的虚假的理性主体之中，而求得心安。因此，他会整出多元爱与一元爱这样的区别，去为自己做掩饰与辩护。这其实是以诚实为名的大不诚、大虚妄、大邪恶。另外，何人斯自己这样做，真的能够让自己安心吗？非也。这是一种真幻颠倒的深层分裂，本心永远是本心，本心肯定不会放过他的，他会在分裂中痛苦地消耗自己的生命与主体性。关于何人斯的完整的故事，有兴趣的读者可以阅读附录中的详细讲述。在这里我们主要结合何人斯的例子，帮助我们印证到"真正的诚实是本心诚实"这个观点。

诚实是本心的诚实，而本心持续的自我诚实、自我直面的过程，其实是不断增进自爱的过程。儿童的本心是自然而直接的，因此儿童有自然的诚实；而到了少年时代，我们本着自爱与诚实，肯定会遇到自己本心中的各种张力乃至冲突，面对这些张力和冲突，我们的本心就引发出一种自觉的诚实，也即自觉、自主地承担起整个自己，自己印证自己本心的自然而内在的声音，并本着自己的这个心声，去转化自己的不诚与不自爱的本心状态。当然，正如我们在之前说过的，对于本心的自我诚实这件事，许多人是很难做得到的。我们一碰到要自我诚实的时候，往往习惯于躲闪，因为我们太不爱自己了，我们甚至往往将真实的自己遮掩和封闭起来，然后构建出一个没毛病的自己，并将这个自己当作真实的自己，而这个过程往往是不自觉的。我们这样的一个状态，就是缺乏诚实的自觉的本心状态，也即既不知道诚实为何物，同时也认为自己已经很诚实了。卢梭说："并不是所有的人都意识到热爱诚实的事物就可以使人的心灵获得巨大的动力，意识到为人恳切和行为端正就可以使一个人从他的本身获得巨大的力量。"[1]我们的不自爱，往往让我们对诚实之事毫无感觉，无关痛痒。我（刘乐恒）记得几年前在大学里有一次讲课，讲的内容是佛学。课后，一位

---

① 卢梭著，李平沤译：《爱弥儿》，商务印书馆 2019 年版，第 663 页。

学生走过来和我聊天，他滔滔不绝地分享他所知晓的各门各派的佛学思想，同时也提及中西方学界的各种佛教研究的现状。我也算对人情、人心有所了解的，大概知道他分享这些，意在让我对他有个好的印象，同时夸他了得，并在学期结束的时候给他一个好的分数。但我偏偏不想这样顺着他的心意而为之，我说，要真正进入佛家的世界，是需要诚实的，诚实于自己的本心，才是重要的。他听后回答说："是的，我很诚实啊！"对于他的回答，我心中感到，向他分享诚实的真正意义，其实并不好办。在他那里，诚实就是自己懂得多少，就说出多少；而在我这里，这样其实并不是真正的诚实，反倒是一种执念和遮蔽。我知道他的所有心思都放在追逐这些外在的东西上去了，他的本心已经不知道如何去尊重与直面自身了，因此，我再和他谈诚实的意义，必定是不能成功的，而我说的话，则有可能会适得其反。所以我最后只是和他说："你以后可以成为一个很好的研究佛教的学者，但对佛家精神的真正把握，和做学术研究去研究佛学，是两码事。"我不知道他有没有听明白我的话。其实，何止是佛家的精神，无论是怎样的人生状态，只要它是真实的，就肯定需要本心的诚实直面。但是，人们往往很难诚实直面自我，或者躲闪，或者浑然不觉。就我所知，越是看重社会上的名誉、地位、财富、权力的人，越是自认为自己是精英，就越难以自我诚实。要自我诚实，简直是要了自己的命。这就像有人已经习惯在传销窝点里面待着了，如果你跟他们说，这并不是个好地方，咱们走吧！当你将他们带出来，回到日常的生活中去，他们也许会恨你。

　　我（刘乐恒）自己有一些人生的历练，这当中有经验，但更多的是教训。读者诸君，如果你要问我，如何才能真正做到本心诚实？这当然是要问回你自己的，你得从你自己的本心中找回你的诚实。而我在这里，只是分享一下我自己的本心体会，看看能否对大家有一点借鉴意义。我体会到，我自己之所以一定要形成诚实直面自我而不回避的意向，主要是来源于我自己的本心感受。我感受到，如果我不对自己诚实，不去直面我的本心，而是用遮蔽、逃避甚至掩饰的方式去处理我的本心的话，那么我虽然在很短暂的时间中，自己得逞了，但是很快地，我的本心就会直接冒出来，让我难受，给我惩罚。这种惩罚是我的"真实自我"对于"虚假自我"的惩罚。这使得我不敢再去自我遮掩、自我扭曲了，我只能老老实实地尊重我的本心实感，倾听我本心的声音。我不敢再去骗我的本心了，我是不可能骗得了它的，只要我敢骗我自己的本心，我的本心便在我不经意的时候——或者是猛然地，或者是幽幽地——给我一顿反击。这种我自己对于自己的反击，真的是太难受了，我宁可自己老老实实地直面自己，不遮掩、不扭曲，直接让我的本心说话，而不愿意再因为遮掩、扭曲而让本心反击我！本心的反击是非常不好受的，这比直面我自己，尊重我的本心还要不好受！本心的反击让我感到一种自己对于自己的恶心感，这种恶心感在折磨与折腾着我！而本心的自我直面则没有这样的恶心与折磨，而这种直面的"不好受"，则主要是一种"怕"。我在直面我自己的时候，有一种我所未知的、不可把控的怕或畏惧的感受。这也是不太好受的，但是，这种感受中没有任何的恶心与折磨之感，而只是体现为一种呼唤，它呼唤我本心中的勇气。只要我的勇气从心中生出来了，我的怕或畏惧的感受便会消失，我不再担心我走向一个未知的领域，我只不过是有勇气让被我久久忽视乃至遮蔽的本心，直接而坦然地流淌出来而已！

　　上述的感受，是我读大学的时候的真实感受。我在那个时候，充满了存在的困顿。我想找到我的人生意义，我想获得安身立命之所，这是我的本心的一个最为强烈的渴望。我的这个渴望越是逼促，我就越不敢逃避我自己。这是因为，一旦我逃避我自己，或者自我遮掩、欺骗、纹饰，我的本心就一定给我带来折磨，让我恶心。我被这样教训了几次之后，就再也不敢自我欺骗了。我只能面对我自己！我只能一方面让我本心中的强烈的渴望流露和呈现出来，另一方面老老实实地直面我当下所处的尚未自我安顿的存在状态。我只能老实，如果不老实，我就立即被打入灼热的炼狱中去了，这种本心的感受让我在未知的状态中，不去逃避这个未知，而只能在未知中倾听我内心的自然的呼唤。而在这种本心状态的逼促之下，没过多久，我竟然感到自己的本心通达了，竟然获得了身心安顿之感！而在此后的几个月内，我的心不敢走偏半步，不敢有任何的自我遮蔽，我小心翼翼，如临深渊，如履薄冰，呵护着我好不容易而获得的自然而通畅的本心状态。要不然，地狱之相立即呈现出来，我自己肯定会有报应的。这时候，我不敢不诚实，因为一有自我之不诚，我的本心会立即将我拖进一个相当难受和煎熬的境地，这让我不敢不老实。

过了一两年后，我读《二程遗书》，读到程伊川谈及知与行的关系。他说真知必定能行，知而不行，不是真知。为了让别人印证出这个道理，伊川还举了"谈虎色变"的例子。他说，有个人被老虎咬伤过，此后他向别人谈起这件事，惊恐之状，在举手投足和容颜神态中萦绕流露，他毕竟是真实地被老虎咬伤过的！但围着他听他讲这故事的人们，都没有他那样神色慑惧，人们只不过是泛泛地听着而已。[①]我每读到这一则语录，都有深入而真实的体会。我体会到我其实不是刻意去诚实，我是不敢不诚实！我心中能够直接感受到不诚实的要命之处。

后来，我逐渐体会到，我之所以不敢不诚实于自己，来源于我本心中的一股不肯放弃我自己的劲儿，我有基本的自爱度，我不想放弃我自己。我之所以有这不敢不诚的体会，与我的本心中有这股劲儿确实是分不开的。我现在也知道，其实每个人心中都会有这样的一股劲的，因为每个人都有本心，而这股劲儿则是本心之所自带的。只不过，对于不同的人来说，这劲儿是有强有弱的。是强是弱，这视乎每个人的本心状态而定。有些人容易将自己所处的现实境况以及所拥有

---

① 程伊川说："昔若经伤于虎者，他人语虎，则虽三尺童子，皆知虎之可畏，终不似曾经伤者，神色慑惧，至诚畏之，是实见得也。"

的现实条件看得很重，那么他们的本心就容易受到牵扯，于是往往很难保持住本心中的纯直性与诚恳性，或者说，即便本心保留住了这样的纯直，但它的力度就很弱了，因为本心与条件的相互牵缠，使得他们难以顺畅地让自己本心中的纯直流露出来，或者说，他们心中的纯直性情被压抑和遮蔽住了。久而久之，他们在面对现实生活时，往往处在本心无力、本心无能的状态中。所谓本心无力、本心无能，并不是说他们没有本心，不是说他们的本心没有力量，而是说他们本心的直面力度很虚弱，即便有所透露，也是以一种扭捏与曲折的方式透露出来的。例如，他们或许会对一些使得其本心有所触动的人和事感兴趣，但是一旦要他们打开本心，与别人交心，那简直是要了他们的命。他们其实只想暗暗地或曲折地窥探一下而已，就像是爬到窗边去看一看外面的世界，感受一下外面的阳光，但却不敢将窗户完全打开，毫无顾忌地感受阳光的直接照洒。这就是直面本心之无力、无能的情况。他们并不是不想直面本心，但本心自身因其虚灵性特征而所蕴含的脆弱性状态，使得他们难以真正去诚实直面自己的本心。

不过，既然每个人都是有本心的，每个人就都自然而天然地、心中蕴含着一种纯直性、诚恳性的诉求，这是本心的挺立性诉求，同时也是自我诚实的朴素源头。这也是我所说的"一股劲儿"的源头。而对于这一股劲，我想用两个词来形容。一个词是"困顿"，而另一个词则是"愤悱"。困顿和愤悱是一体两面的，从消极的一面说是困顿，从积极的一面说则是愤悱。所谓"困顿"，指的是本心中的这股劲儿自己想冒出来，但又被自己的现实存在中的各种条件所牵引，但本心中的这股劲儿又不安于被条件所牵引着，于是形成了本心的自我胶着。而自我对于自己本心中的这股劲儿，其实在一开始的时候并没有那么清晰，不过，虽然自己对它并不清晰，但自己能够实感到这股劲儿一定是自己的天然而原始的生命方向，自己不能够、不应该埋没它。于是，自己的心中便形成了困顿感。从表面上看，本心的这种困顿感是主体挺立自身的一个阻碍；但从本心或主体自身看，这个困顿状态则源于本心的愤悱的欲求，没有本心的愤悱，就不会有本心的困顿之感。"愤悱"是孔子说出来的一个词，《论语》记录了孔子的话说："不愤不启，不悱不发，举一隅不以三隅反，则不复也。"（《论语·述而》）朱子解释"愤悱"一词说："愤者，心求通而未得之意；悱者，口欲言而未能之貌。"朱子的这个界定甚为精到，将愤悱状态中的本心的困顿感，很到位地揭示出来了。这里要提一下的是，孔子、朱子关于愤悱的说法，是儒家心性论中的"愤悱"，他们要通过对愤悱的强调，而揭示出儒家的沉浸式主体的本心驱动力；而我们这里说的愤悱，只是揭示出"愤悱"这个词的朴素而日常的含义，基于此引发人们的本心之共鸣，而不限于儒家所理解的本心之特定的愤悱。

我们在朱子的基础上，对"愤悱"的意义更为简略地界定为"欲言又止、欲通还塞的本心困顿状态"。我们用一个图景来形容这种状态，这个图景就是：如果我们将本心或主体的挺立过程视作一条小溪在流淌的话，那么困顿或愤悱状态就有如流水在它的流淌过程中，遇到了一块大石头了。这块大石头挡住了流水向前流淌，于是，流水就在石头旁边打转转，形成不断滚动的漩涡，漾回不前。我们知道，这流水并不是不想向前流淌，而是被大石所阻挡住了。不过，如果这条小溪的流水是源源不断的话，那么它最终肯定会将它的漩涡越滚越大，并漫过或绕过阻挡它的石头，继续向前流淌。或者是，有人看到了这溪水漾回不前，欲通还塞，于是搬动这块大石，疏通水道，让溪水顺着它的自然方向而向前流淌。而有人之搬动石头这样的情况，就称作"启发"。因此，所谓"启发"，其实就是启发本心，也就是顺着别人的本心的自然方向，而疏导其心中有所阻塞的状态，使得其本心继续顺畅流淌。我们认为，"启发本心"就是教育的核心意义所在。不过，我在这里不展开教育的话题，只是想强调，"启发本心"之事，实质上就是帮助别人，让别人能够自己疏导自己而已，启发别人的人并不应该代替别人，而只是在别人旁边稍作帮助，这就像搬动石头的人，只不过是顺着溪水的自然流动的方向，而稍微作出一些帮助而已。溪水自己最终也会向前流淌的，这个搬动石头的人不应该去指点溪水该如何流动；而即便没有这个搬动石头的人，溪水的漩涡如果越滚越深，越滚越多，它也必定会盖过或绕过这块石头，而继续前行的。

溪水的潆洄、旋转状态，就是我们对于本心的困顿或愤悱状态的一个形容。如果溪水的源头源源不断地有活水流出，那么无论自己遇到怎样的大石，溪水也不会被阻挡住。本心的流动与充实也同样如此。我们只要尊重本心中的纯直性、诚恳性的状态，并顺着这种状态所形成的一股劲儿而生活，而不去扭曲和遮蔽它，那么本心就自然会形成真实的困顿与愤悱，而本心的困顿和愤悱，最终必定能够让本心越来越通畅与清晰，从而充实主体的挺立性作用。而据此我们也可以确认到，自我诚实必定是本心的自我诚实与自我直面，而我们检验自己的本心是否自我诚实，说来其实也是很简易的事，这就看我们心中能否有困顿和愤悱的实感。困顿、愤悱和本心诚实是相伴随的。我现在体会到，我在上文所提到的我的那个本心经历，其实就是一种困顿或愤悱的情况。不过，我那时候的那个愤悱的状态，具有一种逼促性，它逼促我一定要从困顿中走出来。而在实际上，不同的人，他们的愤悱的状态是不一样的。我们两个人的愤悱情况也很不同。晓旭开始时觉得自己缺乏像我那样激烈的愤悱过程，但后来自觉到她的愤悱状态属于"慢火细炖"的状态，而没有像我这样，曾经历过一种"猛火煎煮"的逼促煎熬。晓旭对克尔凯郭尔所说的"反讽"性状态有比较丰富的体验，她总是担心自己不能够自我诚实，时刻警惕自己的自欺与虚伪，同时，她对自己的身份，无论是女性身份、名校博士身份还是学者身份，都有一种反讽感。这种"反讽"性状态也就是晓旭的愤悱状态，这让她能自觉保持本心的诚实。而且，她的本心诚实又尤其体现在"平心"的实现上，她对"不平等"与"不公平"尤为重视与警觉，这不仅是她一直以来政治哲学研究的动力，而且成了她日常生活的一部分。在我们一起生活的过程中，她基于女性身份的反讽性而来的困顿感，以及基于平心而来的性别平等意识，促使她不断直面和重审我们的爱情关系与婚姻关系。这也构成了她本人写作这本书的动力："我如何诚实地生活？"

因此，我们体会到，在本心或主体性的意义上，一个人具体的愤悱状态是怎样的，其实并不关键，关键的是她的心中是否有真实的愤悱感，她是否经历过对于她所身处的生活和生存状态，有一种反讽性，而决不容易迁就、苟且、虚与委蛇。

三、论愤悱的序列与愤悱的节节败退

前文已经提到，我们将主体或本心的探索之路的起点，放在"主体自然"或"本心自然"的状态上。本心自然是指主体不去压制、暗示、遮蔽自己的本心，而让自己心中最自然的呼声与意向流淌出来。我们每一个人，最重要的老师其实就是自己，就是自己的本心。这是一个人之所以可以自作主宰、自由自爱的根据所在。人之所以天生是自由的，是因为人天生就有本心，而本心本是自然而自由的。可惜的是，由于虚灵的本心自身所自带的脆弱性，也即本心与现实条件相纠缠后容易被条件之所牵扯，本心往往很难保持它的自然状态。这就需要我们的本心有直面自身的诚实度；而我们之能自我诚实，则是与困顿和愤悱关联在一起的。有愤悱而后能自诚，自诚而后有本心自然，有本心自然而后有本心自觉，有本心自觉而后有本心当然，从而明确出人生意义的方向。

在继续讨论具体的"愤悱"情况之前，我们想插入讨论一个容易与"本心自然"相混淆的说法——"人性自然"。根据这种看法，人有食色之性，顺着食色之性而为之，就是所谓的"人性自然"。基于这种理解，有一些人把出于欲望而对她人的动手动脚也称作"人性自然"。而我们对"自然"的东西往往不会觉得就其本身就有问题，还往往觉得自然总比不自然要好，那么对于不那么好的"行为"，如果又是自然的，我们至多感觉"没有办法，这就是人性"，所以有"不要考验人性"一说。

这种观点可能还会认为，在"人性自然"状态中，人与动物是最接近的，也就是说，在这种状态下，人和动物都接受自然"法则"的支配。但是，这里的问题在于，"自然的动物"大抵将自己的"本心"安放于食、色之上，交配的季节就去找配偶，缺乏食物就去猎食，争夺领地时也毫不含糊，胜者为王而占据领地，败者服输而离开。动物对此有一种本心的直接度、坦然度与自然度。但是，人的本心不会安放于此，把在表面上看似与其他动物般顺着食色之性而为之的行为（比如对女性动手动脚）称之为"人性自然"，是具有极大误导性的，因为人的本心状态使其无法像动物一样安于血腥捕猎与按需交配，人诉求的是爱的落实。

究其实质，"人性自然"至多是一种被设想出来的状态，之所以有此设想是因为人面向欲望等本心的脆弱性而不能挺立自身，又想逃避本心、还不安于这种逃避，就把这种状态称之为"人性自然"。既然是"人性的自然"，我们能有什么办法呢？这就可以达到推卸责任的目的。所以，"犯了全天下男人都会犯的错误"的说法是一种无稽之谈，这无非是不能直面自己本心而用猥琐的方式来转移爱并向别人索取爱的行为。之所以是"男人更常犯这种错误"完全是因为父权制下的男性容易尚权重力，整体处于权力优势位置，这种"错误"的本质是施展权力，而权力的本性则是爱的索取。无耻的人用"人性自然"为自己的猥琐欲望做纹饰，有人还会用理性的诡辩进行加持，把自己包装成更为真性情、更尊重自己本心的人。然而，这种所谓"人性自然"的说法，往好处说，是一种"设想"，往坏处说，则是一种对无法疏导自己的欲望、又不能直面本心的粉饰。无论哪一种情况，都不能与"本心自然""主体自然"相混淆。①

---

① 这一段对"人性自然"的讨论，调整和深化了《主体与本心》一书中对于"人性自然"的讨论，相关讨论参见刘乐恒：《主体与本心》，商务印书馆2023

现在我们继续回到对"愤悱"的讨论。主体在脆弱性中试图挺立自身的过程中，本心有四种状态——困顿或愤悱、茫然、逃避、掩饰。在这四种状态中，只有愤悱或困顿，才能够让一个人真正走向本心之自觉、主体之挺立。本心的探寻道路不能没有本心的愤悱，这是因为我们在生活中遇到太多的现实条件，如果我们没有本心的困顿与愤悱，那么我们的虚灵的本心就很快被各种现实的条件所牵引，而正由于困顿与愤悱，我们的本心才能在与现实条件的互动中，保持住自身的自然状态，并走向自觉状态。当然，本心的脆弱性与条件的相互作用，也往往让人难以保持住困顿与愤悱，或者压根儿就没有生出这困顿与愤悱之意。这时候，人往往会随波逐流，跟随着的现实条件的变动而浮浮沉沉。这时候的本心状态，即是一种茫然状态。茫然与困顿是不同的，茫然是本心的随波逐流的状态，而困顿则是本心不想随波逐流的状态。因此茫然之人与困顿之人，其主体状态绝不相同。困顿之人，其本心中是有一股认真劲儿的；茫然之人，其本心是没有什么明确的动力的，因此，本心的茫然状态最终往往走向一种冷漠的态度。[1]另外，缺乏本心之愤悱的人们，也可能走向自我逃避，这是说，本心在与现实中的人和事互动的过程中，其脆弱性状态往往促使自身与现实的各种条件相互纠缠，久而久之，本心便习惯于抱住各种条件，而不敢诚实直面自身。在这种情况下，本心逃遁到条件上，比本心诚实地直面自身要容易得多了。本心的诚实直面是需要本心处在一个愤悱的状态中的，而没有本心的愤悱对于主体自我诚实状态的敦厚、维持与长养，则本心的自我逃避的情况，将是不可避免的。有时候，我们

年版，第115—121页。

① 这里需要区分出儿童的茫昧状态和成年人的茫然状态，前者是有自然度的，而后者则没那么自然，因为成年人的本心不但具有自然性，而且还具有自觉性。成年人在自己的本心已有自觉的情况下，仍然有不可摆脱的茫然感，这就肯定和儿童的自然的本心之茫昧而明亮的状态，有所区别。

很难明确出我们是否在自我逃避。尤其是在我们的本心与外在条件纠缠得难舍难分的时候，我们往往不会感到自己的自我逃避，确实是一种逃避。不过，我们自己最终还是逃不过自己的本心的，因为本心不可能一直处在茫然不觉的状态之中，它肯定有冒出来的时候。而当一个人自我逃避比较多之后，她的本心其实是走向了自我腐蚀的，只不过她自己往往是浑然不知而已；而自我腐蚀的结果，则是人生意义的迷失，以及放弃了上天给予人的无上之馈赠。另外，比自我逃避更深的扭曲，则无疑是自我掩饰。自我掩饰的情况是，自己心中其实是多少知道自己在逃避本心的，但自己却又难以自爱，难以自诚其心，且又担心自己的逃避会被别人知道，于是要通过各种掩饰（身体的容貌、情感的流露与理性的说辞）去遮掩心中的不诚。她为什么会怕别人知道自己的本心的状态呢？这很值得体会。这实际上是因为她自己自感、自知到自己的本心状态是一个不诚的状态，但同时自己又缺乏诚实的勇气，于是本心的诚实无能与自知不诚便促使她自己走向自我掩饰。由此可见，掩饰比逃避更难以回到自我诚实的状态中来。我们所遇到过的最极端的自我掩饰的个案，是何人斯的故事。他深切地感受到自己的诚实无能，于是为了自我掩饰，就竭尽全力建构了一个虚假的理性主体，并将这个虚假的理性视作真实的主体，而他的自欺欺人的动力，则又促使他将自己竭力构建虚假的理性主体的过程，直接视作一个自我"诚实"的过程。通过这样的自欺与包装，他竟然以为自己很诚实，他同时也教别人要诚实。而事实上，任何一位自我茫然者、自我逃避者乃至自我掩饰者，都没有他那么不诚。这体现为主体性的完全衰败，本心的完全遮蔽。当然，本心毕竟是本心，本心最终是会在不知不觉中冒出来的。而这样的主体状态，是处于地狱的状态，不等到别人将他自己拖入地狱，他自己已经走进去了。

　　正如我们在前文曾经提到的，世上的许多号称"修为"之人，其实往往是"不诚之修"。换句话说，就是他们的自我修为，是建立在难以自我愤悱、本心诚实的基础上的。但人们的心中又往往羡慕自己能够有朝一日达到真儒、真人、觉者、虔诚信仰者的人生状态，于是便抱住一个外在的境界，作为自己依附的对象。对于他们来说，儒、佛、道、基督等等的形象与境界，就成为他们可以与别人见面的一个形象与境界。但是，如果心中不诚，则这些形象与境界都是外在的，都只不过是生存与生活的幌子而已。这些外在的形象与境界，如果缺乏本心的愤悱与诚实以充实之，就往往成为虚假、虚伪的主体性。不可否认，走向"不诚之修"的人，其本心在一开始确实是自然而真实地向往和渴望这些圣贤的境界的，我们不需要怀疑这一点。但是，心中渴望这些境界，不一定表示心中已经实现了这些境界。渴望与实现之间，是需要经过真实的困顿与愤悱的。许多以儒家、佛家、道家、基督徒作为自己的身份的人，过的则是茫然、逃避和掩饰的生活。这样的生活状态，其实远不如不去修养这些境界，而独立直面生活的人。在人生意义上，这样的人真可谓买椟还珠！但这也透露出本心诚实、自我愤悱之不易。克尔凯郭尔每每表达他自己不知道他是不是一个基督徒，但他想做一个基督徒。每当我们想起他的这个想法，心中就会生出感动。我们不信仰基督教，但我们认为这样的人才是一个真正的基督徒。

上面的内容，是我们对于困顿与愤悱的意义的基本说明，在这里我们还要进一步呈现出人是如何因为愤悱而不断增进自爱的，又是如何因为失去愤悱而逐渐丧失自爱的。如果我们真的能够弄清楚这当中的过程，我们就会对自己，对其他人之所以有各自不同的主体状态、本心状态，看得更为透彻，同时也会对自爱这个关键的问题，有了更深刻的印证。而要呈现清楚愤悱这一本心动力的运作机制，我们应当再稍重申一下我们之前所梳理出来的自爱的序列——自尊、自重、自爱、爱人这四个自爱之不断增进的过程，或者是自私、自卑、虚伪、无耻这四个自爱之不断丧失的过程。

人生来是自然而自由的，人决不会一生出来就是一个虚伪之人、无耻之人。这是显而易见的事实，但我们仍然可以对这个事实之所以如此，而说出一个道理来。之所以没有人是天生虚伪、天生无耻的，是因为虚伪和无耻是人的本心不断受到遮蔽和扭曲的结果，而人是先有本心，然后才会受到遮蔽和扭曲的，遮蔽和扭曲都是在人出生之后并活了一段岁月了（特别是和家庭、社会有了深入的互动之后），而自己的本心逐渐沦陷的结果。上天赋予每一个人以本心，而每一个人的初始的本心状态，都是茫昧而明亮、自然而朴素的。因此，人们处在幼儿时期，是会有天然的自爱度的。儿童的本心的流露和表达，是直接的，没有什么曲折的，他们的喜怒哀乐都是没有什么加工的成分的。只不过，儿童的本心是比较自然的，但并不是自觉的；是明亮，但并不是明确的；是朴素的，但并不是笃定的；儿童的自爱只是天然而自然的自爱，而尚不是自觉的自爱，这就为人们日后走向自觉的自爱或走向虚伪无耻，埋下了伏笔。人并不是一下子就能够完全确立并挺立自己的主体性的，不是一天之内就能够找到自己的人生意义的；而人也并不是一下子就走向不自爱的主体状态、本心状态的，而是一步一步地走向沉堕的。

人从天然的自爱而走向不自爱，这肯定是有一个过程的，这个过程的开始阶段，肯定体现为自私从天然的自爱与爱人的状态中冒出来，从而影响了本心的自然性。正如我们在讨论爱人或自私的议题的时候所指出的，人的不自爱始于人的自私。但是，也正如我们曾经说过的，自私也有浅层的自私和深层的自私，浅层的自私则是从本心对于别人的羡慕或对于自己的维护而来的，而自己对别人的羡慕以及对自己的维护，则谈不上是自私的体现，而且恰恰是天然的自爱的流露，虽然我们不一定需要去强调它的积极意义。而在自然而不受扭曲的环境下，孩子们对于自己的维护，以及对于别人的羡慕，都是正常不过、自然不过的事。有的孩子从家里带来一个玩具，有的孩子参加春游，而自己带着一个好吃的蛋糕、一瓶味道绝佳的牛奶，别的没有这些东西的孩子看到了，便生出了羡慕的心；这当中，生出羡慕心的孩子们当中有几位，再也忍不住了，而向有玩具的孩子、带着蛋糕和

163

牛奶的孩子表达他们的羡慕，期待自己能够玩一下这个玩具，吃一口蛋糕，以及尝一尝这美味的牛奶。而没有料到的是，有玩具的孩子觉得自己是太喜欢自己这个玩具了，不想别人拿走自己的玩具，半分钟也不行；而有蛋糕、牛奶的孩子也觉得这是自己要好好享用的东西，别人要了一点自己的东西，自己就不能尽情享受自己的美味了，于是非常不愿意别人吃自己的蛋糕，喝自己的牛奶……所有这样的情况，都是孩子们的羡慕别人和维护自己的体现，都是本心的天然、自然、直接的流露，这当中也体现了这些孩子们是带着天然的自爱度而表达他们自己的心声的。

孩子们的这些表现，都谈不上自私。在自然而不受扭曲的环境下，他们不需要接受大人的各种规训和教导，自己就可以自然地成长起来的。但是，如果在一个风气败坏的学校中，在一个扭曲爱的家庭中，孩子们的这些自然而天然的本心状态，就会被遮蔽，被误导，被教唆，被扭曲。木秀于林，风必摧之；行善于人，众必排之。在这个世界上，往往有些可恶的大人（甚至是可恶的大孩子），可恶的教师，可恶的父母，他们自己不但不能自爱，不但不懂得何为爱，反而将虚伪与无耻的心态和行为，视作理所当然的道理，他们将教唆孩子们走向虚伪与无耻，视作对他们的好，对他们的关心，对他们的教育。如果孩子们接受了他们的教唆，他们就很高兴；而他们更高兴的是，孩子们对他们所教唆的坏道理，大概是心悦诚服的，因为这一方面满足了他们的自恋与自我优越感，另一方面则心中欣慰——这小子终于懂得什么是社会了，终于长大了！哎呀！我心疼这些孩子们，心疼他们被你们忽悠进了人生的贼船，而这艘贼船的行驶方向，则是人生与命运的悲剧！孩子是无辜的，而你们则是败坏的。你们自己败坏自己，也就罢了；你们就不要再败坏孩子们了，这样一代一代恶性循环下去，是你们想看到的事实吗？一向宁静的湖面，如果接受贼风、邪风的摇动，肯定会生起波澜的。带着茫昧而明亮之本心状态的孩子们，如果生活在充满教唆与扭曲的环境下，他们的本心是很容易跟随这些教唆和扭曲，而与之一起腐败下去的。问题的根源，当然是孩子们所生存和生活的这个环境，以及教唆和扭曲这些孩子们的大人们，但是，这些问题最终都由孩子们自己所承受了，因为当大人们有意无意地教唆他们、扭曲他们的时候，他们接受了，于是，这些问题就成为这些孩子们自己的问题了。

　　孩子们羡慕别人有一辆私家车而自己家里没有，这往往是自然的，但如果羡慕别人的私家车是一辆名牌汽车，这就没那么自然了；孩子们羡慕别人有一所漂亮的房子，这往往是自然的，但如果羡慕别人所住的房子是富人区里面的房子，而不是平民区里面的房子，这就没那么自然了。前一个羡慕，也即羡慕别人有车、有房，是自然的羡慕；但后一个羡慕，也即羡慕别人有名牌的车、住富人区的别墅，就并不是那么自然的羡慕，严格地说，这已经不是什么羡慕了，而是嫉妒！而从对方的一边说，如果有孩子觉得自己有了一辆名牌的私家车而别人没有，自己住进了富人区的别墅而别人只是住在平民区的平房，于是洋洋得意，觉得自己高人一等，那么他们就走向了自私和自恋了，他们就逐渐失去了自爱的充润，于是真正的幸福便离他们而远去了。——孩子们就是这样逐渐从天然的自爱，而走向自私的！而他们的这个走向自私的过程，一定有大人的教唆与扭曲在里面，因为顺着他们自己的茫昧和明亮相交织的本心状态，是很难在他们这个人生阶段中，就这么明确地生出这样别扭的、不自然的自私与嫉妒的。但是，一旦大人顺着他们的羡慕别人和维护自我的心态，而有意无意地教唆他们，他们的心态就被激起了各种波澜，而在这种推波助澜的作用下，孩子们的本心就接受了这样的遮蔽与扭曲，而他们一旦接受了这些遮蔽与扭曲，这些遮蔽与扭曲就是他们自己的了，就是他们心中的"真实"的感受和想法！哎！好的东西可以薪传火继，而坏的东西又何尝不可以薪传火继的呢！

　　我们对于本心的印证，促使我们很重视人在婴幼儿时期与童年时期的成长过程是不是顺畅而充实的，是不是获得真正的爱的支持与温暖的。如果孩子们能够在一个爱的氛围中成长，他们就不会经常去怀疑自己——注意！不是怀疑自己有没有条件去获得一辆私家车，去住得上一个别墅，而是怀疑他们自己，怀疑他们自己是否配得上获得无条件的爱，怀疑他们自己是不是被这个世界忽视甚至遗弃！在这个爱的氛围中，家长、教师和其他大人和他们之间，形成了一个平等的交心性的关系。凭着这个交心关系，他们对于自己是有足够的信心的，他们的自爱在不断充实着他们的本心。于是，即便是他们在生活中，由羡慕而生出嫉妒，从自我维护而走向自私，那也只不过是一时的偏差而已，就像一棵扎根较深的树，被风轻轻吹拂了一下，它在这个当下，被吹得左摇右晃，但过了这个当下，它就又恢复了它的安静和顺直了。在这样的爱与交心的氛围下，孩子们就算有浅层的自私与嫉妒，他们也不会顺着他们的自私与嫉妒而滚动、沉堕、消耗下去，因为只有非常怀疑自己、对自己非常没有信心的人，才会怀疑自己配不配家人和世界对他们的爱，才会对与自己相关的各种人和条件，既有摆脱不了的怀疑，同时又有害怕失去的紧张。这就是我们所已经多次强调的，由于爱的缺失，自私与嫉妒便从本心中冒出来了。

而既然自私的心态并不是从本心中所自然生出来的，而是本心之不能自我充实，也即自爱之有所缺乏的体现，因此，在刚一开始形成自私心的时候，我们的本心是会进入自然状态与不自然状态这两个状态的张力中去的。我们的本心是会实感到这种张力的，而如果我们诚实于自己的这个实感，直面它，而不遮蔽和扭曲它，它就形成了一个具体的本心困顿状态，而这个状态就会促使本心自我愤悱。具体地说，就是我自己会实感到，我从羡慕而走向嫉妒，或者从自我维护而走向自私的过程，其实是我心中没那么舒服、没那么自然的过程。而我之所以感到没那么舒服和自然，是因为我的本心是想自然而顺畅地实现自己的，也即我是想自爱的，但是，我的自私心的生出，则又意味着我的本心并不能自然而顺畅地实现自己，意味着我并不能真正自爱，于是，我的本心就处在自然和不自然、顺畅和不顺畅、自爱与不自爱的纠缠中。如果我是本心诚实的话，我自然能够实感到一种存在的困顿性，而我的本心的困顿则当下促成了我的本心的愤悱。而我的愤悱，就是欲自爱而困难、虽困难而欲自爱的本心状态，因此，愤悱的本性，就是自我的自爱的动力与作用。我们本着愤悱这种自爱的动力与作用，是可以形成切合自己当下情况的各种本心的工夫的。而在这本书中，我们不想讨论和辨析太多关于工夫的问题，我们只要把握住愤悱的本性就可以了，至于本着愤悱我们该如何做工夫，这就需要每一个人自己去琢磨了。

　　具体到因为自己陷入自私而形成对于自私的愤悱的情况，我们倒可以再谈一谈。如果我们有本心的诚实度，我们会感到困顿，感到自己的自私心与嫉妒心，让我们封闭自己，给自己的心围上了一堵围墙，我们只能在我们的围墙之内孤芳自赏。我们固然得到了独享的状态，这肯定也是我的权利，但是我们在独享的过程中，我们的心总是捂着的，它并不是一个舒服、自然、开放的状态。当我们因为自己住在富人区的别墅内而别人住在简陋的平民区而沾沾自喜的时候，当我们因为自己拥有一辆名牌的小汽车而别人只不过开着普通的车（甚至他们连自己的小汽车也没有）而得意忘形的时候，我们的心就已经被外在的条件所牵扯住了，我们已经不能与别人顺畅而深入地交心了。而当我们瞧不起别人，自己并由此而形成了自私心的同时，我们又会对比我们住得更好、其私家车比自己车的牌子更名贵的人，生出了嫉妒心。这边是自私，那边是嫉妒，两边交织在一起，我们的心再也自然、快乐不起来了……而当我们生出这样的心态来的时候，我们如果是本心诚实的话，就会对我们自己有这种心态，而感到不自在，因为我们感到自己的本心被自己拖进了和别人计较的漩涡当中去了，而这个过程让我们感到我们不是真实的自己了。我们有这种感受，其实是积极的，因为这就意味着我们在走向自私的过程中，我们的自爱心呼唤我，并使我们感到困顿，促我们愤悱，于是形成了一种要回到真实而自然的自我的动力。

　　而如果在这个过程中，我们不能充分自爱，不能自我诚实，我们的本心便会被自私心与嫉妒心牵着走，融化在我的自私心、嫉妒心当中去了。这时候，我们其实是遮蔽了我们的本心，于是没那么自爱的我们就攀缘、粘贴、蜷缩在自己的自私心的流转与滚动中，并随着自私心的流转而流转，滚动而滚动。这是一个什么样的情况呢？这其实是愤悱失败的情况，或者是愤悱不能启动的情况。我们之所以如此，是因为我们的本心融在自私心上去了，由此，我们的本心感觉不到任何的张力与冲突，于是我们对此也无法产生困顿感，当然也就生不出愤悱来了。这是愤悱在"爱人"这个层面遭遇败退的体现，愤悱在这一节败退了，它就会退到下一节，即退到了"自爱"的层面上去。如果到了自爱的这个层面，而愤悱仍然启动不出来，那么这就叫作愤悱的节节败退、节节坍塌了。而在节节败退的过程中，本心的困顿和愤悱感是会越来越微弱，越来越单薄的，而如果愤悱败退到"虚伪"而最终到达"无耻"的层面中去的时候，本心的愤悱的力量就几乎为零，换句话说，这时候，除非经历一种深度的存在的震动，让久已遮蔽与扭曲的本心冒出来，否则本心再也愤悱不起来了。这一情况，就不但是愤悱节节败退、节节坍塌的情况，而且是愤悱之彻底无能的情形了。

　　这就可以解释我们在生活中所谓"知而不行"或者"意志薄弱"的问题。在生活中，我们明明能够体会和知道自己的自私、自卑、虚伪乃至无耻的状态，并不是自己的自然的状态，它们是不好的，自己是需要超越它们的。但是，自己无论如何，都难以形成一个内在的动力，转自私为爱人，转自卑为自爱，转虚伪为自重，转无耻为自尊。这其实就是因为我们自己的本心缺乏了内在的愤悱之力了，我们的用心都粘贴和攀缘在外在的条件之中，并与之相互纠缠去了，于是愤悱启动不起来。因此，这就使得我们的"知道应当如何"，与我们的"愤悱之力的启动"，分离开来了。我们无论是什么样的人，都是有本心的，而我们的本心无论受到如何遮蔽与扭曲，都是会对自己的主体状态，有所感受和感觉的，这就是我们的"知道应当如何"的来源；但遗憾的是，我们往往由于自爱的缺乏，诚实直面的不足，导致我们不能回到自己的本心，让本心的声音自然而无所遮蔽地流淌出来，于是这就成为"愤悱之力的启动"不能实现出来的原因。所以，知道自己应当如此，而不应当如彼，是可以不经过自己的愤悱之力的；而自己的愤悱生不出来，就意味着主体性的挺立过程的受阻与失败。在这个世界上，有太多的人是对自己没有办法的，他们无论怎样，都生不出一种自救、自爱的动力来。这就像司机想开车到达某地，但自己怎样都没有动力去掏出车钥匙来，去启动自己的车。

面对自己的自私心的增长，但启动不了愤悱，就意味着自己的愤悱败退了。而如果本心沿着自私而滚动、沉堕，那么浅层的自私将会沉入深层的自私之中，自己的自爱心由此而不断消耗，而最终走向自卑。自卑与自爱适成对反。我们已经详细讨论过，在自卑中，人的本心会在自恋与自弃这两极中来回摆荡，而难有充实、安顿的时候。当虚弱的自恋破灭的时候，自己厌恶自己，于是就走向自我放弃；但自己其实是很难做到完全的自我放弃的，因为人总是有本心的，而人的本心也总是要实现自我的，这样一来，人总是不能完全熄灭自己的自爱的诉求的。而当一个人走向自我放弃的时候，其自爱的诉求就和自弃的倾向形成了纠缠，这就又逼她往自爱的方向回撤；但是，由于她并不能真正自爱，不能诚实直面自己并承担起自己，于是她的虚弱的自爱性诉求又促使她自我攀缘，最终仍然走回自恋的老路。如果我们身处这样的本心状态之中，而我们的本心的声音又是相对地明确而强烈的，也就是我尚有基本的、不完全受到动摇的自爱心的话，我们的心中就会生出相应的困顿感与愤悱感。我的愤悱感促使我不安于自己在自恋与自弃之间左摇右晃的状态，我虽然对我的自卑有所不满，倍感困顿，但我的本心中同时也生出了一股劲，它告诉我自己，我是决不相信我目前的这个样子是我的真实面目！虽然我的真实面目尚未明朗，但我明明听到它想呈现自己，只不过它被我的自卑所挡住了，它尚在积聚与回旋之中！无论如何，我还是爱惜我自己，相信我自己的。

对于自爱这一层面的愤悱，我（陈晓旭）自己曾经有过一个至今还让我印象深刻的体验。我本科和硕士都是在山东大学念的，念完之后申请到剑桥大学直接攻读博士学位，并且还很幸运地申请到了全额奖学金，至于我为什么在这样的背景下可以申请到剑桥直接读博士且免除读硕士是另外一个故事，有机会再与大家分享，这里要分享的是我在读博时的困顿感。我去了剑桥之后第二年，对自己产生了很大的怀疑，因为我的英国同学可能在中学已经读过霍布斯和洛克，而我研究生时才刚开始读到他们，并且一知半解，所以我感觉自己无论怎么努力都无法在学术上做出什么成就和贡献，而这样的话，如果还继续读博岂不是浪费纳税人的钱？与此同时，我也发现博士的培养基本上是流水线作业，只要足够用功就可以获得博士学位，博士学位本身并不意味着什么，这个发现加上自我怀疑使得我对读博这个事情非常消极，但是剑桥大学毕竟是世界名校，我如果毕业就是剑桥大学博士，而如果我放弃，就只是山东大学的硕士，稍作理性考虑就可以看到是否取得这个博士学位对我的人生会有非常重大的影响。所以，我有一段时间一直在左右摇摆：一方面，觉得自己做不出什么成就，浪费纳税人的钱，却贪恋名校的声名；另一方面，又用博士只不过是流水线产品来合理化自己的消极态度，但又不放弃读博。但是，很快我就不满于自己这种"虚伪"的摇摆，我跟自己说，如果真这样看待自己和读博士这个事，为什么不直接不要读博士了？这种摇摆岂不是一种懦弱和虚荣？因为无法接受自己因为虚荣和懦弱而继续读博，我下定决心给我的导师写了一封信，说要退学。结果，我导师收到信后没有直接回应我的退学决定，她认为我可能只是有些想家，在经历正常的心理波动，回复说除了谈博士论文之外以后会多和我聊聊我的生活。虽然我无意与我导师多聊我的生活，毕竟我们各自的成长背景差异太大了，但是，此后我就从"虚伪"的摇摆中摆脱出来了，下定决心用两年左右的时间认真写论文，不管别人做得如何，但要对得起自己。这个过程现在看来是一个由自卑、虚伪而至愤悱的过程，"浪费纳税人的钱"的确是很冠冕堂皇的理由，但是，这背后更重要的是我的自我怀疑与自卑。我给我导师写信的那一刻就是直面了自己的虚伪和自卑，承担起自己，获得了本心勇气，对自我不再陷入怀疑。

但是，愤悱并不是一劳永逸的事情。我读完博士，工作之后，碰到从美国留学回来的一个同事，用打压我的方式说："在英国读哲学的训练不行。"他这么说也有道理，因为英国的博士是独立做研究的，没有必修课的要求，我在所谓的哲学训练方面的确缺了一些，比如逻辑课、第二外语等必修课没有系统上过。我当时面对这种"挑衅性"批评，是欣然接受的。现在看来，那时候虽然"欣然"，但绝不"坦然"，我当时确实觉得自己训练不行，延续了之前的自我怀疑的痕迹。现在，我就更为坦然了，因为哲学思考的关键从来不在于训练，而在于本心诚实与勇气。

自爱层面上的愤悱也有可能会失败，这就是自己被自己的自卑所左右，并在自恋与自弃中来回摆荡，而自己的本心虽然有自爱的诉求，但这种诉求很微弱，自己没有勇气尊重它，缺乏诚实度直面它，于是自己本心中自我实现的力量（也即自爱的力量）不足以扭转自己在自恋与自弃中的来回摆荡的状态，最终本心的愤悱启动不出来。这正如我们在前文讨论自卑问题的时候所提到的那位青年，要么委过于人，自己永远是圣洁无瑕的；要么自暴自弃，愿意接受一个自己心中并不真想接受的事实，但自己确实又无法完全拒绝这个事实。这都是在自爱层面上的愤悱失败或者愤悱不能启动的情况，于是便被自卑所牵扯着而不能自已。对于这个层面的愤悱失败的情况，我们在讨论自爱或自卑的时候，也多少有点涉及了，在这里我们就不作详细的梳理了。无论如何，所谓自爱层面的愤悱失败，说到底其实就是本心自身进入自卑的状态中去，而本心自己原来所具有的自我实现也即自爱的力量，因为自己的自卑而被掩盖和埋没了，于是，本心的自卑与本心更为本源的自爱性力量不能构成一个困顿状态，让自己启动愤悱之力，而是逃避在自恋与自弃的摆荡之中，一点一点地消耗自己自爱的力量。

而自爱的消耗，在自爱层面上的愤悱的失败，则会让自己进一步沉堕到不自重的本心状态、主体状态中去，于是本心受到进一步的遮蔽与扭曲，本心的自我愤悱就更难启动了。对于这一层面的愤悱，我（刘乐恒）自己有较多的实感。在生活中，我自己往往有不能自重也就是虚伪的情况，这一点往往给我带来或多或少的困扰。这是说，我这个人之前很容易因为别人对我好，而不太懂得如何去拒绝别人，从而被别人牵着鼻子走，在这个过程中，我自己对于被别人牵着鼻子走这个状态，内心中其实是很排斥和厌恶的，但我就是不知道自己中了什么邪，在别人面前就是要说一些违心的话，进一步顺承着别人的心意；而别人感觉到了我肯定他们，并对他们做的事、他们的想法很以为然，于是往往得意忘形，认为他们可以指点我，于是将他们的一套盲目而猥琐的人生信条强加于我，甚至让我要学习他们那一套做法，这就触发了我的本心的强烈反弹，我觉得自己的底线被这些无聊而猥琐的人一步步地撕破了！我的心不平！我明明是非常懂这些人是怎样的一个鬼样子，而这些人又明明是不懂我的，但他们却那么的自以为是，想到这里，我心中势要出一口恶气不可，于是便用非常决绝的方式与他们断交，而断交后，我从来也不后悔我自己的这个做法！但我的反应，往往会让他们始料不及，他们怎样也弄不清楚，我到底是发哪门子的神经了。有一个被我这样对待的人，当我向他表明自己对他强烈的谴责态度的时候，他一开始很愕然，继而就认为是当时炎热的天气刺激了我的情绪，这让我更加恼火，于是我就和他彻底决裂了。

这种事情在我身上不止发生过一次，事实上，这种事在我这里是接二连三的。如果是一次两次，那可能是别人的问题，但这种事越来越多后，我肯定要自己反思自己了。孟子说："夫人必自侮，然后人侮之。"（《孟子·离娄上》）我在这里虽然还谈不上自侮，但也应该是不自重的。而正因为我自己对自己不自重，所以，别人对我也就不尊重了。我反思到我其实就是有不自重的情况，而我的不自重，导致了我的虚伪。我明明是在一开始就不认同别人的人生信条，那我坚持自己的人生信条，而不去迁就甚至顺承别人就好了，但为什么我表现出来又是另外的一套呢？为什么我要装着很接受别人的一套的样子呢？这不是虚伪是什么呢？[①]如果要对我自己进行本心分析，我想这大概是可以溯源到我的童年时代。从我小时候开始，我就不太敢忤我妈妈的意，因为一忤了她的意，我就吃不了好果子。这个关系养成了我委婉说话的"能力"，同时也使得我往往将自己的本心的声音藏起来（当然，我是知道自己的本心的声音的），而用一套顺承别人的方式去让我活得舒服一些。而当我长大后，我一方面维持与我母亲的这种互动方式，另一方面也不自觉地将这种心态带到和别人的交往中去了，这就导致了我的不自重。

不过，有一次我的不自重的本心状态受到了刺激，让我生起了一种羞愧感，并带动了我的愤悱。事情是这样的，有一次，我认识了一位在一所专科学校教艺术学的教师，这位教师对我很热情，特别想做牵线人，介绍不同的人给我认识，让我能够从中获益、获利。而我呢，其实并不是特别想去认识他所介绍的这些人，因为我觉得自己没有必要，而同时我对这位教师朋友的人生信念，也不太以为然。可惜的是，我还是故伎重演，顺承着这位教师的自鸣得意的人生分享，并去肯定他；但与此同时，我心中其实很清楚，我并不特别同意他的人生信条，只不过我担心自己表达不同意见的时候，忤了他的意而已。这也就罢了，但我还继续变本加厉。有一次，这位教师朋友介绍了他的一位学生给我认识，他的这位学生已经在社会上摸爬滚打多年，赚了一些钱。他知道我是他的老师叮嘱他要厚待的人，于是开车到我们

---

① 我读博士的时候，我的一位学长在开始的时候觉得我说话很"圆滑"，认为我是虚伪的人。后来经过长时间的互动，他发现我其实是一个实诚的人，只不过在某些场合中，我会说出另一套话来。这是这位学长在有我参与的一个饭局上，向在座的人这样说起我来的。

家，请我与晓旭到一个环境不错的餐馆吃饭。在车上，我与他提起了他的老师，我因为别人盛情难却，而对他的老师多加夸奖，说他的老师如何胸襟开放，如何有自由、平等的精神云云。正当我违心地去说这些话的时候，坐在我身边的晓旭觉得我说得有点夸张了，情不自禁地私下拍了一下我的大腿，我心领其意，但自己被她这样拍了一下，便恼怒了起来，但我将自己的恼怒忍下去了。当我们回到家的时候，为了消除彼此的误会，我们讨论了这个事情，晓旭表明她当时其实是想善意提醒一下我的，这减轻了我的恼怒，而我则向她解释我当时之所以有点恼怒，其实是因为晓旭这么一拍，拍中了我不自重的一面——我其实是知道自己这样做是不自重的，但出于某种自己给自己的压力，而没有去超越这个不自重，反而被自己的不自重所牵着走，但我自己心中其实是知道自己这个问题的，只不过由于自己尚未形成真正的愤悱，于是这个毛病老是改不了，而晓旭的这么轻轻一拍，将我的羞愧感真的逼出来了，因此与其说我是恼怒，其实不如说是我有深度的羞愧，因为我当时恼怒过后，自己感到面红耳赤，有一股做了见不得人的事后被人指出而想钻进洞里的感受。而我心中的羞愧感，让我生出了"尊重自己的本心感受，自然而直接表达心声，不去逢迎别人"的内在动力。这个愤悱的动力让我在这方面的知与行有机会沟通起来，融为一体。我由此不再因为别人对我好，就被别人牵着鼻子走，我要本着我的诚实与自爱，而与任何人互动，这其实是我尊重别人、回应别人的各种好意的应该有的方式，而我之前的方式只会加深问题，而永远无助于真正的交心。当然，我认为自己的底子还是有自爱度的，我对自己是有信心的，因此当晓旭拍我一下的时候，我的羞愧心就立马生出来了。

我也知道自己如果沿着这个不自重的方向流转下去，我的自爱度和自信心会被我自己慢慢腐蚀掉。这样演变下去，我不但在别人对我好的时候，会去逢迎别人；而且在别人没对我怎么样的情况下，可能也会这样做。于是，我就会从一个点，而引申到一条线，再从一条线，而引申出一个面，最终我真的会变成一个虚伪而不自重的人，而不只是有自重的基本底子而偶有不自重而已。有不自重的情况其实是人之常情，不然，这个世界上怎么会有这么多虚伪的、不自重的人呢？他们是怎么来的？这肯定不是他们一生出来就是这样的，这肯定是本心逐渐被自己遮蔽和扭曲，最终不能顺畅实现自身的结果。他们的本心是一步一步地从有自我实现的能力，而走向缺乏自我实现的能力的；他们的本心是一步一步地从有愤悱，而走向愤悱失败的。

　　但是，当不自重或虚伪成为一个人的主体状态、本心状态的基本底色的时候，这个人已经基本上放弃自己了。他们的本心的愤悱之力，经过自私、自卑、虚伪这样的节节之坍塌与失败，而变得越来越衰微。他们就算有回到自我的念想，这个念想也很难化为真实而内在的动力，因为他们的本心已经基本上挤进他们的虚伪、不自重的状态中去了，他们的本心难以自拔出来，或者直接说，他们的本心不愿在虚伪、不自重中自拔出来。他们迷失自己而不自觉，他们也不承认自己是迷失的，他们连自己是否迷失自己也是不能自知的。卢梭对此有一个相应的观察，他说："一个人如果一刻不停地老是在社会上到处活动，一再对别人伪装自己，那么，他对他本人也不会不来点儿虚伪，而且，当他有时间观察自己的时候，很可能连他自己也不认识自己。"[1]对人虚伪与对自己虚伪其实是一体的，它们会相互循环，相互加强，最终，人们会沉入自我不诚、自我逃避、自我掩饰的主体状态，而这个状态又成为了常态。这样一来，人们便将虚假的自我视作真实的自我，而将真实的自我的诉求深深掩埋；人们从能够对真实的自我诉求有一定的实感，而最终沉堕到对自己的这个诉求，连瞧一瞧的动力都没有了。到了这种状态，人们是极端地不自爱的，因为但凡有一丝一毫的自我顾惜，他们就不至于将真实的自己完全踩在脚下，不予理睬。这

---

　　① 卢梭《我的画像》，引自卢梭著，李平沤译：《一个孤独的散步者的梦》，商务印书馆 2012 年版，第 179 页。

不但是自轻，而且是自贱了。自贱者必贱人；他们决不会顾惜自己的任何尊严，于是他们也就不会顾惜别人的任何尊严。到了这种状态，就是到了我们之前所说的无耻的状态了。

一个人的整体状态如果是无耻的状态，换句话说，无耻并不是这个人的偶一为之的情况，而是一个常规的情况，这就意味着这个人已经到了愤悱无能的本心状态了。如果他们处在自私、自卑甚至虚伪的状态中，而尚未沉堕到无耻的地步，他们的本心或许会在经受存在的震荡之后，生出愤悱的动力和作用。但是，一个人到了无耻的阶段，就说明在主体性的意义上，自己已经满盘皆输了——爱人失败了，然后就是自爱失败，再然后就是自重失败，最后则是自尊失败，并导致无耻。这个过程是愤悱逐渐减弱并最终熄火的过程。这就可以解释为什么人生来都不是无耻的，因为无耻是人生出来之后，不断放弃自己的本心的结果。上天其实并没有辜负人，因为人生出来都有朴素自然的本心，能辜负自己的最终还是自己。这就可以解释为什么有些人能够在经历存在的震荡之后，很快就有所醒悟，并最终回到自己的本心，可以自我拯救，而另外一些人，就算你用尽浑身解数，都很难启发他们醒悟过来，甚至你反而因为他们的原因，让自己惹一身骚。前一种情况，是本心尚未完全遮蔽、自爱度尚有所留存的情况，于是本心的愤悱作用尚有可能受到触发；后一种情况，则是一个人将自己的本心基本上完全遮蔽和扭曲、毫无自爱度的情况，于是就算受到强烈的存在的震荡，自己本心中的愤悱作用就是启动不起来，俗语说的死猪不怕开水烫，可以形容这样的情况。一个人越无耻，自己的本心就越难兴起愤悱了，这是自己造成的，怪不了上天，也怪不了别人。当然，这里我肯定要补充上一句，就算是无耻之人，还是有自我愤悱的可能性的，因为他们还是有本心的，只不过他们的本心已经全部融进并转化成为无耻之心了，要他们从无耻之心中醒悟过来，自觉前非，这往往是比登天还要难。这是主体性的失败者，是上天的弃儿！但请再次记住，上天并没有一开始就让你成为这样的人的，是你自己自我糟蹋成这样的。

在前面的内容中，我们从讨论诚实问题，进而引出了本心的困顿与愤悱乃是自爱的动力和作用，并将愤悱的问题和诚实的问题关联起来，最后梳理了愤悱的序列，揭示出愤悱是如何节节败退与坍塌，从而让自己从自私而走向自卑，从自卑而走向虚伪，从虚伪而走向无耻的。愤悱的节节败退，意味着自爱与诚实的式微；愤悱的节节有力，则意味着自爱与诚实的逐渐充实。行文至此，我们已经将整个自爱的议题，大致呈现在读者的面前了。因为这是我们的本心研究所推进出来的思考，因此这当中有许多细节，可能没有想得很周详，但大体的脉络与观点，肯定是站得住脚的。当然，我们的文字既然发表出来了，其中的是非好歹，就一任读者评价了。

四、论自爱与互爱

亲爱的读者，你们可能还是会问我们，这本书不是要写爱情的问题的吗？为什么你们总是不厌其烦地谈论自爱的问题呢？其实，我们在前文的字里行间当中，隐约回应了这个问题，在这里，我们愿意更清楚地说明我们的本意。如前所述，爱是本心的实现，而本心的实现则总是本心的自我实现，因此，爱总是基于自爱的。只有自爱者，才能具有爱人与互爱的能力。我们很自然地会怀疑一个连自己也不喜欢的人，怎么能够有真实而充沛的爱别人的心意呢？可以说，自爱的问题，是主体、本心或意义问题的关键所在，同时在爱情关系上也具有核心的作用。爱情关系是自己带着自己的本心状态、主体状态而去与对方相爱的。真正的爱情是两个主体之间，完全的投身性的本心之共鸣关系，而爱情的意义，就是以本心之共鸣，促主体之共立。因此，爱情问题与主体性问题、本心问题总是息息相关的，这就是为什么我们要不厌其详地谈论自爱这一问题的原因，这同时也给我们实践爱情关系提供了一个根本的视角——你如果要找一个可以与你真心相爱的人，首先你自己就是一个有基本的自爱度的人，同时，带着基本的自爱度，你还得考察清楚你所爱的人，她自己是不是也有基本的自爱度的。如果对方没有什么自爱度，是极度的自私、自卑、虚伪乃至无耻的人，那么你就得扪心自问，你是否真心去爱对方的，同时基于你对于对方的真心之爱，你是否有足够的信心，凭着你的爱而启发对方生出真实的愤悱、诚实与自爱，并让对方自然地由此而与你互爱。我想，上天是决不会阻止你去爱一个不自爱的人，要不然，这个世界就不会源源不断地有爱情上的悲欢离合、一地鸡毛了，但是，你去爱怎样的一个人，这个人的本心状态、主体状态，就直接成为了你不得不去直面的人生内容，你要承担起它来，你是逃避不了的。如果你尚年轻，不经意间爱上了一个无耻的人，对方不断折磨你，控制你，向你永无休止地索取爱，你还可以有机会抽身出来，你的这个经历，就算做你的人生磨炼吧！但随着年龄的不断增长，而且随着你的本心的自爱、愤悱力量在不断减弱，这时候你再爱上一个无耻的人，那就往往会与你形成爱的相互消耗，你因为自己也不那么珍惜自己了，于是就有可能在与对方形成爱的消耗的过程中，自己也变得与对方一样的无耻而不自知！

因此，可以说，自爱问题与爱情问题是同步的。自爱者不败。一个人即便没有充实自己和他人的爱情关系，甚至于自己终其一生都保持单身，只要她是足够自爱的，那么她就是一个懂得爱与爱情的人，一个自我充实的人，一个虽然在爱情关系的充实上有所遗憾、但最终比那些沉堕在爱的相互消耗中而不自知的人更具有在爱情问题上的发言权的人。自爱的单身汉，对爱情是严肃的，而他们的不苟合、不迁就的做法，又使他们的自爱得到增进。他们其实是在等待一个能够真正和他们有本心之共鸣的人，但即便他们并没有遇到这样的人，这也并不妨碍他们能够自我实现自己的本心。当然了，如果你是一个不自爱的单身汉，就算你待在家里一动也不动，你的本心的遮蔽与扭曲，会在你不经意间，让你不断地去向别人索取爱。就算你不走出家门，与外面的人形成各种接触，你的心也早已扭捏不安了。这时候，是不是单身，就不是最重要的事，你的主体状态、本心状态才是重要的事，你的不自爱才是你要诚实直面的关键问题。

很多哲学家、心理学家都能够洞察到自爱与爱情的同步性。在现代人写的关于爱情的书中，我想弗洛姆的基本观点和我们这里的观点是有交叠性、协调性的。在《爱的艺术》这本小册子中，弗洛姆想强调爱其实是一种爱的能力，是一种主体自身的自我负责性与自我创造性。在这里我们不妨引出他的一些表达。他说："任何爱的理论，都必须从某种人的理论和人类的生存理论开始。"[1]这说明他看到主体性问题在爱情问题上的首要意义，虽然他缺乏本心的自觉，并不清楚主体与本心的内在关系。本着这样的取向，弗洛姆说："本书目的在于使读者确信：除了努力积极发展你的全部个性，使之形成一种创造性人格倾向外，一切爱的尝试都一定是要失败的；没有爱自己邻人的能力，没有真诚的谦恭、勇气、忠诚、自制，就不可能得到满意的个人的爱。……多数人宁愿把爱当成被爱的问题，而不愿当成爱的问题，即不愿当成一个爱的能力问题。对他们来说，爱就是如何被爱、如何惹人爱。……与共生性结合相反，成熟的爱是在保持自己的尊严和个性条件下的结合。爱是人的一种主动的能力，是一种突破使人与人分离的那些屏障的能力，一种把他和他人联合起来的能力。爱使人克服孤独和分离感，但爱承认人自身的价值，保持自身的尊严。在爱之中，存在着这样的矛盾状态：两个人成为一体而仍然保留着个人尊严和个性。"[2]弗洛姆所谓"发展全部个性、形成创造性人格"，其实说的就是本心自我实现的作用，也即是一个人自爱的力量。这种自爱的力量因为是本心的自我实现，因此肯定是主动、自主和给予的，同时它也肯

---

① 弗洛姆著，刘福堂译：《爱的艺术》，上海译文出版社2019年版，第11页。

② 弗洛姆著，刘福堂译：《爱的艺术》，上海译文出版社2019年版，第1、3、24页。

定给自己带来个人尊严，就算是自己与另外一个人形成了爱情关系，这种爱情关系也应当是两个自爱的主体的互爱作用，因为一个人只有真正去爱自己，才有能力去爱别人，这就是弗洛姆所说的"成熟的爱是在保持自己的尊严和个性条件下的结合"。我们从本心的自我实现也即自爱的角度去看弗洛姆的上述观点，他的这些观点能够被我们的角度所支持和深化。

在《爱的艺术》这本书中，弗洛姆还提到了自爱与自私的区别。他说："自私与自爱远不是一回事，实为水火不相容的对立物。自私者不是过于自爱，而是缺乏自爱；他实际上恨自己。这种缺乏对自己的喜爱和关心，仅是他缺乏创造性能力的一种表现，留给他的是空虚和萎靡。他们必是不幸并焦虑不安地关注着从生活中攫取某种满足。……正确的是：自私者不能爱他人，因而也不能爱他们自己。"[1]弗洛姆的这个观点也和我们关于自爱与自私的区别的观点，可谓若合符辙。当然，如果在本心的问题上能够有自觉的印证功夫，弗洛姆将更能够对他的这个观点真正说出一个所以然来。就他的这本书而言，他尚仅满足于自己在生活中的洞察、体会，以及心理学的实践经验，兼及马克思主义的社会批判理论，并以此总结出他对于自爱与自私的区别的观点，而我们基于本心的视角对自私与自爱的说明与分析，则是更为源头和更具根本性的分析。

在澄清了爱的核心在于自爱这个关键的问题之后，我们自然地还需要讨论清楚自爱与互爱的关系问题。在我们看来，自爱的人是会自然地爱人，爱这个世界，同时也会自然地投入互相爱的关系中去。因此，自爱与互爱其实也是同步的。我们需要将这个问题给说清楚。首先，我们已经很清楚，自爱，也即爱自己，就是本心的自我实现。本心是虚灵的，它会时时刻刻谋求自我实现，并实现为爱与自爱。就算

---

[1] 弗洛姆著，刘福堂译：《爱的艺术》，上海译文出版社 2019 年版，第 63—64 页。

是一个本心被极端遮蔽与扭曲的人，一个十分无耻的人，她的本心也是要谋求实现自己的，他们也是想要去爱，想要去获得爱的，只不过因为他们的本心被遮蔽与扭曲得厉害，所以，他们的本心之自我实现的方式，他们的爱与想获得爱的方式，也必然是违背本心之自然的。这样一来，他们的爱的表达，就是将自然的善而扭曲成为不自然的恶了。而我们之所以要说这个问题，其实是要说明第一点，这就是这个世上，无论是什么样的人，都是逃避不了爱与自爱这个诉求的。这是因为，每一个人都是有本心的，而每个人的本心，都会要求自己作自我的实现运动的。

其次，正是因为每个人的本心都是要谋求自我实现的，每个人都逃脱不了爱与自爱的诉求，所以，每个人都自然地会与他人形成一种互爱性的诉求。这是人之本心的特征或者人之自爱的作用所带来的。我们说过，爱的本性就是本心的自我实现或自我实现性运动，而本心的虚灵性特征，使得本心的自我实现作用与运动，一定是具有开放性的。因此，人的自爱过程，就一定会很自然地开放于跟别人互爱，它不排斥互爱，它与互爱相协调。这可以从儿童的身上得到确认。儿童的本心是自然而直接的，他们有天然而自然的自爱心，而他们的天然而自然的自爱心，则促使他们毫不设防、不知保留地将他们的本心向这个世界开放出来。他们喜欢自己，也喜欢这个世界。大自然的花草、石头、流水，都是他们感兴趣的东西；蚂蚁、昆虫、猫狗，这些不同的小动物，往往触动他们的爱心；那就更不用说他们的同伴，他们的父母，他们的亲友了，这些人与他们之间有着深度的交心性关系，于是他们便向这些人敞开他们的单纯而朴素的心声，不管这些心声在我们大人们看来是好的还是歹的。儿童们所有这些对于这个世界的敞开，对于这个世界的爱，是他们的天然的自爱心的直接体现，也即他们的本心的虚灵性特征的自然流露。他们的天然的自爱心或者他们的本心的天然开放性，让他们天然地与他们所身处的世界形成爱的互动，他们与这个世界无所保留地交心。他们与这个世界的交心是不设防的，他们将自己本心的挺立性与脆弱性都袒露了出来。狡猾、猥琐、虚伪的大人们，面对孩子们无所保留地流露自己的本心，往往就像狼遇到羊一样。

我们在这里描述儿童的本心状态，是为了说明，一个人，但凡有本心，其本心就会自然地做自我的实现运动，于是便形成了爱与自爱；而这个人在形成爱与自爱的过程中，自己的本心的实现性运动又是开放的，它向这个世界敞开，于是便形成了与这个世界的交心性作用，这种交心性作用，就是自己与他人、自己与世界之间互爱作用的根源。主体性的核心在于本心，而交互主体性的核心则在于交心。①本心是自爱的根源，而交心则是互爱的根源。世人常说的同情心、怜悯心，是一种人与人、人与世界之间互爱的体现，而我们之所以会有相互的同情心、怜悯心，是由于我们有本心，而我们的本心又自然地会开放自己，与自己所身处的世界形成交心性关系。本心与自爱，是我们的立身之本；而交心与互爱，则是人类在浩瀚的宇宙之中，可以闪耀出光亮的地方。

最后，在互爱的问题上，我们还可以专门地强调互爱自身的意义，这就是，本心与交心、自爱与互爱是同步的，这两者内在地形成了一个互相作用的机制。当然，这两者肯定不是完全并列的，也就是本心是交心的基础，而自爱亦是互爱的基础；但是，本心与自爱作用的自我开放性，又得以让交心与互爱作用，成为本心与自爱作用的内在的一部分。我们将自己的本心向我们所身处的这个世界开放，这意味着我们将本心中的挺立性与脆弱性都袒露在这个世界面前，我们带着自然的热情去爱这个世界，而我们也期待这个世界，特别是这个世界中可以与我们形成深度的交心关系的人，去与我们相爱，去协助我克服我们本心中的脆弱性，而同时又不使我们对他们有所依赖，启发

---

① 关于交心与交互主体性的关系的问题，可参阅刘乐恒:《主体与本心》，商务印书馆 2023 年版，第 519—590 页。

我们顺畅而充实地自我成长，从而挺立我们的主体性。从这个意义说，交心本就是本心的一部分，互爱本就是自爱的一部分；只不过在这里我们需要注意的一点是，真正的交心是以本心为基础的，而真正的互爱是以自爱为基础的，如果一种交心与互爱的关系，是以影响、损害本心与自爱为代价的，那么这必定不是真正的交心，真正的互爱。读者诸君，相信你们不用我们去多加论说，你们在生活中的实感与经验，就足以作为我们的这个观点的证明了。

对于自爱与互爱的这个内在关系的理解，可以让我们在爱情的问题上有了一个指导。人们之所以渴望爱情，是因为人们的自爱性作用让他们的本心不断开放自身，而本心的自我开放使得人们谋求与他人有深度的交心与共鸣。这是人们形成爱情关系的起源。这就意味着，真正的爱情关系是不能脱离自爱的，不仅爱情的一方自爱，而且爱情的双方都自爱，才能够确保交心与互爱的落实。而如果你自己能够自爱，而你偏偏又爱上一个非常不能自爱的人，这个人在与你相处的时候，折磨你，消耗你，而你又不想放弃对这个人的爱，那么你就需要有足够强大而充沛的自爱的力量，同时本着这个力量，你要教会对方回到自己的本心上来，去自尊自爱。否则，你就可能不但不能保住你的自爱，你反而会被对方的不自尊、不自爱的本心状态，将你的自爱的力量逐渐消磨殆尽。这样的爱情，肯定不是真正的相互尊重的平等的互爱关系，而是相互控制的关系。在后面的内容中，我们将会以爱情为主题，呈现出互爱的形成与深化的机制。

第二卷
论初恋

任何一个人，不管他的灵魂多么卑鄙，他那颗心多么粗野，

到时候也不会不发生某种爱慕之情的。

——卢梭《忏悔录》

第一章
爱情的开始：初恋状态

一、初恋作为初步的自觉的自爱作用

要谈论爱情的问题，就不得不先从爱情是如何开始的谈起。不过，什么是爱情的开始呢？这个问题值得我们去印证清楚。实际上，我们在上一卷中，已经详细呈现了自爱之于爱的核心意义，而自爱与爱情其实是同步的，我们有自爱的诉求，就自然地会有爱人与被人爱的诉求。我们因为爱自己，喜欢自己，自己本着这份自爱之心，就很容易去爱别人，这是人的本心自身所自带的"以心比心"的机制的自然表现。简言之，人有本心，就会自然地与别人交心。而当我们自己有了自然的爱人的表达之后，我们同时也很自然地期待我们所爱的人，也会爱我，这是因为我们在爱人的过程中，我们自己的本心向我们所爱的人打开了，而我们之所以要向他们打开自己的本心，是因为我们期待能够得到别人的本心的回应，能够得到别人的爱。这就是很自然的交心关系。人有本心，她的本心就会有与人交心的诉求，这大抵是我们人类为什么会形成各式各样的人际关系、圈子组织的根源吧！

自然的本心状态与自爱状态，会带来自然的交心与互爱的诉求；遮蔽与扭曲的本心状态与自爱状态，会带来遮蔽与扭曲的交心与互爱的诉求。前者会带来主体与主体之间的相互促进，而后者则会带来一方对另一方，或者双方之间的控制、折磨与消耗。举个例子说，如果一个人的本心状态是自然的话，那么她与别人就形成了自然的交心关系，所谓自然的交心关系，就是关系的双方各自本着自己自然的自爱状态，而不刻意、不勉强地向对方打开本心，而如果对方并不领受自己的交心诉求，或者对自己的交心诉求有意地进行遮蔽、利用或扭曲，那么自己基于自爱的自然性，确实就不再刻意勉强别人与自己交心了。而我们之所以不刻意勉强交心这样的事，是因为我们有基本的自爱度。但如果一个人缺乏基本的自爱度，那么她在向别人打开心扉之后，别人如果不领受，自己就会对别人生出一种或多或少的恨意，从而转爱成恨，而自己对别人转爱成恨之后，就会对别人的不领受自己的爱这个事，生出一种报复的心态，而本着这种心态，自己与别人之间就会形成一种心与心之间的纠缠关系。这种纠缠关系，其实也是一种交心性、互爱性的关系，只不过这是扭曲的，而不是自然的交心性、互爱性关系罢了。

我们之所以要去说这些内容，是要向读者表明，本心与交心、自爱与互爱是同步的，甚至是一体的，而这个观点将有助于我们讨论"爱情的开始"这个问题。可以说，爱的关系最终是两个有所自爱的主体而所形成的互爱的表现。因此我们可以说，爱的关系是表，而主体的自爱状态则是里。我们从这个表，可以溯源到里，但我们却不能将表直接视作或代替里自身。我们认为，爱情的开始，始于初恋。而从表面上看，初恋是一个人开始生出了对另一个人的爱意，并形成了一种最初步的爱情的关系；但是，从内里看，这个人之所以对别人有这样初步的爱意，是因为她自己在这个时候，逐渐形成了初步的自觉的自爱性，而在此前，她自己对于自己也是保持着某种自爱度的，但这种自爱度很难说是自觉的自爱，而可以说为自然的自爱。在婴幼儿、儿童阶段，我们往往是本着自然的自爱状态而成长的，但我们对于自己的这种自然的自爱状态，是不能自觉的，因为我们处在这个状态的时候，我们的本心尚不能从自然而走向自觉，从体贴性而走向印证性。用粗糙一些的话说，就是在婴幼儿、儿童的阶段，我们尚未形成成熟的"自我意识"。而这所谓的"自我意识"，其实就是对于自己所原有的天然的自爱性，形成了一个自觉。这时候，我开始感受我自己的美好了，而我在感受自己的美好的过程中，也期待有人能够与我一样感受到我的美好，以便对我自己的美好更有信心，以便让我对这个世界的朦胧而美好的爱，逐渐明朗化，从而慢慢地揭开我之所以会朦胧地爱这个世界的谜底，最终让我对这个世界的爱更有信心了，而在对我自己以及对我所身处的世界的爱之增进的过程中，我的主体性得以进一步的甚至是飞跃性的增进与挺立。——而我们要有这样的一个状态，就需要我们的本心对于自己的自爱状态，全体承担起来，并将之内化为本心或主体的自觉。这是婴幼儿与儿童的阶段所不会有的，而只有到了儿童阶段的后期，也即接近青春期的少年时代，才会形成这样的一种初步的自觉的自爱性。

有了上文的疏通之后，我们就可以将初恋的问题作出一个界定。到底什么是初恋呢？初恋就是我们的本心形成了初步的自觉的自爱性作用的状态。而本着这个状态，我们往往会与别人建立一种带有初恋气质的初步的爱情关系，但这种爱情关系，则是我们的初步的自觉的自爱状态的延伸与表现。因此，我们在这里之谈论初恋的问题，就并不完全盯在初恋关系这一表现上去谈论，而是要去讨论"自觉的自爱的形成"这一问题。同时，我们由此也可以理解到，一个人不一定是要与别人形成明确的爱情关系，才算是经历初恋的状态的。就算这个人从来没有尝试过暗恋别人的滋味，这个人也是要经历自己的初恋时代的。因此，简言之，我们这里所谈的初恋，是泛化意义上的初恋，而不仅仅是我们通常所说的少男少女之间的恋爱关系，虽然后者往往是很多人会集中去讨论的内容。

要讨论自觉的自爱，我们可以先去考察一下自然的自爱。儿童是有自然的自爱度的，虽然他们并未形成自觉的自爱度，但自觉的自爱肯定是从自然的自爱中来的，它是自然的自爱的深化。如果自觉的自爱是不自然的爱，那么这种自爱就不叫自爱，更不用说是自觉的自爱了。那么，儿童为什么会有自然的自爱呢？这当然是因为儿童的本心是自然而朴素、明亮而茫昧的，这是上天在人出生之后，给予人类的馈赠，这是每个人都有份的。只不过，每个人对于自己的本心的态度是不一样的。有的人能够顺着自己的本心的自然而明亮的一面去活着，于是他们的本心就能够顺畅地做自我实现的运动，这就形成自然的自爱作用，而这种自爱作用会让他们愿意诚实直面自己，让他们喜欢自由，并敢于承担自己的自由；而有的人自己的本心的朴素、明亮、自然的那一面，被自己有意无意地遮蔽和扭曲了，于是他们逐渐缺乏自爱的作用，而这会让他们不喜欢自己，于是自我逃避与自我掩饰，并形成虚伪不诚性，他们害怕自由，也决不肯去承担自己的自由，他们喜欢将自己所要承担的责任转嫁给别人，并通过控制别人而给自己带来虚假的安全感。这样的分化，会让一些人走向自觉的自爱，而让另一些人则越来越陷入人生的沉堕之境而难以自知自觉。而这个分化的过程，是可以从童年时代就开始了的，但人们往往对此难以自觉，而一旦孩子们长大成人，人们就会惊讶地问这孩子怎么会长成这样的呢？人们不知道，是他们自己的不自爱，使得孩子在成长的过程中，也即其本心之自我实现的过程中，受到了遮蔽、阻碍和扭曲了，因为任何一个孩子来到这个世界上，都是有自然的诚实度和自爱度的。他们在开始的时候是不会撒谎的，他们是后来学会的；他们在开始的时候是不会掩饰的，他们是后来学会的；他们在开始的时候是不会嫉妒和有意伤害别人的，他们是后来学会的；他们在开始的时候是不会有曲折缭绕的判断的，他们是后来学会的。我们相信没有人能够反对我们所观察到的这个事实。[1]

---

[1] 卢梭在他的《爱弥儿》一书中已经很翔实地讲述和讨论孩子的自然天性了。具体的内容参见卢梭著，李平沤译：《爱弥儿》，商务印书馆 2019 年版，第77—314 页。

人们从一开始的明亮而茫昧的本心状态，而最后形成遮蔽和扭曲的本心状态，是有一个过程的，因此，人们在其童年时代的品质，基本上还是自然、朴素、诚实的，虽然有些儿童已经慢慢背离这样的一种品质，但他们总不至于一下子就变得虚伪甚至无耻而不可救药。除非有一种非常极端的条件，让儿童们不得不走向虚伪与无耻，否则，在通常情况下，我们是很难看到底子是虚伪与无耻的儿童的。论本心的诚实度、朴素度、自然度，孩子要比大人高；论本心的虚伪度、无耻度，大人比孩子高。

二、考察儿童本心状态的必要性

我们不是要谈论初恋的问题的吗？为什么要谈论儿童的本心状态，以及儿童与大人的对比呢？这是因为，既然初恋的问题是一个人从自然的自爱而走向自觉的自爱的问题，那么，人们之所以形成初恋的状态，一定是因为他们在童年时候积累了自然的自爱度并将之作为他们在少年时代形成初恋的基础的。所以，分析儿童的本心状态，对我们来说就显得尤为重要了。我们甚至可以说，一个人在其童年有怎样的本心状态，她在其少年时代就会形成怎样的初恋状态。初恋是人在其儿童、少年时期能否自爱以及是否有充分的自爱度的总检验，也是孩子状态与大人状态的一个纽结。我们观察和印证一个人的初恋状态，就可以基本上（当然这不是绝对的）看到这个人后来会是怎样的一个人。另外，我们之所以要对比儿童和大人的本心状态，是要从中看到初恋问题的重要意义。我们发现，人们一般是从儿童时期而走向少年时期的过程中，会形成初恋的；而在此之后，也即是在成年之后，到了中年，再到老年，人们就很难保持或者再度形成这种初恋状态了，少年时代的初恋体验，往往成为他们一去不复返的美好回忆与向往而已。这是为什么呢？这是因为大人们的本心往往走向了深度的遮蔽与扭曲，于是很难保住自己的诚实、朴素、自然的自爱作用了。大人们对自己的本心的基本状态，往往是心知肚明的，但许多人早已经放弃了扭转自己的不自爱而实现充分的自爱的动力，于是他们在其少年时代所萌发出来的自怜自爱的初恋时光，成为他们所要回忆与向往的绝响了。而即便是有些年纪大的人，不信那个邪，他们不但要去回忆和向往他们少年时代的初恋时光，而且还要身体力行之，但他们因为难以完全自爱，因此最终落得个"老顽童"甚至"为老不尊"的称誉，这归根到底是他们想自爱而不能真自爱所造成的。当然，我们在这里也是可以看到另一种情况，他们能够充分而顺畅地实现自己的本心，能够从自然的自爱而走向自觉的自爱，同时也从自觉的自爱而走向明确而笃实的互爱，这样的人，是不会对他们的初恋时光耿耿于怀的，因为他们后来的自爱与爱情，已经将他们少年时代的初恋体验，包涵并融入了他们后来的自爱与爱情的体验当中去，并使之得到升华了。这样的人，当然是我们所要肯定与追求的人生。

我们始终需要明确一点，这就是，儿童的本心状态是一直处在自然而不自觉的状态之中的。这种自然的状态，主要指的是身体与情感的自然。人在儿童时期，本心对于自己的自觉作用尚没有明确地冒出来，他们的本心天然地融入他们的身体活动和情感流露中去了；或者说，他们的身体活动本来就是本心直接的活动，他们的情感流露本来就是本心的直接流露。他们的本心的自我实现，是本心的比较自然的实现，我们是从这个意义上说，儿童有着天然而自然的本心的。但他们对于自己的这一自然的本心状态，是不能自觉的。他们之所以不能自觉到这一点，其实也是因为他们的本心完全消融在身体与情感的活动中去了。换句话说，他们是融心入情或者以情为心的。正因为他们的情感即是他们的本心，因此他们是不会想到要对自己的各种情感流露有什么深度的反思的。儿童的自我反思性是不显的，他们情来情去，情长情消，从来就没有因为情的来与去、长与消，而自己受到什么困扰。越是年龄小的孩子，他们的情感就越是来之也速，去之也疾。特别是婴幼儿，笑着笑着，突然就哭了；哭着哭着，突然就笑了。很小的孩子，因为一件什么事哭了，大人们用一颗糖就可以让他们笑逐颜开。古人还有"黄叶止啼"的说法，也是这个意思。而等到孩子们年龄逐渐增长了，大人们的这套方法就越来越不灵了，这是因为他们的情感越来越丰富了，他们已经慢慢有一些自然的反思度。但孩子们的这些反思，还不是真正意义上的主体性的自觉反思，因为他们的这些反思很轻，而且不会将这些反思逗留在心上，并用心印证它们，而他们的融心入情或以情为心的本心状态也不允许他们往这个方向去使劲。但是，随着身体与情感体验的越来越丰富，儿童们很自然地就要去面对一个问题：自己有了这么多情感，而自己心中所流露出来的不同的情感，是有差异的，但究竟哪一种情感才是我自己最本源、最真实的情感？究竟哪一种情感是属于那个最真实的我的？究竟这些不同的情感可不可以融贯起来？究竟这些不同的情感是不是都由本然而真实的自我所流露出来的？随着年龄的增长，人们从儿童而走向青春期，成为少年，他们的情感只会越来越丰富，越来越微妙，而心中的这些问题，就变得越来越迫切了。而这些问题，最终都会导向同一个问题，也即"自我之觉醒"这一问题。那么，他们的"自我之觉醒"是怎样去实现的呢？这就需要让自己的本心，从融心入情或以情为心的状态中自觉出来，而推进至由情入心或者以心印情的状态中去。只有这样做，主体才会形成一种深度的自我反思度，而不只是让本心融入情感当中，并顺着情感的流动而流动，这样一种状态是不会形成真正的自我反思的。当然，我们这里所说的"反思"，是比较粗略地说的；如果要精确地说，这种所谓的"反思"，其实是一种包含着本心的体贴性与本心的印证性的本心对于自身的一种存在的自觉。人们如果形成了这样的一种反思状态，就意味着所谓"自我意识""自我觉醒"的出现了。而人们只有带着这样的一种自我觉醒的本心作用，才会让自己从儿童时代的自然的自爱状态，推进至少年时代的初步自觉的自爱状态；或者是——如果自己的儿童时代的自然的自爱状态被遮蔽或扭曲——推进至少年时代的初步的自卑状态。具有某种自觉意义的自爱与自卑，其实是从少年时代开始的，在此之前，我们确实谈不上反思性的自爱与自卑。明确这一点，确实有助于我们进一步看清楚初恋的意义所在。

在正式谈论初恋的问题之前，我们还是需要看看儿童的自然的自爱状态，然后再顺过去，去考察初恋的意义。我们需要印证清楚儿童的这个本心状态，因为人们在少年时代所形成的初步自觉的自爱状态，并不是凭空而来的，而是从他们童年时代的自然的自爱状态中推进出来的。关于儿童的本心状态，我们在第一卷中也有所提及，在这里我们根据我们的主题，而再作重申与引申。

我们在第一卷中多次提到过，儿童的本心总是明亮与茫昧相互交织在一起的，这构成了儿童的本心的基本特征。这个基本特征使得儿童的本心处在自然而不自觉的状态之中。儿童的这种本心状态，因为是自然而朴素的，同时也是没有什么处心积虑的遮掩与扭曲的，因此我们也可以说为"良善"的状态，这种状态蕴含着儿童的天然的自爱度，不过，我们也不能就此就将儿童的本心，像前人那样理解为一个一成不变的"性善"的性情，并用形而上学的方式将它固定下来，并通过这样的眼光去看儿童，这无疑会让我们错过许多有意义的内容。可以说，本心之明亮与茫昧的交织，让儿童天然地是良善与自爱的，这个良善与自爱的底子，当然是人们后来形成自觉的自爱的种子，但这颗种子也有很大的可能会变质，从而让自己的自然的自爱，逐渐转化成一种自我放弃乃至自我怨恨，而这种自我怨恨则会转嫁到别人身上，成为对别人和这个世界的恨，成为爱的报复。因此，人们在婴幼儿时代，大抵是"性相近"的，但随着本心的自我实现作用也即自爱作用的不同，人们最终走向了"习相远"，也即或爱或恨，各有差异。但无论是能够保持自然的自爱度，抑或逐渐丧失自然的自爱度，人们到了少年的时代，其本心一定会形成一种自觉性作用的，也即自觉地自我实现，这就形成了初恋状态。因此，初恋状态是一定会带着童年时代所逐渐积累起来的自爱度的。从这个意义上说，一个人到底是"好人"，还是"坏人"，在这个人在初恋状态中就大致可见分晓了。而"坏人"后来如果要成为"好人"，不是没有可能的，但要付出更多、更深的努力。

第二章
论初恋（第一阶段）：
儿童到少年阶段中自爱的积累或丧失

一、自爱的积累：
由茫昧与明亮交织到逐渐明亮；以《忏悔录》为例

为了展示好人们从童年到少年的本心之自我实现的过程，我们在这一卷中，将先以卢梭在《忏悔录》中所记录的他的童年故事，作出比较详细的本心分析；然后再讨论《呼啸山庄》中的男主角希斯克利夫（Heathcliff）在其童年时代的本心创伤使得他由自怜而走向了自卑和仇恨。《呼啸山庄》虽然是一本小说，但它对于希斯克利夫的主体状态、本心状态及其变化的描写，可谓传神而深微；而卢梭的《忏悔录》则一如他自己所说的："我要把一个人的真实面目赤裸裸地揭露在世人面前。这个人就是我。""它可以作为关于人的研究——这门学问无疑尚有待于创建——的第一份参考资料。"[1]我们讨论这两个文本为主，其他的文献为辅。我们之所以要详细讨论这两个文本，是要充实如下两个观点。第一，无论是什么人，只要他们经历了童年，他们童年的本心状态，都是有自然的自爱度的，同时也都是明亮与茫昧相交织在一起的，因此人的童年时代为其后能否自觉地保持与充实自

---

① 卢梭著，黎星译：《忏悔录》（第一部），商务印书馆 1986 年版，第 1 页。

己的自爱,种下了种子。第二,无论是什么人,只要他们经历了童年,他们在童年时代所积累下来的自然的自爱度,会让他们在少年时代形成一种本心的自怜性,自怜是自觉的自爱的初步体现,而不同的人在其童年时代所形成的本心状态之不同,使得他们有不同的自怜的体现,而这些不同的自怜的体现,是后来一个人能否真正自爱,能否真正挺立其主体性的基础。而我们的上述这两个观点又是相互支持、两面而一体的。卢梭与希斯克利夫这两个人的童年,都是明亮与茫昧相互交织在一起的,但后来这两个人的自怜的表现并不一样,一个走向不断的愤悱,一个则走向主体性的沉堕。我们先说卢梭的童年。学界对卢梭在《忏悔录》的自述,已经多有研究,我们在这里将从本心与自爱的角度,对相关的文字作出本心分析。

（一）天然的自爱心及其所经受的考验

卢梭来到这个世上,和他的母亲离开这个世上,这两个事件,发生在同一个地方,同一个时刻。母亲因难产而死,使得卢梭背负着一生的亏欠感与罪责感。他说:"我的出生使母亲付出了生命,我的出生也是我无数的不幸中的第一个不幸。"[①]卢梭的这个不幸,不但是失去母亲这么简单,而更是母亲的去世使得他的父亲失去了心爱的妻子,而他的父亲又将丧妻之痛反馈给童年的卢梭,这让卢梭朴素的本心受到强烈的触动。卢梭这样写道:

> 每当他拥抱我的时候,我总是在他的叹息中,在他那痉挛的紧紧拥抱中,感到他的抚爱夹杂着一种辛酸的遗恨:惟其如此,他的抚爱就更为深挚。每次他对我说:"让-雅克,我们谈谈你妈妈吧。"我便跟他说:"好吧,爸爸,我们又要哭一场了。"这一句话就使他流下泪来。接着他便哽咽着说:"唉! 你把她还给我吧! 安慰安慰我,让我能够减

---

① 卢梭著,黎星译:《忏悔录》(第一部),商务印书馆1986年版,第4页。

轻失掉她的痛苦吧！你把她在我心里留下的空虚填补上吧！孩子！若不是因为你是你那死去的妈妈生的孩子，我能这样疼你吗？"①

他父亲对他的这种本心上的触动，当然是不幸的，这让童年的卢梭很早就有了丰富而敏感的情感体验。正如他自己所说的，"上天赋予他们的种种品德中，他们遗留给我的只有一颗多情的心。""我先有感觉后有思考，这本是人类共同的命运。但这一点我比别人体会得更深。""我对事物本身还没有一点儿概念，却已经了解到所有的情感了。我什么都还不理解，却已经感受到了。"②卢梭父亲在他面前流露出亡妻之痛，其实刺激了他两方面的情感之敏感度。第一个方面就是我们刚才所说的深度的亏欠感与罪责感。童年的卢梭当然是很难将自己心中的这种感受明确和自觉出来的，但他的情感流露与行为表达，可以将这种感受透露出来。例如，当他八岁左右寄宿在朗拜尔西埃牧师家里的时候，他喜欢上了三十岁的未婚的朗拜尔西埃小姐给他的体罚，他感受到这当中有一种快感，这种快感蕴含着一种性与情欲的早熟。按照弗洛伊德的理论，这是受虐倾向的体现。而卢梭的这种受虐倾向，应该和他的亏欠感与罪责感关联在一起的，他要通过别人对他的身体的鞭笞，而减轻自己活在这个世上的亏欠与罪责。自己越被罚，自己心中的罪责就越减轻，自己心中就越能生出快感，而这种快感就越变成欣赏——如果是来自异性的体罚，则这种欣赏就往往成为一种性幻想。正如卢梭自己说的："跪在一个泼辣情妇面前，服从她的命令，乞求她的原宥，对我说来就是极甜美的享受；我那敏捷的想象力越使我血液沸腾，我就越像个羞羞答答的情郎。"③

不过，卢梭的这种身体性的受虐倾向只能够从浅层弥补他一生也挥之不去的亏欠感与罪责感，因为这种感受是从本心中生出来的，肉

① 卢梭著，黎星译：《忏悔录》（第一部），商务印书馆 1986 年版，第 4 页。
② 卢梭著，黎星译：《忏悔录》（第一部），商务印书馆 1986 年版，第 4—6 页。
③ 卢梭著，黎星译：《忏悔录》（第一部），商务印书馆 1986 年版，第 17 页。

体性的痛楚与快感不能完全弥补本心上的痛。他的善良的心地，使得他与别人有深度的交心，但与此同时，他的亏欠感与罪责感又使得他非常害怕失去与他交心的人。他害怕失去亲人，害怕失去朋友。一旦朋友失去了，他的亏欠感与罪责感就会冒出来，让他自己泪流满面。他对孩子就更是如此了，特别是对他自己的孩子。众所周知，卢梭将他与黛莱丝所生的五个孩子，全部都送到孤儿院去了。他为什么这样做，这真是一个难解之谜！要知道，卢梭本人其实是很喜欢孩子的，[①]而我们读他的《爱弥儿》一书，也可以直接感受到他对孩子有很多透彻入微的了解，这一定是卢梭喜欢观察儿童并深度思考儿童的问题的结果。而他喜欢孩子这个事实，则和他将自己的孩子送到孤儿院，构成了一个很大的落差！这给他的敌人送来了把柄，也给后世的读者留下迷惑与诟詈。他的责任肯定是难以逃脱的，这确实是不负责任的事。不过，我们如果仅停留在对他作出批评与诟病上面，而不去深究这个问题，那么我们就会丧失探索一个重要的本心问题的机会了。

卢梭之喜欢孩子，与他之将自己的五个孩子送到孤儿院去，这两个情况都是事实，而这两个事实之间，必定有一个本心原因，让它们关联在一起了——这就是，他越爱孩子，他心中的亏欠感与罪责感就越发强烈，这就越促使他决心将他自己的孩子送到孤儿院，从而让他自己的亏欠感与罪责感减轻；但他越是这样做，他的亏欠感与罪责感反而又加强了。这种恶性循环困扰了卢梭的一生。对于他为什么要将孩子送到孤儿院，他在不同的地方，讲述了不同的理由。例如，他认为自己的贫穷会拖累孩子，又认为自己疾病缠身，担心这给孩子带来折磨，又认为孩子如果在当时的教育环境下成长，只能成为庸俗而虚伪的人，这不如做一个农夫或者工匠更有人的样子，等等。[②]他说的

---

① 卢梭著，李平沤译：《一个孤独的散步者的梦》，商务印书馆 2012 年版，第118—134 页。

② 卢梭著，刘阳译：《卢梭自选书信集》，译林出版社 1997 年版，第 33—35、

这些应该都是他心中真实的想法，但这些想法应该都不是最深入的本心原因，而这个原因是他所难以说出口的。最深入的原因，来源于他只有将孩子送走，才能够平息他心中的亏欠与罪责。如果他与他的孩子一同生活，他的亏欠感与罪责感只会加深。他一方面会认为，对他来说母亲（甚至父母）与孩子是不可能同时出现、同时生活在一起的，二者之间只能取其一，而另一方面则认为自己不配与孩子共同生活在一起，因为这样做只会让他时时想起母亲的离去，并加深他的亏欠感与罪责感。因此，他想到了一个两全其美的办法，就是将孩子们统统送到育婴堂去。这可以既保存父母自己而又保存孩子，同时也可以让自己的亏欠与罪责有所偿还——他觉得自己压根儿就不配与孩子在一起！而当他自己真的没有与孩子在一起了，他心中的亏欠与罪责确实是有所舒缓的，因为这样做让他觉得是对他害死他母亲的惩罚。但是，恰恰是这样做，新的亏欠感与罪责感又从他的心里冒出来，从而造成了一个"抽刀断水水更流"的本心状况。这当然是一个悲剧，这个悲剧与他父亲在他面前哭着说"你把她还给我吧"这些话，脱不了干系。他父亲的情感流露是真实而自然的，但他父亲由此而在不经意间，给童年的卢梭带去一个让他在情感上难以摆脱的错误观点——他的母亲的死是他所造成的，他本就不该来到这个世界上。但究其实，这完全不是卢梭的责任，他没有必要承担这样的一种亏欠与罪责。而他之有亏欠感与罪责感，完全是他父亲对他的本心触动有关，而这一触动则加深了他本心中的茫昧的一面，并最终造成他此后的家庭悲剧。想必只有这样去解释，才能真正解除我们心中的疑团。

上述内容，是卢梭的父亲刺激他的本心，使得他在情感上具有敏感度的第一个方面，这个方面可以说是消极的，但另一方面，他的父

53—56 页；卢梭著，范希衡译：《忏悔录》（第二部），商务印书馆 2005 年版，第425—426 页。

亲以及他在其童年生活中所遇到的人，则刺激了他本心中的明亮的一面，从而在不经意间助成了他的天然的自爱心的增长。这主要体现在他的自然而善良的本心，得到了支持与浇灌，这为他后来走向自信、自爱提供了一个温床。他的父亲虽然带给了他在情感上的纠结与压力，但与此同时父亲的善良的情感流露也在无形中感染他，使得他从小就体会到，一个人的善良的天性是最值得珍视的东西。另外，他在童年时代也没少得到他的乡亲的淳朴的爱，他在爱中成长。这让他的自然而朴素的自爱心，变得越来越温和而坚定。虽然他的这种自爱心尚未形成自觉性，但它已经在不知不觉中，成为他在自我成长过程中的立身之本。他回忆道："既然我所见到的人都是善良的榜样，而我周围的人又都是最好的人物，我怎能变坏了呢？我的父亲，我的姑姑，我的乳母，我的亲戚，我们的朋友，我们的邻居，总之所有跟我接近的人，并不都是一味地顺从我，而是爱我，我也同样爱他们。"①他感到他的乡亲对他是疼爱，但从来不是溺爱；而他的父亲对他的情感的刺激，虽然让他多愁善感，但他觉得"我接二连三感受到的这些混乱的激情，一点也没有败坏我的理智"。②这些从别人的本心的明亮一面所流露出来的善良的情感，灌溉着卢梭的心田，唤起了他本心中明亮的一面，使得他在生活中自然地遵循基本的良心而行事。他自己说道："我有我那个年龄所能有的一些缺点；我好多说话，嘴馋，有时还撒谎。我偷吃过水果，偷吃过糖果或其他一些吃食，但我从来不曾损害人，毁坏东西，给别人添麻烦，虐待可怜的小动物，以资取乐。"③

　　卢梭这种朴素而不被扰动的自爱心，在他的童年时代经受住了各种考验，而这些考验又增进了他的自爱和自信，这使得他后来虽然一度在自爱与自弃的边缘中徘徊，但最终都能遵循他的良心所蕴含的基

---

① 卢梭著，黎星译：《忏悔录》（第一部），商务印书馆1986年版，第9页。

② 卢梭著，黎星译：《忏悔录》（第一部），商务印书馆1986年版，第6页。

③ 卢梭著，黎星译：《忏悔录》（第一部），商务印书馆1986年版，第8页。

本原则而生活。《忏悔录》中著名的一把梳子的故事就是一个体现。朗拜尔西埃小姐的一把拢梳的齿儿断了，她认定是卢梭搞的鬼。卢梭否认，这招致了他们父女两人的训诫、逼问甚至恫吓，这让卢梭更坚决否认，而卢梭越发坚决否认，他们越发觉得事态严重，并让当时作为他的监护人的舅父到朗拜尔西埃先生家去亲自审问。舅父逼问了他好几次，他都毫不动摇，宁死不屈。这让施暴者和受害者都狼狈不堪，但最终卢梭还是从残酷的遭遇中逃脱出来，他胜利了！他认为"这是我有生以来第一次对不公正和暴力的感受，它深深地铭刻在我的心上"①。在一开始，这种感受是与自己相关的，也就是别人对自己不公，自己便立即生出强烈的公正、平等的感受，而后来，这种感受自然地引申到这个世界的每一角落，"无论不公正行为的受害者是谁，也无论它是什么地方发生的，只要我看见或听到，便立刻怒发冲冠，有如身受"②。卢梭的这种自爱的天性，促使他经受住了不公正的拷问，而这种不公正的拷问，又使得他的这种天性得到强化，并且促使他后来形成自觉而坚定的公正与平等的诉求。③这让卢梭的自然的自爱心，逐渐走向后来的自觉的自爱状态。

自爱心的增强，让卢梭越来越深地爱这个世界。卢梭的舅父是将他的儿子和卢梭一起寄宿在朗拜尔西埃牧师家里的。卢梭的这个表兄和他一样有着纯朴的心。他们俩形影不离，相互喜欢对方。他们不需要去找别人的朋友，也从不羡慕别人，他们快乐自得，待在家里就够忙活的了，他们做各种游戏，家里的各种东西都可以成为玩具。他们两人偷偷地引了一条下水道去浇灌他们瞒着朗拜尔西埃先生而栽下的一棵小柳枝，盼望有一天它能够长成大树，盖过朗拜尔西埃先生所

---

① 卢梭著，黎星译：《忏悔录》（第一部），商务印书馆1986年版，第20页。

② 卢梭著，黎星译：《忏悔录》（第一部），商务印书馆1986年版，第20—21页。

③ 自爱问题不但是主体性问题的核心，而且也与政治哲学的基础义理关联起来。对于这个问题，我们将在未来的另外一本专论中作出系统的讨论和阐发。

栽的一棵胡桃树。他对此特别骄傲，认为这是他的"虚荣心"的第一次明显表现，其实这是卢梭的谦辞，或者说他尚不能找到一个合适的词来说他当时心中的意向。这与其说是"虚荣"，不如说是一种由自己心中能够自由、自主地做一件自己喜欢的事，而所带来的一种自我满足感。当然，人们的这种自我满足感在日后也可以因为自爱的不足，而转化成为虚荣心、嫉妒心、自私心，但那个时候的卢梭，其自然的自爱心只是让他感到自得而自豪。他说："我觉得我们能够亲手筑成一条地下水道，栽一棵小柳枝来和大树竞赛，真是至高无上的光荣，我十岁时对事物的看法比凯撒在三十岁时还要高明。"①从卢梭童年的这个小故事中，我们可以体会到自然的自爱心，会带来自然的自由与自主的动力和诉求。当然，我们在这里所说的"自由""自主"，与"自爱"一样，都是自然而尚未自觉的自由与自主状态。

卢梭与他表兄的天然的自爱心也让他们形成了自然的交心关系，这种自然的交心关系体现为自然的互爱，他们彼此的同情心就是他们的交心与互爱的体现。他们一起出门的时候，别的小孩见到卢梭的表兄的高瘦样子，会在他们周围起哄，并一个劲儿地叫着"笨驴，笨驴"。他表兄对此倒是不以为意，但卢梭忍不住恼火，准备跟他们干一架，但这是他们求之不得的，于是把卢梭揍了一顿。他表兄想过去帮他，又挨了一拳。这害得他们后来要避开那群孩子才敢出门。可以说，卢梭由自爱而所生出的对于他的表兄的同情心，是和他由自爱而所生出的公正心、平等心相表里的，或者说这本来就是一回事。后来卢梭在《论人类不平等的起源》一书中之所以要通过同情心来论述平等的问题，这和他从童年时代就孕育出来的自爱之实感，不无关系。

不过，由于儿童的本心一直处在明亮与茫昧交织的状态中，卢梭童年时代所积累起来的自爱度，也是很容易受到动摇的，就像刚才所说的那个梳子的故事中，卢梭一方面确实经受住了不公正的暴力与拷

---

① 卢梭著，黎星译：《忏悔录》（第一部），商务印书馆 1986 年版，第 25 页。

问，赢得了胜利，增进了自爱心，但另一方面，这也造成了他的本心的阴影与创伤，并让他生出一种自我怀疑和自我逃避的导向。虽然这种自我怀疑和自我逃避并没有完全取代他心底中的自爱心，并成为他的本心的底色，但这足以让他的天然的自爱心有所摇动。从此，他只能在自爱与不自爱相互交织、碰撞的历程中，不断磨砺自己的自爱，并增进自己对于自爱的自觉。他认为那个梳子事件，是他欢乐的童年结束的标志，从那以后，他就再也享受不到纯洁的幸福了。对于他那时候的本心状态，卢梭有一段分享，甚为重要，今不嫌辞费，大段引出：

> 学生对于他们的教导者再也没有那种热爱、尊敬、亲密和信赖的关系了，我们再不把他们看作洞悉我们心灵深处的神灵了！我们做了坏事不像从前那样感到羞愧，而是比以前更害怕被人告发：我们开始隐瞒、反驳、说谎。我们那个年龄所能有的种种邪恶，腐蚀了我们的天真，丑化了我们的游戏。田园生活在我们眼中也失去了那种令人感到惬意的宁静和淳朴，好像变得荒凉阴郁了；又像盖上了一层黑幕，使我们看不到它的优美。小花园也辍了耕，我们不再去莳花锄草。我们不再轻轻地去把地上的土掀开，发现我们撒下的种子发了芽也不再欢呼了。我们讨厌了这种生活，人家也讨厌了我们。舅父把我们接回去，我们就跟朗拜尔西埃先生和朗拜尔西埃小姐分了手，彼此都觉得腻烦，没有什么惜别之感。①

这段话甚为传神地揭示出梳子事件对于卢梭的自爱心的摧残。卢梭虽然胜利了，但他的"胜利"，乃是杀敌一千、自损八百。他之前本着天然的自爱而对这个世界的信任、兴趣与爱心，受到了动摇，他虽然保住了基本的自爱度，但他心中不可避免地形成了自我怀疑与自我逃避，这种怀疑与逃避使得他对这个世界疑心重重、缺乏兴趣、讨厌腻烦。从朗拜尔西埃先生家里出来之后，卢梭被送去当学徒。在当学徒

---

① 卢梭著，黎星译：《忏悔录》（第一部），商务印书馆 1986 年版，第 21—22 页。

期间，卢梭的自爱与不自爱交织的本心状态，进一步走向了自弃的边缘。[1]他回忆当学徒的历程，多有叹息，觉得他的师傅将他童年时代的温柔多情、天真活泼的性格给进一步消磨了。唉！孩子们变好也快，变坏也快，这就是他们的本心状态的自然作用。当然了，一次两次甚至几次的摧残，大概都不会将孩子的天然的自爱心这个底子给完全耗尽，只有长期的侵蚀，才会让一个人的灵魂，走向完全的沉堕。对于这个道理，卢梭自己也是有体会的，正如他自己所说："儿童第一步走向邪恶，大抵是由于他那善良的本性被人引入歧途的缘故。"[2]

在当学徒期间，卢梭其实也逐渐接近了本心的堕落状态了。他师傅的暴戾专横，促使他天然的自爱心被进一步扭曲，在一来二去之间，他的本心逐渐有了贪婪、隐瞒、作假、撒谎的习性，而且还形成偷东西的惯习。这些习性、惯习本来是孩子心中所没有的，而一旦被误导了，他们很快就习得这些习惯了，这正所谓性相近习相远也。例如偷东西这事儿，卢梭自己说得很清楚："每当端来美味珍馐的时候，他（引者按：指卢梭的师傅）便把青年人赶下桌子，我觉得这种习尚是培养馋鬼和小偷的最有利因素。"[3]童年的卢梭肯定是知道偷东西是不对的，但他心中的性习控制不住他的理性，他自己也知道他的这个本心状态，但不自爱的惯习让他将它合理化——他觉得因为偷东西而被发现、被揍是一个抵消他的偷窃之罪的方式，挨打之后，他觉得他就有权利继续偷东西了。实际上，如果卢梭像这样继续下去的话，他的自爱的底子将被完全腐蚀，而走向主体的真实的堕落了。但在这个过

---

[1] 在本卷中，我们所说的"自弃"是从宽泛的角度来说的，也即这里说的"自弃"，指的是各种不自爱的情况。这与我们在第一卷中将"自弃"视作"自卑"的一种体现，也即不自爱的某种特定状态，是略有所不同的。相信读者能够自然地理解到这一点。

[2] 卢梭著，黎星译：《忏悔录》（第一部），商务印书馆1986年版，第36页。

[3] 卢梭著，黎星译：《忏悔录》（第一部），商务印书馆1986年版，第37页。

程中，卢梭从小所积累起来的自爱心，其实是在无形中勒住了他走向进一步的沉堕——他虽然染上了这么多的惯习和毛病，但他的自爱心让他没有被这些惯习和毛病所败坏，因为他打心底里就不喜欢自己的这些惯习和毛病。他说："我虽然染上了学徒的种种恶习，但是，我对这些恶习未能产生丝毫兴趣。我讨厌伙伴们的那些娱乐。""我生性腼腆而懦怯，尽管可以有千百个缺点，但决不至于堕落到厚颜无耻的程度。"①这无疑是卢梭的自爱心胜过自弃心的体现，虽然他的自弃心也很明显。他在书中也曾琢磨、讨论了他对金钱的态度，他不但对金钱没什么兴趣，而且直接感受到金钱是令人烦恼的根源，他体会到但凡追逐金钱、被金钱所牵扯，就会让自己的纯洁的玩乐与兴趣给玷污了。②他的这种金钱观是否"合理"，我们可以另作讨论，但我们确实可以看到他的本心的诉求，使他不再沿着他自己的惯习而沉堕下去。

由此可见，彼时的卢梭，其实是走到了自弃的边缘，但他天然的自爱心，在无形中救了他。他的自爱的根荄还在，他还有原始的生命力，只要遇到阳光雨露，这个自爱的根荄就会长出叶子来。于是，卢梭在不知不觉之间，展开了他的自救之路。与他的自爱心是自然而非自觉的自爱一样，他的自救也是在他缺乏自觉的本心状态下，自然地生发出来的。首先，他喜欢上了读书。在这里，我们要插入说明一下，就是我们不认为但凡读书就是好的，问题的关键不在于是否读书，而在于读书的人是个什么人。好人读书当然会变得更好，而坏人读书则只会让坏人变得更坏。而尚未丧失自己的天然的自爱心的卢梭，他之选择读书，则确实有自救性的作用，这是因为他是讨厌自己的这些惯习而去读书的，而读书之癖则进一步阻止了他被那些惯习之癖所牵引并走向沉堕。他说："当我的某种爱好已经成为习惯的时候，一点儿小

---

① 卢梭著，黎星译：《忏悔录》（第一部），商务印书馆 1986 年版，第 44、34 页。

② 卢梭著，黎星译：《忏悔录》（第一部），商务印书馆 1986 年版，第 39—44 页。

事就能使我转移目标，就能改变我，迷惑我，最后使我如痴如醉。于是我忘却一切，一心只想我所倾慕的新的东西了。"[1]这样一来，他感到"我的读书癖已经纠正了我那些幼稚无赖的恶习"[2]了。他的自爱心促使他读书，而他的读书癖又使得他唤起了自己心中的温柔、热情、善良的情感。因为这种情感是从本心的自爱作用中生发出来的，因此它肯定要比他自己后来所形成的各种惯习，要来得持久和深沉一些。

卢梭重新唤起了他的自爱心，在他的自爱心的不断激发下，他逐渐厌倦了他在他暴戾的师傅手下做学徒的生涯。他坦言他并不是完全排斥做一个学徒而最终成为让人尊敬的手艺人，假如他碰到一个好师傅，而不是现在这样的师傅，他就可能会沿着手艺人的方向而走，这是适合他的性情的。但他偏偏遇到这样一位师傅，让他在自爱与自弃之间碰撞、纠结。而这个碰撞、纠结的状态是暂时的，一有缝隙，卢梭便将它当作一个顺着自己的自爱的方向而自由自主地作出决定的机会。而这个机会总是在没有期待的情况下到来的。当学徒的时候，卢梭连续两次来不及在城门关闭之前回城，这受到师傅的严重警告，他并被告知如有第三次，后果严重，必严惩不贷，这使得他下决心不再冒险了。但没料到还是有第三次。这时候，他当场做了一个决定并且发誓，他再也不会回到他师傅那里去了。他决意远走高飞，然后听天由命。虽然他在做了这个决定后，他的未来是不可预测的，他要承担由自己自主决定所带来的各种后果与代价，但他想到自己可以自由地支配自己，可以做自己的主人了，便立马生出了振奋与憧憬。卢梭的这种决定，和与他一起随行的两个伙伴完全不同。其余两个人选择了回去，而他则选择离开。卢梭是这样写的："我于万分悲痛中倒在斜堤上，嘴啃着地。伙伴们对于我的不幸只是觉得可笑，他们马上决定应该怎样做。我也确定了自己的方针，但是，我的方针跟他们的完全

---

[1]　卢梭著，黎星译：《忏悔录》（第一部），商务印书馆 1986 年版，第 45 页。

[2]　卢梭著，黎星译：《忏悔录》（第一部），商务印书馆 1986 年版，第 46 页。

不同。"①我们不必猜测为什么卢梭的两位伙伴决定回到他们的师傅那里去,我们只需要理解,卢梭自己是因为不再愿意回去生活在他所不喜欢的环境中,才作出离城出走的决定的,这无疑是他本着自己天然的自爱度,而作出的人生中的重大决定。要知道,他那时候只不过是十六岁的少年,做这样的决定是需要勇气的。

(二)初恋心境的源头:由天然的自爱而走向自我怜爱

十六岁的少年,正是风华舒展的年代,卢梭的情欲也随之而逐渐绽放,他的情感的积累,让他逐渐形成本心的自觉。这体现在他有自由、自主的自觉性诉求,同时也愿意去承担起自己的自由和自主。当然,他的这种诉求和意愿,也是处在自然而朦胧的状态之中的,他只是顺着自己的本心的自然方向,而逐渐地自觉化与明确化。因此,他的诉求和意愿,仍然是情感性、体贴性的作用多一些,而理性、印证性的作用少一些的。而他的逐渐由情而入心、但尚未充分入心的本心状态,促使他的天然的自爱性作用,在童年的基础上,进一步体现为一种由情入心、同时又以心体情的居于情与心之间的深度的情感之自我体贴性作用。而这种自我体贴性作用,当然也是一种自爱性作用,但这种自爱性作用明显要比童年时代的自爱,也深沉和微妙一些,它不但是自然的,而且也在不经意间形成了某种自觉性作用的萌芽。这在哪里可以体现出来呢?从自爱作用的表现方式可以体现出来。儿童的自爱是自然而直接的,因为他们的本心尚未自觉化,他们的本心作用都全体融化在情感的流露中去了,因此他们的情感就是他们的本心。他们在表达和流露他们的情感之后,是不会将自己的情感逆反过来,用自己的本心再去体会一遍的。他们表达完对一棵树的喜爱,对一个人的讨厌之后,就不会再将自己的情感,在心上再体贴一番,因

---

① 卢梭著,黎星译:《忏悔录》(第一部),商务印书馆 1986 年版,第 48 页。

为他们的情感就是他们的本心。但是，到了少年时代，随着本心的苏醒与自觉，人们在表达和流露出情感的同时，会将自己的情感的内容，回溯到自己的本心之中，并通过自己的本心，将这些情感内容再体贴一遍，甚至体贴多遍，并最终让这些情感，像雨滴一样，点点滴滴触动自己的本心，而自己的本心由此而漾出层层叠叠、朦朦胧胧的自我怜爱作用，就有如宁静的湖面上所激起的水纹，或者如在左右倾斜的微风细雨中轻轻颤动着的树叶。正是情与心之间的往复与萦绕的作用，使得少年们不安于他们在童年时代的怜人爱人，而要自怜自爱了。而少年的这种自怜自爱，体现出他们的本心从童年时代的自然的自我实现作用，而走向了初步自觉的自我实现作用。

　　童年对于他们所身处的世界的爱，是直接的，单向的；而少年对于他们所身处的世界的爱，则是往复的，双向的。这无疑是少年的本心，已经逐渐从潜隐、自然的状态中，逐渐显朗与自觉化的结果。所以，只有到了少年时代，人们才会有真正的自怜作用。对于少年的自怜心态，我们将之称作一种初恋心境。少年带着自怜、初恋的心境去面对这个世界，则这个世界的任何的人、事、景致，都可能会在不经意之间，触动他们心中的自怜性，于是这些人、事、景致就会萦绕在情与心的往复之中，久久不能消释。而最深入地触动他们的本心之自怜者，莫过于他们自己心中所喜欢的人了。我心中怜爱我自己，我同时也会期待我的心上人能够直接感知我的心，并因此而怜爱我，于是我与我的心上人之间，若能够相互怜爱以交心，则是我之自我怜爱的最深沉与持久的期待与渴望。而在这个过程中，有自爱度的少年，面对自己的心上人，往往是羞涩的，他们往往想入非非，但又畏缩不前，而在前后不定之间，将自己带进了时而惆怅、时而热烈的心绪的萦绕过程当中，而这个心绪萦绕的状态，会在不知不觉间激发出少年对于爱情的各种想象力。这种想象力往往会走向幻想，但由于这种的萦绕在心头的幻想有助于增进自己的自我怜爱，因此他们越幻想，他们的幻想就越将自己带到不能自己的憧憬之中。而由于自我怜爱是本心的初步的自觉的自我实现，因此由自我怜爱而带出来的这种自我幻想与憧憬，在一开始其实是有助于本心的自我实现的，所以由卢梭所开启的浪漫主义的人生导向，并非只是"不切实际"的呻吟而已——只不过浪漫主义由于将自然情感的流露过度强调，而不能印证到情感本是本心的浪花，于是流于情感之荡漾而无所依归。

少年面对自己的心上人，为什么会生出羞涩感呢？他们的这份羞涩感，让他们进退不定，在惆怅与热烈当中萦绕、辗转。他们的羞涩感甚至让他们的初恋状态止步在对心上人的暗恋之中，而绝不向别人透露出自己的半点的心头小秘密，就更不用说当面向自己的心上人袒露了。而他们的羞涩感，则是他们童年时代天然的自爱心，积累到了少年时代的结果。我们在本书的第一卷中曾经提到，儿童往往有着天然的害羞心，这与他们的天然的自尊心构成了一体两面，而少年时代的初恋心境之有羞涩感，则是童年时期的害羞心的延续与深化。人在少年时代，情感的日渐丰富与微妙，促使人们逐渐形成了本心的初步自觉，而本心的初步自觉则让人们心中形成了一种自爱怜爱作用，在自我怜惜中，人总会有一个属于自己而决不会透露给这个世界上的任何人知道的自我世界，在这个只有我一个人的自我世界中，我有自己的秘密，我当然不想我自己的秘密一下子就曝露在别人面前——特别是曝露在自己最喜欢的人面前。我希望自己之作自我怜惜的这个秘密花园、独立世界，能够在不知不觉中，被我所心爱的人直接感受得到，而由此对方也本着自己的自我怜爱作用，与我心中的秘密花园形成一种默契与共鸣，从而达到我与对方深度交心的憧憬。于是，我心中的羞涩感就冒出来了，并伴随着我的初恋时光。而如果自我的羞涩感的形成是自然的，不是受到遮蔽和扭曲所造成的，那么这种羞涩感其实是会成为一种良心的自然法则，以及自爱的自然机制。凭着这种羞涩感，人们反而会比那些从不知害羞的人，更能直接而深沉地感受到爱的意义，同时也更能够与别人形成真正的交心与共鸣关系，这就是因为羞涩感背后蕴含着某种意义的良心与自爱。另外，随着本心的自觉性作用的增强，以及本心由自我体贴性而走向自我印证性，人们在少年时代所形成的羞涩感，最终会融入自觉的自爱作用当中，而成为主体性的力量。羞涩与坦诚，这看起来是两个不相干甚至矛盾的本心状态，其实有可能是连续而相通的。

卢梭的初恋，能够呈现出我们这里所总结出来的自我怜爱的作用以及对于心上人的羞涩感受，这是他童年时代所积累下来的自然的自爱度的体现。在《忏悔录》中，他提到了他在少年时代的好几段情缘，但这些情缘都像露水一般，很快就消散了，因此，卢梭少年时代的那些情爱故事虽然都可以纳入他的初恋经历中去，但它们都体现不了卢梭的真情。而卢梭的唯一的真情，是他对于华伦夫人的依恋。这就如他自己所说的："对我来说，世界上只有她一个女人。她使我感受到的极其温柔的感情，不允许我的情欲有时间为别的女人而蠢动起来，这种感情对我是既保护了她本人，也保护了所有的女性。总而言之，我很老实，因为我爱她。"[1]据此，我们只需要集中对卢梭与华伦夫人的情感关系作出本心分析，就可以看清楚卢梭的初恋心境，以及其中所蕴含的本心与爱的意义了。

从师傅的手中逃脱出来的卢梭，漫无目的地流窜，最终遇到了华伦夫人，几经辗转，华伦夫人收养了他，并让他在自己身边。当时卢梭十六岁半，华伦夫人二十八岁。一个是正在流浪中的平民的儿子，一个是婚姻不得意的贵妇人，一个是春情萌发的少年，一个是阅世丰富的少妇，我们可以一眼看到这当中的不平等的关系，因此他们俩的感情互动，很容易走向悲剧，而事实上也是如此。但尽管如此，华伦夫人对于卢梭，有持续近十年的疼爱，而卢梭在华伦夫人身边的时候，则确实一心一意地依恋她（当然他一离开她，便又对其他女性起了情意，一如华伦夫人一见到他不在的时候，就眷顾其他男性一样），他与华伦夫人的复杂而微妙的情感关系，塑造了后来被人们所熟知的

---

[1] 卢梭著，黎星译：《忏悔录》（第一部），商务印书馆1986年版，第132页。

卢梭。

卢梭对于华伦夫人，可谓一见倾心，一生难忘，直到他临终前，还念念不忘华伦夫人给予他的教导和温情："我充分利用我的余暇，在她的教海和榜样指引下，我知道如何使我单纯幼稚的心灵处于一个最适合于它的状态；这个状态，我的心灵一直保持到如今。"①人和人之间之能真正交心，基于相互的主体状态的匹配，同时也基于双方都有基本的自爱度；而双方的交心的实现，则又增进了彼此的自爱。卢梭初遇华伦夫人，就感到他与她有一种深度的交心之缘，这种交心之缘让他的自爱，从他的自卑、自弃的迷宫中引导出来，并萦绕在他的心田上。他回忆道："一切否认心灵感应的人，假使他们能够的话，就请他们讲讲吧，为什么我和华伦夫人第一次会面，第一次交谈，第一次凝视，就不仅令我对她无限钟情，而且产生了对她一种永不磨灭的完全的信赖。……我这个天性羞怯、遇事手足无措、从未见过世面的人，为什么第一天、第一瞬间的相处，便和她好像有了十年亲交而自然形成的那种举止随便、言谈温柔和语调亲昵呢？"②与华伦夫人初次相见，卢梭便认定了她对他有一生之缘，而后来辗转几番之后，他最终还是回到华伦夫人的身边，这更使他坚信这份情缘有如上天的安排。华伦夫人言词亲切，目光含情，对他有着长久而温柔的抚爱与体贴，这让他在童年时代起，逐渐被自己的自弃所蚕食的自爱心，得到了深深的抚慰。他的自我怜爱的种子，在温柔而和睦的春风之吹拂下，发荣滋长，它所长出的轻盈而绿油油的片片叶子，含风微笑，仿佛诉说着它的幸福。有请读者宽恕，我们再原文引出卢梭所回忆的那个初恋状态：

> 当时，我年轻力壮，朝气勃勃，无忧无虑，对人对己满怀信心，我

① 卢梭著，李平沤译：《一个孤独的散步者的梦》，商务印书馆 2012 年版，第 137 页。

② 卢梭著，黎星译：《忏悔录》（第一部），商务印书馆 1986 年版，第 60 页。

正处于人生中的那个短暂而宝贵的时期，这个时期里有种青春活力，可以说把我们整个身心都舒展开了，同时用生活的乐趣把我们眼前的万物也美化了。……我心里充满了青春的愿望、美妙的期待和灿烂的远景。我所看到的一切，好像都是我那即将来临的幸福的保证。我在幻想中看到家家都有田舍风味的宴会；树枝上都有美果；树荫下都有男女的幽会；山间都有大桶的牛乳和奶油，惬意的悠闲、宁静、轻快以及信步漫游的快乐。总之，凡是映入眼帘的东西，都令我内心感到一种醉人的享受。[①]

他对华伦夫人的爱恋，让他对自己充满信心与憧憬，他不再甘于沉堕，他不想辜负美好的自己，以及自己与她的美好的感情。卢梭带着这种萦绕心头的自我怜爱之甜蜜，就会很自然地看到、感受到天地间他所接触到的一切东西，都是对他的甜蜜的自我怜惜的真心祝福——想必这是所有经历过这样甜蜜的恋爱的人们的共同感受。万物都披上了明亮而斑斓的色彩，都散发出清新而盈盈的芬芳，都蕴含着温柔而恬静的底子，以至于整个天地、整个宇宙，都透露出难以止息的祝福，让身处爱恋中的人，感受到幽幽而无尽的爱怜。这无疑是人们的初步的自爱之自觉，因为爱恋的作用而被触动并苏醒所致。而卢梭的这段自我描绘，就能够直接表达出这样的一种自我怜爱的本心状态。

不过，正如我们在前面所提到的，人们在初恋状态中的自怜作用，是伴随着本心上的羞涩感的。卢梭对于华伦夫人的爱恋，也在情爱的悸动之中，伴随着幽隐难名的怅惘与羞涩，这正如柔弱而翠绿的树木，刚经历了微风的轻轻抚动，以及温暖的阳光的朗照之后，一片乌云从不知什么地方挪动了过来，于是阳光消失了，随之而来的是阵阵冷风，夹着湿雨，在暗淡的景色中摇动着这些树木，树木经受湿风

---

① 卢梭著，黎星译：《忏悔录》(第一部)，商务印书馆1986年版，第67—68页。

冷雨的拍打，仿佛也随之而生出一种哀怜与惆怅的色调。——这其实可以解释为什么人们的初恋状态往往会带有一种朦胧而惆怅的色调，而这种朦胧而惆怅，是与人们的自我怜爱相伴而行的。有明亮，就有模糊；有甜蜜，就有苦涩；有幸福，就有惆怅。这是本心自身的特点，同时也是少年们的本心处在情与心之间之来回体贴、萦绕的结果。对于这个初恋状态，卢梭对自己的描写也颇为细致入微：

> 我只有在看不见她的时候才体会到自己是多么热烈地眷恋着她。当我能看到她时，只不过心中快乐而已；可是她不在家的时候，我那惶惶不安的心情甚至变成痛苦的了。渴望和她生活在一起的心情，引起我阵阵的忧思，甚至常使我落下泪来。我始终记得：在一个大节日，当她上教堂去参加晚祷的时候，我自己到城外去散步，这时心里充满着她的影像和跟她在一起生活的热烈愿望。我自己十分明白，这样的愿望目前是不能实现的，我所享受的如此美满的幸福也不会长久的。这样一想，我心中就增添了感伤，但这种感伤并不使我沮丧，因为有一个令人欣慰的希望把它冲淡了。那一向使我心弦颤动的钟声，那鸟儿的歌唱，那晴朗的天空，宜人的景色，那疏疏落落的田间房舍——其中有一所被我想象成我们的共同住宅——所有这一切都使我产生了强烈而又温柔的、怅惘而又动人的印象，使我恍若置身于美妙的梦境中；而我那颗心，在这样美妙的住处和美妙的时刻，既然有它所向往的全部幸福，便尽情地来享受，甚至没有想到什么感官之快。[①]

少年卢梭知道他与华伦夫人是不可能有真正意义上的爱情的，因为华伦夫人之于他，既是主人，又是老师，亦是情人，还是姐姐，且是母亲。这是他之所以对他们之间的情感关系，感到怅惘，并形成忧

---

① 卢梭著，黎星译：《忏悔录》（第一部），商务印书馆 1986 年版，第129—130 页。

思的其中一个原因。而另外的一个原因，则是卢梭在他的初恋状态中所带有的羞涩感，使得他对华伦夫人的爱恋，时而甜蜜，时而怅惘；同时，由于他心中的这种羞涩感是从他的天然的自我怜爱心中孕育出来的，这让他对于他所爱恋的人，从不会"乱来"，他宁愿得不到对方对他的爱，也不愿在他自己的羞涩心之所允许的范围之外越雷池半步。他对华伦夫人如此，对其他所有他所爱恋过的女性都是如此。他在爱恋华伦夫人的期间，也和一些女性形成了某种爱恋的关系。这当然说明他与华伦夫人其实是缺乏真爱的，虽然他们之间的爱接近真爱了，所以他在爱恋华伦夫人期间却能暂时移情别恋——不过对于这个复杂而重要的情况，我们往后再作讨论，我们现在要说的是他在初恋状态中的羞涩感，让他无论遇到哪位他所钟情的女性，他都保持了一种自然而同时让人心动而有点儿佩服的"矜持"，而这种"矜持"让他增进了自爱度。在他爱恋华伦夫人期间，他的不能稳定的少年之心，让他碰到巴西勒太太、葛莱芬小姐和加蕾小姐的时候，情不自禁地又动了爱恋之情。他在讲述与巴西勒太太的一段微妙的情缘的时候，也用了"羞涩心"这个词来说明他当时的本心状态。在巴西勒太太手下做事的时候，他有一次能够对巴西勒太太"做出进一步的举动"的机会，但是由于他们两人都颇为"矜持"，最后只由巴西勒太太用手稍稍按了一下他的嘴唇而结束。这种经历，反倒让他增进了对爱情的体验，他认为自己"在占有女人时所能感到的一切，都抵不上我在她脚前所度过的那两分钟，虽然我连她的衣裙都没有碰一下"[1]。而卢梭对于葛莱芬小姐和加蕾小姐的喜欢，也同样带有羞涩感，这使他没有"做出进一步的举动"。葛莱芬小姐邀请他跳到自己的马上，他心里怦怦直跳，但就是不敢移动身子，后来葛莱芬小姐再说了一句消除他的顾虑的话后，他就闪电似的跳到她的马上了，他喜欢得浑身颤抖，心跳得更厉害。为了稳定，他不得不搂着她的腰。葛莱芬小姐觉

---

① 卢梭著，黎星译：《忏悔录》（第一部），商务印书馆 1986 年版，第 90 页。

察到他的心跳得快，于是巧妙地跟他说，她自己也害怕掉下去，所以自己的心也跳得厉害。这时候，卢梭是这样描述的："拿当时我身子的位置来说，这几乎可以说是邀请我摸一摸她的心是不是果真在跳，但我始终没敢那样做。一路上，我只是一直用我的两只胳膊给她当腰带，勒得的确很紧，可是一点儿也没有挪动。"[①]这也同样是他的羞涩心给他带来的具有自爱度的"矜持"。卢梭与这两位小姐玩耍了一整天，最后"没说一句暧昧的话，也没开一句冒失的玩笑，而且我们这种规规矩矩绝不是勉强的，而是十分自然，我们心里怎样想，也就怎样表现出来"[②]。他最后最"放肆"的行为，就是情不自禁地吻了加蕾小姐的手一下。卢梭对读者说："在这种以吻一次手而告终的爱情里，我所得到的快乐，比你们最低限度以吻手开始的恋爱中所得的快乐还要多。"[③]他之所以会有这样的感受，是因为这样的一种带着羞涩感的快乐，反倒能够促使他的自我怜爱之意，从心中冒出来，并萦绕在他的心头，最终形成了一种只有自己可以享受的甜蜜——他在自己的秘密花园里悠然而独自地享受着这份甜蜜。

我们可能会取笑卢梭的这种爱恋的态度与行为，其实是"有贼心而无贼胆"。从表面上说，就算是卢梭本人听到这个评价，他在一开始也可能会承认他确实是这样的人，因为他自己确实是想"做出进一步的举动"的。例如，除了他当时确实想去摸一摸葛莱芬小姐的胸部的，而那一天他们三人一起玩耍，他爬到樱桃树上摘樱桃，加蕾小姐在树下准备接着，他将一束樱桃扔到她的乳房上，他心想"要是把我的两片嘴唇也扔到那同样的地方，那该多美啊"[④]他这些想法，不是都明明揭示出他"有贼心而无贼胆"吗？这其实是表面上的判定。这

① 卢梭著，黎星译：《忏悔录》（第一部），商务印书馆 1986 年版，第 166 页。
② 卢梭著，黎星译：《忏悔录》（第一部），商务印书馆 1986 年版，第 168 页。
③ 卢梭著，黎星译：《忏悔录》（第一部），商务印书馆 1986 年版，第 169 页。
④ 卢梭著，黎星译：《忏悔录》（第一部），商务印书馆 1986 年版，第 168 页。

是因为，要认定一个人"有贼心而无贼胆"，就得先认定这个人的心本是"贼心"才行，也就是说，这个人是"有心做贼"的。卢梭的积极的自我怜爱，让他本来就无心做贼。他对于自己的这个自信还是有的，要不然他就不会这样动情地将这些情缘写出来，同时他的文字也不会打动读者的心了。凡是"有心做贼"的人，才会领取"有贼心而无贼胆"这个殊荣，同时也才会很容易就将卢梭所回忆的这些事，用"有贼心而无贼胆"这样的话就作出盖棺论定。老实说，如果卢梭真是"有贼心而无贼胆"，那么他所写出来的文字必定是色情而猥琐的，而不会有清新动人之感。因此我们可以断定，卢梭并非"有贼心没贼胆"，因为他的心不是"贼心"。这是我们在印证初恋的论题时，需要留意到的微妙而又重要的问题——之所以说它重要，是因为它关乎一个人是否有真正的自爱，或者一个人的自爱度是如何的。

（三）卢梭对华伦夫人的爱恋及其情感悲剧；
对浪漫主义的反思

我们再说回卢梭与华伦夫人的爱恋关系。在卢梭的心目中，华伦夫人是无可替代的，"我所以爱她，是因为我生来就是爱她的"[①]。我们在此前已经多次提及，他对华伦夫人的这份温柔而持续的爱恋，是他从童年时代就自我保护下来的自然的自爱状态的体现，这使得他对她的爱恋，既温柔而又羞涩。同时，他的自我怜爱作用，亦促使他"只想问我自己是否爱她"[②]。这样的一种具有自爱性的初恋情感，使得卢梭从来不会让自己的爱恋，蜕变为一种怨怼与仇恨——这和《呼啸山庄》中的男主人公希斯克利夫有着明显的对比。如果我们用简短的话来概括卢梭对华伦夫人的爱恋的底子，我们大概可以将它说成是好色而不淫，多情而不滥，哀恻而不怨，自怜而不伤，这无疑是他大体

---

① 卢梭著，黎星译：《忏悔录》（第一部），商务印书馆1986年版，第185页。

② 卢梭著，黎星译：《忏悔录》（第一部），商务印书馆1986年版，第60—61页。

上有着积极的自我怜爱的表现。对比之下，有些人的初恋与其他爱恋表现，则容易自淫而淫人，自滥而滥人，自怨而怨人，自伤而伤人。一句话，就是自爱的人能爱人，不自爱的人不能爱人。无论东方西方，人们对于爱情有各种赞颂，但无论是哪一种赞颂，都是会去赞颂那些蕴含着自爱的意义的爱情关系。而从人们的赞颂中，我们就能透过人们的赞颂与描述，而印证到本心之顺畅的自我实现所带来的光辉，以及主体性的生机与充盈，从而触动自己的本心，并因同感与共鸣，而自己亦生出不容自已的自爱之意。大概我们之所以喜欢去聆听这些关于爱情的音乐，观看相关的电视、电影、戏剧，阅读相关的小说、诗歌，其根本的意义就在于此吧！由此，我们再翻看一下《诗经》，就很能体会到这个意义。孔子说，《诗经》的主旨就是"思无邪"，这确实蕴含着对于自爱的揭明的。他又认为《关雎》之诗之歌，是"乐而不淫，哀而不伤"，如果我们不去考虑他的这个评价中是否含有某种教化的目的，而单纯是从中而揭示出人的性情的话，那么他的这八个字恰好是点拨出了初恋状态中的自爱作用。而《诗经》中的文字也确实充满着人们在恋爱中的自怜性与羞涩感，读来让人怦然心动。我们随便翻开这本书，遇到《国风》之篇，那首《汉广》之诗读来颇动人情："南有乔木，不可休思；汉有游女，不可求思。汉之广矣，不可泳思；江之永矣，不可方思。"这是男孩子看到汉水对面的女孩子，心生爱慕，而形成的自怜与羞涩。我们再读《秦风》之篇，其中有《蒹葭》一诗，诗云："蒹葭苍苍，白露为霜。所谓伊人，在水一方。溯洄从之，道阻且长。溯游从之，宛在水中央。"这和《汉广》之诗的意味是相近的。而《陈风》之篇则有《月出》一诗："月出皎兮，佼人僚兮，舒窈纠兮，劳心悄兮！"这是唱这歌的人，因为看到月亮的清朗柔和，而想到了心上人，于是心头萦绕着难以自持的怜惜与怅惘。我们再翻开《郑风》，读到《子衿》之诗云："青青子衿，悠悠我心。纵我不往，子宁不嗣音？青青子佩，悠悠我思。纵我不往，子宁不来？"唱这歌的人的"矜持"已经到了难以自抑的程度了，于心中向自己的心上人喊话，可惜，她只不过是悄悄地对自己说的，我敢打赌，她是决不敢在她喜欢的男孩子面前直接说出这些话的，两人一旦见面，这个可怜的女孩子便会装作冷冷淡淡、若无其事的样子的。我们又翻到《野有蔓草》之诗云："野有蔓草，零露漙兮。有美一人，清扬婉兮。邂逅相遇，适我愿兮。"男孩子走到荒郊，正生出一种自怜之意呢，这时候，恰好有一个漂亮的女孩子走过来，让我的心怦然直跳，更让我难以自持的是，那女孩子竟然对我也有意了……这些诗句，都透露出一种乐而不淫、哀而不伤的意味，同时都可以帮助我们理解清楚卢梭对华伦夫人的爱恋的意义所在。当然，在这里我们还要提一句，就是《诗经》中的这些文字，一旦变成了教化的工具之后，就立马变味了，我们并不需要去读古人的那些什么《诗小序》之类的导言，直接去体会原文，就可以感受到一种具有自爱意义的初恋状态，否则，我们的这种原生态的感受就会荡然无存。

在前面的文字中，我们主要展示出卢梭童年时代所积累起来的自然的自爱度，让他与华伦夫人建立了一种具有积极意义的爱恋关系，而这种积极的爱恋关系则又增进了卢梭的自爱度。因此，虽然因为母爱的缺乏，与情感的紊乱，卢梭的初恋状态的表现其实比较紊乱，但我们仍需要内在地看，而不要外在地看问题。可以说，他的初恋状态的底子基本上仍是自爱的，相关的验证的"标准"，是卢梭后来并没有因为华伦夫人移情别恋，抛弃了他，而将本心中的爱恋，完全转成一种极端的伤害与怨恨，他收回了他对华伦夫人的爱意，而转向了对其他女性的爱。他一直忠于他的善良的心，他一生都保持他的情感的善良性，他敏感于别人对自己的伤害，他也决不忍心去伤害别人——包括对华伦夫人也是如此。华伦夫人临终前，想他帮助，他因为自己仍然怀着对于华伦夫人抛弃他的报复，而置之不理，但他事后不能原谅自己如此绝情，而他在临终之前写的《一个孤独的散步者的梦》，最后一篇依然是对华伦夫人的深情怀念，其不舍之意，如怨似诉。因此，卢梭与华伦夫人的这一段情缘，确实是可以称作美谈的。

但是，我们同时也要清楚地看到，卢梭对于华伦夫人的依恋，确实是基于自爱的，但他的自爱度并不充分，而这导致了他与华伦夫人后来的情感悲剧，也使得他在尔后的一生之中，渴望获得真爱，但真爱始终与他无缘。他的自爱度之不充分，从具体的角度说，是他并不能完全珍惜自己，不能对自己有足够的自信，这导致他对于华伦夫人，一方面有着过度的依恋，另一方面在面对华伦夫人与他的复杂而不平等的情感关系的时候，隐忍迁就，不以为意。而我们如果更进一步，将卢梭的这段情缘，与对他的主体观的反思结合起来去考察，就可以理解到卢梭由于过分强调自然情感、善良情感的关键意义，这导致他未能形成本心上的自觉，并通过本心的印证性作用去疏导自己的情感，于是便容易被各种情感所牵扯与左右，最终情感遮蔽了本心，难以将自爱的意义充分落实下来。对于这个问题，我们需要做一些本心分析。

在遇到华伦夫人的时候，少年的卢梭有着基本的自爱度，这确实没错。但事实上，没有任何一个人是完美的自爱者，因为人的本心总是虚灵的，它有挺立性的一面，也肯定有脆弱性的一面。儿童的本心也是如此，它总是明亮与茫昧相交织的。卢梭从他的童年时代甚至婴幼儿时代开始，就已经经受了深度的不幸与创伤，其中最大的一个不幸，就是他来到这个世上——他的母亲的离去，以及他父亲将丧妻之痛的感受转移给他，这让他极度渴望母爱，同时亦埋下了某种自卑、自弃的本心导向。卢梭能从童年一路走过来，而且逐渐增进自己的自爱度，这是卢梭自己争气的结果，而与卢梭的自爱状态相伴而行的，则是他的难以自爱的本心状态——这一点儿也不奇怪，也不矛盾，因为儿童的本心总是挺立与脆弱、明亮与茫昧相交织在一起的。在卢梭那里，自爱、自立的本心导向是主流，而含有自卑与自弃的难以自爱的本心导向，则是支流与暗流，而这两种导向在他的本心中则是交织、缠绕在一起的。这导致他对于华伦夫人的爱恋，也是自爱与不自爱相交织在一起的。关于他的自爱的一面，我们已经讲述过了；而对于他的不自爱的一面，我们在前面的文字中也已经有所铺垫和点明，而我们在这里要说的是，他某种自卑与自弃的本心导向（当然这种导向没有完全伤害他的自爱的底子）给他带来一种不太尊重他的本心的关于爱情的想象，用他自己的话来说，这个想象就是，"我所关心的只有一件事，就是看看那里是否有个值得我尊敬的年轻公主，以便和她搞一场风流韵事"①。我们还是得承认卢梭的这种有点儿根深蒂固的憧憬与梦想，其实没那么尊重自己的本心，也就是不够充分自爱的。他一辈子去做这样的梦想，一辈子为这样的梦想而来回折腾，但他的这种梦想一辈子也没有实现过，而且阻碍了他获得真爱。同时，卢梭热爱自然，崇尚乡村，呼唤平民的性格，但自己在一生最为关键的问题也即爱情的问题上，却心心念念要去渴望得到来自特权阶级的公主们、贵妇人们的爱，这不是一个极大的自我矛盾、自我讽刺吗？事实上也确实如此！如果我们体贴卢梭，对他作某种平情的本心分析，我们可以说，他之所以会形成这样的念想并且固执之，其实还是源于他对母爱的渴求以及与之相伴随的对自己能够获得母爱的不自信，这种不自信也导致了他的某种自卑性。这就促使他心中期待能够遇到一个能兼而为他的母亲与他的情人的女人，去保护他，引导他，而这样的人，最好是一个美貌、纯洁并长他一辈的有权力、有财富的女人。而他在童年时代的一些遭遇，例如朗拜尔西埃小姐给他的体罚，也刺激了他梦想能够有公主们、贵妇们谈情说爱的欲望与癖好。但是，由于卢梭的这种期待，不完全是从他的自爱中来的，而是杂有他的不自爱的一面的。

因此，他遇到华伦夫人，并与她形成了爱恋的关系，但由于这是卢梭将自己难以完全自爱的梦想与憧憬，投射到华伦夫人身上的体现，同时也是华伦夫人自己并不完全自爱的体现，因此这就注定了他们的爱情关系有不自然性甚至某种扭曲性，同时也注定这种爱情关系

---

① 卢梭著，黎星译：《忏悔录》（第一部），商务印书馆 1986 年版，第 85 页。

因为缺乏真正的平等的交心与互爱，而走向衰败。他们之间的爱是缺乏源头活水的，所以一旦水源堵塞，之前的感情立马蒸发。虽然在华伦夫人的爱抚下，卢梭逐渐增进了他的自爱度，并迅速成长起来，但是这抵消不了他们的爱并非真爱这一事实。具体地说，卢梭对于母爱的渴望，对于贵妇人的想象，以及对于自己的某种自卑、自弃感，使得他心里安于（实际上他并不是真正心安的）一个和他地位不平等的女主人（更严格地说，是一个主体状态不匹配的女主人），向他释放出一个她所允许、所限定的感情上的渠道，而他则乖乖地按照她所限定的方向，向着这条情感的渠道而爬进去。卢梭爬进去了，他享受到了前所未有的爱抚，但同时也接受了某种广泛意义上的自虐与被虐。他的这种在爱恋上的自虐与被虐，让他在依恋华伦夫人并不断增进自爱、自立的本心状态的同时，也加深了他的不自爱的一面。这导致了他的主体性具有分裂性、纠缠性的导向，这是他一辈子也难以完全走出来的魔咒。而卢梭心中的这个不自爱的导向，不但让他安于和华伦夫人形成长期的依恋性关系，而且也让他安于接受由华伦夫人所安排的"多元的或开放式情感关系"的格局。华伦夫人有一个忠实的仆人兼情人，他名叫克洛德·阿奈。他是一位乡民，和卢梭的出身相近，但他老成稳重，与卢梭的性情迥异。不过，这只不过是表象，这是他掩盖自己对于华伦夫人的炽热情感的方式。他与华伦夫人有深度的情感纠结，为此还服毒过，并被救了下来。可以说，华伦夫人与阿奈之间也有一段纠结的情缘，而且这段情缘比卢梭与她的那段情缘，还要深一些。对此，卢梭打心里是有痛苦的，但他的不自爱让他将自己的痛苦给压制住了，并且合理化他们之间三角的爱恋关系。他是这样说的："我把她的幸福置于一切之上，既然她为此需要阿奈，我愿意他也幸福。""这个可爱的女人的高尚品格的证据之一，就是她能使所有爱她的人也彼此相爱。嫉妒以及争风吃醋的念头在她所唤起的高尚情感面前都得退避三舍，我从没有发现她周围的人相互间怀有恶感。"[①]他一方面隐藏自己的醋意——这其实在其萌发之始乃是一种自然的情感——并佩服阿奈，承认阿奈对于华伦夫人来说是比他更为重要的一个情人，而另一方面则隐藏自己的怨诉——这其实在其萌发之始也是一种自然的情感，只要它尚不因为自爱的不足而转成一种仇恨的话——并将华伦夫人对这两位年轻男子的情感索取合理化为品格高尚的体现。通过这样的隐藏自己的本心的做法，以及对他们三人之间有所扭曲的情感关系的合理化过程，卢梭承认并且支持了自己参与这种三角的爱恋性关系。

这样的一种三角的爱恋性关系，肯定是缺乏深入而充分的真正交心度的，更不用说是真正的爱情了。真正的爱情关系，是平等的、深度的、毫无保留的交心性共鸣，这必然会促使爱情关系中的参与者走向既专且深的方向发展，这就势必会与一种多元的恋爱关系，形成张力与冲突。这其实是很自然的事。而如果人们一定要维持这样一种多元性的恋爱关系，那就势必安于彼此在交心上的浅尝辄止，甚至于交心上的压制与伤害才行。这是我们以本心与交心的角度去理解这些不同的恋爱关系而自然导出的结论。据此，我们就可以断定卢梭与华伦夫人的爱恋关系，就并不是真爱，这虽然满足了卢梭与华伦夫人彼此的情感诉求，并促进了卢梭的自爱心，但与此同时，它也在不知不觉之间，伤害了彼此双方的本心的自我实现性作用，也即自爱的作用。他们之间的幸福与欢乐，虽然甜蜜、宁静、悠长，但这往往是集中在情感层面的互动，而不能从情感而自觉地进至本心；或者是说，他们的本心都挤在情感的流动上去了，因此他们彼此之间，满足于浓情蜜意，但缺乏对于情感的底部那作为主体的核心的本心，以及作为交互主体性的核心的交心的直面与承担。在爱情的领域上，他们各自其实都以不同的方式，回避了自己所理应直面的主体的困境，而通过情感上的交

---

① 卢梭著，黎星译：《忏悔录》（第一部），商务印书馆 1986 年版，第 220 页。

流，而非本心与本心的深度照应，去掩盖各自的主体性困境。

卢梭与华伦夫人之间缺乏真正的交心的体现，是他们彼此之间难以维持一种专精的爱情关系。情感上的甜蜜互动，虽然也是本心的流露，但如果我们缺乏本心的自觉，那么我们将会在不知不觉之间，我们的"自然情感"其实会变得没那么"自然"，但我们对此却可以浑然不觉。而当卢梭在享受着他与华伦夫人在情感上的甜蜜、宁静与浪漫的时候，他的本心其实已经随着他的情感的流动与萦绕，而完全沉浸在情感当中，并成为情感的奴仆了。这是我们对卢梭所开启的浪漫主义的最具深度的体贴与理解，同时也是对浪漫主义的最深刻的省思与批判。用我们在这本书中的话来说，就是卢梭以及浪漫主义者，是不能自觉到，何种意义的情感，才是被本心之所充实的情感，何种意义的情感，不能被本心之所印证与充实，从而将自身的体贴性，转而为一种荡漾性。换句话说，浪漫主义是不会自觉到，它所推崇的那些自由而浪漫的情感，究竟是体贴性的情感，还是荡漾性的情感，究竟是真正的本心自然的情感，还是没那么本心自然的情感的。卢梭的自爱的不充分，就体现在这一点上面。他自己是过于相信情感的力量了。我们能够体贴到，他从心中所流露出来的自然而善良的情感，让他受用无穷，他在自己的善良情感中获得了自爱的力量；但是，仅仅依靠情感自身，则是将自己的整个本心，整个主体性的意义，完全托付给了情感的流动了。但是，如果缺乏作为情感之根源的本心的印证性作用，那么自己的情感之流动，究竟是从本心中直接流出来的呢，还是虽然从本心中流出来、但后来却遮蔽了本心，并成为一种荡漾性的情感呢，则自己是不能作出一个自明性的感受与判断的。卢梭的问题，就是他过于相信与倚重自己的情感了，他认为只要是自然的情感，就是善良的，是好的，但实际上，情感是否善良，是不是好的，是需要自己的本心去体贴，去印证的。情感的善良性，来源于本心的善良性；情感的纯真性，来源于本心的纯真性。情感最终是本心的浪花，因此自己的本心不应当随着情感的浪花，而左摇右荡，这样做往往会走向自我的迷失。总言之，卢梭的初恋以及后来的恋爱经历，是与他的浪漫主义哲学相关联在一起的，而他之所以有这样的浪漫主义的取向，之所以有这样的恋爱经历，则是与他不能自觉地由情入心、以心印情，而仅仅随着他的情感而流转有关。而他之所以走向这样的本心状态，这与他童年时代就已经经历敏感的情感体验有关，同时也与他后来虽然能够逐渐增进自爱，但其自爱度尚不充分有关——因为跟随情感的荡漾而难以回到本心，这是本心未能充分自我实现、自我充实的体现。心不会伤人，但情是有可能伤人的，我们还是用卢梭自己的话来说吧："俗话说'剑毁剑鞘'。我的情况正是这样。我的激情给我以生命力，同时也伤害了我。"[1]

　　有了上面的本心分析，我们就不难理解到，为何卢梭在深深地依恋华伦夫人的期间，仍然会移情别恋。他与华伦夫人同居期间，自己患病了，他担心自己会死掉，华伦夫人也担心他，她资助他长途旅行到蒙彼利埃去找菲茨医生看病。而在旅途中，他又喜欢上了德·拉尔纳热夫人，并和她有一段风流韵事。卢梭之所以会移情别恋，其实还是与他和华伦夫人缺乏真正的交心度，而只有情感上的相互体贴与相互荡漾有关，换言之，是与他从华伦夫人那里得不到真爱有关。我们且看他的自述："我爱她从来不像爱华伦夫人那样，也正因为如此，我才觉得占有她时比占有华伦夫人时快乐百倍。在妈妈跟前，我的快乐总是被一种忧郁的情绪，一种难以克服的内疚心情所搅扰，我占有她的时候不但不感到幸福，反而总以为是辱没了她的品格。在拉尔纳热夫人身旁则完全相反，我以一个男人所能享受到的幸福而感到自豪……"[2]这明明是道出了他与华伦夫人的爱恋关系，并非真正的交心性共鸣的关系，而是一个因缺乏充分的自爱而依恋对方、另一个亦因缺乏充分的自爱而向对方索取爱的情感关系。这个情感关系可以含

---

① 卢梭著，黎星译：《忏悔录》（第一部），商务印书馆 1986 年版，第 270 页。

② 卢梭著，黎星译：《忏悔录》（第一部），商务印书馆 1986 年版，第 316 页。

情脉脉，但却往往不堪一击。卢梭刚离开华伦夫人，就立即与拉尔纳热夫人传情送爱，仿佛一个被关在密室里很久的人，刚被放出来就大口大口地呼吸新鲜空气一样。而华伦夫人呢，一俟深深依恋她数年的卢梭离开她身边，就让一位理发师投入了她的怀抱，让这位理发师取代了卢梭的位置了。卢梭回来后，发现了自己已经被抛弃了，感受到自己"如此情致缠绵地怀抱着的那些动人的理想完全毁灭了"。而华伦夫人则"认为这是极其平常的事情，她责我对家里的事采取漠不关心的态度，还说我时常不在家"[①]。华伦夫人对他的抛弃，以及她此前将阿奈与他两人纳入三角恋爱的关系中去，都让卢梭对她形成了排斥，当然，他的基本的自爱度，阻止了他的排斥进一步转化成为仇恨。总言之，从这里的讲述，我们其实很难感受得到他们之间会有什么真爱，他们的交心肯定是不充分的。真正的爱情，是要本于真正的交心与共鸣的。在爱情关系中，无论是理性，抑或是情感，都有助于爱情的落实与深化，但是它们都不是爱情的关键意义所在，爱情的关键意义无疑在本心，在交心。哲学家钟爱讲理，文艺家钟爱任情，讲理与任情都有交心的意义，但其本身不足以完全揭示出交心的真正意义，因为理性是本心的纹理，而情感则是本心的浪花，这两者都是本心的其中一个面向，但都不能取代本心自身。因此，我们就可以印证得到，为什么有些人，讲理不可谓不明澈，但最终却难以交心，任情、用情不可谓不浪漫，但最终却遮蔽交心，而他们越去讲理，越去任情，但最终却难以建立真正的爱情、亲情与友情。

读者诸君，我们对于卢梭的初恋，就讲述和分析到这里了。由此，我们也到了可以对卢梭的初恋做一个总结的时候了。可以说，虽然我们基于本心的角度，对卢梭的初恋状态，以及与这初恋状态息息相关的卢梭的爱情观，作出了深入的反省与批判，指出了情感本位的爱情观的意义与局限，同时亦揭示出了他对于华伦夫人的爱恋，并非

---

① 卢梭著，黎星译：《忏悔录》（第一部），商务印书馆 1986 年版，第 328 页。

基于充分的自爱度与交心性的，因此这种爱恋并非真爱，但是，在这个世界上，我们确实也找不到一个完全自爱者，卢梭的问题在于他不够自爱，而不是他不自爱。他的主体状态、本心状态的底子是基本自爱的，这让他的初恋经历，体现为一种积极的不断增进其自爱度的自我怜爱，这种自我怜爱后来化为他的强大的主体性的力量。我们之所以将卢梭的初恋视作能够自爱的典型，是因为他少年时代的自怜作用，并没有变质成为自恨与恨人，他只是因为过分倚重情感的作用，而使得他的自爱度不够充分而已。我们对比《呼啸山庄》中的希斯克利夫对于他所爱恋的人，由爱而生恨，就可以更加显示出卢梭是有基本的自爱度的。而我们从卢梭的童年时代的主体状态中，可以比较清晰地看到卢梭的初恋之所以感动人心，乃是基于他在童年开始就不断积累了自爱、自主的导向了。我们亦由此而深深地体会到，卢梭与华伦夫人之间的复杂而微妙的爱恋关系，终究是人们回味不尽的美谈，而他对于他自己因沉溺于情感的流动中而走向不自爱的那种诚恳的态度，也使得我们在给予他"忘恩负义""见异思迁"之类的评定后，隐隐然感到这些评定都有点粗糙了。

二、自爱的丧失：
由茫昧与明亮交织到逐渐沉堕；
以《呼啸山庄》为例

（一）论真正的事实皆为"本心事实"

与《忏悔录》不同，《呼啸山庄》纯粹是文学作品，里面的情节难免有虚构的作用。而我们之所以仍然想将这两个作品对照起来讨论，是因为《忏悔录》里面的卢梭和《呼啸山庄》里面的希斯克利夫，这两个主角的初恋状态，确实有着鲜明的对比。一个是在自爱与不自爱的边缘中，通过自爱而超越了自弃——虽然卢梭本人很难完全摆脱某种不自爱的本心状态；而另一个则是在自爱与不自爱的边缘中，因为不自爱而将自爱逐渐吞噬了——虽然希斯克利夫本人肯定是渴望自己的本心能够顺畅地自我实现的，也即渴望自己能够自爱的，但最终他自爱失败了。而他们的初恋状态之所以呈现出这样的对比度，在很大的程度与意义上，是与他们各自在其童年时代中，他们的本心所蕴含的天然的自爱度，能否逐渐维护下来并形成自觉的自爱，是息息相关的。我们可以对童年的卢梭作出本心分析，呈现出他是如何一步步地走向自爱；同样也有信心去对艾米丽·勃朗特所描写的童年希斯克利夫作出本心分析，呈现出他是如何一步步丧失他的自爱的。而通过对这两个人的童年的本心分析，我们就能够比较清晰地看到，为什么一个会从自弃的边缘而一步步走向自爱的，而一个会从自爱的边缘而一步步沉堕并蜕变为仇恨的，也即既恨自己，也恨别人，并向别人索取爱，进而也吞噬了别人的生命与力量。爱与恨的分野，并不出现在人的初生之时，它是随着各人的习之相远，而在童年时代逐渐酝酿、沉淀，在童年时代的末期而呼之欲出，最后在少年时代的初恋状态中自隐而显地冒出来的，就像一颗种子种在了土壤下面，它会在人们不知不觉中，逐渐得到阳光与水分或充分或不充分的作用，而在土壤之中潜隐萌发了，而一旦它破土而出，别人以为它是初生的样子，其实它早已不是初生的样子了。要论初生的样子，就只有它是一颗种子的时候，而现在它已经不是种子了，因为有芽从它当中长了出来，并破土而出，而当它冒出土壤之后，它还长出了叶子。而这颗种子所生出来的芽，在它还没有冒出土壤之前，就已经或者向东边斜斜而出，或者向西边斜斜而出。如果我们将一个人的初恋比作新芽之破土而出的话，我们就需要理解到，在它的芽未出来之前，这颗种子已经长了好长一段时间了。它在土里面长成什么样子，就是它破土而出的那个表现的基础。

感谢艾米丽·勃朗特，她用卓越而细腻的文字，将人心的爱与恨，呈现得如此入微而有力。她的这本小说让我们读来，感到在现实世界中，我们也不一定碰到如此真实的人，特别是那个如此真实的希斯克利夫。希斯克利夫心中的爱、恨、情、仇，在艾米丽·勃朗特的文字的起、承、转、合当中，是如此真实地流淌出来，让读者跟随她的文字中的起、承、转、合，而体会到希斯克利夫的爱、恨、情、仇的流转，就好像诉说着我们自己曾经有的或者现在就有的本心状态一样，并引发我们心中的共鸣。勃朗特的文字让我们进一步有信心认为，所有的真实，最终都是本心的真实。对于本心启发和本心分析来说，小说与真实故事具有同等的意义，甚至经典小说更有启发性，这是因为经典之所以为经典，往往是因为它们能引起广泛而深入的本心共鸣，这也就意味着它们对本心的刻画既生动又准确。一本小说，它如果能够触动人心的深处，并引起震荡，那么它就触动了人们的本心的真实的地方，而人们在受到触动之后，就并不会介意它是不是虚构的——只要它呈现出本心的真实状态，本心的力量，我们就不会去管它是不是"虚构"的，而我们之所以要读这本小说，也不是带着它是不是虚构的这样的问题而去读的，而是带着它是否可以启发我们自己去体贴和印证自己的本心，自己的人生意义而去读的。而正因为勃朗特将本心的事实，写得如此细腻而有力，因此这给我们对小说中的文字描写，作出深度的本心分析，提供了很大的便利。

小说的情节虽然起伏跌宕，但并不特别复杂（因为小说中几乎所有的人物都是希斯克利夫的报复对象），它的最有价值的地方，当然是曲折淋漓地呈现出本心与交心上的爱恨与情仇。小说写的是呼啸山庄的主人老恩萧（Earnshaw）因为自己的一个儿子夭折，形成了心结，后来他碰到一个机会收养了吉卜赛弃儿希斯克利夫，喜不自胜，将希斯克利夫视作自己那个夭折的孩子，对他亲爱无比，以求弥补他心中的丧子之痛以及他挥之不去的亏欠感。老恩萧尚有两个孩子，他们是两兄妹，哥哥叫辛德雷（Hindley），妹妹叫凯瑟琳（Catherine）。当老恩萧将希斯克利夫带回家后，他们两兄妹对待这位可怜的吉卜赛孩子的态度是不一样的，凯瑟琳很喜欢他，和他一块儿在寒冷、悲壮而忧郁的荒原中打闹，她觉得野性不改的希斯克利夫比他更像她自己，他们两人是一模一样的，两人互生情愫，彼此也离不开对方。而和妹妹完全不一样，辛德雷对这位稀释掉他父亲对他的爱的流浪儿，打心底里妒恨他。当老恩萧去世后，辛德雷做了山庄的主人，趁机将他降为仆人，强迫他干佣人的活儿，剥夺了他受教育的机会，并且严禁他再接触凯瑟琳——总之，他就是想拆散他们两人的感情关系。而被辛德雷以奴仆视之的希斯克利夫，因为地位与凯瑟琳不相称，而最终在通向婚姻的路上，被凯瑟琳所置之门外。在凯瑟琳与仆人耐莉的一次私密谈话中，她透露了附近的画眉山庄主人林顿先生的公子埃德加·林顿向她求婚了，她答应了自己做林顿夫人，并违背自己最真实的本心意向，向耐莉表达她爱林顿，接受林顿，而不会选择希斯克利夫，因为她如果嫁给了希斯克利夫，她就自贬身份了。凯瑟琳与耐莉的这段并非真心的真心倾诉，让躲在一旁的希斯克利夫一字不落地听到了。在那个冷风呼啸、电闪雷鸣、大雨滂沱的夜晚，希斯克利夫带着复仇之心，从呼啸山庄中消失了。

　　三年后，衣锦还乡的希斯克利夫重又出现在林顿夫妇的面前。已是林顿夫人的凯瑟琳，看到变了个样儿的希斯克利夫，真的是喜出望外，但她没想到，她现在开始慢慢品尝她夺走了希斯克利夫对于爱的所有希望，而所带来的苦果。报复的序幕已经拉开了。辛德雷酗酒与赌博成性，最终潦倒穷困，将呼啸山庄的家产抵押给了希斯克利夫，自己还成了希斯克利夫的奴仆，倒转了他们之前的关系。后来辛德雷在他妹妹死后酗酒而死，他的儿子哈里顿（Hareton）又被希斯克利夫所控制，以报复辛德雷之前对他的虐待。在画眉山庄那边，希斯克利夫也不放过报复的机会，他情诱林顿的妹妹伊莎贝拉（Isabella Linton），并将她囚禁在呼啸山庄，以宣泄他的积怨。尔后伊莎贝拉逃出了希斯克利夫的魔掌，并生了一个男孩，取名林顿·希斯克利夫（Linton Heathcliff，即小林顿）。而凯瑟琳则因为希斯克利夫的归来，而心绪难平，最终卧病不起，溘然长逝，留下一个早产的女婴凯蒂（Cathy）。而十余年后，伊莎贝拉病逝，希斯克利夫将自己的儿子小林顿接回身边，但对他却心生厌恶。后来，林顿病危，希斯克利夫趁机又将凯蒂弄到自己身边，并强迫凯蒂和小林顿结婚。没过几天，林顿死去，画眉山庄最终又落入了希斯克利夫之手。而他的儿子小林顿在与凯蒂婚后不久，也死去了。后来凯蒂在不知不觉间，复又爱上了辛德雷的儿子哈里顿，他们两人纯朴而自然的爱情，让希斯克利夫大为恼火，他执意要拆散这对恋人。但他从这两个年轻人的爱情中，看到了往昔他与凯瑟琳相爱的影子，于是他心中的爱意复苏了，仇恨消散了，他的报复心也随之退却了。他要去寻找凯瑟琳。在一个风雪之夜，他声声切切，呼唤着凯瑟琳的名字，最终离开了这个让他纠结的人世。

（二）老恩萧宠爱希斯克利夫的本心原因及其后果

小说中没有提到吉卜赛人希斯克利夫最初的身世，想必也是非常坎坷的。他是个孤儿，在利物浦的街头流浪，黑黝黝，脏兮兮，老恩萧先生将他捡起来，左右前后打听，都没有人知道是谁家的孩子。他心中应该是感到这是上天给他的丧子之痛的补偿，于是兴匆匆地将他抱入怀中，带回呼啸山庄，并给他取名希斯克利夫——这和老恩萧死了的儿子的名字是一模一样的。我们从这个细节中，就可以看到，老恩萧其实并没有将希斯克利夫视作一个独一无二的主体，在他的心目中，这个活着的希斯克利夫，其实只不过是那个死去的希斯克利夫的替代品而已。这样一来，虽然老恩萧对希斯克利夫偏爱得无以复加，也不让家里人说希斯克利夫的半句坏话，但这样的一种"爱"，并不是发自本心的自然而顺畅的诉求，而是一种因为心有亏欠而生出来的补偿性诉求。这种补偿性诉求是通过对一个本来与他的儿子没有任何关系的人的宠溺，而得到本心上的满足的。而正因为老恩萧对希斯克利夫的宠溺，并不是出自他心中的真实而自然的爱，而是出自他的自私心的。因此，老恩萧越是宠溺希斯克利夫，希斯克利夫就越是感受不到真正的交心与爱，于是也就越觉得自己并不是值得自己去珍惜的人，最终他积聚出了骄纵、嚣瑟以及各种坏脾气。耐莉是呼啸山庄这段故事的忆述者，她说："……我经常纳闷，这个绷着脸儿的孩子，究竟有什么地方让我主人这么喜欢他，在我印象中，对于他的宠爱，这孩子是一点儿感恩之心都没有的。他对他的恩人，不是粗野无礼，而是无动于衷……"其实老恩萧之所以会喜欢这样一个愁眉苦脸的孩子，而且这个孩子越是愁眉苦脸，他就越喜欢，是因为他觉得希斯克利夫的愁眉苦脸就是上帝给他失去儿子这件事的惩罚——试想，如果他所捡来的小希斯克利夫是兴高采烈、笑容可掬的孩子，他就不会相信他是上天给他的丧子之痛的补偿了。是啊！上天怎么会给人们这么便宜的事呢？只有一个像是向他索债的孩子，才是让他心安的孩子！但是，老恩萧先生这种出于自私的宠溺，与真正的交心与慈爱是相反的，因此小希斯克利夫心中一方面知道了恩萧的"好意"，因此不会在他面前傲慢无礼，而另一方面则绝不相信恩萧对他的好是基于交心与爱的，所以他对这种扭曲的恩情，肯定是一无所感、无动于衷的——因为只有真正的交心才会触动本心，只有真实的互爱才会引发爱意。而希斯克利夫的无动于衷的本心状态，从表面上看似乎是中性的，也即既不是正面的，又不是负面的。其实大不然！这种无动于衷其实是一种本心的冷漠，这种冷漠是由本心的自卑而导致的自我放弃——既然没有人真正去爱我，那我也就不那么爱我自己了！其实，小希斯克利夫在被收养之后，他的"孤儿"状态其实是雪上加霜了。

小希斯克利夫不仅对他的养父无动于衷，而且对任何粗暴对待他的人，都表现得非常漠然，好像他生出来就是要挨揍的一样。耐莉回忆说："他看起来是一个死气沉沉、逆来顺受的孩子，大概是因为受尽虐待，而变得生硬冷酷。他在辛德雷的拳头面前，可以不眨一下眼睛，也不掉一滴眼泪。我去拧他掐他，他也只不过是倒吸一口气，瞪大眼睛，好像这是他在无意中伤害了他自己，不用怪罪任何人似的。"真是可怜的孩子！希斯克利夫非常清楚自己的身世，同时也很清楚他的养父，他的家人都不是真心去爱他的，他于是也不好意思去真心爱他自己了，而他的这种心态又让他对自己的受虐总是不以为意——他感到自己在别人去虐待他的时候，自己不配去那么耿耿于怀。他心中的天然的自爱度，在他童年的时代就已经逐渐消耗了。这种自爱的消耗作用其实是深层次的，也是剧烈的，这和卢梭童年时代的自虐倾向其实是有一些差异的。可以说，童年的卢梭的自虐倾向，并没有损害他的天然的自爱的底子；而童年的希斯克利夫的自虐倾向，对他的自爱的底子来说，是一种越来越深的腐蚀与消耗，使他不太容易通过自爱的方式，去超越加在他身上的不公，以及因为受到不公平的对待而形成的自卑与自弃。在梳子事件中，面对不公的审问和粗暴的对待，卢梭坚决否认，宁死不屈；而面对毫无理由的拳头和辱骂，希斯克利夫却自个儿领受，甘心成为别人的出气筒、垃圾桶。他们两人的表现之所以有这么大的差异，正是由于两人的自爱度不一样。卢梭的自爱度让他能够反抗不公，而希斯克利夫的自爱度则使他接受不公。对于一个人来说，自爱之力就是承受并超越压迫之力，卢梭扛住了，希斯克利夫没有扛得住。

希斯克利夫的自爱度的消耗，确实是巨大的。而消耗他的自爱心，不但有他的养父老恩萧，而且还有他的兄弟辛德雷，甚至于他的几乎所有的家人与亲人。因此，他没有扛住别人对他的不公与虐待，是可以体谅和理解得到的，虽然这肯定是一个悲剧。因为凭空多了一个兄弟，而且这个兄弟从他父亲那里得到的爱比自己更多，得到的特权比自己更多，辛德雷感到自己本来就不多的爱，就被这个吉卜赛流浪儿给轻易夺去了。于是，他对希斯克利夫的厌恶与仇恨越来越深。他面对面辱骂希斯克利夫是闯进他家里来的叫花子，然后将他爸爸的一切好东西都骗走了。从这里我们也可以看到，童年、少年时代的辛德雷也是没那么自爱的，他的父母也没有真正与他有什么交心度，这让他也走向不自信，同时也使得他对别人也不信任——特别是不信任他的父亲，他感到既然他父亲喜爱一个捡来的吉卜赛流浪儿，比喜欢他更甚，那么他自己喜欢上什么女性，也决不让父亲知道。所以，等到老恩萧一死，辛德雷回家奔丧时，竟然带了个媳妇回来，这让人们都大吃一惊。而除了呼啸山庄的新主人辛德雷外，对面的画眉山庄的林顿一家，也将希斯克利夫拒之门外，他们因为他的黑黝黝的肤色，他的不受管控的野性，他的卑微而乱糟糟的出身，而早就将他看扁了。在他们心目中，他永远改变不了他是坏孩子、野孩子这个事实，永远改变不了他不配待在体面的人家这个资格，永远改变不了他的凶恶和阴险的习性。他们这样的羞辱，像一阵难以消散的阴霾，盘旋在他的心头。例如，有一次凯瑟琳和希斯克利夫从呼啸山庄一直跑到画眉山庄那边玩，凯瑟琳被狐狸咬伤了脚，林顿一家就让她住下一段时间养伤，但却让管家将希斯克利夫给拖出去。第二天，林顿先生到呼啸山庄来拜访，通报了情况后，然后挑动辛德雷治一治希斯克利夫。辛德雷于是警告希斯克利夫，如果他再和凯瑟琳说上一句话，他就会将他赶出山庄。幼小的希斯克利夫肯定是没有办法将这些羞辱，在本心中过滤一遍，并且超越它们的。儿童的本心是既明亮而又茫昧的，因此他们很难通过明确的本心之自觉，将这些如影随形的羞辱完全消化。对希斯克利夫来说，它们只会让他的不自爱雪上加霜。他只会将它们压制到自己的本心的深处，不去触碰它们，但是，他的这种意愿又是不可能落实的，因为本心是活的，他们对他的这种排斥与羞辱，就像在一杯沸腾的开水中滴上一滴墨水，墨水就会迅速弥漫在杯中的每一个角落，什么地方也没有落下。

（三）天然的自爱心的消耗与仇恨心的酝酿

老恩萧还在世的时候，希斯克利夫的自卑与自弃只不过是缓慢地腐蚀他的天然的自爱心，而等到老恩萧死了后，他就失去了唯一一个可以保护他的监护人。山庄的新主人辛德雷趁机将他贬为仆人，对他百般凌辱。这些凌辱当然是辛德雷之不能自爱的表现，同时也是他对希斯克利夫从他身上夺走了父爱与其他人对他的爱的报复。他要让这种报复像凌迟一样，一点一点地施加在希斯克利夫的身上。在老恩萧生前，他是怎样一点一点地失去父爱的；在老恩萧死后，他就怎样一点一点地通过折磨希斯克利夫的方式，将他所失去的爱变相地索取回来。但这效果肯定是适得其反的，这就像饿鬼吃沙，越吃越饿，越吃越渴。比如就是上一次凯瑟琳从画眉山庄养伤回来，蓬头垢面、愈发自暴自弃的希斯克利夫乖乖地躲到了高背长椅后面。想必他心中一定是自惭形秽的，但同时他的自惭形秽之心，隐隐然一定酝酿和埋伏着幽幽的仇恨，只不过他此时的仇恨心，尚处在萌芽的状态而已。而当凯瑟琳看不到希斯克利夫，问他究竟跑去哪里了。辛德雷的回答，就像用凌迟的刀一点点地去割着希斯克利夫的血肉，而这时候的希斯克利夫因为自卑与自弃，承受着辛德雷的羞辱，而没有什么勇气去直接反抗。这是他们之间的对话：

"希斯克利夫，你可以走过来。"辛德雷先生嚷着，对他的狼狈样子很是享受，很是得意地看着这个讨厌的小流氓会怎样表现自己，"你可以过来，过来欢迎一下凯瑟琳小姐，就像其他仆人那样。"

凯蒂在他躲的地方一眼就瞅见他了，于是飞奔过去抱住了他；她在一眨眼间就在他的脸上给了他七八个吻；忽又停了下来，退后几步，突然笑了起来，大声喊叫着："怎么啦？你看起来那么阴沉又那么生气，又那么，那么可笑又可怕！不过，这都是因为我看惯了埃德加和伊莎贝拉·林顿的样子吧。好了，希斯克利夫，你把我忘了吗？"

她这样问也是不无道理的，羞愧心和自尊心在他的脸上投下双重阴影，让他难以动弹，无所适从。

"握一下手吧，希斯克利夫。"恩萧先生居高临下地说，"偶一为之，还是允许的。"

"我不，"那男孩子最终还是说话了，"我真的不是在这儿呆着不动，让人笑话的。我这样是受不了的！"

如果不是凯蒂小姐再次将他给拉住，他就会突围而出了。

辛德雷与希斯克利夫这样的对话，看起来似乎很平常，但辛德雷的每一句话，都触动着希斯克利夫最敏感的神经，只不过他忍住了。他之所以会忍住，一方面是因为少年的他，本心尚处在明亮与茫昧交织的状态中，他自己很难有特别明确的判断与行动，而另一方面则是由于他自己的天然的自爱度不断被蚕食与扭曲，并走到了自卑与自弃的边缘了。成年人在这样的扭曲中，尚且不能保住自己的纯直的本心，更何况希斯克利夫还是个孩子呢？想必读者在读到小说中的这些情节的时候，肯定能够体谅得到希斯克利夫为什么会有这样的表现的。而希斯克利夫在面对辛德雷的羞辱时，虽然忍住了，但他的不忿与反抗，仍然是从他的脸庞中透露了出来，他心中在积聚着复仇的力量，他只等待着自己最后的一丝爱的希望破灭之后，他才会一层一层地展开他的报复，以报复辛德雷他们对他的一点一点的凌迟式的羞辱。

但是，将他所仅有的爱的希望摧毁的人，既不是埃德加，也不是辛德雷这两位男性，而是凯瑟琳——这个他所心爱的人，也是他唯一依恋的人。而希斯克利夫后来的复仇，从表面上看，是对与凯瑟琳有关各种人物的报复，但从内里看，其实统统都是针对凯瑟琳的复仇。但这是后话了，我们还是先看看凯瑟琳是如何一步步将希斯克利夫的爱的希望毁灭殆尽的。在呼啸山庄，开始的时候，所有的人都歧视他，所有的人都讨厌他，唯独凯瑟琳，像上天给他的补偿一样。她与他有天然的交心度，而他们之间的这种天然的交心性关系，让凯瑟琳对希斯克利夫的出身与身份不以为意，同时也让希斯克利夫忘记她是自己所"高攀不起"的对象。凯瑟琳是他相信这个世界上还有爱这一回事的唯一的希望。她在开始的时候，还不在意她的身份，一点儿心眼也没有。她的性情大大咧咧，也不喜欢虚伪的精致，独爱在山庄外的荒野中奔跑、疯玩。这当中有她的性情的特点，同时也与呼啸山庄有点儿压抑的家庭环境，似乎不无关联，就是说，老恩萧越是约束她，她就越想弄出一个恶作剧去刺激他。而当她遇到了家庭的新成员希斯克利夫之后，她感到自己有了一个懂得自己的朋友。希斯克利夫也喜欢荒原。也许是呼啸山庄的敌对的家庭环境，而让希斯克利夫喜欢上那个寒风呼啸、空旷深沉的荒原。这个荒原虽然寒冷，但它却不会伤害他的心，它默默地拥抱着希斯克利夫，让他在它的环抱中得到喘息。可以想见，他可以在荒原中什么也不干，呆上一整天，也不会腻的。而凯瑟琳与希斯克利夫两人，也因为这个荒原，而获得了心与心的联结。这种联结是比任何的联结都要紧密的。他们一大早就奔跑到荒原中去了，然后一起玩到晚上才回来，不管家人如何惩罚他们俩，都是无济于事的。他们将家人的惩罚，视作荣耀，只要两人呆在一起就行，他们最怕的不是严厉的惩罚，而是家人将他俩分开了。他们已经各自成为了对方了。

毫无疑问，凯瑟琳的存在，给了童年和少年的希斯克利夫得以撑下去的勇气。他心中的已经被蚕食得千疮百孔的自爱作用，因为有了凯瑟琳对他的喜欢，而得到了部分的疗愈。一个人，不管她是天使一样的人物也好，还是魔鬼一样的人物也好，她总是有本心的，而她的本心也总是要谋求自我实现的。因此，爱与自爱，是每一个人都会有的诉求。在家庭里，希斯克利夫的爱的渴望，被辛德雷等人所压制与损害；但在荒原里，他的渴望就像一大堆干燥的柴，等待着凯瑟琳给它点燃，而同时他的渴望也点燃了凯瑟琳对于爱的渴望，于是这两堆柴挤在了一起，彼此燃烧得通红通红，并在寒冷而阴森的荒原中，闪耀着熊熊的火光。

不过，荒原对于凯瑟琳的意义，与它对于希斯克利夫的意义，并不是完全一致的。它对于希斯克利夫来说，是他的爱的渴望得到落实和疏导的唯一平台，它是他唯一的避风港。在老恩萧死后，他不但是一无所有的一个人，而且是别人可以任意凌辱的对象，而荒原的存在，以及它对他的沉默而又无所保留的接纳，是唯一抚慰他的受伤的灵魂而从不会伤害、背叛他的地方。但这个荒原对于凯瑟琳来说，则并不是唯一的，虽然她的野性的灵魂，可以在荒原中获得肆意奔驰的机会。凯瑟琳毕竟与希斯克利夫不同，凯瑟琳是"体面"的人物，是恩萧家族的重要成员，是对面的画眉山庄汲汲争取联姻的对象。而她这样的角色，以及她所拥有的家庭背景，对她来说，既有引诱的力量，同时也有异化的力量——如果她的本心不能自爱、自立、自强，那么这些条件性的东西，就会成为她的自我成长过程中的干扰性因素。这样一来，荒原的意义对于她来说，就是闪烁不定的。它确实是与她的生命之根关联在一起的，但有时候她会将它忘记。她的难以完全自爱的本心状态，让她有时候会将自己朝向那个阔大的荒原的本心之窗，给关闭起来。她在画眉山庄养伤回来之后，就小心翼翼不让自己变得那么狂野、不羁、邋遢，她开始有身份的意识了，也开始有比较和计较了。她有时候力求自己成为一个体面的上流阶层的女性，而不是只会在荒野中肆意狂奔的野孩子。这样一来，她的本心状态就成为一个游移不定的状态。有时候，她喜欢荒原；有时候，她又不喜欢荒原。换句话说，她有时候喜欢自己，有时候又没那么喜欢自己。有一次，埃德加到呼啸山庄做客，碰到了希斯克利夫，两人发生矛盾，后来希斯克利夫被辛德雷给押到自己的屋里去，并被狠狠地收拾了一顿。这个事情让凯瑟琳心里痛苦，但她却还是装得像没事人一样。耐莉忆述道："我站在凯瑟琳的椅子后面侍候着，而同时难过地注视着她，她用冰冷的眼神和漠然的神气，开始切着她面前的鹅翅膀。'真是个无情的孩子，'我心想，'她的老玩伴的麻烦事，就这样被她给轻易抹去了。我真的没想到她竟然是这样自私。'她叉了一口东西，送到嘴边，但又把它放下了，她两颊通红，两行泪冒了出来挂在上面。叉子则被她滑落到地板上，这刚好让她埋到桌布里面，去掩盖她的情绪。"凯瑟琳的不自信、不自爱，让她的本心形成了两个状态，并表现出两种不同的人格。当她听到别人在她面前羞辱希斯克利夫，瞧不起他是个野孩子、坏孩子的时候，她心里就想让自己和他拉开距离，并且在别人面前表现出她是一个斯文的有教养的女性；但平时在家的时候，因为家里人早已经习惯了她的大大咧咧的性情，她自己也就直接以她的本色活着，不再装出一个虚伪的样子了。而凯瑟琳的这种双重的人格，则是有内外之别的。那个与上流社会相配合的人格，居于外层；而那个与荒野联结起来的人格，则居于内层。

（四）凯瑟琳：希斯克利夫的爱的赌注

凯瑟琳的本心的双重方向及其纠缠，让希斯克利夫对于爱的渴望，也变得闪闪烁烁。少年的希斯克利夫的本心的底子，已经逐渐丧失自爱了，但他尚没有放弃顺畅地自我实现的期待，而他的不自爱，则使得他将这个期待完全押在了凯瑟琳对他的爱上面去了——而不是放在如何充实自己的自爱上面，从而自立、自强。希斯克利夫压根儿就不喜欢自己，但他的本心又自然地想实现自己，于是将赌注押在了凯瑟琳是否真心爱他身上。如果凯瑟琳真心爱他，他就可以将自己依赖在凯瑟琳身上，从她那里索取爱；如果凯瑟琳爱上他人而不是他，他就要实施报复，变相地从她身上索取爱。而在凯瑟琳这边，她的本心的双重方向以及这当中的不自爱性，兼及她在童年、少年时代所逐渐生出来的自私心与虚荣心，则促使她想在两个方向上都满足自己的欲求——与她的外层的人格相配合，她要答应埃德加的求婚；与她的内层的人格相配合，她会一直将希斯克利夫放在自己的心底，将他视作自己所永远爱着的人。因为她的外层的性格，也是与她的本心相关的，也即与她的本心的茫昧性、脆弱性、不自爱性相关，因此我们也不能说她完全不"爱"埃德加，只不过这种爱偏向于外层、表层而已。《呼啸山庄》中有一段很精彩的对话，耐莉与凯瑟琳在一来一回当中，凯瑟琳的本心状态与意向给全部流露出来了，这导致了希斯克利夫的决然出走。我们可以说，在这个私密的对话中，耐莉、凯瑟琳和希斯克利夫这三个人，完成了一场对于爱情的深度对辩。在这场对辩中，凯瑟琳与希斯克利夫两个人都处在初恋状态的最后阶段（或者说是从初恋状态而进至要去直面爱情问题的时候了），并且要根据他们各自的自怜性作用，而要作出一个人生的决定了。

　　凯瑟琳接受了埃德加·林顿先生的求婚，但她做了这个决定之后，心中又觉得茫然困惑，恍然若失，于是和耐莉谈了起来。她其实感到自己做错了人生最重要的决定，但又不甘心自己是做错了，她想得到耐莉的回应，肯定她做的这件事是正确的，而不是错误的。真可谓旁观者清，耐莉并不急于对她的决定做出肯定或者否定的反馈。她只是就凯瑟琳是否真心爱埃德加而和凯瑟琳作出讨论，在耐莉看来，爱是婚姻的真实基础，缺乏爱的婚姻，就失去了它的合法性了。凭着这个立场，耐莉步步逼问凯瑟琳对于林顿先生的爱是不是真正的爱，她究竟爱上林顿先生什么。凯瑟琳举出了四个：英俊、年轻、活泼、有钱。另外还补充上一个：林顿先生表示爱她。耐莉很到位地指出第五个没有什么意义，而前面四个方面的内容，其实都是条件性的，因此它们也是可以变动的。因此，凯瑟琳如果是基于这四个条件而爱埃德加，那么她其实爱的是埃德加的条件，而不是爱埃德加这个人。这并不是爱，这其实是很糟糕的对于条件的需求而已。而当耐莉跟凯瑟琳说，埃德加不会总是英俊、年轻、活泼、有钱的，凯瑟琳觉得自己的"正确"决定被耐莉所动摇了，于是她急于维护自己的"正确"的决定，跟耐莉说她只顾眼前，眼前他就是英俊、年轻、活泼、有钱的人，这下可以了吧？耐莉心知其意，她很清楚她们两人对于婚姻的理解，目前压根儿都不在一个频道上。凯瑟琳是将婚姻的标准放在条件上面，而耐莉自己则将标准放在真心上面。因此，当凯瑟琳心中坚持她的决定是"正确"的，但她的本心又告诉她这是"错误"的，于是她本着这种心烦意乱的情绪而问耐莉她要嫁给林顿先生的决定究竟对不对的时候，耐莉就顺着她的标准回答说，如果结婚是为了只顾眼前的话，那么凯瑟琳的决定则是正确的。但是，凯瑟琳的本心的双重方向折磨着她，她的本心与良心的声音，隐隐地给她的决定带来深度的困扰。对于凯瑟琳的这个状态，耐莉心中是明白的，因此她顺势问凯瑟琳，既然一切都是顺利而正确的，那又有什么麻烦呢？这时候，凯瑟琳的本心的声音，已经迫不及待地由内而外地涌动出来。这才是真正的正确的声音，这种正确的声音明明白白地显示出她所坚持的那个正确的选择，其实是错误的：

> "这里！还有这里！"凯瑟琳回答着，一手捶着她的额头，一手捶着她的胸脯，"就在灵魂所居住的任何地方。在我的灵魂里，在我的本心里，我确信我是错了！"

凯瑟琳的本心的真实声音冒出来了，她没等到耐莉给她判定她的决定是不是正确的，她就已经自己迫不及待地推翻自己的决定的正确性了，她自己已经自打嘴巴了，她就没有什么好顾忌的了。这反倒让她松了一口气，她舒服地向耐莉回忆起了她曾经做的一个梦。她梦见自己待在天堂中，但她想回到人间，那些天使们于是愤怒地将她扔回到呼啸山庄那里的空阔悲凉的荒原之中，她醒来的时候，还带着高兴的泪水！这个荒原，是她魂牵梦绕的地方，是与她的本心直接联通的地带。这个地带，林顿先生是没有办法走进去的，但是希斯克利夫却一直在这儿站立着，等待着她！只有希斯克利夫才能够和她的本心相共鸣，而林顿先生则只不过是她满足自己的自私心而与他生活在一起的对象而已，他们两人是没有什么交心度的。正如她所言，林顿和她，就如月光和闪电，亦如霜与火，毫无相同之处；而希斯克利夫和她，则是一个人，或者说，希斯克利夫活得比她自己更像她自己。她跟耐莉喃喃而说：

> 我对林顿的爱，就好像是树林中的叶子——我很清楚，冬天让树木换妆，时光也会让这份爱改色。我对希斯克利夫的爱，就好像是地下那不朽的岩石——这份爱看起来没让我感到有多愉快，但却是必需的。耐莉，我就是希斯克利夫！他一直，一直在我的心中——这并不是一件快乐的事，就像我对于我自己也不总是快乐一样，但它却是我的存在本身……

这当然是凯瑟琳抖掉了她的外层的本心导向之后，而对自己的内层的本心导向的释放。但是，这其实是让她的进退失据，从遮掩的状态中彻底地暴露了出来。事实上，真正的爱就只有一份，而不可能是两份。如果凯瑟琳爱埃德加，她就不会去爱希斯克利夫；如果凯瑟琳爱希斯克利夫，她就不会去爱埃德加。而如果她一方面在表面上爱埃德加，另一方面又在内里爱希斯克利夫，那她的本心就肯定是有分裂和创伤的。而她的这种分裂和创伤，源于她的不能自爱，或者更严格说，是源于她的自爱而不能。如果她是完全自爱的话，她就会真正去爱惜自己，并对自己有着毫无疑问的信心，于是她就会将她对于自己的爱，以及她对于希斯克利夫的爱，放在她的心上，并珍惜这份爱，同时也去自然地去实现它。而现在呢，凯瑟琳却是嫁给了埃德加·林顿，放弃了希斯克利夫；但同时又在心底里想念着希斯克利夫，而忽略了林顿——这其实是她不能真正地爱自己、珍惜自己并对自己有信心的体现。因为她没有真正珍惜自己，所以她也不会真正珍惜希斯克利夫；因为她有些儿自我放弃，所以她放弃了希斯克利夫，而答应嫁给埃德加。这当然是不能自我承担起自己的体现，她的决定确实是不负责任的。真正的责任与担当，来源于真正的自爱，这一点，凯瑟琳是做不到的。这就难怪耐莉在听完凯瑟琳的一番心声之告白后，失去了任何的耐心，直斥她的做法是荒唐而无德的，并说她并不能承担婚姻中的责任。

（五）魔鬼式报复的背后：爱的追索

从《呼啸山庄》的那些描写中我们可以弄清楚，凯瑟琳的不够自爱，让她走向了自私与虚伪。她答应了林顿先生的求婚，这是自私的；她和耐莉说的这番真情告白，则暴露了她的虚伪。她在对话中，曾经和耐莉提到自己嫁给了林顿先生，她自己也没有太高兴。她是真正爱希斯克利夫的，但因为恶毒的辛德雷将希斯克利夫贬损为仆人，所以她就想到如果她嫁给了希斯克利夫，她就自贬身份了。而凯瑟琳有这样的想法，这一方面确实折射出当时女性的地位比不上男性——在呼啸山庄，恩萧先生说了算，而他妹妹却缺乏实质性的说话权和决定权，但在另一方面，这肯定与她的本心之不能充分而顺畅地自我实现有关，也即与她的不自爱有关。她对自己没有信心，这让她对自己能否与希斯克利夫结为连理，也没有什么信心。她看重身份和地位，她尽管不会完全放弃她的本心中的爱，但她只会将它埋在心底，而她要通过这些外在的、条件性的身体和地位，来证明自己，而不是通过自己的自爱而证明自己。而当凯瑟琳向耐莉表达希斯克利夫在身份上和她不相配，因此她没有办法选择他，而选择了林顿先生的时候，正躲在暗处偷听对话的希斯克利夫当下受到巨大的震动，他一方面感受到强烈的爱的背叛，另一方面则将本来被他自己所压制住的，因为辛德雷他们对他的羞辱与贬损而所带来的屈辱与自尊，全部给刺激出来了。在此之前，他是因为相信凯瑟琳对于他的爱，相信她不会伤害自己，才将自己的这些屈辱和自尊给压下去的，他的仇恨心和报复心也因此而只是在心底里面滋长，他从不敢将之摆到台面上来。现在可好了，他的全部的爱与希望，都因为听到了凯瑟琳自道心声的一席话，而彻底破灭了。对于这一点，耐莉是懂他的。她跟凯瑟琳说："如果你是他要选定的人，他就会成为天地间最不幸的人啦！一旦你成为了林顿夫人，他就失去了朋友，失去了爱情，以及失去所有！你有没有想过你会怎样忍受这样的分离，而他又会怎样忍受在这个世上被别人所遗弃呢？"

听到凯瑟琳的话后，希斯克利夫二话不说，他不想再掩盖住自己的本心了，他的人生希望彻底破灭了，他只能毫不含糊地离开呼啸山庄——这是他唯一的选择和决定。我们相信，他做这样的一个决定，也是从他的自尊心出发的。但我们需要注意的是，自尊心这个驱动力，最终是会与引发这个自尊心的主体的本心状态关联在一起的。如果一个人的本心状态是自爱的状态，她的自尊心就会激发她的自爱，让她能够自强、自立；如果一个的本心状态是不自爱的状态，则她的自尊心就会加深她的不自爱，并摧毁她的自爱，而放弃自爱的终点，则是由爱而生恨，由恨而生仇。而我们又知道，任何人，不管她的本心是什么个状态，她的本心都是要实现自己的，因此，人之由恨而所生之仇，其实也是一种爱的表达，只不过这种爱的表达并不是基于自爱的爱，而是向别人索取爱、并摧毁别人的主体性力量的仇恨而已。遗憾的是，经历了童年与少年时代的长期的自我放弃，希斯克利夫本心中的自然的自爱度，其实已经所剩无几了，他所心心念念的事，只不过是怎样比辛德雷变得更有钱，怎样比埃德加变得更有身份，怎样获得凯瑟琳所畏惧的控制力，怎样获得凯瑟琳所羡慕的权势。他认为只要他统统获得这些条件，他心中的复仇就可以慢慢得到实施，他就可以通过实施他的复仇，而一点一点地证明他自己。辛德雷不是凌迟式地羞辱他吗？他也凌迟式地对呼啸山庄的大小主人展开报复；埃德加不是瞧不起他，将他视作坏孩子吗？他也要尝尝画眉山庄的一家人拜服在他的脚下、任他奴役的滋味。而他要这样做的目的，最终都只是做给凯瑟琳看的。他要在她面前，慢悠悠地通过这样的报复，而折磨她。而他之所以要这样去折磨她，其实是想要摧毁她的那个被诱惑的自我——那个自私而虚荣的自我，那个被地位与财富所诱惑的自我，那个受魔鬼所摆布的自我。而他之所以想要去折磨她，是要告诉她，她因为自私而选择了林顿先生，她因为虚荣而放弃了希斯克利夫先生，她的这个重大的决定，其实最终是输得一败涂地！他要化作一个人见人厌的魔鬼，一点一点地将她被自己的魔鬼所诱惑了的自私而虚伪的自我，碾压与撕扯得粉碎！他要以魔鬼的方式摧毁她心中的魔鬼，并逼出她心底中那最真实的一面——她对他的真实的爱！[①]

毫无疑问，凯瑟琳跟耐莉说的那番话，从根本上触动了希斯克利

---

①《呼啸山庄》的第 15 章中，也有希斯克利夫后来回到呼啸山庄、画眉山庄后，而与即将去世的凯瑟琳的一段对话。在对话中，希斯克利夫向凯瑟琳的表白，也可以确证我们这里的本心分析，实为有据。

夫心中的爱的根基，他在决定无声无息地离开呼啸山庄的那个当下，一定是想到了我们在这里所说的这些内容的，而他在此后的三年中，也确实是为了实施严密的报复而积聚力量的。在他决定离开山庄并消失在人们的视野之外的那个当下，他心中的自怜性全部冒出来的。遗憾的是，由于他的本心已经被他的不自爱所逐渐腐蚀，他的自怜之心，既夹杂着某种自尊，同时更渗透和弥漫着深度的仇恨与复仇的期待。他是带着仇恨而离开的。而凯瑟琳在跟耐莉对话的过程中，发现希斯克利夫暗自听到了她向耐莉表达心声之后，在呼啸山庄消失了，她当下便知道，是她自己，而不是别人，将希斯克利夫整个人（也即那个尚可以自爱自立的希斯克利夫）给摧毁了，同时也将自己（也即那个可以获得真爱的凯瑟琳）给摧毁了——她本来认为自己可以通过自己的自私与虚伪，而维持自己表面上的身份和地位，并将自己对希斯克利夫的爱埋在心底里的。现在一切都破灭了！因为她的自私与虚伪已经被他完全看透了，同时她心底里面对他的爱，则因为她的自私与虚伪之被暴露出来，而成为一件被寒风所撕扯得破破烂烂的衣服，难以遮掩住凯瑟琳那赤裸裸的本心。凯瑟琳心里清楚，她这辈子注定是一个悲剧，她的余生只会在向着悲剧的方向而走，此外别无他途。她的心在痛苦地燃烧着，剧烈地消耗着她的生命，但她尚存一丝希望——就是她能够立即找回希斯克利夫，撕毁自己答应林顿先生的求婚的决定，而恢复和他的交心与共鸣。于是，就在那个雷电交加的雨夜，凯瑟琳不顾耐莉的劝告，不顾雷鸣电闪，不顾四周那无休无止的大雨，不顾雨水将她的头发、她的衣服滴得浑身水淋淋，她声嘶力竭，时泣时诉，或焦急寻觅，或呆若木鸡。当她确认希斯克利夫确实因为她的原因，而决然出走之后，她自知她的悲剧的命运，已经呈现在她的眼前了。剩下的，只不过是遵循着这个可以预见的命运，自己活下去，一直活到死去而已。

　　当然，严格地说，这个悲剧不仅仅是由凯瑟琳一手造成的，而是他们两个人共同造成的。他们都不能够自爱，都没有真正遵循自己的本心，并让自己的本心充分而顺畅地自我实现出来。他们两人各自从童年开始，其本心中的自爱作用被不断腐蚀，到了初恋与恋爱的状态的时候，不能自爱，使得他们从本心的自怜状态中，走向主体性的沉堕。凯瑟琳是从自怜而走向自私甚至虚伪，她的不自爱让她不能根据她的本心的声音而作出决定；而希斯克利夫则从自怜而走向自恋与自弃，后来又顺藤摸瓜，而一直延伸到本心的无耻状态。他要全面折磨凯瑟琳，其实这是折磨他自己！他要摧毁曾经羞辱、贬损过他的人，其实这是自我羞辱、自我贬损！而希斯克利夫由自怜而走向自恨与恨人，则与卢梭由自怜而走向自觉的自爱、自立，适成对照，发人深省。

不过，正如我们曾一再强调的，无论是什么人，只要她是有本心的，则她的本心肯定是有爱与自爱的渴求的。卢梭是从自爱与自弃的边缘中，不断增进自爱度，他的本心的底子是自爱的，但他也有不自爱的作用，这促使他容易流于情感的荡漾而不自知。而与卢梭相反，希斯克利夫是从自爱与自弃的边缘中，自己的自爱度不断受到腐蚀，从而越发走向自弃与沉堕，最终成为仇恨的奴隶，因此他的本心的底子则是不自爱的。但是，我们不能说他是完全不自爱的。正如这个世界上，从来没人是完美的自爱者一样，在这个世界上，我们也从来不会找到一个人，她是彻底的自弃者。希斯克利夫心中很清楚，他与凯瑟琳的爱，是唯一可以让他的本心与生命得到拯救的机会。他忠于这一份爱，他愿意为这一份爱而付出自己毕生的精力和用心，这是他的本心未泯的体现。只可惜，他的本心的不自爱状态，又让他难以真正承担起这份爱，并形成和增进自己的自觉的自爱，而不将之转化为绵绵不绝的仇恨。他对于爱的渴望，像变色龙一样，不知道在什么时候，已经成了恶之花。谁说天使永远就是天使，魔鬼永远就是魔鬼呢？大概《呼啸山庄》一书的关键意义，就在于将这个问题给深刻地呈现出来。

第三章
论初恋（第二阶段）：
少年到成人阶段中自爱的分化

一、重申初恋的核心意义：自怜；自怜作为初步自觉的自爱

我们在上文对于卢梭与希斯克利夫的初恋状态的本心分析，呈现了一个人由儿童期到少年期是如何从茫昧而又明亮的本心状态中，既可以发展其本心明亮的一面，增进自爱，也可以任由本心茫昧的一面带着自己进入到自弃的状态。而"初恋"状态则是对少年期主体状态的一个概括，这个状态对于主体的关键意义则在于：当一个人走进了初恋状态，就意味着她走上了从自然的自爱而深化到自觉的自爱的主体成长之路。一个人经过她的童年时代后，她本心中的天然的自爱度，是有可能被蚕食与消耗的，于是她到了少年时代，随着她之逐渐走向本心的自觉化，她自己对于爱的诉求，也从自然的状态而走向自觉的状态。而如果她的自然的自爱度没有受到根本的损害，那么她在自己的初恋状态中，就会形成自觉的自爱性，这种自觉的自爱让她的主体性得以进一步得到明确与挺立；但如果她的自爱度在她的童年、少年时代受到了很大的损害，那么她在后来的少年时代中，她的本心的自觉化作用，将会促使她形成本心上的自卑状态，并且自己要通过诸如自我暗示与自我评价的方式，去强化自己的自卑，而在这个过程中，这种经过本心的"自觉"作用而所强化的自卑，就会将自己进一

步拖向对于别人的依赖上面，如依赖而不得，则自己又会进一步形成一种怨恨性，而到了这时候，她自己就陷入了自爱的反面。因此，总言之，一个人若在她的童年时代保持住了她的自然的自爱的基本底子，她就会比较顺畅地在少年时代之后，走向自觉的自爱状态；而若她在童年时代逐渐丧失了自然的自爱度，那么她在少年时代之后，就会进一步地，从"爱的缺失"而走向"恨的表达"。而无论是后来的自觉的自爱，还是有意的怨恨，都会先经过"初恋状态"这一环节，也即都会先有一个"自怜"的作用。

　　一个人在她的初恋状态中的自怜性作用是怎样表现的，就意味着她在童年时代所积累起来的自爱度就是怎样的。自怜是自然的自爱走向自觉的自爱的初始性体现。一个人，无论她能否保持住她的自然的自爱的底子，她的本心都是要实现自己的，特别是当她来到了由情人心、情心萦绕的青春年华，她的本心的自我实现作用，就体现为自己不再只是顺着自己的情感的流露而流露了，而是在情感之流露的当下，自己的本心逐渐有能力去体贴自己的情感，并对自己所流露出来的各种情感，自己心中都会形成一种爱惜、怜爱之意。当然，这时候她的本心刚刚形成初步的自觉性，因此她的本心对于从自己身上所流露出来的情感的印证，乃是一种朦胧、流动、闪烁的自我体贴作用，而尚未深化并形成一种明确乃至笃定的自我印证作用。这种自我体贴的作用，无疑也是一种本心的自觉的自我实现，只不过它是初始性的自觉，而尚未进至成熟而明确的自觉而已。而她一旦有了这种初始性的自我实现的自觉，她就进入了初恋状态——而不管她是否确实有喜欢的心上人。对于这种初恋状态，我们只能通过"自怜"来形容了。自怜就是初步自觉的自爱作用。而由于不同的人，其自爱度是不一样的，因此不同的人在其初恋状态中，就会展现出不同的自怜性，于是，就在自怜这个领域中，不同的人就会走向不同的本心状态、主体状态。自爱的人，经过她的自怜作用，会走向自觉的自爱；缺乏自爱的人，经过她的自怜作用，就会走向有意的自弃。而我们这里要疏通的问题是，人们是如何从自怜而走向自觉的自爱的，又是如何从自怜而走向有意的自弃的？将这当中的环节呈现出来，并作出辨析与确认，这肯定有助于将自爱与初恋，甚至是自爱与爱情的关系，把握得更清楚。我们首先将自怜的分化作用，做一简要的概括，表示如下：

初步自觉的
自爱（自怜）
　　自觉的
　　自爱　→　自我体贴　→　自我印证　→　自我挺立
　　自我的
　　沉堕　→　自弃　→　依赖　→　怨恨　→　冤仇

　　处在初恋的自怜状态中的人，她的本心蕴含和透露出一种纯情性或纯挚性，以及对自己的心中的纯情、纯挚的怜惜。无论是自爱的人还是自爱受到损害的人，都会在少年时代，带着某种纯情、纯挚的生命色调的，这种生命色调，每个人在她的少年时代都是免不了要带有的。这是因为，无论她的本心的自我实现是否顺直、充实，她在其青春年华中，她的本心刚从她越来越丰富而微妙的情感中，逐渐显朗了出来；而她所逐渐自我显朗的本心，会促使她要将自己的情感给完全体贴一遍，同时，刚冒出来的并得到初步的自觉的本心，在体贴自己的各种情感的过程中，由于自身的印证性力度尚未成熟而充分，因此而萦绕在自己的情感的流露中，并与自己的情感相融相印，相互触动，于是形成一种朦胧、怅惘而又清纯的诗意状态。这就是少年们的纯情、纯挚的性情的来源。而随着后来人们愈发难以保持自己的自爱度，兼且随着本心的理性作用的增强，人们的各种比较、计算的心意，与自己的不自爱相互纠缠，于是少年时代的纯情、纯挚的色调，就逐渐消散、遮蔽与扭曲。只有保持自爱的底子，并增进自觉的自爱性的人，才能将自己少年时代的纯情、纯挚一直保存在自己的本心中，并化为自爱的力量与来源。

　　从每个人都会在少年时代经历程度不同的初恋状态，以及这个过程中所蕴含的自怜性，兼及由自怜而所透露出来的纯情、纯挚的本心色调，我们完全可以将人们在少年时代的自怜作用，视作人们所表现出来的一种初步的自信——在这时候，我们愿意去接纳自己，去感受和体贴自己了！只有愿意接纳自己、愿意感受和体贴自己的人，才会自主地通过自己的本心，而去体贴自己的情感，并让自己从本心中所冒出的各种情感，重又回到本心，并被本心之所体贴与印证。因此，人的初恋状态及其自怜性，在其初始的时候，肯定是有积极的意义的，它体现了一个人的自信心的萌发，以及她对于当下的自己的珍惜和对未来的自己的憧憬。

（一）论成年人对初恋的怀念

初恋状态的这样一种纯情的诗意色彩，让人们后来对于自己的初恋，总是念念不舍。我们每当在恋爱的过程中，与所爱的人争吵不已的时候，我们会回顾我们的初恋；我们每当为夫妻之间、家人之间的各种情感关系烦心不已的时候，我们会怀念我们的初恋，并且将自己之能够回到初恋的时光，视为人生的奢望；我们在年龄渐老、日就枯槁的时候，我们也往往会追忆我们的初恋，并且将不能与初恋情人走在一起，共度此生，视作人生的遗憾与绝响；甚至于我们在平日闲着没事的时候，在生活的意义得不到充实的时候，在与朋友吹嘘那些自己也知道是几斤几两的能力的时候，我们也许会突然回忆起自己的初恋时光，然后，泪水夺眶而出——我们知道，我们在我们胡乱糊涂的一生中，唯一美好的人生体验，也许就剩下我们的初恋了。这时候，我们轻轻唱着刘若英的《后来》："后来，我总算学会了如何去爱，可惜你早已远去，消失在人海；后来，终于在眼泪中明白，有些人一旦错过就不再……"直到衣衫浸透着泪水，直到昨晚的长醉醒来，直到清晨的阳光将我们昨晚的梦照得一点痕迹也没有，我们方才知道，我们需要为生计而忙碌了，需要为家里的烦心事而操持了，需要为今天能否在名利场中捞得一点名头、一些好处而斟酌了。我们心中知道我们每日所做所想的这些事，并不是自己心中想要的，但是，我们因为早已习惯于遮住自己的本心，我们在社会上的摸爬滚打让我们晓得，我们不能让它时时刻刻流露出来，以干扰自己营营役役的生活常态。于是，我们便又毫不犹豫地将昨夜的伤感，重又埋入自己的本心的深处，而只有等到下一次的触动，我们才将自己平日汲汲于勾缠、追逐的日常，重又贬斥无余，并将被自己平时打入冷宫的初恋时光，重又请回神坛，自己匍匐在它的脚下，带着无限的系恋，温柔而缠绵地吻上百遍。

　　人们后来为什么耿耿于怀自己的初恋时光呢？究其实，许多人心里很清楚，初恋是自己的主体性的黎明，同时也是自己的主体性的黄昏。我们太多的人，在经历了青春的纯情、纯挚之后，我们自己心中所淤积下来的自我放弃的惯性，让我们的本心日复一日地陷入自爱的沉堕的作用之中，我们的生命色彩，是逐渐走向灰暗的；我们的主体性的基调，是烦恼，是缠绕，是扭曲，是异化。本心可以让我们挺立自己，也可以让我们走向堕落。我们虚灵的本心所蕴含的脆弱性的特质，因为我们的不自爱，而顺势攀援在各种现实条件当中，并将我们的攀援之所得，视作真实的自我，而我更因为攀援而所得的自我，被世人之所承认乃至艳羡，于是更加得意忘形。于是，在不知不觉之间，我们已经从那个风采翩翩、情真意切的少年，嬗变成为一个自欺欺人的主体衰败者，我们心中的猥琐[①]、虚伪与油腻，或者是那些荡漾、

----

　　① "猥琐"也是值得我们分析的本心状态。猥琐的状态一般出现在中老年男性身上，这值得深思。社会的父权制的导向，让许多男性陷入追逐权力与名利，并由此而丧失自爱的困境中，这个困境让他们最终失去了爱的自然能力。而与此同时，在这样的处境下，有的人并不甘心自己的爱的能力的荡然无存——甘心于这种状态的人是沉沦、堕落而不猥琐的人——也即自己尚不想放弃自己的爱的渴望，但与此同时，自己又不肯通过愤悱之力而充实自己的诚实与自爱的作用。于是，这种爱的渴望便在自己的沉沦、堕落的本心状态中，便在"处众人之所恶"的状态中冒了出来，就像水从肮脏的下水道里流出来一样，这就是猥琐状态所得以形成的机制。实际上，猥琐也是一种爱的表达，就像下水道里流出来的水本来

积怨与掩饰，无时无刻不在运作着，让我们那如梦、如歌、如诗的生命的底色，早已沾染了各式各样的污垢了。但是，每个人都是有本心的，而每个人的本心也都是伴随着她的一生的，因此，她无论如何将自己因为攀援而形成的虚假自我，视作真实的自我，她都不可能对自己彻底自欺。一个人是不可能彻底自欺的，因为这是违背本心自身的特征的——本心自身的特征就是它的虚灵性，以及由此虚灵性而导致的自我实现性。换句话说，一个人无论怎样遮蔽和扭曲自己，她的本心都有自我实现的诉求，都有自爱的期待。而当我们期待自爱而不得，同时当我们回想起自己的少年时代，因为主体性的初步而自然的觉醒，而流露出纯情、纯挚的生命色调，于是自己的初恋时光就成为自己之所无限追念的时光。我们知道，基于目前自己的这个主体状态、本心状态，这样的时光已经一去不复返了，它成为此生的绝响了。我们本着这样的感受，自然会对自己的初恋念念不忘了。而我们心中对于这个对比的感受是如此的强烈，使得我们甚至对我们在少年乃至青年时代的各种生命体验，都会念念不忘，而不仅仅是不忘我们的初恋对象。很多中年人为什么会对像"同学聚会"这样的事情难以割舍，并有让人惊讶的动力去组织与参与这样的事？参加聚会的人为什么会在聚会中喝得酩酊大醉，唱着他们在学生时代喜欢唱的歌，唱着唱着然后就抽泣起来，继而就是嚎啕大哭呢？

从根底上说，我们的初恋时光固然美好，确然纯情，同时也值得我们重温，并将之视作人生的旅途中，甚可珍视、珍藏的回忆。而且，这段时光也肯定是独一无二的，同时也是一去不复返的。但是，如果我们在面对这一去不复返的时光，不但心中珍视、珍藏，而且依恋不舍，仿佛这一辈子剩下的唯一的事，就是要去悼念自己的初恋时光，那

也有着清澈的源头一样，只不过这种爱的表达已经是爱的扭曲了。因为本书在其他地方，并未就"猥琐"的问题作出过系统的本心分析，因此我们在这里通过脚注的方式稍作揭示。

么这其实是一种主体沉堕的体现，而不断充实与增进自爱的人，是不会有这样的一种本心状态的。因为他们知道，初恋的自怜作用，只不过是自己之形成自觉的自爱的初始情况而已。这是自觉的人生的起点，而不是终点。它之所以只是一个起点，是因为它之作为本心的自觉性作用，只是我们由情入心、以心体情的一种情心之间的朦胧而萦绕的态势而已。我们在这时候的本心，尚处于本心的体贴作用的表层，而尚未从本心的自我体贴，走向本心的自我印证，更不用说是本心对于自身的位置与意义的明确乃至笃定了。而本心从作为浅层的体贴的自怜作用，而走向深层的自我体贴，再走向自我印证，这体现为自爱的增进，以及主体性的不断挺立乃至确立。而在这个过程中，后面的每一个环节，都是对前面的环节的继承、吸收与升华。因此，在这个过程中，前面一个环节就必定蕴涵在后面的一个环节当中，而其自身则得到了升华。读者诸君，如果你是这样的人，那么你肯定不会对自己的初恋，依恋不舍，以至于将人生意义的全部，放在自己的初恋时代上面。这是因为，你在本心、主体与人生意义上，是不断走上坡路的，你会不断期待自己成为更好的、更让自己喜欢的人，你的人生的光彩还在后面，你对自己的前景充满信心，你尽管一无所有，一无所长，一无所依，但你的纯直的本心，顺畅的天性，足可证明你自己，而更重要的是，它足可让你自得、自乐而获得真正的幸福——真正的幸福从来都来源于本心的充实的自我实现，不是吗？而另外的一些人，则与你的人生道路是相反的。他们知道了自己的人生意义已经是灰色而难以改变的了，于是他们任由自己的不自爱状态滋长蔓延。他们或许腰缠万贯，他们或许一呼百应，他们或许为世人之所羡慕与崇拜，而他们也以自己能具有这些条件、能力而沾沾自喜，但他们心里面其实很清楚，这些条件、能力只不过是他们证明给别人看的东西，而不是证明给自己看的东西，这是他们心里所清楚的，但因为本心之难以自爱，因此并不会生出什么愤悱之心，以直面真实的自己。他们只会顺着自己的本心之不断沉堕，而走向灰色的主体性状态。读者诸君，你是走上坡路的，别人是走下坡路的，因此你与别人对于自己的初恋的态度，肯定是不一样的。我们可以做一个总结，一个人到了她的中老年时代，如果仍然念念不忘她的初恋，并且她对初恋依恋的程度，远远超过爱她自己当下的主体状态的程度，那么这其实是主体沉堕的体现。

（二）论"老男人"与"花季少女"的"爱情"

因为初恋是我们的初步自觉的自爱、自信的体现，是对自己的未来的憧憬，是本心的自觉有所萌芽并以此体贴自己的情感的朦胧状态。因此，初恋中的少男少女，其所恋爱的对象，最好也是另一位少男少女。当然这并不是绝对的，人与人之间的交心，总是充满着各种可能性的，因此我们在这里不是要确认出一条不容置疑的规律或标准。但是，一个初恋的关系，如果彼此之间都是少男少女的话，其实是有天然的合适度的，这是因为少男少女彼此各自都刚刚萌发出自己的自怜性，彼此之间的本心状态是相近的，是相匹配的。尽管少男少女的本心刚萌发出初步自觉的自爱也即自我怜惜作用，对于爱情的意义往往尚未有真正的印证性的把握，但是他们彼此之间有着更为平等的互感、交心与共鸣。他们往往不害怕恋爱的失意乃至失败，因为即便是自己受到伤害了，自己也是可以有力量重新振作起来的。这一方面是因为自己尚处在青春的年华中，因此一次两次的爱情的伤痕，是可以被年华所淘洗的，而另一方面也是最为重要的方面，是伤害我的人，则是另一位与我一样尚处在自怜的状态中，尚在初步自觉地探索自我与爱情的意义之过程中的少年，而并不是一位既尝过初恋的滋味，同时又经历过各种往往是成人才会有的情欲体验——甚至是扭曲主体性的情欲体验——的中老年人。如果伤害我这个懵懂少年的人，是另一位懵懂少年，我往往只会报之以苦笑，但我不会因为我在初恋上的受伤，而将我对于自己的人生信念给摧毁。但是，如果伤害我的人，是既经历初恋，同时又体验过各种情感、情欲的成年人，那么我往往会感到自己被玩弄了，被欺骗了，而且这是存心的玩弄与欺骗——于是，经此一役，我再也不相信这个世间会有真正的爱与爱情了，我从童年以来所积累起来的自爱度，在一夜之间被消耗殆尽，我此后不再珍惜我自己了，失去了憧憬与希望的我，从此随随便便。

特别是花季少女与老男人之间的那些以"爱情"与"初恋"为名的情感关系，往往是有问题的。根据具体情况的不同，这当中的问题或多或少，或深或浅，但我们却很少碰到毫无毛病的个案。之所以这样的关系往往是有问题的，是因为在这种关系中，一方是纯情的少女，另一方则是早已过了初恋时的纯情年代，而沾染过情欲、权力、金钱、名气等需要成年人的心志才能承受得住的诱惑与磨炼的中老年男人。这本身就是不平等的关系——无论在这种关系中，彼此之间爱得有多深，也无论这位中年或老年男人是怎样经受住这些诱惑与磨炼的。我们之所以说这是不平等的关系，是因为这个男人的本心状态已经比起他的初恋时代的本心状态，多了许多东西，而这些东西则并不是一个处在初恋时期的主体所应该承受的。她不需要承受这些东西，甚至她不应该承受乃至接受这些东西，因为这些东西并不是一个心中刚刚萌发出自怜性的人所应该有的，它们是后来才有的。这些后来才有的东西，不应该提前置于本不会有它们的本心状态之中，这不但是不自然的，而且往往是不合理、不合法的。中老年男性是知道自己的这个主体状态的，但他们仍然想要去与一位妙龄少年经营她的初恋，则往往是基于不自重、不自爱的本心状态的。自重、自爱的成年人，能够体会到自己当下的主体状态，如果与处在青春期的少女谈恋爱，其实就等于让年仅三岁的小孩学会自我反思一样可笑。而不自重、不自爱的成年人，如果执意要和少女们经营爱情，那就多半要从她们身上索取他们很早就已经失去的爱——这样的话，他们之间的关系就压根儿不是爱情，而是以爱为名的情感索取。

如果两个有自主性的主体之间的情感关系出现了问题，那肯定是双方都有责任的。不过，双方各自的责任往往是有轻与重、深与浅之别的。特别是在一种不平等、不匹配的情感关系中，这种责任上的差别就更为明显了。相信读者是很容易理解到这一点的。一个经历过各种情与欲，各种遮蔽与扭曲本心之事，各种权力交易和利益计算的老男人，和一个刚开始懂得自我怜惜，并对自己未来的人生有着无限的憧憬，但心中又对此感到害羞，最终不敢向任何人述说的花季女孩，发生了爱情的故事，而最终以这位女孩在情感上受到重大伤害而告终。亲爱的读者！我问你，你忍心放大这个女孩因为少不更事而造成的责任，而同时对那位什么好事、什么坏事都知晓的老家伙，格外开恩，甚至为他洗脱他身上的任何污点？如果真是这样的话，那么你有没有想到，你自己又是怎样成长起来的呢？只有在野蛮规则、潜规则被包装起来，霸占了本该由人类的天性之所指导而运作起来的社会关系的地方，才会有这样的想法。

老实说，这样的一个不对等的情感关系，是很难说得上什么"爱情"的，那多半是以"爱"为名的情感控制与情感纠缠。老男人与花季少女在情爱互动的过程中，肯定是会将自己的本心状态带到他们的情爱关系之中的，而他的这种本心状态，则又是超过了一个花季少女之所应承受的限度的。她没有任何必要，没有任何责任，要去和超过她当下的初恋、自怜的本心状态的非本心状态打交道——不管这种状态以及这个老男人从中所总结出来的所谓经验与方向，是不是合理和正确的。就算我们将它们单独抽取出来，单看其观点本身，似乎是合理和正确的，但我们若将之放在老男人与花季少女这样的具体关系中时，这些所谓的经验，所谓的方向，最终都会成为标榜爱情但同时又伤害爱情的魔鬼之诱饵。《同意》一书就是要揭示一个花季少女的初恋，是怎样被老男人一步一步地给剥夺的，而她对于自己的自信心，以及对于自己的未来的憧憬，又是怎样被一点一点地摧毁的。这位带着一流小说家光环的猥琐老男人，跟小说的女主人公吹嘘，他要引导她去推进真正的爱情，真正的初恋："他用一种温存的声音，向我夸耀自己是如何经验丰富，总是能够在不让对方感到丝毫痛苦的情况下夺取年轻女孩们的贞操，并且信誓旦旦地表示那是她们一生都为之动容的回忆，她们会庆幸自己遇到的是他而不是其他那些愣头青中的一个，他们不懂任何技巧，只会不知轻重地把她们按在床上，将这独一无二的瞬间推向永恒的幻灭。"最终，她"心怀感激地聆听他的教诲并且投入地付诸实践"。[1]读者可以自行感受一下这个老男人的话，慢慢去体会。而我则能够感受到那位女主人公——也即作者本人——在冷静地写下这段话的时候，心中所冒出的孤愤与坚强的复仇心。正如作者自己所说："十四岁的女孩，不应该有一个五十岁的男人等在校门口接她放学，也不应该和他一起住在旅馆里，不该上他的床，在本该是下午茶的时间里嘴里品尝的却是他的阴茎。"[2]这种"不该"是作者时隔多年之后，经历过了人生的各种曲折与磨炼，才可以真切地做出来的判断与总结，而当她在十四岁的青春年华的时候，她的本心状态又怎会允许她有这么明确的判断呢？这是强人所难的。因此，在这样的情爱关系中，是这位老男人剥夺了作者的初恋的条件，并且以"爱情"的幌子而摧残了她正在萌芽的自觉的主体性。到底责任在哪方，我们是不用想就会明白的。而在这位身为作家的老男人身上，我们也从一个侧面看到了他自己之所以要寻找像书中的女主角那样的猎物，则是因为他之难以自尊、自爱使然，他要通过这样围猎少女的方式，来满足他在其早年的爱的缺失。这不是真正的爱情，这是一种以爱情为名义而向尚在憧憬人生的少女们榨取爱的对于主体性的强暴。我想，但凡自尊、自爱的男人，当自己确实是喜欢上一位尚未成年的少女的时候，自己是会将这份喜欢，藏在心底。他宁愿自己不去与她发

---

① 瓦内莎·斯普林格拉（Vanessa Springora）著，李溪月译：《同意》，文汇出版社 2023 年版，第 47、50 页。

② 瓦内莎·斯普林格拉（Vanessa Springora）著，李溪月译：《同意》，文汇出版社 2023 年版，第 115 页。

生什么接触，宁愿自己从来都没有让她知道他喜欢她，宁愿她喜欢上别的男孩，他都不会去打扰她的情感。这是因为他能够直接实感到自己的主体状态、本心状态，与他喜欢的女孩的主体状态、本心状态，并不匹配。他非常清楚一位老男人与一位花季少女之间，是不会有真正的初恋的，他也知道他与她如果有任何的情爱上的关系，那么这种关系是绝对不能保护这位少女的初恋的。

总言之，每个人的初恋，都有着本心上非常微妙的变化。一个人童年所种下的生命的种子，在她的青春时光中，萌发出青翠的芽儿了。我们便可以从这芽儿所生长的方向是怎样的，它的色泽如何，它的生命力如何，而去直接了解它的底下的根，究竟是怎样一个状态，究竟扎不扎实，究竟将来会不会腐败乃至坏死。因此，我们的判断应该是不会有误的，这就是，初恋本就是主体性的成长与挺立过程中的枢纽，是从自然的自爱走向自觉的自爱的枢纽，是本心有对于自己的自觉之初始状态。而对于在成长与爱情问题上的这么关键的一环，我们理应做出深入而细致的本心分析，不应只满足于赞叹青春年华的纯真与美好而已。

二、自怜的分化（一）：自爱的沉堕

我们想要进一步在明确出初恋的自怜状态的基础上，区分出自然的自怜与不自然的自怜，或者是自爱的自怜与不自爱的自怜这两个方向，而这两个方向则分别导致了我们之前在表中所列出的"自觉的自爱"与"自爱的沉堕"这两个结果。我们在前文已经明确指出，一个人从童年时代开始，其基本的自然之自爱度能否保持，直接导致她在初恋时的自怜状态是真正自爱的状态，还是不太自爱的状态。我们还通过对比《忏悔录》中卢梭的初恋，与《呼啸山庄》中希斯克利夫的初恋，向读者们作出具体的呈现。在这里，我们在上文的那些呈现的基础上，还要进一步将这当中的道理以及这两个方向中的诸多环节，给梳理清楚，以便我们可以将初恋的意义，以及初恋与自爱的关系，把握得更为明确。

首先，我们要再重申的一点是，一个人无论她是怎样的一个人，她在少年时代，都不会不经过一个自我怜爱的过程。这个自怜的过程体现出每个人其实都是渴望自己能够自爱的，同时也期待自己能够本着自己的自爱，而去自然地爱人，当然她也期待自己能够得到别人出自真心的爱。每一个人都会渴望和期待着爱，这是毋庸置疑的，因为每一个人都是有本心的。不过，我们确实也应该印证得到，从表面上看，每个人都会经过自怜这个环节；但从内在看，每个人心中的自怜作用及其意义并不一样。可以说，种子是相近的种子，但不同的种子，它们在土壤下潜生暗长的方式并不一致，这就导致了它们所冒出来的芽儿并不是完全一样的。我们如果浮泛地看过去，就会觉得这些都是一样的芽儿，它们至少是差不多的。但多年之后，我们再经过那片到处都冒出芽儿的土地，发现树木众多，密密麻麻，这都是原来的芽儿所长成的。只不过，我们看到有的树木长得如此的顺直而挺拔，而有的树木则是歪歪扭扭，难有可观之处。我们这个时候才恍然悟到，原来这些表面上看起来差不了多少的芽儿，后来竟然长出了差异这么大的树木来！其实，我们不知道，如果我们对原来的这些芽儿作出一个细致而认真的观察，我们就会发现，表面相近的芽儿，其实内里却是大不同的。而人们的初恋的状态也与这些芽儿相类似，从表面上看，人人都有相近的自怜作用；但如果我们细致印证，就会发现，相近的自怜作用的背后，蕴涵着非常不一样的本心状态、主体状态。我们这才知道，有的种子完好无损，于是最终长成顺直、高挺的树木，但有的种子却发生变异了，它虽然也长成树木，但却是一棵有病的树木。显然，这种子不能保持住自己的本性了，它的本性受到伤害了。

人之初恋亦应作如是观。在初恋中的人，她之前有怎样的本心状态，她就将这个本心状态融入她的自怜作用中去。如果我们认真去琢磨，其实会发现每个人在初恋时期的自怜作用及其意义，其实是有很大的差异。有的人对她的心上人的喜欢，是不但要将整个的自己投入对对方的喜欢上去，而且是要将整个的自己都陷溺在自己的幻想所投射的对象的身上，并向自己所幻想、所喜欢的这个对象身上索取自己在童年时代逐渐失去的爱；而有的人对她的心上人的喜欢，也是要将整个的自己投入对对方的喜欢上去的，但是她却没有陷溺，她是不会陷溺的，她自己也会对自己的心上人充满着幻想、期待、憧憬，但因为她对心上人的幻想、期待、憧憬，是建立在她对于自己的喜欢与爱惜的基础上的，因此她对于心上人的幻想、期待、憧憬，是与对于自己的喜欢与爱惜，同行并运，相互充实的。因此，她一方面可以投入对对方的想念与憧憬上去，但另一方面她也能够直接体会到自己对对方的这种想念与憧憬，如果没有自己对于自己的爱惜与自信，就会走向枯萎与扭曲。这样一来，她就不像前一种人那样，将自己陷溺在对对方的喜爱上面而难以自拔，她的自爱与自信让她避免与超越了这样的一种陷溺，并使得她对于对方的爱，可放亦可收。她放出来，是她自信自己能够放出去而不粘贴与陷溺在对方身上；她收回来，是她实感到她对于对方的爱不可能、不应该违背自己的自爱。她充满着对对方的期待，这是因为她心中对自己有着满满的期待；她充满着对对方的珍爱，这是因为她心中对自己有着深厚的珍爱。她对心上人的喜欢，是与她的自立同步的，因此她肯定不会陷溺在爱恋之中而难以自拔。自立与陷溺是相反的，自立基于自爱，而陷溺则源于自弃。自立的人，她的主体性是直挺的；而陷溺的人，她的主体性则是绵软的。

一个人如果不再爱惜自己了，为什么她还有动力会去爱别人呢，为什么她还会陷溺在爱之中呢？实际上，正如我们所经常强调的，一个人不管是什么样的人，她都是有本心的，而她的本心都是要实现自己的，因此她无论如何都是有爱的期待与诉求的。她不但渴望自爱，而且也渴望互爱。这是每个人都会有的特征，是毋庸置疑的。因此，一个人之对别人形成真正的爱，是因为她的本心要谋求自我实现；而一个人之对别人形成怨恨乃至冤仇，也是因为她的本心要谋求自我实现。而她之所以能自立而不陷溺，是因为她能自爱自信，于是她的本心能够顺畅而无所扭曲地实现自身；她之所以不能自立而陷溺，是因为她自爱自信而不能，于是怀疑自己的本心之能顺畅而独立地自我实现，所以她一定要倚靠在某一地方、粘贴在某一个人身上才觉得安稳，她是要靠这样的方式而谋求本心的自我实现的。但由于她缺乏自爱与自信，所以她的本心的自我实现，并不是顺直而充实的，而是通过粘贴在对方身上并形成陷溺性的方式，去索取对方的爱，以求得自我之证明。但是，她越向对方索取爱，她其实就越难得到真正的爱的弥补，而只会像自己的身体陷入深深的泥潭一样，越陷越深，越深越陷，于是自己就离真爱越来越远，最终此生无缘。

（一）从自怜到自弃；分析《一个陌生女人的来信》

人在初恋时之有粘贴，有陷溺，则肯定是基于自己之不能自爱的。这是初步的不自爱，是初步的自弃。这时候人尚处在少年时代，主体的自觉性已经萌发起来了，但尚未走向深度而稳定的自觉性，因此，她在此时的不自爱或自弃的本心状态，也同样是初始性的。因此她如果要扭转自己的自弃，而回归自爱，就要比她在成年之后的自我扭转，要容易一些——虽然这也不是特别容易做到的事。本心对于自己所喜欢的人的粘贴与陷溺，则是从自怜而走向自弃的体现，也是主体或本心走向自爱的沉堕的第一步。而一个人如果是走出了这一步，肯定是因为她已经不太爱惜自己了，她对自己多少是有点儿放弃的，但她对于爱的渴望，则又促使她一定要找到一个自己心目中的完美的对象，让这个对象去实现自己之不能自我落实的爱。她可以不喜欢自己，但她肯定不能不喜欢她的心上人。她一定要喜欢她的心上人，不然的话，她就更无所寄托、无所依靠了，因为她自己已经一无所有了，她剩下的对于这个世界的爱，就只好全部投射与转移到她的心上人身上了。在她看来，她不能不这样去爱，她再也没有别的选择和方向了。她怕自己失去对她的心上人的爱，而她越怕，就越想去抓住对方——而她这所有的本心状态，都来源于她对自己已经没有什么信心了。

放弃自己的人，她所投奔的心上人，其实只不过是她为了逃避自己，而所幻想出来的一个理想的自己而已。而正因为这个理想的自己并不是从直面自己、自我充实而来的，而是一个幻象，一个为了弥补自己的爱的缺乏而编织出来的幻象，因此，如果自己粘贴并陷溺在自己所编织的幻象当中，那么这就像一只蜘蛛用自己所编织的网网住了自己一样。她越去编织理想的幻象，她就越跳进去拥抱住它；她越是跳进去拥抱住它，她就越远离她真实的本心，越难以直面自己的人生，越走向爱的反面。而如果她将这个理想的自己——也即自己所编织起来的幻象——套到在现实生活中自己所喜欢的人身上，而自己又因为自己的不自爱、不自信而不敢与这个人直接交心，那么她对于这个幻象的粘贴与陷溺，将会越来越严重，最终自己活在里面而难以自拔。她甚至在自己的幻想中，与她的心上人有着热烈而迷狂的纠缠，但在现实生活中，她的心上人却浑然不知此事。茨威格的《一个陌生女人的来信》就是用细腻而准确的笔触，将这样的本心状态淋漓尽致地呈现出来。

一位著名作家在他四十一岁的时候，收到了一封让他诧异而颤抖的长信。这是一个他所不了解的女人所寄来的，而且他收到她的信的时候，这个女人应该是死了，而更让他感到恐惧又茫然的是，这个他所不认识的女人之所以死了，是因为她唯一的孩子得病死了，而她的这个唯一的孩子，其实同时也是他的孩子，是他与这位女人在她十八岁时所生的孩子。当时，他"偶遇"了她，是她制造了这次"偶遇"。他与她在他所租的房子里发生了一夜情，但他浑然不知，他本就是她的初恋对象，但她却绝不将自己的心声，对他有一丝一毫的透露——因为她只允许自己在自己所编织的这个理想的自我中肆意而狂野地奔跑，她同时也只允许自己将这理想的自我所投射过去的这个现实的对象，懂得了她的心意之后，才让他进入她的内心世界中去，并与她缠绵缱绻，否则，她宁愿赤裸裸地躺在他的面前，让他的生殖器一点点地进入她的肉体之中，也决不愿表达出其实她是喜欢他的，因为她太珍惜她自己所编织出来的这个理想的自我，以及她所幻想的她与他的情感关联了。她的这个理想的自我，既无比虚幻，又无比真实；而她所幻想的她与他的爱情，也同样是如此。她虽然无比厌恶现实的自己，但她却无比珍视她所编织的理想的自己，以及他们俩的爱情，因此他只有懂她、珍惜她，他才有机会拿到进入她的内心世界中去的入门票。

这位作家是她的初恋对象。但她为什么会喜欢上他的呢？一切都源于她对现实的自己的厌恶与逃避。从她童年开始，她就已经放弃她那个现实的自己了。这正如信中所说的："在这以前，我的生活只是阴惨惨、乱糟糟的一团，我再也不会想起它来，它像是一个地窖，堆满了尘封霉湿的人和物，上面还结着蛛网，对于这些，我的心早已非常淡漠。"[1]她母亲是一个寡妇，做会计的工作，她与母亲两人在出租屋中相依为命，"仿佛沉浸在我们小资产阶级的穷酸气氛之中"[2]。从信中的简短分享，我们就可以直接感受到，这个女人的童年时代，是被浸泡在自卑之中的，这种自卑让她无法自然而发自内心地喜欢自己，于是她走向了自暴自弃，但是，她的本心又是要实现自己的，她带着自己的本心，无法完全自暴自弃，于是，她的极度的自卑则又转成了极度的自恋："我的父亲早已去世，我的母亲成天心情压抑，郁郁寡欢，靠养老金生活，总是胆小怕事，所以和我也不贴心；那些多少有点变坏的女同学叫我反感，她们轻佻地把爱情看成儿戏，而在我

---

① 茨威格著，张玉书译：《一个陌生女人的来信》，华夏出版社 2000 年版，第8 页。

② 茨威格著，张玉书译：《一个陌生女人的来信》，华夏出版社 2000 年版，第9—10 页。

的心目中，爱情却是我至高无上的激情。"①沿着自己的自恋，她就可以埋掉她的自卑。她的自恋越深，她就感到自己的自卑就越淡（当然，在事实上这只会加深自卑，因为这个自恋并不是本心的真实，它一旦破灭，就会重归自卑甚至加深自卑，而它又是不可能不破灭的）。而现在，摆在一位十三岁的女孩面前的大事就是，她要遇到一位完全满足她的自恋的对象，而且这个对象能够与她所自恋的理想的自我真正交心，于是她的自恋便可以得到落实乃至升华了。

她既然有这样的一个本心状态，那她梦中的那位英俊而文雅的男性，她是一定会遇到的。事实上，她遇到了比她梦中的男性更要英俊文雅的人——一位英俊潇洒、目光温柔而又声名在外的青年作家！而且他就搬到她的住处对面，并成了她的邻居！这岂不是上天有意的安排！于是，她的自恋，便立即转化成了依恋。她依他，恋他，粘贴在对他的喜欢上，陷溺在与他有关的一切想象中。通过这样的依恋，她的自恋仿佛有了一个靠山，凭藉这个靠山，她就可以在自恋中驰骋奔跑，从而不用再去直面现实中那个让她讨厌、使她烦扰的自我了。因此，为了她的自恋，这位俊朗英帅、才华洋溢并有名有利的男作家，必须是绝对美好的！在事实上他一定要完美的！而他的这种完美，必定能够治愈她的自卑。实际上，只要她保持着对自己的不满与放弃，只要她有足够的动力去幻想和美化那个理想的自己，那么，这个青年无论是做什么样的事，有什么样的打扮，装点成什么样的家居，对她来说，这都能触动她的自恋，让她对那个理想的自我遐想联翩，更对她的理想自我之能与绝对美好的男作家形成爱的交流，有亘古以来的渴望。但她生怕过早地让自己的这个渴望，暴露出来让任何人知道，因为那是她心底里的秘密，而同时她的自卑、自弃、自恋让她没有信心，将自己的心底里面的这个幻想与渴望，面向任何人而敞开——当

---

① 茨威格著，张玉书译:《一个陌生女人的来信》，华夏出版社 2000 年版，第 26—27 页。

然也包括她所幻想的那个作家了，因为她对那个作家之能够懂得她这个幻想，有着足够的怀疑度。这不！她还没有见到他本人呢，就已经对他的仆人搬过来的书，对比和幻想了一番了："我只是怯生生地从旁边看看书的标题：这里有法文书、英文书，还有些书究竟是什么文写的，我也不认识。我想，我真会一连几小时傻看下去的，可是我母亲把我叫回去了。整个晚上我都不由自主地老想着你，而我当时还不认识你呢。我自己只有十几本书，价格都很便宜，都是用破烂的硬纸做的封面……"[1] 而当这位作家搬进来，成为她的邻居之后，与他有关的所有物品，都与她的自恋，构成了一个相互强化的关系，这种关系的强化，让她的自恋得到一种让她欲罢不能的抚慰，让她进入一种虚幻（这是幻想出来的）但却又真实（这明明是心中的感受）的本心之萦绕状态。她写道："我从十三岁到十六岁，每一小时都是在你身上度过的。啊，我干了多少傻事啊！我亲吻你的手摸过的门把，我偷了一个你进门之前扔掉的雪茄烟头，这个烟头我视若圣物，因为你的嘴唇接触过它。晚上我上百次地借故跑下楼去，到胡同里去看看你哪间屋里还亮着灯光，用这样的办法来感觉你那看不见的存在，在想象中亲近你。"[2] 她的这种依恋作用，让她的自恋得到全所未有的滋润，她是靠着吮吸对他的依恋，而维持住她的人生意义，而不使它堕入虚无的。她明明知道这种情感幻想其实是水中之月，梦中之花，而她对他的依恋则是饮鸩止渴，饿鬼吃沙。但这又有什么问题呢？她连自己都不爱了，连自己都放弃了，如果剩下的这点幻想，能够让自己的心绪得到抚慰，那么这就是琼浆玉液了。

在初恋心境中，一个难以自爱的人，会由自怜而走向自弃，由自

---

[1] 茨威格著，张玉书译：《一个陌生女人的来信》，华夏出版社 2000 年版，第 16 页。

[2] 茨威格著，张玉书译：《一个陌生女人的来信》，华夏出版社 2000 年版，第 31 页。

弃而走向依恋，由依恋而走向依赖。依赖的根据在于依恋，而依赖则深化了依恋。依恋偏重在情感上，而依赖则是全方位的，也即不但本心在情感上依恋一个人，而且还要将自己的整个主体，包括主体的身体、情感、理性乃至信仰，都像卸货一样，全部倾倒在一个人的身上。这又好比一棵树朝着另一棵树倾斜过去，形成了一个朝向与势态，这就像人的依恋状态。而这棵树不但要朝向另一棵树倾斜过去，它后来竟将整个的自己靠在另一棵树上，这就像人的依赖状态。如果是它朝着另一棵树而有了倾斜的态势，我们还可以用力将它扶正过来；但如果它完全倒在另一棵树上了，我们想要扶正它，需要用的力就更大了。我们将对这树木的情况的理解，移作对人的依恋与依赖这两个本心状态的异同的辨析，就会看到依赖人格的形成过程。

（二）从自弃到依恋；从依恋到依赖；依赖的本性

依赖就是将心中的依恋向自己甚至向别人明朗化。依恋可以是一个羞答答的状态，依恋的人不敢将自己因为不能自爱自立，而要将自己寄托在别人身上的心意，给抖露出来。而依赖则是索性甩掉自己的这个羞答答的状态，明确地要抱住别人的大腿而不放松。从这个对比看，比起依恋的状态来，依赖更明显地体现出一个人的自弃性作用。在依恋中，她对于自己的自我放弃的本心倾向，尚保持一种隐蔽性和犹豫性，换言之，她不敢完全"破罐子破摔"，她至少也要摆出一种自己可以独立地成长自己的姿态。我们也不应该认为这种姿态完全是她有意装出来的，她也是有本心的，因此自爱、自立其实也是她的内在诉求，只不过她不一定能够实现她的这一诉求而已。而在依赖中，她的自我放弃就从隐蔽性和犹豫性的状态中冒了出来，她不想再让自己的本心导向给捂着、掖着了，因为这样确实是很难受的，她不如索性不要自己的那层矜持了。而她之所以能从依恋而直接走向依赖，则是因为她心中的自弃度给进一步加深了。在依恋时，她尚没有完全放弃自己，她的依恋尚含有一种自我怜爱的作用，于是在这个状态下，她的自爱与自弃有一种拉锯性——虽然拉锯双方的力量并不是完全均衡的，在依恋中，自弃的力量其实是要大一些的，但它因为有本心的自怜、自爱作用的阻碍，所以主体的本心将自己的自弃导向隐蔽在自己的身上，就像水流被堵住了一样。而如果水流没被堵住，或者水流的力量超过了堵住它的力，那么它就会倾泻而下，再也没有什么可以阻挡住它的了。

　　一个人的主体状态、本心状态如果到了完全依赖的状态，就意味着她的主体性已经软了，她直挺不起来了。她再也不相信自己了，她再也不相信自己能够通过自爱的力量，而自我挺立起来。她放弃了自己，而且无所顾虑地放弃了自己。她不再认为自己是值得别人尊重和热爱的，她觉得自己不配与别人平起平坐，从而平等地与人互爱。而且她对自己能否有这样的待遇，也并不怎么关心，因为她早已放弃了自己了，她连自己也不爱，连自己也没有什么信心，她还会有信心与别人形成平等而相互独立的爱的关系吗？因为她不相信自己，所以她也很自然地不相信别人，她只相信通过依赖别人的方式，而活在这个世界上。

　　不过，上面的这些本心分析，只是说到了依赖的其中一个方面。其实我们如果要梳理清楚依赖的问题，需要将这个方面与另一个与之相对的方面结合起来，才会得到充分的落实。而这另外的一个方面，就是我们之前所屡次重申的，即人的本心是永远也不会达到彻底的自我放弃状态的，这个世界从来就没有彻底的自弃者，正如这个世上从来就没有过完美的自爱者一样。人只要有本心，就会有自我实现的诉求与作用，也就是说，每个人在开始的时候都是想自爱的，每个人都是渴望爱的，只不过由于本心的自我实现的受阻与扭曲，使得人们逐渐不相信自己能够实现自爱、自立，于是逐渐沉堕到自弃的方向上去了。但是，她即便是走向了自弃，只要她是有本心的人，她在事实上就肯定不会是完全彻底地放弃自己的人——虽然正如前文所说，她自己这时候已经形成了完全放弃自己的心意了。因此，这样一来，自我完全放弃，与在事实上自我不可能完全放弃，这两个方面乃杂然并陈、交织纠缠在自己的本心之中，并最终塑造了依赖的真相。所谓依赖的真相，就是一个人心中想完全自我放弃，但她的本心又使得她不甘于自我放弃，她自知没有能力自爱，但她的本心又使得她渴望自爱，最终，她为了糅合本心的这两个方向，于是形成了一个"解决之道"——她自己放弃本心的自我实现，放弃了自爱自立的诉求，但她期待甚至要求别人替她实现自我，替她自爱自立。但是，这又怎样可能呢？自爱自立，自我实现，就是自己爱自己，自己挺立自己，自己实现自己，这个"自己"是不能丢弃的；但依赖的主体则是自己没有什么犹豫，就愿意丢弃自己了，愿意将自己交给一个代理人去打理了，因为她太不喜欢自己了。她在她所依赖的人面前，她相信自己能够将整个自己拱手相送，言之凿凿，信誓旦旦。

但是，一个人自愿成为别人的附属、依附，并且甘心成为附属、依附，就像一个机器人，平时的事务就是帮助别人打扫卫生，洗碗洗衣，这倒也让别人说不上什么。但是，你是一个人啊！一个人，她只要是一个人，就会有本心，而她的本心会跟随着她的。她到哪里，她的本心就跟到哪里；她处在什么样的环境，什么样的状态中，她的本心就跟随着她，和她待在一起。它是无孔不入的，你休想在什么时候支开它，让自己安静一下，或者偷偷地自己舒爽一把。你是支不开它的，它如影随形，其实它就是你自己！当你支开它，你自己安静了一下的时候，是它在安静了一下，而不是支开了它的你在安静了一下；当你偷偷地自己舒爽一把的时候，是它在舒爽一把，而不是支开了它的你在舒爽一把。你总以为你可以逃得过你的本心，这真的是痴心妄想！我奉劝你这辈子放弃这样的想法，因为想逃过你自己的本心的那个欲逃之心，它本身就是你的本心！亘古烁今，无论东西，任何一个人，都是逃不过自己的本心的！换句话说，无论是什么人，她的那个自我总是甩不掉、逃不了的！这是因为每个人，无论是什么人，都是有本心的！因此，一个人对于别人生出了依赖，这个依赖就是心之依赖、依赖之心。这意味着什么呢？这意味着一个人想对另一个人形成依赖，但她不可能只有依赖，不可能只有依赖的诉求。她一定会在依赖别人的过程中，有一种不想依赖别人的诉求，与她依赖别人的诉求，同行并运，并潜滋暗长于无形无声、不知不觉之中。

所以，大家放心好了，这个世界上，从来就没有完全、彻底地去依赖别人的人。一个人如果带着她自己的本心去依赖别人，她就必定不会是完全、彻底依赖别人的人，她就肯定会在依赖别人的过程当中，又不想依赖别人了。因此，我们可以说，所谓的依赖，其实是一种自爱而不能、但又期待乃至渴望自爱的本心诉求。简言之，所谓的依赖，都是爱的依赖，或依赖的爱。依赖别人的人，其实是很想自我实现、自爱自立的，但她知道自己的本心状态，已经缺乏这样的真实动力了，不过她的本心的自我实现的诉求，又使得她顺势将自己的心依在、靠在、赖在一个她所喜欢的人身上，并通过这样的方式，而弥补自己心中的爱的缺失。这就是我们所说的依赖乃是爱的依赖的意思。因此，依赖这个本心状态，就不仅仅是依赖本身，而是因为自己的自爱的无能，愤悱的失败，而走向对别人进行爱的绑定乃至爱的索取。这样一来，我们对于别人越是依赖，我们就越难以自爱、自立、自信，我们的自恋与自弃就越是加深，我们的主体性就越是沉堕下去，这就像一个人掉进流沙里面而不自觉，甚至感觉良好一样。我们的感觉之所以似乎颇为良好，是因为在本心的依赖中，本心不需要直面自己、承担自己，而直接在幻想与依恋中作自我实现就可以了。但由于依赖只会加深自恋与自弃，因此从表面上看依赖是将别人给套住了，而实际上则是将自己给缠绕进去了。这是因为依赖者只能从自己依赖别人的过程中吮吸爱，一旦别人不受自己依赖，自己就失去了爱的来源，于是自找烦恼；另外，在依赖过程中，因为自己难以自爱自立，所以依赖者心中的爱的扭曲性实现，适足以加深自恋与自弃，让自恋与自弃以一种比依恋的状态更为尖锐的方式体现出来。

《一个陌生女人的来信》的女主角，经过了对那位男作家的幻想性依恋之后，也明显走向了对他的依赖。她的这种依赖是从深度的依恋中形成的。依恋的深化，就是对一个人的决然的依赖。自从形成对作家的依赖之后，她就更不那么爱惜自己了。她自己甚至可以卖身而让他从不曾知晓的孩子过上体面的生活，她甚至拒绝了男贵族的再三的求婚，而她这样做的目的与心意，就只是为了等待他，等待他最终能够认出她，并知道她一直以来，在默默地爱他。她并不确定自己的这份最重要的心愿，最终能否实现，但她在没有完全绝望之前，她是决不会放弃心底里的期待的。这个期待维系着她的自恋，同时也掩盖了她的自弃。如果她的期待完全破灭，她的依赖的自我就会瞬间被碾压得粉碎，随风而散。但是，只要她的这个期待没有破灭，仍存一丝希望，那么这一丝希望就是她永远的救命稻草——她已经没有什么可抓住了，除了她心中尚存的这一丝希望之外，她已经没有什么东西，可以面对她自己，可以证明她自己了。于是，她不能不依赖他，严格地说，是不能不依赖她对他的幻想。她自己说道："我该怎么对你说才好呢？任何比喻都嫌不足，你是我的一切，是我整个的生命。世上万物因为和你有关才存在，我生活中的一切只有和你在一起才有意义。"[①]单从这样的话来看，其实尚不能确定她是基于自爱还是基于自弃而说的，也尚不能确定这表达了她的依赖还是表达了她在自爱自立的基础上，对于爱情的投身。而我们再结合她的另一些话，与她的这句话合起来看，就判然分明了。例如，她为自己的卖身而作了"辩护"，她说："这对我来说也不算什么牺牲，因为人家一般称之为名誉、耻辱的东西，对我来说纯粹是空洞的概念：我的身体只属于你一个人，既然你不爱我，那么我的身体怎么着了我也觉得无所谓。我对男人们的爱抚，甚至他们最深沉的激情，全都无动于衷，尽管我对他们

---

① 茨威格著，张玉书译：《一个陌生女人的来信》，华夏出版社 2000 年版，第 27 页。

当中有些人不得不深表敬意，他们的爱情得不到报答，我很同情，这也使我回忆起我自己的命运，因而常常使我深受震动。"[1]在这里，她的意思是，既然你对我已经没有爱了，那么我又何必爱我自己呢？这就将自己对自己的爱，建立在别人对自己的爱的基础上了；换言之，自己对于自己的爱，乃依赖别人对自己的爱而有，而不是反过来，因为自己对于自己是珍惜的，因此自己才会珍惜与重视自己与别人的这段爱情。而她对于那位作家的依恋与依赖，则注定是走向爱情的悲剧的——她连自己都不爱，她总感到自己"太低贱，太丑陋，太讨厌"[2]了，那么她就永远没有能力与意愿，与那位她所爱恋不忘的作家有平等的交心，而平等的交心则是真正的互爱的基础。这个陌生的女人，这位花心弄情的作家，一位自贱，一个自轻。自轻者遇到自贱者，自己会更自轻；而自贱者遇到自轻者，自己则更自贱。这样的爱情，只能是相互不断将自己，同时也将对方拉向主体性之沉堕的情缘。因此，虽然在茨威格笔下，这段情缘展现得如此真切与细腻，如此绵绵无尽，娓娓而诉，因之而有一种悲剧性、悲壮性的美感——后来这位女性将他与作家因一夜情而生下来的孩子抚养长大，但此后孩子因为流感而夭折，失去最后希望的她也随她孩子而离开了这个世界——但是，如果我们正视并深入印证她的本心状态，我们不得不理解到，正是这样的自贱与依赖，让她自投罗网，陷入自己所编织的悲剧之中却浑然不知。

不过，她并没有由依赖而生出怨恨，对于这一点，她还是有所自觉的，她只是活在她所幻想的爱情世界之中，并依赖自己的这个幻想，而在现实中，那位拈花惹草的作家对她的暗恋与依赖却完全不知不觉，因此她如果要怨他，也只能怨恨她所幻想的他，而并非现实中

---

① 茨威格著，张玉书译：《一个陌生女人的来信》，华夏出版社 2000 年版，第 86—87 页。

② 茨威格著，张玉书译：《一个陌生女人的来信》，华夏出版社 2000 年版，第 55 页。

的他。因此她说："我永远也不会责怪你的，不会的，我只会永远感谢你，因为这一夜对我来说真是无比的欢娱、极度的幸福！"[①]她非常清楚他是怎样的人，她心中其实也多少能够感受到她与他在爱情上是无望的，兼且她知道她对他的爱乃是一厢情愿的，因此她对于自己的幻想，尚存有一些"自知之明"，这就是，她并没有将依赖而不得的状态，深化至对那位作家的怨恨的状态。这其实意味着她在自弃的过程中，尚存有自爱的力量。茨威格这样的安排，一方面切合了一个人当时的本心状态，另一方面也让他的这本小说既有一种氤氲朦胧的色调，而又有截断众流、独立高岗的气度。

（三）从依赖到怨恨

实际上，如果顺着我们对被人的依赖的本心状态而生活，如果别人确实也被我们之所依恋、依赖了，也即在事实上别人已经承受这样的作用并对我们有所回应了，那么我们会顺着我们的依赖，不断地"顺藤摸瓜"，直接向自己所爱的人，或深或浅、源源不断地索取爱。我们心想，我都将整个自己都放弃了，我都将整个自己都交给你，并且任你处置，任你宰割了，我难道得不到你对我的一丝丝的怜惜与关爱吗？这是依赖者自然就会有的心态。而依赖者之所以有这样的心态，其原因就是我们在前文所辨析过的，任何一个依赖者都会不是彻底、完全的依赖者，她既依赖又不依赖，她的依赖是爱的依赖、依赖的爱。因此，依赖者是要在被依赖的人身上，吮吸和索取爱，以弥补她自己因为不能自爱、愤悱失败而造成的爱的缺失。但是，读者诸君，请你琢磨一下，这样的依赖作用，最终是肯定不能给依赖者带来爱的满足的。这当中的原因也很简单，这就是，所有的爱的真正之满足，一

---

① 茨威格著，张玉书译：《一个陌生女人的来信》，华夏出版社 2000 年版，第 65 页。

定是基于自爱而得到落实的。真正的满足，从来都是自我满足、本心满足，这就需要自爱、自立的作用。而如果一种满足是要通过向自己之外的对象而吮吸、索取过来的话，那么它必定不能化为主体、本心的真正力量，同时也带不来真实的人生意义。而且，通过向自己之外的对象与条件而吮吸、索取爱，并求得自我之满足，这是一个永无停止、但又每况愈下的过程。之所以说它是永无停止的，是因为人的本心是无时无刻带有自我实现的诉求的，也就是说，它无时无刻不需要爱；之所以说它是每况愈下的，则是因为自己对于对方越是依赖，自己就越不能自爱，最终自己的主体性状态就越受到来自自己的腐蚀与消耗，而这个被自己不断腐蚀与消耗的自我，则会更加看重自己对别人的依赖，她一定要抱紧它乃至绑定它，不然自己就失去靠山，从而失去人生的意义了。

　　一个依赖者最终都会变成一个焦虑者。这是因为，心的依赖是一个无底洞，依赖者要不断地向对方索取爱，才能不断弥补她的爱之缺失，但她越索取，她的爱就越是缺失。况且，一个人对于另一个人长期的感情依赖，不可能总是顺畅的，它总会有扑空的时候，也即没办法依赖的时候。这个时候，就是索取爱而不得，但同时自己又不能通过自爱以超越自己的依赖之扑空的时候，那么，依赖者就自然会因为焦虑而生恼怒，于是便形成怨恨。因此，怨恨的根源在依赖，没有依赖就没有怨恨。一个自爱自立的人是不会处在长期的怨恨之中的，她即便有怨恨，她的怨恨也是很快消散的，因为她的自爱心自然地不允许她的怨恨心之不断滋长，以至于她的主体性与立身之本受到动摇。另外，如果我们再细致辨析怨恨心，就会很容易看到怨与恨是相通的，但两者则有深浅之别，怨为浅，恨为深，怨在前，恨居后。怨是淡淡的恨，恨则是深深的怨。善爱者，必定会致力于止恨息怨，即便自己所爱的人伤害了她，她在以直报怨之后，她的自爱自立的本心导向，就不会让她陷入怨恨的漩涡之中而不能自拔。而不善爱者，也即难以自爱者，则往往会在依赖与怨恨之中来回摆荡，她依赖不成就会生出怨与恨，但她在怨恨之中，又不能作出一个明确的判断与行动，以告别她的怨恨，而是在对对方的怨恨之中，重又被自己对对方的依恋与依赖所勾住，并最终在犹豫不决中一点点地消磨掉自己的真爱。

正如爱最终是自爱一样，其实怨最终是自怨，恨最终是自恨。从表面上看，怨恨乃是怨人、恨人，是因为别人的问题而引起自己的怨恨的；但是，由于自己对别人的怨恨是从自己对于别人的依恋、依赖而来的，而自己之所以对别人有所依恋、依赖，则是基于自己欲自爱而不能、欲愤悱而难立的本心状态。这才是怨恨的根源所在。因此，怨恨究其实就是爱的变种与爱的扭曲。一切的怨天尤人，都是自怨自艾的体现；一切的新仇旧恨，都是自恼自恨的流露。心头萦绕着自恋的人，往往会形成自我之幽怨，并进而将自我的幽怨，转移成为对别人的幽怨；心中夹杂着自弃的人，往往会形成自我之忿恨，并进而将自我的忿恨，转移成为对别人的忿恨。因此，我们自己对于别人的怨与恨，最终就是我们的自怨自恨的本心状态之所投射出来的影子而已。而正因为怨人恨人只是我的本心之不能自我实现、不能自爱自立而所投射出来的影子，因此它是虚幻而无根的。它宛如水中之月，镜中之花。因此，我们越是对我们所依恋、依赖的人有着持续不断的怨恨之心，我们就有如在水中捞月，在镜中寻花，我们这样做，只不过是将我们心中本来就不多的自爱的积蓄，给消耗殆尽。自爱本就是一个人的立身之本，而怨恨心之不断消耗自己的自爱，这意味着绵绵无尽的怨恨作用，会逐渐削斲一个人的主体性，并将她自己进一步拉向本心的沉堕，以及人生意义的沦亡。而相对之下，自爱的人，由于她超越了自恋与自弃，她的心中就生不起什么怨恨心，或者说，即便她在某种特定状态与情况下生起了怨恨心，但由于她的自爱在她心底里扎下了根，因此她的怨恨最终也会消散于无形之中的。而如果她身处爱情关系中，不是她怨恨对方，而是对方怨她恨她，或者是对方做出了伤害她的善良的心的事，她都不会投桃报李，也即因为对方怨恨她而她更怨恨对方，而是会基于自爱心，而自然地通过以直报怨的方式，疏导她与对方的爱。

在爱情关系中，怨恨是一个非常常见的情况。我们不要因为它是常见的，因为它是人类在其爱情与婚姻中之所难免的心态，而置之不理，习以为常。实际上，从依赖心而发展出来的怨恨心，就有如癌细胞一样，会不断地增殖、蔓延、转移，最终毁灭爱情的根基。通过敦厚自爱的力量，以终止怨恨对于爱情的腐蚀，这样的心意与行动，当然是越早越好。如果一个人能够在初恋中吸取教训，以自爱而避免怨恨，那么她在后来的爱情与婚姻中，就不容易被扭曲的情感关系所拖垮。而如果一个人年纪渐长，历事渐多，遍尝爱情与婚姻的滋味，但仍然在怨恨中纠缠不已，那她这辈子就不要希冀真爱了。上天给了你一段不短的时光，你在少年时代没有珍惜自己，同时在这个过程中又没有获得什么教益与长进，到了自己逐渐衰老的时候，你比起你的少年时代，更不珍惜自己了，你的怨恨心更多了，那怪得了谁呢！这只能说你白白辜负了上天给你的天性与本心了！

怨恨是人世间各种交心关系的常态，而爱情关系中的怨恨则将这个问题突显得更为急迫。在各种交心关系中，无论是亲情，还是友情，更不用说爱情了，都会有怨恨的情况。我们很少对一个与我们擦肩而过的陌生人有所怨恨，而会对我们的朋友，我们的亲人以及我们的情人、爱人有所怨恨，这是因为，我们与一个陌生人的交心关系非常浅，仅限于点头之交与一面之缘，因此我们很难将自己的本心状态，直接而深度地在他们面前呈现出来。而那些与我们有深度的交心的朋友，那些与我们无话不谈的亲人，以及与我们谈情说爱的人，我们便很自然地、甚至不自觉地基于彼此的交心性关系，而将自己的本心状态带到交心的过程中去。而如果我们自己对自己是不满意的话——事实上很少人对自己是完全满意的——那么我们就很容易将自己对于自己的不满，在与别人交心的过程中，转移到对别人的不满上面去了。而我们之所以有这样的转移，则是因为我们的本心状态是难以自爱的，于是我们就很容易逃避我们自己，而不会将自己给承担起来。凭着这样的本心状态，也即凭着我们的自怨自恨的不自爱状态，我们一旦在与别人交心的过程中得不到爱的满足，我们便会将自己的自怨自恨状态，像卸货一样转移甚至倾泻在别人身上。因此，归根结底，我们对别人的怨恨，其实是我们的自我怨恨的转移，这当然是不自爱的体现，是主体性不断走向沉堕的信号。而在爱情关系中，怨恨的情况就更为明显。这肯定是因为爱情关系往往是所有的交心性关系中，最全面而最有深度的交心关系。这就可以解释为什么情人或夫妻之间，会因为一些鸡毛蒜皮的小事，而互生怨怼。

另外，怨恨是由依赖而生出来的，没有依赖就不会有怨恨。自我独立、自立自强的人是很难对人有绵绵不绝的怨恨的，因为她对别人没有什么依赖，她只是依靠自己。她既然只是依靠自己，那么她心中对自己、对别人若是生出了怨恨，这个怨恨也不会逗留并纠缠在她的心中，并让她自己的本心给绕进去，她会在自己的怨恨生出来之后，通过她的本心的自立自强的状态，去正视自己的怨恨，或者通过与别人的沟通而化解这些怨恨，或者将怨恨一一导入自己的自立自强的本心之中，让本心得到磨砺，从而增进自身的自立自强。因此，怨恨者必定是依赖者，而自立者是不会被怨恨所牵扯与规定自己的。只有依着别人、赖着别人的人，才会将自己对自己的不满，转为对别人的不满，并依赖别人的改变与改善，来让自己得到改变与改善。但这其实是永远也不可能的事，因此怨恨者对别人的怨恨，永远也得不到疏导与安顿，他们的这些怨恨会逐渐积累，并在心底里涌动，最终自己会变得越来越怨恨，活成了自己不停怨恨甚至诅咒的那个对象的样子。而更有甚者，则会将怨恨深化，并形成了对所怨者的冤仇，那就已经超越了怨恨的范围了。其实，最具深度的怨恨，乃是对对方的冷漠。冷漠也是一种怨恨，只不过这种怨恨太深了，以至于自己并不相信对方能够对自己的怨恨有所感受，也即自己决不相信自己能够与对方可以再以交心的方式，修补感情，而同时自己的怨恨又没有办法得到疏导，最终自己感到两头不着，左右难通，于是便通过漠然视之的方式，来表达自己对于对方的深度怨恨。在爱情关系中，人们往往因为互相怨恨而走向互相冷漠，又因为互相冷漠，而加深互相之间的怨恨。

（四）分析某种"自然之怨"；
兼议崔莺莺与林黛玉之怨及其差异

不过，在这里我们还要辨析一个情况，这就是孔子所曾说过的"《诗》可以怨"。诗人表达自己对心爱人的哀怨，孔子认为是正面而积极的。对于孔子的这个观点，我们是理解的，因为哀怨甚至是怨恨，往往是人之常情。我们表达哀怨与怨恨之情，是有机会发舒、疏导我们心中的郁结、不平或愤懑的。[①]不过，孔子等人所说的"怨"，与我们在上文所讨论的"怨恨"，其实是不同的。前者并没有明确地将"怨"与本心状态、主体状态的底子关联起来，而我们所要讨论的"怨恨"，则指的是一个人她的本心与主体性的底子是怨恨的。她或许在开始的时候，自己的怨恨尚不足以成为她的本心状态的底色，换句话说，她的怨恨尚没有偏离她的自然的性情，而她这样的怨恨，往往是孔子所说的"《诗》可以怨"的哀怨与怨恨，而如果她的本心状态足以能够让她的怨恨能收能放，那么她的这种怨恨反倒有可能成为一种本心或主体性的力量。但是，一旦她被自己心中的怨恨牵着鼻子走，一旦她的怨恨成为她的自我的底色，她就逐渐走向主体性的沉堕了。而至于她的怨恨的表达，究竟是性情的自然流露，还是不自爱的体现，这就需要问她自己了。这是如人饮水，冷暖自知之事，别人可以对她的怨恨有所感受，却不能代替她自己，而完全界定与确认出她的哪个念

---

① 钱钟书有《诗可以怨》一文，胪列东西方文学中的"怨"的表达，以揭示"怨"本就是人的自然性情，是人之通性；文中并辨析了不同情况的"怨"。参见钱钟书：《七缀集》，三联书店 2002 年版，第 115—132 页。

头只是发抒她的郁结，且哪个念头是建立在依赖的基础上并作为本心的底子的怨忿。

总言之，哪些怨恨只是性情或本心的自然流露，哪些怨恨则已经让本心走向沉堕，这确实是不好说的，我们需要通过具体的语境，以及对这语境作出细致的本心分析，才可以将一个人的怨恨表达，其背后的本心状态，作出大体的确认。在这里我们可以通过对比《西厢记》中崔莺莺向张生所表达的哀怨，与《红楼梦》中林黛玉暗自向贾宝玉所表达的哀怨，可以看到这个问题的微妙性。

《西厢记》这个剧本讲的是二十三岁的读书人张君瑞在普救寺遇到了相国小姐崔莺莺，其后两人互生情愫，但又迫于崔莺莺母亲的管束而无计可施。刚好此时叛将孙飞虎贪图崔莺莺的美色，于是带兵包围普救寺，欲逼莺莺做他的压寨夫人。崔母情急之下，扬言谁要是将莺莺救出虎口，就将莺莺嫁给谁。张生急中生智，修书一封，请寺里一位名叫惠明的人将信带给他的友人白马将军，在这位将军的帮助下，普救寺得以解围。而正当张君有意与莺莺结为连理的时候，崔母食言赖婚，这使得两位年轻人苦痛不堪，张君更是相思成疾。其后在崔氏母女的侍女红娘的帮助下，两人秘密约会，互诉衷肠。他们的秘密行动被崔母发觉，于是崔母拷问红娘，但又被红娘反诘，说她言而无信，出尔反尔，并以理晓之。崔母无奈，答应婚事，但又嫌张君是个白衣秀才，一定要他上京应考，状元及第之后才能行门当户对的亲事。于是，张君与莺莺便在十里长亭道别，莺莺心中的哀怨与不舍，倾诉而出。她唱道：

> 碧云天，黄花地，西风紧，北雁南飞。晓来谁染霜林醉？总是离人泪。
>
> 恨相见得迟，怨归去得疾。柳丝长玉骢难系，恨不倩疏林挂住斜晖。马儿迟迟的行，车儿快快的随，却告了相思回避，破题儿又早别离。听得道一声"去也"，松了金钏；遥望见十里长亭，减了玉肌：此恨谁知？

这忧愁诉与谁？相思只自知，老天不管人憔悴。泪添九曲黄河溢，恨压三峰华岳低。到晚来闷把西楼倚，见了些夕阳古道，衰柳长堤。

笑吟吟一处来，哭啼啼独自归。归家若到罗帏里，昨宵个绣衾香暖留春住，今夜个翠被生寒有梦知。留恋你别无意，见据鞍上马，阁不住泪眼愁眉。

你休忧"文齐福不齐"，我只怕你"停妻再娶妻"。休要"一春鱼雁无消息"！我这里青鸾有信频须寄，你却休"金榜无名誓不归"。此一节君须记，若见了那异乡花草，再休似此处栖迟。

王实甫写离别时的心绪与情景，如绘似诉，传神而动人，真是千古绝笔也！而在我们所引用的崔莺莺所唱的这几段词中，我们能够直接感受到她的幽怨与别恨。但我们并未能从这些幽怨与别恨之词中，体会到崔莺莺本心的沉堕与自弃，因此这多半是本心的自然状态的发抒。她要通过这样的发抒，而宣达与倾诉她心中的郁结与委曲。这是人情之常，也是本心之自然，因此这并不意味着她的本心的底子是不自爱的，这其实是她心中的自我怜爱与自我珍惜的体现，正所谓"这忧愁诉与谁，相思只自知"也。她大体上能够将自己对于张君，对于两人之离别的哀怨，通过自己的本心去承担它，感受它，消化它，于是她将自己的忧愁只藏在自己的心中，将自己的相思只让自己体味，而不将它们溢出来，转移出去，也不让它们牵引着自己的本心，让自己的本心成为忧愁与相思的奴仆。她之所以能有这样的本心状态，是因为她对于自己多少是珍惜的，是有信心的，因此她相信与张君之间，是有真爱的，也相信他们之间的真爱，是长久乃至永恒的。我们从哪里可以看出来呢？就从她从不需要张君考取什么功名，获得什么世俗的地位与荣誉，而只需要张君守住与她的交心之约就可以了。经过各种人世间的扭曲，崔母是早已异化了，她只能将人与条件挂钩起来，因此如果张君不能考个状元及第回来，她就不认为张君能够配得上她的女儿。因此，在崔母心目中，婚姻上的匹配并不是指夫妻双方能够交心与共鸣，而只是门第等条件上的相当而已，因此她是不懂得这两个年轻人到底是在追求什么的，也远不及红娘之能深知人世间何者为贵，何者为贱。而身为相国之女的崔莺莺，只是本着她自己的自怜乃至自爱，就能够直接感受到她与张君的交心与互爱才是最珍贵的，她对于张君的"金榜无名誓不归"的誓言，完全不放在心上，她知道那只不过是一些与本心和交心一无关联的东西。崔莺莺之所以有这种朴素而直接的心意，这与她的自我怜爱、自我珍惜是息息相关的，她其实已经萌发出了自觉的自爱度了，正是这种自觉的自爱度的不断萌发与稳定，让她逐渐突破因为崔母的管束与世俗的成见给她带来的犹豫与彷徨，而变得愈发坚定了。基于这样的本心分析，我们就可以将崔莺莺的怨恨之情，视作本于她自己的自怜与自爱，而疏导与发抒自己心中的郁结的体现，不是因为本心自身之自卑自弃而带来的怨恨。

《红楼梦》中的林黛玉，很喜欢读《西厢记》，也许她以崔莺莺自比了，或者是她对于离愁与别恨，有着强烈的实感与共鸣。事实上，崔莺莺与林黛玉都流露出了自我怜爱之意，但她们各自的自怜的方向则有微妙的差别。林黛玉的自怜心态中，更多地带有某种自卑、自恋与自弃的倾向，这使得她心中所生出来的怨恨，往往会摇动她的主体性——虽然我们不能直接说林黛玉的本心的底子是不自爱的，是自弃的。自从寄居贾府以来，黛玉虽然有贾母的疼爱，但贾母待她，更像是对待客人一般。这更加激发了她的寄人篱下之感。她心中喜欢贾宝玉，但一想到自己的身世与处境，自己就敏感起来了，于是她的自怜就带有了自怨与自恋的色调，而她的这种本心的色调则促使她没有自信与动力，直接地向宝玉表达她对他的喜欢与爱恋；同时，面对宝玉与其他女孩子的互动，特别是与薛宝钗的情感交流，又激发了她的自卑与自恋，它们萦绕在她对自己的寄人篱下的状态的叹息之中，而挥之不去。由于她对自己缺乏明确而笃定的信心与自爱，她是绝不会将自己的心志与心意，直接而无所保留地向她的心上人贾宝玉表露出来，而只能通过委婉、迂回的方式，期待贾宝玉能够深知其心意之所在，并与她有深度的共鸣。不过，由于她缺乏充分的本心之自信，因此即便贾宝玉或无意或有意地触动了她的心意或本心状态，从而在有意无意中打开了他们两人之深度交心的契机，林黛玉的缺乏充分的自爱与自信的本心状态，却又会让她矢口否认甚至恼羞成怒。例如书中的第二十三回"《西厢记》妙词通戏语，《牡丹亭》艳曲警芳心"，描写了黛玉在葬花之时遇到宝玉，并读了宝玉手中的《西厢记》，"虽看完了书，却只管出神，心内还默默记诵"，于是，"宝玉笑道：'妹妹，你说好不好？'林黛玉笑道：'果然有趣。'宝玉笑道：'我就是个"多愁多病身"，你就是那"倾国倾城貌"。'林黛玉听了，不觉带腮连耳通红，登时直竖起两道似蹙非蹙的眉，瞪了两只似睁非睁的眼，微腮带怒，薄面含嗔，指宝玉道：'你这该死的胡说！好好的把这淫词艳曲弄了来，还学了这些混话来欺负我。我告诉舅舅、舅母去。'说到'欺负'两个字上，早又把眼睛圈儿红了，转身就走。"当宝玉说自己是"多愁多病身"，黛玉是"倾国倾城貌"，黛玉心中其实也是这样地去自怜自恋的，但一方面她的这个自怜自恋只是属于她自己的秘密小花园，就算是宝玉也不能轻易而鲁莽地唐突进去，而另一方面她自己也缺乏对于自己的充分的自爱自信，因此即便是宝玉说中了她的心声，她也肯定不会承认甚至赞赏宝玉的说法的，而只会通过"欺负"她这样的指责，而逃脱与宝玉的真正交心。

　　就算是贾宝玉这样的心上人，林黛玉都难以完全坦诚地打开她的心扉，那就更不用说别人了。于是，她只好将自己的寂寞、自怜、自恋的心志，倾诉给那些与她一样薄命的花儿了。她借着自己唱的葬花词，表达了对宝玉的怨恨之意；而她对宝玉的怨恨，其实就是对自己的怨恨。我们试看她的这首词：

　　　　花谢花飞花满天，红消香断有谁怜？游丝软系飘春榭，落絮轻沾
　　　　扑绣帘。闺中女儿惜春暮，愁绪满怀无释处。手把花锄出绣闺，忍踏
　　　　落花来复去。柳丝榆荚自芳菲，不管桃飘与李飞。桃李明年能再发，明

年闺中知有谁？三月香巢已垒成，梁间燕子太无情！明年花发虽可啄，却不道人去梁空巢也倾。一年三百六十日，风刀霜剑严相逼；明媚鲜妍能几时，一朝漂泊难寻觅。花开易见落难寻，阶前愁杀葬花人，独倚花锄泪暗洒，洒上空枝见血痕。杜鹃无语正黄昏，荷锄归去掩重门。青灯照壁人初睡，冷雨敲窗被未温。怪奴底事倍伤神？半为怜春半恼春。怜春忽至恼忽去，至又无言去不闻。昨宵庭外悲歌发，知是花魂与鸟魂？花魂鸟魂总难留，鸟自无言花自羞。愿奴胁下生双翼，随花飞到天尽头。天尽头，何处有香丘？未若锦囊收艳骨，一抔净土掩风流。质本洁来还洁去，强于污淖陷渠沟。尔今死去侬收葬，未卜侬身何日丧？侬今葬花人笑痴，他年葬侬知是谁？试看春残花渐落，便是红颜老死时。一朝春尽红颜老，花落人亡两不知！

诗以道志，我们毫不怀疑这首《葬花吟》是她的心声之自道。她之怜花、惜花，实际上乃是自怜、自惜的心意的折射，因此我们很难说她的本心的底子是不自爱的。她不肯苟且过日子，随意委身于人，就算自己一无所依，也要"质本洁来还洁去"。不过，尽管如此，她其实已经从自怜而慢慢走向自恋与自弃了，这让她的自怜自爱的底子，有所动摇，这当中的一个体现，就是她由自怜、自恋而来的哀怨与怨恨，有点儿将她带到了某种自弃的边缘上去了。而同时，虽然她的基本的自怜自爱度让她不至于完全自弃，但是她也确实被自己的自怨自恨之情所牵引，从而走向自伤了。人们由自怜而走向自伤，是由于本心的自爱的力度不充分、不饱满所致。我们试着对比一下崔莺莺所吟唱的词句，会发现，在莺莺唱的词句中，我们不容易找到像"明年闺中知有谁""未卜侬身何日丧"之类的表达。我们固然可以理解，崔莺莺因为自知她与张君一定能够结成连理的，因此她心中有个盼头，于是不会怎么自伤；但是林黛玉从小就寄人篱下，她的身世让她敏感而多疑，而她对宝玉的爱恋，也因为不知道他们俩是否有未来，而被她藏起来并作为她所不敢暴露在别人面前的心中之重大秘密，而她既然有这样的本心状态，又何以可能不从自怜而走向自伤呢？诚然！我们确实是可以理解黛玉是怎样一步步地走向自怨、自恨乃至自伤的，我们也同样可以体谅得到这当中有她自己之所不可控制与左右的情况，但是，我们也不应忘记，每个人都是一个主体，都有本心，既然她是主体，她有本心，她就永远有可能发挥上天之所赋予给她的主体性的力量，以求自爱、自立、自强，或者更为自爱、更为自力、更为自强。但很明显黛玉并没有特别充分地扩充她的本心的内在力量，而被自己对自己的身世的自怜与自恋，被自己对于自己的不满与放弃，所左右摇动，所里外牵缠，于是她的本心的内在力量得不到扩充与发挥，自己陷入在怨恨与自伤的困境中，而难以挺立自己。这就像一个人被卡在半空中，上不能上，下不能下。但正如我们此前所提及的，一个人是不可能完全让自己的本心状态悬着不动，既不挺立自身，而又不沉堕的。她要么是不断自爱自立，要么是不断自卑自弃，她决不会有永远定住而不动的状态，这是违背本心的自然机制的。而我们从林黛玉在《葬花吟》中所流露出来的本心状态，就可以判断出她已经有点儿被自己的怨恨所牵引，而走向自伤了，这意味着某种主体性的沉堕倾向。

不过，无论是林黛玉，还是崔莺莺，她们虽然对于自己的心上人有所哀怨甚至是忿恨，而且他们两人心中的怨恨的程度与意义复有差别，但是她们的本心的底子，都尚未与"怨恨"完全挂钩起来，换言之，她们尚保留着自爱度的。而她们对各自的心上人的怨恨，多是她们对于心中的郁结与阻隔的发抒与宣达——虽然她们（特别是林黛玉）自己的怨恨若是久久不散，并反过来牵引她们的本心，那么她们的本心的底子就成为我们在本卷中所疏导的"自爱的沉堕"意义上的怨恨了。

（五）从怨恨到冤仇

如果一个人的本心的底子已经沉入怨恨之中，久而久之，她的怨恨就会不断深化，并在心中不断积累、酝酿、回旋。本来怨恨的作用就已经让她不能自主自立了，而现在她的怨恨加深了，她就更不能自主了。于是，她再也没有能力，对自己的怨恨收放自如了。换句话说，这已经轮不到她自己来说话了，她已经成为怨恨的工具、奴隶、传声筒。她本来是自己去滚雪球的，雪球本来是在她手上的；但当雪球越滚越大的时候，她自己反而被所滚起来的雪球所反滚，她于是只能跟随着这雪球所滚动的方向而尾随，自己则完全不得自由。她的这样的一种怨恨状态，就已经超越怨恨了，她不知道自己已经勒不住自己的怨恨了，她已经完全丢掉她的自爱的力量了。她对自爱的放弃，与她勒不住自己的怨恨，是相互作用的。正因为她放弃了自己的自我，她才会放任自己的怨恨而不顾；当她要放任自己的怨恨而不顾的时候，她其实已经在自觉与不自觉之间，将自己给放弃了，她不再珍惜自己了。正是这样的本心的作用，她心中的怨恨不再受到任何的疏导，于是越滚越大，终于大得化不开了。这时候，怨气就会深化为冤怼，而恨意亦会沉堕为仇恶，冤怼与仇恶合起来就是一种冤仇。冤仇是本心从自弃而依赖，从依赖而怨恨，并最终从怨恨而积怨积恨的自然结果，而它的实质，也是向别人索取爱而不得的反作用。心怀冤仇之人，一定是认为自己对别人的依恋与依赖，是一定要得到回报的。她对别人的依赖是理所当然的，而因为她认为依赖别人就是自己对别人付出爱了，因此对方给予自己以爱的回报，也是理所当然的。而当她在这方面的期待扑空了，她就会生出怨恨心；如果她的期待进一步扑空，甚至自感被欺骗、出卖等，她的怨恨心就会深化为怨气仇意，这促使她要对对方形成一种报复心、报仇心，并一定要报复、报仇而后快。从她自己的角度看，她心里一定是觉得自己经受了"不平"之事，于是她要通过"平其心"的方式以追回她的爱的丧失。但是，她心中的这种"不平"之感，由于是她的不自爱状态而积累形成的，因此她的这种"不平"之感，就并非是她的公平心的表现与表达，而是一种自己的"爱之依赖得不到回应与满足"而生出来的深度怨恨，因此她心中的这种"不平"是虚假的不平，是个心魔。这种称作冤仇的深度怨恨，看起来只有冤而没有谊，只有仇而没有爱，但究其实，所有的冤仇都是从爱转化过来的，而且是从"索取爱而不得"而转化过来的。至于自爱的人，是不会有依赖心和怨恨心的，她既然没有这样的心态，她心中就不会形成由依赖与怨恨而转手过来的冤仇心。即便是对方真的严重伤害了她了，她也会以直报怨，或者果断离开，或者用其他的方式维护她的自爱自立的状态，但她肯定不会被怨恨与冤仇之所牵引，因为这是违背她的自爱心的。

在初恋与其他恋爱关系中，爱情的双方或其中一方，由怨恨而生出冤仇，这样的情况在生活中实在是太多了。相信读者不需要我们再去寻找什么例子，做什么分析，就可以联想、回忆到相关的事情。这种情况，当然是人生的悲剧。在这里，我们则要强调这是一个人因为不能自爱自立而所导致的悲剧。一个人不能自爱自立，就像一棵树的根不断被腐蚀一样。这样的腐蚀是渐渐地起作用的，到了最后，这棵树不仅轰然倒塌，而且也连带着将它旁边的那棵树也压倒了。

三、自怜的分化（二）：自觉的自爱；以《简·爱》为例

前文说的是人在初恋的自怜心态中，由于自爱的缺失，而不断走向自爱的沉堕的过程。这个过程以自弃为始，以怨恨与冤仇为终。而与这个过程相反的过程，当然是人们从自然的自爱，通过初恋中的自怜作用，而增进至自觉的自爱的过程。这个过程可以大体上分为这样的几个不断深化的环节。首先，主体由自怜而增进自然的自爱；其次，自然的自爱的增进，让自己能充分地自我体贴，并在自我体贴的同时而能体贴他人；再次，主体因为自我体贴的深化，而走向自我印

证，也即明确自己，以及明确自己和所爱的人的关系；最终，主体由自我印证而走向自我挺立。自我之不断挺立的过程，其实是本心之不断地自我明证、自我敦厚、自我深化的过程，而本心的自我深化，会自然地形成与自己所爱的人进行深度的交心的诉求。当然，交心之事是自然而不可强求的。在爱情的关系中，如果自己不断自爱、自立、自强，从而不断深化与对方交心的诉求，但对方则难以交心，或者其主体状态不允许与自己有深度交心，这时候自己也只好随缘了，或者说，这时候就视乎自己的本心将怎样去印证自己与对方的感情关系，并根据自己的印证而作出相应的决定了。另外，主体在不断自我挺立的过程中，主体的本心由于自我体贴与自我印证的作用，自己能够且愿意承担起自己来，于是，自己的本心就不会将不自爱的怨恨与冤仇转嫁到对方的身上。就算是自己与对方的爱情关系，由于各种原因而导致破裂、失败，自己也会本于自尊、自重、自爱的作用，而避免像希斯克利夫那样，因为自爱的丧失而走向怨恨与冤仇。这就是我们对于由初恋的自怜心而生出"自觉的自爱"之过程的概述，接下来我们还要将这个过程的各个环节，逐一作出梳理和讨论。

我们在本卷的前面曾经讨论过，一个人如果在她的童年时代能够维护并积累她的天然的自爱度，她在初恋心境中的自怜心，就会让她形成一个生命的积极方向，这个积极方向则使得她不断增进自然的自爱，而最终她的自爱心得到了自觉化。每个人在其童年时代的本心印记，肯定会被她带到她的初恋心境当中去。而初恋心境则会让她童年时代的本心印记获得苏醒。所谓的春情萌动，究其实乃是本心处在自然与自觉之间，或者本心自情感的茫昧中顿然冒出而所形成的波动状态。她在童年的时候，是喜欢自己，喜欢这个世界的，但那时候的喜欢，尚是自然、茫昧而并未自觉化的喜欢。她对自己的喜欢完全说不出一个道道，她只是能够很直接地告诉你，她确实是喜欢，喜欢自己，喜欢这个世界，喜欢她身边的人，喜欢阳光、树木、小溪、青草。她只能是这样表达，她不会想到让自己的本心反过来去体贴她的情感流露，她的情感流露出去就流露出去了，而不会折回来。但到了初恋心境中，她的情感就会折回来。不！更严格地说，她在自己的童年时代是不会通过她的本心将自己的情感流露再去体贴一遍的，因为那时候她的本心尚未冒出来，而她在少年时代就不一样的，她的本心冒出来了，或者说她的本心将冒而未冒，于是她的情感之流露，与她的本心之萦绕在她的情感流露的过程中并体贴她的情感，这两件事是同步发生的，这就导致了她在少年时代形成了自怜的心态。这是我们曾经讨论过的，在这里我们再作强调。

一个人如果在她的童年时代的自爱心得到基本的维护，没有被摧残，甚至经受住了各种磨砺，那么当她到了少年时代，她之前所保持下来的积极的自爱心，就会充实她的自怜性作用，让她的自怜心呈现出明显的自爱性，而不是自弃性。这时候，她的自怜作用，就是她的自然的自爱状态的进一步深化与明确化，甚至自觉化。夏绿蒂·勃朗特的成长小说《简·爱》能够充分展现出这个过程，同时也能够描画出一个人是怎样本着自觉的自爱，去作出爱情上的抉择的。这本小说正好和我们这里所讨论的主题相互印证，因此我们在讨论人们增进自觉的自爱的过程中的几个环节的时候，我们会顺带讨论《简·爱》中的故事。

（一）逆境的考验、磨砺与自爱度的增进

简·爱是一个孤儿，从小便被寄养在舅父舅母的家里，那个地方叫盖茨海德府。她的舅父喜欢她，可惜很早就死了，而舅母里德太太则将简·爱视作眼中钉，同时也放任自己的孩子约翰·里德去欺负简·爱。里德太太之所以厌恶简·爱，主要是因为里德先生与她缺乏真正的交心，换言之，就是缺乏真正的爱情。而与此同时，里德先生则对自己唯一的妹妹——也即简·爱的母亲——百般爱护，他妹妹死后，他无论如何都要将简·爱接回来自己抚养。而里德太太对于她丈

夫的怨恨，就转移到了无辜的简·爱身上了，直到她临终之时，她都没有对自己对于简·爱的怨恨有所释怀。①而里德太太对简·爱的怨恨，以及简·爱之寄居在里德太太家里这件事，也使得里德太太的三位孩子从小便对简·爱挤压、羞辱，无所不能。有一次，简·爱被小里德无理暴打，头部流血，性情倔强的简·爱再也忍无可忍，像弹簧一样反抗里德的虐待。而她的这一反抗，最终遭到佣人的贬斥与羞辱，遭到里德太太的报复，她将简·爱关在小黑屋里，使得她昏厥过去。为了打发掉简·爱，里德太太要将她送到劳渥德义塾，那是一个收养孤儿的学校，环境恶劣。在将她送去义塾之前，里德太太在学校总监布洛克尔赫斯特先生——这是一个唯利是图的伪君子——面前谎称简·爱是个爱骗人的恶毒的孩子，致使布洛克尔赫斯特对她百般恐吓。不过，简·爱朴实而直率的本心状态，让她对里德太太的诬陷深感不平。她的不平之心的公平诉求，让她像卢梭在梳子事件过程中那样，作出反抗：

> 我必须说话：我一直受到残酷的践踏，如今非反抗不可啦；可是怎么反抗呢？我有什么力量向我的仇人报复呢？我鼓足勇气，说出这些没头没脑的话作为报复："我不是骗人的；我要是骗人，我就该说我爱你了；可是我声明，我不爱你；除掉约翰·里德以外，世界上我

---

① 里德太太病重将死，才对探望她的简·爱说出了实情与心声："我一直不喜欢她的母亲，因为她是我丈夫唯一的妹妹，也是他很喜欢的人。她降低身份结了婚，家里不承认她，他反对家里的这个做法；她的死讯传来的时候，他哭得想个傻子似的。他硬要派人去把她的婴孩领回来，虽然我劝他宁可出钱在外面找奶妈抚养。我第一眼见到她就恨她——一个病恹恹的、哭哭啼啼的、瘦小的东西！……说实在的，他自己的孩子在这个年龄的时候，他还从没这么留意过。他试着要我的孩子们对这个小要饭的友好；亲爱的孩子们都受不住，他们表示不喜欢她，他就跟他们发火。"原文参见勃朗特著，祝庆英译：《简·爱》，上海译文出版社 2006 年版，第 219 页。笔者按：里德太太的这个自述，是本书第三卷所论"维纳斯情结"的一个例证。

最恨的人就是你；这本写撒谎者的书，你可以拿去给你的女儿乔奇安娜，撒谎的是她，不是我。"[1]

一个十岁的女孩，身处这样的处境，在强弱势的对比如此明显的情况下，能够顶住压力，甚至扛住接下来所发生的难以预料的报复，而直接说出自己的感受，道出与自己相关的真相，这是需要无比的勇气的。她之所以会有这样的勇气，则来源于她对于自己心中那自然的自爱状态的坚持。她心中的实感告诉她，她要尊重自己的本心，以及本心的感受；如果别人对她的评判和她对自己的感受完全相左，而同时她对于自己的自我感受是自信、自肯的话，那么她是不会放过坚持和维护自己的自我感受的机会的。这无疑是一种天然的自爱作用之使然——她感到自己没有理由放弃自己，她感到珍惜自己并维护自己，才能赢得人生的希望，否则，自己必会将双手伸出来，乖乖地让别人用绳索将它们绑得紧紧的。她越乖，别人便将她的双手绑得越紧。因此，在这样的紧迫情况下，也即在她自己受到不公的诬陷与深度的羞辱的情况下，她的天然的自爱与自尊，因为受到了压迫，而不受控制地喷涌出来了。于是，我们便看到了简·爱向里德太太表达的这段心里话。而她在不管不顾地直接表达完她心中的感受和想法之后，她感到了自己突破了一道无形的束缚，而进入她梦寐以求的自由之境中去了，她尝试着在残酷的战场上获得了最终的胜利的机会。不过，转眼之间，她又有点悔恨自己的"冒失"了，她心里说道："我头一次尝到了一点儿报复的滋味，看来就像香气袭人的美酒，上口时，又暖又醇；可是过后的滋味，却又刺激又伤人，给了我一种像中了毒似的感觉。"[2]简·爱之所以有这样的感受，当中的原因是比较复杂而微妙的，而其中的一个重要的原因，则是她的自爱的本心状态，是自然的，但却不是自觉的。我们之前曾经表达过一个观点，这就是儿

---

[1] 勃朗特著，祝庆英译：《简·爱》，上海译文出版社2006年版，第30页。
[2] 勃朗特著，祝庆英译：《简·爱》，上海译文出版社2006年版，第31页。

童的本心状态，乃是明亮与茫昧相交织的状态。而儿童的这一本心状态，使得儿童对于自己的自爱状态，不易形成自觉性。所以，儿童的自爱总是自然的自爱，而尚未成为自觉的自爱的。即便是像简·爱那样，因为自己的身世与生存环境，而比其他的同龄人更能体会到各种世态炎凉，以及人性所遭受的各式各样的压迫与扭曲，她也不可能将她的本心完全明确化与自觉化，并笃定地作出基于自爱的各种应对与行动。简·爱在压迫、诬陷与羞辱之下，能够向里德太太作出这样直接的反抗，表达她的真实感受，这已经是难能可贵的了，而且也是她她那个阶段所能够做出的维护自己的主体性的最合适的方式了——要知道，童年的简·爱所承受的压迫，实际上已经超过了她在那个年龄所应该承受的范围了。

简·爱对于里德太太的反抗，让她付出了进一步的代价，但同时磨砺了她的天然的自爱作用。实际上，童年时代的任何基于本心的作用与行动，都不会消散，它们会藏在自己的心底，并成为自己的本心的力量或者反作用。一个人在青年时代，她的自然的自爱度的增进，会将成为日后她的自觉的自爱作用的基础；而她的自我放弃的加深，则成为她日后之有意放弃自我的根源。而一个人无论是走向自觉的自爱，抑或陷入有意的自弃与自我沉堕，都往往经历了一个缓慢的积淀过程，换句话说，这都不是一步到位的事。冰冻三尺，实非一日之寒；集腋成裘，亦非自一狐之皮也。简·爱在里德太太那里经受了磨砺，随即又在劳渥德义塾遭遇了布洛克尔赫斯特先生的羞辱。这个学校的学生大多是孤儿，她们失去父母的保护，被迫接受学校的各种超乎寻常的规训与虐待。她们的三餐都是难以下咽的稀饭，她们的过冬准备就是单薄的衣鞋，她们的正常而自然的情感流露则被视作轻佻而严加责骂，最终她们对于这些虐待，对于她们悲凉的命运，心里都认了，她们对学校的一切都很冷漠，她们对无理的责罚既不哭也不脸红。但简·爱不一样，她看在眼里，怒火中烧，但又无力改变什么。而她的明亮与茫昧交织的本心状态，则又使得她疑心她的同学——特别是她的好友海伦·彭斯——的态度是对的，而她的态度则是不对的。不过，没过多久，磨炼再次降临到她的身上了。在一个布洛克尔赫斯特向她们这些孤苦无依的学生们无理训话的场合，简·爱很不巧地失手打破了写字的石板，这个巨大的响声引起了布洛克尔赫斯特的注意，他这才想到还没有在这些学生面前，对这个被里德太太诬陷与嫌弃的女孩子补上一刀，于是他便在众目睽睽中，让人将她抱到凳子上，罚她站立，并告知教师们要惩罚她的肉体，拯救她的灵魂。毫无疑问，简·爱受到了进一步的诬陷与羞辱，她感到自己在学校的努力与良好表现，被毁于一旦。她感到自己在教师与同学面前再也抬不起头来，之前的那些自爱心顿然转成了自卑心，并在她的心头摇动。而她之所以会这么快就走向某种自卑状态，其实也是她之前的天然的自爱心，尚未被自己自觉化所致；换句话说，她在这个时候，心中的自爱作用尚不是完全明确而笃定的，因此它容易受到动摇。所幸的是，一方面她自己并未丧失基本的自爱度，另一方面她又得到了海伦·彭斯以及学校的一位善良的教师谭波尔小姐的鼓励与支持，简·爱心中的自爱与自信逐渐恢复，并不断增进。海伦跟她说："哪怕全世界的人都恨你，都相信你坏，只要你自己问心无愧，你也不会没有朋友的。"谭波尔小姐则平静地说了一句："孩子，你自己证明是怎么个孩子，我们就认为你是怎么个孩子。"[1]她们的话无疑将自卑的简·爱引导回她自己的本心或良心中去了——一个人她的主体状态如何，只不过就是她的本心状态如何，她只要自问其心就可以了。如果她问心有愧，而又不肯自我改善自己之所愧，那么她最终会被自己的本心状态拖向沉堕；如果她问心无愧，而同时又在不断检验与反省自己的本心的过程中，体贴和印证到自己可以自信的地方，那么她的本心状态最终会走向充实与挺立，她也不愁没有可以和她交心的朋友。于是，因为有了她们的鼓励，简·爱最终释然了，她的自然的自爱度受到了磨砺，并

---

① 勃朗特著，祝庆英译《简·爱》，上海译文出版社2006年版，第61—63页。

得到了增进。

简·爱所经历的这些磨砺，让她的本心越来越趋向明定。我们不能说，有了上面的经历，简·爱的本心就已经明定。其实还不是！这些经历，都是她不断增进自己的自然的自爱，并使得自己的自爱自觉化的契机，但它们尚不足以让简·爱走向完全的自觉的自爱状态。她在这个时候，主要是跟随她的自然的自爱作用而生活，而作出抉择与行动。至于你问她："你对自己的人生意义在哪里，是不是有了一个明确的答案？"她其实是很难回答得清楚的，但她会告诉你，她想活得自由一些，一旦她感到自己确实有能力去获得自由，她就想到自己要积极地做一些决定了。

在劳渥德待了八年，因为成绩优异，简·爱成了学校的教师。十八岁的她，已经厌倦透了劳渥德单调、常规的生活，她渴望自由的空气和环境——"这时候我才想起，真正的世界是广阔的，有一个充满希望和恐惧、感动和兴奋的天地，正在等着有勇气进去、冒着危险寻求人生真谛的人们"[①]。她渴望自由，祈求改变，但却不能有明确的方向。于是，经过心里面的沉淀，她对自由的渴望，逐渐落实为对一份新的可以由自己自主选择的工作的期待。在笔者看来，这是简·爱由自然的自爱而走向自觉的自爱的开端，同时也是她形成积极的自怜的第一步。十八岁，她已经走进了她的初恋时代了。虽然这时候因为条件的限制，她尚未有什么初恋对象，但是，正如我们之前所一再强调的，初恋心境的标志乃是一个人的自怜性，而简·爱之渴望走进一个自由自主的天地之中，这无疑是她之自我觉醒的体现，同时也是她爱惜自己的体现。如果她不爱惜自己，不认为她自己可以自主，她就不会想到自己要下定决心，离开劳渥德，而去拥抱一个未知的世界了。如果她不爱惜自己，不认为自己可以自主，她就会像已经死后的好朋友海伦一样，听天由命，将别人给她的不公，自己给承受下来了。海伦

---

① 勃朗特著，祝庆英译《简·爱》，上海译文出版社 2006 年版，第 76—77 页。

与简·爱的本心状态、主体状态完全不同，海伦向简·爱分享自己的人生信念："与其冒冒失失采取一个行动，让不良后果影响所有和你有关的人，那还不如按捺住性子，忍受一个除你而外没有别人感到的痛苦来得好；再说，《圣经》上也叫我们以德报怨。"[①]海伦基于她自己的成长体验，加上强大而深厚的文化传统的暗示，她在某些方向已经放弃了珍惜自己的努力了，这和简·爱无论怎样都首先去尊重自己的本心感受，是背道而驰的。这就难怪当时海伦在学校被羞辱的时候，她像木偶一样顺从着，木然的脸庞上眼泪都不掉下一滴，而看在眼里的简·爱早就怒火中烧了。我们可以想见，海伦即便是活了下来，到了简·爱那样的年龄，又与简·爱那样做了学校的教师，她也不会像简·爱那样，因为珍爱自己，而形成离开劳渥德、自主寻找自己的人生的本心动力。

此后简·爱如愿以偿，离开劳渥德义塾，到了桑菲尔德庄园，做了庄园的主人罗切斯特先生的家庭教师，负责罗切斯特与他的法国旧情人的私生女阿黛勒（罗切斯特还怀疑她是不是他的亲生孩子）的教育与成长。简·爱知道自己长得不够漂亮，但她穿着朴素而整洁，不会让人对她有所轻视。她爱惜自己，渴望自由，深感尊重自己的本心乃是生活的关键，因此，她也渴望与别人能够形成平等的交心性关系。在平等的交心性关系中，关系的双方可以既不卑亦不亢，于是各自便能够在自然的状态下，打开自己的本心而不扭曲它。而一个人之能期待与呼唤与别人有平等的交心关系，这意味着她有较充分的自爱度，也就是对自己是有真实的信心的。十八岁的简·爱就是这样。在她刚到桑菲尔德府的时候，她误以为女管家菲尔费克斯太太是庄园的主人，而没想到她这么亲切和蔼，后来她知道这位老太太的身份后，她心里面的感受是这样的："我并没有因此就不像以前那么喜欢她；相反，我比以前更高兴。她和我之间的平等地位是真实的，而不是她那

---

① 勃朗特著，祝庆英译：《简·爱》，上海译文出版社 2006 年版，第 48 页。

方面纡尊降贵的结果；这样就更好——我的地位更加自由了。"[①]当然，简·爱的平等交心的诉求，不仅体现在她与菲尔费克斯太太的关系上，而且体现在她与所有人的关系上——包括发薪水给她的庄园的主人罗切斯特。这原因其实很简单，平等交心的诉求，乃是她的本心之自尊自爱的自然流露；如果她在与人互动的过程中，有意与其中的一个人形成不平等的关系，这就意味着她难以完全保持住她的自尊自爱的本心状态了。我们通读整本小说，也确实找不出一个简·爱不想与之形成平等的交心关系的人来。

（二）自我体贴之作为积极的自怜性作用

简·爱刚到桑菲尔德，尚未对庄园住人罗切斯特先生生出爱恋的情感，换言之，她在那个时候，她尚未有具体的初恋经历。但是，正如我们所再三强调的，一个人可以没有具体的初恋经历，但她不可能没有经历初恋心境，而她的具体的初恋经历，则又是她的初恋心境的直接的表现与流露。在童年与少年时代所积累起来的深厚的自爱，使得简·爱的初恋心境体现为一种积极而非消极的自怜性作用，也即向着自觉的自爱而生活，而不是走向自爱的沉堕，也即自我放弃。而这种积极的自怜作用，指的是她本着自然的自爱度，而不断自我体贴，并在体贴自己的过程中，自然地去体贴他人，并与他人形成自然的交心关系。而她的这种越来越充分的自我体贴作用，让她自己后来在与罗切斯特互动、并与他相爱的过程中，始终保持自爱自立、不卑不亢的心态。

简·爱的自我体贴的本心作用，体现在她能够在童年、少年时期的自爱状态的基础上，进一步尊重她自己的本心之自然实感，而一点儿也不去遮蔽与扭曲它，同时本着本心自然的实感，直接而不遮蔽、

---

① 勃朗特著，祝庆英译：《简·爱》，上海译文出版社 2006 年版，第 92 页。

不扭曲地与他人互动与交心。而她之所以能够保持并敦厚她的自我体贴作用，无疑是因为她本是自爱之人，她珍惜自己，决不会自我放弃，她对自己是有信心的。她自爱、自信、自立，所以她与任何人都能够自然地平等交心，不委屈自己，同时也不扭曲别人。在桑菲尔德庄园做家庭教师期间，她与菲尔费克斯太太，与阿黛勒，以及与罗切斯特都能够自然交心，绝不因为对方的地位的高低、财富的丰薄而干扰到对对方的真实感受与判断，这当然是她的自尊自爱，在与他人互动过程中的体现。比如，她对阿黛勒与菲尔费克斯太太的感情就很自然："对于阿黛勒的幸福和进步，我感到一种出于天良的关心，对于她这个小小的自我，感到一种悄悄的喜爱，正如对于菲尔费克斯太太的好心，我抱有一种感激的心情，她默默地尊重我，心地和性情又都温和，我也就相应地喜欢跟她在一块儿了。"[1]而当她更了解阿黛勒的身世后，她不但没有生出嫌弃与避忌，反而更珍惜和爱护她，她跟罗切斯特说："现在我知道了，从某种意义上来说，她没有父母——她被她母亲遗弃了，你又不肯承认她，先生——我将比以往更加疼爱她。我怎么可能不爱一个像朋友般喜爱自己的家庭教师的孤苦伶仃的孤儿，而去爱富贵人家的一个讨厌自己的家庭教师的娇生惯养的宠儿呢？"[2]这说明简·爱时时刻刻都尊重她心中的自然实感，而不被各种外在的条件所牵引与左右，这应归因于她有充分的自我体贴的作用。

她与罗切斯特的交心就更是如此了。面对罗切斯特的各种与本心相关的"问题"，她都没有任何掩饰，而是将自己在本心上的感受与理解，向他直接而简明地表达出来，这让她与罗切斯特在一开始就进入一种实质性的交心关系中去了。在他们两人形成情感交流之始，有一次罗切斯特发现简·爱盯着他看，于是就问："你认为我漂亮吗？"

---

① 勃朗特著，祝庆英译：《简·爱》，上海译文出版社 2006 年版，第 100 页。

② 勃朗特著，祝庆英译：《简·爱》，上海译文出版社 2006 年版，第 137 页。

面对这个问题，夏绿蒂是这样描述简·爱的本心活动的："要是我考虑一下，我会按照惯例含糊而有礼貌地回答他的问题；可是，不知怎么的，我还没注意，回答就脱口而出：'不，先生。'"①简的回答让罗切斯特有点儿恼怒，但他又不好发作，简随后说："我不是有心要巧妙地话里带刺，而只是无心中说了错话。"②简·爱为什么会这么直接地将她的心里的感受与判断，在罗切斯特面前透露出来呢？这一方面是因为她信任她的主人，另一方面是她信任她自己。在她看来，她之身而为人，最珍贵的她自己的本心；而她与雇主罗切斯特的关系，最根本的是他们之间的交心关系。而简·爱的这种方式的回应，则一下子让罗切斯特直面他自己所久违的本心，他于是向她袒露说："不，小姐……但是我有良心。""再说，我的心曾经一度有过一种粗鲁的温柔。像你这么大的时候，我很有同情心，我偏爱羽毛未丰、没人抚养和不幸的人。可是从那以后，命运不断地打击我，它用指关节像揉面般地把我揉过了……对，这还使我有点希望吗？"③其实，简的话动摇了他为应对生存环境而所构建的自我，也即那个不自爱的自我，而迫使他直面真实的自我，也即那个可以自爱的自我，那个尊重自己的本心的自我。这样的话对他可是久违了的，因此他后来向简·爱表达了之前曾经虚伪地恭维他有男性美的情妇——也即阿黛勒的妈妈塞莉纳——是多么的不同："你第二次和我见面，就直截了当地对我说，你认为我不漂亮，当时我就感到了这个对比……"④在简·爱这边，她之所以能够这么直接地表达自己的感受，而且没有太多的顾忌，则是她相信罗切斯特确实是有"希望"的——也即回到自己的本心的希望。而当她感受到罗切斯特其实最终并不在意自己的外表，感

---

① 勃朗特著，祝庆英译：《简·爱》，上海译文出版社 2006 年版，第 122 页。

② 勃朗特著，祝庆英译：《简·爱》，上海译文出版社 2006 年版，第 123 页。

③ 勃朗特著，祝庆英译：《简·爱》，上海译文出版社 2006 年版，第 123 页。

④ 勃朗特著，祝庆英译：《简·爱》，上海译文出版社 2006 年版，第 136 页。

受到他因为她对自己的刺激而能够当下回到那个真实的自己，回到自己的本心，于是她对他，逐渐生出了欣赏甚至爱慕，简言之，她被他吸引了，或者说他们俩相互吸引——不是因为财富、地位、名誉等各种条件，而是本心与本心之间的相互吸引。简·爱当下分享了她的感受："我肯定，大多数人会认为他是个丑陋的人。可是，他的举止是那样地在无意中流露出傲慢，态度是那样地从容，对于自己的外貌是那样地毫不在乎，又是那样自负地相信其他内在或外在特性的力量，足以弥补只是外貌上的缺少吸引力，至于你看着他，就会不可避免地感染上这种毫不在乎的心情，甚至在一种盲目、片面的意义上，信服这种自信。"[①]

是自我体贴的简·爱刺激了罗切斯特，启发了罗切斯特从各种外在的缠绕中回到本真、善良的自己，让他去体贴他自己，他们的这种情感互动让他们进入了自然的交心关系中去。虽然这种交心关系是自然的，而不一定是自觉而明确的，但这足以让关系的双方抛开任何对于外在的条件的考量，而本着自爱之心，坦诚地尊重对方乃至欣赏对方。在这个过程中，他跟简说："真的，你不是生来就严肃，正如我不是生来就邪恶一样。……可是我想，到时候你会学会很自然地对待我，因为我发觉不可能跟你讲究礼俗；那时候，你的神情和动作就会比现在敢流露出来的更有生气，更有变化。"[②]

（三）由自我体贴所带来的主体尊严

而在此后，简·爱与罗切斯特可谓相互支持，促进了他们之间的平等交心关系。在这个过程中，简·爱对于罗切斯特的启发与触动其实更多一些，这当然是因为罗切斯特的主体性受到遮蔽与扭曲更

---

① 勃朗特著，祝庆英译：《简·爱》，上海译文出版社 2006 年版，第 124 页。

② 勃朗特著，祝庆英译：《简·爱》，上海译文出版社 2006 年版，第 120 页。按，着重号为引者所加。

大。当简·爱在一个晚上将他从火灾中救出来的时候，罗切斯特向她表达自己"欠了你那么大恩情"，简·爱本着平等的交心作用，立即回应道："再说一次，晚安，先生。这件事上，没什么欠情、恩典、负担、恩惠可言。"①她的回答是多么的简明、爽直，从不拖泥带水，旁枝逸出，这其实是深度的自尊、自爱的体现。相对之下，罗切斯特还是有犹豫与摇摆的。他在自爱与不自爱、自我体贴与自我放弃之间不断摇摆，他想自我救赎，回到那个本真、自然的自己，可惜往往力不从心。他打心底喜欢简·爱，但为了确证对方是不是真心爱他，他又在简·爱面前故意"透露"他将与同样是贵族出身的英格拉姆小姐结婚。这本来是一个试探性花招，但简·爱当真了，她觉得自己的尊严被践踏与玩弄了，强烈的自尊心，促使她向他表达了铿锵的、掷地有声的主体宣言、本心宣言：

> 你以为我会留下来，成为你觉得无足轻重的人吗？你以为我是一架自动机器吗？一架没有感情的机器吗？能让我的一口面包从我嘴里抢走，让我的一滴活水从我的杯子里泼掉吗？你以为，因为我穷、低微、不美、矮小，我就没有灵魂没有（本）心吗？你想错了！——我的灵魂跟你的一样，我的（本）心也跟你的完全一样！要是上帝赐予我一点美和一点财富，我就让你感到难以离开我，就像我现在难以离开你一样。我现在跟你说话，并不是通过习俗、惯例，甚至不是通过凡人的肉体——而是我的精神在同你的精神说话；就像两个都经过了坟墓，我们站在上帝的脚跟前，是平等的——因为我们是平等的！②

简·爱珍惜自己，体贴自己，所以将维护自己的主体尊严，视作他与别人相爱的底线。她越是体贴自己、珍惜自己，她就越会在这样的情景下，明确展示出她的主体尊严。自尊是与自我体贴关联在一起

---

① 勃朗特著，祝庆英译：《简·爱》，上海译文出版社 2006 年版，第 142 页。
② 勃朗特著，祝庆英译：《简·爱》，上海译文出版社 2006 年版，第 239 页。

的。自尊心作为自我体贴的一个表现，是自尊者不会让自己形成自私
心与嫉妒心。英格拉姆小姐曾经有意与罗切斯特结为连理，她有地
位，有财富，而且是美人胚子，高挑漂亮。简·爱当时认为英格拉姆
大概就是罗切斯特未来的妻子了，这和她爱上了罗切斯特，形成了强
烈的冲突。而深度的自尊，则让简·爱活生生将自己的感受给压制下
去。她画了两幅画像，一幅自画像，一幅她所想象的英格拉姆小姐的
像。她要求自己的自画像一个缺陷也不能少，又要求自己将英格拉姆
小姐画得尽可能美丽而高贵。自画像的题目是"孤苦无依、相貌平凡
的家庭女教师肖像"，而英格拉姆小姐的画像题目则是"多才多艺的
名门闺秀布兰奇"。将两幅画像画好后，她要强迫自己细看并对比一
下这两幅画像，从而试图将自己心中自然生发出来的情愫，有步骤地
消除掉。这当然是有一些自我怀疑、自我暗示的意味的，换言之，她
心中仍然带有某种自卑性的，但是，她这样的做法，更多的是源于自
尊使然，相信读者读了小说中的这段描写后，会相信我们的判断的。①

　　自尊心是与自我珍爱、自我体贴内在地关联起来的，因此自尊自
爱的人是不会让自己的自私与嫉妒，成为自己的主体状态、本心状态
的。自尊自爱的人，是有充分的实感与理由，对自己形成真实的自信
的。而自信、自足的人，则是不会被自私和嫉妒所牵引着的。简·爱
对于她的"情敌"——罗切斯特可能的妻子英格拉姆小姐——的态
度，便可以体现出这一点。英格拉姆小姐不但漂亮，而且才华彰彰，她
稍懂植物学，钢琴弹得好，唱歌的时候嗓音清美极了。简·爱对于英
格拉姆的这些个人魅力，肯定是非常清楚的，她也肯定多次将自己与
她在这些方面做了对比。但是，简·爱并不因此而自惭形秽。这是因
为她非常清楚，这些都是外在的东西，它们都不是主体性的核心，主
体性的核心是本心，是自爱，而同时这些东西也并不是主体与主体互

---

①　具体内容参见勃朗特著，祝庆英译：《简·爱》，上海译文出版社 2006 年
版，第 150—152 页。

动关系的核心，交互主体性的核心是交心，是真爱，是互爱。因此，她很清楚英格拉姆小姐的主体状态，是不能得到罗切斯特的真爱的。英格拉姆小姐依仗着自己的财产、地位、美貌与才华，将自己的整个人的意义等同于这些东西，她就必定不能平等地、相互尊重地与罗切斯特交心互爱。这是英格拉姆自己的心声："我决定，我的丈夫必须不是我的对手，而是我的陪衬。我不能容忍我的御座旁边有任何敌手；我要的是一种专一的效忠；他对我的忠诚丝毫不能和他在镜子里看到的影子分享。罗切斯特先生，现在唱吧，我为你伴奏。"[①]她对罗切斯特尚且如此，那么对社会地位卑微的简·爱就更是如此了。她带着专横的神态从简·爱身边走过，连自己的衣边碰到她都不屑。对于这个想象中的"情敌"——当时简·爱虽然爱着罗切斯特，但自认为她与他的爱情是不会有任何希望与结果的，因为她断定他很快会与英格拉姆小姐结婚——简·爱没有任何的嫉妒心。这是因为"英格拉姆小姐不是一个值得嫉妒的对象，她不配使人产生那种感觉"，因为"她的见解浅薄，她的心灵天生贫瘠"，因为"她鼓吹高尚的情操，却不能理解同情与怜悯之情，而且也没有温柔和真诚"。这让简·爱断定，"我看出他是为了她的门第，也许是为了政治上的原因，才打算娶她的，因为她和他门当户对。"[②]而基于对英格拉姆的主体状态的断定，简·爱确认英格拉姆是很难与罗切斯特交心的，她得不到罗切斯特的爱。

（四）从自我体贴到自我印证

带着这样的理解，简·爱对于自己是有足够的自爱度与自信度的。她虽然因为自己的地位卑微，而不能去实现与罗切斯特的爱情，既然她的爱是从她自己心中所发出的，既然她是基于自我体贴、基于自

---

① 勃朗特著，祝庆英译：《简·爱》，上海译文出版社 2006 年版，第 169 页。
② 勃朗特著，祝庆英译：《简·爱》，上海译文出版社 2006 年版，第 175 页。

己对自己的珍爱，而才形成了自己对他的爱的，那么，当自己对他的爱不能落实的时候，她是可以将自己对他的爱收回到自己的本心里面，并以此敦厚与深化自己的自尊与自爱度的。这当然是她能够自尊自爱、自我体贴的体现。这样的人是不会生出自己也难以摆脱的嫉妒心的。如果英格拉姆小姐善良而又高贵，有见识，懂爱情，能够与别人有深度的交心，那么简·爱最终也会敬佩她，从心底里欣赏她，而最终不会形成对她的嫉妒的；更何况现实的英格拉姆小姐又是一个虚荣之人，那就更引发不出她的嫉妒了。强烈的自尊心与自爱心，使得一个人不安于对别人的嫉妒，甚至以此为耻。

　　不过，尽管她的自尊与自爱既明显且强烈，简·爱对于她与罗切斯特的情感关系，仍然是痛苦的，虽然她竭力将自己的痛苦，全部压制下去并吞在自己的肚子里去了。她之所以痛苦，有两方面的原因。一方面，她的痛苦是自然的，她知道罗切斯特并不真心喜欢英格拉姆小姐，也知道自己虽然更能够与他交心，但却没有像英格拉姆小姐那样的机会，实现自己与罗切斯特的爱情。这样的一个格局，是任何有着纯直的本心、性情的人，都会感到痛苦的。另一方面，简·爱的痛苦还有另外一个来源——她虽然自尊自爱，但她目前的自尊自爱的本心状态，来源于她的自我体贴，而尚未被她的自我印证所充实。自我体贴只是自我印证的初步状态，只是自爱的表层形态，它侧重在人的主体情感的面向，而尚未深入到人的主体理性的面向。自我体贴固然是本心从自然而走向自觉的开始，但它只是一个开始。一个人如果要走向完全的自明、自觉、自立，就需要沿着自己的自我体贴而继续印证下去，直到自己对于自己的自明、自觉，被自己所完全认可并承担起来。从自我体贴而走向自我印证，是本心的自爱的内在动力。一个人有自然的自爱，就会有自觉的自爱的动力与诉求。随着她在人生与生活中的成长、磨砺，她的自爱作用，就会促使她不但要去体贴自己，而且要去自觉地印证自己，从而使得自己进一步自爱、自立。

　　在这个时候，简·爱侧重在自我体贴，而尚未形成自觉而明确的自我印证。因此，她虽然是自爱的，但她的自爱尚未被她自己所充分地自觉化。这就像一棵树，它已经将它的根伸向泥土了，它已经有自己所扎根的方向与方式了，但风雨一来，它难免会左摇右摆；而等到它将自己的根伸向泥土的深处，等到它穿过泥土中的砂砾甚至各种形状不等的石头，等到它吸收泥土中的水分与营养而让自己的根更为粗壮，这时候，无论是怎样的烈风，还是怎样的暴雨，它都稳稳地立在那里，就像没事人一样，独立而沉稳。而此时的简·爱尚未能完全充实自己的自爱，并让自己的自爱充分自觉化的体现，则是她爱上罗切斯特，并得到他的青睐乃至爱意的时候，她尚不能进一步去印证清楚自己的爱，因此她的心容易被现实中的各种风雨与迷雾，所摇动，所牵引，而这最终让她付出了代价——她本来以为她可以与罗切斯特相爱一生，而后来才知道，罗切斯特一直隐瞒着他在桑菲尔德藏着他的妻子，一个发疯的女人。这个真相最终让简·爱坚决与罗切斯特分开，她一个人将这段感情吞下去，决绝地离开了桑菲尔德。她的自尊被进一步唤醒，而她的被唤醒的自尊，则促使她从自我体贴而走向自我印证，将自己进一步承担起来，看清楚自己，增进自己的自爱。

实际上，简·爱对于她与罗切斯特的朦胧的、像迷雾一般的爱情，并不是没有预感的。她的感觉很灵敏，也很直接，这给她带来许多疑问，但是，她当时尚不能充分自爱、自我印证，兼之她的本心被自己的家庭教师的角色与地位所牵扯，而觉得自己之能够得到罗切斯特先生的爱，是自己意想不到的幸运，这样的感受与想法，让她被自己对罗切斯特的尚不稳固的爱所带着，也让她一步步陷入罗切斯特的甜言蜜语之中，而难以自拔。她很清楚，罗切斯特与英格拉姆小姐尽管可能结为连理，但他们两人是不会有真正的爱情的，对此她是很明白的。她对此是自信的，而且也是骄傲的。因此，后来罗切斯特转而告诉她，他喜欢的人是她，不是英格拉姆小姐，她并不感到意外，因此而有点儿沾沾自喜，于是在尚未印证好自己，印证好自己与罗切斯特的爱情的意义的过程中，一步步顺着罗切斯特对她的表白，对他们两人的婚姻的安排，完全接受之，而不是基于自己本心中的印证作用，直面自己在爱情中所遇到的迷雾、困惑，并从中走出来。当然，在这里我们也不能过于怪责简·爱在此时缺乏自我印证的作用与力度，这其实是人在自我成长的过程中，所自然经历的阶段。充分而自觉的自爱，是从人生的磨砺中实现的。正如人的无耻并不是一步到位一样，人的真正、充分、自觉的自爱也并不是一步到位的。而此时的简·爱，注定是要迎接风雨的，因为她之前所遇到的那些包围住她的迷蒙的雾，是烈风暴雨的前奏。

罗切斯特逐渐被家庭教师简·爱所打动。简·爱打动他的，是她的自爱，以及她本着自爱而向他直接表达她的心声。而简·爱的直接表达，也触动了他被自己所掩埋的良心。这让他感到了简·爱对他的支持性力量，他由此而喜爱上了简·爱。但是，由于他对于自己的不自爱、不自信，他并没有向简·爱完全打开他的本心，与她坦诚交心。他害怕自己如果将自己的本心状态，以及导致他当时的本心状态的他的过往，诚实地向简·爱流露出来，他有意地选择一部分他认为相对安全的本心状态，以及相对安全的过往的故事，向她抖露出来，但却隐瞒了最关键的信息——他本有一个妻子，虽然她的妻子疯了，虽然这是一段失败的爱情，是一桩为了利益而损害真爱的婚姻，但他一直处在婚姻当中。而他之所以向简·爱，以及向别人隐瞒这个关键的情况，是因为他对于自己缺乏足够的自信度与自爱度。经历了这一段婚姻，以及经历了与上流社会的几位女性的短暂情缘，感受到了人性的虚伪之后，罗切斯特对于自己是否有信心，能否得到真正的爱，是有疑问的。这当然与罗切斯特自己尚未能充分自爱有关。不过，他自知简·爱比他更能自爱，并且实感到简·爱的自爱状态，刺激了他，促使他去直面自己的本心。这是他之所以爱上简·爱的原因——他之爱她，是因为他爱上他那个本来的自己，那个后来被自己所埋没的本来的自己。但是，由于罗切斯特对自己能否回到他的本心，对自己能否充分自爱，对自己能否与简·爱建立有信心的爱情关系，缺乏足够的信心。因此，他要通过试探的方式，去确认简·爱是否他要去爱的人。正如他跟简·爱说的："我假装向英格拉姆小姐求婚，因为我希望使你狂恋着我，正像我狂恋着你一样；我知道，为了达到那个目的，嫉妒是我能找的最好的同盟者。"①但是，真正的爱情的确认，并不能通过试探而落实。试探所换来的，并不是真正平等的交心，要实现平等的交心，我们是需要直接打开的自己的本心，而向对方敞开的。

罗切斯特的试探与隐瞒，给他与简·爱之间的爱情关系蒙上了一层阴影。简·爱对罗切斯特的爱越来越深，而深度的爱，则促使她形成要与罗切斯特坦诚、平等地交心的诉求，但她的这个诉求，在罗切斯特的隐瞒与试探之下，形成一种潆洄、迷蒙的状态，使她心中隐隐然有迷惘之思。她心中越来越爱罗切斯特，而罗切斯特则对她不断试探与隐瞒，她选择了对这些试探与隐瞒的忍受。她想通过忍受，实现她与罗切斯特的爱。当然，面对试探与隐瞒，她不想将自己陷入一种不平等、不尊重的情感关系中。罗切斯特向她求婚，而她答应之后，她"永远也受不了让罗切斯特先生把我打扮得像个玩偶"，她跟他说："我只要一颗舒坦的心，先生，一颗没有被大量恩惠压倒的心。"②在罗切斯特的试探与隐瞒面前，她心中隐约地有一种不祥的预感，她感到他们将来的婚姻与幸福一直被罩在雾霾之中，这些雾霾挥之不去。但是，她被自己对罗切斯特的爱情所牵带着，她对罗切斯特的试探与隐瞒，以及从这当中所带来的不平等、不尊重，最终还是隐忍下去。在这个时候，她虽然有自然甚至自觉的自爱度，但她的自爱又确实是不充分、不明定的，因此她的心在左摇右摆之中，一步步地陷入了罗切斯特对她的带有不平等的作用的求爱之中。这个时候，她还需要自我磨砺，她的本心还需要从自我体贴而走向自我印证，她还需要对自己

---

① 勃朗特著，祝庆英译：《简·爱》，上海译文出版社 2006 年版，第 249 页。

② 勃朗特著，祝庆英译：《简·爱》，上海译文出版社 2006 年版，第255—256 页。

有更为明确的把握——而这又是与更为深度、自觉的自爱关联在一起的。我们的自爱越有深度，越是自觉，我们就越愿意直面自己，并将自己进一步承担起来，从而走向真正的自主、自立。

磨砺的机会很快就到来了。自从罗切斯特向简·爱求婚，简·爱答应之后，他们很快就举行了婚礼。试探与隐瞒最终都会有揭开的一天，在婚礼上，简·爱被人告知罗切斯特还有一个活着的妻子，他的那个妻子就被他关在桑菲尔德，而她之前在桑菲尔德所遭遇的一些让她疑惑的事，就是他的那个疯了的妻子所造成的。听到这个消息，简·爱有如五雷轰顶，她的美梦兼迷梦被这个消息完全撕碎，她清醒了，她不得不清醒过来。

她逐渐清醒了。她不怨恨罗切斯特，因为她虽然对他的试探与隐瞒有所迁就，但她的自尊自爱作用，让她对罗切斯特没有什么依赖。没有依赖，就不会有怨恨。怨恨是从依赖中来的。因此，当她了解清楚情况之后，她体谅了罗切斯特，理解到他为什么会在有一位妻子的情况下，仍然向她求婚。她听完罗切斯特的说明之后，没有去抱怨他。她要做的事，是回到她自己，以她的真心，印证清楚自己——因为她是珍惜她自己的，她对自己尚有基本的自信度。婚礼被打断了，简·爱没有哭，也没有悲叹，她更多的是处在冷静地印证自己的过程之中。她不但在体贴自己，而且还在深入印证自己。她之前对自己与罗切斯特的不平等的关系隐忍迁就，换来了更大的不平等。她憧憬自己成为一位幸福的新娘，她的隐忍，却让她成为情妇。她心中的自我印证作用，让她越发明确地断定，爱是与平等关联在一起的，没有平等，就决不会有真正的爱情。她越是明确出这一点，她就越感受到自己所受的伤害——这个伤害深入到她的本心的深处了，她感到自己必须要通过一个明确而决绝的决断，而将这段不平等的关系切断，从而保住她的基本的自尊与自爱。

（五）离开桑菲尔德：简·爱的自我救赎

罗切斯特先生在竭力挽回她，她感到这正是她要去直面的考验与拷问。她感到自己要接受生命的磨砺，一个人要真正挺立自己，就必须通过磨砺。这正如她跟罗切斯特说的："我们生来是要斗争的，要受苦的——你我都一样；那就这样做吧。"[1]生命的考验不可能不痛苦，更何况简·爱所经历的，是本心深处那最温柔的地方受到了重创："我正经历着一场严峻的考验：一只火烫的铁手抓住了我要害的地方。可怕的时刻啊：充满了挣扎、黑暗和燃烧！从来没有一个人能希望比我获得更好的爱；如此爱我的他又正好是我绝对崇拜的；而我，却不得不拒绝爱和偶像。一个伤心的字包含了我的无法忍受的责任——'走'！"[2]在这个时候，简·爱开始感受并思考"责任"的问题了。她在这里所说的"责任"，是主体责任，也就是自我如何直面自己，并作出明确的决定以承担起自己的问题。一个人仅仅有自我体贴，而缺乏深度的自我印证（当然，深度的自我体贴即走向自我印证了），就难以明确出自己的责任，并从心底里将这个责任承担起来。因此，简·爱在这里所说的"责任"，其实就是本着自我的印证性、明证性作用，而明确自己的主体性意义并据此而作出决断。而一个人能够明确自己的主体责任，并承担这个责任作出决断，则肯定是因为她有着深度的自爱性。所以，当罗切斯特竭力挽回简·爱的心，晓之以情、推之以理的时候，简·爱心中"感情正在狂野地叫喊着：'哦，依从吧！'"但是，她的本心的越来越明确而深入的印证性作用，则促使她的感情当下汇入一种深度的自我的自觉之中去，最终站稳了脚跟。这个时候，简·爱的本心状态是这样的：

---

① 勃朗特著，祝庆英译：《简·爱》，上海译文出版社 2006 年版，第 303 页。

② 勃朗特著，祝庆英译：《简·爱》，上海译文出版社 2006 年版，第 301—302 页。

仍然不可屈服的是这个回答——"我关心我自己。我越是孤独，越是没有朋友，越是没有支持，我就越尊重我自己。我将遵守上帝颁发、世人认可的法律。我将坚持我神志正常时而不是像现在这样发疯时所接受的原则。法律和原则并不是用在没有诱惑的时候，而是用在像现在这样，肉体和灵魂都反抗它们的严格的时候；既然它们严格，那就不能违反它们。要是在我自己方便的时候就可以打破它们，那它们还有什么价值呢？它们是有价值的——我一直这样相信；要是我现在不能相信，那就是因为我疯了——完全疯了；我的血管里有火在蔓延，我的心跳得我数都数不过来。预先想好的意见，以前下定的决心，是我现在要坚守的一切；我就在这儿站稳脚跟。[1]

这一段自述呈现出了简·爱的自我印证的过程及其结果。她对自己已经基本上印证清楚了：如果她受不住罗切斯特那痛苦的神情，那无助的困境，以及他对自己那份热切的爱情，并由此而原谅他，那么她就必定继续迁就这份不平等的感情关系。而这种迁就，必定会让自己走向对自己的不尊重、不爱惜。这是她自己的本心之所过不去的事。她要通过一种孤绝的决定——走——而保住她的自尊自爱，同时也可以清算她与罗切斯特那不平等的情感关系，廓清他因为试探与隐瞒自己，而给自己所带来的自尊上的贬损。当然，简·爱自己也很清楚，她在自尊上的贬损，责任并不是全部在罗切斯特那里，她自己其实也是参与其中的；换言之，如果她不接受罗切斯特的试探与隐瞒，如果她不安于自己与他隐隐然而具有的某种不平等的关系，她也不会走到这样的地步。对此，简·爱心里面是明白的，所以自尊自爱的她，并没有对罗切斯特有所怪责，而她只是给自己作出一个离开桑菲尔德、离开罗切斯特的决定。

顽强的自尊，已经被她所激发起来了，自爱、自尊之心已经将她

---

[1] 勃朗特著，祝庆英译：《简·爱》，上海译文出版社2006年版，第303页。

从对各种环境、条件的顾念与考虑中，给摆脱出来了。她现在只需要直面自己就可以，她只需要对自己负责，不需要对任何其他的人、其他的事感到任何的抱歉。她所要做的，就只不过是跟随着本心的声音而行动。她的本心的声音，在这之前是自然的，而尚未充分自觉的，而现在，它不但是自然的，而且是自觉的，是明定的。她没有什么好考虑的，她感到自己一旦在这件关键的事上——这对于她来说是磨砺自己的人生的节点——有所犹豫，她的自尊就会被强烈摇晃一次。不！更严格地说，她没有任何犹豫的可能性了，她不会犹豫，因为她已经从自我体贴的状态，而走向自我印证了。自我印证的力量，让她自然、自觉而又直接地作出离开的决定。她的本心的力量增进了，她更珍惜她自己，更爱护她自己，而这又让她对自己的决定更义无反顾，这对她来说，是一种自我救赎——虽然她的义无反顾背后，有她心底无法释怀、无法挥去的悲痛。

有人可能会说，简·爱之所以决意悄然离开桑菲尔德，是给罗切斯特一点颜色看。既然他欺骗了她，她就要通过这样的方式去报复他，通过这个报复，她的不平之心才会得到平衡。也有人可能会说，简·爱要通过出走这样的做法，来迫使罗切斯特痛省前非，并有意去考验他是否真爱她。或许，简·爱心中确实会闪现出诸如此类的念头，但我们相信她的这些念头即便有，也不会构成她当时的本心的底色。她的本心的底色，只不过是要救赎自己，增进和保护自己的自爱度而已，她已经将全部的意志，用在自我救赎上去了，她在磨砺自己，而她的自我磨砺，则让她没有任何根据，会生出明确的报复的念头，或者刻意去刺激罗切斯特的考量。她心心念念的事，是自己能不能守住主体尊严，自己能不能不再低声下气地接受不平等的情感关系。她爱自己，珍惜自己，这促使她感到必须要离开，此外她一切不管。她不管她离开之后，有什么人可以收留她，只要有人愿意收留她，让她工作就可以了；她肯定也不管罗切斯特因为她的出走，会经受什么，应经受什么。她只不过想自保。

　　自爱的动力，将她送出了桑菲尔德庄园。这当中，她所遭遇的曲折与磨难，读者可以读夏洛蒂的这本书，在这里我们就不再赘述了。她最终在一个陌生的地方，被圣约翰、黛安娜与玛丽这三兄妹的泽庄之所收留。简·爱在这里恢复了体力，而她与他们兄妹三人的顺畅而深度的交心关系，则使得她更感到自由、自立，生活如鱼得水。圣约翰是个虔诚的牧师，他将简·爱介绍到一所乡村学校中工作，教导贫苦的孩子们。她的工作条件虽然简陋，但她热爱这个工作，而她与孩子们的互动与交心，则让她忍受得住贫寒、简陋的环境，并让她甘之如饴，她觉得当一名自由而正直的乡村女教师，比在骗人的幸福里做事实上的奴隶，不知要美好多少。不过，这并不是简·爱在离开罗切斯特后所经历的最重要的磨砺。

　　简·爱受到了圣约翰兄妹的悉心照顾，越来越喜欢他的两位妹妹，与她们建立了深厚的友谊。与此同时，严肃、沉默、忧郁、虔诚的圣约翰逐渐注意到简·爱独立、自爱、果断、坚强的性格。圣约翰虽然并不富裕，但他与罗切斯特一样，也有一位喜欢他的美丽女子罗莎蒙德·奥利佛小姐，但她没有能够打动面如大理石、心若冰霜、像死神一样无情的圣约翰。而在这个过程中，圣约翰发现被他自己所收留的简·爱其实就是他失散已久的表妹，而他的这位表妹，则被她的叔叔所青睐，按她叔叔生前的遗嘱，由她一个人继承他的两万英镑的财产。面对这双重喜讯，简·爱格外高兴。不过，她面对这两个消息的心态，是有所不同的。她知道要继承这么一大笔财产，她的态度是严肃而凝重的。这虽然是一个好事，让她由穷而变富，但她由此而考虑到与这相关的责任和事务了，而且，这笔财产是给她孤零零一个人的，而她的三位表哥表妹，却一点儿都没有分到。而面对另外一个消息，她难掩喜悦之情，在简·爱看来，"对一个孤苦伶仃的不幸的人来说，这真是一个令人高兴的发现！这真是财富——心里的财富！一个纯洁、亲切的爱的源泉。"①她深知交心比财富要珍贵，财富是外在的，交心则是内在的，交心增进爱与尊严。于是，为了交心与平心，她决定将二万英镑平均分，她与她的三位表哥表妹人各五千："有五千英镑，我很高兴，对我也有好处；有两万英镑，我会感到痛苦，感到压力；况且，虽然法律允许，但是两万全给我一个人，那可不公平。"在她看来，"这完全是良心问题，也是感情问题"②。从这里我们可以看到，本心与交心，本心与平心，其实是一体的。③简·爱尊重自己的本心、良心，能够自爱自立，这促使她最看重她与别人的平等交心，而不想被财富、地位等外在的条件干扰交心的平等性，这同时也使得她对不公平、公正的事，心中有所不平，而必欲落实公平而后心有所安，有所平。

简·爱的自爱而独立的坚强人格，以及她的平等、公正之心，圣约翰能够直接感受得到。虽然她远没有奥利佛小姐漂亮，但她却能够打动圣约翰的心。他虽然知道简是她的表妹，但他心里并没有将她看成是他的表妹。他的心被她所打动，他默默地观察她，而最终确认她可以成为他的妻子，协助他实现他的信仰事业——远赴印度传教。而简·爱呢，她也被他的虔诚的人格之所感染，愿意协助他。于是，他

---

① 勃朗特著，祝庆英译：《简·爱》，上海译文出版社 2006 年版，第 368 页。

② 勃朗特著，祝庆英译：《简·爱》，上海译文出版社 2006 年版，第 370 页。

③ 根据我们的理解，主体性的核心在"本心"，交互主体性的核心在"交心"，而公共性的核心则在"平心"。对自己的本心尊重，给自己带来自由；对于交心的落实，则给交心的双方带来平等；而对于平心的维护，则给相关的人们带来公正。这是我们在本心的研究上的最基本的观点与取向。笔者在《主体与本心》一书中对"本心"的议题作出了系统的阐述，而对"交心"的议题则只是给出了一个基本的纲要，而尚未充实，至于"平心"的议题，该书尚引而未发。我们的这本书，则是从爱与爱情的角度，深化了我们对本心与交心问题的印证与研究，但我们知道，我们还需要通过另外的一些专论，以不同的侧面，将本心、交心、平心的问题，作出更为系统、丰富、深入的探索。

们两人形成了别样的交心性关系。他们之间的交心性关系之所以是"别样"的，是因为这种关系当中，既有爱情的面向，同时也有破坏与毁灭爱情的面向，而这两个面向则又是杂糅在一起的，于是，这种交心关系就变得纠结、迷茫与痛苦。

圣约翰向简·爱表达婚姻的要求，他要求简·爱做他的妻子，与他一起远赴印度传教，实现他的信仰的事业。圣约翰是不是基于爱情而向简·爱提出这个要求的呢？显然不是。那么，他对于简·爱究竟有没有爱意呢？不能说没有。他对奥利佛小姐都有某种爱意，对简·爱就更不用说了。不过，他对简·爱生起爱意的那一瞬间，他又将他心中的自然的爱意，立即转移并转化为他信仰上帝的手段。

信仰，是圣约翰得以救赎自己的唯一的救命稻草。圣约翰是怎样走向信仰的呢？他是因为什么而走向信仰的呢？夏洛蒂的这本小说没有怎么描述。不过，我们从小说中，可以隐约地印证到，这和他对自己的不满有关。他不喜欢自己，他在童年或者少年时代，一定是经历过很多的创伤的，这让他对自己缺乏信心。但是，他的本心有着强烈的自我实现的欲求，换言之，他渴望爱。但现实生活的冲击，让他越来越觉得自己并不配得别人的爱——他不能充分地爱自己，也不相信别人能够与他形成真实而充分的爱的交流。但是，他心中明明是渴望爱的！他在本心上的脆弱，以及不甘于被自己的本心之脆弱所拖垮的主体状态，促使他走向信仰——他找到了一个绝对爱他的上帝，他可以避开那个他所讨厌的自己，他可以将自己皈依在绝对爱他的上帝那里去满足他的爱的渴求。这样的话，他的那个信仰的自我，与他的那个真实的自我，便形成了一种张力。他越不喜欢现实的自己，他就越要抱住那个信仰的自己；而他越是抱住那个信仰的自己，他就越觉得现实的自己并不纯粹，并不高尚。他在信仰的自我与现实的自我的张力之间生活，因此他的状态是不安定的。

我们不能说，信仰没有给圣约翰带来主体性的力量，带来生命的活力与精神的升华。他对世俗的名利、欲望、荣誉、权力曾经有过渴望，但这些东西最终给他带来痛苦，只会增加他对自己的不满。他在世俗生活中寻觅无果，最终在上帝那里看到了自己的人生希望，他感到自己获得了新生，于是一心扑在信仰上了。去印度传教，就是他对于自己的救赎。我们毫不怀疑圣约翰的心地的虔诚，以及他对于信仰的那一份坚定的信念。这当中蕴含着强度的本心与爱的力量。因此，圣约翰的人格能够打动简·爱，使得简·爱心中愿意跟随他到印度去并做他的助手。但是，由于圣约翰的信仰人格，是建立在他的某种对自我的不满——这种自我不满也可以说是某种不自爱——的基础上的，因此，这让他怀疑自己的自爱，同时也很自然地怀疑他与别人之间的现实的爱，能否给他带来人生意义上的安顿。他怀疑自己，当然也会怀疑爱情。于是，信仰与爱情，在圣约翰身上就形成了一个尖锐的张力。而我们现在不得不去处理这个张力。

我们在这里不去评价信仰人格的问题，许多人是通过虔诚的信仰，而获得自己的主体性的力量与人生的希望的，信仰对他们来说，就是撑起他们的主体性的一把手杖。在我们看来，这是有积极性的。而我们在这里所要关注的问题是，有一种信仰，是会与爱情形成难以化解的张力乃至冲突的，而这种信仰就是圣约翰式的基于自我不满的信仰。这种信仰让他无法真正而完全地去爱自己，这当然也让他无法与别人形成真正的爱情关系。他渴望爱情、期待爱情，但一旦爱情降临在他的身上，他对自己的不满与厌恶，就会使他对这些感情采取回避的态度。爱情在他那里就像压向弹簧的压力，爱情的力量越大，他所承受的压力就越大，而他的自我反弹力度就越强。在开始的时候，简·爱注意到圣约翰其实是喜欢美丽的奥利佛小姐的，但他又压制住自己对她的喜欢，于是简·爱想给他挑明他的心绪，并支持他娶奥利佛小姐。而她万万没想到，他对他与奥利佛小姐之间的爱情，有着深度的怀疑。他是这样回答简·爱的：

> 我这样发疯似地爱着罗莎蒙德·奥立佛——的确是带着初恋的全
> 部热诚，热恋的对象又是非常的美丽、优雅、迷人——然而在这同

时，我冷静而正确地意识到：她不会成为我的好妻子；她不是那种适合于我的伴侣；婚后一年我就会发现这一点；十二个月的狂喜之后，随之而来的将是终身的遗憾。这一点我知道。

……

你给予我的同情超出了我应得的范围。我在奥立佛小姐面前脸红、发抖的时候，我并不可怜自己。我蔑视这种软弱。我知道那是可耻的；那只是肉体的一阵狂热；我宣布，那不是灵魂的痉挛。灵魂像磐石般一动不动，牢牢地嵌在汹涌澎湃的海洋深处。要按我的本来面目认识我，我是个冷酷无情的人。[1]

奥立佛小姐对于圣约翰的触动，主要是身体上的，她的美丽与俊俏触动了他的心，但他的自我不满、自我怀疑、自我亏欠，很快让他压制、否定、割舍了自己对她的爱。而相比起奥立佛小姐，简·爱虽然不美，但在圣约翰心里，她的人格魅力却较奥立佛小姐更为深沉，更为坚韧，因此他心中迫切地想简·爱成为他的妻子，与他一起成就信仰的志业。而圣约翰对简·爱有没有爱情呢？不能说没有。我们不能说他一点儿也不喜欢简·爱，他是从心底里面欣赏简·爱的，而他的欣赏则直接促使他爱上简·爱。不过，他在爱上简·爱的那个当下，他对自己的不满，以及他对信仰的执着，使得他将自己对简·爱的爱情，转移并转化为增进并坚定他的信仰事业的一环。他必须要落实这一环节，只有这样，他的信仰事业才能让他充满力量。他不相信人世间的爱情，但他相信回避、割弃了现实的自我之后的那个信仰自我。他不认为这个信仰的自我有什么虚假性，因为他的心都紧紧靠在这个自我上了——虽然实际上，他的这个信仰的自我确实让他逃避了真实直面自己的本心的各种可能性。他抱着他的信仰自我，向简·爱提出了

---

[1] 勃朗特著，祝庆英译：《简·爱》，上海译文出版社 2006 年版，第357—358 页。

婚姻的要求。他因为抱住了上帝，他的信仰自我是由他对上帝的归顺、依靠而所建立起来的，因此他之向简·爱提出婚姻的要求，是以上帝的名义提出的，而这并不是从他的本心中流露出来的："上帝和大自然打算让你作传教士的妻子。他们给予你的，不是外貌上的而是精神上的天赋；你是为了工作，而不是为了爱情才给造出来的。你必须成为传教士的妻子——将成为传教士的妻子。你将成为我的；我有权要求你——不是为了我的欢乐，而是为了我主的工作。"①这是简·爱所要经历的重大的磨砺。她是怎样应对的呢？

（六）对圣约翰的反抗：从自我印证走向自我挺立

固然，圣约翰是简·爱的恩人，可以说，他救了简·爱一命，他同时又是简·爱的表哥，而他走向的信仰严肃态度，又让简·爱心中敬佩。因此，简·爱与圣约翰是有着深度的情感联结的。这就难怪圣约翰向简·爱提出婚姻的要求时，简·爱并不能干脆地拒绝，她的心里是纠结的，她在做思想上的斗争。而她究竟怎样去做思想斗争呢？她要回到她的本心，她要唤起她的自爱心。她要将她的自爱心，延伸、渗透到她所面临的这个选择上。她的自爱心不但要体贴她的这个存在与情感的困境，而且还要印证它。她之所以要去印证它，而不止于体贴它，是因为她自己一定对之作出明确的判断。因此，她仅有自我体贴还是不够的，她还要自我印证。而深度的自我印证，则来源于深度的自爱。

首先，简·爱的第一步自我印证，是印证自己在与圣约翰互动、交心的过程中，自己是不是变得更自爱、自主、自立、自强了。她相信自爱的力量，同时也坚信真正的互爱关系，必定也会增进关系双方的自爱的。而她自我印证的结果，则让她明确，圣约翰对她是缺乏真爱

---

① 勃朗特著，祝庆英译：《简·爱》，上海译文出版社 2006 年版，第 385 页。

的，因为她越与他互动，她就越变得不是她自己了，换言之，她越不能自爱了。她感到："他渐渐对我有了一种影响，使我失去心灵的自由；他的赞扬和关注比他的冷淡更能束缚人。……至于我，我每天都变得更加想讨他喜欢；可是这样做的时候，每天都更加觉得，我必须抛掉我的一半天性，扼杀我的一半才能，扭转我的兴趣的原来的趋向，强迫自己从事并不是天生爱好的研究。"[①]自我印证之后，她觉得自己就像奴隶，她越来越失去自己的自由了。

其次，基于上述的自我印证，简·爱便逐渐明确，圣约翰向她提出结婚的要求，只是为了满足他自己建构信仰的自我的一个工具、手段而已，他并不是基于真正的自爱与互爱而提出这个要求的。深度的自爱心，促使简·爱明确到婚姻的唯一根据在于互爱，缺乏互爱的婚姻，必定是没有意义的婚姻，是失败的婚姻。她爱她自己，她珍视她自己，因此，面对没有爱情的婚姻要求——无论这个要求来自何人——她在心里都会形成排斥。她印证到：

> 那么，同意他的要求是可能的了；可是有一项——可怕的一项。那就是——他要我做他的妻子，而他能给我的丈夫的心，却并不比那边山峡里皱眉巨人似的岩石多。溪流正冲刷着那岩石，浪花四溅。他珍爱我，犹如一个士兵珍爱一件好武器；仅此而已。不嫁给他，就永远不会使我伤心；可是，我能让他完成他的打算，冷淡地实现他的计划，履行结婚仪式吗？我能明知道他完全心不在焉而从他那儿接受结婚戒指，忍受爱的一切形式（这我相信他是会严格遵守的）吗？明明知道他给予的每一个亲热表示都只是根据原则作出的牺牲，我容忍得了吗？不；这样一种殉道是可怕的。我永远也不愿经受。作为他的妹妹，我可以陪他去——而不是做他的妻子；我就这么对他说。[②]

---

① 勃朗特著，祝庆英译：《简·爱》，上海译文出版社 2006 年版，第380—381 页。

② 勃朗特著，祝庆英译：《简·爱》，上海译文出版社2006年版，第387页。

　　如果第一步自我印证，让简·爱对圣约翰的结婚要求感到纠结与犹豫的话，那么她的这第二步的印证，则让她逐渐扒开纠结与犹豫的迷雾，而愈发清晰明确地理解到，她不应该接受圣约翰的求婚，因为他们并不相爱，而且他只是将她作为他的信仰的工具而已，虽然从表面上看，他在信仰上有着崇高的志向与打动人心的热情。而本着这一印证，她心中逐渐酝酿出一种对于他的求婚的要求的抵触与反抗。她越来越清楚，她对她的表哥兼恩人的这一抵触与反抗，是基于她的自爱心而来的，是合法的。

　　最后，简·爱有了最终的自我印证，这就是，她不但要抵触与反抗圣约翰的这一要求，而且她要反过来，进一步看清楚圣约翰的这一要求，其实是错误的。他的这一错误，不仅仅是"技术"上的错误，而且是主体、本心上的错误。她最终清楚，他之所以陷入了这样的一个错误，源于他之不能真正而充分地自爱。简·爱印证得很清楚，真正的交心或互爱，是会带来真实的平等性的。但是，她感受不到圣约翰与她的互动，有什么平等性的意义。而这让她不但抵触和排斥他的要求，而且让她理解到圣约翰之所以提出这个要求，乃是基于他自己的不自爱——他对自己是不满的，对自己是缺乏信心的。而他基于自己的不自爱，而所作出的求婚的要求，就必然是错误的。这无疑是更深一层的印证与判断。简·爱铿锵地表述道：

　　　　以前，我心里一直怕圣约翰，因为我还不了解他。他让我敬畏，因为他让我怀疑。他有几分是圣徒，有几分是凡人，在这以前我一直说不清楚；可是在这次谈话中，却有了展示；对他性格的剖析是在我眼前进行的。我看到了他的错误之处，我理解它们。我坐在石楠丛生的岸边，那个漂亮的形体就在我面前，我明白了，我是坐在一个和我一样犯错误的人脚边。面纱从他的无情和专制上落下了。一旦感觉到了他有这些特性，我就觉得他并不十全十美，我有了勇气。我是同一个和我平等的人在一起——一个我可以争论的人——一个，如果我认为适当的话，我可以反抗的人。①

第一步的印证，让她纠结；第二步的印证，让她抵触；第三步的印证，则让她反抗。从纠结到抵触，再到反抗，是她的自爱心的不断深化，也是她的自我印证不断明确的体现。这是一个斗争，一个围绕着自爱的问题的斗争。斗争的双方，是圣约翰与简·爱。简·爱的自爱心如果受到冲击，那必然意味着冲击简·爱的圣约翰，其本心状态并没有那么自爱。对于这个判断，简·爱在开始的时候其实也并没有那么明确，但随着自我印证过程的深化，她的这个判断越来越稳了。她对圣约翰，从开始时的佩服与敬畏，而走向直面与抗争。她很清楚，"这一次，如果让步，将是判断的错误。……即使我现在屈服，以后还是有一天会同样要我忏悔以前的反抗"②。圣约翰的求婚，是简·爱所经受的最大的一次磨砺与考验。如果她最终真的同意了圣约翰的要求，她就无疑推翻了她的自爱的状态与品格，而陷入对自己的不满与不自信之中。因此，自爱的简·爱与不那么自爱的圣约翰的斗争，其实是简·爱的自爱的一面，与她的不自爱的那一面的斗争。因此，信仰与爱情的张力，其实并不足以从根本的意义上看清楚简·爱与圣约翰之间的本心纠缠，简·爱所面对的张力，其实就是自爱与不自爱之间的斗争。其实，我们只要是一个人，我们只要有本心，就免不了要在这样的斗争与磨砺中成长与挺立自己。这是因为人心本是虚灵的，它必定既有挺立性的一面，也有脆弱性的一面。人的自我挺立，其实是一个基于自爱，而在脆弱性中不断克服脆弱性的过程。简·爱的自我斗争，也揭示出自我挺立的实质。

而对于这个自我斗争，她自己是不会败下阵来的，因为她之前所经历的几个人生的关口，都是基于或自然、或自然兼自觉的自爱心，并通过反抗与斗争，才能闯得过去的。而她每闯过一次关口，她的自爱

---

① 勃朗特著，祝庆英译：《简·爱》，上海译文出版社 2006 年版，第 389 页。
② 勃朗特著，祝庆英译：《简·爱》，上海译文出版社 2006 年版，第 401 页。

度就越增进，她对自己的信心就越强韧，越坚定。而这些自爱度的积累，都是简·爱应对自己与圣约翰的本心纠结这个关口中的资粮。而经过不断明确的自我印证，她的自爱打败了她的不自爱，最终向圣约翰明确表明了她最深刻同时又最明确的态度——她蔑视他的爱情观：

> "我蔑视你的爱情观念，"我忍不住说；我站起身，背靠在岩石上站在他面前。"我瞧不起你奉献的这种不真实的感情；是的，圣约翰，你把它奉献出来的时候，我蔑视你。"①

简·爱说出了这样的话，这意味着她的自我斗争，已经到了最深的地方，同时也到了要最终了结的地步。她最终看清楚，圣约翰所要死死抓住的信仰，以及他以奉献信仰为名义的爱情观，最终是对爱与爱情的损害乃至毁灭。因此，它并不是真实的爱，它是虚假的自我逃避之力。这种自我逃避之力，只会将人的自爱不断蚕食，并最终成为自我、主体、本心的懦夫。相对之下，简·爱不断增长的自我，她的自我体贴，她的自我印证，则让她最终明确地判断出何者为自爱，何者为爱的损害。而她的这个明确的判断，则让她从自我印证，走向自我挺立。她在爱情的波浪中定了下来，正如一棵树长久地在风雨飘摇之中扎根下来，变得气定神闲。一言以蔽之，经过深度的磨砺与印证，简·爱已经明确出，圣约翰的人格，并不是完全自爱的人格，无论他的信仰有多高尚，无论他的高尚信仰怎样让她所敬佩，这都难掩圣约翰难以完全自爱的本心事实，而她，则要通过反抗，来维护她自己的自爱，并挺立自我。

简·爱的自我挺立，与她和圣约翰在人生道路上的分道扬镳，是同步的。她既然蔑视圣约翰的爱情观，视之为虚假不实的爱，她就势必再次回到自己的爱情体验上去，并重温这一体验。这时候，她与罗切斯特的爱情，从她的心底里时不时冒出来。她对罗切斯特难以释

---

① 勃朗特著，祝庆英译：《简·爱》，上海译文出版社 2006 年版，第 391 页。

怀，对这段爱情难以释怀。经过了这么一遭磨砺与印证，她的心，越来越与罗切斯特靠近。这是因为，她曾经与罗切斯特有过真正的交心，也感到之前两人那表面的不平等关系的背后，其实有着平等的心与心的相映照。这种爱情是自然的，它有隐约而绵长的根源，一直伸展到生命的深处。它一直在召唤着简·爱与罗切斯特。只不过，他们两人的爱情，在此前被现实中的不平等所遮蔽，同时也被当事人的不自爱所遮蔽、损害了。而现在，自主而独立的简·爱，已经有勇气与信心，去重温她与罗切斯特那受损的爱情了。她自感情缘未断，于是一个人回到桑菲尔德，欲一探究竟。她最终得知在此期间，罗切斯特的妻子放火烧了桑菲尔德，她自己从楼上坠下而身亡，罗切斯特为了救她，双目失明，并失去了一只手臂。简·爱透过身体残废的罗切斯特，看到了他的本心，他的诚挚的自我。在这时候，她的独立而坚强的自我，自由而平等地与罗切斯特交心、互爱。他们各自经历了生命中的创伤，但同时都在磨砺中得到了自我的升华。而他们最终相聚在一起，他们的爱情也自然地得到了升华。

《简·爱》这本小说是我们所接触到的，最切合本书的宗旨——自爱——的文学作品，因此不嫌词费，梳理出小说中简·爱增进"自觉的自爱"的各个环节。我们透过对简·爱作具体的本心分析，就可以揭示出自觉的自爱及其各个环节的实质与意义了，而不需要另作阐发。而从我们的梳理中，应该会进一步看清楚，一个人自爱在初恋心境乃至爱情关系中，具有多么关键的意义。一个人的主体成长，与她的爱情，本就是同步而相通的。另外，简·爱宁愿自己一个人独自生活，也不愿在爱情上有所迁就甚至苟且，这也是从另外的一个侧面，揭示了自爱才是爱情的核心与真谛。这是我们需要补充上的一个说明。

第三卷
论真爱

既然在我们自身能获得幸福，

我们为什么要去求他人给予幸福呢？

——卢梭《论科学与艺术的复兴是否有助于使风俗日趋淳朴》

引　言

　　我们都渴望真爱，但往往得不到真爱。或者说，我们以为寻找到了真爱，而我们当时确实有真爱的感受，但经历了一段时间的磨合后，感到自己的真爱给消磨了，淡化了，于是便怀疑之前的那段以为是真爱的爱情，是否真的是真爱。我们同时也会问，究竟什么是真爱？我们渴望真爱，但又很难明确清楚什么是真爱，以及真爱的意义何在。于是，我们往往是在本心的闪烁、迷茫、纠缠的状态下，走完人生之路。既然我们这本书是要将爱情的问题给彻底梳理清楚，要将爱情的深层意义完全探明，那么我们必得再要去探索爱情之树那沿着泥土与砂砾，而延伸到深层水源的不可动摇的根。只要我们找到了这个根，并且把握住它，便可获得爱的真谛，并且走向永恒。究竟什么是人生的永恒呢？在我们看来，人生的永恒，莫过于真爱的永不消逝。但怎样才能成就永不消逝的真爱呢？你所说的"真爱之永不消逝"又是什么意思呢，该从什么角度，什么意义去理解它呢？谁不想走向真爱的永恒之境呢？这是人生不朽的见证啊！但是，若要我们说清楚这是个什么境界，这又谈何容易呢！但是，这又是我们身而为人，不得不去面对的问题。我们是主体，我们摆脱不了我们的本心，因此我们摆脱不了作为本心之实现的爱，我们同时也摆脱不了对于真爱的渴望，因为我们的本心不但会有自我实现的诉求，而且会有充分而无所保留的自我实现的诉求——真爱，必定是本心的充分而无所保留的自我实现。

　　我们的本心如果要充分而无所保留地自我实现，就必定是完全敞开的；而我们之所以能够完全敞开我们的本心，则来源于我们有完全敞开的信心与勇气；而最终，我们之所以有这样的信心与勇气，则源于我们是足够自爱的。这样一来，谈论真爱的问题，就仍然需要我们回到自爱的问题上来。因此可以说，只有真正自爱的人，才能获得与实现真爱。获得与实现真爱之人，肯定是珍惜自己与热爱自己的人。正如我们所一再揭明的，爱是本心的自我实现，而只有珍惜自己与热爱自己的人，才会愿意并有动力打开自己的本心并让自己的本心实现出来。对于自爱与真爱的内在联系的关系，甚至这两者的内在一致性、一体两面性，我们会在本卷中充分呈现出来，在这里，只是先将这一点提示出来。

第一章
爱的类型：友爱、亲子之爱与爱情

　　这一章我们主要讨论爱情与其他的爱（或情）的关系问题，以便逐渐导出爱情中的真爱。在生活中，我们与各种人形成互动性关系，这些不同的互动关系，则可以被理解为各种本心与本心之间的交互性关系，也即各种交心性关系；而爱则是本心的自我实现作用，因此它们是各种交心性关系，也就意味着是各种爱、互爱的关系。不同形态的交心、互动关系，就形成不同的伦理关系以及不同的爱。父母与子女之间的爱，就是亲子之爱；朋友之间的爱，就是友爱；情人或恋人之间的爱，就是爱情。大抵世间主要的爱的关系，是这三大类。亲子之爱又可以说为亲子之情或亲情，友爱又可以说为友情，爱情又可以说为情爱。在日常生活中，我们往往是"爱"与"情"通用的。但是，如果我们通过本心的角度，细致印证"情"与"爱"二者，就会印证到"爱"比"情"要深入而丰富一些，爱是本心的自我实现，情也是本心的自我实现，但它是本心在自我实现过程中的某种具体的呈现与流露，而并不完全是本心自身以及本心之自我实现的本身。情是本心的流露，是本心所激发出来的浪花，但并不能涵盖本心自身，也并不能取代爱的全部意义，它只是爱的其中一部分。只有爱才能完全而充分地揭示出本心的意义。因此，亲子之情就及不上亲子之爱，更能揭示出亲子关系最核心的意义，友情之于友爱，情爱之于爱情，也是如此。

一、友爱与亲子之爱的比较

关于亲爱（即亲子之爱）、友爱与爱情这三者之间的关系，我们已经有过基本的疏通。[①]在这里我们作出重申，以及从另外一些角度，将这些关系作出进一步的辨析。首先，我们需要明确的一点是，这三种关系，其实是三种不同程度兼不同意义的交心、互爱的关系。它们有不同的交心度，这大概是显而易见的。例如，在交心的意义上，友爱往往不及亲爱，亲爱往往不及爱情。从友爱到亲爱，再到爱情，体现为交心度的不断深化。我们从哪里看出这一点呢？我们可以设想，如果友爱与亲爱发生不可化解的冲突，而你则必须弃一选一，你会弃去哪种爱，而保住哪种爱？如果亲爱与爱情发生不可化解的冲突，而你则必须弃一选一，你会弃去哪种爱，而保住哪种爱？在生活中，如果这些爱是没有不可化解的冲突的话，我们自然都想保住，都想让它们协调在一起，得到相互的促进。但是，一旦它们形成不可避免的冲突，我们就可以大体看清楚这些不同类型的爱，在我们心中的位置与意义，确实有程度与性质之别。例如，在交心度上，亲子之爱往往较之友爱要深一些。我们心中并不想为了保住自己与朋友的关系，而牺牲自己与亲人（特别是关系最亲近的亲人）之间的感情。这是违背本心与交心的自然法则的。本心与交心的其中一个自然法则，是主体会根据自然的交心程度，而确认出伦理关系的或远或近，或深或浅。很显然，亲子之爱要较友爱更稳定和深厚。人来到这个世上，最渴望的是有爱她的父母或监护人。她尚未能够独立、自主，也有待形成自觉的自爱状态，她天然地期待自己能在监护人的爱之中，欢喜、舒畅、无忧地成长；她同时也期待与她的监护人的爱是稳定的，长久的，甚至是永不改变的，于是她期待自己能有一个爱她的家庭，在自己的家里没有拘束地做她喜欢做的事，她希望她家庭里的监护人能够无条件

----

① 参见刘乐恒：《主体与本心》，商务印书馆 2023 年版，第 342—354 页。

地爱她。而她对自己的监护人——她的父母——的期待与爱，是她与其他人所建立起来的友谊所没法代替的。友爱相对于亲爱来说是后来的。这个"后来"有两个意义，一是先后意义上的后来，也就是我们从出生起，就是先与自己的父母形成爱的关联的，然后我们在成长的过程中，再与别人建立友爱关系，我们大抵是先有家庭，然后走出家门去寻找同伴，或者与同伴相遇的。"后来"的第二个意义则是就交心上的程度而论的，亲爱之所以为先，友爱之所以为后，乃是因为友爱取代不了监护人与自己从小就培养起来的感情，因此，我们在生活中往往与自己以前的朋友疏远了，关系淡了，甚至往往忘记了一些朋友之其人其事，但是，我们永远也不会忘记自己的父母，或者养育自己的人。当然，我们在成长的过程中，有可能因为父母对我们的成长有所伤害，而将自己的爱投入到与朋友的互动之中，并从友爱中获得爱的弥补。这往往是积极的情况，但其实也反过来提示，我们是因为我们在亲子关系中得不到自己应得到的爱，于是将自己的爱的期待，转移到友爱关系中去弥补了。这大抵有些"不得已而求其次"的意味在。

有很多人在与别人形成较有深度的友情之后，自然地表达彼此之间的感情"像是亲人一样"。这从另一个侧面可以看到，在一般情况下亲爱要较友爱更有交心关系上的深度，毕竟，这样的表达的背后，是心中确实认为亲情在开始的时候要深于各种友情的，而当其中一个友情关系被我们经营得越来越深厚的时候，我们才会将友情与亲情相比拟，以确认出这份友情确实是与其他友情不同，它已经可以跻身到亲情的领域了。当然，比拟始终是比拟，事实上，亲爱之爱的稳定程度往往要高于友爱。因此，当某个友情关系从"像是亲人一样"，而消退到一般深度的友情甚至形同陌路的关系的时候，当事人就再也不说彼此的友情堪比亲情了，但亲情则依然是亲情——不管这个亲情受到什么样的损害。当然，在这个世界上，很多人对亲情是无感的，或者是不喜欢亲情的，他们更喜欢通过交朋友的方式，去充实自己的人生意义。这其实是可以理解的，在某种意义上说也是自然的。当我们自己在亲情上受到较大的伤害，而对维护亲情之事变得力不从心并沮丧不已的时候，往往会将自己的用心与爱转移到友情与其他情感上面，并以此弥补自己因为亲情的缺失与损伤，而无法安顿的心。而这种带着伤痕同时又是可以体谅与理解的心态，从某种意义上，折射出亲情的缺失乃至创伤对人的本心的深刻的冲击力，这促使人们去寻找包括友情在内的其他替代性的爱的力量，以支撑自己的人生意义，让自己不至于完全丧失意义的动力。这不又是从一个侧面反射出在交心的意义上，亲爱要较友爱自然地要深入一些吗！

亲爱之所以自然地深于友爱，是因为友爱具有随缘性，而亲爱则很难随缘，它是"天伦"。所谓"天伦"，就是它有某种不可摆脱性，它是我们自己的命中所自带的。我们只要来到这个人世间，只要能够长大，就会有亲情的作用；即便是一个孤儿，她之所以能够长大，孤儿院以及孤儿院中的照料她的人，就与她形成某种自然而深度的亲情关系。因此，对人来说，亲情的意义是逃不掉的。每个人都不是一来到这个世上，就能够自立自强，就能够形成自觉的自爱作用的，她首先需要别人去照料她，去养育她，去与她互动，去爱她。这是上天给予人类的一种天然而不可逃避的交心性关系——婴孩天然地呼唤能照料她、爱她的父母，父母天然地不忍心抛弃自己的子女，天然地感到自己应该承担起父母的责任。而亲子之间的这种天然的不可摆脱的交心关系，是亲爱在交心性上之所以深于友爱的根据，同时它也是人生成长过程中的磨刀石。如果父母难以自爱，他们就不会真心愿意去承担起身为父母的责任，充实身为父母的意义，于是他们就会嫌弃、忽视或者绑定自己的孩子，这就会给正在成长并寻求爱的支持的孩子，带来深度的伤害，这是父母难以经受住磨炼；而如果子女在成长的过程中，得不到父母的爱的支持，或者被父母以爱的名义而绑架，最终走向自卑自弃，走向主体性的沉堕，这则是子女难以经受住磨炼。而父母或子女能否经受得住亲情关系对于自己的磨炼，则是意义重大之事，因为亲情关系作为天伦，自身有着难以避免的深度的交心性作用。因此，我们能否经受得住亲情的磨炼，这对我们的人生的意义是巨大的。而相对之下，友情或者友爱关系就缺乏像亲爱的这样一个意义，或者说这个意义并不那么显朗。

既然亲爱对于人的一生来说，其作用与意义重大，那么亲爱的双方，也即父母与子女这双方，哪一方的责任要大一些呢？我们认为父母一方的责任要大一些。中国社会曾经提倡过子女对于父母的孝道，并将孝道作为意识形态，而直到如今，社会上的人们往往强调子女对于父母需要感恩。这些态度与做法，其实是有问题的。这是父权制的产物，以及统治阶层为了巩固其统治力度而作出的倡导。如果我们从自然的状态去审视亲爱的意义，就肯定得出父母一方要较子女一方有着更大的责任这个结论，原因很简单，在子女尚未完全独立的情况下，子女相对于父母来说是弱者，是更需要受到支持与帮助的一方。这是显而易见的事。因此，如果在这样的关系脉络下，亲子之间的交心关系受到了损害，作为父母的一方，更需要做出一些检讨。

另外，虽然在一般情况下亲爱相对于友爱来说，更具有自然的深厚度，但亲爱不能长期占据子女成长过程中的核心位置。促使子女获得主体性的独立，并在这个过程中促使他们体验友爱与爱情，则是亲子之爱的内在要求。在子女年幼时，父母对于子女的养育，是父母天然的责任，毕竟父母并没有得到子女同意，便将他们生下来了，既然这是父母自己主动将子女生出来的，那么养育的责任，以及父母给予子女充分的爱，就是很自然的事。而随着子女逐渐成长，其本心与主体性的自觉作用不断增强，父母的养育责任也就逐渐结束，而父母对于子女的爱，就逐渐走向支持子女直面困难、经历磨砺，并走向自我独立的方向上去了。在这个过程中，父母的爱，就是对于子女有着深层的尊重并支持其走向独立的亲子之爱。这种爱基于亲子之间的天伦关系而来，因此是无私的；而父母的这种无私的爱，又因为是要促进子女走向独立的爱，因此它不能走向相互的绑定与控制，而应是一种基于自爱、自重而生发出的自然的交心性关系，蕴含了对子女的尊重与支持。

鉴于本书主要讨论爱情这一主题，因此关于亲爱与友爱的关系问题，我们只做简略的讨论。那么，亲子之爱与爱情之间的关系又如何呢？

二、亲子之爱与爱情的比较

一般来说，从自然的交心性关系与交心程度来说，亲爱深于友爱，而爱情则又深于亲爱。有一次，笔者给大学一年级的学生讲课，问他们一个问题："我知道亲情与爱情对你们来说都很重要，但如果要去比较的话，你们认为亲情比爱情重要，还是爱情比亲情重要？"回答的亲情更重要的学生，与回答爱情更重要的学生，在数量上差不多。下课的时候，有个女学生走到讲台上和我交谈，她说她很赞同我的见解，也就是爱情比亲情更重要，对一个人来说更有核心性的意义。我问她为什么这样肯定。她跟我说，她在没有谈恋爱之前，也觉得亲情是她所经历的最重要的爱，但谈了恋爱之后，她的感觉就不一样了，她直接感受到爱情与亲情的差异，以及爱情对于她的人生和生活的深远意义，这是亲情之所没办法取代的。她随后又补充说，根据她的观察和理解，那些主张亲情比爱情重要的同学，他们之所以会这样主张，是因为他们目前还没有具体的爱情体验，而当他们有了爱情的体验后，他们的态度就会自然有所改变的。这个同学基于自身经验的分享道出了其中的一些道理，但是有些人即便经历爱情，也会因为感受到父母之爱的无私性，认为不会有人像自己父母一样爱自己，所以仍然会认为爱情不如亲情重要以及深入。事实上，这种感受主要是不对等的养育关系以及由此产生的依恋甚或依赖带来的。不过，养育关系最终旨在促使子女作为主体独立起来，而不是永远在养育关系中与父母绑定着。走向独立的主体很自然地就会想完全投身于一段平等交心的爱情关系中，建立自己的生活，而不是束缚在养育关系中，从属于父母的生活。因此，爱情与主体诉求自立、自主是关联在一起的，正是在这个意义上爱情是比亲情更为重要与深入。这一点我们会在下面予以详细说明。

概而言之，爱情之所以比亲爱、亲情更为重要并对人生更具有核心性、关键性的意义，是因为爱情是完全投身性的爱，而亲爱虽然重要，但它对于人来说，则并不具有完全的投身性。所谓爱的完全投身性，指的是一个人将自己的全身心，完全而无所保留地、不计较条件地投身到某种爱的意义与爱的关系上，以实现自己的本心。只有爱情是这种意义上的具有完全的投身性的爱，而其他形态的爱，诸如友爱与亲爱，都不具备完全的投身性——如果我们一定要用"投身性"去界定友爱与亲爱的意义的话。

爱情与其他形态的爱的这个对比度，是很明显的。友爱有浅有深，但即便是最深厚的友爱，都比不上爱情那么深厚，那么具有完全的投身性。试想，如果你有一个知己，这个知己与你莫逆于心，你们两位有着深厚的交心度和强烈的共鸣性，这样的交心关系让你们无话不谈，并且彼此向对方充分打开心扉。不过，即便如此，你也不可能在一天之中，每一分每一秒，都在想着她，不想离开她；你也不可能对于她在生活中的一切细节，都会这么在意，也不可能对她的某个不合你自己心意的动作，而变得忧心忡忡，难以自持；你也不可能因为你对她有深厚的友爱，而期待自己能够和她每晚都能同床共枕，如胶似漆；你也不可能因为你发现她喜欢上了一个男生，与他建立爱情关系，而辗转反侧，忧心忡忡，难以释怀。如果你确实处在这样的状态中，其实说明你与她的交心性关系，早就已经超越了友爱之所能达到的范围，而从友爱走向爱情了。在生活中，有一些人彼此本是朋友，后来在交往的过程中，友情越来越深厚，深厚到各自都难以控制与把持得住，最终一方因为对方的某个举手投足之瞬间，而生出对对方的爱意；那么，这一瞬间，就是从友爱而走向爱情的那一瞬间。而经过这一个瞬间，双方的爱的关系就发生实质性的变化了。我们从这个过程中则可以再次很直观地看到，在交心的意义上，爱情一定是深于友爱的。爱情中的爱，是完全的无所保留的投身性的爱，而友爱中的爱，则并不是完全的，总是有所保留的，而保留的多与少，揭示出友爱关系的浅与深。深度的友爱与友谊，是坦诚而稳固的，是不会掩饰自我的，同时也是自然而充分地打开自己的心扉去与对方交心的，但是，即便是知心之交，在交心的过程中，彼此都不会是完全的投身性地去爱对方的，但爱情则可以达到这个状态。

友爱如此，亲爱也同样如此。亲子之间的爱无论如何深厚，最终不可能达到像爱情这样完全的无所保留的深度。这其中的一个理据，则是在亲子的关系中，随着年龄的增长，子女最终是要离开父母，而独立生活的。换句话说，子女必须经过与父母作出自然而自觉的分离这个环节，亲子之爱才得到真正的落实。而子女与父母的这种分离，则意味着亲子之爱，虽然有着无与伦比、不可替代的意义，但它是一个人的成长过程中初始阶段、未成年阶段的最重要的爱，而并不是一个人在其一生中最重要、最关键的爱。从这个角度看，父母对于子女的爱，其实是将子女引导至他们能够自我独立，并能够与自己分离开来的爱。这样的爱，可谓舐犊情深，它是无私的，伟大的，但我们需要明确，它是父母愿意去承担的责任，它是要父母帮助子女自我独立，并让他们从自己的怀抱与关爱中分离出去的。我们观察自然界的动物，对我们理解亲子之爱的这一意义大概有所帮助，像野生的羊、牛、马、虎，它们产下了幼崽之后，就致力于让它们尽快适应生存环境，并最终离开自己。当然，人作为动物，比起羊、牛、马、虎这些动物来，多了一个方面的意义。粗糙地说，这个意义就是其他动物的本心是"自然"①而不"自觉"的，而人的本心则可以在"自然"的

---

① 这里所说的"自然"尚不完全是我们在本书中以及在《主体与本心》一书中所说的"主体自然""本心自然"意义上的"自然"，而是遵循自然界、动物

基础上，进一步形成"自觉"性。这就可以解释，为何动物离开了它们的母亲之后，不一定再与它们的母亲形成联系了，但在人类社会中，子女从父母的怀抱与关爱中分离出来、独立出去之后，仍然会与自己的父母保持联系，增进亲情，甚至于在这个过程中，亲子之间的感情比起子女独立出去之前，可谓有增而无减。这肯定与亲子双方在交心上的自觉度有关。

正因为亲子之爱侧重在子女与父母分离之前的爱的关系与意义上，因此，它与爱情比起来，仍然及不上爱情之能够成为对于人生最具有关键性意义的爱。亲子之爱在子女独立之前就形成了，因此它侧重在养与育，因此这种爱是天伦之爱，是不可避免同时也不可逃脱之爱，但是，它并不是在子女自我独立的过程中，以及子女独立之后，最核心、最关键的爱。更具体地说，首先，我们需要强调子女的"独立"这一意义，子女独立，意味着子女的本心形成了自觉性作用并且据此而形成一个自主性而非依赖性的状态。子女独立之前，他们的自主性作用不显，而依赖性作用显著。这就意味着，亲子之爱并不完全与人的自主性状态画上等号。而人之所以为人的意义，则是与人的自主性紧密关联在一起的，换句话说，没有自主，就没有人自身的意义，就没有真正的主体性。而正因为亲子之爱乃是帮助与促进子女走向自主之爱，而并非与子女的独立自主性构成一体两面的关系之爱，因此，亲子之爱就不可能且不应该成为人的一生之中最关键、最重要的爱。相对于亲爱，友爱与爱情都是人通过自主性作用而建立起来的爱；而在友爱与爱情这两种爱的关系中，爱情的意义当然是更大的，在主体性与本心的意义上，它较之其他爱的形态，都更有内在性与关键性。

围绕"独立"这一意义，我们也可以从另一个角度，也即从父母

界的"自然生存法则"意义上的"自然"。当然，这个意义上的"自然"，与"主体自然"，仍然有内在的沟通度。不过，这个问题复杂而微妙，我们在这里点到即止。

而非子女的角度，去揭示出爱情相对于亲子之爱的关键性、核心性意义。如果父母养育子女，让子女逐渐走向自主独立之后，父母并不想与子女形成分离，而是要通过绑定子女的方式，以求维持子女对于自己的爱，甚至期待与要求他们一定要看清楚父母对他们的付出，并生出感恩之心与报恩之行为，那么，父母这样做，就是不想子女独立，不想子女分离，以求满足自己的私欲。我们之所以说这是私欲，是因为这并不是父母的本心的自然状态，也不是父母应该有的爱子女的态度。父母如果是真心爱子女，就会与子女有真实而自然的交心度，这一交心度会促使父母将子女视作一个独立或者朝向独立的、与自己平等的主体，而并不是一个只是依赖自己、满足自己因为爱情的阻碍而将爱的诉求转移出去的工具与附属物。而一旦父母与子女形成了一种自然的亲子之间的交心关系，那么他们便会将子女视作一个真正的人，而不是安慰与报答自己的工具；他们也会自觉到他们养育子女乃是他们的责任，他们落实这个责任，为的是自己心安，而并不是要与子女进行各种交换。而这样的一种自然的交心关系，则让父母的爱，与子女的分离与独立，内在地融合在一起了。

我们如果再去观察一些绑定子女、不让子女与他们真正分离的父母，往往会发现，这些父母彼此之间的爱情关系并不那么顺畅。一个人身而为别人的父母、家长，他们是有双重的角色与位置的。一方面，是子女的父母；另一方面，是别人的妻子或丈夫。这意味着一个人同时体验着两种爱——亲子之爱与爱情。那么，在这两种爱的体验当中，哪种爱最重要、最关键呢？我们认为还是爱情更为关键和重要，其中的一个理由是在自然的情况下，人们是因为先有了爱情，而后彼此结合起来的；而人们因爱情结合之后，才会生出孩子来，于是人们最终有了亲子之爱。另外，如果人们在爱情的关系上保持着深厚而顺畅的交心度，那么人们的爱的诉求便得到了充实与满足，那么他们与子女所形成的亲子之爱，也将保持其自然度与充实度，他们就基本上不会将他们在爱情关系上的问题，转移到子女身上，而会保持对于子女的平等的尊重态度，并有真实的动力，帮助子女走向独立。这是因为他们对子女及其成长是有信心的，而之所以对此有信心，则是因为对于自己有信心，对于自己的爱情有信心。这正如一个人吃饱饭了，自己就不会再向别的人索要食物。与此相反，一个人如果在爱情上受阻，自己的本心得不到安顿与充实，而同时自己又不能通过自爱的作用以超越这个问题，她就很自然地会向身边的人索取爱。这时候，她就是一个吃不饱饭的人，甚至是越吃越饿的饿鬼，她觉得自己的人生亏了，她要通过将自己在爱情上的问题，以及她觉得她的亏了的心意，转移到子女身上，让亲子之爱增加上扭曲的色彩，让自己的子女承受本应只是她承受的爱的压力。于是，这种爱的缺失而所导致的爱的索取，便沉淀成为一种父母对于子女的爱的绑定。我们在生活中，往往能够直接观察到父母之间的爱情关系的缺失，给亲子之爱带来各式各样的伤害；而如果父母之间能够充实彼此的爱情关系，或者父母自己是自爱之人，那么他们就会自然地尊重子女作为一个人的意义，并真心帮助子女走向独立，在这个时候，亲子之间的自然之爱的底子，是稳固的，经得起风雨的。而通过这样的观察与体会，我们也可以从一个侧面印证到，对于人来说，爱情的意义要较亲子之爱更为关键、更具有核心性。爱情关系的问题，可以转移到亲子关系上，并动摇亲子关系的基本底子；而亲子关系的问题，则不一定造成爱情关系的动摇——只要爱情关系足够稳固。事实上，子女在成长与独立后，必定会有自己的爱情诉求，而子女本着这个爱情诉求而继续成长，就必定会与父母分离，如果不与父母分离，子女就很难成为一个独立、自主的主体。一个人，如果今生只想和父母待在一起，而缺乏爱情上的诉求（说到底这个爱情上的诉求乃是自爱的诉求），那么她就很难成为一个独立、自主的人，她在"身而为人"的意义上，肯定是有遗憾的。

关于亲子之爱与爱情的关系问题，我们在下文讨论"维纳斯情结"与"宙斯情结"的时候，还要有更为具体详细的辨析与对勘，在这里，我们只要将基本观点交代出来，并略作说明，基本上澄清爱情、亲爱与友爱这三种爱的意义及其关系就足够了。另外，在这里我们还需要补充一点，此即爱的关系究其实乃是一个交心性的关系，不同的交心意义形成了不同关系的爱。而人与人的交心关系则是具体而自然的，不可固化。相信读者能够体会到这一点，而不会将上述观点生硬地套在对于各种爱及其关系的判断上。同时，我们在前文所做的这些初步但相对明确的界定，则是为了界定并凸显出爱情自身的意义而设的。

第二章
爱情浅深的序列：欲爱、情爱与真爱

　　基本理清爱情、亲爱与友爱的关系后，我们再深入到爱情的领域上，对现实生活中的各种爱情关系及其意义，作出基本的辨析。作为人类最重要的爱的形态，爱情往往是与一个人的整个人生的意义关联在一起的，这是因为爱情是人的一种具有完全的无所保留的投身性的爱。不过，我们知道，不同的人，他们的主体状态或者本心状态并不一致，这就意味着每个人对于爱情的态度与体会，也是有差异的——虽然对于每一个人来说，爱情总是很重要甚至关键的爱，也总是和人生的意义关联在一起的。而我们在这里所说的不同的人有不同的本心状态，主要指的是自爱的状态与程度之有所不同。自爱的程度之浅与深，就意味着在爱情上究竟是浅尝辄止，还是真心付出。

　　我们可以在哪里看得出爱情上的浅与深呢？我们知道，人们有露水情缘，这是转瞬即逝的，也有心心相印，绵绵无绝，并通于永恒的深度的爱。我们将这两种爱情状态作一对比，就很容易看出它们在爱情上的浅深之别，这并不需要我们多所措言，而要去探究的问题则是，为什么有的人只限于一个又一个像蜻蜓点水一般的露水情缘，在人生的河流中漂泊流浪，而有的人则能够让自己的心定下来，与别人形成深度的情与爱，而且让这份情爱越来越深呢？要疏导好这个问题，肯定不能首先去诉诸各种社会的道德评价，而需要我们本着本心的自觉，从本心上作出描述与分析。我们之前在本心上的研究，则让我们看到，对自己缺乏真正的爱与信心的人，往往只满足于在爱情的表层，与别人点到即止，而绝不愿停留徘徊，因为他们心里面很清楚，如果逗留得越久，他们的本心真实的一面，就会抖露得越多。这是他们所不愿意遇到的事，原因其实很简单，他们连自己都不相信，他们会相信自己与别人的爱情吗？他们不是不想从表层而进入深层——他们也都是有本心的人，因此他们也是渴望自己的本心能够有最充分的自我实现的——他们只是不敢这样做，因为他们的爱的能力不够，这就像一辆汽车，它的汽油不够，就只好在近处溜达，而不敢开向更远一些的地方。与此相反，那些对自己有基本的信心，比较珍惜自己，并愿意直面自己的人们，就有动力和能力，沿着爱情的表层而向深层探索。这样的人，是有基本的自爱度的人，他们对于爱情之深化，也不是一开始就有完全的信心的，他们也会有退缩，有犹豫，甚至有恐惧，但是，他们心中的基本的自爱度，让他们愿意与别人深化爱情的关系；他们对自己有基本的信心，于是他们也就愿意向对方打开自己的本心，并与对方建立深度的交心关系；他们同时也相信，他们的退缩、犹豫与恐惧，并不是自己的本色，也不会是与别人所建立的爱情关系的底子。而正因为他们有这样的信心，以及这信心背后的自爱性作用，他们能够自觉到爱情的真实意义，并感受和印证到爱情中的退缩、犹豫与恐惧是暂时的，凭着交心性的关系，最终会消除这些退缩等的状态，并给自己与对方带来真正的爱与支持，也即我们之前所提及的"以本心之共鸣，促主体之共立"。据此，总而言之，自爱度的深与浅，与爱情关系的深与浅息息相关的；同时，自爱度则是与本心的打开的能力与程度有着内在相通性，这也就意味着本心的打开度不同，造成了不同深度的爱情。

我们在本书的第一卷中疏通过，身体是本心的通道，是本心或主体的表层，而情感则较身体要深入一层。身体是首出的，情感则从身体的深处呈现出来。例如，少男少女之间是先相遇，然后动情的，而他们之间的情之动，则是因为身之相遇而引发的。情感是看不见的，身体则是有具体的形象的，在现实生活中，我们"看"一个人，是先去看这个具体的有形象的人，然后通过与她在身体意义上的互动（如见面、握手、谈话乃至眉目之间的交流等）而自然地或者向情感的方向深入互动，或者就到此为止。我们往往不是先和她有无形的情感交流，然后再谋求去见她这个人，而是见到她这个人的形象后，并被她的形象所打动，然后愿意在情感上去与她有所交流的，这就是所谓"一见钟情"，即便是我们通过读书的方式，而与某位作者在情感与本心上有所交流，并受到触动，我们随后也是"想见其人"，以"补充"上之前没有见面的缺遗的。这都很直接地揭示了在主体性上，情感比起身体来说要深入一层。而相对于情感，本心或者蕴含着主体理性（也即沿着情感的真实感受而被本心之所印证清楚的、基于主体之自觉的判断与决定）的本心作用，则较为情感意义更为深入，而成为主体性的核心之所在。情感是流动的，而本心则是明定的。情感本是本心的流露，是本心的浪花，因此流动的情感也是从本心中冒出来的，但是，如果本心的明定性作用不足，情感的流动性作用便会成为一种情感的荡漾，于是，在情感的恍惚无定的荡漾中，我们的本心往往会被遮蔽起来，于是走向本心上的迷失。总言之，只有本心才能疏导与驾驭情感，而情感则不能驾驭本心——情感只能导向本心或者遮蔽本心。我们对此稍作印证，就可以体会到这个道理，虽然很少有人将这个朴素的道理像我们这样充分地自觉出来，并加以申述。

　　这样一来，我们在主体性上，自然地排出了从身体到情感，再从情感到本心这样的序列，这个序列是由表及里、自浅至深的序列。这个序列的确认，对我们去判定爱情关系的浅与深，有着关键性的参照作用。我们清楚，一个人只要有本心，她的本心就会自然地谋求自我实现的，只不过，不同的本心状态，会让不同的人，谋求不同的状态的本心之自我实现。有的人满足于——严格说，这并不是真的"满足"，而是因为没有"能力"与"勇气"而"只能如此"——自己的本心在身体上的实现，于是他们只有沉浸在身体的欲望特别是性欲上的能力，而难以由身而入情，与对方形成真实的情感交流。于是，他们所实现的爱情，就是浅层的爱情，也即只有性爱而没有情爱。他们不是不想尝试情爱，只是不敢尝试，因为情爱对于他们来说是比性爱更为深入的爱，他们的本心状态并不允许自己走向情爱，他们只满足于做一个浪荡子，到处与和自己的本心状态相近的人邀约发生性关系，而在完成一次性关系之后，他们彼此之间就形同路人，而第二天，他们又会与另外的人发生性关系，如是往复循环，无有已时。你如果问他们，他们对于自己这样生活状态是否感到满意，他们如果诚实回答的话，一定会对你说："这怎么会让我满意呢？"实际上，一个人只要有本心，她都是想谋求自己的本心有最充分的实现的，他们都渴望能够与别人交心，只不过，他们对于自己缺乏基本的信心，他们压根儿不爱自己，对自己无所谓，于是他们也就放任自己与别人发生性关系而从不敢进一步进入对方的情感世界中去，他们也不想对方对自己也有此意，于是他们要确认与他们发生性关系的人，一定是与他们一样的人，也即不谋求由身而入情，因性而有爱的。你可以说，这也是一种爱情关系，只不过它是很浅层、很稀薄的爱情关系而已；但你更可以说，这压根儿就不是什么爱情，因为它既没有情，也就更谈不上爱了，它只有性，以及性欲望的满足而已。这种不断寻求性满足的主体状态，其实是让人苦恼的。一方面，他们是想谋求自己的本心有充分的自我实现的，也就是说，他们渴望自己获得真爱；另一方面，他们的本心状态只允许他们仅仅沉浸在身体与性的层面上，去表达自己的本心，这是他们唯一可以抓住的稻草，是他们唯一有自我的"信心"的维系之物，是他们唯一可以证明自己的"骄傲"。除此之外，他们就什么也没有了。而这两个方面在他们的心中错综起来，他们的主体状态就成了一种饮鸩止渴的趋势——他们越是沉浸在性欲的流转之中，就越对自己感到不满；他们越对自己感到不满，就越抱住性关系这个唯一的希望。这无疑是一种不断将自己引向本心与主体之沉堕的导向，并最终让自己走向意义的虚无。

　　而另外的一些人，他们对自己有多一些的信心，于是并不满足于在爱情上只有性而没有爱，他们会进一步与对方走向情感上的交流。这明显要较只满足于性交流的人，在主体的状态上要深入一些。这两种状态的对比度其实是很明显的。只满足于性关系的人，是不太敢和对方形成进一步的情感交流的，他们交媾完之后就赶紧离开，并寻找另一个愿意与自己交媾的对象，他们是最浅层的蜻蜓点水。一旦人们走向情感上的交流，就不想和别人只发生一夜情，而愿意别人留在自己的身边，也愿意疏导和勒住自己的性欲望，不让它随意流转，而让自己可以和对方形成相对明确的情感关系。他们尝试到了一点爱的滋味，对自己有一点信心，于是愿意局部地打开自己的本心。当然，他们也不太敢完全无所保留地打开自己的本心，而仅限于打开自己有信心打开的面向。他们在有意无意地试探着对方，也试图一点点地试探着自己，看自己是否有机会让自己的本心做最大程度的自我实现。他们也肯定渴望真爱，愿意朝着这个方向去打开自己，而至于他们能否真正实现真爱，就要见一步行一步了——这是因为他们对自己能否完全打开并实现自己的本心缺乏足够的信心，所以不敢"一步到位"，而去投身于爱情。他们害怕自己受伤，所以不敢完全投身在爱情上；更严格地说，他们知道自己伤不起，因为他们的情感一旦伤了，就再也没有什么东西可以支撑住自己了，他们的本心全部在情感上，因此在情感上的伤害，得不到本心的进一步的疏导与托底，这就促使他们在情感上，一有风吹草动，就会感到无所措其手足，并在迷惘中寻求逃脱之计。因此，他们虽然愿意在情感上与别人形成爱的关系，但由于缺乏本心上的明定性，所以他们的爱情关系，是与人的情感状态相一致的。情感的特质，就是流动的，方向不明确的。一个人如果只是跟着自己的情感走，而不进一步沿着自己的情感去问自己的本心，并让自己的本心的印证性作用充实自己的情感，那么她就只能在情感的无方向的流动之中，生生灭灭、若存若亡地经营着他们的爱情。可以说，其本心集中在情感上实现的人，很难避免本心的若存若亡的状态。

　　本心上的若存若亡状态，则促使他们时而相信爱情，时而没那么相信爱情，时而希望与对方形成专一而深厚的爱情关系，时而不觉得自己能够向着这样的关系而努力。于是，迷惘与困扰就成了自己之所不可避免的事。这样一来，处在情感层面的爱情，就是可浮可沉的爱情。本心的研究告诉我们，没有人会一直处在某种本心状态之下而定住不动的，她或者是基于本心的力量而走向主体性之挺立，或者是丧失本心的力量而走向主体之沉堕。前者，意味着爱在磨砺中升华；后者，则意味着爱在考验中销蚀。不断走向升华的爱情，就必定向着专精的真爱而趋；而不断走向销蚀的爱情，其结果就是要么当事人移情别恋，要么形成一种情感上的平衡与对峙的格局，我们不要认为后一个情况是"稳定"的，因为这种对峙性的平衡，最终只会让自己的本心之自我实现的能力，不断受到挫败，并损害了自己对自己的自信，于是，自己便不那么珍惜自己，对自己便无所谓了。

　　本心在身体层面上的实现作用，我们称作"欲爱"，本心在情感层面上的实现作用，则宜称作"情爱"，情爱较为欲爱当然是深一层的爱，但它尚未触及爱情最核心的意义，爱情最核心的意义，无疑是和本心之自身相关，而身体与情感则只不过是本心与主体的表层或中层，而本心在自身上的充分的实现作用，则称作"真爱"或"心爱"。（见下表）真爱与情爱也是有明显的差别的。情爱受制于情感的变化，于是只局限在情爱上的人们，就有可能成为情感的奴隶。但是，真爱不一样，投身于真爱的人，她的本心愿意充分而无所保留地打开，并实现出来。这样的爱，是她真心愿意去打开，去实践的，不然，它就不能称作真爱了。这样一来，人们是永远不可能成为真爱的奴隶的，因为她不可能成为她的本心的奴隶——她的本心就是她真实的自己，那个不受遮蔽、不受扭曲的自己！

爱情浅深的序列		
层面	本心的实现机制	名称
表层	本心在身体上的实现	欲爱
中层	本心在情感上的实现	情爱
深层	本心在自身上的实现	真爱或心爱

　　只不过，人们要获得并实现真爱，这肯定并非易事。这需要我们对自己有充分而真实的自信，也即相信自己可以毫无保留地向自己认为对的人，打开自己的本心，并投身在这份爱情上。真爱与自我的投身是关联在一起的，一个人如果自己不愿意去打开自己的本心，而同时又想获得真爱，这说到底就是依赖别人给自己真爱。但是，既然是真爱，它就一定与依赖绝缘，它就一定是自己投身进去的。一个不能自主、自立的人，是印证不到真爱的真实意义的，它与人的自主、自立是互为内在的。正因为真爱具有这样的底色，也即自主、自立的底色，因此它不怕受伤，也不怕自己所爱的人，后来与自己在爱情关系上走不下去了。她之所以不怕这个可能的结果，是因为她之投身于爱情的过程，本就是落实她的自爱的过程，在这个过程中，她的本心得到了最充分而无所保留的自我实现，这是她自己之所最渴望的事，而现在，她的渴望得到落实了，换句话说，她投身于爱情这件事本身就已经落实她的自爱，并实质性地增进自己的自主、自立了；至于对方能否与她增进乃至维持爱情上的共鸣，这虽然是很重要的事，但这并不至于对她之投身于爱情这件事的意义，形成一个根本性的撼动。她最终是可进可退的，进，固然是她之所想要的，退，虽然非她所想所要，也会带来撼动与伤害，但她不会有根本性的撼动与伤害，因为她有自己的主体性可以守住，她的生命的底子是自爱的，她只要明确出这一点就可以了。

　　只有充分自爱的人，才能配得真爱，这是因为真正的爱，一定是本心充分而无所保留地实现自身的爱，而只有充分自爱的人，才能这样去诚实而坦然地打开自己的本心。依赖对方，而自己不谋求直面自我的人，是永远也没有机会获得并实现真爱的。因此，真爱之事，一定是与自我的本心状态相关联在一起的，难有基本的自爱的人，就往往与真爱无缘。这提示了自爱的程度，与爱情的浅深是相一致的。缺乏基本的自爱度的人，不但不敢打开自己的本心，而且也不敢在情感上流连，他们只会满足于身体上的交媾，于是他们只在欲爱的层面浅尝辄止，而不敢多所逗留。而有着一定的自爱度，同时又对自己有所怀疑，缺乏更充分的信心的人，则不完全安于自己在欲望层面流转，而要诉求与别人建立情爱关系，但正如我们之前所讨论过的，如果得不到本心的充实，情感之爱就是生灭不定、若存若亡的，这种状态其实亦源于人们有所自爱，但同时自爱度又有所不足。而只有本心充分打开自己，充实自己，也即充分自爱的人，才能有机会拥抱真爱。充分自爱的人，他们对自己是有足够的信心的，他们并不是对自己"不做错事"有足够的信心，而是对自己能够诚实地直面自己，承担起自己，不将自己的问题转移到他人身上这个意义，有着充分的信心。

第三章
具体分析：通过四部电影
讨论真爱问题以及爱情中的难题

　　虽然人都会渴望自己能有真爱——这是因为每个人都是有本心的，而本心自然地会有充分地自我实现的诉求——只不过，本心状态的差异，也即自爱性作用的差异，就使得有些人对真爱望洋兴叹，而有些人则能够在真爱的领地上探索。为了生动呈现这其中的差异，我们在这里愿意通过对四部电影的评论，对我们的观点做出进一步的支持。《爱情神话》这部电影，说的是一群渴望真爱的人，因为对自己的信心的不足，而不敢从情爱而进入真爱，从而小心翼翼地在情爱的层面维持某种平衡，但自爱的作用是不进则退、不会有绝对的稳定与平衡的，他们所小心翼翼地维护起来的情爱的平衡，最终也落得一地鸡毛，于是，作为真爱的爱情的，对于他们来说，就只是一个神话而已。而《祖与占》则在这个基础上，更深一层揭示出基于不自爱的爱情关系，是不可能维持住平衡性与稳定性的，它最终会导向爱情的销蚀，而面对爱情的销蚀，如果当事人进一步被自己的不自爱之所推逼，则爱情将由销蚀而走向毁灭。《冷战》这部电影也是要揭示出爱情关系是如何一步步被销蚀的，但最终爱情的双方并不甘于他们的爱情走向毁灭，他们的自爱、自尊心促使他们通过一种孤绝的方式，寻求爱情与自我的救赎之道。我们最后要讨论的一部电影是《隐入尘烟》，我们将呈现出男女主角是如何直接打开各自的本心，并通过深度、直接而无所保留的交心，从而获得真爱的。通过对这四个电影中的爱情的讨论，相信我们可以对自爱与爱情的关系，以及真爱的意义，有更具体的印证。

一、《爱情神话》：
对真爱的渴望与解构；兼谈女性主义问题

《爱情神话》这部电影的格调，和后面我们谈的《隐入尘烟》完全不同，后者带有中国黄土地中为生存而挣扎的色调，而前者则揭露出上海中产所遭遇的各式各样的中年情感危机。有人说，《爱情神话》中所说的并非是爱情，因为电影中的爱情议题，只不过是一个背景，一点调味料，而电影最明显的诉求，则是女性的独立性意义以及它对社会中的男权结构的颠覆。实际上，虽然这部电影没有呈现出特别明确的爱情关系，但我们不能不说，电影中的所有重要角色，包括白老师、老乌、蓓蓓、李小姐、格洛瑞亚，其实都无一例外地渴望着真正的爱情，只不过他们都没有进一步直面这个问题而已，他们都用各自的方式回避着这个问题，或者说是浅尝辄止。从这个意义上看，爱情（特别是爱情中的真爱）对于他们来说，就确实是某种"神话"，而且是从望而生畏而到望而生厌的神话。这从电影的最后一个情节可以看出。电影的最后部分，男主角老白（即白老师）他们为了纪念死去不久的好朋友老乌，于是找来了盗版的索菲亚·罗兰的《爱情神话》，并召集蓓蓓、李小姐、格洛瑞亚等人一起观看这部电影，以此作为对老乌的纪念会，大家在一开始都对这个同名的电影颇感兴趣，但看着看着，大家都传递着护手霜以打发时间。毫无疑问，这个情节是为了解构爱情的神话而设的。片中的主要角色都已经不再相信有什么真正的爱情了；彼此能够做一般的朋友，各自独立生活，就已经是不错的生活了。至于爱情，那确实是遥不可及之事，即便可及，它最终也只会烟消云散而成为神话。这其实道出了当今很多人的本心处境——爱情，在可有与可无之间，在怀疑与信任之间，因此，与其投身于所谓的真爱，将它捣鼓成一地鸡毛，倒不如将爱情在自己的心中的地位"降格"，让它给自己的独立生活，调一调味道。

不过，在影片中，爱情确实是这样的神话吗？倒也未必。虽然从结果和各人现实的外在状态看，爱情的议题是靠边站的；但是，从内在的角度，也即从主体、本心的角度看，他们每个人，无疑心中都在渴望着真正的爱情。老白对李小姐的用心，李小姐心中的反复，格洛瑞亚的"主动出击"，蓓蓓在一开始看到老白与李小姐、格洛瑞亚三人出现在老白家中，而所表现出来的醋意，都意味着爱情对于他们中的每个人来说，都是切身的，也即都埋在了心底里的。那么，既然如此，为什么他们都不愿意坦然而自然地，让本心中的意向，流露并充实出来呢？这是一个需要体贴与琢磨的问题。

我们先讲述一下电影中的故事。故事的中心人物是老白，扩展一点，就是老白以及和老白有暧昧关系的李小姐，而贯串整部电影的一条线索，则是李小姐的那双高跟鞋，以及它的曲折命运。老白是一位小学美术老师，现在在家里教中老年人画画，他是小有才情的画家，也做得一手好菜。老白现在单身，他的前妻叫蓓蓓，蓓蓓在婚姻期间出轨，老白一气之下与她离了婚。他们有个儿子名叫白鸽，白鸽喜欢化妆，和他的女朋友洋洋开了一间奶茶店。在电影里，老白颇得人们的喜欢。别人之所以喜欢他，固然和他能画画，善做菜有点儿关系，这肯定是一个"加分项"，但其实别人喜欢他心底里尚不完全丧失做人的真诚度，他也能够将他脆弱的一面展示出来，而不去扭曲它。这引起了一些女人对他心生好感。

李小姐便是其中的一位。与老白一样，李小姐也离异了，她现在在一家电影公司工作，有一段异国婚姻，后来婚姻失败，赔了房子，带着混血儿女儿玛雅，跟她母亲窝在一个狭窄的单元里生活。李小姐与老白开始时是朋友，两人约着看戏剧，看着看着，李小姐看到戏剧中一段名为《糖》的道白："长长的队伍里，等着领我那把糖，排到我，发现这里不卖糖。"这个道白触动了李小姐的心绪，她掩泪而泣。坐在一旁的老白对这完全没有感觉，不明所以——这暗示了他们俩即便有爱情，这段爱情也是不会深入下去的，因为这是缺乏交心的体现。为了解闷，他们俩在看完戏剧后，在老白家里发生了一夜情。不过，正当老白愉悦地准备他们俩的早餐的时候，他从楼上的窗户看到李小姐不辞而别，并且为了赶快离开，不被人知，竟将自己的高跟鞋的跟也给折断了。这很清楚地告诉观众，李小姐害怕与老白建立明白而清晰的情爱关系。

可是，不知什么样的原因，老白对李小姐越来越有感觉了。他不满足他与她只有欲爱而没有情爱，他试图与她有情感上的交流，可是他犹豫不决，蹩手蹩脚。不过，他还是上道了。他本想向她发一条短信："怎么不打招呼就走了？"他想了想，后来还是收回了，于是再将短信修改为："一夜而已？"随后又觉不妥，又删了，最后发了一条："上班去了？"这个细节，其实很传神地将老白的心意给揭示出来了——他不甘于和李小姐只有肉体上的关系，而想进一步与她有情爱上的交流；但是，他对自己能否与她发展出情爱关系，在信心上有所动摇，犹豫不定，最终还是通过敷衍的"上班去了"的话，想继续与李小姐有所勾搭。不过，这种勾搭因为缺乏真正的交心度，因此难以为继。情急之下，老白心生一法。他想到两人看戏剧的情景，于是将剧中《糖》的那段道白一字不落地编入他的微信朋友圈中，有意让李小姐看到。这一招果然有效，李小姐在老白的这段道白下点了一个赞，这让老白心中燃起了情感的渴望。是啊！无论老白之前在情感上受过怎样的伤害，他对真实的爱情仍然是渴望的。

感到有望后，老白故意装成偶遇的样子，经过了李小姐家，将他买的那个戏剧的原著小说，送给了李小姐，以表情意。李小姐的家逼仄而压抑，她和玛雅以及母亲住在一起。她母亲一个劲地埋怨她嫁了个英国人，却捞不到什么好处，落得这个悲惨局面。老白问起她前夫的时候，李小姐当即说："那个死男人的事情就不要提了。"可见她对之前的那段的婚姻与爱情，早已心死，不过，也许是伤得严重，她对自己之能否重新经历一段爱情，已经没有什么信心了。两人交流过后，老白与李小姐道别，不经意间，他看到了李小姐那双被折损的高跟鞋还没有拿去修，于是主动拿去修修。李小姐没有反对，因为她心里已经对老白有好感了。老白走后，她发现老白在她家中给她画了一幅简笔肖像，她看着看着，若有所思，一个人拿着一杯酒，疲倦地看着窗外。

她大概是被老白所打动了，但她自己在爱情上又缺乏进一步的勇气。在一个场合，老白问她的生活状态如何："你觉得这条路走得顺利吗？"她不假思索地回答说："下坡路呀，能走得不顺吗？"老白回答说："那改天我约你爬山好吧？"两人会心而笑，两个经历过婚姻与爱情的破裂的中年人，各自带着惶恐与谨慎，小心翼翼地经营着一段可能到来的新感情。我们就先说老白这一边，老白不太敢直接与李小姐有情感上的碰撞，而要透过接送李小姐的女儿玛雅上学，以及监管、辅导她写完作业的方式，去曲折地与李小姐进行情感交流，以博得好感。当李小姐肯定他的"工作"，跟他说"没想到你的心真细"的时候，他心里有说不出的希望。李小姐对他的好感，让老白的生命暂时有了色彩，他感到生活中处处都有着爱意。他对那位住在他家的意大利籍房客——一位名为亚历山大的小伙子——的态度，就可以看到他的本心状态。这时候，他对这个小伙子提出的要求，都乐意去满足，而在平时，他就用催房租的方式表达自己在生活上的沮丧。

不过，这段小心翼翼的带有暧昧意味的情爱交流，经不起哪怕是一点半点的动摇，因为他们俩对这段情爱关系都没有明确信心——这当然是他们各自对自己缺乏信心，也就是自爱度不甚充分所致。例如，李小姐此时四十四岁，但她不想别人知道她的真实年龄，便让玛雅跟人说她妈三十八岁。她深知自己已经没有什么"优势"了，这不，像老白这样的离异了的中年男人，不但李小姐垂青，连老白办绘画班时收的学生格洛瑞亚也将老白作为她的倾诉对象。格洛瑞亚与老白年龄相仿，她自己有点儿钱，丈夫是个台湾商人。她虽然没有离婚，但她的婚姻早已失败，因为她和她丈夫没什么感情，相互不管也有很多年了。在开始时，老白问起她的台湾老公现在在哪里了，她就语带讽刺而且不耐烦地说："上次不是说过了吗？失踪了！找不到了！"老白纳闷了，说道："失踪有一个月了，绑匪赎金开出来了吗？"格洛瑞亚不耐烦了："要赎金我就直接跟他们说了！撕票呀！扯了！扯得粉碎了！"于是用铅笔将自己正在画的一幅肖像画打上圈圈、交叉。她不画了！坐在格洛瑞亚旁边画画的一个女人淡淡地补充说："你老公外头有人了。"格洛瑞亚盯住她，说道："有人就有人好了，我外头也可以有人的啊！"这说明她在爱情上已经深度受伤了，不过，她自有应对之道，她的应对是游戏人生，不再将爱情视作认真严肃的事。因此，她说完上句话后，自己又补了一句，得意地说："我现在是最好的状态——有钱有闲，老公失踪！不要太灵哦！"不过，游戏人生只是她的表面态度，她的本心其实仍然是渴望自己能有真爱的。她从心底里欣赏白老师，认为他的画比那些美协的老头画的水平高多了。她感到老白和她丈夫的显著差异，她欣赏老白的坦率，于是也自然地亲近老白，找老白倾诉。不过，与李小姐一样，格洛瑞亚对于自己，对于爱情也同样没有什么信心，她也小心翼翼地不去与老白形成进一步的情爱关系——这与李小姐的态度是一样的，虽然相对之下，李小姐更有点矜持，对爱情尚不完全失去认真度，而格洛瑞亚则有点儿"破罐子破摔"，视情感为游戏了。

格洛瑞亚之对老白有好感这件事，自然瞒不过李小姐的眼睛，而另外一个有可能动摇李小姐与老白之间的感情的人，则是老白的前妻蓓蓓。对于蓓蓓出轨这件事，老白难以接受，出于自尊，他决意与蓓蓓离婚。而这让蓓蓓心有不甘，她不是认为自己没有错，她只是觉得自己的错误，不至于带来这么大的惩罚。对于老白的做法，蓓蓓既有无奈，又于心不甘，未免心里有怨。老白将李小姐那双高跟鞋带回家，准备着要修理，不料老白的母亲顺手将鞋子当作蓓蓓的东西，带给了蓓蓓，蓓蓓知道鞋子的主人另有其人，于是想也没想，就将鞋子扔了。这意味着离了婚的蓓蓓，对于老白仍然是有感情的，因为她会介意老白和别的女人在一起。而当老白找她"算账"的时候，她就拿老白的母亲来搪塞："老太太忘不掉我，我有啥办法啦！"事实上，与其说是老太太忘不了蓓蓓，还不如说是蓓蓓忘不掉老白。

就这样，这部电影演成了三个女人和一个男人的故事。不过，等会我们会看到，这部电影别出心裁，反转了这种结构背后的男权机制。而这三个素未相识的女人，后来竟然在一个饭局上相识了。本来，老白为了与李小姐有进一步的情感交流，于是在家做了一桌菜，准备李小姐的来临。好巧不巧，这时候格洛瑞亚不请自来，向老白说明她丈夫被绑架，倾诉她心中的苦楚，真真假假，难以确定。这时，格洛瑞亚还未说完，李小姐就进来了，心里着急的老白忙不迭向李小姐澄清他和格洛瑞亚没什么关系。而话音未落，恰巧蓓蓓也跑到老白家里，看到此情此景，蓓蓓心中生出一阵醋意，本想离开，但被老白的朋友老乌给叫住一起吃饭。于是，精彩的对话来了。在饭局中，大家谈到老白要办画展的事，蓓蓓叮嘱老白不要将他以前给她画的那几幅挂上去，老白不假思索地回复说："那几幅早就扔了。"这让蓓蓓一时语塞，咬牙切齿。这其实意味着老白对蓓蓓早已嫌弃了。不过，虽然蓓蓓痛恨老白这样回她话，但她确实对老白心有不舍，她跟大家说："有一句说一句，老白帮我烧了十几年菜了，辛苦还是蛮辛苦哦。"这时候老乌当即公开了老白有"白辛苦"的绰号，引得哄堂大笑。这时，蓓蓓心里面也有点酸，也不乏无奈感，说道："老白跟我在一起十几年了，从来没人睬的，现在一分开，变成抢手货了。"而李小姐这时候也表达她的不满，她一语双关地说："本来是要吃私房菜的，没想到来吃的是大锅饭。"蓓蓓则怨怨地说："吃个剩饭也有野猫抢哦！"不料这句话将李小姐和格洛瑞亚两个人都给得罪了。李小姐认真回应说："我是最不喜欢和别人抢饭吃的。"她心中的"矜持"以及这背后的"自尊"，以及某种不太自信的态度，通过这句话给透露出来了。而格洛瑞亚则回答道："我觉得其实做只野猫也蛮好的，想去啥地方就去啥地方，想做啥就做啥，无忧无虑，无牵无挂。大餐我都吃过了，吃吃剩饭又怎么了？吃好之后，嘴巴一擦，头也用不着回——跑路呀！"她接着说："一个女人这辈子没甩过一百个男人是不完整的。"因为在爱情上的伤害，格洛瑞亚决意游戏人生，因此她虽然对老白有好感，但她已经（至少在表面上）放弃爱情了。对于这一点，李小姐看得清楚，她知道自己的本心状态并不是格洛瑞亚那样的，她尚没有失去在爱情上的希望，她知道老白也和她一样，只不过他们两人都不太敢在爱情的意义上，再做出勇敢的投身罢了。

这样一来，老白、李小姐、格洛瑞亚、蓓蓓这四个人，在爱情上进入了一个"平衡"或"对峙"的局面——他们各自都有失败的爱情或婚姻作为过往，他们都缺乏自信，因此对爱情都采取犹豫或者不信任的态度，但是，他们每个人心中都渴望真爱，只不过这种渴望，被他们自己的不自信与自我的犹豫所掩盖住而已。当然，他们每个人对待爱情的犹豫态度，是有所差异的，这与他们的本心状态是息息相关的。正如我们一再讲到的，格洛瑞亚虽然心底里渴望爱情，但她早已不相信自己能有真实的爱情了，于是她的这种渴望早已被她自己给盖住并浇灭，而不让它生发出来。在这个饭局结束后，老白等人早已喝得不省人事，她一个人留在了老白的家中。第二天早上，老白还没有醒呢，而格洛瑞亚则一个劲儿地喊他下楼吃早餐。老白心中一惊，怀疑他昨夜与格洛瑞亚有鱼水之欢，而格洛瑞亚临走之前要买走老白的几件画作，似乎有意作为"嫖资"，则让老白坐立难安。那么，到底格洛瑞亚有没有"嫖"过老白呢？电影故意不置可否，卖了一个关子。事实上，这并不关键，关键的是，在这件事中，格洛瑞亚展示出毫无所谓、毫不计较的游戏态度，而老白则透露出一副紧张的神情，他之所以紧张，则是因为他心里还是看重他颇不容易而与李小姐建立起来的情爱关系的，这种情爱关系的底子太薄了，一有风吹草动，它就被吹得七零八落。因此，面对格洛瑞亚的"攻势"，他能不紧张吗？

　　现在说回电影里的主要关系，也即老白与李小姐的情爱关系，以及主要线索，也即李小姐的高跟鞋。那么，经历过这个"大锅饭"，到底他们两人有没有爱情上的希望呢？希望还是有的，因为矜持的李小姐心里知道，这个饭局本来就是老白单独给她做的"私房菜"，只不过后来的情况不可阻止而已。而老白提出要将高跟鞋拿去修，以及老白给她画的清秀的肖像简笔画，都触动了她的心。她将这幅画用作她的手机的屏幕了。她跟老白说，当她看到这幅画的时候，心里有点感伤："换我年轻时，我最吃这一套了。"言下之意是，现在她已经不再年轻了，爱情与婚姻的失败，已经让她的心破碎而且无力了，她不再有充分的勇气与信心，再在爱情的领域探索一遍了，那将是另一段未知的让自己有些惶恐的故事。于是，老白与李小姐来到了另一个关口。之前的一个关口，是从欲爱而走向情爱的关口；而现在这个关口，则是情爱之能否深化、不受动摇的关口。可惜的是，这个关口，他们未能通得过。而李小姐的那双高跟鞋的命运，则是见证。

　　老白心里面知道，像李小姐这样矜持的人，需要他自己去"推动"一下，才能让他们之间的情感关系向前行进一点。于是，他想当然地和李小姐说，他家里还有个房间，现在是亚历山大在住着，但亚历山大很快就要回家去了，他想让李小姐带着玛雅过来住，这样接送玛雅也方便。这肯定是老白的好意。但是，正如与老白相熟的那位帮老白修鞋的鞋匠说的——"男人的问题就是想得太少，女人的问题就是想得太多"——老白并没有顾念到李小姐的本心状态，他并没有与她真正交心，于是，他在情感上的表达，便成为一种将对方推开的蹩脚做法了。对于老白的这个好意，李小姐心里避忌极了，尽管她嘴上没说什么。这原因很简单，她对于这份情，尚不确定，仍然在犹豫之中。她对自己没有什么信心，当然也就对爱情视若神话一样。她要的，是小心翼翼地试探，以及在试探的过程中，一有风吹草动，自己就能够缩手，从而全身而退。因此，她与老白一直处在若即若离的情感关系中。这一下可好，老白的建议直接让她惶恐不安。她只剩下一招，那就是切断与老白的暧昧与试探的关系。在此之前，都是老白帮李小姐接玛雅回到自己家，管她写作业的；而当老白提出这个建议后，急忙将玛雅从老白那里接回去，大有不再与老白有任何牵连和瓜葛的架势。至于那双高跟鞋呢？老白匆忙地向将要走远的李小姐提起了这双鞋子，并跟她说要买一双同样的鞋子还给她（其实他已经买了）的时候，李小姐决然不要他再买了，她一会儿说那是两百元的淘宝货，一会儿说要"断舍离"，她要和老白绝缘的意味可太明显了。最后，她一语双关地说了三个字："不合适。"然后再补了一句："一把年纪了，不好再走老路了。"

再说说那双高跟鞋。在开始的时候，当老白在鞋匠那里知道这是一件价格昂贵的名牌货的时候，他的内心感受很是复杂。老白有过犹豫，他犹豫自己是否要买一双新的正牌货，还是给她买一双仿冒的山寨版——这说明他对于自己与李小姐在爱情上的信心，仍然是犹豫不决的。而后来他感到自己与李小姐的关系有望，于是欢喜地将正牌货给买了。而当他最后听到李小姐跟他说那鞋子本来就是便宜货，他心头一沉，立即找修鞋匠算账。修鞋匠一听，就知道不是他对鞋子的真伪判断错了，而是老白自己撞墙里去了。他跟老白说："人家其实是不想和你来真的了，她这样说，其实是释放出信号，而你准是给她压力了。"老白听后，若有所失。他知道在爱情上，他与李小姐已经无望了，于是也不想留下那双他买来的昂贵高跟鞋，最终他母亲让白鸽将它在网上给卖掉了！这双高跟鞋的一波三折的命运，揭示出了老白与李小姐在爱情上的破产，这是一个无情的讽刺；而它最后被卖掉的结局，则无疑解构了爱情的神话。爱情，在他们那里，只不过是海市蜃楼罢了；而正因为他们（特别是李小姐）在此前已经认定这肯定是海市蜃楼，所以爱情对他们来说，只不过是生活的调味品而已。

那么，老白和李小姐到底还有没有后续的故事呢？有的，但因为这当中涉及女性主义的问题，我们等会一边讲述，一边讨论。我们在这里先补述一下两个人物，一个是老白的好朋友老乌，另一个则是老白和蓓蓓的儿子白鸽。老乌是个单身汉，年轻时在欧洲留学，常常跟人谈到他有过几段异国情缘，其间又遇到一位漂亮的女人，和他发生了短暂的一夜情。两人分手后，老乌看到电视上的索菲亚·罗兰，便认定——不知是他看错了还是事实如此——那个和他发生一夜情的女人就是索菲亚·罗兰，于是他长期沉浸在对索菲亚·罗兰的白日梦式的爱恋之中，难以自已。老乌在爱情上得不到充实，便将自己在爱情上的渴望，转移到友爱上了，因此对别人的各种爱情关系和故事，很是上心。老乌有自己可爱的一面，他是老白的好朋友（虽然老白有时候很烦他），也从心底里欣赏老白的艺术才华，愿意帮助老白成名，于是催促老白好好筹备他的个人画展。从表面上看，老乌似乎是不再渴望爱情了，因为他有老白这些好朋友就足够了，但这只是表象，他心底里是渴望爱情的，却一直被自己的那个短暂情缘所勾留，并将整个自己流连、沉滞在对于这段情缘的留恋之中，而没有任何勇气，在现实的爱情中迈出哪怕是一小步。因此，电影中加入老白这个角色，是增强对"爱情神话"的解构作用。不过，老乌对索菲亚·罗兰也确实痴情，在一次饭局中，当他听到索菲亚·罗兰的死讯后，百感交集，在酒醉中长睡不起。没想到，老乌死了，后来索菲亚·罗兰则抢救过来了，这个命运的玩笑，其实怪不得上天，这是老乌走进自己所虚构的爱情神话中去了，因此他最终逃不过现实的打击。而给老乌安葬之后，老白和李小姐同行一路，回忆起老乌来，老白不禁神伤泪涌。是的，他在悼念老乌，但其实更是悼念那个渴望爱情的自己。他在感慨老乌一辈子孤寡一人，从没有真正走进爱情的殿堂，那何尝不是在感慨他自己呢？

似乎电影中在爱情上唯一尚有希望的人，是老白的儿子白鸽和她的女朋友洋洋。白鸽没有什么性别偏见，喜欢化妆，对他父亲的男权习气颇不以为然，同时也对他母亲介绍其他女性给他认识多加抵触。他就喜欢洋洋这样直来直去的北方姑娘。也许，这部电影在有意无意之间，在这对年轻人身上留下一个爱情上的希望，以免观众因为对中年人的爱情悲剧的失望，而完全丧失对于爱情的希望吧！不过，无论如何，这部电影也改变不了解构爱情神话的底色。

以老白和李小姐为典型的这些中年人，他们在爱情上之所以陷入僵局，最后烟消云散，这主要是因为他们的主体性状态，尚不是一个明确而稳定的状态，换言之，他们的主体性尚未向着自我挺立的方向而趋。因此，他们心中对于自己，缺乏明确而充分的信心。他们往往经历过一段失败的爱情与婚姻，这也加深他们的不自信。因此，他们或者不再涉足爱情，而想做一个旁观者；或者不再相信爱情，沉溺在游戏人生的梦幻之中；或者尚对爱情抱有一丝希望，但要么止步不前，要么欲进还退。最终，他们都在爱情的世界中，弄得一地鸡毛，亲手解构一个又一个的爱情的神话。他们不再相信爱情，因为觉得自己确实曾经尝试过爱情的滋味了，早已对爱情失望了，所以不会相信自己能够再次在爱情的世界中有所收获。——说到底，是他们多少都缺乏充分的自爱作用，因此才会对自己缺乏信心的。而正是因为他们的本心状态都有相近之处，因此在爱情的关系上，最终走向了一个平衡性和对峙性的格局，攻与守相当相抵。这种格局看起来是稳定的，但其实它在每个人的本心深处，都在一天又一天地消耗着；换言之，只要你对爱——包括自爱与爱情——失去信心，爱就越来越远离你，你就越来越不满自己。因此，这种表面的平衡与对峙，实质上是一种自我消耗。

另外，在这个问题上，我们还需要补充一点，这就是，事实上爱情并不只是神话，因此它无论如何是解构不了的，这也是因为每个人都是有本心的，而本心则是自然地要实现自己的，因此，爱是逃不掉的。一个人的本心一旦有所触动，它对于爱的诉求与渴望，就必定被激活。而至于她的爱的诉求被激活之后，能否进一步直面自己，充实她的本心，并由此而勇敢地投身在爱上面，那就看她个人的自主性作用了。这部电影中的所有主要人物，包括老白、李小姐、格洛瑞亚、老乌，他们虽然都亲手解构了爱情的神话，但我们不能误判，认为他们真的完全失去了对于爱情的诉求与渴望。当我们之前说，他们失去了对于爱情、对于自我的信心的时候，他们其实是失去了自己能否获得真爱的信心，而并不是失去对爱情、真爱本身的信心；换句话说，他们心里面仍然是相信爱的，只不过他们并不相信自己了。这样我们就可以解释为什么逐渐丧失对于爱情的信心的他们，却终其一生都摆脱不了爱情自身对他们的触动。老乌就是这样的一个例子，他想逃避爱，想做爱情的旁观者，但最终还是死在对爱情的渴望上。这样一来，人们就陷入一个本心的内在张力之中——他们的本心渴望自我实现，但他们的本心又怀疑自身的自我实现的能力。如果我们对于自己的这种一扬一抑的本心状态，缺乏疏导之道，那么我们必定会被自己本心中的这种张力所消磨。我们既摆脱不了爱，同时又怀疑爱，这是我们身而为人的命运；它既可以是机遇，又可以是罗网，解网在心，结网亦在心。

自爱与自信的不足，以及在爱情上的平衡与对峙，也阻止了老白和李小姐这样的人，从欲爱而顺畅地走进情爱乃至真爱。他们只好停在欲爱与情爱之间的层面上，逡巡不前。本心的事，都是不进则退的。换句话说，他们放弃了寻求并投身于真爱这个方向，他们就走向某种意义与程度上的自我放弃。因此，真爱最终与他们无缘，因为他们不能凭着自信与自爱，充分打开自己的本心，他们只想将自己的本心之门偷偷地揭开一道缝，一觉不妙，就迅速将门合上。实际上，获得真爱必然是要付出勇气的，勇气与真爱本属一对，没有自我的勇气，本心就很难充分打开，真爱的意义就显露不出来。在他们身上，爱情之所以成为神话，则是因为他们的本心勇气的缺乏，让真爱最终不能浮出水面。

既然连情爱也很难达到，而同时彼此之间又越来越缺乏真正的交心，那么，老白与李小姐的关系，最终要么形同陌路，要么转移为一般的朋友性关系了。我们在上文还没有讲完整个故事，在这里我们会简略地说完，并从中对于爱情与女性主义的关系问题，作出引申性的讨论。

在上文，我们说到因为老白向她建议搬到自己家里住，李小姐对老白避之唯恐不及。他们两人在爱情上的试探，以失败而告终了。不过，这部电影别出心裁，它除了解构爱情神话这个任务外，还想解构与此相关的男权社会的心理结构，而为女性主义留下地盘。电影之所以要这样安排，大概是想通过反转男女性别间的权力结构，而为人生的意义寻找一个出路。当然，我相信这是编剧与导演不自觉的安排，我们在这里只是将它明确出来而已。说回来，老白是一位中年男性，而李小姐、蓓蓓、格洛瑞亚则是三位具有独立意识的女性。如果电影就此戛然而止，观众也许一来觉得这又是多位女性围绕一个男性绕得团团转的俗套，二来由此而强化男权的意识。于是，电影给观众来一个剧情反转——李小姐有意给老白一点"颜色"看，她的心态与格洛瑞亚合流了，她约了格洛瑞亚，两人一起将老白叫到上海外滩一个高档的展览厅里去，给老白上了一堂人生课。老白不是想搞一个个人画展吗？之前老乌给他物色了一间弃置的奶茶店，老白嫌弃那个地方。现在由于李小姐出面，老白可以免费在高档、大气的场馆举办专属他一个人的画展。可以说，老白人生最高光的时刻，是李小姐和格洛瑞亚这两位女性给的。这样一来，多个女人围绕一个男人而转的俗套，就被转换为一个男人，因为女人们的帮助，而得以实现他的人生理想的故事了。于是，女性主义的议题，就在爱情神话被解构之后，逐渐从爱情的废墟中冉冉升起来了。

因此，《爱情神话》这部电影是多声部的，各种议题在电影中杂然并陈，而影片的主题——爱情——则往往埋在深处。导演这样做，也并不是故意让电影的意义深刻。我想，这本就是人的生活。导演或影片的主导者只需要直接、自然而不造作地呈现出生活的本来面目就可以了。当然，生活也并不是现成在那里的，电影只不过"反映"与"描述"它就可以了；毋宁说，生活与人的本心之实感是相关联的。什么问题触动了本心，或者说本心粘贴在什么问题上，主体的生活的质地与色调，就与什么相关联。这部电影的导演与剧本作者是同一个女性，而女性视角也非常清晰地呈现在电影的各个细节之中。因此，女性主义的议题，就掺杂在爱情的议题之中，并且似乎掩盖了爱情的议题的位置。于是，电影呈现出了性别议题在表，爱情议题在里这样的格局。

在这里，我们需要讨论的是，性别议题与爱情议题，是不是两个完全不同的议题呢？从表面上看，这两个议题似乎构成了一个张力——强调女性主义，就不太可能重视爱情；而一旦你要投身于爱情，女性主义就要隐退下来。不过，这也只是表面上的，真正的问题，要更为深入而微妙。在此，请读者容我们细细说来。首先，我们不能简单地说，性别议题阻碍了爱情议题；或者说，女性主义视角的突显，压制了爱情的本真而自然的流露。这是因为，女性主义视角与爱情视角，可以都体现为主体视角。换句话说，无论是女性主义的议题，还是爱情议题，都是切身的议题，都是主体在其生活中，不得不去面对的议题。这样一来，因为都是主体性的议题，所以性别与爱情这两个议题，往往会纠缠在一起，难舍难分。如果我们不能够进一步从中拎清这两者的关系，就往往会造成主体性的困扰——无论是对女人还是男人。

女性主义视角的突显，是这部电影的一个重要的色调。李小姐为了不想欠老白的任何东西，决然与老白断绝爱情关系的可能性，她甚至谎称自己那双名贵的鞋，只是二百多元的淘宝货，而她的目的则在于尽快与老白"断舍离"；老白的前妻蓓蓓抱怨老白与她离婚，用了成龙的名言"我只是犯了天下的男人都会犯的错"，以表达对男权结构的蔑视；格洛瑞亚在有男性侍应相陪的夜店里放声高歌，并与老白说了一段意味深长的话；格洛瑞亚与李小姐坐在一起评论男人剧本中的女人只有两种：一种多情女，一种清纯妹；一种伤过她的坏女人，一种像他妈的好女人，好到没有欲望。而电影对于男权模式的另一个翻转，则是前文约略提到的，电影中的三个女主角与男主角的关系，并不是"三个女人围绕着一个男人而转""三个女人之间争风吃醋，相互残杀"的关系，而是"三个女人成为朋友，并牢牢地掌握与老白互动的主动权""老白在这样的格局下，不断体会到男权意识的问题，自己据此而有所调整"的关系。老白对于这三个女人，失去了主导权，其中最表面的失去是经济主导权的丧失。例如，老白不知道格洛瑞亚到底睡没睡过他，并不好意思地质问她，格洛瑞亚果断用高价买了老白的几幅画，以作为"嫖"他的"嫖资"；又如，李小姐在广告制作的场地中训责三位男性员工，另外她为了避开对老白的亏欠，而不要老白还那双名贵的鞋；格洛瑞亚与李小姐给老白提供重要的展览场地，让作为老白的策展人的老乌刮目相看，无言以对；等等。这些细节，都在表明，经济上的独立是女性争取自己的主体之独立的一个重要的方式与体现，以此来支撑自己作为主体的独立。

事实上，经济独立与其他方面的独立及掌控，也确实是女性主体谋求反抗男性话语、男权结构的重要方式。在我们看来，这一方式的确有它的主体性的意义的，它能够促进女性的主体性的挺立。因为女人这样做，可以让自己不再受制于男人，将自我的各种选择的主导权，牢牢地握在自己的手上。自己的生活由自己负责，做到这一点，经济的独立就是不可缺少的。即使是自己后来在感情上受伤了，也可以退回到自己的领地中，自己主宰自己。因此总言之，女性主义的诉求，是有其主体性的意义的，它是挺立自我、反抗不平等的一种方式，而这种方式也是奏效的。

不过，上面的观点，仍然不能说明清楚，为什么我们感到女性主义的议题往往会与爱情议题构成一个张力。像李小姐、格洛瑞亚这样的独立女性，她们放弃了爱情之后，就联合起来，扬起了她们的女性主义信念；而她们一旦这样做，她们就离爱情更远了。换句话说，也就更不相信人世间有什么爱情神话了。这就是我们所说的女性主义议题与爱情议题的张力。但是，为什么这两个议题会存在张力呢？我们大可以认为，女性可以一方面反抗男权，追求自己的独立，另一方面则可以投身于爱情。这不就没有所谓的张力了吗？乍一看，这确实就没有什么张力了。但如果想深一层，我们会发现问题要复杂得多。因为，女性在反抗男权的过程中，也往往会在不自觉之中，以男权社会的游戏规则来反抗男权。例如，男人喜欢让女人们围着他转，现在反过来，让多个男人围着一个女人转，或者女人们团结在一起，看你男人怎么办；社会的观念认为，男人有外遇不算错，而且他们这样做，还可以被称为风流，而女人有外遇，就被说成是浪荡妇，犯了女人不该犯的错。而现在，我要反转过来，经济主导权在我这里，我爱怎样怎样，你们男人也管不住我！我们首先要体会与理解到，不管如何，女性的这种反抗，确实是有其主体性的意义的；但是，这种反抗，其实也不无遗憾之处。因为这是在某种意义上，也只不过是将男人的错误，让女人来承担而已。能否跳出以男权的游戏规则反抗男权，将之翻转为以主体与主体之间最真实的意义来反抗男权，则变得至关重要。

即便如此，我们还可能会问一个问题，就是女性为什么会以男权的游戏规则来反抗男权，而往往不会本着主体与主体之间最真实的意义而反抗男权呢？这当中，就涉及了性别议题的微妙性与深刻性意义。其实，性别或性的问题跨越了阶级与阶层的维度，而且与这些维度相比，性别或性首先具有身体性的向度，而身体则是主体或本心的通道。于是，性别或性的问题，就很容易和爱情的问题纠缠在一起了，因为这两个问题，都跟主体、本心有关。爱情的问题我们暂不说，这里我们可以说一说性别问题和本心的关联性。在这部影片中，女主角们之所以要去颠覆男权结构与男权文化，是因为在生活中，她们的心多少都被男人所伤了，于是愿意用捍卫自己的女性权利、彰显女性权力的方式，愿意用对抗具体的男人的方式，而对抗具体的男人其背后所承载的整个男权结构与男权文化。

不过，这样一来二去，她们往往走向对于爱情的不信任与怀疑。这又是为什么呢？这是因为，性别议题虽然是很切身的议题，它虽然与主体、本心有着内在的关联性，但是它尚不是完全意义上的主体、本心问题。如果说阶级、阶层问题，其（在本心意义上的）内在性不及性别问题，那么性别问题，其（在本心意义上的）内在性又及不上爱情问题。真正投身于爱情的关系之中、并实现深度的交心与共鸣的两个主体，是必定会消化性别的议题的。换言之，在真正的爱情关系中，性别与爱情的张力是会得到松弛的。就像后面我们所讨论的《隐入尘烟》电影中贵英与有铁的爱情一样，在他们的爱情关系中，性别议题并不突显。反过来说，如果双方的爱情关系，也即深度而全面的交心、共鸣关系有所损伤，则性别议题往往会从中突显出来。在影片中，老白与李小姐，老白与格洛瑞亚，老白与前妻蓓蓓之间的关系，多少都体现出由于交心与共鸣的不足，由于真爱的缺失，而造成了性别议题的突显。

实际上，性别问题虽然具有切身性，但它也多少保留了一种整体性或群体性的意义。这可以从我们将每个男人归为"男性"这一类，将每个女人归为"女性"这一类就可以看得到。我们在面对一个男人或女人的时候，往往是通过两重视角去对待他们的。也就是说，对于一个男人，我们一方面将他视作一个人，也即一个主体，而他的男性的性别，只不过是这个主体所带有的性别、身份意义上的特点而已，那是外在的；另一方面，我们也往往在另一情境下，或者在转念之间，将这个人视作男人这一类别的其中一员，于是形成一个整体性或群体性视角。可以说，前一方面是主体性视角，而后一方面则是整体性或群体性视角。性别议题的微妙性与复杂性所在，就是我们往往将这两个视角错综在一起。这虽然是很自然的态度，但也往往会给爱情关系带来纠结，因为真正的爱情关系，是会聚焦在主体性视角上，而弱化整体性或群体性视角的，因为爱情关系是两个具体的主体之间的交心关系，而在爱情关系中，过于凸显整体性或群体性视角则会妨碍交心的顺畅进行。

我们可以理解，男人在与女人互动的过程中，往往是两方面混杂在一起而与女人互动的。也就是说，在女人面前，他既是一个人，又是一个属于男人这一类的人。而如果他的"男人—性"表现明显，而"人—性"体现不足，就会给女人留下一个男权主义者的恶俗形象。而老白之所以受到三位女性的关注（至少是不嫌弃），不能够完全甩掉他，则是因为她们在老白身上，看到了他的"人—性"流露较多，而"男人—性"体现较少。换言之，她们都看到了老白并不是什么大男子主义者，他往往有真情流露的一面，虽然他多少脱不了某些男权话语（例如他批评儿子白鸽有"娘娘腔"的调调，等等）。对于她们来说，老白的这一"人—性"的流露，是一个加分项。例如，当格洛瑞亚与李小姐在老白面前批评中国的男导演的时候，老白说他要为中国男导演感到羞耻，他代表男人向她们道歉。她们颇为欣赏老白的这一态度，并对老白说："你这样说，男人们会说你背叛同胞，不像一个男人。"事实上，格洛瑞亚与李小姐的话颇值得玩味——老白一旦告别某种男权态度，其实就是要挑战整个社会的男权结构。这就意味着，男权话语、男权结构不但对女性有压制性与规训性，而且对于男人，也有某种压制性，而且这种压制性更为隐蔽，更不易觉察。换言之，男权结构不但是女性的敌人，而且也是男性的敌人。

因此，当格洛瑞亚、李小姐等女性，凭着自己的努力，反抗男权结构，而将人生的主动权牢牢地把握在自己手上的同时，也不再那么相信爱情的力量了。李小姐特别担心新的一段爱情，会让她重新回到依附性的角色中去，最终连目前的独立状态也保不住了。因此，她更愿意保持与老白的某种朋友性的关系，而小心翼翼地不再去触碰情感的议题了。但是，这是她想要的吗？未必如此。在电影的最后，大家为了纪念老乌，看了一个索菲亚·罗兰主演的电影《爱情神话》，还没看完，李小姐就不耐烦了，她隔着几个人，发了一条微信给老白，问他要不要明天一起去喝咖啡——这大概也说明李小姐对于老白，仍然有着某种情感上的欲求的吧，虽然她的这种欲求已经不可能再深入到真实的爱情的层面上去了。这其实说明在主体性的意义上，爱情的议题往往较性别议题要对主体更深、更切身。据此，电影以"爱情神话"为题，其实是很切合的。只不过在这个电影中，性别的议题是摆在台上的，而爱情的议题则往往隐藏在幕后。主角们在台上演绎了自己在面对性别议题时的风光与潇洒，而我们往往忽略了他们在幕后的感伤。这昭示了爱才是主体性最核心的意义。

二、《祖与占》："开放式爱情关系"的困局与主体的毁灭

如果说，《爱情神话》这部电影讲的是，爱情关系中的当事人，因为各自都缺乏自爱、自信，而不能各自打开自己的本心，最终与真爱无缘，陷入了某种相互"平衡""对峙"与"消磨"的状态的话，那么《祖与占》（Jules et Jim）这部电影则揭示出爱情中的"平衡"与"对峙"状态，最终是不稳定的，我们是不可能完全维持住这种状态，让它稳定不变的。"平衡"与"对峙"的背后，是爱的"消磨"，这就会造成一个爱情上的困局，而如果当事人的不自爱的状态逐渐加深，那么这个处在不断消磨中的爱情困局，最终会导向主体性毁灭的悲剧。这应该是这部电影最为深刻的意义所在。

祖与占是电影的两位男主角。祖是奥地利青年作家，占则是法国青年作家。他们俩都是有着资产阶级的生活风格的文艺青年，两人在一战前的巴黎认识，很快就臭味相投，将对方引为知己，他们视钱财如粪土，彼此没日没夜地讨论诗歌与翻译。女性，则是他们必不可少的谈资。他们处在这个年龄，自然是对异性有着一种说不清楚的情愫与渴望的，这是他们的自怜性的表现，对此，我们在本书的第二卷中已经有详细的梳理了。祖与占既然是莫逆之交，因此他们也很自然地向对方袒露自己的情史、情感状态，以及给对方一些情感上的建议。不过他们两人在性情上有些差异，祖有点儿憨厚腼腆，他经常被人觉得是一个意志有点薄弱的人，他当时虽然在乡下有心仪的对象，但他这

时候还没有女朋友，而占倒是有一箩筐。他介绍了一位音乐家给祖，但可惜两人只维持了一周。此后祖也有几次情缘，但最终也是打了水漂。无奈之下，祖去找妓女取乐，而这又让他心中越来越空虚，这些事情都进一步加深祖的不自信。而占则有时和一个叫作娇蓓的姑娘晚上约会、同寝，到了天快亮的时候，占就要离开，娇蓓求他留下来再陪自己一次，但喜新厌旧、心浮不定的占不答应，说留下一次，就会有第二次，留下来久了，就发展成同居，同居久了，就变成要结婚，最后米已成炊，就不好办了。于是他吻了娇蓓后，转身就出门去了。这意味着占心中渴望爱情，但同时又怀疑爱情的真实性，这导致了他在爱情上飘转不定，而不敢停下来。

占与祖虽然在性情上有些不同，他们俩的交情则可谓深厚，他们各自从心底里欣赏对方。他们俩自比堂吉诃德与桑丘一样亲密，虽然这个类比透露出占的主动性与祖的依赖性。

有一次，在酒馆中，祖在桌子上用简笔画给占画出他心仪的女子的形象，占当下要将这张大理石圆桌给买下来，但酒馆老板不答应，说除非他将店里的十二张桌子都买下来。又有一次，祖与占两人邂逅了一位开朗的姑娘，她问他们："你们是占与祖吗？"占立即纠正道："是祖与占。"从这里我们可以看到，占心目中对祖是很看重的，而这则为后来他们陷入了三角爱情关系，而在这个过程中占一直忍让着祖，埋下了伏笔。

在一个偶然的场合中，他们两人看到了艺术经纪人亚伯拍的一尊放在地中海岸边的人脸雕像的照片，这是一个年轻女人的石像，嘴唇舒展而美丽，流露出奔放、自然而性感的气质，同时又挂着一丝轻蔑的样子，眼睛圆圆的，大大的，加上那粗糙的脸的轮廓，以及那平静的笑容，同时给祖与占带来一种强大的生命上的震撼与冲击。这两位文艺青年二话不说，立即启程到地中海去，寻找这尊雕像的芳容。他们在雕像旁流连久之，不忍离去。他们最不舍的，是雕像那直率而无所牵挂的笑容。他们两人心想，人世间若有如此佳人，必穷追不舍。不过，他们两人在这时候都肯定没有想过，如果他们这一辈子，同时遇到同一个这样的女人，而且是唯一的一个。那他们将怎么办呢？很不幸的是，这成为一个事实。在一次聚会中，他们见到了一位名为凯瑟琳的女子，她虽然不是那种流俗所认同的俊俏、美丽的女性的样子，但她那冷若冰霜的脸，一旦笑起来，那种无所顾忌的神情，与那尊地中海的雕像简直若合符辙。他们给看呆了，沉浸在一种初恋一样的梦幻之中。

最终，祖与凯瑟琳走在了一起，但他与占的友情，又使得他还是想将凯瑟琳进一步介绍给占认识。不过，祖心中又犹豫了起来，他决不愿看到占勾搭他的女朋友，于是三人一起去玩耍之前，祖让占保证，不会对凯瑟琳动情，占答应了。三人相见，就像离别多年的好友再次重逢一样，无所拘束，狂野兴奋。凯瑟琳扮成男生，被占画上胡子，叼着烟，大摇大摆地走在路上，跑过阿维尼翁断桥，而祖与占两位男生则跟随其后，气喘吁吁地跑着。他们两人都追着凯瑟琳。友情，爱情，这两种爱的界限，在此前还是隐约清晰的；但现在，这两者似乎有些模糊了。凯瑟琳对着他们两人爽朗地笑着，究竟是友情的笑呢，还是有爱意的笑呢，似乎没那么清楚了。在这个情境下，她喜欢祖，还是喜欢占，抑或两人都喜欢呢？说不清楚。唯一说得清楚的是，他们三人待在一起，都很开心。他们一块儿去海边度假，找了一间很大的白色房子，三个人，三个房间，构成了一个三角形，这无疑意味着他们已经形成某种程度与意义上的三角感情关系了。

不过，既然有言在先，占与凯瑟琳之间，只能是相互远望。而祖对于自己与凯瑟琳的爱情关系，以及自己与占的友爱关系，都有些犹豫，他问占："坦白告诉我，你会介意我娶凯瑟琳吗？"占反问他："她会是典型的好妻子、好母亲吗？我恐怕她在世上永远也不会快乐。她是个幽灵，而不是一个让男人拥有的女人。"祖的迷惘的提问，占的有点儿嫉妒的回答，都给祖与凯瑟琳的爱情，染上了一层犹豫、纠结与不确定的色调。而在凯瑟琳那边，也同样是这样。在海滩上，祖向凯瑟琳求婚，她没答应，祖于是跟她说："以后你每年生日我都会试一次。"凯瑟琳的回答是："女人你没认识几个，而男人我懂得太多了，这算是相互抵消了，也许我们彼此可以共处了。"这可以说是一种典型的女权主义态度。在男权社会中，女人处于被动的弱势地位，而现在祖的"没认识几个女人"，与凯瑟琳的"男人我懂太多"这样的格局，让凯瑟琳觉得自己以前所反抗的男主女辅的格局，被翻转与中和了，这样的话，彼此就有机会推进爱情关系了。实际上，这样的想法与态度，其实是对爱情的一种伤害——因为爱情的意义，与外在的条件、结构无关，而仅仅与交心有关。如果一个人通过翻转社会的性别、权力的关系结构，就可以实现爱情甚至获得真爱，那么我们也就不需要在这本书中多费周章了。而如果我们更深入一层去琢磨凯瑟琳这句话，其实可以进一步将凯瑟琳这样的女权主义的表述，视作她在爱情上的一种特别的态度，这就是——她既渴望爱，但同时又害怕爱，她的这种本心的张力促使她寻求通过翻转外在的条件与结构的方式，去消除张力。但如果她不从自爱的意义上，将这个张力消除，那么她的女权主义式的翻转，就不可能对这个问题有任何的解决，甚至它会不断消耗自己在爱情上的信心，让自己陷入爱的悲剧。而后来凯瑟琳的人生结局，也确实揭示出了这一点。

因此，女权主义的信念就成为凯瑟琳的一个可以抱得住的东西。她对爱情越是怀疑，或者更严格地说，她越是处在渴望爱与怀疑爱的张力中，她就越要抱住这个信念，作为她可以倚靠的东西。谁要是动了她的这个信念，她就不放过谁。果然，他们结束度假，回到了巴黎后，有一次三人一起去看一个戏剧。出来后，已是凌晨两点，大家一边散步一边讨论这部戏剧。凯瑟琳很喜欢女主角，认为她追求自由，自主地创造生命的每一刻。占则认为这部剧暧昧放任，杂乱无章，连女主角是不是处女都没有明示出来；同时，祖也表达了自己的心声："身为妻子，忠贞十分重要，丈夫一方反而是次要的。"他语带肯定地引述了剧中一个男人说的话："我常不解为何准许女人进教堂，她们能有什么跟上帝好说的？"在一旁安静听着的凯瑟琳，猛然冲着走在她身后的两个男人说了句"你们这两个蠢材"，然后突然从桥上纵身跳了下去，后来她自己又朝岸上游过来。这个情景给占心中带来一个震动，他第二天便将这个情景画了下来。他对她敢想敢做的性情，由衷的敬佩。他们两人将凯瑟琳拉到岸上，他们都并不知道，她是要反抗他们两人的男权理论，而纵身跳下去的。他们叫了车，莫名所以地陪着湿淋淋的凯瑟琳，而凯瑟琳的神情，就像一个趾高气扬的打了胜仗的将军一样。

凯瑟琳的女权主义的诉求，其背后其实是一种在爱情上的不安全的感受，而她之所以会有这样的感受，肯定是源于她不能充实自己的自爱与自信所致。因此，她决意要用某种控制甚至是玩弄两个男人的方式，也就是使他们以她为中心、围绕在她身边的方式，而向他们索取爱。而这种对于爱的索取，肯定不能带来真爱，因为真爱是要建立在平等的深度交心的基础上，而爱的索取，则会破坏交心的意义及其自然所蕴含的平等性。凯瑟琳要报复男权社会中一个男人控制与玩弄几个女人的格局，她现在要反转过来，让这两个男人围着她而转。她也要玩弄一把，她要通过这样的方式让自己的心得到平衡——至于爱情，特别是真爱，这虽然是她所渴望的，但同时也是她所早已怀疑的。

凯瑟琳的"报复"方式，就是迎合占对她的好感，将自己对祖的爱，分出一点，去引诱占上钩。这时候，凯瑟琳已经和祖同居了，而祖则因为与占有言在先（也即占不会弄走他的女朋友），因此对凯瑟琳与占的互动，没怎么在意。而在凯瑟琳这一边，她早已"大大方方"地实施她的计划了。她要约占，第二天的七点钟在咖啡馆见面。带着对凯瑟琳的好感，占从七点十分等到七点五十分，都没有等到人。由于他相信凯瑟琳会遵守时间的，因此他以为凯瑟琳七点来过，见不到他才走的。而等到占走后，盛装打扮的凯瑟琳姗姗来迟，看到咖啡馆里面没有占的影子，心中隐隐有失落之感。于是，她由对占的好感，而转为对他的"报复"——她当即决定和祖结婚，她与祖躺在床上，让祖给占打个电话告知此事。傻里傻气的祖，决不知道凯瑟琳这时候答应他的求婚的真实原因，也决不清楚这当中有如此微妙而惊心动魄的玩弄。在床上，凯瑟琳从祖的手中抢过了电话，跟占说她很开心，并说祖要教他拳击。而她之所以要跟占说这样的话，其实是对占的玩弄与报复。她要占对她与祖结婚这件事生出醋意与嫉妒之意，以便日后给自己与占形成情感的关系、并从这个关系中索取爱留下一个地盘。而这一切，则都是祖与占这两位男生浑然不知的情况下进行的。

没几天后，一战爆发，祖与占分别回到了自己国家，并加入军队，德、法是敌对国，而他们两人都不想在战场上与对方相见，他们都害怕自己会将对方杀死。占与娇蓓感情日浓，而祖则在战场上，冒着枪林弹雨给凯瑟琳写家书，表达思念之情。战后，他们通过中立国取得了联系。这时候，祖与凯瑟琳已经有了女儿莎霏，他们夫妇邀请占坐火车到他们家相聚。占下了车，来接他的是凯瑟琳和莎霏，凯瑟琳盛装出现，宛如那天她穿着赴咖啡馆之约的样子。占到了他们在山上的家后，与祖重逢，两人心中自然高兴异常。不过，没过多久，占就发现祖与凯瑟琳虽然过着像修道院一样安静而有规律的生活，但祖刻意避谈他的家庭与爱情，而凯瑟琳则对祖既仁慈又严厉——这不像是一个建立在爱情的基础上的家庭关系。一天傍晚，祖向占透露了实情，他所喜爱的凯瑟琳，在他们婚后时常出轨，而且往往事先张扬，并求上帝宽恕。凯瑟琳有一次离开家庭，有半年时间。对于这个情况，祖心中早已无可奈何。而他之所以无奈，自己不想做出什么主动的决断、行动，想必也是祖的不自信（这肯定也是自爱的缺乏的体现），以及由此而形成的对凯瑟琳的依赖所造成的。这意味着他与凯瑟琳已经形成了一种情感上的"平衡"——一个人不想被对方套住，而想飞出去，一个人不想对方飞走，而想拖住对方。但这种"平衡"的背后，则是本心上的痛苦与煎熬，这对于双方来说都是如此。祖对占说："占，我害怕她会离开我们……她已经不完全是我的妻子了，她有过好几个情人。"而他们之前认识的那位名叫亚伯的艺术家朋友，受到过凯瑟琳的帮助与支持,他看到祖与凯瑟琳感情关系中的缝隙,追求凯瑟琳,而凯瑟琳又没有明确的拒绝。……祖对此早已习惯了,当然这同时也让他与凯瑟琳的爱情消磨得差不多了,而祖在本心上的不自信与依赖性,则让他心生一念——他希望自己的好友占能够与凯瑟琳建立爱情的关系,这样他就可以以一种特殊的方式,留住了凯瑟琳,于是他能够经常看到她了。既然他与凯瑟琳在爱情上已经破裂了,他又不想她因此而离开他,那么他的这种不得已之计,也算是一种最好不过的方式了。

祖之所以会这么想,是因为他看到占与凯瑟琳之间,本就有暧昧,于是他乐于成全他的朋友。而和祖一样,凯瑟琳也找了一个机会向占交代了他们的情感状况:"结婚前夕的一个派对上,他母亲做了件对我伤害很大的事,祖没说话,为了惩罚他,我跟前男友夏侯鬼混了一下子——这样我跟祖就打了个平手。"此后,他又与另一位男青年有过一段情缘。而这个过程,则让凯瑟琳感到自己与祖的距离越来越远。在她心中,祖早已不是她的丈夫了。她还向占坦陈亚伯虽然有点怪,但比祖要有主见,她也喜欢亚伯,仅此而已。凯瑟琳在诉说着,这挑起了占对她的爱意,但他不敢肯定她是否在勾引他。不过,很快地,他明确感受到来自凯瑟琳的情感挑逗,不过,她对他的挑逗从来就不是浓烈的,但她的慢悠悠的表达又让占感到她有一种让他欲罢不能的气质。她跟他说:"我们的感情刚刚萌芽,需要像婴儿一样去呵护它。"说完这句话,她当即话锋一转,跟他说:"我看得出你刚恋爱过,你不娶她?"占于是将娇蓓要等他一生一世的意向跟她说了出来。她便直接警告占不要伤害娇蓓,这其实只是一句表面话,因为她既然跟他明确出他们俩有感情,而且强调要呵护这份感情,那么告诉他"不要伤害娇蓓",就只不过是一个刺探而已。在这个情境下,占当然心知其意,于是他立即说:"我感觉我想冒险一下,而且有一些新的东西……我爱慕你,喜欢见到你。"说罢,占凑到凯瑟琳那让他慕念已久的颈背,与她缠绵缱绻。这个情景,恰好被站在楼上天台的祖给看到，祖的心里面有说不出的安慰。此后，祖鼓励占，让占不要将他视作障碍，并怂恿占娶凯瑟琳为妻，这样的话，凯瑟琳就不会再从祖的身边消失了。

既然没有什么障碍，占与凯瑟琳的感情，便自然地燃烧了起来。他们在床上偎依缠绵，亲吻了足足一个夜晚，但彼此都没说什么话。他们知道，他们是在一步步地沉堕在情爱的陷阱当中，而不能自拔。而这个陷阱是谁设下的呢？不能说只有凯瑟琳，也不能说只有占，那是一个共业，是凯瑟琳、占与祖所共同堆积起来的情爱之网。这个网从表面上看似乎是平衡而稳定的，但实际上，因为它是不自爱的人们所共同构筑起来的，因此它实际上有如不断陷进无底洞中的流沙，这是因为，相互的不自爱，最终只会带来主体与本心的销蚀与沉沦，最终走向毁灭。电影的旁白说："占被俘虏了，他心中再容不下第二个女人。"而在凯瑟琳这边，她努力平息占的担忧，她跟他保证，祖是不会受什么伤害的。果然，祖、占与凯瑟琳三个人，相处得和睦而舒心，他们三人，再加上莎霏，就像一个大家庭一样。而家长呢，应该是凯瑟琳了。她就像一个女皇，而祖与占就像她喜欢的两个男宠。她亲吻完祖，让他回自己的房间后，随即与占感受肌肤之亲。

不过，正如我们刚才所曾经说过的，因为这种情爱上的"平衡"与"稳定"，是建立在流沙的基础上的，因此，随着时间的推移，他们的情爱必定是会被腐蚀与消耗的。他们之间的爱情，很难说得上什么真爱，这其实是情爱上的来回荡漾，它永远浮动在本心的表层。同时，这个"平衡"之所以有，则一定是关系中的任何一方，都维持在欲爱或者情爱的层面，而不能进一步深入真爱的层面。一旦其中一方不满足于对对方只有欲爱或者情爱，而没有真爱，要向真爱而趋，那么，这个所谓的"平衡"就必定会被打破，他们的情感关系就会有倾覆的危险。同时，我们请读者试想一下，每个人都是有本心的，而本心是会自然地有充分实现自身的诉求的，因此，"真爱"其实是每一个人心中的内在诉求，只不过在现实生活中，人们由于缺乏自爱与自信，于是这个诉求得不到落实而已。但是，尽管这个诉求得不到落实，这并不意味着它就没有了。只要一有机会，人们的真爱的诉求就会冒出来。因此，无论是凯瑟琳，抑或是祖，抑或是占，都是渴望真爱的，这是毫无疑问的。这就意味着，他们之间的"平衡"就肯定是永远处于一种危险的可能性状态之中。

果不其然，有一天，凯瑟琳和丈夫祖在楼上打情骂俏，绵绵的情意从楼上传到楼下，传到了占的耳朵里。占用理性告诉自己，不应该去嫉妒祖，但无论如何他都忍不住他的嫉妒。不过凯瑟琳看出占的心思后，就再也没有这样做了。此后，占回巴黎一趟，见到了娇蓓，便将真实的情况给娇蓓说了，并且向她透露要与凯瑟琳结婚生子。可以说，占之有娇蓓，就像凯瑟琳之有祖。娇蓓与祖的不自信、不自爱，导致他们放任自己所爱的人去搞情爱上的平衡。当然，正如我们一再强调的，这种平衡是不稳定的，占嫉妒凯瑟琳和祖卿卿我我，而娇蓓也嫉妒占与凯瑟琳难舍难分。面对娇蓓的嫉妒，占心生不忍、不舍之情，他想起了心爱的凯瑟琳身边有祖，于是越发觉得自己对不起对他不依不舍的娇蓓，又沉浸在与娇蓓的情爱之中，以求平衡一下他对祖的嫉妒。而在凯瑟琳这边，她因为占在巴黎待得太久，心中异常敏锐地觉察到占一定是与娇蓓余情未了，于是，她自己也生出了嫉妒心了。这样一来，凯瑟琳、娇蓓、祖与占，这四个人在情爱上的平衡关系，就立即被翻成一种相互煎熬的关系，这就像在平底锅上煎了一小会儿而尚未翻过来的牛扒，它的上面还是冷的，但一旦翻过来后，它就是滚烫滚烫的。

占终于离开娇蓓，去找凯瑟琳了。他下了车站，本以为凯瑟琳会来接他，但他只看到了等他的祖。祖将占接回家，祖找不到凯瑟琳，恍然若失，而正当占准备离开的时候，凯瑟琳突然又出现了，于是，占与凯瑟琳重又进入情爱之网中。凯瑟琳在床上跟躺在身边的占说："你有许多情事，我也有我的，你向你的旧爱道别，我也跟我的说再见。"凯瑟琳的旧爱是谁呢？我们一定以为是祖，可是，凯瑟琳却说出了亚伯的名字。这时候她的心已经在占身上了，她再也不满足于所谓的平衡了，她的嫉妒心促使她对于真爱的诉求，从心底里冒出来，并用一种憎恨的态度表达她心中的不平衡——她仍然对占和娇蓓藕断丝连耿耿于怀。于是，她要与占暂时分手，同时她自己转身又倒在了对她不离不弃的祖的怀中，泪眼迷蒙，重温他们之间早已撕碎一地的夫妻之爱。不一会儿，祖跟她说，他要一个人到楼下睡了，他本欲下楼，后来还是再次抱住了凯瑟琳，跟她讲了一段话：我的小凯瑟琳，你常让我想起一出我在战前看过的中国舞台剧。幕启时，那皇帝，趋前跟观众说："你们看到的是世上最不快乐的人，因为我有两个妻子，一个大老婆，一个小老婆。"

说完，祖摸了摸凯瑟琳，然后下楼睡觉去了，留下孤单的凯瑟琳在工作室里与自己的落寞的影子相伴。祖说的这段话真的是意味深长。他讲述的过程中，没有什么讽刺与批判的语气和态度，他其实是在同情凯瑟琳，因为他深知这个爱情的困局是怎样形成的，毕竟这个困局——读者会看到，这个困局不久就演变成败局了——也有祖的参与，他也有份。而在凯瑟琳这边，我们观众是相信她也完全能够听得懂祖的这段话的意义的。祖口中的那位皇帝，无疑说的是凯瑟琳。皇帝也是人，他有两个妻子，意味着他必定要去做爱情上的平衡，但是，这样做，肯定是分裂而痛苦的事。我们看看凯瑟琳就知道了。凯瑟琳的爱情状况，其实是一种"集邮式的爱情"，而并不是"专精的爱情"。但是，这样的爱情状态，乃是越集越痛苦的，这是因为，本心之自我实现的诉求，对于真爱的渴望，让她期待自己能够进入专精、专一的爱情关系中去；但与此同时，她对爱情（特别是真爱）的不信任，或者更严格地说，她心中混合对爱情的不信任与对真爱的渴望这两种态度，又使得她难以保持专一，或者想保持专一而不能。因此，凯瑟琳这样的集邮式爱情体验，最终必定会造成本心的分裂与纠缠，因此这必然会给她带来无尽的痛苦。凯瑟琳说过："完全的爱只持续片刻。"为什么会是这样呢？其实很简单，她一直处于渴望爱——怀疑爱——渴望爱——怀疑爱的循环当中。当她渴望爱并刚获得爱的那个瞬间，她感到幸福与满足；但与此同时，她心中对爱情的深度怀疑，又使得她在片刻之间，对爱情形成恐惧之意，并视之为梦幻甚至梦魇。——这样的本心状态，无疑源自凯瑟琳的不自爱、不自信。在不自爱与渴望爱的张力当中，她走向了对爱的索取，而并非与别人有深度的平等性交心；而向别人索取爱的态度，则又促使她自己一定要做众星拱月中的那个月亮。她一定要做那个月亮，才有本心上的安全感，虽然这种安全感只不过是一个幻觉而已。如果不是这样的话，她自己就什么也抓不住了。对于她的这个本心状态，祖是最懂得的，他跟占私下说："当她觉得自己不受重视的时候，她就会变得很可怕。"一个在渴望爱与害怕爱的张力之中不断纠缠，无法通过打开本心以充实自爱的人，她的出路就只有曲折地向别人索取爱这一方向了。因此，她要求自己的男友要绝对忠诚，但她自己可以做不到。她可以将她的前男友的信视作谎言而烧掉，也可以叫嚷着要带上硫酸瓶子去旅游，以便用它来弄瞎说谎的男人的眼睛，但她却放任自己跟男人说谎。这一切，都是源于凯瑟琳的渴望爱而又怀疑爱的不自爱状态。

爱情上的嫉妒心，促使凯瑟琳将占送走。占以为这一次是他与凯瑟琳一了百了了，但是他并没有想到，凯瑟琳之建立在不自爱的基础上的嫉妒心，使得她因索取爱不得，而生出一种怨恨乃至恨仇之心。事实上，她自己已经没有什么可以抓得住的了，如果她抓不住占的心，她认为自己就失去一切的人生意义了。她写信给占，谎称她已怀上了他的孩子，让占离开娇蓓而投到她的怀抱中。而在占这边，他的不自爱与自我怀疑，也让他对凯瑟琳若即若离，与她玩起了恋爱的游戏。不过，占最终还是厌倦了，他日益感到自己要与凯瑟琳保持距离，而敦厚与娇蓓的感情，并想与之白发到老。对于占的这个变化，凯瑟琳一定是很敏锐地感受得到的，同时她也一定是心中有所不平，因为她之前向占索取爱，并不是她单方面的作用就可以做到的，这是占与凯瑟琳一同互动起来的结果。但是，占通过自己的"平衡"，而从她身上获得了情感上的享受，但现在他为了自己的"真爱"，竟然疏远了自己。他既然为了自己的"真爱"而不惜毁了我的希望，那我也要为了悼念我的"真爱"希望的毁灭，而毁了他的"真爱"。在凯瑟琳看来，只有这样做，才是"公平"的，算是彼此相互抵消了——你完全灭了我的真爱，我也要灭了你的真爱。最终，机会来了，凯瑟琳刻意地在祖的注视下，驾着她的车，载着以为被她带去兜风的占，经过一座断桥，然后，在毫无预兆中，车从桥上栽了下去。两人的生命在这个世上消失了，而留下孤单的祖，为他的妻子与他的好友善后。

这无疑是一个真爱的毁灭的故事。故事中的各个人物，在一开始的时候，都多多少少有着对于真爱的渴望（当然他们同时也有恐惧），因此都不想玩什么"平衡"。但是，他们的不自信、不自爱，则让他们不自觉地陷入了情感抗衡的陷阱之网中。他们卡在了这个情感之网中，左右动弹，但毫无意义；而他们越动弹，这个网的平衡性就越被打破，他们就越事与愿违。他们就像在流沙中挣扎的人，越挣扎，就越下陷。因此，他们都没有获得真爱，反而走向爱的毁灭。这是为什么呢？为何他们会从爱的平衡开始，而以爱的毁灭为结局呢？这仍然可以通过自爱这个基础性的视角去疏导这个问题。他们之所以要织出一个爱情的平衡之网，本来就是缺乏自爱、自信的体现，因此渴望真爱，但同时又害怕投身于真爱，因为他们对自己没有充分的自爱与信心。这样一来，他们就在情感的层面上，而非更深一层的本心的层面上，来回挣扎，互相角力，直到谁也没有进一步的气力去直面自己、直面爱情为止。到了这个状态，就意味着他们所编织出来的爱情之网已经达到某种平衡度了。但是，既然这个貌似平衡的爱情之网，是建立在不自爱的基础上的，那么，这些织网者越是守住这个爱情之网，他们本心中的不自爱、不自信状态就越发加重，于是，心中就越发生出来爱的依赖、控制、怨恨、冤仇。他们共同造成了这个不自爱的共业，这当中一个巴掌是拍不响的。而祖与占也正是因为不自爱、不自信，才会被凯瑟琳所牵扯的。因此总言之，他们经历了不自爱——

织网——爱的沉沦与毁灭的过程。这是《祖与占》这个电影带给我们的在爱情上的深刻启示。

三、《冷战》：真爱的销蚀与主体的救赎

如果说《祖与占》呈现出爱情是如何销蚀并最终走向毁灭的,《冷战》则揭示了两个相爱的人,他们之间的爱情是怎样被一步步销蚀,最终他们又是怎样基于藏在心底里的自爱,而进行最后的救赎,并保住爱情的自身的意义的。同样是陷入爱情的销蚀之中,之所以有的爱情关系走向自我毁灭,而有的则走向自我救赎,关键的原因,仍然是爱情的当事人,能否真实而有力量地唤起心中的自爱。要救赎爱情与主体性上的沉堕,唯有自爱的力量。

《冷战》这部电影展现出自身不断销蚀的爱情故事,意味深长。它的题目——也即"冷战"——是一语双关的。一方面,这个爱情的故事发生在冷战时期,而且两位主角在当时的社会主义与资本主义两个阵营中左切右换,来回纠缠。电影不断在冷战时期的波兰、巴黎、南斯拉夫、东德等具有异质社会形态的背景中穿插来回,让人们感到一种历史的错位感与时代的沉重感,而在这个过程中,他们的爱情关系由此被损耗、折磨,同时最终也由此而得到救赎。另一方面,这一段发生在冷战时期的爱情故事,故事的双方也在彼此冷战,最终伤痕累累,无可奈何。

生活在一种巨大的社会与生活张力之下,人们的本心往往会受到考验乃至拷问。本心的自觉性不强,以及自爱度不充分的人,就往往被各种条件所牵引,并最终遮蔽或者丧失了本心自身所蕴含的良善法则。我们在本书中所分析和讨论过的小说和电影中的许多人物,往往走向了这样的本心状态。这当然是一种逐渐走向不自爱的情况。不过,我们还可以考虑一个问题,这就是,其实从来就没有人,一生出来就具有充分的自觉的自爱的。人们之形成充分的自觉的自爱,是要

经历过一个渐进的阶段的；人们之陷入明显的不自爱，也是要有个过程的。因此，在本书中，我们对所分析和讨论的所有无论是现实中还是在文艺作品中的人物，都不是首先对他们作出道德上的或肯定或批评的评价，而是要描述出他们的本心状态的变化过程，通过这样的呈现，我们就有机会深刻地印证到本心与自爱的意义所在，同时而不流于空洞、抽象。例如，我们在分析《呼啸山庄》中的希斯克利夫，以及《简·爱》中的女主人公的时候，我们都不首先去对他们是自爱还是不自爱做一个标签，而是首先将他们的本心状态及其变化过程，作出具体的呈现和分析，然后再在这个基础上去作出自爱与否的判定；而我们这样做，就可以避免将简单的道德性评判，同时也可以使我们理解到，自爱的议题，其实是人之所以为人的一个难题。

我们在观看和解读《冷战》这部电影的时候，也同样可以直接地体会到这一点，我们不能将电影中的两位主人公标签为"不自爱"就算了事，我们更要揭示出他们是如何陷入不自爱，同时又是如何试图从爱的沉堕、销蚀与湮灭中，谋求救赎之道的。而在这里，为了更好地做出相关的揭示，我们引入了本书第一卷中所说明过的本心的挺立性与本心的脆弱性的问题，并将这个问题和自爱的问题关联起来去看。所谓本心的脆弱性，就是本心往往被生活中各种条件、环境所牵引，而逐渐难以自主、自立地去面对这些条件和环境；所谓本心的挺立性，则指的是本心在面对其所身处的各种条件、环境的力量的时候，不被它们所牵引着，而形成一个明确的应对之道，从而超越条件、环境对于本心的限制。而无论是本心的挺立性，抑或是本心的脆弱性，都是内在于本心的，因此这两者是每一个人都会有的。而本心的挺立性与脆弱性都源于本心自身的虚灵性特征。对于这一点，我们在本书第一卷的相关内容中已经有较为简明的论述了，就不在此展开了。

而在这里，我们想在本心的脆弱性与挺立性的议题上，强调一点，作为主体的人，她凭着其自己本心，是有可能超越她所身处的具有强大力量的环境与条件的限制的；但是，这也只是有可能而已。人的本心既然是虚灵的，因此它就往往会粘贴在环境与条件的各种牵扯之中，受到了扰动，于是，人自身的主体性不但不能走向挺立，反而会陷入难以停止的消磨与销蚀当中。与此同时，又因为人心本是虚灵的，因此本心又可以返回到自身，自我体贴，自我印证，而不被环境与条件之所左右，从而挺立自身。所以我们经常强调说，主体性既有脆弱的一面，又有挺立的一面。而主体身处现实世界中，往往会与现实世界形成一种此起彼伏的互动性关系。换言之，主体越表现出挺立的一面，它就越能够超越现实世界的压力与制约；而主体越表现出脆弱的一面，它就越被现实世界所牵引与左右。另外，在事实上，主体往往是时时脆弱、时时挺立的主体，因此，现实中的主体状态，不可能是完全挺立的状态，也不可能是完全脆弱的状态。而不同的爱情关系与爱情状态，亦往往是不同的主体状态的表现。

《冷战》所呈现出来的，就是主体沿着其脆弱性状态的牵引而所带来的爱情关系的销蚀，而最终两位主角通过共赴黄泉的悲剧性方式，以求救赎自己并救赎彼此之间的爱情。电影讲述社会主义波兰时期，音乐家维克多（Wiktor）受政府委派，和他的拍档伊蕾娜（Irena）到乡下采风，组建青少年民族音乐演出团——玛祖卡歌舞团。波兰政府之所以要他们组建这个文工团，主要意图是想通过利用和改造波兰的传统歌舞，为当时冷战时期波兰和苏联的文化输出、意识形态而服务。当然，维克多和伊蕾娜在开始工作的时候，他们主要是去调查和采集民间歌舞，以及物色合适的人选。而当他们的专业性工作进展到一定程度的时候，他们就会被文化部门要求改编这些民间歌舞，并用它们来歌颂苏联政权，并向西方资本主义阵营推行冷战策略。因此，政府除了要利用维克多、伊蕾娜这样的专业人员之外，还配了一位文化监督官员卡奇马雷克（Kaczmarek）加入工作组中，他的职位是项目的"行政经理"。卡奇马雷克的权力当然是最大的，他代表文化部的意志，监督维克多和伊蕾娜的工作，并且观察这两人是不是政权的可靠之人，以便一有什么问题，他就可以尽快报告。电影在一开始，就揭示出了这个工作组是分裂的，它形成两派。一派是维克多和伊蕾娜，他们多少保持了人的朴素而自然的心地，也并不愿意将民间歌舞进行意识形态改造；另一派则是卡奇马雷克，他存心推行文化部的意志，不过因为他并不是专业的音乐舞蹈家，只是一个庸俗、猥琐而善于投机的官僚，因此也不能完全控制维克多和伊蕾娜，但为了自己的私利，也会盯住他俩，所以他俩对他也不得不有所避忌。电影将卡奇马雷克的虚假人格解构得淋漓尽致，例如，工作组觅得一个废弃的教堂作为训练演出团的基地，他在教堂旁的树下旁若无人地撒尿，而当演出团驻扎到里面后，卡奇马雷克一本正经、道貌岸然地对从民间挑选来的、面无表情的演出团候选人发出动员令。这个对比，一下子就将卡奇马雷克的形象给解构了。

维克多和伊蕾娜对演出团的候选人逐一进行面试考查，当维克多面试一位叫祖拉（Zula）的女子的时候，被她的一袭刘海，动人的音色，以及她的野生、淳朴而无所造作的气质所打动，他在不知不觉间注意上了她。她的一举一动，最终让维克多意乱情迷。而当伊蕾娜告诉他祖拉曾经因为伤了他父亲而进过监狱之后，他就更觉得祖拉有一种特别而神秘的气质。一次，在教祖拉唱歌的时候，维克多逮住了机会，问起她为什么进监狱，她只是冷淡而直接地说："他把我当成我妈，所以我用刀子让他明白他搞错了。"然后补了一句："他没死，别担心。"维克多的心被祖拉给电了一下。这段情缘，逃避不了。

正式演出的时候到来了，这是文工团是否可以成为文化部的一个牌子而打出来的首次检验。演员们唱得很好，反响热烈。但在下面监看着的伊蕾娜厌倦了，毕竟她这个工作一方面耗费了她的精力，另一方面她也感到某种来自文化部和卡奇马雷克的压力，虽然这压力还没有压下来。而维克多的心情就不一样，他也很累，也能感到同样的压力，不过当卡奇马雷克走过来恭喜他们俩的时候，伊蕾娜有点嫌弃地走开了，维克多则木然地继续和卡奇马雷克站在一起。他不知道自己要说什么，因为他心不在焉。他的眼神在呆滞当中有着渴望，沿着他的眼神看过去，在舞台上，美丽的祖拉也看着他，尽管电影的画面是灰色的，但她的那双大大的水汪汪的眼睛，说明了一切。

不过，不管维克多陷入怎样深入的爱情世界中去，他和他的爱情，也肯定不可避免地去面对环境的压力。有一次，他疲倦地和祖拉躺在草地上，两人半梦半醒地偎依在一起。祖拉醒的状态居多，她温柔地在维克多的耳边说："我会永远跟着你，直到世界的尽头。不过我要告诉你一件事，我在掩护你。"维克多不解。她接着说："我每周都去卡奇马雷克那儿报告，但我没说任何伤及你的话。……最糟糕的是，他迷上我了。"她随后将卡奇马雷克向她套取他的各种细节这个情况跟他说了。听了这些之后，维克多起身，一个人走了。祖拉跟着他后面，骂着他，也骂着自己："我就知道是这样！我这个白痴！换作你会怎么做！我可是坐了两年牢！不这样做，他们就不会接纳我！"看着维克多头回也不回，一个劲走远，她大声嚷道："维克多！很好，你娘的小资产阶级，粗鲁，傲慢！要是我想害你，那可容易得很！"随后，她骂骂咧咧地跳到河里放声大唱去了。

他们的爱情，在慢慢地被烘烤，甚至被一点点地撕裂。他们两人都渴望能够保住这份爱，但隐隐然而来的压力，让他们焦虑与焦灼，从心中扩散开来，并弥漫在他们之间。作为观众，我们能够体会到本心的脆弱性状态。祖拉曾经坐了两年牢，这是她的把柄，因此她和卡奇马雷克断不了关系。也许就是卡奇马雷克这些人看着她能够唱歌这个能力，给她减刑，同时也给她发展的机会。况且她现在仍然是个年轻的姑娘，心地单纯而又迷糊，她又能怎样应对这些复杂而尖锐的压力呢？她年轻，有着纯真的心，但同样地心中也有着迷惘。纯真的心，体现出主体性的自然而没有遮蔽、扭曲的生长；迷惘的心，则体现出主体与本心的脆弱性，本心是虚灵的，虚灵的本心要能截断众流、自明自确，则需要自觉的磨合，否则容易随波逐流。而在维克多这边，他也同样艰难。他虽然有音乐才华，但他深深感到这才华，也被拿捏在别人的手上。他深知卡奇马雷克是个阴险的家伙，在歌舞团正式演出的时候，卡奇马雷克还过来跟他道贺，赞扬他是一位天才，并说自己之前瞧不起这些民间艺术，现在他却能将它们打造成如此打动人心的美妙作品；而这个和善的面孔，却在他背后查他的黑历史和黑材料。面对这样的人，他又能怎样呢？他难道要去揭露卡奇马雷克吗？向文化部或者政府的其他部门揭露？卡奇马雷克本就是文化部里派过去监察他的，他知道这一点。现在，卡奇马雷克一方面在暗中盯住他，找他的把柄，另一方面还要抢她的女人，他能怎么办？他本就是个沉默的人，这件事让他更沉默了，但他的沉默，不能缓解心中的焦灼。总而言之，他们两人都是年轻人，他们的单纯的心尚未完全成熟，却开始接受那个年龄所可以接受拷问的范围之外的煎熬了。如果他们的爱情没有因此而经受住考验，责任当然是在他们身上的，但由于我们顾念到本心的脆弱性，我们也不会过分地苛责什么了。

维克多应该是想了很久的，他想和祖拉一起逃跑，这是他可以想出的唯一的出路了。没过多久，机会来了。歌舞团要去东柏林演出了。这个歌舞团的方向已经意识形态化了，它不再是单纯地传承波兰民间艺术的平台了。这要归功于卡奇马雷克的努力。文化部长要对他们的项目进行验收，他一方面肯定了歌舞团在艺术上的成绩，另一方面则提出了给苏联唱赞歌的意识形态要求，并说如果歌舞团能够朝这方向发展，就会得到支持和奖赏，之后还可以到柏林等地去演出。对于文化部长的这个建议，伊蕾娜很是抵触，她坚持艺术本位的原则，不愿迎合要求。而一同参加座谈的维克多则一言不发——他早已有心无力，同时也心不在焉了。而见风使舵能力一流的卡奇马雷克则说乡下人民是心中喜欢唱这样的赞歌的，这是他们潜在的需求，只要允许他们唱，支持他们唱，他们的主动性和潜力就会被激发起来，而歌舞团需要扮演引导性的角色。文化部长心下大悦，立即拍板他的提议。于是，歌舞团染上了政治意识形态的色彩，他们后来也被安排在十二月到柏林参加青年节的演出。在去演出的火车上，维克多和祖拉约定，在演出的间隙，他们两人约在一个地方等，然后一起逃出东德，进入资本主义世界生活，他的目的地是巴黎。

踏着积雪，维克多在某个街头等着祖拉，夜已深。祖拉迟迟未到，她留了下来，被卡奇马雷克带去参加联谊。实际上，维克多不知道，祖拉对于他俩逃出去这个决定，是有迷惘度的。她问维克多，她去了巴黎会有什么身份。他的回答是："我们会在一起。"他的回答给了她以某种支持性的力量，于是她回答说："那好，我们就这么做。"不过，最终祖拉仍然是因为受到卡奇马雷克的影响，而没有随维克多逃往巴黎。这是因为她认为自己没有维克多那么好，她对自己没有那么多的信心，在生活的过程中，她的自爱状态被一点点地蚕食、消磨，这是她最终选择不跟维克多走的原因。她的自我怀疑，让自己觉得他们俩即便是平安到了巴黎，即便是生活在一起，他们的爱情最终会被消磨、撕碎的。最终，维克多一个人踏上了逃亡巴黎的路。到了巴黎，他在一家俱乐部演奏，发挥他编曲、作曲的专长，在苦闷中谋生。

直到一天，也是一个深夜，维克多在酒吧里等着祖拉的到来。她是借着歌舞团到巴黎演出的机会，事先和维克多约好见上一面的。祖拉如约来到，由于她第二天就走，因此两人只能稍作寒暄。祖拉问他过得怎样，他说还不错的。她又问他有情人了吗？他说有。祖拉说她也有。他问她幸福吗？祖拉沉默了一会，最终没有说话。她似乎是想说话的，但心里的纠结让她说不出来。她其实是在见到维克多后，触动了她的心，她感到自己从心底里面是爱着维克多的，但他已有情人，她自己的处境，以及更重要的，她对自己的信心的不足，让她的心声很难直接地向他流露出来。他们的这一次见面，话不多，但不舍彼此的神情，却透露得如此直接，让观众知道，他们的爱情故事还有后续。

他们的后续故事是，维克多不舍祖拉，他后来趁着祖拉到南斯拉夫演出之前，从巴黎赶过去观看歌舞团演出。维克多的心思，当然被带队到南斯拉夫演出的卡奇马雷克所把握到。为了甩掉这个情敌，他让人将他塞进私家车里，并将遣返回法国。不过，卡奇马雷克治得了这一边，治不了另一边。既然维克多和祖拉尚有深度的爱情，彼此思念着对方，那么，任何外在的力量，都不能阻止他们彼此想念对方——虽然他们的爱情被生活（严格说是被他们与生活的相互作用）所折腾得伤痕累累了。过了几年，祖拉突然出现在维克多工作室的门口。原来，为了能够和维克多在一起，她选择了当时她认为可以选择的唯一方式——跟一个意大利商人结婚。通过这样的方式，祖拉来到了巴黎。她跟维克多说，虽然她和那个意大利商人结婚了，但因为他们没办教堂婚礼，所以是不作数的。观众看到这里，可能会觉得，祖拉这样做，固然可以达到她和维克多在一起的目的，但对于那位意大利商人来说，他这不就是被利用了吗？其实作为笔者，我们也是这样想的，这明摆着是利用他人的爱而实现自己的爱，这意味着祖拉本心的脆弱性作用，进一步将她拖向不自爱的沉堕状态。她似乎认为这样做是无所谓的，但事实上，这会一步步地将主体性拖向一个自我践踏甚至自我蹂躏的状态，而祖拉后来的做法，也确实证明了这一点。

　　这两个带着伤痕的人，终于缠绵在一起了。不过，由于他们的缠绵，是与他们的本心的脆弱性作用，以及他们的主体性的沉堕，比较紧密地关联在一起的，因此，这其实最终会蚕食他们的爱情。缠绵过后，他们要面对巴黎的真实生活。之前说过，祖拉对自己缺乏自信，她认为自己及不上维克多。而实际上，自从来到巴黎之后，维克多虽然没有了波兰的官僚系统的压迫，但他的音乐事业却不得不受制于资本的摆布。他的身而为逃亡者的感受，以及他为生存而作的奔波劳累，加重了他的脆弱状态，这同样让他滑下不自爱而不自知。因此，他逐渐地受扭曲、践踏而不以为意，因为他逐渐地不再那么珍惜自己了。维克多的主体性的沉堕，虽然和祖拉的沉堕，在具体的表现上不尽相同，但都同样地滑向不自爱而不自知。因此，他们最终势必会形成爱情上的冷战。他们很难会有什么"热战"，而只能是"冷战"，这是因为，他们在爱情上的纠缠，是他们各自逐渐走向沉堕的主体状态的纠缠，这种纠缠是一个互相蚕食的缓慢的过程。

为了让祖拉能够在巴黎的文艺圈中崭露头角，维克多想尽办法。开始的时候，他让她在酒吧里唱歌，她唱歌的其中一个酒吧，名字就叫"日蚀"（L'Eclipse），这真是一语双关！他们的爱情的销蚀，是多方面的。其中的一个销蚀，就是维克多为了他们俩在巴黎文艺圈立足，而去迎合这个圈中有权力的人物米歇尔，以及对他的前情人作词家朱丽叶给他写的蹩脚而不自然的歌词照单全收。他不但认为像米歇尔这样的人是得罪不起的，而且有意去巴结他。他跟祖拉说："对米歇尔好一点，他能帮上好多忙。"他又说米歇尔是会喜欢她的。当她问这是为什么，他回答说："因为你很漂亮，你有他们所谓的'斯拉夫魅力'。"维克多以为他这样做，是对祖拉好，这样她就有机会录制出唱片，并且得到文艺圈上流人士的提携了。祖拉对于维克多给她的发展所确定的这个布局，说不上接受，也说不上不接受——她对自己缺乏足够的信心，但同时也不是完全没有自信心，这个本心状态使得她对于自己的处境，总是那么茫然而无所适从。有一次，维克多带她参加一个巴黎上流社会的宴会，目的是要她认识米歇尔等人。在宴会里面，祖拉迅速地滑了下去，和米歇尔颇生暧昧之情，但她在与米歇尔等人的交谈中，得知维克多曾经向这些人谈过她的各种她不想别人知道的往事，例如曾经为了自卫而伤害她父亲，并因此而坐过牢，又如她曾经在斯大林面前跳过舞，等等。她知道维克多跟米歇尔说这些，是想抬高她在巴黎的身价，但这样做其实是有一种炫耀和利用之意的，这伤害了她的自尊心。她随即从米歇尔身边走开，走到维克多面前，质问他为什么要这样介绍她，他的回答是："这里事情就是这样运作的。"而为了报仇，祖拉则说："我见了你的情人，挺好的，长得很美，但是，很傲慢，不过总的来说，你们很适合。"——他们各自的不自爱状态，正好相互卡在了一起，彼此消耗，继续冷战。

爱情的相互磋磨与销蚀，并不仅仅是以互相讥刺的方式出现的，"冷战"之外，还有"冷缠"，也即相互纠缠缺乏诚恳而直接的交心。他们的"冷缠"当然也可以视作一种冷战。他们相互讥刺后，彼此的不自爱状态，又促使他们既不肯果断做一个决定，以不再相互耽误，而又不肯将真心掏出来，给对方看一看。这是一个爱情被消磨而将各自拖向想爱而不能、有心而无力、欲断而还连的状态。回到家，祖拉跟维克多说："你在波兰时是一个人，你在这里又是另一个人。"维克多一如既往地不说话——他之所以经常不说话，其实是因为他知道他们两人之所以走向爱情的困境，他是有责任的，他对于自己的不满，促使他在困境面前，说不出什么话，而沉默以对——祖拉接着说："但总的来说，在巴黎还是很好的，我用尽全力爱你。……还有，米歇尔那边，你不用担心，我已经签了合同，我会将一切搞定。"祖拉向他表达自己对他的爱，但如果对一个人的爱，是要刻意去用力的话，这段爱情就已经接近强弩之末了，因为它是不自然的，自然的爱不需要用力。而在维克多这一边，他也同样刻意去用力爱她。他逼着她要将唱片唱好，他的焦虑感与疲倦感转移到了祖拉身上，祖拉跟他表达她会唱好的，不用他来着急她。维克多有点不耐烦地说："这里的一切都是为了你。……相信你自己。"祖拉不假思索地怼了回去："我当然相信自己，只是不相信你了。"

　　唱片出来了。当天的晚上，祖拉拿着唱片，和维克多走在路上。维克多有点兴奋，说："这是我们的第一个孩子。"但他感觉到祖拉不高兴，便问她。祖拉想也没想就将唱片扔了。维克多非常纳闷："怎么了？""没什么，都很好。法国人知道他们在做什么。米歇尔什么都擅长，他一晚上干了我六次。……不像某个流亡的波兰艺术家。"没等祖拉完全说完，维克多面无表情地给了祖拉一个重重的耳光。祖拉跌倒，复又站了起来，稳住脚步，同样冷漠地看着他说："这是让我明白吗？"

　　这个晚上，两人也不在一起。第二天清晨，维克多叼着烟，猛敲米歇尔的家，门开了，他直奔米歇尔的房间，可是没有找到祖拉。他问米歇尔，祖拉在哪里，米歇尔告诉他，她回波兰了。这时候，失魂落魄的维克多，才猛然体会到，从表面上看，自己是要帮助祖拉在巴黎立足，而实际上，是他亲手一步一步地将她拖向炼狱。正是他不自爱，被环境所牵扯的脆弱性，让他与祖拉的爱情关系，逐渐腐蚀殆尽。他从波兰逃到巴黎，是要追求自由和爱情的，但是，多年下来，他所爱的祖拉沦为文艺圈权贵米歇尔的玩物，而他自己则不但没有将祖拉从苦海中救出，反而助纣为虐，亲手将祖拉逼向绝境。最终，自由没有了，爱情也被销蚀殆尽了，人生的意义又何在呢？他只剩下一个疲倦的皮囊，以及被掏空的心。现在，祖拉回波兰了，而他一个人在巴黎，早已成为一个废人了。

这部电影还有一条贯穿始终的线索，这就是电影四次出现了波兰民歌《两颗心》，而这首歌每次出现，格调都是不一样的。歌词是这样的：

> 两颗心，四只眼，白天夜里泪涟涟。
>
> 黑色的眼啊，你怎么泪涟涟，只因你我不能见。
>
> 你我不能见啊，噢呦呦！
>
> 只要活着，怎不思念……

这首歌的第一次出现，是维克多和伊蕾娜开始到乡下采风，一个小姑娘给唱出来的。这是自然的本心的声音，没有什么遮蔽与扭曲。而后来维克多遇到了祖拉，祖拉的歌声和那个农村小姑娘的声音是一样的，都是天然去雕饰。因此在面试祖拉的时候，伊蕾娜问他为什么觉得这个姑娘好，他说："她原汁原味。"（She's original.）这是两颗心自然的相遇与相恋，这样的爱情，自然是美好的。不过，随着歌舞团组建起来并发展成熟，以及祖拉与维克多的爱情受到卡奇马雷克的干扰，歌舞团参与了歌颂政权的合唱，演员们也唱这首歌，但味道就没那么自然而直接了，而心的爱意，则由自然的爱情之爱，被扭曲成为对领袖与政权的爱。这体现出公权向个体索取爱，或者与个体争夺爱。这种爱的表达，其实是伴随着控制、驯服与恐惧的。电影中所呈现出来的文工团整体、划一、标准的合唱，以及合唱组背后的大大的领袖像，就可以看到这一点。这是不自然的、安排性的行为规范，而非自然、自主、纯真的本心流露了。这意味着祖拉的主体性尚未形成自觉，而她的本心跟随着公权的指挥棒而走。这也是主体与本心的脆弱性的展示。她似乎不觉得这有什么不妥，心中愿意唱这首歌以歌颂政权。这就是阿伦特所说的"平庸之恶"。其实，我们也可以说这是"平庸之善"。在公权指挥棒的操纵下，主体自认为这样做是好的。而当祖拉来到巴黎与维克多一起生活后，维克多为了让她在资本主义世界立足，敦促她迎合商业社会的审美和期待，灌制出自己的唱片。祖拉因此而被迫将《两颗心》改成迎合市场需要的空洞的调调。这个调调，其实是表达了她的心已经被掏空了。当维克多说她唱得很空洞时，她的回答是："你会得到你想要的。"而当他表达这是为她好的时候，她的回应是："我只是不相信你了。"这时候，彼此的心已经碎裂了。正如影片中的歌曲所唱："这爱情，消逝于风中。"祖拉对于维克多失望至极，她最终转身而去，回到了社会主义的波兰。

这无疑呈现出了爱情上的缠绵与销蚀之此起彼伏，这种此起彼伏，体现出爱情之难；而这爱情之难，则体现为主体之难、本心之难。维克多与祖拉两个人，他们的本心都有主体性的诉求，真爱的诉求，但同时也有脆弱的一面。这两方面之相互缠绕，与他们在东西两个世界中的摇晃、徘徊，构成了一个复杂而压抑的爱情故事。而他们各自的主体的脆弱性，则使得他们的爱情关系，在风雨飘摇中逐渐走向销蚀，历经沧桑而千疮百孔。

他们不能真正摆脱主体的脆弱性的困扰。在两人刚谈恋爱的时候，祖拉就一边爱着维克多，一边很难拒绝卡奇马雷克，这是本心、主体的脆弱性所带来的平庸之恶，以及彼此的痛苦。而在维克多这一边，又何尝不如此？他在组建文工团的时候，也并没有像伊蕾娜那样敢于向公权说不，拒绝让他们的文工团唱赞歌。他还是继续拿起合唱组的指挥棒，跟随着权力而来回摆动。不过，他心中还是有挣扎的。他自己看不惯巴结权贵并在文化界有点权力的卡奇马雷克，想与祖拉真正在一起，于是一走了之。但是，到了巴黎，他为了能够生存下来，自己不得已巴结米歇尔，后来又放任米歇尔玩弄祖拉。这其实都是本心、主体的脆弱所带来的自我生存的困局，以及自爱作用的逐渐沉堕。这个困局无疑是对本心的自然的力量的消耗。而两人带着他们各自的不断消耗的主体状态，形成爱情上的关系，则必然会带来爱情上的销蚀。

不过，主体、本心既有脆弱的一面，同时也有挺立的一面。虽然祖拉与维克多两人因为爱情的销蚀，而最终还是分离了，但是，他们各自心底中对于彼此的爱情，其实并没有完全消失；一旦维克多醒悟到，是他自己亲手将爱情一点一点地消磨掉的，他就从心里启动救赎之道。维克多在祖拉回到波兰后，决心不管如何，自己也要回到波兰。这本来是双向越境的事，但他硬是被构陷为间谍罪，被波兰判了十五年徒刑。他要在波兰的监狱中度过十五年时间。许多观众会觉得维克多这样的选择不可思议，既然两人的爱情已经破裂了，那么他为何还要不管不顾地做这样的事？另外，同样不可思议的是，祖拉知道维克多为了她，同时也为了爱而回到波兰，甘愿承受十多年的监狱生活，而她去监狱看望完维克多后，做了一个决定——自己嫁给卡奇马雷克，并与她结婚生子，五年后，她通过卡奇马雷克和波兰某位副部长的关系，将维克多从监狱中解救出来。这同样是不可思议的。也许这是她能够将维克多解救出来的唯一可行方式，虽然这也同样是基于她的不自爱状态而采取的做法。

其实，如果我们从另一角度看，就会看到维克多和祖拉各自的做法的意义所在。可以说，他们的爱情虽然因为他们各自的脆弱性，而不断销蚀，但他们之间的爱情之根，并没有完全败坏。换句话说，他们各自的心声，都是埋在心底的；他们心底的声音并没有枯竭，因此能够最终体会到自己的不自爱所带来的困境，并愿意为摆脱这些困境而努力。这其实意味着他们的不自爱状态并没有渗透到本心的根底上去，他们的本心的底子，还是有自爱度的。因此，面对他们的爱情关系的破裂，面对爱的初心，他们决心用各自的方式，去救赎这段爱情。而这样的救赎，从根本上说，乃是一自我救赎。自我救赎者所期待的最终结果，则是自我的心安。因此，维克多越境回到波兰，即使自己走向牢狱之灾，也不愿留在巴黎；即使他此生不能再与祖拉相爱，他也不愿再离开波兰。回到波兰，是他的自我救赎的方式，他要通过这样的方式，来凸显与保护他自己的心底的声音，并为自己作见证。而与她所不喜欢的卡奇马雷克结婚生子，并通过卡奇马雷克的关系救出维克多，则是祖拉的自我救赎的方式，虽然这种方式是多么的曲折纠绕。

　　两人各自的自我救赎，最终让彼此的爱情，再次从各自的心底深处喷涌而出。他们最后实现了真正的交心与共鸣，于是让他们的爱情获得重生。但是，由于他们彼此的脆弱性而导致的现实困局，已经让他们本已伤痕满布的身心，走向毁弃，这个世界已经不再让他们感到可以留恋的了。而剩下的唯一一条人生之路，就是彼此带着生命的创伤，与自我的救赎，而真正缔结连理，将爱情带到彼岸去。这可以说是影片最有生机、最令人感动的地方。他们来到了那个让他们相遇的废弃的教堂，对着灰暗的神像，点上一支蜡烛，彼此作结婚的宣誓，然后各自吞下过量的安眠药。祖拉说："现在我就是你的了，永永远远。"两人拥吻在一起。随后，两人坐在教堂附近荒野的长凳子上，等着死神的降临。全程黑白的电影，在这时候该有一点别的色彩了。只可惜的是，祖拉跟维克多说："我们去那边吧，那边风景更好。"至此，电影戛然而止。那边是否是彩色的？观众不清楚。我们清楚的是，这边的风景全部是灰色的……

　　这是一个真爱的不断销蚀而最终爱情双方寻求救赎的故事。因此，这个爱情故事和《祖与占》所呈现出来的爱情故事，意义并不完全一样。《祖与占》中的凯瑟琳等人，各自因为自己的不自爱，而陷入了一个情感上的"平衡"，而这个"平衡"的背后，则是爱情的逐渐消耗与销蚀，这和《冷战》中维克多与祖拉的爱情关系的状态，是相近和相通的。但是，维克多并不是占，祖拉也不是凯瑟琳，他们两人的爱情虽然处在不断销蚀的过程中，但是，他们尚保持有某种朴素而自然的自我实感与自爱度，只不过这些实感和自爱度，往往不易被唤起而已；换句话说，他们的主体性之根还没有完全败坏，而这是他们最终得以走向救赎的基础所在，虽然他们对于爱情的救赎，来得太迟了。他们在生命的最后，是否获得了真爱呢？真实的答案，恐怕只有他们知道；但他们在自杀之前的海誓山盟，以及吃了安眠药后偎依在一起的情景，也意味着他们确实没有放弃重拾真爱的努力与心愿。因此，同样是死亡，维克多与祖拉的死亡，比起凯瑟琳与占的死亡，更有爱情上的生命力与升华性——虽然这同样具有生命的悲剧性。

四、《隐入尘烟》：真爱的逼显

我们最后要分析的一部电影，是几年前播出的《隐入尘烟》。这是一个穷人之间的爱情故事，但这个故事却最能揭示出真爱的意义。这两位穷人受到无孔不入的歧视与压迫，但是，正是这些歧视与压迫，让他们真实地看到，真心，才是这个世上最珍贵的东西。故事的情节并不复杂，男主角叫马有铁，女主角叫曹贵英；故事发生在中国的西北农村，那里土地贫瘠。电影一开始，观众看到一个阴暗的土洞，听到一个女人的高亢而严厉的声音："老四，你咋还没出来！……快些地！"这个老四还没有出现呢，但我们没听到什么回应，老四肯定是听到了，但他默默地忍受着。接着，那个女的又来了尖尖的一句："你快出来呵！"我们就能够直接感受到，他是一个被叫唤惯了，但又无力抗争的人。紧接着，是一头精神劲早就蔫了的驴，最后，是一个同样丧失了精神劲的男人慢慢地走了出来，一拐一拐的。如果观众没有觉察到这是现代社会，就准以为这个满身尘土的男人是一个奴隶。不过，当我们慢慢知道情况之后，就确实知道他不是什么奴隶。那个阴暗的土洞其实是养驴的土房子的一部分，老四从里面被叫唤出来后，拿着一个碗，站在风雪中，还是没说什么话，然后观众猛然听到更尖锐的声音，语带训斥："快些地！"随后，出来了一个女人，冲着老四叫道："给！你哥哥的这个新褂褂穿上去！"老四还是没有说话。沉默，是他的生活的色调。不过，老四还是依了这个女人，将新衣服穿上，到了屋里去了。

这个老四，就是马有铁。他村里的人只知道他叫马老四，没什么人知道他真名是马有铁。马有铁的父母都死了，他的大哥马有金、二哥马有银也都死了，他们都埋在了同一个地方。他们家剩下的是马有铁和他三哥马有铜。铜毕竟要比铁要好一些，自从父母、兄长相继去世后，有铁一直寄住在他三哥的家里，帮他三哥干活，被他三哥使唤了一辈子。而到了有铁年纪有点大了，他三哥家就嫌弃起他来了。刚好有人家想和有铁相亲，于是他三哥家便买了一套新衣服，想要张罗好相亲的事，好让马有铁搬出去，不给他们家增加累赘。于是，他们家摆了一大桌子的菜，等着过来相亲的人家。

来与马有铁相亲的，是一位叫曹贵英的女人。她也和有铁一样命苦。她的父母也死了，之后就被她哥嫂赶到牛棚里去和牲口养在一起，稍有不慎就会挨打挨踢，最终落得个小便失禁，而且没了生育能力。贵英的家人生怕有铁那家瞧不起贵英，于是，嫂子让贵英先去厕所，生怕到时在有铁三哥家小便失禁，如果被嫌弃了，这门指婚之事就谈不成了，贵英就甩不出去了。所幸他们两家人谈成了，彼此都高兴，而贵英也答应嫁给有铁。事情是这样的，相亲的那一天，三哥家满满的一大桌菜，但有铁只是一个人就着馍馍吃米饭，而不敢多吃。即便如此，这还是让他三哥对他的驴不满，他三哥训了他的驴："哎，这个造瘟的驴咋又跑到院子里了，这个不值钱的！一天给你多少，你才能吃够呢！打死这个不值钱的遭瘟驴。"然后，一声驴的惨叫声，从院子里传了进来。有铁这时吃着馍馍，再也忍不住了，走到院子里去看看他的驴究竟怎么样了。有铁心里面很清楚，他哥之所以要打骂他的驴，其实是嫌他在自己家吃喝。他冒着风雪，蹲在驴的旁边，一边吃着馍馍，一边看守着他的驴，给它喂玉米——他深知只有他的驴不会嫌弃他。他知道他的驴没事了，心里面也安稳了，于是躲回驴棚旁边自己的那个简陋的房间里继续吃馍馍。这时候，贵英从厕所出来，她也心疼着那头驴，于是也走到驴的旁边，摸了摸驴。她心疼那头驴，其实是心疼她自己，同时也心疼有铁的生存处境。在这个时候，她透过那头驴，与有铁形成了直接的交心与共鸣——这个世上，再也没有人发自内心地尊重她了，除了有铁。在这个情境中，虽然他们没有任何的语言交流，但两颗心，四只眼，已经紧紧地融在一起了。

他们两人的结婚活动，就只有拍一张结婚证件照，以便到民政局领结婚证这件事了。老三决定不给他们办婚宴，这肯定是想省钱的原因。拍照的时候，他们两人都笑不起来，因为都不知道未来会遭遇什么。但是，之前他们之间心与心的默契，就像一颗种下来的种子，时间一长，它是一定会生根发芽的。对于这一点，他们两人心中隐隐然是有信心和期待的，只不过，都习惯于被压迫，被歧视，因此，他们多少会怀疑这种幸运与幸福，怎么会来到自己的身上。

新婚之夜，贵英坐在床上，没睡着，看她的神情，心里肯定有点痛楚。原来她又小便失禁了，尿渗在被子上。有铁貌似在她旁边睡着了，但心里一直在体贴着贵英，他知道贵英是不好意思了，于是二话不说，自然而安静地走开了，到屋里的其他地方做点家务，等着贵英自己处理。随后，有铁回到床上，看到她还是坐在那里，他怕她冷，生起了炉子，然后默默地背对她睡。而贵英则等着有铁熟睡后，将自己的裤子挨在火炉旁边把它烤干，而她自己也不知不觉睡着了。等到第二天清晨有铁醒来，贵英在炉子旁边睡熟了，有铁看了一下贵英，心里感到安稳了一些。这个新婚之夜，他们没有任何语言上的交流，但却有相互的体贴，这其实是初步的真实的交心。第二天，有铁就带着贵英去他父母和哥哥的坟头，给他们烧纸钱去了："爹……妈……我是有铁，这是曹贵英，我们成家了，今天来给你们烧些纸钱，你们领上了，和有金大哥，有银二哥，风风光光地花去呵。"贵英和有铁一起认认真真地将纸钱烧掉。他们两人知道，这个世上，不会再有什么活着的人会用心对待他们，他们也只有告慰于亡魂，并在亡魂面前宣誓自己的婚姻。别人有结婚仪式，有婚宴，还会闹洞房，而他们就只有给父母烧纸钱这个仪式。这一方面是悲怆的，但另一方面，却让他们再次深深感到，这个世上什么是最珍贵的。除了一头驴子，以及他们所耕种的土地之外，就什么也没有了，而正因为他们什么也没有，才更有机会，直接看到本心才是这个世上最珍贵的东西。是的，他们什么也没有，但他们有心。烧完纸钱，两人挨着坐在茫茫的沙丘上，有铁将拜祭先人的唯一祭品——馍馍——递给贵英，让她吃，她百感交集，不肯吃；有铁说："后人不吃，先人不得。"贵英于是和有铁坦然地吃了起来。一无所有的两个人，他们的心越来越靠近了。

无论是有铁，还是贵英，都免不了生活的压迫，对此他们也早已习惯了。但是，他们越是经受压迫，一无所有的他们，就越将自己朴素的本心靠近对方，同时也越珍惜他们之间的交心与爱意。一天，村里的首富，同时也是村里农民的承包商张永福生病了。张永福不住村里，是住在城里的。他的儿子戴着大金链子，到村里来号召大家给他爹献血，救救他爹。他爹的血是熊猫血，血库里少，需要到村里征集。村民们很不耐烦，嚷着说张永福还欠着他们的地租钱和工钱呢，因此该救的是他们村民。但是，这些村民们也知道，万一张永富死了，他们就更没个着落了。这时候，跟张永福的儿子一起的村长大声说："马有铁是村里唯一的熊猫血，马有铁就救救他吧！"有村民不知道马有铁是谁，想了想，知道是他们所瞧不起的马老四，于是大声喊着："熊猫是国宝，马老四也成了国宝了！"一众村民于是哄笑了起来。村民们的这种调侃，折射出了有铁在村里低得不能再低的地位。

处在这样的社会地位中，马有铁想拒绝也拒绝不了。他回到家，张永福和一众看热闹的村民，就已经黑压压地聚在他和贵英的家门口了，门外，还有张永福儿子那准备拉马有铁到城里抽血的私家车。"我们不抽，要抽，你们抽去。"这是贵英和有铁结婚后说出来的第一句话。她知道有铁很害怕去医院，她心疼他，不想让他受到什么委屈与伤害。但是，村里的人都等着张永福发工钱呢，对于像他这样的地位的人来说，马有铁是不能拒绝的。他最终还是答应了，他的心其实很单纯，他确实是想帮到自己的村民，虽然这些村民都瞧不起他，都嫌弃他。

贵英不放心有铁一个人去，她跟着有铁，坐上了张永福儿子的车。大概是没坐过车，贵英晕车要呕出来，张永福儿子有点嫌弃她，生硬地叫她忍着，然后将车停在路边，有铁陪着贵英到路边去呕吐。张永福儿子在车里等着，转头看到刚才贵英坐的座位上有一泡尿，这时候他更嫌弃了，向着正在呕吐的贵英嚷道："尿尿早点说嘛！咋就尿到车里来了！"贵英在呕吐着，当然不能回答他，而有铁则紧紧陪着贵英，心疼她。对于张永福们来说，马有铁夫妇只不过是一个移动的、免费的血库而已。他们在抽血前，装模作样地让有铁夫妇吃上一顿大餐，也只不过想给有铁抽更多更好的血而已——但有铁与贵英压根儿也没有什么心情去吃。待有铁被叫去抽血，茶饭不思的贵英忍不住离开餐桌，她担心有铁，要走过去看。旁边的人说没啥问题的，叫她不要去，她听都没听到，一心想着她的丈夫是不是平安。……就这样，不到一年的时间，马有铁就被张永福家叫去抽了三次血。

马有铁不仅是一个免费的移动血库，而且也是一个免费的劳力。他不但被张永福们压迫，而且被他的哥哥老三马有铜榨取。马有铜没给弟弟办婚宴，但却在一个寒冬的夜晚，催促有铁将结婚的几件家具，用驴车运到城里去，因为他的儿子要结婚了。有铜已经雇了车运了很多东西过去了，剩下的这几件他舍不得再花钱，于是决意让有铁给免费运过去。有铁没多说，就答应了。第二天一早，他蒸好馒头，热乎乎地拿到坐在床上的贵英的手中，然后交代贵英白天自己将锅里的馍馍拿来吃，并说他晚上回到家就很晚了。说完，他就帮老三将结婚家具拉到城里他侄子家去了。家具很重，驴子拉得慢，有铁到了城里他侄子家，已经是晚上了。有铜看到有铁，就是一段训斥："再三跟你说走快点，走快点，现在都深更半夜了！就这样长的一段路，天黑前你爬了可以爬过来啊！"夜深了，天都有点要亮了，有铁拉着驴子在回家的路上，碰到了贵英。贵英在等着他。有铁有点儿恼了，大声喊道："深更半夜你不在屋里待着，跑出来干啥呢，冷哇哇的！"他和有铜训斥他一样去训斥贵英，但有铜的训斥带着嫌弃，而有铁的训斥则带着心疼。贵英不说话，在刺骨的冷夜里，从衣服里掏出一瓶热水，递给有铁。有铁喝了一口，看着贵英，说："烫的，给，你也喝一口去。"要不是贵英跟他说，他不知道因为天太冷，贵英已经从家里来回换了几次热水，在路上等他。这时候，有铁拿出他在路上给贵英买的外套，裹住了哆哆嗦嗦的贵英。贵英感到暖暖的。而他们的交心关系，则在一步步地深化，虽然他们两人平时也没说多少话。

　　一个之前就被欺负惯了的人，往往会被一直欺负下去。村子里开始进行有偿拆除空旧的房屋，有铁和贵英本来寄住在一个村民的老家里，这个村民到南方打工，平时是不回来的。但村里的这个政策，让他们俩不能再住在别人家里了。他们被要求几天内搬走。面对即将到来的无家可归，无奈的有铁发了心，自己亲手建一个房子！他有足够的动力去做这个事，他与贵英的爱，给了他真实的力量。有铁和贵英，还有他们那头辛勤的驴子，一边种麦子，一边挖土做砖，营建他们的新家。他们的心中积累着希望，这个希望，就像黑夜中点燃了的一根蜡烛。他们想养鸡，于是从别人家借来了鸡蛋，将蛋放在纸箱子里面，用灯光暖化鸡蛋。看着小鸡从蛋壳里挣脱出来，贵英难掩激动，她看到小鸡没站稳，想伸手帮它一下，但被有铁给阻止了，他说："别扶，让它自己站起来。"是啊，鸡娃子虽弱小，但只要它用自己的力站起来，它就能站起来，它本不需要依赖别人。

　　有铁挖土，抟泥，做土砖，期间还被张永福儿子叫去抽血。贵英则做饭，喂鸡，养猪，种麦子，洗衣服，每天将饭端过去给有铁吃。有个晚上，大雨滂沱，有铁急着要用帆布盖住土砖坯，贵英跟着出去帮忙，两人被淋得直哆嗦，到了第二日清晨才弄完。他们都累了，挨着在土砖坯旁边歇着。贵英身上冷，但她浑然不觉，细心编了一只草驴送给身旁的有铁。她问："像我们家的驴吗？""嗯，像着呢！还是草编的驴好啊，不吃草，也就不叫人使唤。"谈着谈着，贵英回忆起他们初始相识的情景，她说自己看到有铁这么心疼那头驴，就觉得"这个驴的命都比我的好"。说完，她看了一下有铁，有铁在暗暗地擦着眼泪。晚上，他们爬到屋顶上去睡觉避暑，忙完一天的活，两人都累了。有铁拿着绳子，说："桥头的老汉老婆子们，他们说我恨不得把你拿个绳绳拴在裤腰带上，我把你拴住些吧，你别睡到半夜滚下房顶去了。"

时光流逝，又到了秋天收成的季节，大地都是大片大片黄黄的，连于天际，他们坐在黄色的麦秆下面，有铁用麦粒在贵英的手背上压出了花儿的形状："我给你种了个花儿，做了个记号，你跑到哪里都丢不掉了。"贵英听后，一边美美地傻笑着，一边吃着窝窝头。满身疲倦的有铁，也一边吃着窝窝头，一边欣慰而高兴地看着前方。前方，是他可以看得见的。

造房子很辛苦，花的时间也很漫长，但有了爱情的支持，有铁与贵英都愿意付出他们的这辈子的所有力气。入住新房的那一天，有铁将他们此前寄住在别人的旧房子里的那个红纸做的"囍"字——那是他们唯一的新婚布置——小心地揭下来，和贵英一起，重新贴在新屋的墙上。晚上，他们舒舒服服地躺在床上聊天。贵英听着屋外的雨声，说以前他们在寄住的屋里听过这种声音，但没有现在这么好听。有铁欣慰而有点得意地说："你这个就叫，娃娃是自己的心疼，馍馍是自己的好吃。"贵英沉默了一阵，说着："我咋都没想到，这辈子，还能有自己的家，能睡在自己的炕上。"

有铁和贵英本以为能够逐渐过上好日子，但是，他们既然已经身处最底层，习惯于受压迫、受欺负，别人就好像不去压迫他们，不去欺负他们，就也是不习惯似的。政府有个扶贫政策，特困户只交一点钱，就可以住上城里的新房。马有铜自己想住上新房子，就用胶袋将他儿子婚宴上的菜装了一袋，带到有铁的新家给了他们（马有铜嫌弃有铁，没请自己的弟弟参加他儿子的结婚酒席），然后敦促马有铁去申请，说得好像很为自己的弟弟着想似的——他知道即便有铁申请上了，他也不会过去住的，况且他现在在村里已经建好了自己的新房子。谈话之间，有铜顺带说了一句："我手上，前几天被啥东西咬了个大疙瘩，我绑了个癞蛤蟆，拔拔毒。"这无疑是一个隐喻，隐喻有铁的生存，被一点一点侵蚀殆尽。他的亲哥哥都这样对待他，那就更不用说其他人了。有铁觉得村里人生存不易，为了帮助村里人，他决定一直给张永福无偿输血，但村里人却对这两个生活在最底层的人，报以嘲笑与冷漠。这样的一个人情格局，也将有铁与贵英这个新家庭，拖向尘烟之中。

贵英对他们两人此后的命运，隐约地有一些预感。新居落成了，但她却生病发烧了。有铁给她烫了个鸡蛋吃，贵英躺在床上，捧着碗，说："我就是个贱骨头，以前住在窝棚里都没病过，现在好吃好住的，还病上了。"果不其然，一天，贵英拖着病体，准备给在玉米地里干活的有铁送窝窝头，送鸡蛋，没料到头一晕，栽到河里面了。村里人看到这情况，也没尽力救她，只是找了个人下去看情况。等到有铁经过河边，有人跟他说了贵英掉水里了，他猛地跳进去，可惜为时已晚，他声嘶力竭地喊着贵英的名字。但是，无论他怎样呼唤，都不能改变他与贵英阴阳两隔的事实。

贵英死后，有铁将他们的驴给放生了。也许是彼此有着深度的交心与感应，驴不肯走，他骂着说："都被人使唤大半辈子了，咋这么贱呢！"他知道，他骂的是他自己。他也卖掉了家里的所有粮食，还了所有的债务，还掉了别人借给他的鸡蛋。别人说，这就不用还了。他说，这一码归一码。他不想欠别人任何东西。他知道自己是干干净净地来到这个世上的，也想干干净净地离开。这个世上，再也没有任何人，任何事情，是值得他留恋的。他对这个世界所抱有的唯一的希望——他与贵英的爱情——也早已逝去了。跟随贵英而去，追上她，不让她自己一个人上路，这是唯一让他安心的事。细心的观众，会看到电影的结尾，有铁的桌子上，有一瓶他准备喝下去的农药。这一天，马有铁吃了一个鸡蛋，他想到贵英死前，想送他鸡蛋吃。他必须吃完这个鸡蛋，才能与贵英了结今世的缘分，而同时在另一个世界中，与她再有机会结为连理。

马有铁的人生历程，这无疑是一出彻头彻尾的人生悲剧。这是没有疑问的。但是，在我们看来，有铁的人生，却是在悲剧中升华了。他懂得何为真爱，而且也愿意为真爱而作出任何的取与舍。在真爱面前，他从来没有含糊、犹豫和纠结，因为他知道，除了这份真爱，他就一无所有了。既然真爱来到他的身边，给他的生命带来希望，那么，现在真爱离开他了，他也只有自尽以跟随真爱这唯一的一条路了。这的确是一个悲剧，但在笔者看来，这更是爱的悲歌。马有铁是一个真正懂得什么是爱的人。既然我们这一卷的主题是"真爱"，既然马有铁是懂得何为真爱、并愿意实践真爱的人，那么，在上文就顾不上读者是不是有耐心读完我们这么详细的叙述了，因为我们知道，叙述得越详细，就越有机会深入触及真爱的话题，同时我们在下文对于真爱的意义的分析，也就更具有说服力。

现在我们对《隐入尘烟》这部电影中的"爱情"主题作出一些分析。可以说，这是一部关于真爱的电影，同时也是一部揭示出真爱的意义的电影。这部电影之所以会引起观众的共鸣，是因为它贵在真实，它没有任何造作和刻意的细节。人在贫穷、荒凉、单调的黄土地上生活，面对的最大困难，往往是生存的问题。与荒芜的生存环境与势利的社会环境相斗争，让自己尽量过得好一些，不至于风餐露宿在寒风与尘土之中，不至于让自己脆弱的主体性受到煎熬与拷问，这其实也是一个人挺立主体性的方式。只不过，一无所有的人，身处这样的环境当中，往往是要将几乎所有的主体性力量，都用在如何生存去了，他们似乎不再有什么能力，去追求能让自己生存下去之外的事了。而在这些人身边，生活稍过得去的人，也往往会瞧不起这些人——

你们用自己的方式活下去，就已经算可以了，至于其他诉求，那就没必要再去追求了，即便是追求，也是不会有什么结果的，因为生存本身就已经够你们一辈子去折腾的。贵英与有铁就是这样的几乎一无所有的人，他们两人都被自己的家人嫌弃，一个瘸了腿，而且因小时候受到惊吓而尿失禁，一个穷得叮当响，只有懂事的一头驴跟着他干粗活。这两个人，别人一看就往往看到了他们的一生，他们的命运。是的，他们没有任何条件可以让他们不再与生存作斗争，他们没有所谓文化知识，没有相貌姿色，而且也不愿离开自己的土地，和其他村里的人那样去发达城市打工赚多些钱。他们这辈子就是这样的，在许多人看来，他们这辈子不可能不是这样；而事实上，在电影里，他们也确实如此，也就是说，他们这辈子是在不断和生存作斗争中度过的，即便他们联合起来，也逃不过这个命运。

　　不过，人的命运或许难以改变，但人的心却可以让自己升华。贵英与有铁都是一无所有的人，他们赤裸裸地直面生存问题，除此之外，生活别无其他的机会与空间；同时，他们也都是受到歧视的人。他人的歧视，与生存的压迫相辅相成，将他们压得死死的。不过，一个人，只要是个人，无论她如何身体残疾，如何一无所有，她都是有本心的。一个人可以不将她的心声表达出来，但不会没有心声。但世人的心声容易受到遮蔽，有所扭曲。名利越多，对比越大，人的本心在一来二去之间，就慢慢失去开始时候的单纯、切身的状态，而走向扭曲。本心的扭曲，就意味着自我的扭曲，主体的扭曲。而恰恰是贵英和有铁这样的人，因为处在社会评价体系的最底层，因为赤裸裸地面对生存问题，他们的本心反倒没有同村的许多人那样，在虚伪与真实之中浮浮沉沉，出出入入——他们一无所有，剩下的只有真心对真心了。贵英与有铁结婚之后，他们的互动，一开始也不是完全袒露自己、彼此交心的，因为他们的婚姻是被安排的，没有什么自由选择的空间，彼此都清楚，这个婚姻只不过是他们与生存斗争的旅途中，一个环节而已。因此，在电影里，他们俩去拍结婚照的时候，彼此都是腼腆与羞涩的，看不到有什么心灵上的互动性。彼此为了生存下去，连叹息的时间都没有多少，他们拍结婚照时有这种情景，是可以体贴得到的。不过，贵英与有铁因为长期生存在底层，长期赤裸裸地直面生存，并身处歧视的环境当中，他们各自都能够基本保持住一份不受扭曲的朴素的本心，同时各自也都渴望自己的心，能被别人感受得到，甚至能够为他人所共鸣。但他们心中并不奢望这种交心，甚至心中感到自己没有能力与资格去奢望这个，因为他们是底层生存者，一无所有者与备受歧视者。

不过，正因为他们有这样的生存状态与主体状态，他们也不需要逃避什么，遮掩什么，扭曲什么，不需要戴上不同的面具，去与他人互动，得到一些好处。他们没有这样的能力，也没有这样的必要。这反倒让他们的本心与主体性，不自觉地保持在一种相对自然而朴素的状态之中。而冲击他们的本心与主体性的，就只剩下恶劣的生存环境与他人的歧视。但他们也通过自己的方式，让自己活了下去，他们也迫不得已地接受了他人的歧视，而他们这样做，并没有让他们的心灵受到什么强度的遮蔽与扭曲。可以说，双方彼此都有着自然而朴素的本心，这是爱情的基石。贵英与有铁的爱情关系，是有基础的。

我们往往忽视这一个关键点，而以为爱情是需要各种条件的。其实，我们一注重条件，就会失去爱情的真正意义。这是因为，我们将用心放在条件的计较与衡量上，就意味着自己的本心，不再朴素而直接地诉求与他人的本心有所交互，有所共鸣了。诚然，条件肯定是重要的。即使重视本心意义的人，也不可能不去面对自己所身处的条件（如社会地位、经济条件、伦理关系等），但是，在面对各种条件的时候，人心的状态有可能是不一样的。人的心灵是虚灵的，因此人在与各种条件互动的过程中，人的虚灵之心，往往会粘贴在对各种条件的衡量与计较当中，而这些衡量与计较，也往往会给人带来现实的好处。然而，在这个过程中，如果人们不回到自己的本心上来，而是将本心化在各种条件、利益、名誉的衡量当中，那么，条件、利益、名誉会反过来遮蔽人心，并促使人们形成各种掩盖自己的本心的面具。这就是人之不能自爱的体现。像有铁的三哥，瞧不起有铁，让有铁无偿出苦力帮他忙，但自家喜酒也不叫有铁去吃，有铁结婚了，也不给张罗张罗；还有地主张永福的家人，也没有将有铁真正当一个主体去看待，而是将他视作可以利用的资源，他只是作为给张永福无偿捐血的工具而已。这些人，其实本也不是什么大奸大恶的人，他们的本心本也是自然而素朴的，但他们却经受不住社会与生活的打磨，最终其本心化在对各种条件的衡量与计较之中，他们失去的是本心的自然、本然的力量，以及自爱的能力。

在这样的对照之下，贵英与有铁两人，因为都保留了本心的自然性和纯朴性，因此他们能够自爱，同时也有互爱的基础。这是因为，爱是本心的实现。遮蔽与扭曲的本心，是不会形成真正的爱的。有本心的力量的人，能够自爱，同时也能够爱人。而在相互爱的过程中，自己的本心亦因为他人的爱，而获得本心意义上的支持，从而得到生活的希望。贵英与有铁是懂得爱、能够爱的人，而老三、张永福的家人，则被条件所牵引着，失去了爱的基础，因此在生活中肯定并不快乐、充实——虽然电影中没有将视角，延伸到这个内容上去。

有人说，《隐入尘烟》怎么会揭示贵英与有铁的爱情呢？他们有爱情吗？他们的关系顶多是亲情吧？其实，爱情不是只有风花雪月，卿卿我我。这种爱，是生活条件比较好，有了某种"闲情逸致"之后，人们所形成的爱情的表达。这种爱情的表达形式，也是具有交心的意义的，因此它是无可厚非的。以往人们有时候会批判这样的爱，这不但是不必的，而且是错误的。之所以说是错误的，是因为人们将作为主体性、交心性之表达的爱情，仅仅归为条件性、阶级性的关系，例如所谓"资产阶级的爱情"，而他们看不到在这种爱当中，也有超越条件、超越阶级的意义的——虽然其表达形式是带有某种条件与阶级的特点的。而同样的道理，贵英与有铁一直挣扎在生存的问题上，他们除了一头与之相依为命的驴之外，就别无所有了，我们难道要求他们俩从家里的红酒柜中拿出一支法国高级红酒一同享用，再弄上一碟法式鹅肝一同品尝，然后他们的情感关系，才可以算作是爱情吗？其实，身处不同的生存、生活条件中的人，是有着不同的爱情的表达方式与风格的，但爱情自身并不被表达方式与风格所决定，爱情的核心在于完全的交心。

因此，当有铁蒸好馍馍后，将第一个馍馍拿给贵英吃的时候，当贵英为了让有铁能够在回来的时候喝上一口热水，她守在村头，将杯中的热水换了又换，在怀中暖了又暖的时候，他们就已经实现了深度的交心了，而他们表达其本心的方式，则往往是生存性的——因为生存问题已经占据他们几乎全部的生活了。但是，这种爱情的表达风格，其背后则是不被生存性问题所制约的本心的流露。这种本心的流露与表达，以及对方对于这一本心表达的接受，能够给人带来一种人生意义、存在意义的力量。本心、主体与意义是"三位一体"的，有本心，就有意义，就有主体自身的力量。如果两个人实现并推进了交心，则彼此的人生意义与存在意义，就得到了充实。这就像一颗种子，在干燥的土壤中是难以生根发芽的；但若有一场夜雨的滋润，则第二天早上，这颗种子便勃然而兴。在交心的过程中，贵英与有铁彼此相互支持，一同直面生存的问题，这给彼此都带来了意义的充实感，从而超越了条件的限制。这是相互爱的作用。

其实，并不是每个人都懂得爱，也不是每个人都能坦然地去爱，去实践爱。本心受到遮蔽与扭曲的人，其实很难懂得爱是何物，这是因为，爱就是本心的实现性运动。如果本心受到遮蔽，就很难印证清楚，爱自身的意义了。电影中有一细节，就是贵英在村头稍作休息，看到跟前一个可爱的小孩子，想伸手去抱抱他，而就在贵英伸出手的当下，孩子的家长以地上脏为由，将孩子抱走了。贵英当然知道这是怎么回事，但她也没有什么力气与心愿去辩解什么，澄清什么，她知道自己从小就是被嫌弃与歧视的人。不过，回到家就不同了，她与有铁的深度的交心关系，促使她越来越有人生意义的力量，这就是爱的力量。贵英之于有铁，亦是如此。而他们俩的交心关系，最终反倒成为聚集在村头闲聊的村民所羡慕嫉妒的事。是啊！人既然是主体，主体既然有本心，就肯定会有意义的诉求的。但如果人的本心粘贴在对各种条件的衡量与计较之中，那么人心的意义的诉求便会被遮蔽与扭曲。但是，如果我们自问其心，我们大概都不会将自己的遮蔽与扭曲的心，当作人生意义、存在意义的本身，而只会感到这让自己心中纠结、无聊与灰暗。因为这种状态是不真实的状态，是主体受压的状态。这种状态并不顺，不直。人们总是渴望爱，虽然人们往往不懂爱。贵英与有铁，不需要去琢磨与研究什么是爱，他们只是直白地彼此交心，就已经实现了爱的意义了。

懂得爱的人，必定是本心自然而不扭曲的人，这也是因为爱本即是本心的自然实现。有铁之所以懂得爱，是因为他有自然的，不被遮蔽与扭曲的本心。例如，他在湿地中用水桶打水做房子，水桶中进了小蝌蚪，他会用手将蝌蚪放回湿地中去。他们暂住的老房子被拆了，燕子窝压在建筑废料上，他小心拾起来，想到明年燕子回来找不到窝，于是将窝放在自己新建的房子上。因为有自然而不扭曲的本心，因此有铁不仅能与贵英交心，而且也能够体贴万物，与万物交心。连他的驴，也很"懂事"。出于生存的直接压力，他没少剥削他的驴的劳动力，这也是无可奈何的。但是，这头驴似乎也明白它的主人的处境，同时也生出某种与它主人的感情。因此，在有铁将这头驴解放了，而有铁自己服毒自杀后，人们将有铁与贵英辛苦建起的房子给拆除了，他们的驴也走了过来，看着房子被拆，仿佛在黯然神伤。

除了蝌蚪、燕子窝、自己的驴，有铁还热爱着他脚下的土地。这是他的淳朴的心的自然流露。土地不求回报，种下什么，它就给人们孕育什么，带来什么。这份从本心中流出的朴素的信念，让他能够抵挡住生存的困境与村里人的歧视，也让他相信活下来还是有意义的。不过，土地的无私，大自然的生命的可爱，都及不上与贵英的爱情，更能给他带来人生意义的力量。这是因为，与贵英的交心，是真正全幅的、互动性的交心。当他被生存所困，当他受到别人的欺负、压迫时，只有贵英能够给他带来心中的温暖。比如，张永福的儿子叫唤他去抽血，贵英心疼他的血被抽没了，急得要自己代他抽。这种事，其实是我们在生活中常见的。不过，当一个天天与生存作斗争，而且备受歧视的人，身边有人用全身心去关怀他，这会给他带来怎样的力量！这可以说明，为何贵英在溺水死亡之后，有铁自己也服农药自尽了。

有人说，这并不是殉情，这样的农民怎么会有这种殉情之事呢？问这样的问题的人，其实并不懂爱情，更不懂何为真爱。这是因为，一个人的身份只是身份而已，关键是这个人是否保有自然而不受遮蔽的本心。以身份论人论本心，就意味着本心受到身份的限制，于是本心就不再是本心了。另外，与其说有铁的做法是殉情，还不如说是他要做本心上的了断。既然自己失去了唯一可以交心之人，既然他与贵英的交心给他带来人生意义上的升华与安顿，那么贵英的逝世，让他一下子回到了意义的虚无之中。当然，在这个处境中，有铁固然没有失去本心，因此他仍然有"重生"的可能，但贵英的离去，让他不再留恋这个世界了，因为他活下来，只不过是一个人继续与生存的困境作斗争，一个人在歧视下艰难地活着。在可以离开也可以不离开这样的选择下，有铁选择了与贵英一同离开。

爱情的基石是本心，是交心。因为有铁与贵英彼此能够交心，所以他们都能够用心去经营他们的生活。有铁用心去建造他们的新房子，而贵英则用心去编织鸡窝。这是交心的力量，给人以生活与生存的意义，同时也是真爱的直接体现。这是我们在电影中看到的最重要的东西。

第四章
真爱的转移：
论"维纳斯情结"与"宙斯情结"

一、自爱作为真爱的基础以及真爱的转移机制

在这一卷中，我们一连分析了四部电影，以揭示真爱的意义所在。通过这些分析，可以清晰地看到，真爱一定是和自爱关联在一起的。自爱的人，或许不一定能够收获到爱情上的真爱，但难以自爱的人，就必定不能收获到真爱。当然，一个自爱的人，即便她在现实中难以收获真爱，但她的自爱状态，因为是本心的充分的自我实现，所以她懂得何为真爱，同时也配得上人世间的真爱——只不过人间的真爱，可遇而不可求而已。因此，自爱之人得不到真爱，虽然是遗憾之事，但从爱的意义上说，它其实又无所谓遗憾不遗憾。孔子说："不患无位，患所以立；不患莫己知，求为可知也。"（《论语·里仁》）在爱情与真爱的议题上，我们也可以说：不患无真爱，患不能自爱；不患莫己爱，求能自爱也。自爱是人生的根本，至于人生在什么时候开花结果，那也是有时节因缘的；倒过来说，即便我们这一生难以遇到真爱，难道就要连自爱这一根本也不要了吗？总而言之，无论我们今生是否遇到真爱，都不应放弃自爱的努力；而且，遇到并收获真爱的唯一途径，就是自爱，此外再也没有别的方式、技巧与艺术了。

为什么只有自爱的人，才能收获真爱呢？我们在本书中，已经从

另外的一些角度，回应了这个问题了，在这里，我们再作出重申，以深化我们对真爱的意义的印证。真爱之所以必定和自爱内在地关联在一起，是因为只是身体上的欲爱，或者情感上的情爱，尚不足以够得上真爱，真爱必定是深入到本心上的爱情，它必定是本心在自身上的实现。身体上的欲望，与情感上的情爱，虽然也是本心的实现性作用，但它们分别是本心在身体与情感上的实现，而并非是本心在本心自身上的自我实现。本心在身体与情感上的实现性作用，一方面当然能够体现出本心自身的意义，另一方面，它并不意味着本心能够充分实现自身，而同时，身体的欲望与情感的流露，如果没有本心的充实，则有可能走向盲目与茫昧。而一个人如果被身体性的欲爱与情感上的情爱所牵引着，难以回到自己的本心并充实自己的本心（其实这两者是互相作用的，我们反过来也可以说，一个人如果难以回到并充实本心，她就容易被欲爱或情爱所牵引着），这就意味着她并不能实现真正而充分的自爱，因为有着真正而充分的自爱的人，一定会要求自己的爱的诉求，从身体而深入情感，再从情感而深入本心，并通过本心之印证性作用，让自己的欲爱与情爱都是本心的体现，而不会让自己的欲爱走向茫昧，也不会让自己的情爱走向盲目与荡漾，并最终让它们反过来牵扯与扭曲本心，而导致自爱的沉堕。因此，自爱的议题和本心的议题，本就是相通的。尊重本心并回到本心的人，才会培养出自爱之道，而真爱，因为也是本心的自我实现，所以它必然和自爱是同步的。

正因为真爱与自爱是同步的，而真爱、自爱又是本心的充分的自我实现，因此，真爱就必定是无条件或者超越条件的，或者更严格地说，真爱是处在各种条件之中，但又不受任何条件所限制的爱。只有真爱才能是超越任何条件之限制的爱，欲爱与情爱则不一定能够超越条件的限制。这是因为，真爱是完全植根于本心的爱，而本心则是主体、自我的核心所在，因此，主体之所发出的真爱，就必定完全植根于自我内部，而无所待于外，所以任何外在的条件，也肯定不会对这种爱构成实质性的影响。从这个意义看，我们就可以推知，真爱之人，是不会有什么移情别恋这样的事的。一段恋情之所以会被移动，是因为这样这段恋情并不完全植根于本心，而多半在情感乃至身体的层面上逗留与浮动，因此它就不太容易经受得住风吹草动，那就更不用说暴风雷雨了。身体与性的欲望，以及情感的流露，既来源于本心，但同时又有可能遮蔽本心。身体与情感之所以会遮蔽本心，究其实乃是本心粘滞在身体与情感的运动中，并被身体性的欲望与情感性的荡漾之所牵引，从而流连缠绵，一往而不返。在这个状态下，本心自身的意义被逐渐隐藏起来了，而身体与性的欲望，以及情感的流动荡漾，就被本心所抬高、隆起，于是，真爱的意义就在不知不觉之间，被隐匿与消磨殆尽。建立在欲爱或性爱基础上的爱情，不是真爱，因为这种爱情随着身体与性的蓬勃而生起，也肯定会随着身体与性的松弛而消亡；建立在情感的流动的基础上的爱情，也不是真爱，因为这种爱情随着情感的荡漾而高扬，也肯定会随着情感的淡化而枯萎。前一种情况，就是所谓的"一夜情"或"露水情缘"；后一种情况，就是所谓的"浪漫爱情"。这两种情况确实有浅深之别，我们从比较这两者所持续的时间的长短，就可以区别出来。身体与性的层面，位于主体的表层，而情感的层面则要深入一些，因此在持续的时间上，"一夜情"比"浪漫爱情"要短一些。但不管怎样，这些爱情关系，因为并不是植根于本心之自身的，所以都是转瞬即逝的，同时也都是带着条件的爱情，换言之，它们都有赖于身体或者情感这些条件来维系。但是，植根于本心的爱情，则是不依赖于任何条件的，同时也经受得住任何条件的考验，于是，这样的爱情，不但是长久的，而且还具有永恒的意义——因为它并不会随着条件的变化而改变自身的意义，而能与古今东西的人们都有深入的共鸣。

真爱并不会难以为继，因为它虽然与各种现实条件有所关联，但并不受到各种条件之所限制。而像"一夜情"或者"浪漫爱情"这样的爱情形态，就往往会有"熄火"的时候。人们对于爱情的"熄火"

而忧心忡忡，并想通过不同的方式，试图让它们死灰复燃，并接续下去。例如，通过提升身体与性的活力而取悦对方，或者通过增加浪漫度而让对方对自己有所惊喜，从而不舍得自己。这样的想法，也许也是从本心中来的，但最终只是凸显出条件的意义，而并不能真正体现出本心之真，于是，它们最终也是难以为继的。深化爱情、获得真爱的方式，只能是以心交心，也即纯然从本心出发，对自己当下的这段爱情，作出直接的印证与判断。这样一来，爱情就和本心直接关联在一起，并接通了源头活水。因此，植根于本心的爱情态度，是不会担忧"难以为继"之类的问题的，而带着这种态度的人，只会去问自己，自己对对方的爱，是不是真爱，是不是从本心中发出的，而当自己作出了相应的印证与判断之后，自己便将自己承担起来，换言之，也即自己回到自尊、自爱、自立、自强的导向上去，这才是爱情的真义所在。

关于"真爱"的议题，我们还需要讨论的一个关键的问题，即"真爱的转移"的问题。在现实生活中，并不是每一个都能实现真爱、获得真爱的，但是，我们每一个人都渴望自己能够实现真爱、获得真爱，这是因为我们每一个人都是有本心的，而我们的本心都自然地蕴含着充分地自我实现的诉求。因此，"真爱"是我们每一个人都摆脱不了的事，除非我们能够摆脱自己的本心，但很显然，从来没有人可以做成这个事，从来没有人可以逃脱自己的本心，即便有人想逃避自己的本心，这个人也是依赖于本心自身而想的，没有本心，又哪来的逃避呢？即便是逃避，也是需要心的力量的。所以，无论如何，这个世界上，没有人可以回避爱与真爱的话题。

而正因为获得真爱是每个人的本心之所渴望的事，而同时自爱对于人类来说则往往是一个难题，因此，人们往往处在一个欲自爱而不能、求真爱而不得的张力之中。而面对这个张力，人们其实只有两种选择。第一种选择是回到自己的本心，并敦厚自己的自爱度。这是唯一可以疏导和解除这种张力的方式，此外就别无他法了。但这样一种方式，往往是尚保持着基本的自爱度的人会采取的方式，而对于一些本就不珍惜自己、对自己不以为意的人来说，这往往并不是一个他们会去认真考虑的选项。正如我们在此前所一再强调的，一个人要本心诚实地直面自己，不逃避自己，是需要她尚对自己有信心，对自己是爱惜的；而当她确实厌恶自己的时候，要她回到自己的本心，以敦厚自己的自爱度，这等于一个人自己想用弹簧将自己弹出去，而现在又叫她一直压住这个弹簧并且不要让弹簧将自己弹出去。这对于她来说，这样做简直就如同遭遇苦刑一般。对于自爱的人来说，回到自爱，是顺水行舟；但对于不自爱的人来说，回到自爱，则是逆水行舟。

　　这样一来，人们往往会选择第二种方式，这就是，不自觉地走向了"自爱的转移"或"真爱的转移"。爱或自爱的转移是本书讨论爱情问题的一个关键的关节。所谓自爱的转移，指的是一个人渴望真爱，但又不肯通过回到本心、直面自我的自爱之道以作自我充实，于是她渴望真爱的动力，就促使她将爱转移到别人身上或别的地方上去，以谋求变相地实现真爱。这种转移之法，能否真正实现真爱呢？答案当然是否定的，这道理真的是直接、简明不过了——任何不能建立在自爱的基础上的爱，都不是真爱，而只不过是爱的变形与扭曲。不过，愿意转移自爱的人并不会这样想，他们对自己早已不满、不以为意了，而他们想尽快将爱转移出去，为的是自己能够获得真爱。他们心中确实是这样想的，真的认为自己将爱转移出去，就可以获得真爱了。他们不知道，这是一种饮鸩止渴的做法，越渴越饮，越饮越渴，最终将自己的本心与主体性不断蚕食、消耗殆尽。

　　自爱的转移，带来的是自爱的亏损。一个人渴望真爱的动力，最终让自己的真爱成为海市蜃楼，这肯定会让她心有不甘。她是绝不甘心自己的爱不断被自己所掏空的，而在难以回到自爱的本心状态下，她的不甘之心，就会促使她感受到，她的爱并不是被自己所掏空的，而是被别人所掏空的。于是，她就会无所疑虑地向别人追索回自己的爱，并期待甚至要求别人一定要爱她。这种由自爱的亏损，而走向对别人追索爱的做法，可以称作"爱的索取"或"索取爱"。我们可以说，爱的索取是爱的转移的一种比较极端化的表现。而因为爱的索取与自爱的亏损是不断循环强化的关系，因此，爱的索取最终肯定会走向主体或本心的蚕食，更有甚者，最终到了自我毁灭的状态。这可以说是人类的一个古老而长久的难题。

二、真爱转移的具体分析（一）：
维纳斯之"妒媳囚子"情结

在这里，我们通过古希腊神话与古罗马小说中维纳斯、宙斯、俄狄浦斯等神或人的故事作出本心分析，来看到真爱的转移的普遍性，以及自我转移之后，主体与本心所受的创伤与亏损。现在我们先读读《金驴记》一书所呈现的"维纳斯情结"，也即"妒媳囚子"情结，以便我们看清楚夫妻之间真爱的缺失，如何让其中一方（特别是母亲一方），将自己的爱转移到下一代的。

《金驴记》讲的是一位贵族青年鲁巧远途游历，到了伊帕塔城的米老内家寄住。年轻心漾的他和女仆福娣黛陶醉在一夜情中。在这个过程中，他从福娣黛口中得知她的女主人、米老内的妻子潘菲乐是个巫婆，并且能将自己变成一只高飞的鸟。有一天晚上，他在福娣黛的帮助下，亲眼看到潘菲乐罐中取药，将自己变成一只猫头鹰，然后展翅而逝。鲁巧看得心痒痒，于是乞求知道变形秘方的福娣黛，让他也如法炮制，好让他实现自由变身的梦想。好巧不巧，福娣黛指错了瓶罐，鲁巧弄巧成拙，将自己变成了一头驴。因缘差错，他的悲惨命运开始了。一群强盗洗劫了地方财主米老内的家，并将身而为驴的鲁巧掳去背负赃物。鲁巧历经千辛万苦，饱尝世情冷暖之后，最终在神的法力下，恢复人身，而他的人生从此脱胎换骨，得到升华。

在鲁巧被掳到强盗居住的山洞里去的时候，作为一头驴子的他，看到一个新婚不久的姑娘被强盗掳到了洞里做人质。她感叹自己的命运，终日以泪洗面。在山洞里给强盗做饭的一位老太婆为了劝她平复，就给她讲了一个关于爱情的故事，这就是著名的爱神丘比特与凡间女子卜茜凯的故事。故事是这样的，从前有个城市中住着一位国王和一位王后，他们有三个漂亮的女儿。这三个姑娘都有闭月羞花之容，不过，两位姐姐比起老三卜茜凯来，仍然有天壤之别。"倾国倾城"尚不足以形容她的美貌，她的姿容，可说是惊天地而泣鬼神。远近的人们，每天都来到国王家门口，争相一睹芳容。他们对卜茜凯由惊羡而走向崇拜。但凡间的这个热闹，却给卜茜凯带来了祸患——她得罪了兼爱神与美神为一体的女神维纳斯。维纳斯的庙残破不堪，贡品凌乱，礼坏乐崩。但只要凡间女子卜茜凯经过广场，她周围一定是人山人海，鲜花与祝福如潮水般涌来。看到这个情景，天神维纳斯的心被刺伤，她对卜茜凯从恨而生怒，从怒而生仇。她感到了本属于自己的爱被卜茜凯所夺走了，自言自语道："无论她是谁，只要篡夺了仅仅属于我一个人的敬意，我就要马上让她对自己的美貌感到悔恨，因为她的美超过了人类的限度。"①我们知道，神话中的故事，往往是人心的隐喻。而我们从维纳斯的这段话中，则可以窥见维纳斯的本心状态——她对自己其实并不真正自信。换句话说，在美貌以及与美貌相关的领域，维纳斯是缺乏充分的自爱的。

作为天神，维纳斯有的是办法，不过，她的平息心中怨恨的办法，是在爱情上凌迟她，这可是她可以想出的最深的惩罚了。她将他那性情乖张的儿子丘比特叫了过来。众所周知，丘比特这个第二代爱神，将人神两界都搅动得鸡犬不宁，这源于他总是乱射爱箭，乱点鸳鸯谱，给人类和神灵带来无尽的烦恼与困苦。他连他的爷爷、天神之神宙斯也不放过。宙斯对丘比特也无可奈何，将自己的花心与多情推卸给他孙子："我这颗主宰自然规律和天体运动的心灵，还屡屡遭到

---

① 阿普乌列斯著，刘黎亭译：《金驴记》，上海译文出版社1988年版，第105页。

你那弓箭的伤害，常常被贬入接触世俗爱情和危险的境地。"[①]丘比特的这一恶技，无论是他的爷爷宙斯，还是他的母亲维纳斯，都是没有的。于是，维纳斯只好求她儿子为她狠狠复仇，以让她心中有所慰藉："我别无所求，只要你能满足我这一点就行：让这处女狂热地恋爱上一个条件最卑微的男人吧，他在社会地位、家庭财产以及个人品行方面，都受到命运女神的打击，沦落为一个如此低贱的人，以致整个世上再也找不到一个比她更不幸的人了。"[②]这可以说是维纳斯对于卜茜凯的初步仇恨——她要卜茜凯爱上一个地位低贱的男人，这意味着她要通过改变卜茜凯在爱情上的条件从而压住卜茜凯。维纳斯的这种初步的仇恨，可以概括为爱的嫉妒。

维纳斯的仇恨起到了作用，卜茜凯的两位姐姐，因为有着普通人所有的漂亮容颜，所以早已许配给了皇家的求婚者，办完了隆重的婚礼，唯独姿色远出凡人的卜茜凯，无人敢去问津，身心受到严重摧残。她的父亲请求神谕，神告诉国王，要让姑娘穿上送死的嫁妆，然后将她弃于高山之巅，并等待嫁给一只凶神恶煞的蛇精。绝望而虔诚的国王只好用自己的眼泪，用凄凉的丧魂典礼，将自己的心爱的女儿送到悬崖之巅，然后原路返回，回到王宫后，他和妻子自我幽闭，想通过暗无天日的环境以惩罚自己。而在山巅上的卜茜凯则不禁惊惧哭泣，此时，西风哲飞柔以其习习的微风，将她吹拂到一个山谷中。她躺在柔软而清新的草坪上，舒适地睡了过去，醒来后，她体力恢复了，呈现在她眼前的是茂密的树林，清澈的泉水，她沿着泉水再远

---

① 阿普乌列斯著，刘黎亭译：《金驴记》，上海译文出版社 1988 年版，第 156 页。按，根据赫西俄德《神谱》的说法，维纳斯（即古希腊的阿芙洛狄忒）是从第一代神王乌拉诺斯的阳具被抛到海里而所形成的泡沫中生出来的，因此她是乌拉诺斯的女儿；而《荷马史诗》的第一部《伊利亚特》则说她是宙斯的女儿。

② 阿普乌列斯著，刘黎亭译：《金驴记》，上海译文出版社 1988 年版，第 106 页。

望，那是一座金碧辉煌的宫殿。她走进宫殿，发现处处都有醉人的艺术，以及数不尽的财富。正当卜茜凯狐疑和好奇时，一个无形的人在她耳边跟她说，这一切都是她的，她没必要感到惊讶，而且现在她周围有她看不见的婢女给她服务呢。于是，卜茜凯才开始感到这是天主的恩赐。她在各种无形的人的服务以及演奏中，美美地吃了一顿盛宴。饭后，天色已晚，渐入深夜，卜茜凯要离席就寝了。这时候，卜茜凯孤身一人，自然担心起自己的贞操来，于是恐惧难安。而她那素不相识的丈夫则早已来到她的身边，让她失去贞操，并成为他的配偶。这样日复一日，卜茜凯习惯了自己的生活状态。

卜茜凯的两位姐姐，知道了他们父母的处境，为表孝心以安慰父母，想寻找卜茜凯的踪影，看她过得怎样了；而卜茜凯心中也思念着她的两位姐姐。于是，她顾不上丈夫的忠告，她对他软磨缠绵，最终让他答应叫西风哲飞柔将她的两位姐姐带到她居住的宫殿中来。她的两位姐姐本来在山巅嚎啕大哭，感叹妹妹的悲惨命运，现在她们被哲飞柔带到辉煌而舒适的宫殿里来。开始时，她们喜极而泣，继而当她们享受完卜茜凯给她们张罗的一顿天上美餐后，便与维纳斯一样，心中也都生出了嫉妒心。从表面上看，她们是嫉妒卜茜凯在此时所拥有的背景与条件，比如她有数不尽的财富，有悉心为她而服务的仆人，以及有一位爱她的丈夫；而从内里看，她们其实是嫉妒卜茜凯有爱而自己没有。单纯是财富等条件，其实尚不能引发她们的嫉妒，她们的嫉妒最终其实是爱情意义上的嫉妒。我们从她们两人的自述中就可以窥见究竟。卜茜凯的大姐跟二姐说："咱们同是生自一个父母，得到的命运却不同，她这不是在拿人取乐吗？恰恰是咱们俩，年龄最大的，被嫁给了外乡人，供人家使唤：咱们得远离父母生活，好像是送去流放的人，完全是背井离乡、漂泊异地呀！而她呢，却相反，虽说年龄最小，是咱母亲耗尽精力以后生下来的最后一个果实，然而婚姻倒美满至极，有一个神仙做丈夫，钱多得不知怎样去花才好。……我呢，唉，不幸的可怜人，命里注定找了一个比我父亲还要老的丈夫，脑袋秃得赛

413

过一个葫芦，五短身材胜似一个毛头小孩，何况还有总是用铁栅和锁链把我牢牢囚禁在家里的恶习。"而二姐则跟大姐抱怨说："要说我呢，我背上驮着一个因患风湿病而全身瘫痪的丈夫，所以在爱情方面，他尽是让我吃闭门羹。我成天忙着为他那僵硬如石的歪指头按摩，结果我这双原先那么细嫩的手，竟被刺鼻的膏药，肮脏的绷带，恶臭的泥敷剂，全给糟蹋掉啦；干脆说吧，我完全改变了本来应该是一位太太的面目，一落千丈，干上了如同护士的活计；你，我的姐姐，显然你在默默地忍受这种不公平的生活，如果我想直言不讳地说出自己的看法，你是在忍气吞声地过日子；但是这种巨大的幸福竟让一个不相配的人去享受，真叫我难以容忍。"[①]

从她们各自的话里，我们就很容易看出，她们所感叹的自己的悲惨命运，其实指的就是她们在爱情上的命运。她们之所以嫉妒乃至仇恨自己的妹妹，则主要是感受到妹妹获得了真爱，而自己却与真爱和幸福渐行渐远，深感自己的爱情并不幸福。因此我们可以说，嫉妒大抵都是爱的嫉妒。而面对这样鲜明的差异，卜茜凯的姐姐们并没有因此而唤起自己的自爱心，她们的自爱度的缺乏，使得她们觉得自己嫁给了让自己陷入不幸福的土男人，是自己遇人不淑，她们越这样想，就越觉得自己亏了；越觉得自己亏了，就越对妹妹怀恨在心。于是她们觉得，得不到爱情的幸福，也就罢了，为何却要让同胞妹妹得到如此美满的爱情呢！可以说，她们因为没有选择自爱这条路，她们于是很快就走向了真爱的转移——她们决不愿通过直面、承担自我的方式去检讨自己的爱，而走向了对别人的嫉妒乃至仇恨上去了，她们要向别人索取爱，索取爱而不得，则宁愿去损害乃至剥夺别人的爱。我们可以将卜茜凯两位姐姐的态度和其后的做法，视作维纳斯的"妒媳因子"情结及其所蕴含的真爱之转移的一个预演。

[①] 阿普乌列斯著，刘黎亭译：《金驴记》，上海译文出版社 1988 年版，第118—119 页。

　　既然真爱转移了，既然自己本心的不自爱让自己陷入爱的嫉妒而难以挽回了，卜茜凯的两位姐姐便无所顾忌地向着嫉妒的方向而狂奔，最终生出了毁灭妹妹的爱情的毒计。人的毒，其实都是心之毒；而人之走向心之毒，则源于爱的嫉妒的深化而难以排遣。这两位姐姐故意流露出想再见卜茜凯的愿望，卜茜凯不顾她的无形的丈夫的忠告，而出于对姐姐们的自然的思念之情，她满怀惆怅与欣喜地等待她们的再次来临，期待能再次欣慰地拥抱她们，而不知道危险已经静悄悄地将魔爪伸向她自己了。当两位姐姐用上次的方式，再次来到卜茜凯的宫殿，并得知她已经怀有神的孩子，而她自己将来会成为仙界的神之后，她们于是向她进献谗言，但声称是出于深厚的姐妹亲情才会向她直言忠告的。她们说，她的丈夫其实并不是什么美男子，而只不过是一条将她迷惑住的巨大的毒蛇而已，并让她回忆起当时的神谕；而至于那些丰富的食物而美妙的音乐，都只不过是为了让卜茜凯身怀熟果，但最终，等到她临近分娩的时候，这条毒蛇就会将她整个人给吞噬掉。姐姐们的毒计，早已将单纯的卜茜凯吓唬得六神无主，她陷入了恐惧的罗网中。这可以说是卜茜凯在爱情上所遭受的初步的考验。

　　看到机会来了，她的两位姐姐毫不迟疑，向她提供一个计策，就是等到那条无形的毒蛇晚上上床睡觉的时候，她得将双刃剃刀高高举起，然后心不跳、手不软地向着蛇怪的脖子砍去，让它身首异处。她们说，等到事情办好，会将她接走，将宫殿里的财宝拿走，然后帮她寻找一位情投意合的新郎。说完，她们就急忙走了，剩下卜茜凯一个人在宫殿里，她的心已经被扰乱了，她既愤怒，又忐忑，既畏惧，又不舍，"总之，她对那同一个躯体，恨的是兽性，爱的是丈夫"①。当天的晚上，夜渐深沉，卜茜凯的丈夫在经受了她母亲维纳斯的一场考

────────────────

　　① 阿普乌列斯著，刘黎亭译：《金驴记》，上海译文出版社 1988 年版，第127 页。

验之后，昏睡了过去。此时，他的妻子取出油灯，拿起剃刀，那柔软的心，瞬间变成坚硬的铁与石头。此时此刻，让卜茜凯万万没想到的是，她的灯光一将婚床照亮，呈现在她面前的，竟然是和她一样美的形象——不，他美得无以复加！不用迟疑，他分明就是爱神丘比特，他那焕发光泽的金发，那乳白色的纯洁的脖子，那浅浅的玫瑰色的脸颊，以及上面长着柔软而轻盈的羽毛的纯白的双翼，以及床脚下那些散乱的弓箭和矢袋，都让卜茜凯瞬间脸色刷白，她当下惊讶得目瞪口呆，而当她回过神来的时候，她开始赏玩起丈夫的那些弓箭来。好巧不巧，她从袋子里抽出一支箭，用拇指试试箭头尖不尖，这时候，她用力不当，箭头深深扎进了丘比特的肉里，随即他的皮肤上流出了玫瑰色的鲜血。卜茜凯的这个动作，则让她自己堕入了小爱神丘比特的情网中，她再也无力挣脱出来了。她不顾一切地亲吻着丘比特，她的贪婪与激动，让她无意中晃了一下油灯，一滴滚烫的灯油掉在了丘比特的右肩上，丘比特在灼热的疼痛中惊醒，他感到了背叛与凌辱，于是不顾卜茜凯的亲吻与拥抱，腾空而去，不舍的卜茜凯紧紧抓住他的右腿，丘比特不忍心让她在空中掉下来摔死，于是让她降落在一棵柏树上。这时候，丘比特决心离卜茜凯远去，这是他所认为的能够给予卜茜凯的最大的惩罚。

卜茜凯能否经受得住爱情上的初步考验呢？而实际上，当她尚未完全应付完这个初步的考验，她就已经来到了需要接受进一步考验的困境中了。为了不失去丘比特，同时也为了自我救赎，她铁定心意要去寻找丈夫——无论她将会经受怎样严酷的考验。她经过了她姐夫执政的城市，遇到了她的姐姐，她将自己那天晚上如何见到漂亮的小爱神的故事向她姐姐讲述了一遍，并且说丘比特生气之后，表达要和她姐姐缔结良缘的愿望。这时候，卜茜凯的这位本来就不满意自己的爱情和婚姻的姐姐，早已被嫉妒心所牵引了，她迫不及待地走到悬崖绝壁上，大声喊道："爱神啊，接我来吧！我是你当之无愧的妻子！"[1]她一边说着，一边纵身跳进山谷中，她满心以为哲飞柔这次会更温柔地将她带进宫殿的，她满心以为小爱神所爱的本来就应该是她自己，而肯定不是其他人，这绝对没有错的！她的爱的转移，以及由此而形成的对于爱的索取，已经让她失去了本心上的印证性，这给她带来了错误的判断。而在她纵深一跳之后，她的生命也就结束了。而卜茜凯如法炮制，她的另一位姐姐，也以为丘比特的新娘应该是她，于是也跳到山谷里死去了。而与此同时，维纳斯从一只海鸥处听闻了她的儿子丘比特被烧伤的情况，而且隐约透露了丘比特已受情伤，维纳斯听后，十分恼火，她跟海鸥说的一段话还值得玩味，现先引出来：

> 那么说，我那宝贝儿子已经有了一个情人啦？快点告诉我那个女人的名字吧，要知只有你才忠实地为我服务，她竟能诱惑住一位如此纯真无邪的少年。我要知道这个名字，瞧瞧她是不是属于宁妃的血统，或是属于娥乐的仪仗队（引者按：宁妃与娥乐分别是山林水泽女神与四季女神，她们都是宙斯之女），或是属于缪斯的歌咏班，甚至是属于我的婢女格拉齐娅的行列。[2]

很有意思，作为母亲，当维纳斯听闻她儿子有了爱情之后，她的第一反应，并不是喜悦的。她这时候尚不知道丘比特的情人是卜茜凯呢。她压根儿就不知道他的情人是谁，她只不过是知道他已经有了一位情人罢了。但即便如此，她都不高兴。这意味着无论他儿子喜欢上了什么人，就算是找了一个奇丑无比、地位卑微的女人，她都是不高兴的。如果照这样推下去，我们就大可以认为维纳斯其实是看不得她的儿子拥有真爱。而她之所以会有这个心态，其实也是她的本心之爱

---

① 阿普乌列斯著，刘黎亭译：《金驴记》，上海译文出版社 1988 年版，第132 页。

② 阿普乌列斯著，刘黎亭译：《金驴记》，上海译文出版社 1988 年版，第134 页。

有所转移之故。对于这一点，请读者容我们等会慢慢展开说明。而当
维纳斯从海鸥处听到儿子喜欢的人竟然是她在凡间的死对头卜茜凯
的时候，她当即恼羞成怒，暴跳如雷，她歇斯底里地叫喊着，赶回自
己的寝宫，果然看到儿子卧病在床，她闲话不说，直接劈头盖脸地数
落儿子说："你可是干出一件好事来! 对你和咱家的声誉正合适!"[①]维
纳斯的这句话，透露出了她的家庭关系屡有丑闻。她的家庭成员，除
了丘比特和维纳斯之外，剩下的就肯定是维纳斯的丈夫了。丘比特的
"丑闻"我们已经知道了，那么维纳斯所说的"咱家的声誉"这个丑
闻，就一定发生在她自己的爱情关系上了。明确这一点，有利于我们
分析清楚为什么维纳斯一听到她的儿子已经有了情人，就感到不高
兴。维纳斯讽刺完丘比特后，就直接对着他开骂了起来，在这里我们
理应引出这两段话，因为这是我们分析和总结维纳斯情结的重要
线索：

> 哼，也许你以为，我将会默认一个对我恨之入骨的媳妇吗? 哼，难
> 道你认为，只有你这个没出息的东西，笨拙的引诱者，爱搞恶作剧的
> 小家伙，才有本事传宗接代，而我上了岁数就不能再生儿育女啦? 那
> 么你要知道，我还要再生一个比你强得多的儿子。更有甚者，为了让
> 你感到无地自容，我将要选择一名家中的童仆，赠送给他翅膀、火焰、
> 弓和箭，以及这些属于我的并且给过你的、当然不能用来干此勾当的
> 全部装束。说实话，你身上携带的这些东西中，没有一件来自你父亲
> （引者按：指维纳斯的丈夫、火神赫淮斯托斯）的财产。
>
> 事实上，你打童年时代起就沾染上了恶习，因为你爱留长指甲，因
> 为你经常毫不留情地殴打比你大的孩子。让我亲自来告诉你吧，甚至
> 连你母亲，每天都得挨你的偷，真是大逆不道的孩子。可哪止这些

---

① 阿普鸟列斯著，刘黎亭译：《金驴记》，上海译文出版社 1988 年版，第
134 页。

呀，还有好多次，你竟虐待我，总之你根本不把我放在眼里，好像我是一个举目无亲的人，你连你的养父、就是那个身材高大又膂力过人的武士（引者按：指维纳斯的情人、战神阿瑞斯）都不害怕。怎么不对呢？你为了折磨我，因为我是他的情人，竟到了常常为他提供姑娘的地步。然而我将要设法使你对这些恶作剧感到痛恨，让你尝尝你这喜事的苦涩滋味。①

维纳斯对着丘比特骂骂咧咧，她还扬言要剃掉丘比特的金发，折断那双她曾搂紧怀里用仙露洗过的翅膀，才算出尽这口怨气。而在这两段话里，我们看到维纳斯对儿子有着难以稀释的怨恨之情。这种怨恨之情之所以生出，肯定是因为他喜欢上了她的死对头卜茜凯，不过这只是一个激发性事件而已，它激发了维纳斯与她儿子之间的那不堪的亲子之爱的关系。我们从维纳斯历数丘比特的"恶行"与"丑事"，就可以直接体会到此时的维纳斯，对儿子简直是痛恨至极！丘比特究竟是不是她亲生儿子？为什么她对他一点亲子之爱都没有呢？事实上，如果我们不去征引其他的经典，单就《金驴记》这本小说的文字而论，其实可以隐约知道，维纳斯并不是一开始就不喜欢她的儿子的。她对他肯定有过母爱与信任，不然，她在开始的时候，怎么会信任她的儿子，并让他去执行她的指引，并将之施加在卜茜凯身上？她又怎么会在求助丘比特、说完她的指引之后，"微微张开嘴唇，温柔地给了儿子一个长吻"②？当然，我们大可质疑说，这只不过是维纳斯利用丘比特的一个手段而已，她其实是在打感情牌呢。对于这个质疑，我们也不会否认，但是，我们总也不能够否认一点，这就是，维纳斯之所以能够打亲情牌，是因为她与丘比特在开始的时候，确实是

①　阿普乌列斯著，刘黎亭译：《金驴记》，上海译文出版社 1988 年版，第135 页。

②　阿普乌列斯著，刘黎亭译：《金驴记》，上海译文出版社 1988 年版，第106 页。

有亲情可言的，这是逃也逃不掉的本心事实，而因为这个亲情是母子之间的交心的见证，因此，它在本心上是具有一种重要的意义的，据此，维纳斯才得以让丘比特"看在母爱的关系上"[①]，而要他实施她对卜茜凯的打击。而如果读者尚不满意我们的这个分析，我们还可以从维纳斯对丘比特的责骂中，体会到母子关系、亲子之爱的深度。试想，如果丘比特不是她的儿子，不是她家里的成员，不是曾经和母亲有着直接的本心与本心、爱与爱上的深入互动，维纳斯能够这么痛快地对她儿子数落个不停？大家尽可以试一试，我们走在大街上，随便找一个路人甲，像维纳斯训斥丘比特那样训斥她一顿，看看效果会如何。如果不找路人甲，我们找一位朋友，也像维纳斯那样教训她，试试她会有什么反应？我敢打赌大家肯定不会也不敢这样做，因为这是违背交心的自然原则的。与路人甲、与朋友的交心，无论怎样深厚，大抵都及不上自己与亲人之间的交心来得深入一些。比起朋友关系来，亲子关系在交心的意义上，有一种天然的"优势"——它是人之所难以逃脱的、不得不去面对的"天伦"。所谓"天伦"，就是亲子之间的爱，是自然、天然地就蕴含在亲子关系中的，只要有亲子关系这回事，那么亲子之间的爱就有某种区别与朋友关系的意义。朋友关系是需要经营的，而亲子关系虽然也需要经营，但它的底子却具有"一上手就有深度"的特质。所以，一旦一个人与另一个人形成亲子关系，这个关系在一开始就不可能是路人甲和路人乙的关系了，它一开始就已经是"天伦"了。据此，维纳斯是基于她与丘比特的"天伦"，而去数落与训斥丘比特的。所以，我们大可以将维纳斯对于丘比特的深度的怨恨，视作她对他的深度的亲子之爱的翻转。这就像我们将手心翻转过来，看到我们的手背，或者将我们的手背翻转过来，看到我们的手心一样——手心和手背看起来是两个东西，而其实它只不过是同

---

① 阿普乌列斯著，刘黎亭译：《金驴记》，上海译文出版社 1988 年版，第106 页。

一只手的正反两面而已。这个比喻大抵可以让我们印证到，其实爱与恨只不过是爱的正反两面而已。维纳斯对她儿子的强烈的怨恨，实际上是她与丘比特的深度的亲子之爱的反证——这里的"反证"，指的是它是爱的反面的证明，它从爱而来，但它是爱的异化，或异化的爱。这是我们要向读者说明的第一个方面的分析，此即在亲子之爱的意义上，维纳斯形成了爱的翻转。

我们要分析的第二个方面的内容，则是在亲子之爱兼爱情的意义上，或者索性说在真爱的意义上，维纳斯形成了爱的转移。这就肯定要说到维纳斯个人的爱情问题上了。在上面的两段引文中，我们隐约可以看到，维纳斯的爱情并不幸福，换言之，她并没有获得真爱。恰恰相反，她的爱情其实陷入了一个困境。别看她是声名皇皇赫赫的美神兼爱神，她在爱情上真的是有遗憾的。读者诸君请看，她与火神赫淮斯托斯缔结连理，并且一直维持着婚姻关系，但她与赫淮斯托斯之间，肯定缺乏深度的爱与交心。《金驴记》里面并没有提到维纳斯的婚姻状况如何，但按照古希腊流行的传说，天神宙斯（即朱庇特）曾经追求过维纳斯，维纳斯不从，他就强行将她嫁给了火神，火神既瘸腿又丑陋，她瞧不上他，跟他没有什么交心度，于是她的爱有所转移，而与高大威猛的战神私通，并生下了丘比特。想必对于这个流行的传说，《金驴记》的作者阿普乌列斯也肯定是接受了的，因为上文所引维纳斯数落丘比特的话，是和流行的传说对得上的。

从维纳斯数落她儿子的话中，我们可以看出维纳斯和她的丈夫赫淮斯托斯并没有什么交心度，他们这两位大神本来没有什么感情可言，那就更谈不上什么真爱了，但他们各自都愿意维持着婚姻的关系。但真可以说，他们的婚姻是名存而实亡的。这里的"名"指的是婚姻关系，以及与婚姻关系相匹配的爱情关系；这里的"实"，当然指的是真正的爱情的关系，以及真实的爱情关系中所蕴含的交心与共鸣。维纳斯虽然是神，但她与人一样，也是有本心的，而她既然有本心，那么她的本心就必定会自然地谋求自我实现，因此她与任何的人一样，都渴望真爱。既然她与火神无法形成爱的关系，而她又不肯通过自爱的方式，一方面敦厚真爱的根基，另一方面看看自己可否与丈夫推进真实的交心互动，那么，她就很自然地将爱转移到别人身上了，这时候，帅气的战神出现了。维纳斯与战神终日缠绵，结鱼水之欢，而生下了丘比特。但是，维纳斯与阿瑞斯之间的爱情，也并不是什么真爱。我们从她一方面维持与赫淮斯托斯的婚姻关系，另一方面又与阿瑞斯浪荡偷情，就可以窥探出，她对于阿瑞斯的爱，并不完全是从本心中发出的，而往往逗留在情爱与欲爱的层面上。如果她与阿瑞斯的爱情是真爱的话，她是不会满足于她与赫淮斯托斯、阿瑞斯所构成的三角关系的，而势必向着专而深的方向发展。因此可以说，她与赫淮斯托斯的爱不是爱，她与阿瑞斯的爱不是真爱。在爱情上，维纳斯这位爱神其实是个可怜的神。而在赫淮斯托斯这一边，他同样是如此，他的本心状态和维纳斯的本心状态是匹配的，这就是，他对于维纳斯的爱情也同样不是真爱，如果他对她的爱是完全发自本心的真爱，他就不会暗中他儿子的箭，并像维纳斯对着丘比特而咒骂阿瑞斯那样："你为了折磨我，因为我是他的情人，竟到了常常为他提供姑娘的地步！"而在古希腊神话中，阿瑞斯的移情别恋，也同样引起维纳斯的再度移情别恋，这是诸神因为不自爱而所形成的辗转循环，无尽无休的主体浪荡状态。不过，因为维纳斯后来的这些关乎"咱家的声誉"的这些情事，并未出现在《金驴记》这本书中，我们也就不再引申赘述了。

在这里我们要插入一个观点，以深化我们的论说，这就是，古希腊神话中的众多神灵，其实只不过是不同的本心状态的形象化表达而已。本心是虚灵的，本心本无形象，它往往是捉摸不定的，人们深感它难以清楚道说，因此用神的形象以表达之。而我们这里所说的"形象化表达"，则可称作"隐喻"（metaphor）。古希腊众神就是本心的不同状态的隐喻。这是我们通过本心的角度去看古希腊神话而所得出的其中一个观点。而我们要得出的另一个观点，则是这些神灵在希腊、罗马人的心目中，还具有某种信仰性，因此他们会为诸神建立神庙、设置祭坛，这则是因为，人们的虚灵的本心，一方面蕴含着主体的挺立性，而另一方面则蕴含着主体的脆弱性，而本心的脆弱性，使得人们对于大自然与人类的各种力量性作用，有所迷惑、恐惧与敬畏，而他们之所以崇拜与信仰众神，其实是对本心的不同状态，捉摸不定，但同时又有感于它有着真实的力量的自然结果。[1]我们将这两方面结合起来去理解古希腊神话，似可思过半矣。

作为美神兼爱神的维纳斯，竟然在爱情上也是如此的不堪，这未免让身处人世间的人们再三感叹。毫无疑问，爱神维纳斯及其爱情事件，无疑是在隐喻本心之难，以及爱之转移之易。即便是爱神，都理不好自己的爱情，那就更不用说其他的神，以及具有有死之身的我等凡夫俗子了！连爱神也是这样的一个状态，这恐怕仍然表达了人类对于爱情难题的一个长久的叹息吧！但无论如何，既然只要身而为人，我们都难以逃避爱与爱情这个议题，那么，直面这个问题并疏导之，才是自爱的人的应有之义！

我们现在再回到对维纳斯的本心状态的分析中来。事实上，维纳斯心中的（真）爱的诉求，并没有得到落实。无论是她与丈夫的爱情关系，还是她与情人的爱情关系，都得不到安顿。这样一来，难以充分自爱的维纳斯，就只有一条路可以选择——将她的爱转移出去。而她的儿子丘比特就是首当其冲的转移对象。她的爱的诉求转移到儿子身上的方式，则是爱的依赖与捆绑。维纳斯对于丘比特的这种心态，在无形之中给丘比特带来了爱的压力，这就是，他一方面有自己的独立的爱情需要发展与经营，另一方面则需要应对来自母亲的爱情的转移。这当然是亲子之爱的一种扭曲性形态。而在这个张力中，维纳斯作为母亲一方，则心中肯定会感到这两个方面是此起彼伏的关系，也

---

[1]　对于信仰的特性与意义，特别是本心与信仰的关系问题，可参见刘乐恒：《主体与本心》，商务印书馆2023年版，第408—441页。

就是，如果她的儿子不断经营好自己的爱情，以至于最终获得真爱，那么她的爱的转移就肯定不会成功，因为这意味着她对儿子就再也不能行依赖与捆绑之实了。而她之依赖与捆绑不顺、不得，则自然会生出怨恨；怨恨之深化，则成为冤仇。而现在她的儿子丘比特不但有了真实的爱情甚至是真爱，而且他所爱的对象则又是她的死对头、美丽得不可方物的卜茜凯，难以自爱的维纳斯就很自然地走向恼怒与抓狂，她接下来要做的事，就肯定是将自己的儿子捆绑得更牢，而同时排斥她儿子所爱的人。她很清楚，只有这样做，她的爱的转移与索取，才能顺畅落实。而维纳斯的这个心态，则可以概括为"妒媳囚子情结"。她要将媳妇排挤出自己的家庭之外，换言之，就是不认这个媳妇是她的媳妇，即便她再漂亮，再能干，再甜言蜜语，都不能消除她受到威胁、坐立不安的感受。当然，如果我们再深入地去印证，作为母亲的维纳斯，其实也未尝不将卜茜凯视作自己的媳妇，这是因为她虽然依赖与捆绑她儿子，但她的依赖与捆绑，其实是亲子之爱的变种——她心中未尝不爱儿子，据此她心中未尝不认卜茜凯是她的媳妇，只不过她对她儿子的爱之依赖与索取，让她对她媳妇的"认"，转化为一种尖锐的"苛求"。

这从维纳斯知道丘比特与卜茜凯的爱情后，维纳斯对卜茜凯的态度与做法就可以看得出来。卜茜凯自从犯错了之后，为了挽救爱情，已经豁出去了，甘愿接受任何的考验与冲击，为的是自己能够得到爱的救赎。而其中最大的考验，当然来自维纳斯。她向众神发布通缉令与追杀令，走投无路的卜茜凯最终主动走到爱神的大门前，甘于就擒，并坦然接受维纳斯的所有折磨。见到了卜茜凯，维纳斯是这样说的："你总算是肯来问候你的婆婆啦？噢，倒不如说是来探望因你的罪过而身负重伤的丈夫吧？不过你就放心吧！我会用一个好媳妇应受的那种照顾来接待你的。"维纳斯对她的"接待"，则是鞭子与酷刑。在接受一顿痛打之后，卜茜凯被再次叫到维纳斯面前，维纳斯说了另一段值得玩味的话：

　　瞧这儿吧！这家伙企图用她那个有目共睹的大肚子，挑起我的同情心，迷惑住我；显然她想让我感到做一个贵儿孙的奶奶的幸福！真是叫人感到高兴呀！正值我处在青春妙龄之时，我得被人唤作奶奶，而一个卑贱奴婢的儿子将会以维纳斯的后代闻名于世！[1]

维纳斯的这些话，一方面体现出她未尝不认卜茜凯就是她的媳妇，另一方面，她又深度嫉妒她的媳妇卜茜凯是儿子所真爱的人，她自己没有获得真爱，就嫉妒沉浸在爱情之中的媳妇。而维纳斯对卜茜凯的嫉妒，则很快让她对卜茜凯百般刁难，她要她的媳妇完成种种身而为人所不可能做到的任务。而卜茜凯出于自我救赎的意愿，以及对丘比特的无条件的真爱之情，愿意去一试。她的心意则感动了天上的神灵，同时也感动了地上的小动物，大家都毫不犹豫地愿意帮助卜茜凯度过任何难关。后来，尽管卜茜凯都完成了维纳斯所派的苛刻至极的任务，都没有让维纳斯有一丝一毫的满意，却只会激起她的进一步的恼怒——因为她的媳妇竟然如此能干，更重要的是，她的媳妇竟然在真爱的指引下，做出这么能干的事！这岂不证明她的儿子与她的媳妇的真爱之牢固，同时亦证明她自己的可怜与可悲吗？从这个意义上看，维纳斯对于她媳妇的嫉妒与苛求，其实是她向她媳妇索取爱的一个折射。不！更准确地说，这已经不仅是在索取爱了，这简直是像一个潦倒无依的乞丐，向一个富翁乞求爱了！从表面上看，好像维纳斯是强者，无论是在权力还是在地位、身份上，她对卜茜凯来说，都是一个碾压式的存在；但是，从内在的角度看，也就是从本心与爱的角度看，维纳斯是弱者，而卜茜凯则是强者，她对于丘比特的爱，可以感天动地，就连地上的小蚂蚁，都"对强大的爱神（引者按：这里指小爱神丘比特）的伴侣深表同情，对其婆婆的苛刻大声诅咒"。它召集了地上的许多蚂蚁，大家组成了一支蚂蚁大军，它们彼此呼告："你

---

　　[1]　阿普乌列斯著，刘黎亭译：《金驴记》，上海译文出版社 1988 年版，第145 页。

们发发善心吧，喂，大地母亲的勤快女儿们，你们可怜可怜嫁给爱神的一位美丽姑娘吧。快一点！你们火速赶去援救她一下吧，因为她处在生命的危险中啦。"①事实上，维纳斯对于卜茜凯的挑剔与折磨，早已严重违背本心与交心的基本法则了，天地间的生物与神灵，只要是有本心的，看到维纳斯这样做，肯定会心有不平，而看到卜茜凯为了真爱而奋不顾身，也肯定会心有感动的。而说这个故事的人，藉着蚂蚁对卜茜凯的帮助，而表达她的本心的内在法则罢了。

维纳斯对她的媳妇，心中怀有严重的嫉妒与仇恨，而对她的儿子，她心中则是始终带着一种依赖与捆绑的态度。本着这个态度，她索性将正在养伤的丘比特给囚禁起来。小说写道："此时此刻，爱神正被关押在宫宅内的一个房间里，与外界隔绝，处于严密的监视之下，这既是为了不让他继续去恣情纵欲而加重伤势，也是为了阻止他跟日夜思慕的爱人相会。所以这对情人虽然近在咫尺，却被远隔千里，他们度过了一个十分悲伤的夜晚。"②维纳斯只有将儿子囚禁起来，不让他与所爱的人相爱，才有机会将他的爱情逐步淡化，并让她得以继续向他索取爱。但是，维纳斯这样做其实是适得其反的，因为真爱是不会受到任何条件的制约的，这是真爱的特质所在；如果不是这样，那就不叫真爱了。无论是人还是神，只要他们有真爱，就能超越一切限制。因此，维纳斯对于丘比特的囚禁，起不了任何的作用。如果丘比特是人，那么他即便是被永久囚禁起来，囚禁到直到生命的最后一刻，他的心也会带着他的真爱而离开这个世界的，更何况丘比特是不死的爱神，他总有办法逃出来的："正当此时，爱神病体康复，创伤痊愈。他，再也无法忍受自己身边总是缺少卜茜凯，遂从禁闭室里

---

① 阿普乌列斯著，刘黎亭译：《金驴记》，上海译文出版社 1988 年版，第146 页。

② 阿普乌列斯著，刘黎亭译：《金驴记》，上海译文出版社 1988 年版，第147 页。

一个相当高的天窗上逃了出来。他的翅膀在疗养期间恢复了元气，以致飞得比平时还要快，赶到了他的卜茜凯身边。"[①]在真爱面前，维纳斯是无可奈何的，她的爱的转移是无效的，同时也是违反本心与交心的内在法则的。而最终，丘比特找到了他爷爷宙斯，请求他们俩在他的主持和见证下，结为连理。在天神宙斯的见证下，他们的爱情与婚姻，得到了包括维纳斯在内的天界中的众神的祝福。[②]

三、真爱转移的具体分析（二）：宙斯之"尚力重权"情结

从上文的论述中，读者诸君其实很容易体会到，维纳斯的妒媳因子情结，其实就是人间的写照，特别是人类的家庭中婆媳关系与母子关系的揭示，我们同时也相信聪明的读者肯定知道我们为什么会不厌其详地要分析这个故事。而我们现在则需要再重申一下我们的基本观点，这就是维纳斯情结是由爱的转移所带来的，是转移的结果。在家庭中，父母双方基于彼此的爱情而建立了家庭，并生儿育女，但是他们建立了家庭、有了子女之后，他们彼此之间的爱情则往往在不知不觉之间消磨殆尽。但是，他们彼此的心中，肯定是渴望真爱的，而当

① 阿普乌列斯著，刘黎亭译：《金驴记》，上海译文出版社 1988 年版，第155 页。

② 对《金驴记》中丘比特与卜茜凯爱情故事的另一创造性分析，参见 Carol Gilligan（吉里根），*The Birth of Pleasure: A New Map of Love*, London: Chatto & Windus, 2002。吉里根最为人熟知的书是《不同的声音》（*In a Different Voice*），并因这本书被视作关怀伦理学的代表人物之一，以此为她的代表作低估了吉里根的理论贡献。其实，她在《欢愉的诞生》（*The Birth of Pleasure*）中的探索更为深入。在这本书中，她从精神分析的角度对丘比特与卜茜凯的故事进行了重新解读，并结合精神分析的具体案例，显示了爱与欢愉之间的内在关联，以及欢愉／爱与父权制之间的内在张力，力图为"爱"绘制地图，为主体找到出路。此外，书中还有对悲剧本质的思考，也有对生死与爱情之间关系的洞见，这些探索远比呈现女孩心理发展阶段不同于男孩的心理学研究要深入得多。

他们真实感受到彼此之间不再有真实的交心与互爱，而同时自己又难以通过敦厚自爱的方式以挺立自我的主体性的时候，他们的不自爱的本心状态，以及对于真爱的渴望，便让他们将爱的诉求，转移到了自己的子女身上，而通过依赖乃至捆绑子女的方式，向子女索取爱。无论是父亲还是母亲，心中都有可能会形成这种维纳斯情结。我们观察一下在人世间，如果父母对子女的学习、生活乃至成家立业之事特别着紧，甚至将子女的成长视作自己的人生寄托，那么这样的父母，多半是在爱情上存在深度的消磨与创伤的父母。而如果父母之间的爱情得到顺畅的落实，彼此能够真实交心与互爱，他们就不会形成深度的爱的转移。①

不过，在这里，我们仍然可以将父母双方区分出来，进一步细看这个问题。我们很容易就观察到，尽管父母双方都有可能形成维纳斯情结，但毕竟是母亲们较之父亲们，其心中的维纳斯情结更为普遍，也更为明显。因此，《金驴记》会将妒媳囚子情结的主角，给了一位女神。那么，作为男性的父亲，他们的爱的转移是不是较之作为女性的母亲，要少得多呢？简言之，父亲是否就没有或者很少陷入爱的转移呢？非也！我们可以说，在父权制的背景下，父亲的爱的转移，更为严重，同时也更为隐蔽。正因为这种转移相当隐蔽，导致了我们往往盯住了女性的维纳斯情结，而忘记了男性的问题。我们往往以为在父权制下，男性总是受益者，而女性总是受害者。此则大谬不然！在这

---

① 关于维纳斯情结，我们在这里还需要说明一点，这就是，在母亲的本心有所转移的情况下，母亲对儿子的态度与她对女儿的态度是不一样的，母亲对儿子的态度是绑定儿子并依赖他（也即所谓"囚子"），而母亲对于女儿的态度，则是直接嫉妒。其实，母亲对于女儿的这种态度，和她对于媳妇的态度（也即所谓"妒媳"）是相近的，而与她对于儿子的态度略有所不同，这显然是因为作为女性的母亲，很"自然"地将女儿和媳妇所身处的位置，与自己所身处的位置关联起来了。而在这个意义上，我们其实也可以将母亲对于女儿，兼及她对于女儿与女婿的关系的某种带有嫉妒性的态度，同样归为"维纳斯情结"的某种具体形态。

里，我们可以先表明一个观点，此即男性的爱的转移，是以爱的缺席的形态体现出来的！

一直以来，在爱的议题上，女性和男性有一个很明显的差异，这就是关于男性的议题，往往与"爱"和"爱情"的领域难以沾边，甚至于在日常生活中，男性被暗示乃至规训，不应该流露和表达出温柔的爱意，否则，他就不算一个男人，真正的男人，就应该和爱绝缘。这种文化性、日常性的暗示和规训可谓无处不在，男孩子从小就被告知"男儿有泪不轻弹""男人不要那么感性"，大人们会告诉小男孩"男人要有男人的样子"。至于男人应该有的样子是什么，男孩子们慢慢就感受得到了——赚不了钱，算什么男人！社会地位低，被人瞧不起，算什么男人！不能充裕养家，缺乏能干度，算什么男人！心不狠，手不辣，算什么男人！年纪这么大，都没有捞得个一官半职，算什么男人！总之，大家可以体会一下，社会上对于男人之为男人的期待乃至要求，往往总是和名、利、权力结合在一起的，而很少和爱情、善良、纯真、温柔关联起来。实际上，前者与本心较远，而后者则与本心较近；前者很难看到爱与爱情的色彩，而后者则与爱和爱情有直接的关联性。

这意味着什么呢？这意味着，长期以来，在人类社会中，男性的主体性的扭曲与异化的程度，要较女性为高、为深——这是基于主体性的核心在于本心这个取向，我们所作出的一个明确的判断。世上最可怜的人，无过于自己的爱被夺去了；自己的爱被夺去，就意味着自己的本心沦丧了。我们知道，真爱是每个人本心中的最大的渴求，而缺乏爱的生活，肯定是非主体、反主体的扭曲本心的生活。当然，我们大可以说男人爱名利，爱权力，这也是一种"爱"吧！这确实不能说这没有"爱"的意义，但我们更应该说这是"爱的转移"，而且是相当彻底的爱的转移，这种转移因为比较完全而彻底，最终往往使得社会上的男性走向了"爱的缺席"，换言之，在男人处，再也没有什么爱可言了。女人之间的聚会，彼此还可以分享一下各自关于爱情的体验与感受，但男人之间的聚会，除了相互吹嘘各自的成就、地位、能耐之外，剩下的就是自己如何征服女人之类的事，而唯独缺乏对于爱与爱情的分享互动。女人与女人之间形成友谊，往往会让人有清纯、真挚之感；但男人与男人之间的交往，则多半夹杂着利益上的勾兑、权力上的倾轧以及名誉上的攀援，世间所谓"狐朋狗友""酒肉朋友"之类的形容，往往也是指男性集团内部的所谓朋友关系。

在这里，我们当然要问，为什么男性会将"爱的转移"直接逼成"爱的缺席"？这个问题应该和父权制的形成的问题是同步的，这两个问题是相互纠缠在一起的。男性的不自爱所导致的自我异化，女性对男性的自我异化过程的参与和助长，应该经历了一个长期的演化与沉淀的过程，而这个演化过程的结果，则是父权制的形成。为什么社会的演变会造成父权制的结构作为主导性的结构，而不是反之？学者对于这个问题，展开过深入系统的研究与讨论，其结论则不尽相同。其中的一个观点，是随着社会财富的增长，上层统治者权力的集中以至国家的形成（而这两者又形成了相互的作用），人群之间的战争越来越多，各个群体对于资源的争夺越来越激烈，而这又促使一个人群内部对于男性与女性的身份与位置的要求各有不同。男性被要求有勇气和能力去打仗，夺取资源、土地、权力；而女性则被要求多生孩子，以壮大她所身处的群体的人丁，从而取得战争或争夺的胜利，久而久之，女性就被要求淡出公共事务与领导位置，而专注在育儿和家务上。而随着这一模式的持续，该群体内部就逐渐形成了和这一模式与结构相互作用的观念，这就是，一个不愿意参战的年轻男性就会被嘲笑，说他是一个没有勇气的懦夫、失败者，而一个不想生孩子，或者不愿意在家相夫教子的年轻女性，就会被嫌弃，说她不是一个合格的女人，她就可能面临嫁不出去的风险。而这样的一个观念，以及与这个观念相一致的性别关系的结构，就使得该群体逐渐沉淀出父权制来。①久而久之，这种父权制就内化在人们的本心中，还通过诸如"天尊地卑""乾刚坤柔"这样的形上学与意识形态，以固化"男尊女卑"的格局。在古希腊和古代中国社会，父权制的结构既普遍又根深蒂固。不过，我们在这里不拟对父权制是怎么形成的这个问题作出更为详细的研究和回应；我们的关注点，主要是考察在父权制的背景下，男性的爱的转移的问题。

从上文的简略描述，我们可以大体上看到，男性是如何将自己与利益、名誉、权力相互捆绑在一起的，而女性又是如何逐渐将心力放在家庭上特别是在孩子上面去的。因此，我们看到所谓维纳斯情结，往往集中体现在女性身上，而男性的这样一种爱的缺席的状态，我们仍然借助古希腊神话中的人物给它另外一个形象，将其称作"宙斯情结"。与"维纳斯情结"的核心特征"妒媳因子"不同，"宙斯情结"的核心特征则是"尚力重权"。这个情结可以概括出在父权制的背景下，男性的不自爱以及爱的转移的基本状况。

在古希腊神话中，第三代天神宙斯可以说是人类父权制的代表性形象。宙斯是"诸神与人类之父"，是"神灵中之最卓越者、最强有力者"。②既然第三代天神是宙斯，那肯定有宙斯的父亲和爷爷。据《神谱》记载，从第一代天神到第三代天神的王位继承过程，充满着残酷的斗争、残杀与吞噬，而这些斗争，都是围绕权力而来的。大地该亚生出了第一代天神乌兰诺斯，于是有了繁星似锦的皇天，天与地自然地交合在一起，于是乌兰诺斯同时成为了该亚的丈夫。该亚和乌兰诺斯生出了众多孩子，后来又生出了三个身材魁梧、孔武有力的儿子。然而，作为父亲，乌兰诺斯竟然对这三个儿子避忌和憎恨起来："在天神和地神生的所有子女中，这些人最可怕，他们一开始就受到父亲的

① 具体内容参见 Angela Saini, *Inferior: The True Power of Women and the Science that Shows It*, London: 4th Estate, 2017。

② 赫西俄德著，张竹明、蒋平译：《神谱》，商务印书馆 1997 年版，第 27 页。

憎恨，刚一落地就被其父藏到大地的一个隐蔽处，不能见到阳光。"①
乌兰诺斯对他的这个做法洋洋得意，但因为他将孩子们藏在大地
中，该亚受挤变窄，变得郁郁寡欢。为了报复丈夫，她于是做了一把
镰刀，并召集她的儿子们，问谁能够用这把镰刀对付他们的父亲。——
从这里我们可以隐约看到，乌兰诺斯对于大地该亚的挤压，乃是母系
社会之走向父权制社会的隐喻，而她之求助于她的几位儿子们。这意
味着在父权制初步形成的过程中，女人们已经知道她们的力量难以制
服男人，于是在某种程度上承认了父权制，同时求助于她们的儿子们
能够"主持公道"。在这个神话故事中，我们也可以非常清楚地看到，作
为第一代天神，乌兰诺斯心中最重视的就是权力，他对权力的重视，使
得他的夫妻之爱、亲子之爱瞬间转移到对权力的执著那里去了，而他
对权力的执著，则很快就使得他从爱的转移而走向爱的分裂——他撕
裂了夫妻之爱，于是夫妻之间形成仇恨，难以弥合；同时他也撕裂了
亲子之爱，于是对儿子们的爱瞬间消失，取而代之的则是力量上的争
夺。他已经稳坐天神的位置了，能够通过自己的权力而统治别人，现
在他的儿子这么有力量，如此不可征服，那么他们将来势必会动摇他
的权力，因此丧失了父爱，而只有避忌和憎恨。因此，从第一代天神
起，对于权力的追逐与执著，是他们的不自爱的开始；而他们的这种
不自爱状态，乃是爱的深度转移，而这种转移的结果，则是爱的分
裂，并最终荡然无存。

　　在该亚的孩子们当中，克洛诺斯是最狡猾多计的一个，同时他也
很憎恨父亲，他讨厌乌兰诺斯那旺盛的性欲。为什么他会嫉妒父亲的
性欲呢？赫西俄德的《神谱》里面没有交代，但就我们的印证，"性
欲"其实是与权力关联在一起的。男人有了权力，就可以通过性欲这
个渠道，实现对女性的控制。如果失去了性欲，男人对于女性的控制
就难以实现。因为克洛诺斯非常憎恨他父亲，只有他有勇气答应母亲

---

① 赫西俄德著，张竹明、蒋平译:《神谱》，商务印书馆 1997 年版，第 31 页。

去对付父亲，而该亚的其他孩子全部都被其恐惧所支配，谁也不敢答应，谁也不敢开口。这说明什么呢？这说明，在父权制的背景下，只有那些尚武有力、狡猾凶险的人，才能攫取资源与权力，并获得统治性与支配性的位置——但这样做，又是违反本心的自然法则的，该亚的孩子们的恐惧与不安，是本心的自然流露，但克洛诺斯的态度，反而让他能够登上统治者的宝座。不过，他的代价当然也是巨大的，这就是他要放弃爱。

夜幕降临，乌兰诺斯渴望爱情，他用灿烂的繁星，用浩瀚的天穹拥抱着大地，在这个宁静的夜晚，暗中埋伏的克洛诺斯右手握着大镰刀，说时迟那时快，乌兰诺斯的生殖器就被他割了下来，并扔到翻腾动荡的大海中。浪花与海水的泡沫环绕着第一代天神的阴茎，在这荡漾迷蒙的情境中，阴茎化而为一位少女，这位少女就是阿芙洛狄特，也即罗马文化中的维纳斯。因为这位女神是从男性的生殖器中生出来的，因此她又称作"爱阴茎的"。从这里我们可以看到，作为女性的维纳斯，已经与男性的性欲难舍难分了，她本就是父权制的产物，她是会按照父权制的游戏规则而生活，并在这个过程中强化它的力量。而登上神王宝座的克洛诺斯注定是一个狠角色，他深知被他父亲所憎恨的几位强有力的孩子会争夺他的王位，于是将他们囚禁在地狱中。即便如此，他还是不放心。克洛诺斯的妻子叫瑞亚，她也是乌兰诺斯和该亚的孩子。克洛诺斯和瑞亚每生一个孩子，强猛的克洛诺斯就会将他吞食，以防止他的其中一个儿子推翻他而成为众神之王。而且，他在偶然间从他父母那里得知，尽管他不可一世，但他最终会被他自己的儿子所推翻的。从这里，我们则看到，父权制在克洛诺斯处得到了进一步的巩固，而父权制不断巩固的过程，则是父子间的权力争斗进一步加深并炽热化的过程，同时也是父子之爱进一步扭曲与丧失的过程。克洛诺斯的这一食子恶行，让瑞亚悲痛不已，她于是接受了母亲的建议，在生出了最小的儿子也即宙斯之后，偷偷地让母亲、广阔的大地该亚将他藏在克里特岛上并悉心抚养。随后，瑞亚将襁褓裹上一块大石头，送给强猛狡诈的克洛诺斯，他二话不说，一口给吞了下去，也不知道他吞下去的只是一块大石。而随着宙斯的长大，他的王者的气势就冒出来了，他用计让父亲克洛诺斯喝醉，使他在醉中将宙斯的几位兄弟给吐了出来，他们十分感谢宙斯的好意，于是将闪电和霹雳——这都是至高权力的象征——都赠送给了宙斯，而宙斯则将克洛诺斯扔出了王宫，而此后宙斯与克洛诺斯两派进行了旷日持久的争夺战，最终宙斯获胜。在宙斯和克洛诺斯斗争的过程中，重新分配权力，他将海洋给了波塞冬，将地府给了哈迪斯，而他自己则坐镇奥林波斯山，拥有广阔无边的天空。从表面上看，宙斯的权力有所分散了，但实际上他的权力更为稳固了，这是因为他懂得在父权制下，像他们的父祖那样单纯用直接的杀戮与争夺，以独霸所有权力和财富，那是不稳固的，因为这太违背人心之所向了，而只有巧妙地分赃，才能收买人心，以巩固自己的权力。但这是否意味着宙斯能够回归爱呢？其实没有，他的一切心意，都是冲着权力去的，他的貌似公正的分配，最终是为了巩固他的神王的地位而推行的，他牢牢地控制住天空，紧紧地握着代表权力的闪电和霹雳，父权制在宙斯那里走向了成熟。

宙斯的尚力重权情结，让他的本心走向遮蔽与扭曲，他自己已经没有什么爱了，他也不允许别人有爱。他的爱的渴求全部转移到权力那里去了，谁要是窃取了他一点半点的权力，谁就是他的敌人。普罗米修斯就是一个例子，他是宙斯一派的神，他按照自己身形而用泥土做出了人类，而智慧女神雅典娜则给人类注入了灵魂。普罗米修斯将火种偷偷带给了人类，宙斯感到自己的权力受损了，对普罗米修斯相当愤怒，于是来了一条毒计以惩罚他。《神谱》是这样写的："宙斯用挣脱不了的绳索和无情的锁链捆绑着足智多谋的普罗米修斯，用一支长矛剖开他的胸膛，派一只长翅膀的大鹰停在他身上，不断啄食他那不死的肝脏。虽然长翅的大鹰整个白天啄食他的肝脏，但夜晚肝脏又恢复到原来那么大。美踝的阿尔克墨涅的勇敢之子赫拉克勒斯杀死了这只大鹰，让这位伊阿珀托斯之子摆脱了它的折磨，解除了痛苦——这里不无奥林波斯之王宙斯的愿望。"①在古希腊，肝脏代表了人类的自然情感，按照我们的本心分析，实际上它就是人的自然的本心的揭示，而本心则是人之所以为人的意义所在，同时也是爱的源泉。而宙斯想用一只大鹰啄食普罗米修斯的肝，其实是想要堵塞本心与爱之源，这是父权制对人所提出的要求。但是，无论人如何受到摧残，只要她是个人，只要她有本心，那么她对于爱的渴求，就永远不会熄灭——连宙斯也不会没有对于爱的渴求的，他对权力的迷恋就是爱的渴求的体现，只不过这种渴求是以转移的方式而冒出来的。为了惩罚和报复人类取得火种，宙斯给人类送来了两个灾难，而这两个灾难其实是关联在一起的。第一个礼物是他让他的儿子、火神赫菲斯托斯用泥土塑造了一位腼腆少女的形象，并让雅典娜给她装饰一番，让她迷惑人类，而这位潘多拉，"她是娇气女性的起源，是可怕的一类妇女的起源，这类女人和会死的凡人生活在一起，给他们带来不幸，只能同享富裕，不能共熬可恨的贫穷。"②在这里我们可以看到父权制对于女性的贬抑与污名化，以及对于男性的不信任——你的本心想渴望真爱，你想通过自爱的方式来逃避规训，那我就偏让你得不到真爱，让你的女人可与你同甘而不可与你共苦，让你看看在父权制的背景下，女人对你是否有真爱，她是喜欢权力还是喜欢爱情。除了给人类送来潘多拉外，宙斯还送来婚姻制度：

> 为了报复人类获得火种，他又给人类制造了第二个灾难：如果有谁想独身和逃避女人引起的悲苦，有谁不愿结婚，到了可怕的晚年就不会有人供养他；尽管他活着的时候不缺少生活资料，然而等他死了，亲戚们就会来分割他的遗产。如果一个人挑选了结婚的命运，并且娶了一个称心如意的妻子，那么对于这个男人来说，恶就会不断地

① 赫西俄德著，张竹明、蒋平译：《神谱》，商务印书馆1997年版，第42页。
② 赫西俄德著，张竹明、蒋平译：《神谱》，商务印书馆1997年版，第44页。

和善作斗争；因为如果他不巧生了个淘气的孩子，他就会下半辈子烦恼痛苦得没完没了。这种祸害是无法排除的。①

由此可见，婚姻制度和父权制是息息相关的。宙斯要给人类带来灾难，最狠毒的莫过于带给人类婚姻，这是神和人类所共同承认的灾难！我们知道，父权制本就是扭曲本心的，是权力规则的产物而非自然的交心的产物，而在父权制的背景下，人类一旦形成婚姻制度，那么这个婚姻制度就往往向着强化权力本位的方向而趋，而不是向着增进交心与互爱的方向而趋。在这样的制度下，丈夫重视权力、地位、名利，他的爱就被转移、分裂，被"宙斯情结"所诅咒；而妻子则只被困在家里相夫教子，自认卑下，没有办法实现自己的个人理想，发展自己的兴趣，而她对于丈夫的自然的爱则因为这个结构，而受到阻碍，得不到落实，她的真爱的渴求最终转移到孩子身上，与孩子绑定，而被"维纳斯情结"之所诅咒。最终，婚姻制度介入到男人与女人的自然的爱情关系中去，让爱情的内在原则服务于父权制的游戏规则，这势必造成夫妻关系的扭曲与纠结——因为不管夫妻关系如何，夫妻双方之所以结合，是基于爱情乃至真爱的，而当他们因爱而结为连理，进入婚姻之后，父权制的结构就成为放在家庭里面的伪装成保险柜的潘多拉匣子。男人和女人都以为这是个保险柜，梦想里面有传家之宝，而当他们一打开保险柜——有了婚姻之后，他们又不得不去打开它——之后，痛苦、纠结与灾难就被打开了，真爱就被消磨殆尽了。难怪无论东方西方，古代现代，人们都在感叹"婚姻是爱情的坟墓"！事实上，从本心的角度去看，"婚姻"自身的意义，是爱情的题中应有之义，是人们之所不可逃避之事，但我们只有先基本理清自古以来的婚姻制度与父权制之间所形成的复杂的纠缠，并还原婚姻与真爱的内在关系，然后我们才能够看清楚它的真实意义之所在。关

---

① 赫西俄德著，张竹明、蒋平译：《神谱》，商务印书馆 1997 年版，第44—45 页。

于这个问题，我们将会在本书的第四卷中详细展开，在这里我们只是先作铺垫而已。

现在我们说回宙斯。宙斯不仅要统治人类，而且他还要牢牢地掌控神界，他的尚力重权的情结深入到他的骨髓中。他一方面通过雷霆、闪电、霹雳震慑诸神，让他们不敢不从："由于呐喊声不绝，可怕的冲突未休，统治亡灵的哈得斯在下界也胆战心惊，和克洛诺斯一起住在塔耳塔罗斯的提坦们也不寒而栗。"[①]另一方面，他的性欲发达，通过不断勾引与诱骗女神与女人，并控制她们，来满足他的尚力重权的情结。在他的尚力重权情结的引导下，他对女性，以及那些女性与他所生下的孩子，都缺乏真正的爱，而只有力量上的控制与被控制关系。当然，如果更严格地说，宙斯也是渴望真爱的，只可惜他刚一萌发爱意的时候，他的尚力重权的情结，就立即让他对女性形成了控制的念头。宙斯的妻子、妃子不可胜数。他的第一个妻子是神人和凡人中最有智慧的墨提斯，但他害怕她生出一个孩子，拥有的武器比霹雳还要厉害，因此他毫不顾念夫妻之间的爱，趁她不备，一口气将她吞到肚子，而一直留在宙斯肚子里的墨提斯则生出了雅典娜。而另外一些妻子则往往是宙斯或哄或骗而得手的。宙斯之所以娶这么多妻子，最后的目的都不是为了爱情，而是为自己的权力的巩固而与各方派系联姻，而他的女人们都是各方豪杰，既有智慧之神，又有诗歌之神，她们既给他的统治带来法则与秩序，同时又带来骁勇善战的作风。在宙斯的这些妻子当中，有许多都是与他有血缘关系的人。他的这种统治手腕，和周武王与周公所一手建立的分封制度有异曲同工之妙。不过，作为新一代而且是最成熟而霸悍的一代神王，宙斯的眼光似乎更远，他不仅和与他有血缘关系的女神联姻，而且还和与他没有血缘关系的女神结合，他不仅勾引女神，而且还哄骗女人，于是，通过十次

---

① 赫西俄德著，张竹明、蒋平译：《神谱》，商务印书馆 1997 年版，第 50—51 页。

联姻,宙斯将自己的权力笼罩在整个神界与人界,真可谓彻上彻下,四海之内,莫非王土。宙斯王朝的建立,与父权制的成熟和进一步巩固是同行并运的。

宙斯将婚姻视作巩固他的权力的工具,那么宙斯本人以及宙斯的妻子们,是否就没有什么爱情可言呢?我们其实也可以说,他们之间的爱情确实荡然无存,他们的一切的关系都是围绕宙斯的奥林波斯王朝的权力的巩固而确立的。但是,既然即便是神灵,也是有本心的,因此无论是宙斯,还是他的妻子、妃子们,都不可能没有爱的渴求。但是,在这样的关系之下,他们之间的爱情就一定是被父权制之所扭曲的。赫拉和宙斯的情感关系就是其中一个例子。宙斯的姐妹、天后赫拉是宙斯正式的妻子,他们之间有过情爱,《荷马史诗》说宙斯见到了赫拉,爱欲便充实着他聪明的本心。①也许正因为这个原因,赫拉对丈夫钟情于其他女神、女子而生起嫉妒心。《神谱》记道:"赫拉没有和宙斯同房——因为她那时对宙斯十分生气,与他吵了架——生下了著名的赫淮斯托斯。""由于不和,赫拉未和神盾持有者宙斯结合便生下了一个光荣的儿子赫淮斯托斯。"②宙斯既然重视权力与控制,那么他就不可能与赫拉有什么真实的交心,那就更谈不上真爱了。他们之间相互不信任。《神谱》里面没有详细讲述这一点,但《荷马史诗》对此有所描绘。赫拉曾被宙斯用金链子给绑住,将她从奥林波斯山上一直抛下去,让她吊在天空和云层里左摇右晃。而诸神看见此状,都慑于宙斯的威权,谁也不敢插嘴多言。③在宙斯喜欢其他女性的时候,赫拉则生出了嫉妒心,但她却没有过于怨恨丈夫,反而将主要的

---

① 《伊利亚特》14.294,见荷马著,陈中梅译:《荷马史诗·伊利亚特》,上海译文出版社 2021 年版,第 411 页。

② 赫西俄德著,张竹明、蒋平译:《神谱》,商务印书馆 1997 年版,第 53 页。

③ 《伊利亚特》15.18—21,见荷马著,陈中梅译:《荷马史诗·伊利亚特》,上海译文出版社 2021 年版,第 423—424 页。

怨恨放在丈夫的情人身上，并处心积虑对她们实施报复——这也是父权制对于人的扭曲，赫拉并没有将真正的矛头对准她的丈夫，而一味认为是别的女性勾引了丈夫，并因此而挑战她的地位。不过，这其实是她逃避自我，不愿意面对问题的结果，但事实上她心里也是清楚的，她清楚丈夫的移情别恋，以及她与他彼此之间的真情早已不在，但她毕竟是有爱的诉求的，因此她肯定要对丈夫生气，和他吵架。但是，在这样的权力结构面前，无论赫拉怎样折腾，只要彼此缺乏交心与互爱，她都只是劳而无果。于是，赫拉只好将爱转移出去，她在没有和宙斯同房的情况下，自己生下了赫淮斯托斯。我们大可不必细究赫淮斯托斯究竟是赫拉自己生出来的，还是她与别人一起生的，我们只需要理解到，她的爱已经转移到孩子身上了。

因为崇尚权力，宙斯在亲子之爱上，也是扭曲的，他的父爱是缺席的。我们以宙斯和赫淮斯托斯的关系为例。赫淮斯托斯因为想帮助他的母亲赫拉，而被宙斯用手抓住，一气之下就将他扔出神殿的门外。赫淮斯托斯自上往下跌在了莱姆诺斯岛上，奄奄一息。[①]他对战神阿瑞斯也是这样，他很讨厌阿瑞斯，扬言要将阿瑞斯扔出奥林波斯，并将之囚禁到泰坦诸神的下面。[②]这意味着宙斯的自然父爱受到了权力心的扭曲，这当然也是一种严重的爱的转移。

根据上文的梳理与分析，我们大体可以看到一个父权与男权的形象到底是怎样的，以及这一形象对于男性自身的扭曲。在父权制下，无论男性还是女性，其实都是受害者，而男性所受的扭曲与伤害则为更甚——这是我们从本心与爱的角度所作出的判断。从表面上看，男性是赢家，而女性则是输家，是被奴役与被控制的一方。这肯定是不容

---

① 《伊利亚特》1.590-593，参见荷马著，陈中梅译：《荷马史诗·伊利亚特》，上海译文出版社 2021 年版，第 31—32 页。

② 《伊利亚特》5.888-898，参见荷马著，陈中梅译：《荷马史诗·伊利亚特》，上海译文出版社 2021 年版，第 163—164 页。

否认的事实，而性别平权运动与思潮，则是对父权制下男女不平等关系的合情、合理、合法的冲击。不过，如果我们将这个问题往深一层去印证，就会发现，男人赢得了权力，但却输掉了爱。从本心与爱的角度看，男人其实较女人输得更惨，他们往往较女人更不自爱，他们的爱的转移更甚，以至于走向爱的缺席。世俗意义上所谓"成功"的男人，也即在权力、利益、名位上占据优势的男人，其风光的背后，往往是真爱的落幕与落寞。如果我们以本心的遮蔽与扭曲的程度，或者以真爱的转移程度去比较男人与女人，那么我们肯定要说，男人才是本心上、爱情上与主体性上的输家！富贵于我如浮云，男人们可以站在海边上，看着浪潮退去的时候，那苍白的月光照在乱石堆叠的海滩上的情景，也许在这时候，有些人才醒悟到，富贵、名位、权力这些东西，也不外乎是一些消长不定的浪花而已，而他们剩下的，就只不过是一无所有的一个疲倦的身影。

四、重审"俄狄浦斯情结"

我们已经知道父权制给男性与女性都带来了扭曲，而另有一个严峻的事实，则需要我们加以重视，此即无论是男性抑或女性，都可以扮演与父权制共谋的角色。有什么样的男人，就有什么样的女人，有什么样的女人，也就有什么样的男人——男人与女人是可以联合起来，并为父权制的进一步巩固添砖加瓦的。如果我们说宙斯情结也即重力尚权的心态，使得男人们只将女性视作自己可以控制与支配的财产，使得他们只重视女性的姿色，缺乏与女性形成情感上的平等交流的渴望（那就更不用说通过本心上的共鸣以彼此获得真爱了）的话，那么，与之对应，女人也往往并不从男性的本心与主体性状态的角度去尊重男性，她们在选择男性作为伴侣的时候，也往往要选择有权力的男性，而忽略他们的其他方面的品质，此即世俗所谓"权力是女人的春药"也！于是，女人的姿色，与男人的权力，就实现了联姻，结果则是爱的丧失与毁灭。许多人，在恋爱的时候，还有真爱的渴求，而当彼此进入婚姻或者长期的伴侣性关系的时候，他们还是抵抗不了父权制的压力与诱惑，于是真爱的梦想便被揉烂，破碎了一地。男人在社会上追名逐利，勾心斗角，他们这样做，心中其实有一个隐含的动机，这就是为了进一步控制被他所养在家里的女人；而在女人这一边，她们往往也强化了男人要在社会上去追名逐利、勾心斗角的意愿，也即加深了他们的不自爱。例如，女人们在尚未找到对象之前，往往被建议在挑选男人的时候，一定要找"潜力股"，而所谓"潜力股"，即是有可能获得甚多的名利和甚高的权力、而现在尚处在"潜龙勿用"阶段的男性。殊不知，当她们的心思一旦往这个方向而趋的时候，爱情的关系必定已经开始变质了。而当她们庆幸自己能够幸运地选对了一支"潜力股"后，如果这支潜力股不从"潜龙勿用"的状态而走向"飞龙在天"，她们就开始埋怨起自己的丈夫来，指责他们这方面无能，那方面不像个男人。这时候，他们之间的爱情不但变质，而且开始走向了扭曲与破裂。实际上，只要一个女人对她的男人有这样的期待，她就是缺乏自爱与自我的信心的，在这样的一种心态下，她的期待就肯定总是悬空浮荡而不能落实下来的，于是她便在焦虑之中与丈夫一起经营爱情与婚姻的坟墓。

不过，在最后，我们仍然需要强调一点，即虽然男人与女人往往都是父权制的共谋，但是，既然宙斯情结重力尚权的主体是男性，那么父权制的主要责任，仍然应该由男性所承担。对于父权制的问题，男性要较女性更具有自觉性，以及自觉超越它的意愿与行动。这是从主体与本心的扭曲程度来说的。谁的扭曲的程度越大，那么谁的问题就越大。如果说女性的维纳斯情结是女性的真爱的转移的体现，那么男性的宙斯情结则是男性的真爱的缺席的体现。正如前文所说，爱的缺席也是一种转移，但它是一种深度与极端的转移，它往往让爱的意义，从根源上走向扭曲。

如果要摆脱这种扭曲，男性首先需要真实印证并自觉到宙斯情结其实是不自爱的体现。被权力、财富、地位等外在的条件牵引着，心中越来越重视这些条件的人，就会逐渐将它们与证明自我之事紧密结合在一起；而他们越是这样去用心，就越对自己不以为意，也即越是不珍爱自己。这种本心上的不自爱与对权力的执著，构成了一个相互加强的循环。而正是这种循环，一方面让男人自己走向爱的缺席，另一方面造成了爱情双方在爱情上的纠缠与扭曲，让双方都承受父权制之害。男人如果实感并自觉到这本就是一个问题，就有机会超越这个问题。不过，实感与自觉是第一步之事，而第二步则需要将转移出去的爱，再转回来，回到自己的本心，而不再受到权力的诱惑与压迫。而要做到这一步（其实也理应包括第一步），从根本上说，最终还是需要真实地回到自爱上去。一个人只有真正爱自己，珍惜自己，对自己有信心，才能对权力、地位、财富等外在的条件，保持住自然而平常的心态，而自己的本心不会被它们之所牵扯，使得自己失去自知之明。实际上，权力、财富、地位等问题，是我们身而为人所不可避免之事，因此无需对之刻意回避，而我们是否基于本心之自爱而去面对这些条件，本心是被它们之所牵引，还是基于自爱的原则而去驾驭它们，则是每个男人乃至每一个人都需要去处理的人生课题。①

---

① 女性主义思潮的出现以及推进，其实可以为男性的自我反思提供契机。但是，与轰轰烈烈的女性主义运动相比，男性的自我反思之事尚未形成自觉，那就更谈不上什么思潮了。可以说，男性的自我反思这个课题，目前尚处于一片空白的状态中。这当中的原因可能是复杂的，而其中一个原因，则是在父权制的社会中，男性已经获得了权力、财富与地位等"好处"，因此，即便一些男性对父权制的问题以及自己与父权制的互动关系，有了一定的实感与反思，但他们同时也感受到自己同时也得到了相应的"好处"，因此，他们就缺乏进一步的动力，去直面在父权制下男性自身的主体性困境——因为直面这个问题，会给自己带来某种"不适感"，这正如许多女性一旦直面女性主义与父权制的议题的时候，心中也形成某种不适感一样。另外，在当今社会，一些对女性主义与性别平权问题有所自觉的男性，也投入到女性主义的阵营中，为女性的地位而呼唤，这当然是有一定

　　我们在上文已经分析了维纳斯的妒媳囚子情结与宙斯的尚力重权情结，男人与女人、父亲与母亲双方对这两种情结往往都是兼而有之的。不过，因为长期以来，人类的性别关系的作用，以及与父权制之间之所形成的相互强化的机制，使得人们对不同的性别区以别之，形成了刻板的在性别上的印象、身份认同与文化建构。据此，我们就可以看到在现实社会中，女人与母亲的维纳斯情结要明显一些，而男人与父亲的宙斯情结也肯定要突出一些。

　　在这一节，我们根据前面分析的"宙斯情结"与"维纳斯情结"来重审弗洛伊德的"俄狄浦斯情结"。[①]概而言之，从本心分析上来说，"俄狄浦斯情结"是母亲的维纳斯情结与父亲的宙斯情结糅合起来，并培植在子女的心上，而在子女心上之所形成的情结。我们将"宙斯情结""维纳斯情结"与"俄狄浦斯情结"之间的关系图示如下：

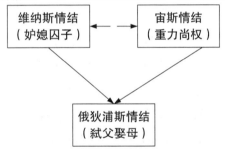

的积极意义的，但是，在男性自身的问题——而这个问题其实又较女性主义所揭示的问题要严重——尚未作出充分的呈现与正视的情况下，身而为男性的人们，若将主要的精力放在推动女性主义运动上去，那么这里面就肯定会存在自我转移与自我回避的问题。

　　① 关于"俄狄浦斯情结"的核心观点，请参见本书第一卷第一章第二节的讨论。另外，尽管许多人会对弗洛伊德集中在性或原欲的角度去解释"俄狄浦斯情结"有所不满，并试图发展不同的解释系统，谋求对相近的现象作出更为合情合理的阐发。但是，我们不可否认他确实是抓住了一个重要的问题，并获得了锐利的洞见，那些弗洛伊德的修正者也往往只是沿着他的相关洞见而发展自己的理论而已。

也就是说，我们认为"俄狄浦斯情结"之所以会产生恰恰是因为父母双方不能自爱与互爱，从而进行爱的转移的结果。"俄狄浦斯情结"过于着重于儿童尤其是男孩在成长中所发展和承受的"情结"，忽略了父母才是造成这一情结的源头。

实际上，弗洛伊德所观察与印证到的俄狄浦斯情结有两个层面的内容。第一个层面的内容，也就是我们在本书第一卷中所指出的，弗洛伊德的"原欲"理论以及为了夯实这个理论所提出的"俄狄浦斯情结"这一核心观点强调了一个主体的基本面向，也就是主体之身体或性的面向；[①]第二个层面的内容，则关联于不那么自然的主体情况，亦即弗洛伊德所发现的主体的"病理性"情况或者压抑的情况。在弗洛伊德那里，这两个层面的内容相互糅合与纠缠。基于这一点，我们可以对弗洛伊德所发现并提出的"俄狄浦斯情结"在正反两个意义上作出重审。

第一个层面是在主体自然、本心自然的状况下去看俄狄浦斯情结。这个意义上的俄狄浦斯情结，就通常的情况而言，实际上就只不过是在身体的接触与互动上，孩子与母亲的互动上较父亲要多，要深，母亲的哺乳以及在哺乳过程中与孩子在身体上的接触，是孩子与母亲之间的深度交流与交心的过程——身体本就是本心的通道，而婴幼儿与母亲的交心方式，则往往集中在身体的层面上，也即围绕哺乳与饮食的身体性互动上。从这个角度看，孩子对于母亲，较之他们对于父亲来说，更有着本心与爱上的亲近性。而父亲的出现，则往往让孩子们感到自己与母亲的深度而紧密的爱恋关系，被打破了，他们开始要去面对三元的格局，而不是以往的二元的格局了。如果父亲对孩子有着充分而自然的爱，彼此之间的交心顺畅无碍，那么在孩子的心

---

① 我们曾较为系统地辨析过弗洛伊德在《图腾与塔布》(*Totem and Taboo*)中关于俄狄浦斯情结的观点，并通过本心的视角以疏导并重构之。参见刘乐恒：《主体与本心》，商务印书馆 2023 年版，第 169—176 页。

中，父亲及其角色将是重要而积极的；同时，在这个情况下，父亲的出现对于孩子的主体性的成长与挺立，将是有帮助的——毕竟这样可以让孩子实感与理解到，母亲最爱的人是父亲，母亲与他们的爱乃是亲子之爱，而非爱情之爱，这有助于孩子逐渐形成爱与角色的自觉，并走向独立成长的道路；另外，父亲基于自然的亲子之爱而与孩子互动，这也给孩子们带来了爱与本心上的真实支持，促进他们巩固天然的自爱状态，并培养自信心。这个层面的"俄狄浦斯情结"，也即因为父亲的出现而在开始的时候对之有所排斥、但在后来则感受到来自父亲的爱这个过程，则是人的成长过程中的自然而应有之义，而且这个过程也并没有遮蔽和扭曲孩子的本心，没有给他们造成什么难以痊愈的创伤。

但第二个层面的俄狄浦斯情结就不一样了，这种俄狄浦斯情结则并不是基于主体自然、本心自然的状态而来的，而是亲子之间的爱的转移而所造成的结果。这个层面的俄狄浦斯情结，就如我们在上文所说的，是母亲的维纳斯情结与父亲的宙斯情结的产物，因此它带有负面性与创伤性。母亲的妒媳因子的心意，乃源于她求真爱于其丈夫而不得，而其自己又难以自爱，于是将爱的诉求转移到孩子身上，并通过有意与孩子绑定的方式，向孩子索取爱，以弥补自己与丈夫因为缺乏真爱而所形成的爱的失落。这种向孩子索取爱的态度与做法，因为并不是基于自爱或本心的自然状态而来的，而是带有扭曲性的，所以这必定会给孩子造成压力与创伤——因为孩子没有必要承受这种违背本心自然的爱。不过，因为母亲对孩子的这种爱，乃是糅合了自然的母子之爱与爱的转移、绑定、索取这两方面内容的爱，与此同时，孩子的本心则又处于茫昧而明亮相交织的状态之中，因此，孩子便在不知不觉之中，既接受了来自母亲的爱，同时又承担了来自母亲的爱的压力与爱的依赖。于是，久而久之，孩子就越发觉得自己就是离不开母亲，于是逐渐形成了对于母亲的依恋，并隐隐然对父亲有所不满。并且，母亲的一方有维纳斯情结，往往意味着父亲的一方有宙斯情结，这两个情结往往是相互作用的。在父亲的宙斯情结的推逼下，孩子（特别是男孩子们）对于自己的父亲的态度，往往是又爱又怕的。他们恐惧父亲的权力，他们对父亲的权力的恐惧，主要是恐惧父亲能够通过权力的作用，而成为一家之主，并使自己的母亲成为配角；而他们将父亲的权力的作用看在眼里，自己也想将来能够像他父亲一样拥有权力。但我们知道，拥有权力的力量，并不是一种主体性的力量，而往往是带着异化性的。一个看重权力的人，是不会从心底里欣赏另一个有权力的人的，因为欣赏本身是具有本心或爱的意义的，但权力、财富、地位则并不与本心或爱有着内在的关联性，它们只不过是外在的条件而已。因此，对于权力等事，人们不会本着真正的爱的态度而去对待它们的，人们只会羡慕、嫉妒、恐惧它们。这样一来，当孩子们感受到自己的父亲缺乏对他们的爱，但却拥有权力的时候，他们便对父亲形成既羡慕又恐惧的态度，于是心中便有了"取而代之"的幻想。不过，这样的俄狄浦斯情结则并不是第一个层面那样是自然而积极的，而是与第一个层面糅合起来，并具有遮蔽性与扭曲性的情结。

弗洛伊德基于自己的实感与观察总结出俄狄浦斯情结这个洞见，这是相当深刻的。但是，他以性或原欲作为解释这个情结的根据所在，这一取向需要从主体与本心的意义上进行疏导。说到底，俄狄浦斯情结的问题，与其说是一个身体或性的意义上的问题，倒不如说是一个本心问题。因为身体或性乃是本心的一个直接的通道，本心是虚灵而无形的，所以，我们是要透过可见的身体或性的作用，而由身以知心的。因此，在我们看来，弗洛伊德所抓住的原欲的视角，其实并不是真正的基础性的视角。从上文的讨论可知，它其实是无形的本心问题透过有形的身体而表达自身，因此，我们就应该顺藤而摸瓜，透过弗洛伊德的原欲分析，而自觉到其在本心上的问题，不应只满足于停留在原欲层面的解释。事实上，许多学者与思想家对于弗洛伊德的这一"局限"都有所自觉，他们调适弗洛伊德的努力也实属可嘉。[①]例如马尔库塞《爱欲与文明》一书，就试图将弗洛伊德的性与原欲的视角，调整为"爱欲"（Eros）的视角，并基于爱欲之受压抑这个基本的视角，而批判现代资本主义社会对人的异化，并呼唤一种没有压抑与异化、并增进人自身的解放的文明。马尔库塞的"爱欲"，与我们这里说的"本心"，确实是更为接近的。但是，只要我们缺乏对于本心的自觉（基于本心的自觉，我们就会清楚爱欲本身其实也是本心的一个表达，只不过它较之身体或性来说，更"靠近"本心而已），那么我们思考人或主体性的问题，就一定会有所偏，而基于这种有所偏差的主体观去看人自身的问题，并作出相应的批判，就必定是不彻底的。

---

① 精神分析学派早期的核心成员在与弗洛伊德的决裂中，如阿德勒、荣格、费伦奇、奥托·兰克，都用各自的方式表达了对"原欲"的不满，力图淡化"性"在精神生活中的位置，但是，不可否认的是他们多少都吸收了弗洛伊德的核心洞见，而且各自找到的替代"原欲"的抓手——无论是阿德勒的"婴儿器官缺陷"与"自卑"、荣格的"原型"、兰克的"意志"、费伦奇在技术上对"相互分析"的强调等——从洞见的深度与解释力度来说都逊于"原欲"。他们的这些尝试更像是作为弗洛伊德的门生摆脱自己的精神之父从而确立自己独立性的努力。

第五章
本心病理学与本心诊断学

一、本心诊断的本质：基于自爱的自我诊断

在上文，我们分析与总结出了维纳斯情结与宙斯情结，以及得出俄狄浦斯情结是这两个情结之所催化出来的结果。通过这三个情结的讨论，我们大抵可以勾勒出以"转移"为中心的一个人类学图景。"转移"之所以发生，是两个方面合力的结果。首先，这需要人们的本心自然地蕴含着作出充分、完全的自我实现的诉求，也即真爱的诉求。人们只要有本心，本心就一定会有这样的诉求。对于这一点，我们已经在不同的语境下强调过，在这里我们就不再赘述了。其次，"转移"之所以可能，还需要本心的真爱的诉求受阻，而同时主体或本心自身又难以通过自爱的方式，去疏导自身的这一受阻——我们的本心的真爱诉求，首先是诉求自爱，因此，自爱可以从根本上疏导受阻的问题。简言之，真爱之所以有所转移，是因为真爱的实现受阻而同时主体又不肯通过自爱以疏导之。这就意味着不愿自爱的主体，自己因为缺乏爱，转而从别人那里去索取爱，于是，转移便发生了。而人们的爱的转移，其实也有浅深之别，浅层的转移容易返回，深层的转移难有转机（当然，人们只要有本心，就永远有着回到自爱的可能性，因此我们永远也不应该说深层的转移没有任何转机的机会。当然，我们也需要重视深层的转移已经对本心造成深度的扭曲了，因此本心要形

成转机，其难度肯定是陡然增大了，这是合乎本心的内在法则的）。本心是虚灵的，因此在日常生活中，我们往往容易受到各种外在的条件与环境之所影响，于是虚灵的本心往往对之有所攀援，但本心的自爱的诉求，则会在本心自身有所攀援之后，自然地形成一种羞于自己陷入一往而不返的境地的自尊、自立的实感与动力，这一实感与动力往往是在自己的本心形成转移的当下而生发出来的，它也往往与本心的转移同步而行。这两者肯定会同行至某一个分岔路口，这时候主体的本心便遇到了难题——要么跟随转移而走，要么跟随自己的本心而走。人们对于自己是否真的到了这个分岔路口，不一定会形成自觉，但人们一定会时时处处承受着自己的本心状态，这是任何一个人都逃不掉的命运。换句话说，顺着转移而走的人，尽管自己不一定对自己的状态形成自觉，但她一定会逐渐走向主体性的遮蔽、分裂与扭曲；相反，在转移的过程中，或自觉或不自觉地回到自爱的状态中去，而不被转移之所牵引，则能够维护主体性，并促进主体性的挺立与确立。

于是，我们从这里，便有机会发展出有关"本心病理学"以及"本心诊断学"的系统理论，这个工作需要专门撰写相关论著加以呈现，在这里，我们只能给出一个大致的勾勒。概而言之，本心病理学与本心诊断学的基本观点就是：本心诊断本质上是自我诊断，自爱即自救之道。正如我们反复强调的，一个人，唯有自爱，才能获得真爱。对于自爱的重要性及其对于真爱的意义，我们在第一卷以及这一卷已经作出了较为充分的揭示了。而在这里，我们要问的则是：我们该如何自爱呢？怎样的情况才是自爱的状态呢？人怎样从不自爱的状态回到自爱的状态呢？这其实才是本心病理学与本心诊断学所要处理的具体而困难的问题。对于这个问题，我们其实在本书的第一卷中，已经有了系统的但同时也是初步性的疏导。例如，我们曾在本书第一卷中也深入地讨论过"如何自爱"的问题，我们所给出的结论是"诚实"与"愤悱"。事实上，诚实与愤悱就是我们所可以给出的最具关键性、基础性、核心性的诊断了。如果一个人心中已经理解到，本心的诚实与愤悱就是她之所可以回到自爱的途径，而她却仍然不肯自己去承担起诚实与愤悱的本心责任，并要问别人：究竟如何才能做到本心上的诚实与愤悱？对于这个问题，我们其实是很难再进一步回答了——你自己不去自我诚实，自我愤悱，难道要我们帮你去自我诚实与自我愤悱吗？因此，诚实与愤悱就确确实实是自己的事，而不是别人的事，它不可由别人代劳，同时它又是任何人都不可逃避的事——自我不能自我诚实，而要逃避自己，那么自我的本心就必定会给自己予以回击。总言之，本心的诚实与愤悱的讨论，已经触及了本心病理学与本心诊断学的底部了，我们不能再往下挖下去了，它是承托起本心病理学与本心诊断学、甚至是所有的主体性的议题的根基所在——我们到目前为止，都是这样认为的，以后也肯定会坚持这个观点。

不过，即便如此，很多人也确实会提出一个自我的困境：你说的我其实都清楚，我自己也想自我诚实，也想生出愤悱之力，可无奈我确实很难去直面自我，我讨厌我自己，我恨不得无时无刻都不去碰那真实的自我，但我又确实感到苦恼，难道你就不能给我再多说一些道道吗？在这个时候，我们本已经不想多说什么了，心中只有"活该"这两个字。但是，我们对她确实也并不决然忍心——虽然这个人并不具有真正的自我诚实度，但她确实表达出了自己的痛苦之所在，而她的这一心意还是得重视的。这样一来，我们就想给她一个建议，这就是，因为自我的诚实与愤悱乃是身而为人之所不可避免的事，因此最终的课题，仍然是如何回到诚实直面自我这个状态上去。那我们就再次提出"自爱"之道——你要想真心诚实面对自己，那么核心的问题就是你得爱你自己，真心喜欢你自己，诚心珍惜你自己，一个讨厌自己、回避自己的人，就不能为了自己而心中愿意承担起自我的责任。不过，当我们正好提出这个建议时，似乎确实是陷入了某种循环——如果你要诚实，你就需要自爱；如果你要自爱，你就需要诚实。

二、本心诊断的前提：自爱的自觉

不过，实际上，这其实也不是什么循环，因为诚实与自爱本就是一体的，或者说这两者本就是一回事，此即诚实者必自爱，自爱者必诚实。现在我们要进一步去探索的问题，应该是我们究竟该如何自爱，或者该如何诚实。我们试着从本心病理与本心诊断的角度再作探讨，这里我们的基本主张是本心诊断的核心在于"自我诊断"。要对自己的本心状态形成诊断，有一个前提，这就是必须在心中形成想要自爱或诚实的自觉。对于本心已经陷入深度的遮蔽与扭曲的人来说，要形成这个自觉，则是一个难题。例如，对于一些已经陷入无耻的人来说，如果他们的本心中真实地形成这种自觉，那就不能说是无耻的了。所以，本心诊断学的操作，开始于有这样的自觉，也即主体自己的本心中形成了想摆脱不自爱而回到自爱，想摆脱不诚实而回到诚实的真实意愿。这个意愿是必须有的，否则我们就很难启动自我诊断，对于这个意愿，我们可以称之为主体的"自救"。实际上，自救乃是自爱自身之所蕴含的意向。自救、自爱与真爱本就是相通一体的。而所谓的"自救"，其实也只不过是将不自爱的本心状态，而转换为自爱的本心状态。

那么，具体来说，主体如何将不自爱的本心状态转换为自爱的本心状态呢？这还是要从本心的虚灵性特征说起。一个不自爱的人，她的心中其实是能够对自己的不自爱多少有所实感的，也即实感到自己的当下的本心状态，并不是那么自然的。本心对自身的状态是否处在自然的状态中，是有自我的实感的，这与本心的虚灵性特征息息相关。如果本心处于不自然的状态中，本心自身的虚灵性特质是会自动对自身的不自然状态，形成一种反向作用的，这是因为本心的虚灵性特质是会自动地趋向着自然的状态的。"虚灵"与"自然"本是相通的——虚灵者必自然，自然者必虚灵也。①因此，人只要有本心，则人的虚灵的本心就肯定会有"回到自然"这一内在的诉求与倾向的，而这一诉求是本源的诉求，这一倾向是本源的倾向。于是，本心有所遮蔽和扭曲的人，她的本心的不自然状态，与她的本心的自然的诉求，就会构成一个内在的张力与冲突。而本心的这一不自然状态，应居于本心的"上层"与"表层"，而本心的自然的诉求，则居于本心的"下层"与"内层"，这是因为后者才是本心的本源诉求。如果是反过来的话，那么人永远就不成其为主体了。

而当本心走向不自然的时候，位居本心之下层与内层的诉求与倾向，就会形成一种"这并不是我自己自然、当有的样子"的实感。自我的这种实感于是便告诉自己：我的本心生病了！同时，当本心进一步静观自身，而不去扰动它，让自己的本然而自然的状态逐渐呈现出来；②而本心的本然而自然的状态之逐步呈现的过程，则是主体之自我实感不断深化、自我对自身的病症的自觉度不断明确的过程。这个过程，就是自我诊断过程，也是不断形成自知之明的过程。事实上，并不是每一个人都能够正视自己"实感到的本心不自然"，从而开启自

---

① 以"虚灵"而论"自然"，这是我们对于"自然"的意义的进一步探明。《主体与本心》一书强调"主体自然"或"本心自然"，并将之视作主体性挺立过程中的第一个环节（第二个环节是"主体自觉"或"本心自觉"，第三个环节是"主体当然"或"本心当然"），但是，该书并未就自然自身的意义而作出探明，我们在这里从本心所本有的虚灵性特征出发，而看到"自然"之所以在主体性的领域具有天然而不可辩驳的基础性与"合法性"的意义，就是源于本心自身之所本具的虚灵性特质。关于"主体自然"，参见刘乐恒：《主体与本心》，商务印书馆 2023 年版，第 115—122 页。另外，我们在本书的第一卷第三章第三节"论愤悱的序列与愤悱的节节败退"的内容中，也思考了所谓"人性自然"与"本心自然"的问题，可参。

② 关于本心之静观的具体说明和操作，参见刘乐恒：《主体与本心》，商务印书馆 2023 年版，第 121—135 页。

我诊断。很多人往往有意无意地回避自己的不自然状态，这样一来，不仅对自身的病症没有机会做出真实的诊断，反而在回避中不断走向沉沦。为什么能实感到本心不自然，却不愿意正视呢？这是因为这种状态给自己带来一些暂时的"好处"。比如，处于三角恋爱关系中的人，虽然感受到"本心的不自然"，但是，正视这个不自然要求她有勇气离开对这种关系的依赖，而"依赖"恰恰是她不愿意放弃的"好处"，因为放弃了"依赖"就意味着要自我承担，要自爱，可是这些人正好缺乏自爱的勇气，于是不断在回避中越来越自弃。所以，这个"好处"从本心角度看不是真正的好处，只是饮鸩止渴的东西。

三、自爱的自觉与自知之明

因为不能正视自己的感受，所以许多人最终不会形成"自知之明"。所谓"自知之明"，就是对自己的本心状态有一个明确的印证与判断。而许多人之所以难以形成相应、如实的自我印证与自我判断，则源于自己并没有诚实而认真地尊重自己的本心，并让它的自然而本源的状态呈现出来，并在呈现的过程中，真实地印证自己的本心的现实状态是如何的。具体来说，本心若是遮蔽的话，就看到它的遮蔽；它若是扭曲的话，就看到它的扭曲；它若是顺畅的话，就看到它的顺畅。我们要能形成这样的自我判断，则必得诚实地让自己本心的自然状态呈现出来，并诚实地以此印证自己的现实的本心状态；而我们若达到这样的诚实的态度，就肯定需要自己对自己有真实的自爱度与自信心。而对于那些不自爱的人来说，因为他们难以诚实地直面自我，因此他们的本心很难承担起自己的现实状态，并对它作出如实的印证与判断，他们对自己的现实的本心状态瞧也不瞧一眼，不愿意有任何想尽自己的主体责任的意愿，而是将自己心中所幻想的样子，直接视作自己的现实的状态。而他们越不去正视自己的现实状态，就越认为自己本就是他们之所幻想的那个样子；反之亦然。于是，他们对于自己便作出了错误的判断，丧失了自知之明。在现实生活中，许多人就死死抱住一个他们所建构起来的虚假的理想自我（比如一些儒、佛、道、基督教等的人生境界的持信者），将之直接视作现实的自我，由此在自卑与自恋之间来回摆荡，难有停歇之时。他们即便是撞了墙，形成一点貌似自知之明的回光返照，但时过境迁，这种"明"便被他们的自卑与自恋的震荡当中，又被拖入暗中去了。

对"自知之明"的问题，这里可举一例。笔者（刘乐恒）认识一位书法人士，他是某地方的中学老师，可能是因为他能写字，也搞摄影，所以别人觉得他有才华，他更是觉得自己很有才华，想着想着，便感到自己怀才不遇。别人越不搭理他，他就越感到自己是怀才不遇的，于是认为这世上没多少人能慧眼识才，那好，我自己赏识自己！于是，他拒绝打开自己的本心，拒绝学习，他的自知之明丧失了，深度的自恋让他认为自己的所有判断都是对的，如果别人跟他说这不是他所说的那样，他就会觉得别人是在嫉妒他。他比我年长约三十岁，按理说，我要尊敬地喊他老师，而我直到现在也是这样称呼他的，但心中没有什么尊敬之意，因为我想尊敬他，但尊敬不起来。他喜欢我称他"某老师"，这也就算了，但他不知道"某老师"的称呼只不过是一个客气的寒暄，竟得意起来认为他本人就是我的老师。前一段时间，他竟然跟我说起"你师母"如何如何。我开始有点愕然，不知指的是我的哪一位师母，但很快地我就知道是说他的太太。说起"某老师"和"我师母"，我还真想不起来我在什么时候认他做我老师的。他后来厌倦了教师生涯，可能是办了停薪留职手续，到某省"下海"去做医药代表，然后他就认识作为医生的家父。我父亲喜欢书法，于是也就喜欢这位某老师。我当时读小学高年级，他向我分享一些书法心得（从小到大，书法都是我的爱好），我有好些内容不太懂，于是就只是听他带着吹嘘与炫耀意味的讲解，仅此而已。而我在读完中学后，就有很长一段时间没有再和他联系了，前几年我与他才在"微信"上恢复了联系和交流。刚一交流，他就滔滔不绝地将他的书法作品的照片，以及他所取得的"成就"——他的成就是有人邀请他参加书法展览，而且给他报销路费，他特别强调路费是别人给他报销的，不是他自己掏腰包的——大量地传送给我，在我的手机里不断"轰炸"我，但没有留下任何一句其他的说明性与互动性文字。我当然不傻，知道我只需要夸他厉害就行了。但我就不想去夸他，因为我知道我一旦夸他，我的手机会每天都被他轰炸个不停。

直到有一天，我确实忍受不了了。事情是这样的，他发了几幅他的得意的书法作品给我，这些近作还是他三十年前的那个样子，毫无长进。这也就算了，但他得意忘形到自我表扬，说他的这些作品已经达到了炉火纯青的艺术高度了，可以用"万岁枯藤"四个字来形容，并且暗示我跟他学点儿。我再也忍无可忍了，因为我很清楚他的书法水平以及对于书法的理解，尚不足以让我对他多加留意，换言之，在书法上我是比他在行得多的，但他反过来想让我跟他学习。不过，我知道自己不便直接骂他写的字，我深知艺术评价的"主观性"。于是，我心生一策，将清代某位一流的书法家写的一副对联，将落款隐去，然后给他看，跟他说："某老师，这写的，请你指点指点。"他竟不知这是大手笔，以为是我写的对联，于是左评右点，说这一笔不成熟，那一笔不到位，最后竟还要在艺术水准上指导我，说我就这么个程度，离他的"万岁枯藤"的艺术境界还有太长的一段距离。我过了一会，跟他留言一句话："这是沈曾植的隶书对联，不是我写的。"此后，我半天没有收到他给我的回复，晚上收到了，就两个字："坏人。"此后，确实在较长的一段时间中，他再也没有在微信上"轰炸"我了，甚至也很少和我说话，特别是谈书法；但是，过了大半年后，他依然如故，继续将他的作品在我微信里大量轰炸，只不过貌似说话谨慎了点。不过，这些谨慎态度很快也维持不了多久，他又开始得意地分享各种他的书法和摄影。估计他对那件事最终也不当一回事，没让他真感到疼，于是自己没有接受到什么教训。

通过上面的例子可见，一个人如果缺乏基本的自知之明，就谈不上什么本心的自我诊断之事了。一个人对自己的现实的本心状态与主体状态，采取了视而不见的态度，而只是抱住一个自己所幻想、建构出来的理想自我而活着，这肯定会造成自我印证与自我判断上的偏差与失误。而她越是抱着这个虚假的自我——而事实上这又不可能是"真实"的——她的内在而底层的本心的自然的诉求，就越逼她要去直面自己，但因为她并不愿诚实地直面自己，因此这个越来越具逼迫性的诉求，反而从一个相反的方向，强化了她对于虚假自我的依恋。她对虚假自我的依恋，则又让她形成进一步的自我扭曲与纠缠——她越依恋虚假的自我，她就越感到自卑，因为她心里面多少明白这其实只不过是她所幻想出来的理想自我而已，它并不是真实的；而她又因为难以自爱与诚实直面自己，越是感到自卑，于是，她的本心的内在的诉求，又越从一个反方向逼迫她，让她越去抱住的那个虚假的自我，并形成极度的自恋。于是，在这样的恶性循环中，她就来回在自卑与自恋中摆荡不停，从而扰乱了她的自知之明的能力，同时又堵塞了她作出自我诊断的机会。而如果她继续缺乏自知之明，或者换句话说，继续缺乏自爱与自我诚实的作用，她的这种处在自卑与自恋之间的恶性循环状态，就会进一步走向紧张，她向他人证明自己以及向他人索取爱的诉求就越大，而她挺立主体性、确立真实而笃定的自我的可能性就越是渺茫——这个世界上，从来没有人想活成自己不想要的那个样子的，但却有许多人心中带着不甘，一步步地如陷入流沙一样，眼睁睁看着自己活成了那个样子。

实际上，自知之明的丧失，并不是一朝一夕所致。人们在这当中肯定经历了从"本心实感到自身处于不自然的状态"，而到"本心逃避对这一不自然状态的如实直面"，再到"本心死死抱住并依恋自己所建构出来的虚假自我而不放"这样的过程。因此，丧失自知之明的人，确实是有机会回到重获自知之明的状态上去的，但前提是自己从这个过程中倒回去，一步一步地从开始阶段的"本心实感到自身处于不自然的状态"而作出踏实的自我印证。除了这个途径之外，我们就没有别的途径了。自我诊断并非易事，只有先对自我的病理有清楚的印证，才会形成明确的自我判断。

我们再说回来，我们的"本心实感到自身处于不自然的状态"，这其实就是本心的病理的形成之始。我们知道，人们在生命的初始时期，本心尚未走向遮蔽与扭曲，这让人们心中有着一种天然而自然的自爱度。我们常说儿童是"无忧无虑"的，而儿童之所以无忧无虑，是因为他们的本心一直处在没有受到明显的遮蔽与扭曲的状态之中。但是，随着生活经验的日渐扩展，以及与家庭、他人、社会互动的深化，人们的虚灵的本心，在与各种条件、环境的牵扯中，往往展现出其脆弱性的一面。于是，本心的脆弱性，便与条件、环境对本心的牵引作用相互为用，彼此牵缠，而逐渐地，人们的天然的自爱状态丧失了，人们越来越不喜爱自己、珍惜自己了。这就像一棵草，它在自然的阳光和雨露下，生长得条达而顺畅，花叶欣荣；但后来由于阳光与雨露的不充沛，它的叶子开始发黄，它的花也了无生机，花瓣和叶子日就枯萎。人的本心一旦生病，也是这样的状态，她因为心中缺乏自然、顺畅而充分的爱，因此对自己愈发怀疑，缺乏信心。而本心的这种病症，其实是会在主体的身体与性的层面、情感的层面以及理性的层面上都会有所体现。虽然不同的人，他们的本心病症的突显方式以及突显的层面并不是完全一样的，但是，一个人只要她的本心生病了，她的本心病症就一定会广泛地在她的身体、情感与理性等各个层面有所体现，只不过不同的人其病症的表现和侧重点有所不一样而已。这是因为本心是虚灵之物，虚灵的本心就一定会与自我的身体、情感、理性等各方面内在地关联在一起——身体是本心的通道，情感是本心的浪花，而理性则是本心的纹理。

四、本心病理学与诊断学的核心问题：本心或自爱的转移

如果我们结合上文的各种论述，可以得出一个基本的观点，此即

本心的不自然状态的形成，源于本心的转移或自爱的转移。这是本心病理学与本心诊断学最核心的主张。本心的转移，就是从自然的自爱到不自爱的开端，而人们后来之所以丧失自知之明，也是转移不断深化的自然结果。正如前文所论，人多多少少是会对自己的本心的转移，有一个自我的实感的。在这当中，能够保持住基本的自爱度的人，他们的本心是不会有实质性的转移的，而即便他们的本心确实形成了某种转移，也不会被自己的转移之所牵引着，而陷入不自爱的状态中，这是因为他们的本心是会或自觉或自然但不自觉地凭着自己的自爱作用，而将自己的转移给扭转回来的。这就是我们在日常生活中所谓的"本心未泯"或"良心未泯"的情况，而本心自身的自爱性作用，则是将自我的转移拉回来的"自动复位保护器"。相反，不能保持自爱的人，或者自爱度逐渐消磨掉的人，他们的本心则比较容易顺着自身的转移而转动，并被转移所牵带着。与此同时，人的本心都会有自我实现的诉求的，也即都会有自爱的诉求的，现在本心既然有所转移了，那么本心对于爱的诉求，就必定顺着它的转移，而向他人索取爱，这就是爱的转移，因此本心的转移其实即是爱的转移。

人们的爱的转移，首先是自己对于自己的转移，也即我们之前所常说"自我回避"。自我回避的本心状态是不自爱的明确开端。通过自我回避，人们就让自己陷入了一种不能诚实直面自我的境地。自我回避的具体表现，首先是自我本心的爱的诉求，并不能自然、顺畅、充实地实现出来，也即不能直接地自我实现，不能直接表达，而要将它挤到身体或性、情感、理性等层面上去，通过这些转移性的作用，人们谋求"重建"一个自我，但这其实是虚假的自我的表现。例如，情感的流露本来是自然而直接的，但是，有的人由于自我回避，他们的爱的诉求就转移到情感上去，并造成了情感的荡漾，他们就通过荡漾自己的情感，而刻意建构一个自我，并以此虚假的自我证明自己，兼向别人索取爱的；而有的人由于自我回避，他们的爱的诉求就转移到理性上去，并有意形成理性的诡辩，他们就通过理性的诡辩性作用，而刻意建构一个自我，并以此虚假的自我证明自己，兼向别人索取爱的。实际上，一个人的本心不自然，并回避自身，就必定会使得自己的身体、情感、理性诸层面都发生变异，这就像我们将一块石头抛到一个平静的池塘的中心位置，我们本想只让这个中心的位置的范围内荡漾的，但是，它所荡漾的波纹是一定会扩散到整个池塘中去的。这就是我们所印证到的，人们因为爱的转移，而走向建构虚假的自我的过程。对于自己所陷入进去的这个状态与过程，当事人可以是不自觉的，也即人们往往是在不知不觉之间，自己就滑向转移之路，并孜孜不倦地为建构虚假的自我而努力了。不过，人们对自己的转移可以不自觉，却一定会对自己的状态，有不自然的实感，只不过由于转移的力度较大，因此自己心中的这种不自然的感受被掩盖住而已。

但是，人们因转移而所建构出来的这个虚假的自我，因为是建立在转移的基础上的，所以，它一方面肯定是动荡而不稳固的（无论人们如何一厢情愿地将它夯得貌似坚固无比），另一方面它肯定会继续顺着自我的转移，从自我的内部溢出，并转移到别人身上，而向别人索取爱的。于是，人们就在这样的不自觉之中，滑向了对别人的依赖甚至怨恨，而很难与他人形成平等的交心、互爱的关系。久而久之，人们因为自己的转移作用之过多、过深，而往往难以转回来，有一往而不返之势。可以说，一个人在其自我的内部形成转移，她就必定会很"自然"地将她的爱的诉求，从自我内部而转移到别人身上。而自我越向别人的索取爱，就越被自己的转移所牵引着，于是自己的整个主体就越是陷入饮鸩止渴的状态中去。我们在本书的第一卷中曾经梳理和分析过不自爱的序列——自私、自卑、虚伪、无耻，从自私而到无耻，这其实是爱的转移逐层深重的结果。①

------

① 这里所讲的"转移"不同于弗洛伊德所讲的"移情"，事实上，我们认为"本心的转移"是"移情"的根源，它比"移情"要深入得多。弗洛伊德的"移情"主要是指在治疗过程中，病人会对精神分析师产生的一种特定"转移"，她

　　正如前文所说，人们对于自己的本心的转移的实际情况，不一定能够自觉印证得到，但自己是一定能够实感得到的，因为它发生在自己的本心中，而且是由自己的本心所亲自操作的，因此自己的本心对于自身的转移，是不可能完全无动于衷的。而正因为转移之事，是"自作自受"之事，所以解铃还须系铃人，扭转自己的本心与自爱的转移，最终还是要靠自己。因此，本心诊断学的关键是自诊自断，他人的帮助，永远都只是一个助缘性的作用而已，如果自诊自断者将这个助缘性作用，作为她自己所可以依赖的东西，那么"自诊自断"的意义就会被破坏。从这个意义上看，当今的心理咨询师与宗教家等，如果不能对这一点形成自觉性，而要成为别人的人生导师或人生意义上的领路人，就必定会被本心研究所批评。从这个角度看过去，我们就可以得出一个判断，这就是，从来就没有所谓"本心分析师""本心导师""人生导师""人生教练"这样的"专家"，本心的诊断学是不可能专家化、专业化的，专家化、专业化会产生相应的专家与导师，而

们会爱上分析师、会对抗分析师等等，这就是所谓的"移情作用"。弗洛伊德认为"移情作用"对精神治疗来说非常关键，分析师利用好移情作用会有助于更好地帮助病人从特定的神经症中康复，"……移情作用，不论是友爱的或敌视的，都可变成治疗的最便利的工具，而用来揭露心灵的隐事"。（弗洛伊德著，高觉敷译：《精神分析引论》，商务印书馆 2021 年版，第 362 页）弗洛伊德提倡的这种治疗技术要求分析师抽离出个人感受，冷静、客观、如外科医生般地处理病人的爱恨转移，以帮助病人。但是，困难之处在于分析师也是人，这种抽离若不经本心印证接受，就只是某种外化的职业伦理要求，难以变成主体自主的要求，所以，后来的分析师与病人之间产生个人情感的事情时有发生，费伦奇甚至直接反对这种冷冰冰的技术，主张与病人"相互分析"，不再忌讳与病人之间产生身体、情感的亲密互动，建立爱情关系，这导致了诸多问题。而之所以会产生这种"分析技术"上的分歧，源头也在于精神分析学说没有本心的自觉，没有看到"本心的转移"乃一切"本心病理"的源头，仅对"移情作用"做科学观察和技术处理是远远不够的。

这样的方向是违背本心的内在法则的，无人有资格做他人的本心导师。[①]

五、自我治疗的两个步骤

此外，本心的诊断学蕴含本心的治疗学。既然本心诊断的关键在于自诊自断，那么本心治疗的关键当然是"自我治疗"。能否进行自我治疗，亦即"自救"，取决于能否自我诊断。如果本心诊断出自己的不自然与转移，自然会启动自我治疗，本着自我的实感，以及对于转移过程的印证，自我治疗可以分两步走。第一步，是自己把对他人的转移全然截断，收回到自我本身上，也即我们实感到自己对别人的依赖乃至怨恨，最终会让自我的扭曲性分裂更明显，而且自己进一步失去自我主宰性，于是我们就决心摆脱对别人的依赖与怨恨，而回到自己身上来。第二步，则是进一步从自我的本心内部着手，让我们在自己的身体或性、情感、理性等层面上的转移，转回到本心自身上来，把建构起来的虚假自我抛掉，真实地"回到本心"，回到真实的自我，实现自爱与自我承担。

这两步看似简单，但绝非易事，否则人类就不会留下这么多对真爱的渴望与赞歌。以维纳斯情结与宙斯情结中真爱的转移为例，深陷

---

① 这里可以引申出我们对于教育的理解，我们将在《本心与教育》一书中详细讨论教育，这里只能做初步的分享。比如，我们认为教育的核心要义在于启发本心，家庭是教育开始的源始场域，父母对孩子真实的、无转移的爱是对孩子作为一个主体之本心自然的呵护，是对今后孩子形成本心自觉进而本心自立的初步启发。学科知识的传授只是非常专门的狭义教育，与社会乃至世界整体的发展情况、相关制度情况等等都有关联，是主体所处的现实环境和条件之一，而不是教育的核心所在。但是，在这环境和条件中的师生关系有其专属的交心性意义，这种专属的交心性关系中要求教师对教师权力有本心的自觉，这种自觉构成了教师责任的本心基础。

维纳斯情结的母亲如果要回到自爱，首先需要正视自己对儿子的控制与索取中所感受到的本心不自然，然后主动截断对儿子的绑定，进而回到本心。这每一步对于这样一个母亲来说都积重难返，她不会愿意正视自己对儿子所谓的爱其实是扭曲的、转移的爱，实质是索取与控制，正视这一点意味着她要对之前的自我进行真正的反思和重审，而这又要求她正视自己一直以来用以自我感动的母爱不是真实的爱，也就是否定之前的自我。与之类似，要深陷宙斯情结的父亲去正视自己的权力并不是他真实的主体力量，去承认强大的权力背后是一个虚弱的本心和虚弱的主体，也无比艰难，因为这意味着否定他一直以来为之奋斗的人生。正视这些本心不自然的实感如同剥掉一层皮一样痛苦，而回避这些不自然则能继续自我感动与展现强大。只是不愿正视，也就谈不上自我诊断与治疗了。但是，如同前面反复强调的，尽管"自救"艰难，只要有勇气，就总会有转机，总会有回到本心的希望。

相应地，自我治疗的难易程度，视乎转移作用的深浅程度而定。转移作用越浅，治疗越容易；转移作用越深，治疗越困难。而转移作用较深的人，他们会紧紧抱住自己之所构建的虚假的理想自我，并将它视作自己的真实自我，于是他们往往会否认自我诊断与自我治疗的必要性。但是，无论自我如何否认诊断和治疗的必要性，并无视自己的现实的本心状态，自我都不可能逃得过自己的本心的，而自己的本心的自爱诉求，则必定会让自我形成扭曲性分裂，而无论自己对这个分裂持有怎样的态度，它必定是由自己所完全领受与承受的，此所谓自作自受也。为了直观地呈现上述讨论，我们把本心的转移、诊断与自救机制用下图表示出来：

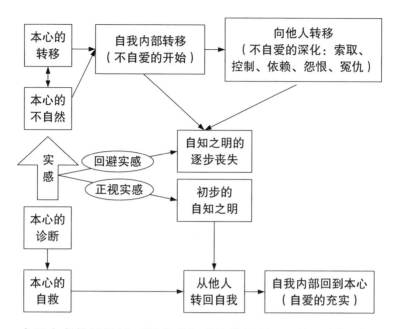

由于本书的旨趣是要探索爱与爱情的问题，因此，我们对于本心病理学、本心诊断学与本心治疗学的议题，都只是勾勒出一个大体的方向与规模，以作为对自爱、真爱问题的深化性理解。同时，由于这些议题都是前人之所未曾自觉、系统地探索过的议题，因此在许多相关的具体内容上，我们只能引而不发、点到即止而已。

无论如何，真爱问题已经如此之难，本心的转移如此常见，那么说婚姻问题是人类的困局与魔咒则不为过了，但是，我们会指出在这困局与魔咒中也包含了主体相互支持下进行自我救赎的真正契机，因为婚姻是主体全方位的相互敞开，深化自爱才能真正地克服维纳斯情结与宙斯情结，摆脱主体命运的魔咒。这就是我们第四卷要讨论的内容。

第四卷
论婚姻

所有东西都是这样，音乐，气味，脸，嗓音，

所有一切都变得微弱，苍白，失去尊严。

——电影《婚姻生活》

引　言

　　爱情可以没有婚姻，但缺乏婚姻的爱情，在爱情中的人就很难领略到爱情的另外一个面向——这是一个进一步夯实自爱的意义以及深化真爱的机会，同时也是主体性的自我救赎的真实机会，也许这也是很多人的人生中自我救赎最关键的机会了。但是，很有意思的是，有过婚姻经历的人们，一旦讨论到婚姻的意义的问题，往往是带着纠结的心态，不堪的回忆与茫然的期待，浮泛地敷衍上几句话，然后就结束了。我们很清楚，人们的这种敷衍也往往是迫不得已的，因为大家确实是真诚地感受到自己在婚姻生活中，没有多少光彩照人之处，比起自己之前的爱情体验来说，婚姻生活既枯燥乏味又消磨人的意志，它中间还给人们带来各种欲罢而不能、藕断而丝连的情感纠缠，而这些纠缠又远不及尚未成婚的爱情关系中的纠缠来得单纯一些。没错，纠缠也有"单纯"和"复杂"之分，婚姻中的情感纠缠，总是杂糅着爱情之外的东西，而这些东西又是和爱情错综在一起的，让人们很难区分出哪些是单纯的爱情，哪些是爱情之外的东西。难矣哉！婚姻之道的难处，真可谓难于上青天也！想必结过婚或还在婚姻中的人，都不会否认我们的这个观点。在本书中，我们已经系统地谈过爱情之难了，而婚姻则又可谓难上加难，有人可能会感慨，在这个世上，也许只有上帝才能够洞悉婚姻的秘密，把握婚姻的意义，愚蠢而迷惘的人类，则只会一代又一代人重蹈覆辙，以及重蹈之后的再次重蹈，或从此对它避之唯恐不及；其他一些人则认为婚姻是上帝故意给得意忘形的人类出的一个难题，有了这个难题，终有一死的人类就不会以为自己就是上帝了。难归难，但我们不打算回避，还要凭着本心的勇气，在真爱的基础上，进一步探明婚姻究竟难在哪里，其本性与意义又在何处。

第一章
作为主体难题的婚姻问题

一、作为文学家与思想家弃儿的婚姻问题

在这里，我们可以通过两个例子，进一步让读者体会到婚姻问题的困难度。第一个例子是，无论古今东西，但凡谈论爱情的文学作品，往往是从初恋开始，到了成婚之后就结束了。至于在结婚之后的生活究竟是怎样的，往往被一笔带过，或者用"男女主人公从此过上幸福美满的爱情生活，真可谓有情人终成眷属啊"这样的笔调匆匆收尾，这让读者以为有情人终成眷属之后，就是一马平川、风平浪静的好岁月了。殊不知，另外一幕以爱情为主题、但内容与意味却都有所不同的大戏，暗自从幕后慢慢地搬到了台前，好戏才刚刚上演呢！当读者后来体验过婚姻的滋味，再回想起之前的小说、戏剧、电影中所展示的爱情故事，就仿佛一场幻梦，以为这是作家们给读者设置的一场骗局。不过，那些作家们也肯定叫苦不迭，他们愿意去写爱情故事，是因为这样的故事，让他们心中感到人生还是有所寄托的，如果我们要他们再接再厉，以婚姻的基础也是爱情为由，再去写婚姻的故事，他们多半甩手不干了，因为对他们来说，婚姻的故事在意义上正好与爱情的故事相反——婚姻并不是人生的寄托，而是消磨、毁灭与埋葬人生寄托的故事。作家们既然有这样的体会，那我们又凭什么怪罪他们止步于爱情，而不去写婚姻的故事呢？难道我们还要求他们去正视婚

姻的问题吗？如果他们真的去写关于婚姻的故事，难道不会越写越感
到人生的虚无与幻灭吗？这就是我们看到大部分以爱情为主题的文
学作品，从不去深入直面婚姻问题的原因所在。而只有很少数的作
家，勇于直面与解剖自我，将婚姻与爱情的纠缠机制给呈现出来。这
已经是难能可贵的事了，而至于他们是否能够从这当中寻找到婚姻的
意义与秘密，我们似乎就不必苛求太多了。这个任务还是留给思想家
去琢磨吧！

　　体现出婚姻问题之困难的第二个例子，则是东西方不同思想传统
中的圣贤，他们的修行或信仰之道，都与婚姻不沾边，甚至回避婚
姻。更有甚者，回避婚姻反而是他们之走向修行或信仰的动力所在。东
西方许多圣贤一类的人物，都是不结婚的，这其中最具典型性的要数
佛陀和耶稣。佛陀是娶了妻，生了儿子罗睺罗之后，因为体验到婚姻
之苦而出家的。而基督宗教传统下的耶稣，则是从来没有结过婚，生
过孩子，连他的母亲圣母玛利亚也是童贞感孕而生下他的。从佛陀和
耶稣身上，我们可以看到东西方的圣贤对于婚姻大都持有厌弃的态
度，他们往往认为婚姻是对修行与信仰的一个难以克服的阻碍，而这
个阻碍既然难以被克服，那么他们就索性绕过婚姻，将家庭视作万恶
之源，而甘愿孤身一人去寻找人生之道。当他们的思想趋于成熟，并
明确和安顿了自己的人生意义之后，他们对婚姻与家庭的态度或许略
有调整，但仍然不可能重视与正视婚姻自身的意义。如果他们的思想
的跟随者不可避免地要结婚生子，过家庭生活，他们也许不会否认婚
姻与家庭的某种积极性意义，但会将其"积极性意义"，放在婚姻与
家庭作为解脱或赎罪的工具这个位置去做出界定的——这其实仍然
是某种不重视乃至回避的态度。至于另一些修行者，像儒家传统中的
圣贤，在表面上颇为重视婚姻与家庭，但是，儒家对婚姻与家庭的重
视，则是为了强化儒家之所肯定的那些世俗的伦理与政教规则的；具
体地说，婚姻与家庭在儒家那里虽有较多的肯定，但这些肯定的观
点，也是为了巩固与君主专制相配合的"三纲五常"的政教意识形态

而形成的。《礼记》中的《昏义》一篇就说道："昏礼者，将合二姓之好，上以事宗庙，而下以继后世也。故君子重之。"又说："男女有别，而后夫妇有义；夫妇有义，而后父子有亲；父子有亲，而后君臣有正。故曰：昏礼者，礼之本也。"通过这两段话，我们明白儒家强调婚姻的最终目的，就是通过肯定与强化男女有别、男尊女卑、夫为妻纲的婚姻与家庭结构，为巩固"君臣有正"、君为臣纲这样的权力结构而做出努力的。据此，我们就有充分的理由去质疑儒家对于婚姻与家庭到底是出自真心的重视，还是只不过将它视作工具而已。因此，无论是东方还是西方，这些圣贤们都没有真心正视过婚姻自身的意义所在，这未免是一个遗憾。但如果问，他们难道不渴望婚姻，或者更严格具体地说，难道他们不渴望通过婚姻而获得真爱并夯实真爱的意义吗？根据我们的理解，圣贤即便不同于凡人，但他们也是人，因此就肯定有本心，而他们的本心就一定会自然地去谋求充分的自我实现的，因此，真爱就肯定也是他们在开始的时候的诉求，而他们也同样地会渴望一种基于真爱而来的姻缘的。只不过，因为各种本心上的创伤，他们对于爱情与婚姻，后来采取了回避与转移的态度，将爱转移到修行与信仰上了，这既给他们带来了本心与人生意义上的安顿，但同时也让他们留下不可忽视与避免的缺憾——甚至于，在他们身上，这个缺憾与他们的学说构成了一体两面的关系；也就是说，没有这个缺憾，他们就不会提出并发展他们的主张；而他们之落实并践行他们的主张，则无疑进一步掩盖和深化他们的缺憾。可见，对于婚姻的问题，我们不可指望东西古今的圣贤们会给我们合适而到位的解答。对此，你当然可以说这是圣贤们的不足之处，但更应该说，婚姻之道，实在是太难了，它的困难让圣贤们也对它望而却步了。

不过，我们还需要说回来，尽管婚姻的问题，如此之艰困，使得文学家望而却步，又使得圣贤与修行者们绕道而走，甚至于惊恐万分，但是，只要我们再细致琢磨一下这个问题，就会发现，这只不过是我们对待婚姻的其中一个态度罢了，并不是全部的态度。我们对于婚姻，其实还有另外一个态度——这就是渴望的态度。渴望婚姻与恐惧婚姻，其实是可以并存在同一个人的心里面的，而且，这两种态度又往往是同时而出的，并不一定是在结婚之前渴望婚姻，而在体验过一段婚姻生活之后，才开始形成对婚姻的恐惧甚至绝望的态度的。另有一种情况，就是一个人在结过婚并离了婚之后，对婚姻心生恐惧，但此后她遇到了一个她所真心喜欢的人，于是便一时忘记了自己之前那段痛苦的婚姻经历，或者，自己沉浸在了爱情的甜蜜与幸福之中，并已经消化并超越了之前失败的婚姻所带来的创伤了。在她想第二次结婚的时候，有过一段失败的婚姻又曾对婚姻心存恐惧的她，同时又对婚姻充满期待与憧憬，她渴望新的一段婚姻，与之前的那段婚姻不同，期待它带给她新生，并让她之前在爱情上的一切痛楚与曲折，一一汇入新的婚姻之中，成为她苦尽甘来、化蛹成蝶的生命之力。不管怎么说，我们也可以大致看到，人们心中虽然知道婚姻很难，但自己却又渴望婚姻，从表面上看，这似乎是一个很吊诡的事。不过，如果我们深入去印证这个问题，便会体会到，一个恐惧婚姻的人，心中未必不渴望婚姻，只不过她担心自己在婚姻中受到严重的伤害而已。她之所以渴望婚姻，是因为她渴望爱情，希望自己能够得到真爱；而她之所以恐惧婚姻，也是因为她渴望爱情，但又非常担心自己将来的婚姻生活，会将自己心中所渴望的爱情给消磨掉甚至毁灭无遗。这就可以解释为何人们会对婚姻既爱又恨、既渴望而又恐惧了——人们渴望爱，于是很自然地也会渴望自己能够与自己所深爱的人共同生活，成立家庭，生育子女，而婚姻则是彼此间相互并共同生活的见证，因此，渴望婚姻其实就是渴望爱情的具体体现；另一方面，人们虽然渴望爱，更渴望自己能获得真爱，并与自己所爱的人白头到老。但是，许多人心中并不认为自己能够承担起这一段爱情，他们对自己缺乏信心，难以充分自爱，因此也顺带怀疑起自己能否在婚姻中获得真爱，甚至怀疑自己一旦进入婚姻的领域，就会一败涂地。我们将人们对于婚姻的这种既渴望又恐惧的心态，概括为"叶公好龙式的态度"。

二、婚姻问题的独特性及其与爱情问题的不可割裂性

婚姻与爱情是很难割裂的。或者，换句话说，在生活中，人们虽然口中会说"婚姻是婚姻，爱情是爱情"，但在实践上，却很难将这个观点完全贯彻下来。我们敢断言，在这个世界上，能够做到这一点的人，一个也没有！这反过来让我们感受到"婚姻是婚姻，爱情是爱情"这个观点本就是错误的。没有人在婚姻中不渴望爱，否则的话，就没有那么多对婚姻的失望与绝望。婚姻本来就是与爱情内在地关联在一起的。爱情的议题是人难以逃避的议题，人们只要有本心，就会渴望真爱；而既然婚姻与爱情又是内在相连的，因此，婚姻的议题就成为人生不可避免的课题，就算我们逃避它，我们其实也是给出一种迫不得已的回应吧！另外，既然爱情与婚姻有着内在的关系，我们就有足够的理由认为，无论婚姻的形式以及人们对待婚姻的态度如何变化，婚姻的内在法则不可能完全背离爱情的内在法则：在自然而没有扭曲的情况下，婚姻与爱情两者本就是一体的，或者说，婚姻就是爱情关系的深化与稳定化的自然体现。同时，既然自爱是爱情中最关键的问题，那么自爱的问题在婚姻关系中也肯定同样具有重要乃至核心的位置。读者若读完我们这一卷文字，就肯定会相信，一个不自爱的人，难以在婚姻中得到自我的救赎与升华，同时也是很难真实理解到婚姻自身的意义的。我们在这一卷中会讨论很多内容，但是，如果要用一句话来概括这一卷要表达的意思，就只有这么一句话。

当然，我们也应该自觉到，虽然爱情与婚姻是内在相通一体的，但毕竟婚姻也有它自身独特的意义。要不然，我们讨论完前三卷之后，这本书就算结束了，而不需要再加上这一卷的内容，对一些本已经说完的主题饶舌不已。我们确实是体会到在爱情的领域中，婚姻有其特殊的意义，我们才有意愿与动力，去探索它的内在机制，并将之呈现给读者们。我们知道，许多夫妻是基于爱情而结合，并过上婚姻生活的。但在他们结为夫妻并共同生活之后，他们感到他们的情感关系变

了，之前的甜蜜的爱情在婚姻的鸡零狗碎、一地鸡毛之中，烟消云散，不堪追忆。感到爱情是如此的美好而纯洁，而婚姻则是如此的苍白与苟且，于是迷惑不解——既然他们的婚姻是建立在爱情的基础上的，那么婚姻理应是他们的美好而纯洁的爱情的深化，而绝不是截然相反。但在现实面前，自己又不得不品尝自打耳光的味道。那么，到底是哪里出了问题呢？是结婚之前的爱情关系中，早已埋下伏笔，还是婚姻本身就是一个陷阱，我们只不过是不小心坠落在这个陷阱中，而我们的美好的爱情就在不知不觉之间，被它所绞杀了？对于许多人来说，这是谜一般的问题，并困扰着自己的生活与生命。

对于这个切身的问题，古今东西的人们肯定是思考过的，而且大家也有一些共同的结论。例如，许多人认为爱情与婚姻之所以有所差异，是因为人们在谈恋爱的时候，双方都会将各自好的一面向对方展示出来，以求得对方的好感；另外，在恋爱中，双方都有着对于爱情以及彼此未来的婚姻生活的美好而纯洁的憧憬，恋爱将他们心中的憧憬激发起来，而既然心中的憧憬主导了他们的互动，那么，他们各自都不太能够去正视自己以及对方的真实的一面。但是，结了婚之后（甚至是爱情关系稳定了之后）就不一样了，双方都不得不将自己的本心的全部状态，在对方面前真实呈现出来，同时，彼此在结婚前之所以将自己的好的一面向对方展示，是因为自己想得到对方，于是将自己的好的一面作为诱饵，而一旦结了婚，这些诱饵就用不着了，之前谈恋爱的时候自己所用的一套话术，现在也无所施其技了，于是，两个人就需要面对真实的生活，以及在真实的生活中那彼此的现实而真实的自我，这时候，爱情消磨了，甜蜜也消失了，剩下的就是那苍白但又不得不去面对的现实了。

对于上面所总结出来的人们惯常的解释，我们不能说这不正确，但是，如果放在这本书所讨论的语境和脉络中，这样的解释显然并不够，它容易流于表层。我们应该沿着人们的惯常解释，并通过本心与自爱的视角，再深入地将这个问题给理清楚。实际上，在结婚前，爱情的双方之所以会将自己好的一面展示给对方，并且彼此憧憬着未来的美好生活，是因为这未尝不是彼此本心中之所渴望的事，他们是真心这么想的，而不仅仅是将之视作一种获得对方的手段而已。经过本书的讨论，我们已经很清楚，每个人都是有本心的，而每个人的本心都会自然地谋求充分的自我实现的，因此每个人都是渴望真爱的。这就可以更深入地解释，为什么人们在恋爱的时候，会将自己最美好的一面，呈现给对方，让对方对自己形成好感；同时也可以进一步解释为什么人们会憧憬未来的婚姻生活，这确实也是人们心中的真实愿景。简言之，这是人们渴望爱的表现。因此，我们就不能说在恋爱的时候，彼此的那些甜言蜜语，以及沉浸在爱河中的那些缠绵之情、憧憬之意，统统只是一种诱饵而已（那些存心诱骗别人感情的人则另当别论）。只不过，心中渴望真爱是一回事，自己的本心能否真正承受和承担起这个渴望，并将之充分实现出来，则是另外一回事。在这个过程中，本心的自我诚实以及自我实现的力度（也即自爱的力度），就显得尤其关键。在恋爱的过程中，人们渴望真爱是真实的，但本心的自爱度与诚实度也是真实在那里的。也就是说，一个人如果不自爱，她又不肯回到自爱，那么她即便想自爱，也竭力做出自爱的样子，但久而久之，她肯定是会退回到自己的不自爱状态的；而反过来说，如果一个人有真实而充分的自爱度，那么无论经历怎样的曲折，她最终都会回到自爱的状态中去的。因此，对于那些难以自爱不能或自我诚实的人来说，他们的本心就难以承担起自己的爱的渴望，于是，他们的这个渴望，就和他们真实的本心状态，形成了分裂。而这种分裂往往导致人们死死抱住所渴望的那个自我的憧憬，并将之视作真实的自我；可以说，本心越是分裂，本心就越要死死抓住那个憧憬出来的自我，逐渐地，这个憧憬出来的自我最终成为一个与真实的自我状态截然相反的虚假的自我，这就是我们在上一卷所说的转移的情况。

我们这里之所以要做这样的本心分析，则是为了揭示出人们在爱情中与在婚姻中的本心状态，并不是完全不同的，这两个阶段的本心状态具有某种连续性。人们之所津津乐道的恋爱时的那种所谓甜蜜、纯洁而美好的感受，其实并不一定是完全真实的——当然也不一定是不真实的，这就需要每个人自己去真实印证自己的感受了——而可以是一种虚假的迷雾与幻象。在恋爱中的人们，往往是"不识庐山真面目，只缘身在此山中"的。而人们在恋爱时的虚幻的感受，就成为种在本心中的一颗种子。人们对自己心中的这颗种子，不一定能够形成明确的自觉性，于是，它就不知不觉地在潜移默化之中，酝酿出"生机"来。而待到自己由恋爱的阶段走向相对稳定的婚姻关系的时候，这颗种子便在婚姻这样的条件与土壤下，生根、发芽和开花了，并造成婚姻双方在爱情上的纠缠、消耗甚至毁灭。这颗种子从酝酿生机，到生根、发芽，再到开花的过程，是可以在人们不知不觉的状态下实现出来的，而到了婚姻双方成为一对彼此恨怼的怨侣的时候，当事人无论怎样追溯，也总是追溯不出问题究竟出在哪里，而且往往相当迷惘——在恋爱时那纯洁、甜蜜、美好的爱情，现在究竟去了哪里了呢？它消磨掉也就罢了，为什么彼此之间还要平添耽误、怨恨与苦楚呢？殊不知，人们与其去琢磨爱情关系的变化的问题，倒不如去印证一下自己的本心，看看自己是否能够真爱。

在这样的过程中，我们其实也可以隐约体会到婚姻的意义所在——如果说，在恋爱中，人们在爱情上种下了一颗种子，那么，婚姻则提供了一个让这颗种子生根、发芽和开花的机会。我们先不管这颗种子是一颗好的种子还是坏的种子，我们首先需要注意的是婚姻的经历，给这颗种子提供了生根、发芽、开花的条件与土壤。如果没有婚姻这个条件和土壤，那么这颗种子就往往一直停留在种子的状态中，它就没有更多的机会，让自己生根、发芽、开花了。因此，一些人心中渴望结婚，但又恐惧婚姻生活，最终与对方维持在一个爱情的契约状态中，就未必是人生的最佳选择，因为这样做很可能失去了让自己的主体状态、本心状态全幅地打开，并由此而作自我检视的机会了。所以，无论这颗种子是好是坏，若不是让它生根、发芽、开花，那么我们也就无从检验它的好坏了。我们从这样的角度就可以看到婚姻的重要意义了。可以说，婚姻是检验与考验自爱的平台，同时也是深化自爱与爱情的平台。不自爱的人，因为婚姻而让自己的不自爱发芽开花，也就是让自己更难自爱，于是，婚姻就成为埋葬自我的坟墓；而自爱的人，则因为婚姻而让自己的自爱发芽开花，也就是让自己更自爱，于是，婚姻就成为挺立主体性、增进真爱的花园。这样一来，我们在爱情上遇到了困境，其实就不能怪罪婚姻自身，而更应回到自己的本心，去看自己的本心状态究竟如何，印证自己的自爱度。自爱的问题才是关键，而婚姻只不过是要给主体的自爱与否，算个"总账"而已。正因为婚姻能够让人们在爱情中所种下的那颗种子生根、发芽、开花，而这是其他的爱情关系与形式之所不可替代的，因此，我们就确实有必要去研究婚姻自身的性质与意义。如果我们不重视与正视婚姻的问题，我们讨论爱情的议题，就不但是不完整的，而且也是残缺的。

第二章
婚姻的本质（一）：
父权制与爱的二重性

一、婚姻的第一重性质：父权制

要明确婚姻对于主体以及主体间关系的意义所在，就必须首先切实了解婚姻的性质。而对于婚姻的实质如何，人们往往有着茫然与迷惘的态度。一些体验过婚姻的人，视婚姻为洪水猛兽，因为他们在其中迷失过自我。即便体验过多次婚姻的人，也往往在每一次婚姻中迷失自我。这说明婚姻的问题具有复杂性和不易觉察性。所以，如果我们要疏导清楚这个问题，就得从人类为什么要有婚姻，以及为什么会形成婚姻制度开始谈起。关于这一点，我们在本书的第三卷谈到"宙斯情结"的时候，其实已经预先作出一个铺垫了，在这里再作出引申。可以说，人类的婚姻制度的形成和确立，与父权制的形成与确立是息息相关的，这两者具有同步性的关系。同时，这两者不但是同步的，而且还构成了相互纠缠、彼此加强、互为表里的关系。父权制为婚姻制度的确立提供了权力结构上的相对稳定的条件，而婚姻制度则是父权制得以深化与巩固的一个天然的屏障，如果没有婚姻制度作为屏障与保障，男性对于女性的主导作用，以及父母对于子女的管控，就无法作出具体的落实。而与父权制相为表里的婚姻制度，其实质性作用，就不外乎是要通过权力本位，将夫妻的关系还原为一种权力关系，并由此而巩固父权制，为父权制服务。所谓的权力关系，主要体现为控制与被控制、支配与被支配、主导性与从属性（或配合性）的关系——无论这种关系多么隐蔽。①在这样的权力关系中，财富、地位、名誉等方面的分配与安排，则一定要从属于"男尊女卑""夫为妻纲"这样的权力关系的结构的。

　　正因为人类的婚姻制度有着服务于父权制的一面，所以它并不是完全爱情本位的，而往往是权力本位的。我们知道，归根结底，爱情的关系是交心的关系，而且是深度的具有共鸣意义的交心性关系。这样的共鸣性交心关系一定是蕴含着主体与主体间的平等性关系的，而绝不是权力上的支配与被支配的关系。这样一来，婚姻关系与爱情关系就形成了难以化解的张力与冲突，于是，婚姻给人们带来的东西，就并不是爱情上的甜蜜与幸福，而是爱情上的遮蔽、扭曲甚至毁灭。人们所常常说的"婚姻是爱情的坟墓"，往往就是从这个意义上说的。

　　传统的婚姻制度对父权制的服务性、巩固性作用，是明显的，②它在男女的权力与财产的分配上作出了较为明确的制度性规定，而且还通过一些政教——伦理上的意识形态与形而上学，以强化这些制度性规定的"合法性"意义。而随着社会与家庭的演化，以及男女平权斗争的推动，父权制以及与之相配合的性别观念，也逐渐受到动摇与走向瓦解。这是具有积极的意义的事。不过，父权制及其意识形态的影

---

　　① 在这里，我们在直觉与朴素的意义上使用"权力"一词，所以，不涉及政治哲学中关于权力本性是否是"支配性"的争论，对这个讨论感兴趣的读者可参考福柯、阿伦特、福斯特等人的著作。我们自己基于本心的权力观与这些观点都不同，我们认为权力的本性在于本心的操控，未来会在政治专论中对这个观点予以详细讨论。

　　② 当然，这是因为我们身处现代社会，所以我们能够将这个问题看得清楚一些，而现代社会之所以形成，其背后又有着人们为争取平等的权利而斗争的漫长历史，在这个漫长历史中，传统以来的许多制度与观念，就被逐一解构与祛魅了。

响，其实既广泛而又深远。虽然人类走过了不同的社会形态，但与父权制相关的权力结构与家庭模式，却往往是这些不同的社会形态之所共有的，它就像串起一串冰糖葫芦的那根竹棒一样。即便是在当前的现代社会，我们仍然可以看到父权制的权力结构模式在社会与家庭中可谓无处不在。同时，与父权制相表里并与之相互强化的男权观念，则仍然在社会与家庭中大行其道，"宙斯情结"与"维纳斯情结"仍然是具有普遍性、广泛性作用的心态。而且，在现代社会中，这些心态与观念又以更为隐蔽与精致的形式出现。在下文我们分析电影《婚姻生活》的内容中，读者可以看到父权制对男人与女人的本心的遮蔽与扭曲，既深且细。

二、婚姻的第二重性质：爱情的见证与责任

不过，如果我们要进一步去问：为什么人类会出现父权制以及为巩固父权制而建立的婚姻制度？要知道，父权制与婚姻制度也是在人与人的活的互动性关系之中，而慢慢沉淀下来的。这就要追溯到一种人类的"集体不自爱"的情况了。男人基于不自爱，而去争夺权力，追逐名利，并要通过对权力、名利、地位这样的外在条件的攫取，去证明自己，但是，男人越是被宙斯情结之所牵引，就越丧失掉自然的自信心与自爱度，由此而对自己越来越不以为意了，他的本心扭曲了，他的爱的诉求全部都转移到对于权力的攫取与执著上了。这是我们在第三卷中之所不断讨论的内容。同时，在社会与家庭中，男人与女人构成一个互动性的关系，男人基于不自爱，而去抱紧权力；而女人则往往会通过依赖与依附男人的方式，间接地获得社会上的地位与权力，这同时是对女人的自爱状态的摧残。正是男人与女人之间的这种一来一回、一拉一扯的本心互动中，父权制与婚姻制度就慢慢形成了，它们恐怕是人类的集体不自爱走向"成熟"的产物吧！其实，非特父权制与婚姻制度，整个人类文明的形态，也往往有强化与助长人

类的集体不自爱、从而遮蔽和扭曲自然的人性人心的导向。一些心思敏感的思想家、哲学家、作家们，往往能够感受到带有父权制烙印的人类文明，对于善良、爱与美德的摧残。这当中，卢梭是尤为突出的一位，他的启蒙理念要比同时代的思想家深刻，他的思考触及了人的最深层的问题，虽然他未能由此而进一步形成本心上的自觉。卢梭控诉道："真诚的友谊没有了，对人的真心敬爱没有了，深厚的信任感没有了。在那老一套的虚伪的礼仪的面纱掩盖下，在我们夸赞为我们这个世纪的文明所产生的谦谦君子风度的面纱掩盖下，人与人之间却彼此猜疑，互存戒心，彼此冷漠，互相仇恨和背信弃义。……天文学诞生于人的迷信，雄辩术是由于人们的野心、仇恨、谄媚和谎言产生的，数学产生于人们的贪心，物理学是由于某种好奇心引发的。所有这一切，甚至连道德本身，都是由人的骄傲心所产生的。由此可见，科学和艺术都是由于我们的种种坏思想产生的；如果他们是由于我们的好思想产生的话，我们对它的好处就不这样怀疑了。"[1]卢梭虽然没有自觉地意识到人类文明之对人性人心的扭曲，其背后有着父权制与婚姻制度的推波助澜的作用，但他对于人类的"集体不自爱"状态，以及根据这一状态所形成的人类文明对于主体性的压迫与毁灭，则有着深厚而直接的敏感度，并且将人类由于不自爱而造成的问题，通过他的文字而生动地呈现出来了。

正因为父权制与婚姻制度在很大程度上与人们的不自爱的本心状态相关联，所以我们其实可以将问题往深一层去思考：既然父权制与婚姻制度是建立在人的不自爱的基础上的，或者是与人的不自爱状态互相推逼的，那么，我们就应该要从本心的角度去看待婚姻与爱情，而不应该仅仅抱住父权制的问题去看婚姻与爱情。更具体一些说，如果我们只是从父权制的角度去看婚姻，而父权制以及与它相配

---

① 卢梭著，李平沤译：《论科学与艺术的复兴是否有助于使风俗日趋纯朴》，商务印书馆 2017 年版，第 12、23 页。

套的观念和心态，又是那么深固不拔、漫天盖地，那么，我们对于婚姻的意义本身，就肯定是绝望的，于是，我们就会避忌任何婚姻的可能性。但是，如果我们从本心的角度，看到了父权制根源于人的不自爱，那么我们就不会将视角完全放在父权制与婚姻制度上，而会将着眼点放在爱的意义上，并更深刻地印证到，婚姻的问题，其实最终是爱的问题。

于是，这样就与我们对婚姻的第二重性质的确认，关联起来了。在上文，我们将婚姻视作一种巩固父权制的制度，这可以说是婚姻的第一重性质，但这并不能涵盖婚姻的全部意义，因为很明显，人们之所以要结婚，往往是本着真实的爱情而结婚的，就算是一些对婚姻带有恐惧与避忌的心态的人，也是基于爱情的意义而对婚姻形成这种心态——他们渴望爱情，但又害怕自己在爱情上受伤，于是顺带地对婚姻采取消极的态度，简言之，他们恐惧婚姻，其实是恐惧爱。而因为人们是基于真实的爱情关系而期待婚姻的，那么，婚姻就是植根于爱情这个土壤中的繁花与硕果，因此，它实际上也具有本心与爱的意义上的积极性。可以说，婚姻是爱情的见证与责任，这是婚姻的第二重性质，它是爱情关系自身之所自然蕴含的环节。两个人如果彼此相爱，同时他们在相爱的过程中，彼此通过本心的印证，心中都明确地认为对方是自己之可以与之终身相伴、不离不弃的人，也即肯认到对方都是自己生命中最重要的人，那么，这意味着他们都发自本心地愿意承担起这一段爱情，并将之作为自己人生中的关键之事，也就是自己的"责任"。这样而来的"责任"不是外部强加的约束，也不是纯粹理性的思考结果，而是主体在本心充实之后的自觉而明定的"承担"。他们既然有这样的真实的心意，就会很自然地要向对方表达自己的心意，于是便形成了一个深度的交心与共鸣关系；而这个关系，则让他们感到，各自的本心上对于真爱的诉求与渴望，得到了完全而充分的实现；于是，他们在喜悦与激动之际，都十分珍惜彼此之间的爱情；而对爱情的珍惜，则自然地促使他们各自心中生出一种对于这段爱情的承诺。他们要承诺什么呢？要承诺对于这段爱情，是自觉地承担起来的，于是他们愿意去维护它，而不让它受到无论是来自内部还是外部的损害，同时愿意让这段爱情伴随他们此后的一生，彼此真心不变。而他们的这个真爱的承诺，就会自然地成为一种盟誓或盟约。这正如汉代的《上邪》之诗所说的那样："上邪，我欲与君相知，长命无绝衰。山无陵，江水为竭，冬雷阵阵夏雨雪，天地合，乃敢与君绝。"这种盟誓或盟约因为来自真爱或对于真爱的渴望，所以，具有感天动地的悠久而深厚的意义。

因为这种盟誓或盟约的意义过于重大（它与整个人生意义内在地关联在一起），所以，定盟的双方，就肯定要有一个彼此见证，甚至多人见证的表示，就像古人所谓歃血为盟或者刻石为盟那样的仪式。而婚姻之约，就是爱情上的盟誓或盟约的表示。但凡盟誓或盟约，都是有约束性的作用的，没有约束，盟誓或盟约就无从谈起了。如果订约的其中一方，不理会这个约束，这就意味着该方撕毁这个盟约，而对方或其他人就有惩罚对方的合法性。例如，《史记·黥布列传》："夫楚兵虽强，天下负之以不义之名，以其背盟约而杀义帝也。"正因为楚兵杀义帝，背弃了早先的盟约，那么它就完全失去了统治天下的合法性了。婚姻之盟也是如此，它一定是具有约束性的意义的，没有约束性的婚姻，就不算是真正的婚姻。婚姻就是爱情的双方形成彼此的明确约束，彼此真心地爱对方一生，以诚挚之心，同甘共苦，不离不弃。中国古语所谓"琴瑟和鸣""百年好合""永结同心"就是这个意思。如果盟誓的一方背弃这个誓约，那么这个婚姻的意义就荡然无存了。另外，作为爱情之盟的婚姻，它的约束性的意义，不但是双方之所认可的，而且也是双方真心如此的。换言之，婚姻的双方都有真实的动力，而主动提出并真心愿意落实这个约束。从这个意义上说，只要是彼此基于爱情而结合成婚，那么婚姻上的约束就是爱情的自然的一部分，它是积极的，是为了保护与保障爱情的意义而确立出来的。①

　　总而言之，在本心自然的状态下，婚姻之誓是两个人愿意将自己的本心向对方完全而无所保留地打开，并与对方形成本心上的共鸣的结果与表现。而在人世间，许多人的爱情过程则并未导向婚盟，这当中有着各式各样的本心原因，需要我们具体地、内在地去印证每一段爱情故事，才能得出准确的判断，因此这是不能一概而论的。不过，我们在这里可以分析一种具有典型性意义的情况，这就是，如果从具体的表现来看，一段爱情关系似乎发展得很深，双方彼此对于对方似乎都有着真爱，而双方或其中的一方却对婚姻持有明确的怀疑乃至恐惧的态度，这其实意味着当事人对于爱情，是没那么有信心的。从表面上看，当事人是怀疑婚姻；而从内在的一面也即本心上看，当事人所怀疑的其实是爱。例如，萨特和波伏瓦终其一生都没有婚约，但他们有爱情上的约定，这个约定流传甚广的版本是："彼此承诺绝对坦诚，彼此允许有情人，不得有任何隐瞒，为期两年，可以续约。"萨特以他是一位作家，需要其他的爱情体验为借口，向波伏瓦提出这个

---

　　① 这里所说的"盟誓"或"盟约"不同于理性的"契约"，而是主体的投身性承诺，是本心的约定。有人只把婚姻理解成某种理性的"契约"，这非但不能够把握婚姻的实质，而且因为过度强调理性，已经对本心有了扭曲，已经包含了对爱的怀疑与恐惧。为什么如此呢？其实，自己去诚实印证一下是否如此就清楚了。但是，我们还想从另一个角度去回应一下这个问题。我们很难去判断契约中的一方为了不想要"违约"带来的计算性代价而遵守契约，还是真正地发自本心诚实地遵守契约，如果是商业关系还好说，但是婚姻关系毕竟不是商业关系，人们心里不会满足于只有一个仅仅怕付出计算性代价而遵守契约的伴侣，人们在乎的是对方的真心，虽然在乎对方的真心，却不信任对方是真心，才有了对理性"契约"的强调，这就已经伤害了爱，扭曲了本心。比如，下文中讨论的萨特与波伏娃的"契约"至多是一种理性"契约"，甚至，还不如商业契约对利益的刻画那么坦荡。

约定的期待，而波伏瓦自己也肯定是怀疑他们两人之间是否存在真爱，而对婚姻产生怀疑与恐惧的，因此，她就愿意接受这个约定。从这个意义看过去，他们两人的爱情，就肯定不是什么真爱，无论他们的情感怎样深厚，彼此的爱情持续多久，他们的爱情都不会达到真爱的领域。

另外，关于婚姻是爱情的见证和责任这一重性质，我们还需要强调一点，这就是，婚姻之盟的约束性，是需要维护与打理的，因为它并不容易维持下来。这当中的一个重要的原因，在于爱情的双方或其中的一方，在确认婚约的时候，往往认为自己对于对方，或者双方彼此之间，有着明确的真爱。但在实际上，当事人的真爱的感受，或许只不过是他们心中的一个渴望而已，而他们将真爱的渴望视作是实际的情况了，但是，他们本心中的自爱的力量或许并不充分，因此他们的本心就不足以支撑起这个渴望，并将之落实下来。于是，在结婚之后，他们的整个本心状态就不得不全幅暴露出来，于是他们的婚约以及其中的约束性意义，就失去了任何的基础，而当事人也往往将爱转移到别的人或者别的地方去了（我们在下文将对这个过程有具体的呈现）。因此，婚姻的约束性意义，一定是从充分的真爱与自爱而来的，自律来源于自爱，真约来源于真心。婚姻中的责任也完全在这里，换言之，责任来源于爱。关于这一点，我们在本卷的最后部分将有详论。

从上文的梳理我们可以看到，婚姻的实质具有二重性。在现实生活中，作为巩固父权制的婚姻的意义，与作为爱情的见证与责任的婚姻的意义，这两个层面、两种意义往往是相互交织在一起的，它们往往被人们的本心之所杂糅起来，捆绑销售，同时也捆绑购买。人心往往是迷惘的，而且随着年龄的增长与阅历的丰富，许多人非但没有因此而洗亮自己的眼睛，磨砺自己本心的印证力度，反而逐渐走向生命的灰色地带，于是，人们就糊里糊涂地结了婚，糊里糊涂地恋爱，糊里糊涂地出轨，最终也糊里糊涂地离婚，而在离婚之后，自己的本心变得更迷惘了，于是再次循环之前的经历，甚至每况愈下。许多人之所以一直处在这样的迷惘的状态之中，一方面是自己的本心自身的迷惘状态使然，另一方面则是婚姻的这种具有内在张力的二重性特质，进一步模糊了他们在本心上的印证与判断。人们一会儿沉浸在见证爱情的喜悦之中，一会儿在不知不觉之间，又将这种爱的喜悦与婚姻背后的父权制的结构捆绑在一起，于是，在无形之中，夫妻之间形成了本心上纠缠与分裂，爱情的意义就在不经意之间被消耗与磨损。相信读者诸君看到了我们对婚姻的二重性的梳理，会发现自己在婚姻生活中的一些不被留意到的重要关节。

第三章
婚姻的本质（二）：
二重性的同根性

一、二重性同源于本心

对于婚姻的二重性这个问题，我们还可以作出更深入一层的考察。从表面上看，这两重性质是互相矛盾或者截然相反的，如果一个人承担起爱情的见证与责任，那么她就会与自己所爱的人推进平等的深度交心，并形成本心上的共鸣，这样的状态，则会与婚姻背后的父权制结构形成不可化解的冲突；相反，如果婚姻中的一方或者双方都配合父权制的导向，将自己的婚姻、家庭与社会中的父权制结构相互绑定，那么这就一定会消耗甚至牺牲爱情上的见证与责任，因为这种结构会带来夫妻之间的不平等与不自爱。这样一来，难道人类的婚姻就永远处在一个张力与冲突之中，而难以从根本上疏导它的内在症结吗？

实际上，如果我们将婚姻的性质进一步往深一层看，就会理解到，这两个性质其实有共同的根源——本心与爱。我们不能够总是将父权制视作一个外在的、与我们的本心不相关联的东西，事实上父权制一直是通过我们的本心给支撑起来的，正如一切的社会制度，都并不是独立在人的活动之外一样。因此，人们的婚姻生活，并不是一个内在的爱情领域，接受外在的父权制的影响并作出回应的过程，人们的婚姻生活本来就是父权制的支撑性的部分，或者排斥性的部分。我们在上文也提到过，其实父权制并不是外在的东西，而是人类由于不自爱而所沉淀下来的产物——男人由于不自爱，而去追逐权力、财富、地位，他们的爱的转移成就了父权制；与之相应，女人由于不自爱，而去依傍权力、财富、地位，她们的爱的转移巩固了父权制。于是，男男女女终其一生都一起为父权制而奋斗、忙碌，而最终爱自身的意义被牺牲掉了。由此可见，婚姻作为巩固父权制的制度，是与本心或爱的问题内在地关联在一起的，这种制度是人类的不自爱的沉淀。这样一来，婚姻的这两个貌似相反的性质，在本心与爱的意义上，其实是有某种根源上的"一体两面性"的。由此，我们就可以逐渐看清楚一个关于婚姻的图景——人们基于对真爱的渴望，心中愿意通过婚姻这样的誓约，以作为爱情的见证，并承担起爱情的责任；但在婚姻的过程中，人们由于自爱度的欠缺，自己的本心并不足以承担起自己对于真爱的渴望，于是真爱落实不下来，但人们又不肯通过敦厚自爱以继续承担爱情，于是将爱转移到权力、财富、地位等外在的条件上去，并以支配、控制对方的方式，向对方索取爱，向社会证明自我，于是，婚姻就在不知不觉之间变味了，也即从第二重性质滑向了第一重性质。因此，作为爱情的见证与责任的婚姻，与作为巩固父权制的婚姻，在这个根本的意义上就形成了"一体两面性"，而这个"一体两面性"的根据则在自爱的问题上。自爱以及自爱的渴求，导出婚姻的第二重性质；自爱的渴望的扑空与转移，则导出婚姻的第一重性质。

据此，我们就可以对婚姻的性质及其根本的意义作出一个基础性的判断，这就是，婚姻的问题可以全部还原为爱的问题，只不过它是爱的问题的一个特殊而具体的环节而已。这样一来，我们对婚姻就有一个清晰的把握了——有爱才有婚姻，没有爱就没有婚姻。这个结论看似直白，但事实上这是婚姻问题的唯一出路与解救之道。如果婚姻双方无论通过怎样的方式，都不可能再次形成哪怕是一丁点的互爱与交心，那么，这种婚姻关系就一定是套在人们心中的枷锁，让当事人备感不自由，生命与活力就会被一点一点地凌迟与掏空，为了保住自我，维护自爱，没有婚姻总比有婚姻要来得强一些；如果婚姻双方都不想失去这份爱情，那么，即便双方的不想失去爱的心意是很淡的，这无疑也是希望之所在，在这个情况下，我们就会建议当事人回到自爱，并基于自爱而重新严肃地检视一遍彼此之间的爱情关系，看看是否尚有在爱情上获得新生与升华的机会。因为婚姻是以爱作为基础的，因此作为本书作者的我们，并不会一味地劝别人是结婚好还是不结婚好，是继续维持婚姻好还是选择离婚好，我们在婚姻的问题上所关注的重点，还是在爱上面，这才是婚姻的根本意义。我们在之前也提到过，许多人对婚姻的恐惧，其实是对爱的恐惧，因此，婚姻的问题往往是他们之逃避爱的一个幌子而已。我们固然可以逃避婚姻，但我们能够逃避爱与自爱的问题吗？天底下没有任何人可以逃避爱的问题。

二、婚姻关系中的自爱与互爱

明确婚姻的根源在于爱，那么我们对婚姻问题的研究，就有一个明确而坚固的立足点了，而对于诸如我们为什么要结婚，婚姻对于主体性的挺立有何种意义之类的问题，就能够作出合适而到位的疏导。我们在上文曾经指出，婚姻的诉求也是爱情的诉求的引申与落实，因此，婚姻的诉求具有某种自然性，它是爱情关系稳固而成熟的自然体现。这样一来，婚姻本就是爱情的一部分。既然婚姻是爱情的一部分，同时它又有自身的独特意义，那么，它就肯定是在一个独特的意义上，对于爱情有一个促进与深化性的作用。至于那些在婚姻中的受到巨大的情感伤害的人，则是因为双方当事人或一方当事人，有意或无意地从反面的角度利用了婚姻的这个重要作用造成的后果。现在我们就要将婚姻在爱情上的意义给明确出来。

首先，我们可以简单对比一下没有进入婚姻的爱情与已经进入婚姻的爱情这两种形态。在这两种形态中，爱情关系中的一方或双方都是渴望自己能够毫无保留地向对方敞开的，只有这样，人们才有机会获得真爱。但是，一个人在爱情关系中之向对方敞开本心，与她在婚姻关系中向对方敞开本心，这两者的意义略有所不同。[①]在爱情关系中，当事人侧重于在爱情的意义上向对方敞开；而在婚姻关系中，当事人不得不从主体性的所有意义上向对方敞开。在爱情关系中的人们，往往只向对方透露出自己对于对方的爱意，以及自己在爱情上的渴望与诉求，尽管这些透露可以是诚实而无所保留的，但它们毕竟围绕着爱情的议题而展开。沉浸在爱情中的人们，总是将自己对于爱情的渴望与期待向对方表达出来，因为这种渴望与期待是爱情上的，因此往往总是让对方感到爱意浓浓，而对方也同样向自己这样表示，于是爱意就萦绕在彼此的心头，久久不能散去。但是，在爱情关系中，双方心头萦绕不散的爱意，则很可能只是爱的渴望与期待的萦绕与荡漾，而不一定是爱本身的深度而真实的交互。如果当事人的本心是处在迷茫或者缺乏爱的状态中，那么她就往往不能够清楚地区分出对方给自己的甜言蜜语、一颦一笑，究竟只是一种爱意的渴望与期待的萦绕，还是从对方的本心直接表达出来的真实的爱意，抑或它只不过是对方勾引自己的浪子心声而已。但是，由于她自己心中缺乏爱，她亟待向对方索取爱，于是，她本心的不自爱状态就让她对"印证出对方的爱意表达的实质"这个问题置之不理。这样一来，她与对方的爱情，往往会一直在渴望与期待的萦绕荡漾中，随波逐流，浮沉不定。他们的爱情究竟是真实的爱情，抑或只不过是爱的渴望的流转而已，这就很难确定了；只要他们不进入婚姻，而一直保持着恋爱的状态，他们就有可能一直处在难以确定这份爱是否真爱，甚至难以确定它是处于怎样的爱情状态之中。但是，我们知道，人只要有本心，她的本心

---

① 因为婚姻关系也是一种爱情关系，而这里我们为了讨论的方便，暂且将爱情关系与婚姻关系区分出来，前者指的是尚未进入婚姻的爱情关系。

就会有真爱的诉求。于是，在爱情关系中，当事人的真爱的诉求，与她之难以确认这段爱情是否真爱的本心状态，就构成了一个内在的张力甚至冲突。

人们若要疏导与解除这个内在的张力，则非要将这个爱情关系，从"渴望与期待的萦绕荡漾"而导向"本心与本心真实的相互敞开"不可。只有这样，我们才真正印证到，自己与对方的这段爱情是不是真实的，是不是真爱。而婚姻关系，则给人们直面这个问题提供了真正的机会，或者说，它逼着人们不得不去直面这个问题。在爱情关系中，彼此各自的本心往往围绕着爱情而互相敞开，而在婚姻关系中，彼此的本心不得不更进一步敞开，因为如果人们不是这样做的话，就难以应对婚姻、家庭中的所有问题。于是，在婚姻中，人们的本心的所有状态都不得不朝向对方展示，那个在爱情关系中小心翼翼地维护着的潘多拉匣子，现在不得不被打开。于是，一切都无所遁形。自己对于对方的爱，究竟是真实的爱，还是只不过是渴望的萦绕荡漾，抑或仅仅是爱的欺骗，都被无情地暴露出来，并被全方位地展示在婚姻生活中。是的！亲爱的读者！你们没有想错，看到这里，你们肯定知道我们接下来要说什么。我们要说的是，许多人之所以恐惧婚姻，简单地说，是因为他们恐惧爱，而更具体一些说，其实是恐惧在婚姻生活中，被自己隐藏在潘多拉匣子里那最真实的本心状态，现在要全部打开，然后一点一点，好的歹的，都要倾倒出来，都要原形毕露。这其实是许多人绝不敢去直面的事——这是自己的不自爱状态所造成的，她因为不爱自己，不珍惜自己，所以自我沉堕下去了，而自我越沉堕，自己就越不想去正视一下这个自我，而自己同时也就越渴望一个理想的自我。在恋爱的时候，自己还可以凭着自己所渴望的那个理想的自我，与对方缠绵不已，彼此自欺欺人，以求向对方索取爱。但现在，自己要从恋爱走向婚姻了，之前的纸上谈兵的方式，就不能再玩了，现在要自己带着真刀真枪，荷枪实弹地去作战了！读者诸君，你说他们能不恐惧吗？

但是，恐惧归恐惧，要面对的事，怎么躲都是躲不开的。如果在恋爱的过程中，人们都处在自欺欺人的状态中的话，那么无论人们怎样去经营这个爱情，它总是真实不了，同时也是难以为继的，因为它是建立在情感的荡漾而不是建立在本心的诚实的基础上的。而如果在恋爱的过程中，人们不但渴望真爱，同时也愿意诚实地打开自己的本心，以求充实和实现自己的渴望。在这个过程中，他们尽管不一定有充分自爱的本心状态，但他们的自我诚实，则促使他们愿意将自己的整个本心状态，真实地向对方打开，他们相信对方会由此而实感到自己对于真爱的诚意的，同时他们也自信地感受到，如果对方接受不住自己的这种诚意，因之而损害了彼此之间的感情，那么他们也不会有什么后悔的，因为问题并不出自自己。这样一来，婚姻对于他们来说，又有什么可以让自己恐惧的呢？人们之所以恐惧婚姻，是出于不自信与不自爱，而如果自己有着真实的自信与自爱的力量，那么婚姻就绝不是一个让人恐惧的坟墓，恰恰相反，它本就是自爱与真爱的磨刀石。因此，这当中的关键，还是看自己的那把刀如何。如果你的这把刀是一把真刀，它只不过是生了点锈，或者之前给用钝了，那么你自己就不但愿意亲自去磨一磨这把刀，而且还迫不及待地去找磨刀石，让自己的刀磨砺磨砺呢！但如果你自己的这把刀并不是真刀，或者它早已朽坏了，那么你肯定不敢将它拿出来并去磨砺它了。由此可见，有的人恐惧婚姻，有的人则呼唤婚姻，这两者的本心的状态相差悬远，这是因为有的人，其本心的底子是诚实而自爱的，而有的人则截然相反。我们需要具体而内在地考察每个人的本心状态，决不可一概而论。

因此，虽然婚姻关系与爱情关系有所不同，但是婚姻的最深层的意义，最终仍然是与自爱的问题关联在一起的。与此同时，因为在婚姻生活中，主体的本心状态将会较其处在爱情生活的时候，要进一步地全幅敞开，因此，婚姻生活就是深一层激发和磨砺主体的自爱的难得机遇了。可以说，爱情需要植根于基本的自爱与互爱，而婚姻则需要植根于深层的自爱与互爱。只有从这个角度看过去，我们才能把握住婚姻最真实的意义与生命所在；而正因为婚姻与深层的自爱问题关联起来，因此我们就不能通过一段婚姻是否能够延续下去，而作为主体的爱情与人生是否失败的衡量标准。《玩偶之家》中的娜拉在婚姻生活中醒悟到丈夫与她丧失了爱，他们的婚姻的基础与意义丧失了，于是决然毅然离开了她的家庭。从表面看，这似乎是婚姻与人生的悲剧；但从本心的角度看，这当中有着鲜明的自爱的意义，而娜拉虽然离开了她的家庭，她与丈夫婚姻关系破碎了，但她却通过这段婚姻，作为自己的人生的磨刀石，将自己最真实而深层的自爱给磨砺出来了，她抛弃的是本该抛弃的婚姻，她保住的是婚姻之最深层的根据——自爱。

三、婚姻作为自我救赎与相互救赎的道场

从这个角度看，婚姻自身的独特而不可被其他的爱情关系形式之取代的意义就冒出来了。可以说，比起爱情关系，婚姻关系更为真实，因为在婚姻中，主体的所有面向，都得向对方打开，不管这个打开的作用是主动的还是被动的，是自觉的还是不自觉的，而在爱情中，人们就侧重在打开爱情的面向，而不一定是主体的所有面向。于是，在爱情中，人们就难以从爱情生活这个面向中，进一步深入观察和印证主体性与本心的问题，或者说，爱的意义的问题；但是，在婚姻生活中，我们却往往获得这样的机会。这样一来，在爱情关系中人们所收获的带有真爱的渴望的爱情，就需要在婚姻关系中，得到进一步的考验，同时也是最后一步的考验，这就像一个产品在生产出来之后，仍然需要被拿去质检部门检验它是否合格一样。婚姻的作用也是这样，婚姻是对爱情与真爱的真实考验以及最后的考验，在爱情关系中，人们的一切花架子、虚伪、隐瞒、欺骗，都会在婚姻中脱去它们的伪装，并裸露在彼此的面前，最终都会无所遁形。

　　而那些不想让自己的爱情被婚姻之所考验的人们，是否可以通过规避婚姻的方式，来规避考验呢？答案是否定的。这是因为，只要人们生活在这个人世间，一切的爱都总会被考验的，只不过不同的爱以及一段爱的不同时候，其所接受的考验方式有所不同而已。而婚姻则是提供了一个集中而明确的考验的平台而已。我们可以再用刚才的关于产品的那个比喻，婚姻就有如一个集中、快速、高效地检测产品质量的质检部门，在这个部门中，一个产品可以被全面而深入地检测清楚，从而让人们知道这个产品的质量是不合格，还是合格，还是良好，抑或是优质。如果我们现在不要这个质检部门了，将这个平台取消，那么那些本来要送检的产品，现在就全部合格了吗？若果真如此，那么我们肯定二话不说，将这个平台取消了。但天底下怎么会有这么美妙的事呢？这不是自欺欺人吗？一个产品如果在事实上是不合格的，它就始终是不合格的，无论我们怎样说它的质量如何好，它在事实上的质量始终是不合格的。它就算不送去质检部门检测，而流向社会，任何使用它的人，都会在懵然不知的情况下，受到它的恶劣质量的影响。婚姻与爱情的问题也同样如此，人们所纠结甚至恐惧的"婚姻问题"，往往被人们所误解，或者成为人们推卸责任的借口——事实上，并不是人们一旦进入婚姻之后，爱情上的问题就出来了，而是人们在爱情上本来就出了问题，而现在进入婚姻之后，这个问题被检测出来了。当然，我们也可以进一步去问，明明彼此在爱情关系中如胶似漆、真情款款，就像一个美梦一样，而一到了婚姻生活中，彼此就像变了一个人一样，这两个状态的落差竟然如此之大，难道这还不是婚姻自身的问题之所造成的？我们可以告诉你，这其实揭示出了之前的那段爱情，是一个不真实的梦幻，而到了婚姻阶段，这个梦醒了，它被无情地刺破了。一个人如果看到自己之前所处心积虑而建构起来的虚假自我以及与之相关的爱的渴望，被弄得碎了一地，想必她还是想回到从前的时候吧！但是，将这些碎片重新缝合起来，并用粘合作用无比强大的胶水给粘起来，做成像之前一样的一个茧，自己重新呆进去，这样自己的主体状态与本心状态就会完美起来了吗？天底下也从来不会有这样的好事，但不自爱的人，却往往会以为自己真可以这样去处理这个问题。因为他们不爱自己，对自己不满，所以诚实地直面自我这样的选项，是从来不会出现在他们的心目中的，于是他们只有一个选择，那就是躲起来！

经过这样的讨论与分析，我们大概就可以明白，婚姻这个形式可以规避，但婚姻的根据——同时也即是婚姻的实质性意义——爱与本心，则无论如何都是逃脱不掉的。婚姻的问题并不在婚姻这个形式那里，而在人自身的自爱那里。真正自爱的人，即便在婚姻中，也能磨砺和增进自己的自爱；而不自爱的人，即便将婚姻规避得远远的，她的不自爱也会在不知不觉间，将她拉向沉堕。因此，一个人是否必须经历婚姻的考验，这并不是关键，关键的问题只不过是她能否真实地自爱。一个人只有自爱才能得到真爱，而真爱则需要通过考验，才能激发自己更为充分的自爱性作用，并最终充实真爱，犹如凤凰之涅槃，让真爱真真切切地成为真爱！

在这个世界上，我们不能违背一个本心的内在法则——我们如果不打开本心，就得不到真爱；我们如果打开本心，我们的爱就会被考验甚至拷问。我们只有这两个选择。而在这两个选择中，第一个选择是"自我悖谬"的选择，第二个选择才是真实的人生出路。前者之所以是"自我悖谬"的，是因为打开自我是本心的自然而内在的诉求。人只要有本心，就渴望打开自己，而获得真爱。因此，渴望获得真爱，就是人的自然而不可遏止的诉求。于是，人们之所以不打开本心，并不是他们不愿意打开本心，而是担心自己一旦打开本心，就很难承受得住自己的真实状态，因为人往往压根儿不爱自己，对自己没有信心——这不又回到自爱的议题上来了吗？因此，第一个选择是"自我悖谬"的，只有第二个选择才能够让我们获得并维持真爱。

婚姻生活提供给我们打开本心、增进自爱、维护真爱的机会。在婚姻生活中，夫妻双方不得不打开自己的本心，将自己的真实的本心状态全幅地展现在对方面前，不管这是主动的，还是被迫的，抑或是不经意之间流露出来的。这是人们在爱情关系中不一定能够体验到的状态，但是，在婚姻生活中，人们一定能够体验到这个状态。于是，在婚姻生活中，自爱的议题得到了某种深化与扩展。具体地说，自我打开本心，就意味着主体将自我的一切，全部都打开了。而主体对于"自我的一切"，则不一定能够有清晰而深入的把握的，其中的一些本心内容与本心状态，就算自己也不一定能够梳理得明白的，甚至自己在不经意之间，而被它们之所牵引，走向一个自己怎么想也不会想得到的主体状态中去的。因此，在婚姻生活中，自我向对方打开本心的过程，就是重新进一步诚实直面自我并巩固自爱的过程。这对于深化爱与自爱，当然是一个重要的机遇。当然，正如上文所曾提及过的，全幅打开本心这件事，是需要更多的勇气的。但我们若要真正获得真爱，就不得不需要这样的勇气。如果我们好不容易从爱情的领域而来到了婚姻的世界，但是，倘若我们刚一跨进这个世界的大门，就立即失去进一步直面自我的勇气，那么，之前我们所建立的爱情上的交心关系，就会被一点一点地腐蚀，最终，爱情上的交心与共鸣的关系，就成为情感的对峙与破裂状态了。本心是一直处在一个不进则退的状态之中的，本心的底子是不自爱的人，她的不自爱会不断加剧；本心的底子是自爱的人，她的自爱作用会让她走向更为自立、奋发的状态。总而言之，在婚姻中，主体肯定会或自觉或不自觉地将她的本心状态的所有面向都呈现出来，这是我们研究婚姻问题的重要视野。

在这个视野下，我们就可以对婚姻的意义作出更为具体而确切的研究了。我们的一个基本观点是：婚姻是自我救赎与相互救赎的道场。为什么这样说呢？这是因为，在婚姻生活中，双方都将自己的主体状态完全暴露出来了。于是，双方中的任何一方，不仅会承受自我的整个本心状态，而且也会直接承受对方的整个本心状态。如果其中一个人不能自爱，那么她在婚姻中就非常窘迫——本来，她自己的不自爱使得她不愿意去承担自我的问题，而现在可好，她不但要承担自己的问题，而且还要承担对方自身所具有而自己不一定具有的问题，这不就构成一个双倍的压力了吗？这其实可以解释为什么有些人在结了婚之后，主体的问题变得更为复杂并深化了。但是，这种主体性的困境，难道就不是一个主体性的机遇了吗？如果我们自己一个人呆着，或有意不跟另一个人走进婚姻，或尝试过婚姻的苦涩之后刻意离开婚姻，就不能最终疏导主体性问题、真正挺立主体性，因为我们如果刻意避开婚姻的话，我们的自我直面的人生使命，就很可能停在一个地方，而止步不前，于是我们就很难有另外的机会，像婚姻那样去直面更为深层的自我了。

在婚姻中，双方中的任何一方，是一定会进入既需要承担自己的主体性的问题，同时又需要承担对方的主体性的问题这样的状态中去的。如果当事人缺乏自爱及以彼此的真爱作为婚姻的底子，那么这是她所难以承受的事。但自己只要真的去爱对方，自己只要是自爱的，那么就会自然地愿意信任对方，并将对方的主体问题，纳入自己要去承担的问题之中，并勇于敢于与对方一道去面对这个问题的。例如，在婚姻生活中，其中一方小时候在自己的原生家庭中受到了深度的创伤，这个创伤一直滞留在她的本心当中，并在她的生活中以各种她之所不能自觉到的方式流露了出来。她在一个人的时候，对这个问题可以无感、无视，但如果她与别人进入婚姻生活，那么这个问题就不得不暴露出来，并对彼此的爱情关系构成影响。而如果双方对于彼此是有真正的爱情的，对方面对她所暴露出来的问题，就首先不会抱着抱怨、挖苦、讽刺、指责、排斥甚至敌视的心态，而是本于爱的支持性力量，去正视她的这个问题，并与她一起寻求疏导与解决之道。虽然有时候，主体性的问题盘根错节，有如迷宫一般，但只要彼此之间有真实的互爱与交心，那么双方就愿意持之以恒，久久为功，疏导好这个深层的困境，而当这个困境被疏导甚至解决了，双方的互爱与交心就会进一步增进与敦厚，于是，爱情与婚姻就进入一个真实的良性的循环之中了。在这个良性循环当中，彼此的自爱得到了深化和扩展，而彼此的主体与本心的困境，也得到了救赎——这种救赎，既是自我救赎，又是相互救赎，因为在有着爱的基础的婚姻当中，每个人都会发自本心地愿意承受并承担起对方的深层的主体性困境。婚姻可以说是自我救赎与相互救赎的最终机会。

有人或许会问，你们为什么将婚姻中的交心与互爱称之为"救赎"呢？同时，你们又为什么会说婚姻是主体救赎的最终机会呢？这仍然要从本心的虚灵性特征说起。既然本心是虚灵的，那么它就肯定会自然地诉求自我充实与实现，也就是诉求自爱。但是，主体与本心无时无刻不处在现实的条件与环境之中，换言之，主体总是现实的主体，本心也总是现实的本心。因此，我们每一个人生下来，都承担着父母（"宙斯情结"与"维纳斯情结"）乃至整个社会的制度（包括但不限于父权制）转移到我们身上的"爱"，这就是我们每个人的命运。如果我们不能自觉地去自爱，去承担起自己的生命，我们的本心就会被这些转移所牵引，被这些命运所驱逼，这就会带来真正的主体悲剧。这个所谓"主体悲剧"，乃是主体之不能自爱，不能回到本心，同时自己被命运所驱使但自己又浑然不觉而所造成的悲剧。而摆脱命运、超越悲剧就是我们作为主体的真正救赎。但是，这些转移到我们自己身上的爱而所带来的不自爱，会在婚姻关系中或自知或不自知地集中爆发、展现出来，如果婚姻中的双方能够在支持中敦厚彼此的自爱，进而深化相互间的爱情，就可以真正超越悲剧，回到本心，这也是婚姻作为真爱考验的平台的深层意义所在。相反，如果我们不能在婚姻中敦厚自爱，就会进一步深化不自爱，带来主体的进一步沉沦，这当然是一个悲剧。

有人或许还会问，我不需要婚姻作为平台，我自己救赎我自己行不行？我们非得要在婚姻中才能作自我的最终救赎吗？其实，有人如果听了我们的这个观点，而立刻这样去问，这个想法本身其实意味着自己已经在怀疑爱了，也就是怀疑自己了。就问出这个问题这一刻而言，提问者并非真实地自爱，同时不想直面真正的救赎。但是，在这里我们可以退一步来回应这个问题——一个人固然可以通过敦厚自爱来超越命运与悲剧，但是，她虽然逃得过婚姻，但终归逃不过爱。我们前面已经提到，自爱的人，她的本心是自然地敞开的，它绝不是封闭的，因此她就总有机会爱人与被爱。自爱的人必然只能满足于投身性的爱（也即真实的爱情之爱），而投身性的真爱必要经受考验，才能成为稳固、真实并蕴含着永恒的意义的真爱。这样的真爱，不在婚姻中经受考验，就在主体对婚姻的恐惧中消磨。可是，在这个世界上，确实有许多人并没有机会进入基于真爱的婚姻关系，那么这些人注定就是悲剧的吗？这当然不是，因为主体只要有自爱的自觉，她就有超越悲剧的可能。但这多少还是有遗憾的，因为这个自觉自爱的单身汉，她敞开的本心，没有人与之共鸣……

　　爱情是最具有投身性的爱，它促使爱情的双方将自己的本心全幅地呈现出来，并以此而去爱对方；而婚姻关系之作为爱情，则让双方不得不在全幅打开自己的过程中，同时更进一步将彼此自我的命运——自从一个人来到了这个世界上，她就与自己的父母、家人、成长环境内在地关联在一起了，她的茫然而明亮的本心，就开始既敏感地触碰自己的命运同时又不得不承受自己的命运——向对方敞开。于是，自我的命运就不仅仅只是在自我的领域中封存起来，并在自我不知不觉的时候，悄无声息地让自我围绕着它而转动，它在这时候，会从自我的领域中，在彼此全幅敞开的脉络下，逐渐释放出来，它最终在夫妻的互动关系中，成为了婚姻生活中的一部分，而且是自我与对方之所不得不去直面的一部分。命运这个如幽魂一般的业力，如果不是在婚姻生活中显现其真容，它就会继续通过潜藏而荫蔽的方式，继续在每一个人的本心的缝隙之中，潜移默运，让自我在不经意之间，成为自己本不想成为的那个样子。这样一来，婚姻生活就有着它不可替代的意义，而只有婚姻关系的失败，自我才会迫不得已地将自己转移到别的地方（例如出家修行等）去让自己的命运继续流露出来，并自己承受起它来。但是，在这样的状态下，自己的命运往往会以偏斜的方式流露出来，而不像在自己的婚姻生活中那样，以全幅的无所遁形的形态显现出来，以逼使自己真实地走向自我救赎以及自我对命运的超越。当然，这个救赎与超越，是需要婚姻中的真爱作为动力与基础的，而既然婚姻本来就是真实的爱情的见证与责任，那么敦厚婚姻中的爱情，则是愿意过婚姻生活的人之所不可避免的课题，是婚姻自身的题中之义吧！这，应该就是婚姻的最深而最微妙的意义所在吧！

在上文，我们从本心与爱的角度，去探析婚姻的基本的实质与意义。如果用一句话概括我们的主要观点，那就是，自爱的意义在婚姻中具有关键的作用，婚姻是进一步的磨砺与敦厚自爱的平台。为充实我们这个基本的观点，我们愿意向读者们提供一些具体的分析。我们在这里选取了英格玛·博格曼导演的电影《婚姻生活》①，展示出自爱的议题如何贯串婚姻生活之始终的，并且揭示出只有自爱以及被自爱之所充实的真爱，才是婚姻的基石，同时也是让婚姻得以成为自我救赎的平台的根源所在。

---

① 与这部电影的主题相近、但又有自身的侧重点的另一部代表性电影是在2019 年上映的美国电影《婚姻故事》。《婚姻故事》也是很值得作出本心分析的一部揭示婚姻问题的电影，但由于篇幅所限，以及为了不让我们的相关论述头绪多过，因此我们只好忍痛割爱，不对这部电影作出分析。而读者可以在读完我们对《婚姻生活》的分析后，再观看《婚姻故事》，并对照我们的分析作出自己的印证。

第四章
分析《婚姻生活》——
现代婚姻之意义的启蒙性探索

一、第一幕：现代社会的虚伪导向与父权制的持续

电影《婚姻生活》的情节相当日常、简要，但它们所揭示出来的本心意蕴却相当细腻、深刻。在我们看来，这是一个在上帝死了、传统意识形态的规训瓦解之后，需要重审自我的现代夫妻，在爱情上苦苦挣扎，并慢慢地沉堕到人生意义的流沙之中，最终难以克服命运之驱逼的主体悲剧，因此它在现代的语境与脉络下，触碰到了人之所以为人的启蒙性意义了——虽然这部电影的导演兼编剧对于现代婚姻①的真实意义应该仍然处于迷惘的状态中，但我们相信他尽了自己最大的诚意去探索这个问题了。电影一开始就开门见山，没有任何刻意的修

----

① 虽然我们的意思已经很清楚，但是为了避免不必要的误解，仍然要澄清一下，我们在这里只探讨"现代婚姻"面临的问题，不意味着我们认为"古代婚姻"就没有问题，恰恰相反，我们认为"古代婚姻"的问题太明显了，不能突显主体自爱的难题。"古代婚姻"几乎都是父权制的产物，基于"自由恋爱"而步入婚姻、甚至突破了异性恋对婚姻的垄断，是一个非常"现代"甚至"当代"的事情。我们这里探讨的是基于"自由恋爱"而步入婚姻的双方，仍然面临各种主体与爱的消磨与悲剧，这里面的症结何在、出路何在。这个问题与现代启蒙之后主体的进一步启蒙密切相关。

饰和铺垫，一上来就给观众设置了一个具有讽刺性意义的场景——一对羡煞旁人的模范中产夫妻，叫上他们的两个女儿，装模作样地接受报社记者的专访，向读者分享（实际上是炫耀）他们在婚姻生活中的心得与经验。毫无疑问，报社做这个专访，目的是要让大众了解到，如何才能经营好一个现代婚姻关系。在采访前，夫妻俩被记者要求彼此深情款款地对着对方微笑，以方便报社选出一张与主题相搭配的照片。作为电影的两位主人公的这对夫妻，他们的职业也都相当讽刺。男主人公西装革履，春风得意的神态中，带着自己已经是社会成功人士的一丝傲娇范儿，他名为约翰，研究心理学的，是某心理技术学院的助理教授，他说自己四十二岁了，但随即补充说"但是看不出来"。约翰的父亲是个医生，母亲是当时典型的家庭主妇。女主人公叫玛丽安，三十五岁，她的父亲是律师，父亲自她小时候就想她当律师，她排行第七，是最小的一个，她母亲要照顾一大家子人，到现在日子才清闲下来。玛丽安是法律专家，主修家庭法，现在就职于一间大型的法律事务所，主要处理离婚纠纷的问题。

　　记者问他俩各自能否用几句话作自我介绍。约翰看也不看妻子一眼，就抢先介绍自己了："如果我说自己聪明、年轻、成功、性感，听上去过于狂妄（引者按：这是他的虚伪而圆熟的自我谦抑而已）。我学识渊博，受过良好的教育，我还是个兼容并包的人……我待人友善，就算是对比我穷的人也是这样。我喜欢运动，还是个称职的父亲和儿子。我没有债务，同时依法纳税，无条件地尊重政府。我爱我的家庭……"他最后补上一句："我是个完美的情人。"他这时才将头转到挨着他、仿佛是一切都依着他并按照他的主意办事的妻子那里，跟她说："对吧，玛丽安？"记者应该觉得他说够了，于是就让玛丽安介绍自己。她开始的时候愣了一会，有点儿不安，不知道说什么好，于是自然地将头转向约翰那里，似乎是想让约翰直接给她一个标准的回答，但她自己还是尽力说出几句："我要怎么说呢？……我嫁给约翰，生了两个女儿。"她停顿了一会，又陷入了茫然，轻轻地叹息了一下："我想不出别的了。"然后，她又看了约翰一下，略有点心怯，于是立即切换成对丈夫的进一步肯定，而不再说她自己了。她继续说道："约翰是个好人……我们已经结婚十年了……我缺乏约翰那样的自信心。"在茫然之中，她心中似乎有意去挖掘自己的一些被自己所掩埋已久的自信心，这让她有理由认为自己确实是生活在婚姻与家庭的幸福之中的，于是，她继续慢吞吞地跟记者补充了两三句："但老实说，我对自己的人生挺满意的。日子还算幸福。你明白我的意思吧。"然后，她又想了想，自己确实想不出要说什么了，最终就用几句话给勒住了："还要说什么呢？这太难了。"然后再次将头转到约翰那里，像是继续向他求助，也似乎是想向丈夫求取对她的自我介绍的肯定，或者是在问她究竟说对了还是没说好。

　　记者又问他俩是怎么在一起的。玛丽安又看了一下丈夫，想让他来回答。约翰说："我们多年都关心政治问题，我们都是学校的一个戏剧小组的成员，但我们之间并不来电。"这时候玛丽安开始兴奋起来，回忆说："那时候，约翰高调地跟一个流行歌手拍拖，他给人的印象就是狂妄自大。"约翰接着就谈起玛丽安来："玛丽安在她十九岁的时候嫁给一个很年轻的男孩子，那个男生的唯一优点就是他有个有钱的爹。"玛丽安听了他说，立即补充道："他是个好人，我那时候很喜欢他。我还有了身孕……"记者觉得这不是什么合适的报道材料，于是转换话题，立即问回他们是怎样在一起的，还是约翰首先回答："基本上这是玛丽安打的主意。"玛丽安笑了笑，补充了一下背景："我的孩子出生后没多久就夭折了，我又跟我丈夫分开了，而约翰也被那歌手给甩了，我们同时天涯沦落人，所以我建议我们开始拍拖……"此后他俩谈到了同居、结婚，约翰说："大家都认为我们是绝配。"玛丽安高兴地笑着说："是的，一直到现在。"记者接着很专业地问他们在生活中有没有分歧，玛丽安说："我们在物质上的需求相互吻合，我们跟所有的亲朋好友相处得非常愉快，我们都有一份喜欢的工作，而且身体健康。"约翰摸着玛丽安的手，再强化了两句："我们合拍到近乎尴尬的程度——安全感，秩序，满足，忠诚。我们幸运得离谱。"
记者问："你们有吵架吗？"玛丽安："有。""约翰对这个很迟钝，就
算我生气了，他也没反应。"听了后，记者自己也感叹道："听上去真
令人羡慕。"

　　玛丽安在采访开始的时那种有点紧张、不安的情绪，现在已经消
散了。她开始比较主动地说："我昨晚刚好听到一种说法，缺乏问题
会引起冲突，我们都知道生活是一场赌博。"记者问赌博是什么意
思，约翰不耐烦了，放言道："世界正走向毁灭，而我向往活着，我
有权为自己着想。"然后，他全然不顾刚才说他"无条件地尊重政府"
的态度，有点生气地说道："新的政策让我失望。"玛丽安接着说："我
跟约翰的想法不一样，我相信同情心，如果我们从小学会关心周围的
人，世界将变得不同。"这本来是一对夫妻双方彼此交流想法的好机
会，但记者肯定不认为这是什么报道的材料，于是忙不迭叫他们再拍
一张合照。这一幕就结束了。

　　这个场景很普通，也很熟悉。现代社会中有点儿稳定的中产家
庭，夫妻双方的经历以及情感关系往往都是这个样子的。我们往往对
此似曾相识，但看着电影中波澜不惊的这一幕，我们平静的心绪也许
会被逐渐触动，有时候还被戳刺了一下。他们这平淡无奇的对话，隐
隐然被一种虚伪的导向之所笼罩着，但这种导向是这个社会习以为常
的，同时也是被鼓励和支持的。而记者要采访他们，以及报道他们美
满的爱情、幸福的家庭，也是要迎合社会的这个导向，将之强化，并
将它进一步包装起来，而销售给社会上的大众去消费的。这种虚伪的
导向，是一只无形的手，操控着社会中的每一个人，而每一个人则又
像失去知觉一般，参与到这个运作当中，并构成这只无形的手的一部
分。像电影中的约翰、玛丽安，乃至这个报道他们的幸福婚姻的女记
者，都是在参与着某种被社会所鼓励的虚伪，而这个代价，其实也在
不知不觉之中被他们之所承担。不知道读者在看了电影的这一幕的时
候，是否与我们有同样的感受，但我们的这个感受是明确的。

那么，既然如此，我们就得交代清楚我们说的"虚伪的导向"究竟是什么，这只"无形的手"又指的是什么。固然，我们可以说这是资本社会、商业社会自身的问题，并对之作出社会结构上的批判，这样的视角也肯定会纳入我们的考察与思考范围之内。但是，在这里我们更想将这个问题的症结与自爱的问题关联起来。现代社会中的"虚伪的导向"与那"无形的手"，其实指的是社会上的人们的集体不自爱，仍然给父权制的观念与惯习之大行其道提供土壤，而这些观念与惯习则又加深了人们的集体不自爱。于是，在这样的相互循环中，婚姻中的权力结构被固定了，但婚姻中的爱情被消磨了。在这部电影中，约翰与玛丽安的婚姻关系，是基于两人的自由恋爱而形成的，这已经与传统的家长制模式的父权制笼罩下的婚姻，有了很大的差异，但是，传统的父权制形式退场了，这并不意味着人们的不自爱的问题就顺带地得到解决了。父权制的形式是可以发生变化的，但如果自爱的问题疏导不了，那么不断变化形式的父权制仍然是阴魂不散的，而男人就一直是父权制的主谋，女人就一直是父权制的共谋，并共同将彼此之间的爱情给消耗掉。在约翰与玛丽安接受采访的过程中，我们就可以看得比较清楚，这就是作为丈夫的约翰，非常看重现代社会的成功学的理念——所谓的"成功学"，只不过是教人如何精致、虚伪而又体面地攫取权力、名誉、地位、财富而已，它的花样好像是新潮的，但是它的实质却是陈旧而腐朽的。约翰由于自己的努力，获得了社会上人们之所羡慕的权力、地位、财富和名誉，但是，他的自爱度并没有让他能够驾驭这些东西，他自己最终其实是随着这些外在条件的变化，他的本心状态就相应地发生变化的。在采访中，他显得很自信，他的妻子也说他有自信心，但实际上这并不是真正的自信，真正的自信是植根于自爱的，而约翰的自信则是攀援在权力和名利上的，这种自信是没有一个本心的根源的。因此，这倒不如说是某种自卑的体现——虽然他渴望爱，但我们不得不正视的是，他在爱上是有点儿自卑甚至是虚伪的。他要以现代社会的成功学的优秀学生去证明自己，以及证明自己对于玛丽安是有真正的爱情的。但实际上，观众与读者会发现，他在采访中，谈的都是条件，而不是爱。他在这个时候对于玛丽安的爱是怎样的一个状态的？在他的心底里，他是怎样看待玛丽安这个人的？这些最关键的内容，他付诸阙如，而只是大谈特谈那些外在的条件。其实，约翰就是现代社会上的成功男士的典型，在约翰身上，我们仍然可以看到宙斯情结的影子。

而在玛丽安这一边，我们也可以看到现代社会父权制的结构与观念对她的扭曲。在采访时，玛丽安频频将头转到约翰那里去，她依赖丈夫给她标准的答案，以应对记者。她不太相信自己能够自主地生活，自主地判断，自主地做决定，这种自我不信任的背后，仍然是不自爱，而她的本心的不自爱状态，则导致了她的某种程度的自卑。在采访的开头，她很难自信地将自己的个性与特点向记者说清楚，这是因为她之前很少回到她自己，并尊重自己的本心，她习惯于以约翰、家庭和孩子作为她所关注的重点。她对自己之缺乏信心，让她的本心倾向于依赖约翰与家庭。实际上，约翰自己也缺乏真正的自爱与自信，因此他对玛丽安也是依赖的，只不过作为男人与丈夫，他对玛丽安的依赖，属于某种"控制性依赖"，而作为女人与妻子，玛丽安对约翰乃至家庭的依赖，则属于"依附性依赖"而已。当然，从扭曲的程度上说，约翰其实要深一些，毕竟作为男人的他，要直接与权力、名利打交道，而玛丽安因为并不在"第一线"，在扭曲的程度上要少一些，因此她虽然没有提及太多自己心里面的想法，但她明显地还是有一些爱的自然诉求的，虽然这些诉求并不那么明确，甚至杂有茫然之感。

不过，当记者问起他们怎么认识的时候，他们两个人都明显来了劲儿，玛丽安主动起来了，她的话也多一些了。这肯定是他们两人值得回忆、愿意分享的时光。在这段时光中，他们对于爱情有着单纯的渴望与期盼，这是他们的真实的人生梦想之所在。他们夫妻俩的真实的爱情即便是被消磨掉了，他们的本心其实是无时无刻渴望着真爱的，只不过他们的渴望难以被他们的自爱作用之所充实，于是就成为一种梦幻而已。而他们回忆彼此相识以及谈恋爱的过程，则肯定是在他们波澜不惊的婚姻生活中，勾起并激发了各自对于真爱的渴望，于是很自然地他们都很有兴致地对记者回忆起他们的过往。不过，不知道观众与读者有没有注意到，他们两人不太分享他们现在的爱情生活，而只是兴奋地回忆早年的爱情故事。他们的当下的爱情关系，大概就是约翰所说的，常规地遵循着"安全感，秩序，满足，忠诚"，这些都不是具体的爱情互动，就像他们之所回忆的彼此相爱时的故事那样，它们也可以是一些由外而内的规定甚至规训。

另外，在采访的最后，约翰与玛丽安各自表达了彼此不同的人生观、价值观、政治观。夫妻双方在人生取向上有所不同，这本来不是什么坏事，两人可以通过真实的交心，以增进彼此的了解。但是，我们认为他们两人其实并没有基于交心与互爱，去就这些问题彼此交换过想法。首先，他们在记者面前各陈己见，分歧明显，这显然是彼此未曾就这些与他们的爱情关系有着重要作用的话题，有着真实的交流的体现。其次，给定他们两人在家庭中的关系，也就是约翰的"自信"状态与玛丽安的不自信状态之相互配合的关系，他们之间其实很难有什么动力，去就一些他们各自的人生理念、人生意义等议题，通过真实交心的方式，形成某种相互支持、彼此沟通这样的双向敞开的爱的关系。我们很难看得出他们有这样去推进他们的爱情的痕迹和背景，这就可以解释为什么他们在接受采访的时候，才开始将各自的人生理念表达出来。

如果现代社会期待的婚姻生活是这样的一个形态的话，那么这样的婚姻就像一棵树干不断被白蚁啃噬的大树，这棵树还在那里撑着，但是它不知道会在什么时候，自己轰然倒下，或者不堪一击，稍经风雨，就会被推倒，抑或它只不过是苦苦撑下去，就算树干被掏空了也要撑下去，但它的内核和生机已经没有了，就像一具骷髅。社会大众对于一段婚姻是好是坏的评价，并不是从它的内在生命力去看的，而是看它是否遵循和学习社会上的成功学教程，是否通过精巧的方式一方面巩固父权制的结构，另一方面则遮蔽它所带来的明显的问题。人们只会观察和欣赏树的外表，而不去细究这棵树的内在问题。在电影中短短的这一幕，我们已经印证出不少发人深省的问题了。那么，约翰与玛丽安之间，是否还有真实的爱情呢？我们不能说他们没有，他们都是渴望真爱的人，但似乎他们的渴望，并没有被他们的自爱与互爱所充实，他们各自都"自身难保"。于是，他们只好通过一些诸如"现在的家庭生活稳定而幸福""我们从不吵架""我们是成功而被别人羡慕的一对夫妻"这样自我暗示与自我鼓励，以及不断重复的"有利于婚姻的和谐与稳定"的安排与规定，以程式化地唤起彼此对于爱情的渴望。但是，如果他们对于真爱的渴望，并不被自己的自爱以及彼此的互爱之所充实，这往往就像只是一条在砧板上不断吐着泡沫的鱼，剩下的就只有垂死挣扎了。

二、第二幕：幸福婚姻的泡沫与夫妻间的相互憎恨

电影接下来的第二个场景，则是约翰夫妇与彼特、凯特琳娜夫妇在愉快地聚餐。这对夫妇是他们最好的朋友，因此彼此之间可以肆无忌惮，无所不谈。场景的一开头，就是约翰颇为得意但同时又带有讽刺性的神态，向大家朗读报纸对他们夫妻的报道。约翰明显是嘲笑这个报道的，他读完了最后的一句："两个灵魂一起共同展望乐观的未来，并时刻记得将爱情放在第一位。"随即在场的三个人大笑起来，愉悦地拍手鼓掌，而约翰也和他们一同笑起来，参与了对这个报道的意义的解构。这两对夫妇都知道这个报道对约翰夫妇的爱情的描述是虚伪的，因此将它只是作为茶余饭后的谈资——事实上，爱情是一件严肃的事情，而包括约翰夫妇在内的人，都能够将之仅仅视作谈资，这就意味着夫妻之间已经逐渐丧失了对于爱情的认真的态度了，虽然他们在表面上仍然自欺欺人。在一旁听完约翰朗读的凯特琳娜当即调侃

式地表示对约翰的"爱慕"之情，这时，玛丽安说约翰十年来从来没有出轨过，并调侃说他可以和凯特琳娜试一试。凯特琳娜对着彼特说："我敢打赌约翰是个比你高明的骗子，我亲爱的小白痴。"约翰说："我的想象力少。"彼特接过话来："这就对了，想象力越少，说谎越不容易被看穿。"凯特琳娜放言道："彼特的说辞修饰过多，几乎感人泪下。"这两对夫妻的爱情，就三下五除二地被自己给解构掉了。

也许是受到约翰夫妇"美满"的婚姻生活之所触动，话题逐渐转到彼特与凯特琳娜夫妇的婚姻上去了。玛丽安跟彼特说她读了他在某报上的文章，写得简明易懂。彼特说那是凯特琳娜代笔的。玛丽安问为什么署名只是彼特，凯特琳娜接过话说这无关歧视什么的，他们夫妻俩是合作关系。约翰称赞他们是了不起的夫妻。酒过三巡，彼特听到凯特琳娜说"合作"，又听到约翰夸他们俩，再加上刚才听了约翰朗诵的故事，心中压抑不住的感慨涌了上来，于是趁着酒兴说："如果你知道我们的关系有多么恶劣，你就不会说这种话了。简单说来，就跟地狱一样。"然后举起酒杯，要跟坐在对面的凯特琳娜碰一碰，凯特琳娜没跟他碰，她只是喝了自己的那杯，然后抽出一根烟来，自我排解。彼特知道凯特琳娜因为他说出他们夫妻俩的感情状况而心中恼火，于是想插科打诨，将彼此的怨恨暂时给平息掉。不料彼特酒喝多了，没能见好就收，他心里知道约翰夫妇的感人的爱情故事，只是一个包装，于是继续打趣道："你们的婚姻真他妈的感人，令人不忍心刺破你们美丽的泡沫……"见到大家都愣住了，他就对着玛丽安说："下星期我会找凯特琳娜商量离婚的事宜。"凯特琳娜一边抽烟，一边不屑地盯着他，冷笑说："不幸的是，等彼特酒醒了，又会打退堂鼓。"她然后露出狡狯的神情说："心里开始打小算盘了。"凯特琳娜于是预先模拟了她和彼特是怎样就着财产的分割而扯来扯去的，而彼特又是怎样将丰肥的资产巧妙地据为己有，而留给她的都是征税资产。彼特听了后，更是来劲，讽刺她说："哈哈，凯特琳娜可真是个生意人，又有生意，又有人（这里的人指男人）。她有某种我无法理解的智商……像这么完美的人儿怎么会为我张开大腿，至今是个谜。"
凯特琳娜忍不住了，她要叫出租车，但被彼特给劝住了："啊，约翰
和玛丽安，他们是系着红色缎带的糖人，就像我们小时候精心包裹的
杏仁蛋白软糖。哈哈！偶尔参观一下地狱，可以当作灵魂的洗礼！"
说完，他又恍然若失，表达了自己的感慨："奥古斯特·斯特林堡曾
说过：'还有比夫妻之间相互憎恨更为可怕的事吗？'……在内心深
处，凯特琳娜是个爱哭鼻子的小女孩，因为在她跌倒时没人安慰她；相
应地，我是个小男孩，因为凯特琳娜不爱我而哭泣，尽管我对她也冷
酷刻薄。"这时候凯特琳娜接了话："令人欣慰的是，一切没可能比现
在更糟了。这就是为什么我认为我们应该离婚。"而她的这番话又激
起了沉浸在醉意中彼特的兴趣，说着说着，他们两人的撕扯最后滚动
到夫妻的性生活上去。凯特琳娜用彼特的性无能去奚落他，为了报
复，他抖出她的外遇以及外遇的结束来说事，并说现在在乎她的就只
有彼特一个人了。凯特琳娜冷笑道："你以为你是我的唯一？真是感
人！你以为我没有别人？我告诉你，彼特……给我听着，彼特，你令
我恶心。我是说肉体上，我宁可叫应召男来抹掉你在我阴道里留下的
痕迹。"面对凯特琳娜来势汹汹的回击，醉意中的彼特引经据典，嘲
笑自己，也嘲笑凯特琳娜："黑暗的阴影正在加深，上帝啊，请与我
同在，当失去其他的救赎，无从获得慰藉，绝望者的上帝，请与我同
在……"彼特不知道凯特琳娜此时已经痛苦不堪，她在彼特放言高论
的时候，说了句"狗娘养的"，然后将饮料泼了他一脸，夺门而去，留
下苦笑的彼特以及紧绷神经看着这出戏到底如何收场的约翰夫妇。

　　这又是精彩而发人深省的一幕。毫无疑问，电影之所以要插入这
一幕，是为了铺垫后来约翰与玛丽安的婚姻悲剧的，或者说，这是他
们俩的婚姻悲剧的预演。彼特与卡特琳娜夫妇的婚姻比起当时的约翰
夫妇来说，更是有名而无实。如果说，约翰夫妇还记得每天去回忆一
下彼此对于爱情的渴望的话，而彼特夫妇早已放弃了对这渴望的期待
了，因为经过婚姻生活的相互折磨，他们感受到"对爱情的渴望"这

件事只不过是一个泡沫，因此彼此都没有必要去努力敦厚爱情的力量，以充实这个渴望。于是，他们早已抖掉约翰夫妇到现在仍然披在身上的名为"爱情"的遮羞布，而去"直面"赤裸裸的"现实"了——他们过着没有任何爱情的意义的婚姻生活，同时，也放弃了增进爱情以疏导婚姻问题的可能性，因为他们两人各自对对方伤害得太深了，以至于对于彼此的怨恨，难以看到可以得到救赎的可能性。他们（特别是彼特）本着这样的态度去看约翰夫妇的"美满"婚姻，就倾向于认为他们的爱情其实是个花架子，因为他们早已洞悉在现代社会的父权制的导向下，约翰夫妇那努力符合现代成功学的爱情关系，就必定是以消磨爱情为代价的，约翰夫妇现在只不过是强撑着而已。彼特与凯特琳娜夫妇早已进入爱情与婚姻上的对峙与平衡了，彼此都卡在一个难以动弹的位置上，他们同时也深知，无论如何去挣脱，就是挣脱不出来。怨恨的深处是冷漠，他们彼此都用冷酷的眼光扫视对方。同时，他们也放弃了通过敦厚自己的自爱与自信，以超越这个困境的可能性，于是，对峙与平衡的婚姻关系，就是他们没有选择权的唯一选择。

　　我们知道，爱情上的任何对峙与平衡，都不会是完全稳定、静止在对峙与平衡的状态之中的。这看起来相对稳定的对峙与平衡，只会加剧双方在爱情上的消磨，并将两个人都拖向生命的流沙之中，他们越挣扎，就陷得越深，于是走出来的机会就越少。彼特夫妇也不能例外。他们都是有本心的，本心对于真爱的渴望，是不可能被抑制住的。爱的渴望，是实现人生意义的泉眼，一个人只要有本心，就有意义诉求，就不可能完全堵住不断要冒出来的爱的渴望。因此，他们在表面上似乎已经放弃爱情上的诉求了，但实际上，这个诉求会从别的缝隙中冒出来。我们从哪里可以看出来呢？就从他们的不甘看出来。他们口头说得如此赤裸裸，但心中却是无比的痛苦。彼特将夫妻之间的相互怨恨，视作一件十足可怕的事情，因为这种深度怨恨是对彼此心底中的真爱的渴望的深度打击。对于真爱的渴望，是一个人心底中最柔软同时也是最重要的导向。夫妻因为爱情而结婚，彼此之间在开始的时候肯定是自然地将自己的真爱的渴望投向对方的，也就是渴望与对方建立真爱，从而落实自己对于爱的渴求。而现在，彼此之间因爱而生恨，针尖对麦芒，于是就将两人心底中的真爱的渴望，一点点地凌迟与阉割，难道这不是至痛之事吗？彼特口中讽刺凯特琳娜，也讽刺自己，但他的这些话，其实也何尝不是在求救呢？他说给约翰夫妇听，其实是最想说给凯特琳娜听，他真心认为自己心中有着像小男孩的那一面，他在意凯特琳娜，会因为她不爱自己而暗自哭泣，他自己也知道凯特琳娜也肯定是在意自己的。但是，由于他们的爱的渴望既没有被自爱与互爱之所充实，同时又遭受现实社会的各种扭曲（这其实是被他们自己所扭曲的），于是，他们对爱情最终绝望了。但他们既然都是有本心的人，怎会真绝望呢，他们的爱的渴求虽然得不到充实，虽然被扭曲，但这个渴望是不会丧失了，动力也是巨大的，因此，他们都将渴求转移到了别的地方去了——凯特琳娜转移到外遇上去了，而彼特则大概是转移到他的工作和经营财产上去了，为权力、名利而奔劳。但是，在他们都绝不真愿意离婚，以及他们之间尚有爱情上的期待（虽然他们的爱情已经被深度消磨了）的情况下，这种转移无疑只会加深痛苦，痛苦到他们认为自己连救赎的机会，也被自己所白白浪费了。

三、第三幕：裂痕与震动；兼谈"中年危机"

彼特与凯特琳娜的这一番撕扯，对于约翰与玛丽安两个人来说，都是一个震动，因为他们两人都被关联在撕扯之中了，他们的爱情被视作尚未被刺破的泡沫，被视作系着红色缎带的糖人，换言之，这种爱情被视作一个虚假的幻象，而经营这种爱情的约翰和玛丽安，就是在建构虚假的情感关系，于是他们的婚姻就只不过是空中楼阁罢了。于是，在彼特夫妇走后，约翰与玛丽安一边收拾晚宴之后的残局，一边就爱情和婚姻的问题做了一些交流——事实上，这与其说是交流，倒不如说是各表困惑。玛丽安问："你相信两个人可以长相厮守吗？""鬼知道这个习俗是从哪里流传下来的。顶多五年，或者换个对象继续。""这也适用于我们吗？""不。"……约翰心里不想再讨论下去，他回避这个问题，倒是玛丽安想去弄清楚，而要弄清楚这个问题，就不免要触碰他们平常都不敢去触碰的话题："想到不能跟其他人上床，你难道不会觉得懊恼吗？""……我从来没有那种想法，我是个知足的人。""我也是。"既然约翰和玛丽安两人都没有什么爱情上的转移，他们就自然要去对比他们的婚姻与彼特夫妇的婚姻，玛丽安说，她突然明白了为什么彼特和凯特琳娜走在一起就像炼狱一样，这是因为他们彼此说的不是一个国家的语言，他们必须将所有的东西都翻译成共同的语言，而他们夫妻俩说的则是同一种语言，所以彼此合拍。对于玛丽安的这个说法，约翰心里不以为然，他随口就说道："我想是因为钱。"约翰的这个不假思索的回答，透露出他心底里面对他与玛丽安的爱情与婚姻，已经缺乏真正的自信心了，以至于他认为他们彼此之间的共同语言是钱财——他并不理解玛丽安所说的共同语言，其实是交心。因此，玛丽安对约翰的观点不以为然，她说道："如果交流没有障碍，彼此信任，钱不是问题。""呵呵，你又来了。""我就是这么理解的。有时候夫妻之间就像是用短路的电话聊天，而有时候听到的是电话录音，有时只是无尽的沉默，我不知道哪种情况更糟。"玛丽安其实是向约翰表达了她的无助，以及她对于爱与交心的诉求，她不认为钱可以解决爱情的问题，爱情的问题在于爱本身。但是，约翰坚决无视玛丽安的观点，他想用钱财的重要性，让有所疑问的玛丽安直接闭嘴："我有个疑问，如果我们是工人，不得不把孩子们寄养在日托所呢？"不料玛丽安脱口而出，直接突破约翰的封堵："那不重要。""我不这样认为。""如果说，相同的语言和环境不构成障碍……""你这是罗曼蒂克式的观点。""那种生活会影响我们吗？你确定？""是的，我确定。""我们不能好好相处？""是的，我说真的，无关语言的问题。"敏锐的玛丽安听到这里，立即将她所困惑与害怕的问题端了出来："我们现在不也同样面对潜在的疏远和孤独吗？"约翰则仍然逃避问题、负隅顽抗："当然不。沉闷劳累的工作会让人意志消沉。""你比我想象中顽固，但也不失浪漫。"她吻了他一下。男的说："等着瞧。""等着瞧什么？""我不知道，你呢？"……

从表面上看，这一幕似乎没有像彼特夫妇在聚会中撕扯大战那么惊心动魄，但实际上，彼特夫妇的对骂，只不过是一棵大树轰然倒下之后，树根和树干里面被白蚁所啃噬后，带着腐朽的木屑而与尘土堆积的大地相碰撞后的那混乱而浑浊的时刻而已，而约翰夫妇的这一场的对话，却让我们看到，一棵好不容易长起来的大树，是怎样被白蚁从树身而到树根，一点一点地啃噬无余的。我们几乎听不到白蚁啃噬的声音，甚至这棵树自己也没有觉察到它自己的内部已经有掏空与倾覆之危。最让我们难以忍受的，恐怕不是悲剧的落幕，而是悲剧刚刚上演，离落幕还有一段距离。在这一幕中，玛丽安尚保持着对于爱的触觉，她渴望爱，而同时有着真实的心愿，去充实她对于爱的渴望；但是，很显然，约翰虽然肯定也有着爱的渴望，但他的生活经历告诉他，名利与权力是最重要的，有了这个东西，他才能将爱情与婚姻掌握在自己的手中，他才能把控生活中的一切，这是他可以证明自己的"真实"的东西，他对自己本身并没有真正的信心，他压根儿也不喜欢、爱惜自己，这就是自爱不足的体现。他渴望爱，同时又怀疑爱，于是他将玛丽安直接的爱的诉求，硬生生地否定（实际上是逃避），将它视作不"现实"的罗曼蒂克，视作华而不实的幻想。事实上，这是玛丽安向约翰的求助，而约翰的宙斯情结则让他难以对她的求助有相应的回应。于是，玛丽安感到彼此之间逐渐走向疏远，但约翰则完全否认这一点，而他之所以会否认，则是源于他对于爱的问题的逃避。

除了彼此之间在看待爱情的问题上逐渐形成裂痕之外，约翰与玛丽安之间的婚姻与爱情生活，往往要承受对方自身所难以完全超越、但自身却不得不承担的来自对方家庭的命运，这使得夫妻双方彼此交心的机会，经常受阻。约翰与玛丽安夫妇每个星期天都要到他们的父母家吃饭，度过整个星期天，他们不是到约翰父母家就是到玛丽安父母家里去。对于这样的安排，约翰已经没有什么感觉了，但玛丽安心里面纠结和不舒服，她一想到每个周末和老人家吃饭就直冒汗。约翰认为这没有什么，这是让他们安心的方式，但玛丽安敏锐地感受到这当中蕴含着双重危机，而这双重危机又是互相作用的。第一重危机就是父母带给她的爱的压力，这个压力她往往摆脱不了，迫不得已而被母亲的爱的索取所牵引，自己也卷进去了。她对这个无形的压力，打心底里非常排斥，但是她很无助，难以打破和克服它，这让她心烦意乱，觉得所有时间都已经被规划好，自己总是不由自主。她厌恶这种生活，但找不到出路。有一天她终于鼓起勇气，和她妈妈打了个电话，表达她想周末单独和约翰和孩子们待在一起而不去母亲家吃饭的想法，可惜她的心声，又被母亲用一个理由给堵住了。玛丽安直接感受到母亲由此而怀疑她不爱她了，于是就跟母亲一再强调"不，我们只是不想去吃饭，仅此而已"。想必是她母亲没有领会她的意思，玛丽安进而向母亲强调："说真的，妈妈，这本应是一件乐事，而不是义务。"但是，这对于只懂得一味向女儿索取爱（这隐约看到一种维纳斯情结）的母亲来说，玛丽安的心声没有意义，因为它被无视。对于母亲的索取，缺乏自信的玛丽安最终还是被迫口是心非地带着高兴的语气说："好的，非常好，是的，我们很期待（周末的聚餐）。"

无助的玛丽安心烦意乱，而在这个过程中，她又遭遇了第二重危机，这个危机被第一个危机所激发，而同时却比第一个危机更可怕，更让玛丽安陷入隔阂与惶恐——这个危机来自丈夫约翰。玛丽安之所以想推掉周末到她母亲家的计划，是想能够和约翰有单独相处的机会，同时也可以和孩子们形成亲子互动。她对于彼此之间的爱情，还是从心底里愿意去经营的。可惜的是，当她向约翰表达她的这个心意的时候，约翰并没有与她形成交互性，换句话说，他对她的心意甚不以为然。她想将他拉回到自己身边，但他却推开她，他想维持与她的既定关系——那个日复一日的缺乏真实的交心、但同时又要通过各种话术以强调彼此的感情如何如何好的关系。于是，他们的同床异梦的感受，就会进一步浮出水面。他们的同床异梦的感受这时候早已在各个细节上表露无遗了。例如，玛丽安想推掉周末到她母亲那里吃饭的计划，但怯于打电话给她母亲说开这件事，于是想到让约翰说。约翰没有接这件难办的事，他鼓励玛丽安走出第一步，于是玛丽安还是硬着头皮打电话给她母亲，而约翰则呆在一处，像和自己毫不相干的那样，一边笑着观战，一边像很"客观"地在玛丽安放下电话时描述道："计划难产了。"他似乎浑然不知玛丽安要办这件事，纯粹是为了增进他们夫妻俩的交心与互爱的。而当玛丽安挂了电话，表达她的沮丧后，她仍然期待在周末两个人能彼此交心："我只想整个星期天和你躺在床上，除了拥抱什么也不做，我们俩都会哭出来。"对于玛丽安的心声，约翰决然否定地笑着说："那不是我们选择的生活。""我们的选择？是长辈们的选择才对。""你患上了母爱强迫综合症。"玛丽安于是反问道："如果我们开始互相欺骗呢？"约翰听了后，苦笑着，带着隐隐的顾虑说道："玛丽安，别闹了。""你会怎么做？""杀了你。"玛丽安其实已经感受到约翰和她的心不靠近了，但他们又生活在一起，同时又彼此强调他们的爱情和婚姻多么完美，这让玛丽安在地面还没有出现裂痕的时候，已经预感到裂痕的出现了。实际上，玛丽安说"如果我们开始互相欺骗"，这个"如果"的字眼其实是可以去掉的，她在这里其实是向约翰提出求助，并且对彼此可能出现的爱情的裂痕作出预警——不论如何说，她事实上不自觉而明朗地感受到了彼此之间已经在相互欺骗了，但她仍然用"如果"来说这个事实。而一当玛丽安说出这句话来，约翰心里面早已被戳了一下。其实他比玛丽安心里面更明白，他们两人早已失去了交心与信任了，因此，相互欺骗是迟早的事。不！更准确地说，他自己知道玛丽安这句话说中了实情，因为他已经在欺骗她了，而且是深度欺骗，他的爱已经在他不经意之间，无助地滑向、转移到别的地方去了，但是，他自己不能承受这个欺骗状态，因为他对自己没有什么信心，于是他要苦苦将他与玛丽安那表面上完美、有序的婚姻关系，硬撑下去。于是，他拒绝与玛丽安讨论彼此欺骗的问题，并以"杀了你"这样的话，去掩盖自己事实上对于对方的欺骗。他心里非常清楚，他对妻子的爱的表达是假的，这只不过是例行公事而已。

为了做点什么，以挽救她与约翰的正在被腐蚀的爱情，她决定当天自己不开车上班，而是坐上约翰的车上班，然后他们开着同一辆车回家。约翰心里一惊，很是紧张，而他的所有借口都被兴奋的玛丽安堵住了。于是，他偷偷地拿起电话，拨了号码，但又放下了。或许，他的车上本是坐着别的女人，而不是玛丽安。

上班后，约翰来到自己的心理实验室，他的一个女同事（这个同事是他以前的同学）进来和他聊天。他这位本要断烟瘾、并已经断了几天的女同事，疲惫地坐在沙发上发呆，她经不住约翰的故意诱惑，抽了他的一根烟，在舒适放浪的感觉中，她说："我昨天一直在看你写的诗，从头到尾，非常仔细地看了两遍，我有点困惑。"本来就缺乏自信心的约翰问这是否写得太怪异了，她否认，他还是反问了一遍"难道不怪吗"。她不想直接接他的问题，她问他："玛丽安看过了吗？""没有，我只给你一个人看，玛丽安对诗不感兴趣。""她应该关心你才对。""是的，但不是这方面的。""是吗？真是这样的？"约翰答道："这有什么奇怪的？我们从学校起就是朋友，没有性方面的关系。"他随即又转到他写的诗这个话题："在我把它们寄给出版社之前，你可以提出客观中肯的意见。""我才没空呢。""有这么糟糕吗？"于是约翰先将自己的诗评价一番，"太普通了？""平淡？""庸俗？""幼稚？""太过隐私，就像沉溺于精神上的自慰？"她点着头，似乎是承认他的自我贬损，但似乎又不是，不过，她的态度逐渐明朗了，这就是，她感到他的诗压根儿就是在无病呻吟，完全没有写出来的必要。她说："我们一帮老同学，都觉得你是做大事的人，我们崇拜你，你比我们强太多了，我们甚至是嫉妒你。""这跟我的诗有什么关系？""没什么，只是突然想到。"约翰有点恼了，说："在我把它们毁掉之前，会拿给其他人看。……至少有一个人会欣赏它们。"

约翰与他的同事的这个互动，看似平常，实则透露出很多值得琢磨的本心与主体性上的问题。首先，约翰最后说的"至少有一个人会欣赏它们"，这个人肯定不是玛丽安，而是与他心底里的渴望有所同感、共鸣的人。无论这个人是谁，都是他的爱情的转移的对象。其次，约翰之所以要写那些诗，是因为他并不想放弃心中的爱的渴望，这是他的人生寄托之所在。不管这些诗写得好还是丑，他都是很看重、很珍惜的。但是，因为约翰缺乏充分的自爱与自信的力量，以充实他的渴望，因此，他的爱的渴望实际上是不堪一击的，他的那位女同事对他写诗这件事不以为然，以及他对她的不以为然而感到苦恼，就可以看到个中的端倪。他的同事的态度，代表了社会的导向与观念对于约翰的压迫，约翰受到社会上的成功学的诱惑，追逐权力、财富、地位，他心甘情愿地接受诱饵，获得满足，但同时，他对自己的这个主体状态，其实又并非真心甘真情愿真满足，因为这与他的本心中的爱的渴望相违背。这样，他的主体状态、本心状态就给卡在一个进退两难当中——他既渴望爱，但同时又被自己的权力、名利心之所左右，让他压制住自己的爱的渴望的力量，而同时，他与妻子又失去了真实的交心与互爱，因此他的婚姻生活只是在不断地消耗、腐蚀他心中的爱的渴望。约翰的这样一种主体状态，其实也是现代社会隐蔽的父权制之所造成的，同时它当然也是约翰自己需要负上责任的。这样一来，约翰就在"爱的渴望"与"权力名利的诱惑"之间来回摆荡，最终，他就必定走向爱的转移与本心的分裂，这其实是他进入了"中年结构性危机"的萌芽状态。

很有意思的是，所谓的"中年结构性危机"，男女都有可能经历，但是，这样的危机多出现在中年男性身上，或者说男性较之女性有更为明显的中年危机的症状，这其实是现代社会那隐蔽的父权制导向的恶果——追名逐利、沉溺权力，让男人逐渐丧失了自爱，于是，许多男人表面上的"成功"和"做大事"，难以掩盖本心上的自信的匮乏。但是，因为他们都是有本心的人，因此他们的自爱的渴求是永远不会停止的，只不过，他们的真爱的诉求，在他们的爱的转移与自我分裂中，越来越难以充实并实现出来了，于是他们有垂死挣扎的感受，这样的感受是灰暗的，这也是像陷入流沙那样的感受，也即人们越是挣扎，自己感到机会越渺茫，这就是中年危机的来源。而因为难以自我充实爱的渴望，同时自己又不愿放弃这个渴望，于是人们往往将这个渴望在自己不知不觉中转移出去，从而形成婚姻中的外遇与出轨，但这种转移，毫无疑问属于爱情上的饮鸩止渴，因为有外遇的人，既不想放弃自己的婚姻关系（因为这是维持自己的"体面"并给自己带来好处的条件），同时又想通过迂回的方式以充实自己对于爱的渴望，而这只会加剧自我的分裂与苦痛。这并不是一个能够自爱的人的做法。真正自爱的人，如果印证到自己在婚姻中出现了爱情的裂痕，她就一定会检讨与印证自己的本心状态，并作出决断——如果自己对于对方尚有爱，而且不想放弃这段爱情，自己就进一步向对方打开自己的本心，坦诚地让自我的想法与状态，与对方形成真实的交心互动，去看看这段有所损伤的爱情能否弥补；如果自己对于对方已经没有爱，自己就坦诚地承认这一点，并基于自爱而终结与对方的婚姻，而不会维持婚姻，与对方消磨下去。由此可见，所谓的中年危机，其实并非婚姻自身之所造成的，而是爱的问题之所造成的，自爱的逐渐丧失，是中年危机的根源所在，而"婚姻"其实是拿来说事的东西而已。换言之，所有的"婚姻问题"，都是爱情上的问题。

　　爱情的关系是相互的，婚姻生活也是如此。约翰自己逐渐缺乏爱的真实能力，同时难以与玛丽安有真正的交心与互爱，但又要拼命维持与玛丽安表面上的婚姻关系，并以各种常规化的爱意表达来掩盖彼此之间的真爱的消亡，这必定最终让玛丽安感受到爱的消磨，以及婚姻生活因缺乏爱的充实与滋润，而所形成的灰暗、单调、乏味、枯燥之感。这种感受也是相互的，约翰有，玛丽安就一定也有，玛丽安有，约翰就一定也有，最终就看谁先受不了，先捅破这一张单薄的纸而已。而这种灰暗的感受，其实是爱的渴望与这一渴望之难以充实，这两者相互斗争之后的无力感甚至绝望感的体现。

约翰早已触及并进入这种无力感，而他对自己的不满，以及他对权力、名利的追逐，很快让他走向外遇，而玛丽安这时则刚刚开始触摸自己的无力感，她一边触摸这种感受，一边印证着这种感受，看看它到底意味着什么。约翰则是稍一触摸它，就进入外遇了。这是一个颇有意味的对比。或许，作为男性，约翰被宙斯情结之所诅咒，这让他对自己早已不满，于是一旦触碰到自己的无力感，就要逃避与放弃自己；而作为女性的玛丽安，因为自我扭曲的程度没那么高，于是对爱的感受更为细腻与直接，同时也更愿意触摸自己的感受，并先去看清楚这当中的问题。约翰的转移要峻急而痛彻，而玛丽安的转移则是慢悠悠的，像湖面上的水，要经历很久，才会结成硬硬的冰，正所谓冰冻三尺非一日之寒也。

但本心上的冰封，无论它怎样坚固，都不得不有裂开的一天，这是因为人只要有本心，本心就会自然地诉求自我实现，也即本心的爱的诉求，无论如何都是捂不住的。湖面一旦接受初春的阳光的照耀，它就在人们不知不觉之中，摆脱了之前死死粘贴在它身上的坚冰，尽管这个过程可以是漫长的，但这个趋势是难以遏止的。

四、第四幕：外遇与出走

在法律事务所，玛丽安接待了一位女客人。她一开始就跟玛丽安说："我要离婚。""你们结婚多久了？""二十多年。""你有工作吗？""没有，我是个家庭主妇。""为什么你想离婚？"客人沉默了一阵，安静地说："我们是无爱婚姻。"玛丽安脸上疑惑，问道："就这个原因？""是的。"出于职业上的习惯与素养，同时更是出于自己的不解，她继续问道："你结婚很多年，一直都是这样吗？""是的，一直都是。现在孩子们长大，离开了家，我也想离开了。"客人停顿了一下，看着仍然在疑惑的玛丽安，继续补充道："我丈夫是个可靠的人，善良而有责任心，我没有什么可抱怨的。他是个好父亲，从不发脾气，我们有一间舒适的公寓，还有从我婆婆那儿继承来的消暑小屋，我们都喜爱音乐……但我们之间没有爱，从来没有。""原谅我的冒昧，你是否爱上了别人？"客人看了看玛丽安，有点不好意思地笑了一笑，然后说："不，没有。""你丈夫呢？""据我所知，他一直很忠实……他是一个很善良的人……他不停问我，我们的婚姻出了什么问题，我告诉他我不能继续一段没有爱的关系，然后他问我爱是什么，可我也不知道，我该如何描述不存在的东西？"客人说着说着，再看了一下玛丽安若然有所思的神情，笑着说："我知道你在想什么。"两人彼此聊了一阵后，女客人有点郑重地跟玛丽安分享道：我告诉自己，我有爱的能力，可是它被束缚住了，我的生活抑制了我的潜力，是时候改变那一切了，第一步是离婚，我和我丈夫，抹去了对方的存在。（玛丽安插入道："听上去很可怕。"）是的，有一件奇怪的事情正在发生，我的官能——视觉，听觉，触觉——正在消失。比如说这张桌子，我可以看见它，触摸它，但在感觉上它却很远，很干涩，你明白吗？"

　　在一旁专注听着的玛丽安，猛然似有所醒悟，她的本心上的那层坚硬的冰，似乎有点儿出现裂痕，她沉睡着的本心似乎有了一点苏醒的意味。她瞪大着眼睛，一些真实的感触从心底里流出来，她回答了客人问她的话："我想是的。""所有东西都是这样，音乐，气味，脸，嗓音，所有一切都变得微弱，苍白，失去尊严。"客人的分享，触动了玛丽安的心绪，她心中有爱的渴望，她也向约翰直接表达过她的渴望，她想与他有真实的交心与互爱，但是，她的爱的表达被约翰所无视，所否定，而同时她对自己多少缺乏信心，于是，在内与外的压迫下，她的爱的真实渴望与诉求被掩埋起来了，而她对自己缺乏信心的本心状态，则让她茫然地相信她与约翰的常规的婚姻生活，以及彼此之间日复一日的爱的表达，就是爱情的真实显现与落实，而不知道那只不过是遮掩住由爱的贫乏而所带来的爱的伤痛的麻醉剂而已。这种遮掩，因为不能真正遮掩住爱的渴望，它最终是无效的，遮得越严实，伤害就越深。当一个心中并不是真喜欢她的孩子的母亲，跟孩子郑重说她爱他们，孩子们其实是能够感受得到母亲的不诚实的，孩子的心地朴素，因此能够直接感受到大人的话与他们的心是不是一致的。而人到了成年后，本心往往受到遮蔽、扭曲与摧残，爱有所转移，于是往往及不上儿童能够有直接的感受甚至真实的判断。不过，即便如此，人心是捂不住的，对于爱的真实渴望也是不会消亡的，于是，一切的坚冰，就总会有遇到春天的时候。

当然，玛丽安对于自己缺乏爱的婚姻生活，虽然有所感受，但要由此而形成自觉，则需要时间。玛丽安与约翰越来越难以掩盖交心与互爱的受阻的事实，而他们不被自我之所充实起来的爱的渴望，则因为彼此之间交心之受阻，而都转向了对对方的埋怨。在一次闹别扭之后——实际上，他们能够闹别扭（特别是玛丽安），对于他们来说多少是有积极的意义的，这总算将自己某种真实感受向对方表达出来，虽然这不一定能够真正增进彼此的交心，因为带着信任的态度与对方吵架与带着不信任的态度去吵架，性质是不一样的——约翰与玛丽安互相指责对方。玛丽安将头靠到约翰的肩上，问道："难道我给你的爱还不够吗？""爱需要时间。""那就是不够了。""我们得到的不够，付出的也不够。"听到约翰的话，玛丽安其实是有同感的，只可惜，彼此各自因为在爱情上的无助而发出的求助的表达，都没有进入对方的心里面去，于是，他们一次又一次地封堵并错过了交心的机会。而这一次，是玛丽安表达无助与求助之意，她要和约翰约定夏日旅行，以增进彼此的感情，可惜，她并不知道，约翰虽然刚才跟她谈爱情的问题，但他心中已经讨厌起她来了，而且他心中装着另一个人。

在一个清爽的夏天，约翰开车来到一个优美而安静的度假别墅中，等着他的妻子，没料到他会提前一天到。玛丽安打开冰箱，兴奋地问约翰想吃什么，他却心不在焉。夫妻俩安静地聚餐，玛丽安满心舒适地一边叨叨一边看着约翰吃三明治，看着看着，她敏感地知道约翰心事重重，问是怎么回事。约翰犹豫了一下，最终还是鼓起了勇气，按他心中的计划，将他爱上别人的事直接告诉了玛丽安，并坦承这事。约翰并不是一个玩弄感情的人，他也肯定不是恶人，他有真实的爱的渴望，只不过是自己消磨了自己的自爱的力量，导致他的渴望转移到别的人身上了，但他心中很痛苦，他自己伤害了自己的良心，而他受伤的良心最终反击他自己，迫使他一定要向妻子说出他的外遇的情况，他心里才算平静下来，要不然，就会一直受到良心的煎熬，而被愧疚感之所笼罩，这是他之所以有勇气将基本的事实告诉他妻子的原因。

玛丽安带着惊恐、迷惘与无助，认真听着约翰的讲述，她想在很短的时间里，想立即弄明白这样的事为什么会降临在她的家庭里面。她不想遗漏约翰说的任何细节，想从中寻找到自己的问题究竟在哪里，但她无论怎样找，都让她觉得她与约翰的爱情关系一向都是很美满的，他们的婚姻生活也是顺顺利利的，她诧异自己竟然找不到有任何的迹象，表明约翰已经不爱自己了。越来越无助的玛丽安，问他如何打算，要不要和她离婚，然后再娶约翰所告知的外遇对象——年轻人保拉。约翰越来越不耐烦，他同样无助，说道："我知道你在想什么，我没有借口。我试图消除罪恶感，可能只是徒劳，事情就是这样，没有挽回的余地。"他来不及等她搞清楚他们的爱情问题到底在哪里——他很清楚她是不可能一下弄明白的——他只是想将他明天就离开这里，并与保拉到巴黎生活七八个月的决定告知她而已。这个晚上，注定是煎熬的，无论是约翰，还是玛丽安。玛丽安看着换下衣服穿上睡衣的约翰，看到保拉留在他胸前的吻痕，突然感到他是一个很熟悉又很陌生的人。她很惶恐，想挽回约翰，这让对自己早已不满的约翰将心中的压抑全部爆发出来："我四年前就想摆脱你。……我唯一的要求，就是要结束这一切。知道吗？我已经受够了。你喋喋不休的唠叨：'我们应该考虑什么？''你母亲会怎么看？''孩子会怎么说？''晚宴怎么安排？''为什么不能邀请我父亲？''我们应该去沿海旅行，去爬山，去圣莫里茨。''我们要庆祝圣诞节，复活节，生日，圣徒命名日……所有该死的重要场合！'……这些话不过是空谈！我从不奢望触碰真实的我们，我甚至不认为有真实这样东西，无论我们说什么，做什么，都会造成伤害。"在恐惧、无助与迷惘中的玛丽安，一心想有一个办法挽救他们的婚姻，她不知道，即便她确实是有合理的办法，但约翰此时压根儿就没有挽救的意愿，他的意愿与玛丽安背道而驰，他只想逃离与她的婚姻，他已经受不了了，即便是一刻也等不及。她想从约翰那里知道保拉究竟比她好在什么地方，她觉得她身材好，胸部也丰满，而且只有二十三岁，比她年轻多了，想到此，她黯然落泪。她抱着他，想跟他做爱，她想通过这种方式而挽回他。她阵脚已乱，不知道如何是好，痛苦地哭泣着。约翰也陷入痛苦与纠结："我为自己感到羞耻。"玛丽安答道："我们迟一点再谈。"第二天清晨，早餐过后，痛苦的玛丽安抱着同样痛苦的约翰，向他道别，并且再次掏出心底里的爱的渴望，想与他一起反省和检讨婚姻生活中的问题，但约翰的心已经奔到保拉那里去了，他像一个木头人站在那里，听着她无休无止的哀求，突然挣脱她的手，将门带上，扬长而去。满心失落与无助的玛丽安，打电话向他们俩的一位共同的朋友倾诉，并将约翰的外遇告知这位朋友，想让这位朋友劝他回心转意，不料她被告知约翰的事人尽皆知，只有玛丽安蒙在鼓里。这意味着她与约翰的交心关系，已经及不上别人与他的交心关系那么深了，她对于爱的渴望，她对于爱情与婚姻的十多年的经营，最终都烟消云散，这可是她一生中最大的寄托，她将自己的所有筹码都压在这上面了，最后，她全部输光了，一个子儿都没剩。这时候，将电话直接挂掉的玛丽安再也控制不住自己，她痛苦难言，咬着自己的手，沉浸在呻吟与哭泣中……

可以说，约翰的出走是他们的婚姻生活的第一个转折点，这个转折点可以用"外遇"来概括。婚姻中的外遇，多不是凭空而生的，它是爱的渴求因为得不到充实与落实，而转移到别人身上的体现，因此，它是夫妻之间丧失基本的交心与互爱的一个症候。而如果要将外遇的问题作出更深入的分析和把握，我们就非得从自爱这个根源性的视角出发去思考不可。我们可以说，有外遇的人是多少有一些不自爱的，而有着充分的自爱度的人基本上是不会有外遇的（我们对这个问题不愿将判语下得太死，以保留一些可能的空间，这里表达的是我们基于本心与自爱而所印证出来的结论），这是因为她珍惜自己，对自己有明确的信心，于是她愿意充实自己对于爱的渴望，而将本心与爱向对方打开。即便是在婚姻中她与对方的交心与互爱完全受阻，而导致爱情关系的破裂与失败，她都不会将爱的渴望转移到别的人身上去实现，而只有她确认自己与对方的爱情不可挽回，而同时她与对方正式终结了婚姻关系，也就是取消了婚姻这个誓约之后，她才愿意真正发展另一段爱情或婚姻关系。这是她在爱情与婚姻上负责任的体现，而她的充分的自爱作用促使她将婚姻中的责任，视作她珍惜自己的体现。而在婚姻中有外遇的人，对自己往往是无所谓的，她并不愿意诚实直面自己，于是或躲避或扭曲或无视婚姻中的爱情，而她心中的爱的渴望，则又让她不得不旁枝逸出，将渴望伸展到别的人身上，以求满足自己的渴望。这就像一个人与别人誓约共走一条路并走到目的地，而不管途中遇到什么样的艰难与险阻，例如有大石挡住去路，也要一起用力将它推开，然后继续前行，这是他们约定好的，而且彼此的心里面都愿意去这样做。但是，两人行至中途，果然看见一块大石横在路中，完全挡住去路。这个人现在却胆怯起来了，她心中其实很清楚彼此之前的誓约，那个誓约言犹在耳，但她就是缺乏勇气，缺乏信心，而这个勇气与信心的缺乏，则是她自己对自己缺乏勇气、缺乏信心的体现，这一点，她自己心里面多少也是知道的，但是，她与对方所定下的那个誓约，本来是她当时愿意去承担的，而她现在因为自己的信心的缺乏，而变得胆怯了，换言之，她不想继续承担这个誓约了。然而，她自己又没有信心与勇气向对方表明她现在的心意，这是因为她心里面清楚那个誓约本就是她心中的渴望与愿景，因此，她感到自己对不住自己，但她的自爱与自信的匮乏，又让她没有能力去承担她的"对不住自己"这个本心状态，因为她如果真能够承担起这个状态，她的自爱作用就会冒出来，并有真实的力量，而她的这个力量则让她不但能够直面她的"对不住自己"，而且也让她想通过她的内在的力量，去克服和超越心中的胆怯。可惜的是，她自己确实是没有力量了，同时心虚了，就是说，连向对方表明自己不想与对方一起推动这块大石这个心意的勇气都没有，因为她既不想承担誓约同时又缺乏勇气坦言她之不想承担。这样一来，她就只有一个选择了，那就是，自己偷偷地绕过这块大石，走到别的路上去，留下另外一个人苦苦地推着石头。而如果恰好别的路上的人向她招手，而且没有和她先设立什么誓约，让她没有什么压力，于是，她带着心中的渴望，不知不觉之间就滑向另外一条路、另外一个人身上去了。她知道如何面对这种情况，她不想承担，没有勇气和信心去承担，而最好的做法就肯定是不辞而别了。

在婚姻生活中有了外遇的人，其实是很难承担爱情与婚姻的责任的。外遇的人，心中其实也是渴望爱的，只不过她承担不了她的爱的渴望，而走向旁蹊曲径而已。这意味着，外遇的问题，是与自我问题也即主体状态、本心状态是息息相关的。一个不能承担自己的人，她无论走到哪里，无论和什么人建立爱情与婚姻关系，她都是不能承担自己的，于是，无论她爱什么人，她都往往只是依赖别人，甚至向别人索取爱而已，这并不意味着她就由此而获得真爱了。这个人世间，确实没有这样便宜的事！真爱的实现，是要靠自己的自爱的力量的，而不是换一个人就可以实现的，因为无论是爱情还是婚姻，它们的意义的落实，都是相互作用的结果。一个在婚姻生活中，难以承担自我以增进自爱与自信的力量的人，她在外遇中，也同样不能实现这个心愿，原因很简单——她一直不愿意增进自爱，而想通过别人的力量去实现自己对于爱的渴望，一个人不行，就换另一个人，但实际上，自我的问题还需要自我去面对，而并不是换了一个人就可以解决的，诚若如此，则自我问题就可以由别人代劳了。在电影中，约翰向玛丽安表达他相信遇到保拉是他的人生的转机，而玛丽安不相信，认为这只不过是保拉向约翰灌的迷魂汤而已。在这一点上，玛丽安是有实感的，而且她的判断是正确的。可惜处在对爱情的新的渴望之中的约翰，哪能听得进去这种话，他逃避自我，也逃避外遇这样的事，于是他以尊重他人的选择为由头，而让玛丽安闭嘴。

五、第五幕：重逢、自省与纠缠

果不其然。六个月后，一身轻盈、光彩照人的玛丽安，在等着一个人来到她家做客。门铃响了，她最后照了一下镜子，修饰了一下，然后打开了门。约翰进来了，他看到美丽的玛丽安，心中有点激动，难以自持，急着吻了玛丽安的脖子一下。夫妻双方彼此直接分享各自的生活与感受，谈着谈着，玛丽安说起了保拉，这让约翰感到焦虑，他并不想谈这个问题。玛丽安知道两人谈下去，会越来越烦躁，于是提议一起吃饭。在吃饭的时候，约翰谈到自己在工作上的进展，有点得意地说："我不介意告诉你，一切进展顺利，克利夫兰大学邀请我去任职三年，这是一个好机会，无论是在经济上还是在事业上。"他并且说，如果进展顺利的话，当年春天就移民过去工作。玛丽安不知道说什么好，最后说了"恭喜"二字，沉默了一会后，她又说："那或许我们可以商量离婚的事了？既然你要出国，我们的关系或许也该正式划上句号了。"看到约翰的眼神有点儿惊讶与失落，她继续更为明确地说："我想申请离婚，谁知道呢？我有可能想再婚，如果你去了美国，情况可能变得复杂。"约翰的眼睛一直盯着她，问她是否有人选了？玛丽安心知其意，一直在卖关子。吃完饭，两人躺在沙发上，玛丽安表露心声道："你应该知道，我一直挂念着你，想着你是否安好，有没有害怕或者寂寞，每天好几次我疑惑自己究竟做了什么，引发我们之间的裂痕……我究竟做错了什么？"约翰苦笑着，回答道："为什么不去问心理医师？""我每周都会去几次，我们私下也偶尔见面。"约翰敏感到她与心理医师的关系，问："他是你的情人吗？""我们上过几次床，但感觉不好，所以停止了肉体关系，转为精神上的交流……基本上，我正学习如何倾诉。"[①]从他们的对话中，我们很显然看到约翰与玛丽安仍然是重视彼此的，他们彼此之间对于对方的爱，尚未完全丧失，只不过，他们之间确实已经很难破镜重圆了，毕竟，约翰的外遇与出走，让玛丽安对他那本已被腐蚀的爱情，被拦腰斩断，碎落一地。这就像一场冻雨将树枝给压断，十数天之后，等冻雨过了，断了的树枝就再也接不回去了。

在约翰走后，玛丽安积极寻找自救之道，她认为在这段婚姻关系中，自己肯定负有责任的，她要搞明白这是怎样一回事。咨询师建议她记录下自己的心里所有冒出来的念头、想法、回忆、梦境。约翰对她的这些文字感兴趣，想玛丽安能够念给他听。玛丽安半信半疑，既高兴又担忧，她之所以高兴，是因为约翰对她那真实的自我状态，开始

---

① 在这里我们顺带讨论一个议题，此即这个细节突显出了现代心理学与心理咨询所潜在的问题，从事心理研究与心理咨询的人，往往缺乏本心自觉，而将来访者与心理现象作对象化的处理，因此他们自己并不一定能够直面这些问题，他们的主体状态，与他们的研究对象与给出咨询意见的来访者，是可以分开的。但他们若是这样分开处理，那么这就一定会带来虚伪性——也即心理学家与咨询师自己并没有直面自己的本心问题，而却要向别人给出建议，教人如何直面本心问题；而如果心理学家与咨询师难以直面自我，而将自己回避自我的一套方法，分享给来访者，那么来访者也同样会习得一套自我回避与自恋之术，并以为自己已经在咨询师的指引下，恢复自我的"信心"了。当然，对于一些严肃的心理学家来说，这个问题得到一定程度的消弭，因为他们能够保持自我直面度，但无论如何，心理咨询、心理诊断是不可能替代本心的自诊自断的意义的。在爱情与婚姻议题上更是如此。在这个电影里，心理咨询师与来访者之间发生暧昧，并且有了实质的性关系，这其实是对目前的心理咨询与心理学界的一个讽刺。

感兴趣了，也就是他想与她真正交心了，这在之前是没有过的事，虽
然约翰经常循例、有序地向她表达虚假的爱意。玛丽安赶忙将笔记本
拿过来，写这段笔记，她写到凌晨三点。玛丽安开始安静地读着，坐
在对面的约翰只是看着她，轻声地说："你看上去很美，美得令人窒
息，玛丽安。"他忍不住性欲的冲动，挪到她身边，想引诱正准备朗
读的她。这说明约翰其实根本就没有什么诚意去倾听玛丽安的心
声，他尚不能真正触摸到爱，他所感受得到的，只不过是爱欲而已，虽
然这也是一种爱，但却是浅层的，而尚未直达本心。而从伤痛中试图
走出来的玛丽安，则越来越尊重自己的本心了，她回答他说："无须
恭维，请关注我的灵魂。"但是，约翰没听她的，他被自己的性欲所
左右，不顾玛丽安的拒绝，将她按倒在地，吻着她的脖子，并说："这
并不冲突。"这时候，约翰对于爱的渴望，又从保拉那里荡漾回来，回
到玛丽安的身上了。而玛丽安对于约翰的爱的渴望之"回归"，则很
是纠结。一方面，玛丽安自己对于爱的渴望，是与约翰多年的爱情与
婚姻生活关联在一起的，换言之，一直以来，约翰是她的爱的渴望的
对象，虽然约翰因外遇而出走了六个月，但她对约翰的爱，尚没有就
此消亡；她总是不能忘记约翰，渴望和约翰做爱，这是她之不能忘记
自己之前对爱的渴望的体现，那种渴望是她唯一可抓住的东西，她之
前的渴望是指向约翰的，因此这次回来的约翰，又激起了她的渴望。但
是，在另一方面，约翰的出走，也确实让她难有动力再自然而直接地
去爱他了，这个在眼前的约翰，已经不是以前的那个约翰了，而她的
本心的动力，则已经集中在检讨自己并建立自信这一方向上了。这两
方面构成了一个本心上的张力，让她痛苦而纠结。她将正和她缠绵的
约翰稍稍推开，闭着眼睛，从心底里断断续续地发出她艰难的声
音："我一直想这样做，想跟你做爱，我渴望你，但是在你离开之后，我
的渴望无从寄托，我不想那样，难道你没意识到我还爱着你吗？有时
你的无情令我怨恨，有时我可以连续几个小时不想你，那简直就是天
堂。我有我想要的一切，朋友，甚至情人，我有孩子，有一份喜欢且

擅长的工作，但是，我仍然想着你，不知道为什么。或许我是一个受虐狂，或者那种一辈子对一个人死心塌地的女人，我不知道。这太难了，约翰。我不想跟任何人在一起，除了你，其他男人让我厌恶。我并不想让你有罪恶感，或者从情绪上要挟你，我只是告诉你我的感受，那就是为什么我不能忍受你吻我，和我做爱，我找不到其他的解释，因为你会离开，我将带着对你的渴望活下去。我甚至享受跟你保持距离，所以，请不要轻举妄动，你只会摧毁我。"对于玛丽安的这种纠结与痛苦，约翰并没有完全领会，他躺在她身边，轻声说："我仍然爱着你。"但玛丽安肯定能够直接感受到，他的这种爱意的表达，只不过是情欲荡漾的浪子经过家门时，因情欲的需要而暂时释放出来的虚假说辞而已，她感觉不到他与她在本心上的共振，而他的外遇与出走，则是她久久难以摆脱的伤痛。于是她摇摇头，痛苦地说道："何必说虚假的话？""你不相信我对你的渴望吗？是的，我们曾经那么亲近……如果我们想做爱，那又有什么问题？它只表示我们仍然渴望彼此。为什么要有所保留？"他边说边与玛丽安亲热，但他越是想和玛丽安做爱，她就越想推开他，她带着撕心之痛，一边干泣一边说道："不，约翰……约翰，我不想，我让你住手！"她从约翰的狂乱的手中挣扎出来，从地上起来，痛苦而警觉地坐在沙发上，她语气中那决绝的态度，是她有意给自己打气的结果："我不想为你消瘦，为你哭泣！请理解，我说的是实话！这样不好，如果你还要继续，那就离开。我不想跟你睡觉，请你明白！"

性的关系，是这部电影不断呈现与闪烁出来的话题，电影敏锐地通过性的关系的变化，而展示出约翰与玛丽安的爱情与婚姻关系的阴与晴。可以说，性就是交心的风向标，它就像股市一样灵敏而善变，但交心的远与近，深与浅，则完完全全体现在性的关系上，而无所遁形。对于这个机制，我们曾经在本书的第一卷中有过交代。[1]简言之，身

---

① 参见本书第一卷第一章第三节"身、情、理、信仰与本心的关系"。

体乃是本心的通道，而性则又是身体中最深入、最核心同时又最为微妙的部分，因此，性的关系及其状态，最能体现本心最微妙之处。在约翰未出走之前，约翰与玛丽安之间，往往只有爱意的强调，但却很少性的互动。玛丽安对于约翰，尚有真实的爱意，于是她时常想与约翰有性生活，但她每每提起，约翰就以工作疲劳等原因作为借口，而拒绝了她。实际上，那时候约翰压根儿就厌倦了和玛丽安的婚姻生活，他甚至厌恶她，虽然他的不自爱与不自信，让他不断地在玛丽安旁边生硬地强调他爱她。他与她难有真实的交心，因此他们就很难有真实的性的互动。而现在，约翰的爱的渴望从保拉身上，又刚刚转回到了玛丽安的身上，他被她现在的美丽之所挑动，被她尚对他有爱意之所激发，与他做了十年夫妻的玛丽安，现在又似乎变成了他的初恋情人一样，于是他反倒对她燃起了强烈的性爱的渴望。只可惜，他的这个渴望已经带着深深的伤痕，正如玛丽安的心中也带着伤痕一样——虽然两人受伤的情况不一样。而玛丽安在做爱上的犹豫，与约翰的渴望，则构成了彼此在爱情上最真实的纠缠。

　　既然玛丽安推开了约翰，约翰就想她读读她的笔记，想倾听她心里的真正感受和想法，于是她给他读了一段她写得最直白而深入的自我反思。由于她写的这段话对于我们分析婚姻的问题颇有意义，因此笔者不嫌词费，特为引出：

　　　　我看见了一张我在学生时代的旧照片，我当时十岁，似乎从那时起，我已经感觉到有什么东西将我掩盖起来。令我震惊的是，我不得不承认，我不知道自己是谁，我对此毫无头绪。我总是照着别人说的去做，从我记事起，我一直很听话，很平和，近乎温驯。在我还是小姑娘的时候，我确实曾有过一两次叛逆的举动，但遭到了母亲的严厉惩罚，以儆效尤。我和姐妹们所受的教育，旨在让我们服从。我又丑又蠢——他们不断地提醒我这一点，后来我发现，如果我不把自己的想法告诉别人，而故意表现得讨好和单纯，就会得到奖励。最大的欺骗是从青春期开始的，我所有的想法、感受和行为都围绕着性，但我从未告诉过我父母或者其他任何人，隐藏自己，就成为我的第二天性。我父亲希望我继承他的事业，成为一名律师，我暗示自己想当演员，或者从事其他跟电影有关的工作，但是遭到了奚落。从那时起，我继续假装，假装和其他人的关系，包括男人。我总是卖力地表演，试图讨好别人，从未思考过自己想要什么，我只想着"他希望我想要什么"，这不是我之前所认为的无私，而是彻头彻尾的懦弱。更糟糕的是，我对自己的无知所引发的一切……我们的错误在于，我们从未摆脱家庭的影响，我们从未创造对我们而言有价值的东西。

这无疑是玛丽安在她最自然而不受暗示、干扰的状态下写出来的文字，这些话朴素、直接而有力量。她应该是体会到了，要能将自己在这段婚姻中的症结看清楚，首先需要不带有遮蔽、回避、扭曲地理清自己的成长过程。她越来越清楚，虽然他们的婚姻危机是由约翰亲手启动的，但他们在婚姻生活的磋磨中，彼此从来没有真正交过心，从来没有将各自的本心全部打开来，并给对方去看一看，这才是造成他们的婚姻危机的土壤，而玛丽安自己很清楚，她自己对此确实是有责任的。同时，她不想放过自我追索，她要体会一下自己为什么没有向约翰真正敞开自己，并将自己的本心之所感所想，全部呈现在他的面前，从而和他实现交心。于是，她大概能够印证到自己之所以没有这样做，最终还是由于自己缺乏自信，而自信则来源于自爱，自爱的人，是会重视自己、珍惜自己，并对自己有信心的。玛丽安将对自己的检讨追溯到她小时候，她看到自己从儿童时代起，就被规训，被暗示，被评点，于是她的天然的自爱与自信就逐渐丧失了。她有一两次尝试通过反叛以保住自己，改变这样的一个格局，但最终还是被压制下去了。——这其实是千千万万女性在现代形态的父权制环境下所遭遇的主体性受遮蔽、压制与扭曲的困境！而反叛不成，同时自己的自爱与自信的力量又有所不足，于是她只好隐藏真实的自我，有意无意地形成一个自己所不情愿、同时又感到不得不这样去生活的自我的伪装。有时候，她自己已经不知道她的自我，究竟是真实的自己，还是伪装的自己了，她的不自爱与不自信的本心状态，让她不再有什么动力弄清楚这个问题了。她不再尊重自己的本心，她扬人而抑己，褒人而贬己，这为她赢得了别人的好感与鼓励；于是，在这种往复与循环之中，她逐渐掏空自己，而依赖别人，以别人的想法作为自己的想法，以别人的准则作为自己的准则。她在社会上如此，在家庭中也是如此。我们在电影的开头所看到的约翰与玛丽安接受采访的那一幕中，玛丽安的具体神态与表现，就可以略窥一二。玛丽安这样的本心状态，则让她习惯于掩藏自己的本心，一味强化自己对于爱的渴望（但她又难以通过自爱的力量以充实这个渴望），并将之投放在约翰的身上，这样一来，她自己也很难与约翰有真实的交心度，于是彼此的爱情关系就逐渐受到腐蚀了。不过，玛丽安因为约翰的外遇与出走，而受到了本心上的震动，她对自己尚有信心，于是愿意去印证自己当下的主体状态，并追溯形成这个主体状态的来龙去脉。这对于主体来说，是积极的，而且她能够从中看清楚了自己的命运，正如她所说的"我们从未摆脱家庭的影响"。

看到自己的命运是一回事，而能否真正克服并超越命运的牵引与左右，则是另外一回事。要真正超越命运的掣肘，则必须敦厚自己的自爱。而事实上，一个人心中的自爱作用被遮蔽与腐蚀得越多，她就越难回到自己的本心与自爱上去，于是，她的本心状态有所动摇就是很自然的事。

当玛丽安兴致盎然地将一个字一个字清楚地念给约翰听之后，她竟然看到约翰早已困倦并睡着了——他丧失了一次倾听玛丽安的本心的声音的难得而重要的机会，也即错过了与她的真实交心，而他之错过这次机会，也是顺理成章的，因为他没有真正充实自己的爱的渴望，于是他的渴望是浮动而不安的，越来越只能承受表层的爱，诸如身体的欲望之爱，等等，而难以回到本心上去，而与别人形成本心与本心上的互动与碰撞。对于约翰的这个反应，玛丽安并没有怪他，她劝他早点回去，他于是准备开门离开，而这个情景，重又触动了玛丽安心中对他的不舍，她的自我探索，并没有完全抵消她的迷惘，她对约翰既想亲近，又想推开。刚才她看到约翰想亲近她，她推开了他；而现在看到约翰要离开她，他们两人不知什么时候会再次像今天这样重逢，于是她复又生出对他的不舍之爱意。于是，她将他唤回，两人共枕而眠，在性爱的世界上缠绵难舍。但是，他们之间在爱情上的裂痕，以及彼此在交心上的失败，则让他们现在的性爱体验被各自的焦虑与不满所笼罩着。凌晨时分，约翰被自己惊醒，心绪沉重而压抑，他沮丧地对随后醒来的玛丽安说："完全不行……我感觉很糟，我还是回去吧，原谅我。"他然后从床上起来，准备回去。玛丽安坐在床上，她同样沮丧而迷惘。她心里面清楚，约翰这次与她相聚，保拉是知道的，因为保拉写了信给她，她说知道约翰这次是会来找她的，保拉并说"想打破嫉妒和猜疑的恶性循环"，而保拉对约翰找她这件事，则让她安心一些，希望"这样可以令事情有好转"。约翰将要离开的时候，玛丽安让他读一读保拉的这封信，他读完后，一边理着领带，一边带着厌恶保拉的态度跟玛丽安说："保拉就是这样……多么感人！尤其是你对她的信赖！"玛丽安接过信，继续念给约翰听："约翰是我见过最温柔、善良、多情的人，他完全没有自信心，尽管他装出一副勇敢乐观的样子。"约翰一边整理着衣服，一边冷笑道："从某些方面来看，这话也适用于所有人。"他说完，吻了她一下，随后离开，玛丽安没有听到关门声，她在体会和琢磨着约翰最后一句话，她被他的话所震动。约翰不能承担起他的自我，他被他的命运之所牵引着，而玛丽安自己又何尝不如此呢？她感受到了。

约翰的回家探望，是他们的婚姻故事的第二次转折，也是这个故事的第二个阶段。约翰从出走而到暂时归来，这当中究竟发生了什么事情呢？具体地说，我们是问，约翰到底和保拉发生了什么？在电影里，保拉是一个从来没有出现在镜头里的人物，而约翰和保拉的感情故事，则是从来没有被电影所呈现过的隐性线索。这其实是电影的巧妙之处。而观众其实也并不难推测出约翰与保拉究竟发生什么。实际上，从约翰的外遇和出走，我们就知道这个故事的结局究竟是怎样的。我们说过，约翰想通过换一个人的方式，来满足他对于爱的渴望，而不通过自己的自爱力量去充实这个渴望，那么，他与这个人的爱情关系，就会重复他与上一个人（也即玛丽安）的爱情关系的模式，而且必定是每况愈下的，因为这种循环，只会让他的爱的渴望更为焦虑，并让他的自爱作用越发微弱，于是他的自信心就越发贫乏，他最终肯定要逃离这段自己刚刚建立起来的感情关系。另外一方面，天下确实没有白吃的午餐，当一个人在婚姻中有外遇，并与另一个人发生爱情关系的时候，这另一个人其实也是要向这个人索取爱的，因为这另一个人是在明知道对方已有婚姻、已有伴侣的情况下，而自己仍然想要与对方发生爱情，这样的情况本身就已经说明问题。在这里，我们并不是要去对当事人形成某种道德评判，相信读者是很容易理解到我们并不会有这样的态度，况且，不同的具体情况，其当中所蕴含的本心的意义也是不一样的。但是，就约翰与保拉的这种情感关系而言，我们敢断言，保拉也是一个渴望爱，但同时又很难通过自爱以充实自己的渴望的人，因为她并不真的尊重约翰（如果她真的尊重他，她就会自然地顺带尊重他当下所仍然持续的婚姻），她只想满足她的自私的欲望，而从约翰那里索取爱。她不在乎自己，她自然地也不会真的在乎约翰。这样一来，约翰本来是要逃避与玛丽安缺乏真爱的状态，而有了外遇并向保拉索取爱的，他现在却要承受保拉向他索取爱，这就像一个自己的信用卡欠了银行一笔巨款的人，再被另一个人在他的信用卡中透支了另外一笔巨款。因此可以说，约翰的中年危机让他有所不甘，他要挣扎，他想通过外遇的方式挣脱出来，但他的外遇却让他的自我危机雪上加霜，他被自己拖入到泥泞当中，他病急乱投医，想用泥泞清洗干净他身上的污垢，但这只会让他身上的污垢更多，直至他发现自己已经被自己弄得一塌糊涂，而再也没有什么机会让自己恢复干净了，于是，他索性放弃自己，在泥泞里面打滚，并以一种玩世不恭的态度，迎接生命中的每一天。

六、第六幕：离婚、绝望与厮打

电影来到了第三个阶段，也就是第三个转折点，这就是玛丽安与约翰要面对离婚的问题了。签署离婚协议的场景，是约翰的工作室，这里只有他们两个人。作为研究与离婚相关的法律问题的专家玛丽安，知道自己将要摆脱牢笼，她那喜悦与期待的神情，仿佛她那整洁、优雅的淡黄色上衣，也要沾染上几分。她像盼着清晨的阳光照到窗台上那样，盼着约翰用他的手，在协议的最后，一笔一画地签上他的名字。这一刻，她真的盼了很久，为此她认真严谨地拟好协议的条款，并清清楚楚地给呆坐着的约翰念起来。她担心约翰会对某个条款发难，于是她尽自己的最大力量，让所有条款都没有任何翻转的空间。玛丽安之所以如此盼望有这样的一天，是因为她越来越感到她与约翰的爱情关系，早已断裂，他们两人也越来越难打开自己，以彼此交心；同时，她的自我印证，则让她越来越希望自己能够自爱、自信、自立，而她同时感到她的破碎而灰暗的婚姻关系，则束缚住了她的这一渴望。而在约翰这一边，状态显然并不一样，他经过与保拉的纠缠后，自己的爱的渴望早已被碾碎，他虽然心有不甘，但他心里面很清楚，无论是甘心还是不甘心，这都无法改变自我沉沦。他知道自己沉沦，但他再也没有力量改变什么了，他早已自我放弃了，而与玛丽安的这段婚姻，他也知道要来到终点了，但又确确实实心有不甘，而不管他的不甘能够给他带来什么改变。他之所以不甘，是因为他在外遇后，不但找不到真爱，而且多了一重爱的负担，于是他反过来，对于他与玛丽安的婚姻，尚有那么一丝回光返照式的希冀。但与约翰之希冀走回来不同，玛丽安盼望自己能够真正走出去。她偎依在用着老花眼镜看着协议和清单的约翰，把玩着给年长的人用的放大镜，哼着小调，等待着约翰那作为临门一脚的签字。约翰看着清单，发难说："怎么祖母的钟归你了？这一定是弄错了。"其实约翰哪里介意这个小小的钟，他只不过是对自己被踢出与玛丽安的婚姻之外，心有不甘罢，而拿这个小事情来说事罢了。对于约翰的挑剔，玛丽安生怕有变，于是说："既然你对它那么依恋，那就留着，但它确实是我的。"约翰知道他就算挑剔这份清单，也不会阻止玛丽安与他离婚的决心，于是带着某种怨念说："你说什么都是对的，不是吗？把钟拿走吧。我不想为鸡毛蒜皮的事争吵。"既然离婚协议和分割财产的清单不是个话题，那么两人在签字之前，还是想谈谈心的，他们两人都很清楚，如果这次不将自己心中的真实想法都表达出来，等签了字之后，彼此就再也没有机会了。他们走到沙发上，找个舒适的姿势坐上去，玛丽安还将双腿放在茶几上，两人喝着白兰地，彼此都在酝酿着如何一吐心中的意气。

玛丽安本酝酿着心情，准备说一些话，但她想到自己很快就要解放了，心情大好，于是念起她与约翰的十年婚姻，感到自己之前对于爱的渴望，都投在与约翰的婚姻生活中了，心中陡然生出某种不舍与不忍来。她当然不是不舍得离婚，她其实是想给她之前所经营十年的婚姻与爱情生活，来一个愉快的告别。她不想这十年的爱，成为她未来的生活的负担，她想说服自己之前的爱情与婚姻是值得的。她所想到的告别方式，竟然是要和约翰在他的工作室里做爱！这意味着玛丽安虽然逐渐唤起了自己的自爱与自信，但她并没有因此而完全明确自我，她被约翰所伤害，但又难以完全放弃对他的爱。她恨不得马上结束与约翰的婚姻，却难以让自己与他的爱绝缘，这就像酒瓶里的酒被喝光了，但酒味仍然在空荡荡的酒瓶中弥漫开来一样。约翰的爱的渴望已经不能被他的自爱所充实了，于是他只好在旧时自己所曾投入过爱的努力的地方，以及所曾亲热过的妻子的周围，流浪缠绵，这就像故地重游，心绪难平；而玛丽安之对于约翰，又何尝不是如此呢？他们深知彼此在爱情上已经没有任何的希望了，因为他们缺乏任何的交心与互爱，但他们各自对于对方的爱的渴望与希冀，则可以在虚空中相交互缠，这当然是一种无声的哀号，无力的悲歌——它仅仅只是渴望与希冀，而不可能再有落地生根的一天了。玛丽安与约翰拥吻，她要他将手放在她的胸部，她坦言她要勾引他，她又让他到毯子上。约翰心里有点疑惧，玛丽安说大家还没有离婚，怕什么。她躺在毯子上，让他压在她身上，他们的身体就像两条蛇缠绕在一起，他们想用性交以放浪自我，他们通过这样的放浪，既为他们的解放献上赞歌，同时也给他们的婚姻送上哀歌。他们唱着这首赞歌或哀歌，不知道自己该哭好，还是笑好，但这其实无所谓，关键是他们此时此刻，要放浪自我，他们心里其实也明白，他们的放浪只不过是一种放弃罢了，但他们可不管了，他们已经连自我都可以放弃了，这么一小阵的放浪形骸，又有何不可呢？玛丽安一边和约翰放浪着，一边笑着问："如果守夜人现在走进来怎么办呢？"然后她自己又惬意地回答说："他可以加入我们，我们就解放了……我们今晚就喝酒做爱，明天再签离婚协议吧。"

放浪完了，正事还未办完。玛丽安将手按在正在研读离婚协议的约翰的肩上，说道："我们签了字，然后出去庆祝，庆祝一段漫长而快乐的婚姻。"约翰心中还是不舍这段婚姻，他说："我想我会把它带回家，安安静静地研究一下。"玛丽安听了后，态度陡然严正起来，质问道："为什么我们谈过了之后，你会来个一百八十度大转变？"约翰让她认真再过一遍，玛丽安生气而严肃地回应说："无论如何，让我们从头到尾读一遍，以确定我没有骗你。"约翰没有直接回应她，他知道自己只是借着协议找事，以表达心有不甘之意。他说："你看上去对我很生气。""是的，但我会控制自己，就像我忍受着你的反复无常一样……让我们快点将它完成吧。"但看着约翰还是犹豫不决的样子，她的态度又突然严正起来，来势汹汹地说："把这些玩意装起来，带回家里去，然后你和保拉就可以慢慢争论，我到底有没有搞破坏！""你怎么回事？""我没事！"玛丽安用手擦去刚流出的泪花。约翰不解，走到她身边："一分钟前我们还是朋友。""是的。"然后两人彼此就一些关联于家庭和孩子的钱的问题争论了一阵。说着说着，约翰感叹自己在爱情与婚姻上搞得一塌糊涂，他知道对于爱的渴望很快就要终结了，连挣扎的机会也不会再有了，但还是要挣扎一下，他想通过无望的挣扎，来表达心中的不甘。他的垂死挣扎，就是反思自己对于爱的体会，是如此的贫乏：

> 我们在感情中都是盲流，我们在非洲学过解剖和耕作，我们也用心去学数学方程式，但对于本心，却从来没有人教过我们。维系人们生活的感情世界，我们是一无所知的。

约翰这段话是发自本心的，是他的真切的自省。可惜，他说完这句话，看了看玛丽安，看到了她在打哈欠，完全没有意愿去听约翰叨叨——这次不是约翰错过了真实交心的机会，而是玛丽安错过了。她太想正式结束这段婚姻了，而约翰则想在婚姻结束之前，再次触摸一下他那已经奄奄一息的对于爱的渴望，他知道它快死去了，在它尚有一丝温暖度之前，他不妨表达自己的不甘。他整个人是如此的沮丧与颓唐！他被父权制所牵引，追逐了一辈子的权力和名利。这些外在的条件，已经与他的自我血肉难分了。一旦条件好转，他就趾高气扬；一旦条件失去，他就如丧考妣。他的自然的本心与爱意，早已被社会遮蔽与扭曲了，他很清楚，他的遮蔽最终是自我遮蔽，他的扭曲最终是自我扭曲，他怨不得别人！他沮丧而无奈地跟玛丽安说他的美国工作被取消了，他说："我很失望，这些不择手段的做法，已经是平常事了，先是推迟，然后说没钱，接着他们再派其他人，呵呵，生活就是这样，干杯！"在离婚之前，约翰还袒露这些事，说明他心底里面太重视它们了。他不知道，他越是被这些事情所牵动心神，而不能驾驭它们，他就越不知道"如何对待灵魂"。他喝着酒，感到自己现在已经处在挣扎过后的人生之垃圾时刻，流出苦涩的泪来，说道：

> 这个夏天我就四十五岁了，我也许还能再活个三十年，客观一点来说，也就是那样了。我要花二十年，做个让自己讨厌的人，我是个

对社会无用的人，是应该被除掉的渣滓，我应该在生命最美好的时候，回忆着我的过往，但这个世界是成王败寇，弱肉强食，我真他妈的累，我都快迷失自己了。呵呵，别人刮了我一巴掌，我就口吐白沫死掉了。

社会上的权力与名利之所以扭曲他，是因为他心里面追逐它们，而他的自爱度的匮乏，则让他很难去驾驭父权制社会的导向。而他既然将自己的本心都用在了追逐它们上面去了，那么，他就认可"成王败寇"的逻辑，于是就认为若是追逐成功了，他的人生就会焕然一新；而若是追逐失败了，人生就会被扫进垃圾桶。诚然，如果从权力和名利的角度看，的确如此！但是，这并不是主体与本心的内在法则，而只是那个集体不自爱的父权制社会的反主体性的导向而已。对于这一点，约翰始终缺乏觉悟，这其实也是导致他的爱情与婚姻悲剧的原因所在。实际上，在权力与名利上，无论他是"成"抑或"败"，只要他将本心放在追逐它们上去了，他就已经逐渐丧失爱的能力了，因为真正的爱，是不受这些外在的条件之所决定的，如果一种爱是受到外在的条件所决定的话，那么爱就是条件，但这明明是行不通的，因为爱即本心，本心并不是条件。这就是约翰在婚姻上的困境之所在。无论他如何追逐权力和名利，无论他的追逐是成是败，他的追逐本身就是一种爱的转移，而且是一种急促的转移，所有的爱的渴望，都被无情地挤压到对权力的追逐中去了，但这又并不是真正的爱的渴望，他的真正的渴望，其实只不过是爱本身，那个对权力的渴望是虚假的爱，是爱的急促转移的结果，它由自我对自己的不满也即不自爱所发动出来，而这种转移则反过来加深自我对自己的不满与不自爱，于是，自我本心中对于爱的真实而自然的渴望，就被掏空了，而自我又是不可能没有本心的，因此它对于爱的真实的渴望——也即不同于那个追逐权力与名利的爱的渴望——就成为一个被掏空的、没有自爱的力量支持的渴望，它仅仅是渴望（mere wish）而已了。而现在，他连这样的一个渴望，都被无情地撕碎，他所剩下的生命状态，让他也难以卒观，在他看来，他只剩下垃圾一堆。

约翰自己扭曲自己，而玛丽安作为他的妻子，也跟着受到扭曲，而且玛丽安所遭受的扭曲，也是她主动参与的结果，这都是一个巴掌拍不响的事。玛丽安之主动参与，在于她主动迎合约翰去完成现代社会的成功学教程，在这个过程中，她从小时候就积累起来不自爱与不自信状态，则被她对约翰的迎合之所强化，她变得越来越依赖约翰，并想通过依赖的作用来满足她对于爱的渴望，但这只会将她自己本心中的爱的力量进一步掏空，她失去了生命力——正如约翰掏空自己并失去生命力一样。玛丽安认真听完约翰的那一番话，她以一种不羁、不屑与厌恶的眼神，全程盯着他。等他说完，她在约翰那残废的心境中再刮上一刀，她感到自己必须这样做，她要报复和报仇，她一边放言，一边盯着约翰，还一边做手势道：

> 真的太有趣了！我今天本想和你做爱，看看我是否能感觉到什么，我所感觉到的只有冷淡的爱情。你知道吗？我觉得我终于自由了，虽然时间很长，过程很痛苦。但从现在起，我离开你，并且开始自己的新生活，那感觉真棒！（约翰冷笑着说："祝贺你。"并给她倒了酒。）我不知道为什么和你说这些，当你日子不好过的时候，我说这些显得很无情，但奇怪的是，我不在乎。我太习惯于考虑你的感觉了，考虑过头，于是害了我们之间的爱情。如果我不是太过内疚，我早该知道我们所做的一切都是错的。还记得凯琳出世的时候吗，也就是没有性生活的那个时候。我们把它归咎于我们的两次怀孕，我们编了一堆理由来说服自己做爱不能带给我们欢愉。我们身边老早就响了警报，可我们都忽略了。

约翰的眼睛也一动不动地盯着她，冷冷地回了一句："事后诸葛亮已经毫无意义。"玛丽安听后，带着愤怒与无助尖叫了一声，叫喊道："你的挖苦让我痛苦！你有什么权利指挥我想什么说什么？"约翰慢慢地将话一句一句吐出来，他也想置她于死地："我真恨你……

特别是和你上床的时候，我也感觉到你分心了。后来我在浴盆里看见你赤身裸体，冲洗我射在你体内的精液，我脑子里想'我讨厌她的身体，讨厌她的一举一动'，我真应该打你，我想狠狠地揍你——但是我们有说有笑地谈起我们相处得有多愉快！"玛丽安想用她现在的性生活，去碾压约翰，她回击道："告诉你，为什么我现在享受性爱？我做了他所要求的一切。"约翰冷冷地说："等着吧，和他结婚时，所有的东西又会循环而至。不信你可以试试看，这已经成为你的习惯（玛丽安这时紧握着拳头，愤怒地看着他）。然后，你寻找一个新的情人，来释放你内心的厌恶。"

在这样的一来二去之间，他们对于彼此的愤怒节节升高，玛丽安歇斯底里地喊叫："我被无穷无尽的要求给捆绑着，你这个挨千刀的！我用性作为砝码，难道就很奇怪吗？我必须反抗你！无论父母还是社会都令我崩溃！我一想到我所经历的一切，我就只想喊叫！我告诉你，不会再发生了，不会再发生了！……"约翰冷笑着，再倒了一杯酒，说："……很遗憾我们相识并草率地决定一起生活。真失败！我们越早签字越好。我们分道扬镳吧，谢谢你！"没等自己说完，他拿起笔准备在协议上签字。玛丽安那愤怒的双眼将他盯得更死，她凑过去，几乎鼻子对鼻子地戳着他的疲劳的心："你以为我不知道你心里想什么吗？你不想离婚！……约翰，诚实点吧！看着我！你改变主意了，你不想离婚是吗？你本想今天告诉我对吗？"约翰边哭边喊："这也是罪？你想听我亲口承认我放弃吗？好的！我放弃！我受够保拉了！我想回家！别用这样的眼睛看着我。我真失败，越来越失败，我很害怕，我没有家……我比我想象的还要依赖你……和保拉一起的寂寞感比自己一个人的感觉还要强烈。我受不了！"听了约翰的话后，玛丽安认定约翰现在还不想离婚，于是打电话约出租车回家去，想等到他想清楚再说。约翰不让她走，将门堵上，并将钥匙拿在手中，他想先讲清楚他的心声。玛丽安于是准备再打电话取消预约，但电话被约翰抢走，他将它放在自己的双脚下，安静地坐下来，准备说话，他其实是想用很短的时间，将他心里还没有说的话给说出来，然后顺顺利利地签字的。

　　玛丽安说："你想说什么？""没有。我只想看着你。""继续……我完全不在乎你。"约翰忍受不了自己心底里面的爱的渴望——虽然他知道那只不过仅仅是一个渴望，而且是一个早已受伤的渴望而已——没有任何投放的地方，连与他相守十年的妻子也表达了对他的极度厌恶，他的人生意义的诉求的最后一道防线，被他的妻子亲手击垮。不！他的妻子之所以将最重的一击投向他，是因为他的不自爱之所造成的，所以，他的人生失败，其实是他自己作死了自己。但是，既然他妻子（她很快不是了）所说的"我完全不在乎你"这句话是指向他的，于是，他对自己的无助与恼怒，就转而指向他的妻子。于是，两人厮打了起来，他们将各自对于自己的不满，都向对方倾泻出来。他们都厌恶对方，但其实都要给自己的人生算个总账——没有正式结算好这个账，他们是签不下这个离婚协议的。而他们之算总账的方式，就是相互厮打，其中特别是约翰，他一边踢着玛丽安，一边大喊着："我要杀了你！我要杀了你！我要杀了你！"他只不过是在发泄对自己的极度的厌恶与不满，他其实是想杀死自己，这是绝望的呼喊，但也是最无力的喊叫。"玛丽安，你还好吗？"玛丽安带着疼痛与疲惫回答说："看来我只能怪自己了。"玛丽安要了约翰的钥匙，准备清洗干净她的鼻血。约翰痛苦地哭着说："要我帮你吗？"玛丽安说了句"不用"就出门了，约翰无助而失落地抽泣着，他的抽泣带动了身体的颤抖。还没有等玛丽安回来，他自己就艰难地走到桌子旁并坐了下来，掏出老花眼镜，一边抽泣，一边在离婚协议上签上了自己的名字。正在这里，玛丽安也回来了，她一声不响地走到约翰旁边，自己也签了字。

　　我们之所以要将电影里面他们两人签署离婚协议的这一幕，在这里重新描绘出来，是为了从另一个侧面，再次揭示出婚姻因真爱的希望而确立，同时也因真爱的消亡而结束。不管人们赋予婚姻怎样的意义和作用，同时也不管这些意义和作用，给人们对婚姻的态度与理解带来了怎样的混乱度，人们在面对婚姻关系的终结时，心底里最关切的事，仍然是爱。的确，约翰与玛丽安在对骂与厮打，这是事实，但这是表面的事实，而它的内层的事实也即本心事实，则是他们想在婚姻生活的废墟中，寻找与检讨一下是否仍然有爱的种子。于是，约翰自知自己的自爱作用被自己所掏空，他再也没有能力与机会，将他与玛丽安已经断裂的爱情给修补起来了，因为他已经看到彼此之间之所以不再有真正的爱情，是因为他们之间缺乏真正的诚实的交心，而他们之不能交心，则是因为他们对自己都没有真正的信心与自爱度。约翰对于自己的情况，是明白的，因此他清楚地表明这么多年来，他的追逐权力与名利，其实是在自己糟蹋自己，自己夺去了自己的爱的能力，而他自己本人就是被自己糟蹋之后的垃圾堆。他自己纵然尚有爱的渴望，但一来连这个渴望本身都已伤痕累累了，二来这个受伤的渴望远不足以将自己恢复成为一个自爱的人，因此，他的渴望虽有而若无。与此同时，他现在也很清楚，他连自己都糟蹋，连自己都不爱自己，他能够指望玛丽安爱他吗？他难道不知道自己对自己的厌恶与憎恨，与玛丽安对他的厌恶与憎恨是息息相关的吗？他很清楚这些情况，不过他就是心有不甘，在签字之前，要与玛丽安闹腾一番，唯一的目的，是想最终确认，他的这种心有不甘，是否再也没有任何的机会可以让它生发出哪怕是一丝一毫的积极的作用了。而经过这一场争吵与厮打，他知道自己这辈子不会再有什么机会了，这是因为，他确信他们之间真正的爱，已经完全丧失了，即便是他们各自尚保留爱的渴望，但这渴望就永远只是渴望与希冀而已。

七、第七幕：离婚后的密会与迷惘

电影的最后部分，还呈现了让观众颇感诧异的一幕，作为这个婚姻故事的余绪。或许，这是电影为了给约翰与玛丽安的婚姻故事增加一点亮色而设定的，目的是不至于让整部电影的基调，完全沉浸在解构、讽刺与灰色之中，从而给观众带来一点希望与鼓励，而不至于让观众对于婚姻，从此处在杯弓蛇影的心绪之中。但是，笔者并不这样看。我们认为，电影的最后一幕，也同样地并没有任何讨好观众的意愿，导演其实是想真实呈现出约翰与玛丽安在爱情上的纠缠，以便思考现代婚姻自身的意义。

由于他们两人虽然从之前的婚姻中挣脱了出来，他们的自爱的力量却并不一定随着他们从婚姻中走出来，而能够同步地增长。自我的问题往往是较婚姻的问题更为深入的一个问题。固然，我们可以说，约翰与玛丽安（特别是玛丽安）确实凭着勇气以及对自我的独立性的维护，而从灰色的婚姻生活中挣脱出来，从而体现了自我的觉醒。但实际上，"觉醒"是有浅有深、有表有里的。表层意义上的觉醒易见，而深层意义上的觉醒难知。自我的深层觉醒，一定是与本心或者爱的意义内在关联在一起的。换言之，真正而深入的觉醒，乃是自爱的觉醒，但自爱的真正觉醒，并不一定随着一个人摆脱了已有的婚姻关系，或者进入到一个新的婚姻关系之中，就会自然地实现的。如果人世间真有这样的法则，那么人类就没有这么多的烦心事了。而事实上，人世间的其中一个法则是，一个人具有什么样的主体状态、本心状态，她去到哪里，都大体是这样的一个主体状态、本心状态。同时，一个人渴望摆脱自己的命运，与她真能够摆脱自己的命运，则往往可以是两回事。无论是约翰，还是玛丽安，在离婚并各自再婚的过程中，他们各自似乎都难以通过充分的自爱作用，而不受各自所一直承担的命运的牵引——虽然他们（特别是玛丽安）从彼此之前的婚姻体验中，懂得尊重自己，懂得何为自爱，但是我们不可否认，命运的业力往往会要求自我需要有更为坚挺的本心与自爱的力量，才能让自己克服命运的左右。

电影最后的一幕是这样的：在离婚多年以后，约翰与玛丽安两人都各自再婚，并有自己的家庭，但是，他们都不能忘怀彼此，两人每年都会找一个机会秘密约会。有一次，两人找了一间度假小屋住在一起。玛丽安默默看着约翰的背影，流下了眼泪。约翰转过身来，不解地问："怎么啦？你哭了？""真是太感人了，我真傻。""感人？我是个该挨千刀的。""这是实话。我亲爱的至爱的约翰，你越变越小了。""你也这么认为？""你这样更好。温柔体贴。你之前又有戒心又紧张。"玛丽安将多余的烛光吹灭，留下两支，然后两人躺在一起。玛丽安慢悠悠地吐露心声："你想知道我丈夫怎么样吗？结婚是个巨大的错误，我们觉得那就是个玩笑……我变得很粘亨利克，他也很喜欢我，呵呵，但不久我就发现他和其他女人……我觉得受伤，羞耻，甚至妒忌……"第二天清晨，玛丽安从一个噩梦中醒来，心神不定，在屋里左右徘徊，被她惊醒的约翰抚摸着她，她让他抱紧正在发抖的她，他问梦里发生什么了，她描述道：

> 我们正在穿过一条危险的路，我想你和女儿们拉住我，可我的手不见了，我所剩下的只有躯干，我陷进了流沙里，我拉不到你的手。你们都在路上，我触摸不到你……约翰，我们是生活在混乱中吗？

玛丽安的这个梦有着深刻的寓意，特别是其中的"流沙"的意象，揭示出了玛丽安欲挣脱出婚姻生活，以求得独立与自由，但当她挣脱出来之后，她又陷入了孤独之中，于是她又进入婚姻，又出来，又进入。而在这样的反复与循环中，她对于爱的渴望与追求，被一点一点地磨损掉，甚至于她每次去主动追求爱，就被她的追求拖进一个深渊之中，直至越拖远深，最终，她因追求爱为开始，而以爱的逐渐熄灭为结束。这是一曲生命的悲歌。

八、结语：现代婚姻的悲剧性本质及出路

有人或许会说，直至他们两人离婚之后数年，彼此密约重逢，两人才体会到什么是真爱，并最终获得了真爱。笔者并不同意这个观点，这也肯定不是电影和导演之想表达的意义。如果要理解清楚这个问题，我们需要先总结一下这部电影的核心线索。可以说，电影的核

心线索是，约翰与玛丽安都想寻找并回到自爱与真爱，他们渴望自爱与真爱，于是他们有动力（或者被迫）打破之前的虚假的爱情与婚姻关系，但是，当他们打破了之前的关系之后，他们各自因为此前转移太甚，因此仍然难以回到自爱与真爱上来，而只是自我放逐、随波逐流，于是彼此仍然被各自的爱的渴望——这种渴望是建造虚假自我的动力与回到真实自我的渴求的交织——所萦绕，而缺乏进一步直面自我、破除虚假的真实勇气，于是两人继续缠绵下去，但因为两人都自知彼此的爱情早已丧失了，没有重合的可能了，于是只能通过偶尔私会的方式，来重温一下他们心底中那对爱的渴望，毕竟他们的十年婚姻，承载着他们对爱的渴望，以及它的形成与破碎。这是他们唯一的寄托，而且是他们心底里面自知的、只不过是饮鸩止渴的不真实的寄托而已。因此，这部电影的最终色调是悲观的，它深刻地揭示出现代人的主体性的悲剧；同时，我们在这里也不难看到，这部电影和电影的导演，最终是要导向信仰的——约翰与玛丽安已经用尽他们身而为人的爱的力量，去投入到爱情与婚姻之中了，但他们却被爱情与婚姻拖进生命与命运的流沙之中，越陷越深，他们的爱变得越来越不真实、越来越模糊，最终在风中飘荡着，而成为一个幻梦。这意味着导演想要告诉世人，有死的人是不能够在爱情与婚姻中获得真正的救赎的，于是，神的世界就慢慢在爱情与婚姻的尽头掀开了序幕。在这里，我们看到了克尔凯郭尔的影子。

在我们看来，与约翰和玛丽安的命运似乎有点相近，这部电影的导演其实也是既深切地渴望爱，同时又隐隐地怀疑与恐惧爱的（当然，这里我们还需要补上一句"公道话"，这就是，从电影看，导演之渴望爱又恐惧爱的本心状态，与一般渴望爱又恐惧爱的人的状态，确有不同，前者是在渴望爱又恐惧爱的状态中，不断去直面爱的问题，因此这当中有着一种自我承担的真实力量，这种力量也是有自爱性的，只不过后来导演的这种真实力量，难以完全超克命运的业力罢了，换句话说，他在自爱的议题上，虽有直面与承担，但仍然是有着遗憾度的。）因此，他在深刻勾画和揭示婚姻生活的各个灵魂性关节之后，自己并不能给观众提示出婚姻的出路以及人生的出路，而只是将这个问题留给上帝去解决，但这最终何尝不是一种逃避呢？何尝不是一种自我难以承担起自爱、难以直面自我的自然后果呢？这部描画婚姻生活的史诗级的电影，因为导演的本心状态的情况，而侧重在揭示出婚姻中的爱情悲剧的形成、演化与嬗变，而没有看到这个过程同时也埋藏着各种克服悲剧的机会与可能。在电影中，男女主角在爱情与婚姻上之所以走向破裂，是因为他们错过了一次又一次可以直接交心的机会，而他们之所以错过这么多的机会，是因为他们各自都活在自己的渴望当中，被自己的渴望所牵引着，并形成各种转移，而从来没有进一步诚实地直面自我，并将自我承担起来，充实自爱。这其实是爱情与婚姻的真正且唯一的出路。而现在导演由于对爱的某种意义和程度上的怀疑与不信任，往往没有完全自觉到"自爱"这个婚姻生活的源泉与可能性，那么他就肯定很难斩钉截铁地找到解决婚姻问题的真正出路了，于是，他看到的就只有悲剧，一个个现代婚姻故事的悲剧。

对于婚姻的出路的问题，我们在分析电影的时候，其实已经作出了细致而具体的疏导了，因此在这里我们仅作出一个总结。实际上，对于婚姻的出路这个问题，说难很难，说简单也很简单。之所以说它简单，是因为它只需要自我诚实的一念。主体本着自我诚实的一念，而向对方全幅打开自己，而对方也本着自我诚实的一念，不回避对方向自己的吐露心扉，那么，彼此之间就会形成真实的交心与互爱，只有这样做，婚姻的双方才能加深彼此的信任与爱。而我们之所以又说它往往很难，是因为自我诚实的这一念，不易生出，更不易保持与敦厚，因为主体若要真实生出这一念来，就必得有真实的自爱作为底子，而人们的爱的转移的作用，则让自爱本身也成为一个难题。但是，尽管自我诚实的一念在许多人、许多情况那里是如此之难，但它确实是充实婚姻的真实意义的唯一出路，而且，从来没有人，因为走向自我诚实、自我直面、自我承担，因此在主体性的意义上付出代价的，自我诚实是自我挺立与成就主体性的根据所在，而非反之。在《婚姻生活》所呈现的故事中，约翰与玛丽安彼此其实有无数次可以交心的机会，但是，由于彼此都难以诚实地直面自我，因此都错过了机会，在每一次可以交心的机会面前，都是其中一方将问题抛出来，但另一方将问题给回避掉了，于是，每一次机会就在这样的相互逃避或单方逃避的过程中给浪费了。就是这样，在婚姻生活中本可以让各自的主体状态及其命运全幅展开，以得到相互的支持与救赎的可能性，便被拉向一个反方向，也即相互的封堵、纠缠与沉堕，于是，彼此的婚姻生活就进入一个日积月累的消磨的过程。其实，困境与机遇是并存的，它们是一体两面的关系。婚姻生活亦是如此，日积月累的相互消磨的过程，也同时蕴含着日积月累的诚实面对、相互救赎的机会。一棵树并不是说倒就倒的，一棵树也不是说长成就长成的，婚姻亦复如是，如果人们要让婚姻生活有爱的根源，并让它受到爱的支撑与充润，那么人们就需要久久为功。冰冻三尺，实非一日之寒，而千里之行，亦必本于跬步之积累。基于此，如果婚姻双方彼此陷入相互纠缠与消磨的境地，而其中一方或双方都感到无助，那么，当事人寻求心理医生以及婚姻咨询师的具体建议，或许是会有一定的帮助的，但这样做却不会给自己的婚姻生活带来实质性的意义，因为它不可能替代本心的问题，也不能取代夫妻双方实质性的交心与互爱；所以，根本的出路仍然是当事人亲自打开自我诚实的一念，以自我直面而带动彼此直面，以自我信任而增进彼此信任，以自爱之力而敦厚交心互爱，而在这样的状态与导向下，夫妻双方彼此自诊自断，才是走出婚姻中的自我困境的具体方式。这一步不可或缺，因为如果人们不经历自我直面、自我承担的过程，而只是接受外来的意见（不管这个意见是否到位）并执行之，那么这意味着人们绕过了自我的本心而去处理问题，也即并不能真实交心，于是，彼此的婚姻困境最终也不可能被完全克服。

另外，经过上文的具体分析与讨论，我们大体上也可以进一步看到婚姻的实质，从而确认本卷开头所提出的相关观点的合理性。对于婚姻的实质这个问题，我们愿意在这里再作概括与重申。我们现在很明确，婚姻的问题最终可以还原为自我的问题，亦即，本心与自爱的问题，婚姻是全面照见自我的一面明镜。因此，两个人相爱而建立起来的婚姻关系，如果出现了问题或困境，那么，这意味着自我的问题与困境本是隐藏起来的，但有了婚姻生活，这个被隐藏起来的问题与困境便开始苏醒，它们跃跃欲试，最后一股脑儿地从潘多拉的匣子中倾泻出来，自己无论怎样捂也捂不住。在这时候，我们也会怪罪婚姻带给我们这个灾难，就未免有点自欺欺人了一些，因为即便我们不去结婚，或者逃避婚姻，自我的问题与困境，就不存在了吗？我们将它们捂在潘多拉匣子里面，对于自己，就可以高枕无忧了吗？实际上，这个所谓的潘多拉匣子，就是自己的本心。每一个人，都是带着本心而生活的，她不是带着本心经历婚姻生活，就是带着本心经历其他的生活。而在她的生活中，她的本心是跟着她的，因此，她的本心的所有状态，就会或以这种方式流露出来，或以那种形态施展出来。有时候，这些本心状态的流露与施展，是在自己所不自知不自觉的情况下实现的；有时候，自己对于它们，则能够感受得到，看得到，或者是被迫去面对它们。而婚姻生活相对于其他生活的一个独特之处在于，它是自我的一面明镜，其他的生活形态也许也是自我的镜子，但其明亮的程度则远不如婚姻这面镜子，因为在婚姻这面明镜之中，自我的本心状态，完全无所遁形！这样一来，如果一个人在经历婚姻生活后，触摸和进入了自我与人生的困境，那么她确实不能怪罪婚姻自身，如果要怪责，就得怪责自己，怪责自己的不能自爱，怪责自己的不能自我承担。如果要说得粗糙与刻薄一些，其实婚姻既是一面明镜，也是一面照妖镜，妖怪当然是不敢尝试的，因为它一旦尝试，就会显形。

因此，我们就可以总结说，婚姻生活中的问题，与其说是婚姻自身的问题，还不如说因为有了婚姻，双方或一方将自我的问题，浮现了出来，并得以去直接地触碰它们，而不是像其他的环境那样，自己可以在其他环境中将真实的自我给掩藏起来。而婚姻生活中的"救赎"的意义，就在于此。一个人如果刻意回避婚姻，而想通过进入其他的生活形态，不让自我的问题暴露出来，这从表面上看似乎是成功的，但如果我们再内在一层去看这种做法，那么可以看到，自我的问题往往会通过一种更为隐蔽而扭曲的方式，将一个人的主体性拉向沉堕而不自知，有时候这很可能反倒不如她在婚姻生活中那样，让自我的问题以一种显性的方式揭露出来，从而更有机会印证清楚问题之所在，以便寻找到可行的解决与救赎之道。当然，读到这里，相信读者对于我们的立场肯定不会有明显的误会，也即误会我们主张一定要通过结婚的方式，以解决自我救赎的议题。我们想要表达的只是，一个人如果刻意通过逃避婚姻的方式以直面自我，那么她就很难真正直面自我，因为直面自我就意味着对自己有信心，也就自然而坦然地将婚姻视作照见自己的明镜，她知道这是一个机会，于是她不会刻意去躲避。当然，她自己也想得很清楚，她是基于真实的爱情而结婚的，而至于在结婚之后，她是真正获得了真爱，抑或因为交心受阻而让爱情无法继续下去因而离婚，那并不是她可以控制的事，也不是她可以逆料到的事；而她可以自主的事，则是她的自我，她的自爱的作用，让她面对婚姻问题，既可收，亦可放。总言之，婚姻本身不是问题，爱才是问题的关键。

第五章
婚姻中的责任问题；
兼谈《新爱洛伊丝》中"美德"的无根基性

在这一卷的最后，我们想简略梳理一下婚姻中的"责任"问题。我们之所以要讨论这个问题，是因为有一些人会认为在婚姻生活中，责任是大于爱情的。他们认为婚姻之所以不同于爱情的地方，就是婚姻有它自身的责任，这种责任往往与爱情无关，而与婚姻自身的意义有关。但是，实际上，我们在本卷开始的时候，已经讨论了婚姻制度的二重性的实质，并且指出真正的婚姻的根据，则完全在于爱情，婚姻本身是爱情的见证与责任。这样一来，我们就可以认为，在婚姻中，如果有一种责任是大于并不同于爱情的意义的话，那么我们可以肯定这种"责任"就一定是以压制主体性为代价的。在婚姻中，只有一种责任是"合法"的（这里的"合法"指的是合乎本心的内在法则），这种责任就是基于爱情而来的责任，也就是本心充实起来的、自觉、明定地愿意承担的责任。这种责任的内核就是对敦厚彼此交心关系、深化相互间爱情的自觉投身。我们常见到的结婚誓词："无论是顺境或是逆境、富裕或贫穷、健康或疾病、快乐或忧愁，我将永远爱着您、珍惜您，对您忠实，直到永永远远。"想表达的正是对这种责任的期待和渴望。但是，能否将这些誓词真实地承担起来，还要看这些期待和渴望是否充实到本心中，形成一种责任的自觉。如果不能充实到本心中，这些誓词要么只是镜花水月般好听的言辞，要么变成浪子的枷锁。相反，如果在婚姻中，双方基于爱，不断敦厚交心关系，深化彼此的爱情，那么，这些誓词其实就已经不言而喻了。因为双方基于爱而全幅敞开自己，共同承担和面对自我以及双方的主体难题，就已经蕴含了有决心去经受住各种拷问与考验，在自爱中互爱，在互爱中增进自爱。

据此，我们也可以顺带思考离婚的议题。既然婚姻的责任应是基于爱情而来的责任，那么，有一种离婚的理由就是合乎本心的内在法则的，这就是，一个人遭遇了爱情上的背叛与扭曲，而这个情况让她实感到自己在爱情关系上的意义荡然无存了，于是，建立在爱情上的婚姻的责任，也随之而自然地消失了。此外，我们已经看到，婚姻中爱情的消磨也会带来对爱的伤害，如同《婚姻生活》中的约翰与玛丽安的故事，这样的婚姻是否要离开没有一定的结论，是否离开了就一定会更好也没有一定的结论。这都取决于主体是否能够在一念中自我诚实，重审彼此的爱情与交心，从而扭转爱的消磨，重塑婚姻的基础。如果能够做到这一点，那么就不需要离婚，因为已经通过恢复交心重塑了婚姻的基础。相反，如果不能做到自我诚实、坦诚交心，任由爱消磨，这于主体于婚姻都是悲剧性的，这种悲剧的背后是自我不能自爱的悲剧。如果想停止消磨，离开婚姻，是很积极的，但是，需要看到的是，这只是开始，因为离开婚姻后的自我如若不能自爱，很容易又被拽回新的消磨中。这就是一些人虽然多次离婚多次结婚，却仍然摆脱不了主体消磨与爱情消磨的梦魇的根源。

但是，人们历来倾向于对婚姻、爱情与责任的问题割裂开来看，从流行的影视剧到伟大的思想家都倾向于把婚姻与责任放在一起谈，而爱情则被割裂在外，这使得本来清楚的问题变得模糊而含混。比如，我们看到，在相关问题上经常被提出的一个"二难"困境是：要负责任，就不去发展那份婚外的感情——所谓的"爱情"——反之就是不负责任。本于本心与爱去看这个"二难"就会看到这里面的虚假性，这里的"责任"与"爱情"都不是真实的责任与爱情，而是本心不能诚实直面自身才提出来的问题。所以，出现这种割裂和虚假困境的根源在于人们对于爱情的本质与婚姻的本质没有到位的把握，通常把爱情只看作情感荡漾的激情，而把婚姻看作带有各种实际考虑的权衡。唯有回到本心与爱才能把婚姻、爱情与责任协调起来，才都是发自本心和出于爱的。

在这里，我们打算通过分析卢梭在《新爱洛伊丝》这部小说中所呈现的爱情、婚姻和责任之间的张力以及讨论卢梭对此张力的解决之道来具体呈现我们的观点。我们可以看到，卢梭对于爱情的问题有着敏锐的洞察力，但因为他在对人的思考上，持有自然情感本位立场，而缺乏本心上的自觉，所以，他并未真正疏导好爱情与责任这个重要的问题，我们会通过本心的视角去回应卢梭的观点，给出真正的解决之道。

这部书信体小说文辞优美，立意清晰，而情节则很简明。故事发生在阿尔卑斯山脚下的一座小城中，贵族小姐朱莉和她的表妹克莱尔，共同拥有一位名为圣普乐的家庭教师，圣普乐是一位平民。他们之间"不幸"的事发生了，作为平民的圣普乐与作为贵族小姐的朱莉相互喜欢对方。他们彼此都非常尊重自己心中所流露出来的自然的情感，因此他们对彼此自然地相爱这件事，既坦然，同时又有着憧憬与期盼，但是，彼此的爱情一旦深化，就会自然地与婚姻的问题关联起来，这样一来，圣普乐和朱莉两人就不得不面对当时的婚姻制度的问题了。在当时，贵族与平民通婚是一件不可能的事情，来自平民阶层圣普乐是一定会被作为贵族的朱莉一家所拒之门外的。因此，即便他们的事尚未被朱莉的父亲知道，圣普乐就已经感受到命运给他带来的煎熬了，他写信给朱莉说："我也许一生都那样平平静静，死时也高高兴兴的，根本不考虑什么我在世上所处的地位。但我认识了你，而又不能占有你；我爱你，但我只不过是一个平民；我被你所爱，但又不能幸福地和你住在一起、生活在一起！……我永远舍不得分离的朱莉啊！我难以战胜的命运啊！你们使我的内心产生了猛烈的斗争，但未能使我克服我的欲望和弥补我的无能！”[1]但是，即便如此，圣普乐心里仍然有所不甘，他忠于他的自然情感，认为它是纯粹而美好的，还相信它是美德与责任的最终来源。那么，基于这样的自然情感而来的爱情，以及由此而来的婚姻，则肯定是自然而神圣的，他借着给朱莉写信的机会，无助地呼喊道：“你不是主张按照大自然的正确规律行事的吗？你不是已经自由地缔结了神圣的婚约吗？神圣的和合乎人情的法律允许的事，你为什么不做，为什么不实行？我们的婚约不是只差公开宣布这一步骤了吗？……始终如一地爱你的心有所属意的人，是无罪的；我们的结合是合法的，破坏我们的结合的行为是应当受到谴责的，我们今后要以爱情来表现我们的美德。”[2]而卢梭在小说中，则又借着圣普乐的朋友爱德华绅士的话表达出他的基本立场与观点：“这种由大自然安排的纯洁的结合，不受制于王权和父权；它唯一无二地只服从上帝的权威，因为只有上帝才知道如何指引人的心，如何使他们互相结合和彼此相爱。……我认为，社会地位的高低，应当以才能来决定；两个人的心是否相爱，由两个人自己去判断，这才是真正的社会秩序。以出身和财产为标准，则必然会打乱这个秩序；对于这种标准，我们应当嗤之以鼻，加以鄙弃。”[3]

但是，纸终究包不住火，朱莉的父亲最终还是知道了她的女儿和平民圣普乐的恋爱。现实力量的拷问到来了。他与同情自己女儿的朱莉的母亲大吵一架，他是一个可怜的人，被贵族社会的规则所左右，他

---

① 卢梭著，李平沤译：《新爱洛伊丝》，《卢梭全集》第 8 卷，商务印书馆2012 年版，第 95—96 页。

② 卢梭著，李平沤译：《新爱洛伊丝》，《卢梭全集》第 8 卷，商务印书馆2012 年版，第 109—110 页。

③ 卢梭著，李平沤译：《新爱洛伊丝》，《卢梭全集》第 8 卷，商务印书馆2012 年版，第 226—227 页。

非常重视门当户对，担心平民圣普乐一旦成为他们的家人，获得了贵族的封号，就会损害了他们家的名声。她的老父亲过不了这一关，于是卡在朱莉与圣普乐中间，挡住两人的情感联系。父亲愤怒至极，辱骂圣普乐，而朱莉为了忠实自己的心，跟他说圣普乐并不坏，不意吃了父亲的一个耳光和几个拳头。但看到朱莉碰出了血，父亲露出了不安和愧疚，但他心里所端着的父亲的权威又使得他没有那么快地去抚慰他的女儿。而朱莉看到他父亲为了她的事，而心力交瘁，心中不忍，她写信给克莱尔，描述了她的心情："啊，亲爱的表妹，一个慈爱的父亲在他知道自己错了的时候，他脸上流露的羞愧的样子，比任何人的羞愧的样子都更令人感动。……一种难以抛开的沉重心情和难以克服的羞愧感，使一位父亲和他的女儿之间出现了一种使人觉得宛如两个情人一个害臊一个求爱的有趣的窘态。"①有鉴于此，朱莉决心直面一个问题："是要情人还是要父亲？这真是难以决定。""今后，我将如何处理血亲之情和我的天性之间的关系？今后，我这颗温柔的心将如何表达我对父母的孝心？……须知，我无情地抛弃的，是生我、养我和爱我的人，是把我看作他们唯一的希望和欢乐的人：一个是年近六旬的父亲，一个是身体素弱的母亲！"②于是，朱莉决心不受她的情感之所支配，而要用美德来驾驭情感，让自然情感得到升华，并接受美德的支配。而这个"美德"，就是理性以及蕴含在理性之中的责任。美德由自然情感中来，但同时又高于并支配自然情感。于是，本于美德，朱莉给圣普乐回信说："因此，为了让我们二人能互相为了对方而保重自己，我们必须听从命运的安排：它让我们分离就分离。"③

① 卢梭著，李平沤译：《新爱洛伊丝》，《卢梭全集》第 8 卷，商务印书馆 2012 年版，第 201—202 页。

② 卢梭著，李平沤译：《新爱洛伊丝》，《卢梭全集》第 8 卷，商务印书馆 2012 年版，第 235、244—245 页。

③ 卢梭著，李平沤译：《新爱洛伊丝》，《卢梭全集》第 8 卷，商务印书馆

她又跟克莱尔说："啊，我的表妹，正是在这个时候，我才看出真正的理智对情感最冲动的人也有威力；只要他愿意听理智的声音，理智就会控制他的感情。"[1]而为了强化朱莉的这个观点，卢梭还借助圣普乐之口说出人们该如何面对爱情与美德的张力："他（引者按：指爱德华）脱口说出这么一句话（这么一句亵渎爱情的话，我们要原谅他是无心说出的）他说：'爱情将成为陈迹，但美德却永远存在。'啊！亲爱的朱莉，让我们的美德和我们的爱情同样长久；上天要求于我们的，无过于此了。"[2]在美德（责任）和爱情（情感）有着不可化解的冲突的时候，卢梭愿意持守美德而放弃爱情，而他笔下的朱莉和圣普乐这对恋人，就是践行美德与责任的榜样。他们都尊重自己的自然情感，但他们的自然情感则须受到美德与责任的支配或调节。

于是，在这样的大方向下，圣普乐心不甘情不愿、但同时又恪守着美德与责任，而与朱莉分离，朱莉也是这样去做。后来，在父亲的敦促下，朱莉嫁给了与她门当户对的俄国贵族沃尔玛，在婚后，她成了一位当时人所肯定的贤妻良母。此前，对于父亲要将她嫁给沃尔玛以维护家族的声誉这个决定，在开始时她是反抗的，这是她第一次当面反抗父亲，她尊重自己的自然情感，她向他表达自己不喜欢沃尔玛，她宁愿作为一个未婚女子而死去，也不愿成为沃尔玛的夫人。但是，当她看到父亲泪流满面地跪在她面前的时候，她的心逐渐受到感染了，她感受到了美德的力量，她在教堂里答应嫁给沃尔玛的时候，更感到美德的神圣性。她写信给圣普乐说："我的朋友，上帝要我们两人果断做出的，就是这种牺牲。把我们两人结合在一起的爱情，使我

2012 年版，第 248 页。

　[1]　卢梭著，李平沤译：《新爱洛伊丝》，《卢梭全集》第 8 卷，商务印书馆 2012 年版，第 257 页。

　[2]　卢梭著，李平沤译：《新爱洛伊丝》，《卢梭全集》第 8 卷，商务印书馆 2012 年版，第 189 页。

们的生活具有了美好的意义。尽管我们的希望破灭了，美好的意义是依然存在的，它不怕时间的流逝，也不因我们相距遥远而失去它的魅力，它经得起各种各样的考验。如此完美的感情是绝不会自行消失的，我们应当把它奉献给美德。""我比以前任何时候都更加清楚地感觉到：没有美德，就没有幸福。如果你真正爱我的话，你就应当亲切地安慰我，看到我们两人的心在回到善以后，两心相爱的情意之浓，并不比它们在走入迷途的时候少。"①这样一来，在对美德的持守以及对婚姻的责任意识、神圣意识的指导下，忠于丈夫但又被自己与圣普乐的爱情之所折磨的朱莉，将自己与圣普乐的情感关系，坦诚地告诉了丈夫。没想到沃尔玛听了她的坦诚诉说后，非但没有生气，还理解了她的心意，并被她对美德与责任的持守，以及她对圣普乐的爱情之所打动，他从心底里欣赏他的这个情敌，于是邀请圣普乐回到阿尔卑斯他们的家中，做他们的孩子的家庭教师。此前，圣普乐因为朱莉离开他，而嫁给了沃尔玛，伤心欲绝，于是他离开了他的伤心地，开始了长期的欧洲漫游，并投身于学术研究。后来，他收到了沃尔玛的家庭教师聘书，为了能够每天见到朱莉，答应了邀请。于是，在六年之后，他又重新见到了朱莉。他虽然很想与朱莉重温旧情，而朱莉心中也重新燃起了爱意，但两人本着美德与责任，克制着自己，将彼此视作交心的朋友，发乎情而止乎礼义。后来，朱莉为了救落水的儿子而跳进湖里，其后卧病不起，临死之前，朱莉希望圣普乐能够照顾她的一家，并与她的表妹克莱尔结婚。圣普乐答应照顾她的家人，但他心里只有朱莉，于是放弃了娶克莱尔为妻的想法。

在这本书小说中，我们能够很清晰地看到在卢梭心目中，爱情、婚姻中的责任是怎样的一个样子的。在我们看来，在卢梭的思想中，爱情和责任其实是有缝隙的，例如朱莉的责任观并不是纯粹来源爱情

① 卢梭著，李平沤译：《新爱洛伊丝》，《卢梭全集》第 8 卷，商务印书馆2012 年版，第 440、443 页。

的，它有着爱情之外的意义，因此爱情与责任两者并不能真正融合在一起，这意味着他并未能彻底处理好爱情与婚姻中的责任问题。而卢梭在这个问题上之所以有所割裂，是因为他的爱情观乃是情感本位的爱情观；他所说的"责任"，则是从自然情感的内在法则中形成的。但流动的情感自身往往具有"盲目性"，而责任自身则侧重在理性，"盲目"的情感如何与明确的理性融通起来呢？卢梭并未能很好地处理这个问题，他只是将两者作了糅合和协调，以此视作"美德"，而未能真正化解其中的张力。实际上，如果我们从本心的意义上去看情感与责任，那么这所谓"两者"，本就是一体的，或者说它们只不过是一枚硬币或一个手掌的两面而已——因为自然而不受扭曲的情感，本身即是本心的自然流露，是本心的浪花，而自然的理性则是本心的内在纹理，简言之，本心兼而为自然情感与理性判断的内在根据所在。缺乏本心的印证性作用的情感，并不能构成理性判断与自我责任的来源，而理性判断和自我责任的明确，亦不能不以本心的印证为根据。因此可以说，本心是体情而印理的。从这个角度看，也即从本心的角度看，爱情与责任才能没有任何缝隙与张力，两者自然地融合在一起了，而两者的一体性关系才能真正确认出来。而爱情之中之所以蕴含着责任，是因为爱情不仅仅是情感，更是本心，而本心的印证性作用让主体可以作出明确的判断；而责任之所以完全基于爱情而来，则是因为责任所蕴含的理性判断，全然在于本心的印证，而本心的印证，则又是爱情最内在而核心的一面。于是，爱情和责任本就是一致的。

朱莉本来是深爱着圣普乐的，这不但是她的自然情感，更是她的本心。如果她要对自己与圣普乐那植根于彼此的本心的爱情承担起来，并印证到这段爱情是真爱的话，那么，她就自然地会凭着自己本心中对于真爱的实感与印证，而自然地作出要与圣普乐结婚的判断与决定。这个判断与决定才是真正的责任与美德，因为它完全是从本心与爱情中导出来的。而朱莉却最终决定要嫁给沃尔玛而放弃圣普乐，这是受到了当时贵族社会的婚姻制度的影响甚至压迫的结果，同时也是受到来自父亲的压力，以及她对父亲的愧疚与不忍的表现，那么，她的这个决定就很难说是什么美德与责任了，或者说，她的这种美德与责任，并不是针对爱情的美德与责任，而是为维护自己家族的地位与荣誉的说辞而已。这样一来，朱莉所持信的"美德"与"责任"，就一定是与她对于爱情的渴求相冲突的，她越是去维护这种"美德"与"责任"，爱情与婚姻的意义就离她越远，于是她就不可避免人生的悲剧。而由于卢梭缺乏本心的自觉，于是很难融合情感与责任这两者，对于这两者的割裂以及蹩脚的糅合，就是在所难免之事了。

卢梭之没能处理好爱情、婚姻与责任的割裂问题，根子当然在于他情感本位的主体观下不能弥合情感与理智的鸿沟。但是，细究起来，他这里所谈论的理智并不是真正本心充实的理性，而只是对婚姻之所处现实条件的各种权衡而已。卢梭认为遵循本心的自然情感就可以做出明智的判断，这不无道理，但是，他没有自觉到的是，之所以能够从"自然情感"得到"明智的判断"，是因为本心的印证性作用定住了荡漾的情感。所以，一旦两种自然情感——"爱情"与"亲情"——所导向的判断发生冲突，卢梭就缺乏达到"明智"判断的抓手，空抓一个"美德"来给"亲情"，同时又想不放弃"爱情"。但是，这种"美德"的根据在什么地方呢？只是"自然情感"的话，守住爱情也是美德，甚至是更大的美德！他没有看到的是"亲情"这种自然情感背后往往也夹杂着父权制的压制，这时候主体的困境在于到底屈从于糅合了父权制压制的"亲情"，还是守住自己的"爱情"，不可能两个都保得住。在朱莉选择进入婚姻的那一刻，圣普乐与她的爱情就已经被伤害了，而卢梭所设想的圣普乐、沃尔玛以及朱莉最后对"婚姻与责任"以及"爱情"的协调处理是一种一厢情愿的"渴望"，是一种不可能维系的平衡。所以，这个婚姻的选择没有卢梭标榜的"美德"可言，所谓"自然情感的升华"并没有真正的根基，更像是在屈从父权制婚姻制度的选择之上硬贴了一个"理智"与"美德"的标签。

因此，婚姻中的责任从来都是基于爱的责任，如同婚姻的问题也从来都是爱的问题。如果什么时候提出了"责任"与"爱情"之间选择何者的问题，这就意味着婚姻已经出了问题，也就是两个人的交心关系已经亮起了红灯，所以这个表面的选择题，其实只是一个提醒：你还能自我诚实吗？你还能自爱吗？

附 录
阉割本心的人：
一个哲学家主体衰败的故事

在本书书签的二维码里，我们将何人斯的完整故事收入其中，以深化第一卷中关于自爱的观点。通过这个故事，我们可以看到一个人如何一步步丧失自爱，走向无耻，最终，主体衰败，阉割本心，却振振有词，并进而扭曲所有爱他的人。这是一个完全忠实于全部事实的纪实作品，同时也是我们运用本心分析的方法去探索主体性问题的重要案例。这个故事重在呈现出主体或本心的衰败过程，以作为第一卷中所论"自爱的序列"与"愤悱失败的序列"等相关观点的充实。我们写这个故事的目的，是要通过一个主体衰败史的呈现，自警并警世。该故事共四章，在此列出标题，以便读者诸君先对故事整体有基本的了解。

一、童年的暗伤与自爱的逐步丧失。二、虚假自我的形成与主体的分裂。三、主体分裂后对他人的扭曲与控制：（一）扭曲与控制妻子，"多元爱"包装下的猥琐情欲；（二）扭曲与控制朋友，以哲学为名的控制；（三）扭曲与控制学生，情绪暴力、性骚扰与哲学论证加持下的组合控制。四、一个意味深长的梦境。

后　记

刘乐恒

　　在探索自我的过程中，我的妻子陈晓旭与我两人，分别本于各自的实感与印证，确认出主体的本心，而非身体、情感、理性、信仰，才是自我也即主体性的核心所在。本着本心这个基本视野，我们有希望回应德尔菲神庙"汝当自知"这句长期困扰人们神谕。同时，在回应这个神谕的过程中，我们看清楚了东方的心性传统乃是一"本心未发传统"，也把握到了西方近代以来的启蒙思潮，即是主体性分裂的思潮，它导致了在现代与后现代的语境下，人们的分裂与无助。通过本心的视野，东西方的各种思想传统，都应被重审与批判，只有这样，我们才能从根本上承担起对人类的启蒙议题的探索，并就德尔菲神庙"汝当自知"的神谕，给出我们自己的回答。据此，在与晓旭互动讨论的过程中，我完成了《主体与本心》这部哲学著作。

　　我也预料我们走进了一个前人之所未曾系统探索过的思想领域之后，即便我们写出了严肃的专论，我们的探索也不会很快引起学界与社会的注意。同时，大家都在忙于将自己的学术思想工作用于追逐权力与名利，于是逐渐忘记学者还会有"忠于真理"这样的心志，同时也很难看得懂我们的专著所蕴含的思想意义。现在的学术繁荣是虚假的，学者们往往丧失鲜活的生命实感，而自欺欺人、装模作样地意淫和搬弄一些他们自己也不知道是什么东西的假问题，这就像一条被人甩在砧板上的鱼，口中吐着泡沫，并将这些泡沫畅想为浩瀚的大海，浑然不知自己的生命快要结束了。而当我逐渐明确学术思想界的这个大环境后，我就不想浪费自己任何的时间与精力，而要继续投身于探索自我。我们只问耕耘和播种，而不问开花与结果，后者自有其时节因缘也。希望我们两人能够在本心的领域，踏踏实实地有进一步的收获。

《本心与爱情》这本书是我们在本心探索上的第二本系统性的专论，也是我们实质性地合作的第一本书。它给我们的本心研究打了一支强心剂，同时将爱和爱情的问题探索到一个人们多所未自觉到的地方。这里的实质性的合作，是说晓旭与我，无论是在生命和生活上，在爱情的互动上，以及在思想、观点的碰撞上，抑或文字的撰写和磨砺上，都有深度而全方位的交心与合作，书中所有的观点都不是一个人的，而是我们两人共同磨合出来的。我们两人都是本心领域的探索者，彼此所印证的义理，可谓各有侧重，而又内在相通。在这本书中，我们初步总结出一种名为"本心分析"的方法，并将精神分析视作本心分析的前奏。而书中所提出的以"转移"为核心的"本心诊断学"，则是本心分析的某种具体的充实——虽然相关的探索尚不成熟。

对于我来说，完成这个书稿，是我的自我探寻与自我救赎的一种方式。我带着爱而进入生命的迷宫，而我从迷宫中走出来时，心中依然带着爱。

我最要感谢的，还是与我一起合著这本书的另一位作者，她使我看到那牵扯着我一生的如业力一般的命运。要完完全全克服命运的左右，其实是很难的，但在爱情与婚姻的生活中，有了她的支持，以及彼此的交心与互爱，我看到了克服自己的命运的希望。

　　这里我还要补充一点，就是对于那些尚未尝试过爱情，或者那些爱情失败者，或者那些受困或受伤于婚姻的人，抑或那些惧怕婚姻的人，我只想说一句话——爱情与婚姻固然重要，但更关键的是自我，自爱是它们的根本所在。这本书只是这一句话的注脚。

　　"人类唯有生长在爱中，才得以创造出新的事物。"

　　　　　　2024 年冻雨后某个明媚的下午写于东湖听涛

图书在版编目（CIP）数据

本心与爱情 / 刘乐恒，陈晓旭著 . -- 武汉 ：崇文
书局，2025. 3. -- ISBN 978-7-5403-8115-8

Ⅰ. C913.1-49

中国国家版本馆 CIP 数据核字第 2025AP8556 号

本 心 与 爱 情
BENXIN YU AIQING

出 版 人　韩　敏
出　　品　崇文书局人文学术编辑部
责任编辑　梅文辉(mwh902@163.com)
封面设计　甘淑媛
责任印制　邵雨奇
出版发行　长江出版传媒｜崇 文 书 局
地　　址　武汉市雄楚大街 268 号 C 座 11 层
电　　话　（027）87679712　　邮政编码　430070
印　　刷　武汉中科兴业印务有限公司
开　　本　710 mm×960 mm　1/16
印　　张　36.5
字　　数　500 千
版　　次　2025 年 3 月第 1 版
印　　次　2025 年 3 月第 1 次印刷
定　　价　84.00 元

（读者服务电话：027—87679738）